Eudoxius Hurmuzaki

Fragmente zur Geschichte der Rumänen

Dritter Band

Eudoxius Hurmuzaki

Fragmente zur Geschichte der Rumänen
Dritter Band

ISBN/EAN: 9783741183362

Hergestellt in Europa, USA, Kanada, Australien, Japan

Cover: Foto ©Lupo / pixelio.de

Manufactured and distributed by brebook publishing software
(www.brebook.com)

Eudoxius Hurmuzaki

Fragmente zur Geschichte der Rumänen

FRAGMENTE

zur

GESCHICHTE DER RUMÄNEN

von

Eudoxius Freiherrn von Hurmuzaki.

Herausgegeben
vom königlich rumänischen Cultus- und Unterrichts-Ministerium unter der Aufsicht der
königlich rumänischen Akademie der Wissenschaften.

DRITTER BAND

BUCURESCĬ
Din stabilimentul grafic
SOCECŬ & TECLU
96, Strada Berzeĭ, 96
1884.

INHALTS-VERZEICHNISZ.

1. Des Woïewoden Michael Erfolge in der Moldau und das Verhalten des wiener Hofes 1

2. Des Woïewoden Michael schwierige Lage und seine Beziehungen 4

3. Des Woïewoden Michael Zumuthungen an den Kaiser 7

4. Des Woïewoden Michael Beziehungen zu Ibrachim Paşa von Helgrad . . . 9

5. Das Verhalten des siebenbürger Adels 10

6. Die Zuverlässigkeit der Truppen 13

7. Verrath des Moises Székely und des Woïewoden Strenge 14

8. Misztrauen der Kaiserlichen 16

9. Gemeinsames Vorgehen gegen den Woïewoden Michael 19

10. Das Lager bei Thorda und der allgemeine Angriff gegen den Woïewoden Michael 23

11. Verhandlungen zwischen den Woïewoden Michael und den Generalen Basta 29

12. Des Woïewoden Michael Rückzug 33

13. Die entscheidende Schlacht in der Walachei und die Flucht des Woïewoden Michael 39

14. Umschwung zu Gunstnn des Fürsten Báthory 41

15. Erfolge des Woïewoden Michael in Prag und seine Rückkehr 44

16. Seine Ermordung 49

17. Allgemeiner Charakter seiner Politik 51

18. Folgen von Michaels Tod in der Walachei und in Siebenbürgen 52

19. Das Schicksal seiner Familie 60

20. Des Woïewoden Radu Scherban Aufenthalt in Tyrnau 61

21. Gaspar Graţiani's Auftreten 63

22. Die allgemeine Lage Siebenbürgens zur Zeit des Fürsten Bethlen 64

VI

23. Des Woïewoden Radu Aussichten. 67
24. Thronzwistigkeiten in der Moldau. 71
25. Gaspar Gratiani's Ernennung. 75
26. Tataren-Einfälle in die Moldau. 77
27. Die Lage in Oberungarn 78
28. Die Lage in der Moldau nach dem Tode des Woïewoden Radu. 81
29. Verhandlungen des wiener Hofes 'mit der Pforte wegen Siebenbürgen. . . 83
30. Des Fürsten Bethlen schwierige Lage 87
31. Thronstreitigkeiten in der Moldau. 90
32. Kyrillus und seine Widersacher 91
33. Thronstreitigkeiten in der Walachei 92
34. Matheius Basaraba 92
35. Kyrill von Veria und Kyrill von Lukaris. 96
36. Vasilie Lnpul Fürst in der Moldau 98
37. Bemühungen des Residenten Schmidt im Interesse des Patriarchen Kyrillus 98
38. Maaszregel der Pforte gegen die Tataren. 100
39. Patriarch Neophitus 100
40. Zwistigkeiten zwischen Vasilie-Vodă und Mathieü-Vodă. 101
41. Expatriarch Athanasius Patellarius 102
42. Die schwierige Lage des Fürsten Matheiü Basarab und die kirchlichen Streitigkeiten in Constantinopel. . . . . : 104
43. Neuerliche Zwistigkeiten zwischen Vasilie-Vodă und Matheiü-Vodă 112
44. Die Lage des Fürsten Rákóczy. 114
45. Das Entweichen des Patriarchen Kyrill von Veria 116
46. Thronwechsel in der Türkei 117
47. Conflict 'zwischen den Woïewoden Matheiü und den französischen Residenten 117
48. Die Kirchen-Streitigkeiten in Konstantinopel 118
49. Die Expedition gegen Asak und Verhandlungen wegen der Abtretung . . 119
50. Die geheimen Anschläge des Fürsten Vasilie-Vodă gegen Matheiü-Vodă 132
51. Die beiden rumänischen Fürsten erhalten ihre Bestättigung 133
52. Vertrag zwischen den Kaiser und Georg Rákóczy 134
53. Polen's Beziehungen zur Pforte 137
54. Kirchenstreitigkeiten in Konstantinopel 140
55. Hochzeit der Tochter des Fursten Vasilie. 141
56. Neuerliche Zwistigkeiten zwischen Matheiü-Vodă und Vasilie-Vodă 142
57. Des Patriarchen von Ochrida Anschläge gegen den Patriarchen von Konstantinopel. 144
58. Die Lage des Fürsten Rákóczy 145
59. Die beiden rumänischen Fürsten werden wieder bestättigt 148
60. Bittgesuch des Patriarchen Parthenius an den Kaiser 148
61. Der Geschäftsträger des Fürsten Matheiü wird verhaftet 150
62. Des Patriarchen Parthenius schwierige Lage. 151
63. Der Woïewode Mateiü Basarab weigert sich an der Pforte zu erscheinen . 153
64. Einfall der Tataren in die Moldau 154
65. Die Agenten des Fürsten Mateiü verhaftet 157
66. Des Fürsten Vasilie Beziehungen zu den Polen und den Kosaken 157
67. Beziehungen des Patriarchen Partenius mit den kaiserlichen Residenten . . 159
68. Des Patriarchen Partenius Tod 160

69. Zustände an der Pforte 162
70. Ausbruch einer Pfortenrevolution 166
71. Der Patriarch zieht sich zurück 166
72. Erkrankung des Fürsten Mateiü 167
73. Joannikios entsagt dem Patriarchate 168
74. Beziehungen der Polen zu den Tataren 170
75. Tributforderung der Tataren an Mateiü-Vodă 172
76. Des Fürsten Georg Rákóczy Beziehungen zn den rumänischen Fürsten . . 173
77. Verschwägerung des Fürsten Vasilie mit mit den Kosakenhetman 175
78. Erpressungen der Pforte gegen den Patriarchen 176
79. Ausbruch der Feindseligkeiten zwischen der Moldau und der Walachei und
    die entscheidende Schlacht 177
80. Verschwörung der Bojaren gegen den Fürsten Vasilie 182
81. Die Maszregel der Pforte gegen Rákóczy und Mateiü Basarab 185
82. Sturz des Fürsten Vasilie Lupul 187
83. Neuerliche Niederlage der Moldauer 191
84. Militäraufruhr in Tergoviște 193
85. Des Fürsten Vasilie Lupul Bemühungen gegen seinen Rivalen 194
86. Wiederbestättigung des Mateiü 197
87. Die Lage der Moldau, Stephan's Sieg 204
88. Des Fürsten Vasilie Gefangenschaft 204
89. Gelderpressungen, Patriarch Joannichios 207
90. Des Fürsten Mateiü Tod 210
91. Restaurationsbestrebungen des Vasilie Lupul und seine Ankunft in Kon-
    stantinopel 212
92. Kirchenstreitigkeiten in Konstantinopel 218
93. Aufstand der Miliz gegen Constantin Scherban 220
94. Tod des Petraschko 228
95. Der Dreifürstenbund und das Verhalten der Pforte 230
96. Rákóczy's Pläne gegen Polen 232
97. Fürst Constantin Scherban weigert sich an der Pforte zu erscheinen . . . 237
98. Rákóczy's und des Fürsten Constantin schwierige Lage 239
99. Des Fürsten Stephan Sturz und der neue Fürst Georg Gika 241
100. Expedition der Pforte gegen Rákóczy 245
101. Tributleistungen der drei Provinzen 246
102. Einbruch des Fürsten Rákóczy in Siebenbürgen und seine Allianz mit den
    Exfürsten 248
103. Gefangenschaft des Fürsten Georg Gika und sein Nachfolger Gregor Gika 254
104. Einbruch des Fürsten Constantin in die Moldau 255
105. Neue Expedition der Türken gegen Siebenbürgen 256
106. Eustratius Dabija, Fürst der Moldau 258
107. Apaffy Fürst in Siebenbürgen 259
108 Niederlage der beiden rumänischen Fürsten und Fürstenwechsel in der
    Walachei 260
109. Streitigkeiten zwischen den Moskowiten und den Tataren 264
110. Beziehungen der Pforte zu Polen 267
111. Maaszregelung eines moskowitischen Gesandten und Unzucht der Tataren . 270
112. Aufstand in der Walachei 273

113. Neue moskowitische Gesandschaft und die Zustände in der Moldau und in
    der Walachei 278
114. Regierungswechsel in den beiden rumänischen Fürstenthümer 282
115. Polen's Beziehungen zur Pforte 286
116. Apaffy's Bestrebungen gegen den wiener Hof 291
117. Bemühungen der Pforte den Sobieski zu gewinnen und Kämpfe in der
    Moldau 293
118. Beziehungen des Königs Sobieski zum Groszfürsten von Moskau 312
119. Bemühungen des Residenten Khindsperg an der Pforte 314
120. Verhandlungen zwischen Polen und der Pforte 318
121. Beziehungen der Pforte zum wiener Hofe 319
122. Beziehungen der Pforte zu Ruszland 322
123. Zustände in Siebenbürgen, in der Moldau und in der Walachei 324
124. Friedensverhandlungen mit Polen 328
125. Zustände in Ungarn und Siebenbürgen 329
126. Friedensverhandlungen zwischen der Pforte und den Alliirten Oesterreich,
    Venedig und Polen 330
127. Ruszland's Verhalten und Fortsetzung der Verhandlungen 380
128. Friedensverhandlungen zu Karlowitz 397
129. Tod des König Sobieski 404
130. Ruszland's Bemühungen gegen den Frieden 406
131. Politik Peter des Groszen im Orient 413
132. Friedenskongresz zu Karlowitz 415
133. Widerstreben der Polen gegen den Frieden 435
134. Schlusz des Friedens 463
135. Ottingen's Bothschaft an der Pforte 496

Der Woïewode Michaël fordert die unverweilte und geheim zu haltende (ingognito) Hereinbeförderung nach Siebenbürgen des zu Insbruk weilenden jungen Stephan, Sohnes des vormaligen Woïewoden der Moldau Peter, auf dass er zur Hand sein möge, wenn die Stunde schlagen würde ihn auf den Fürstenstuhl der Moldau zu heben, wo er ohnehin vermöge seiner Abstammung von fürstlichem Blute einen willkommenen Empfang zu erwarten hätte.

Gegen diese Zumutung äussern die kaiserlichen Kommissäre doch mancherlei Bedenken und rathen dem Kaiser nicht zur Willfahrung, weil nicht allein die argwöhnische Krone Polen österreichische Absichten auf die Moldau wittern, sondern auch des Woïewoden Michaël Gewissenlosigkeit das Leben des jungen Stephan bedrohen könnte; letzteres sei, meinen sie, um so wahrscheinlicher, als dieser Woïewode einen ihm befreundeten Anhänger um sich hat, dem er das Fürstenthum der Moldau zudächte.

Die Czauschen, die in der Walachei dem Petraschko-Woda die Belehnungsfahne überantworteten, kamen eben von dort nach Weissenburg zurück. *)

Wie an den Kaiser so auch an Erzherzog Mathias beeilte sich Michaï-Voda frohen Bericht über seine Erfolge in der Moldau zu erstatten und das Ansuchen um Vermittlung in Polen zu stellen, auf dass er von dorther nicht angefeindet oder gar etwa angegriffen würde. Des Erzherzogs Antwort drückte die Hoffnung aus, es werde des Allmächtigen Segen und Gnade auch in Hinkunft jedweder Unternehmung des

---

*) Bericht David Ungnad's und Michaël Székely's an den Kaiser. Weissenburg 9. April 1600.

15,501 III.

1

Woïewoden zur Seite stehen, die zum Ruhme seines Namens, zum Heile der Christenheit und zu des Erzhauses Frommen ausgeführt würde, die aber gleichfalls auf des Kaisers Anerkennung rechnen könne; er versprach zugleich, durch seine Verwendung beim Kaiser die Abhaltung des Polenkönigs von aller Feindseligkeit wider die Moldau zu erwirken, und in Polen namentlich den Grund geltend machen zu lassen, dass an Michaël's Heereszug in die Moldau eigentlich der Dreibund seiner Feinde Jeremias Mogila, Sigismund Báthory und Kanzler Zamoisky ausschliesslich die Schuld trügen, indem sie ihren gemeinsamen Gegner nicht blos aus seinem eigenen Lande, der Walachei, sondern selbst aus einem kaiserlichen Lande, Siebenbürgen, zu vertreiben sich bemühten.

Auch die Erlassung fernerer kaiserlicher Verhaltungsvorschriften wurde dem Woïewoden in Aussicht gestellt, einstweilen aber ihm zur Pflicht gemacht, sich in der Moldau gehörig zu befestigen und einzuwurzeln, die Türken durch fortwährende Angriffe zu Wasser und zu Land, durch steten Abbruch an Mannschaft und Proviant vom beabsichtigten Einbruch in Ungarn und Siebenbürgen abzuhalten, nicht minder über deren Anschläge, Streitkräfte und Heeresbewegungen sichere Kundschaft einzuziehen und schleunige Meldung zu erstatten, überhaupt auf alle Mittel zur Schwächung des Feindes und Vereitlung seiner Absichten bedacht zu sein.

Auf solche Art versuchte Oesterreich, welches sich an der beginnenden Expedition durchaus nicht betheiligen mochte, aus der gleichwol glücklich vollführten, nachträglich den grösstmöglichen Nuzen zu schöpfen, indem es sie mindestens auf diplomatischem Wege, unter seine schüzenden Fittige nahm um dadurch ohne alle Mühe und Unkosten zur Oberherrlichkeit über eine, abgesehen von ihren reichen Hülfsquellen, schon vermöge ihrer geographischen Lage sehr wichtigen Nachbarprovinz Siebenbürgens zu gelangen. *)

Michaël-Woda's Absehen ging nun dahin, durch sein unzeitiges Unternehmen gegen die Moldau den Kaiser, dem doch schon die Türken und Tataren genug zu schaffen mach-

---

*) Concept einer vom Erzherzog Mathias an Michaël-Woda erlassenen Antwort. Juni oder Juli 1600.

ten, auch mit Polen zu überwerfen, wobei österreichischerseits noch die Besorgniss obwaltete, es könnte der vertriebene
Sigismund, von solchem Wirrsal Nuzen ziehend, in Siebenbürgen abermals einfallen und das genug verwirrte Wesen
noch unentwirrbarer zu machen versuchen. ›Dem Woïewoden
rinnt das Wasser allbereits an den Mund, und zu spät will
er schwimmen lernen.‹ *)

Nun fing es an, dem herzhaften, aber durch seine widrigen Schicksale vorsichtiger gewordenen Woïewoden vor dem
polnischen Heere angst und bange zu werden. Er begehrte
desshalb aus eigenem Antriebe von Basta österreichische Truppenhülfe wie auch sonstigen Beistand, den er im Nothfalle
sehr rasch und nicht, wie früher, erst nach langem Zaudern
gewährt erlangen wollte. Die kaiserlichen Commissäre, mit
diesem Geständniss eigener Schwäche, worin sie ein Anzeichen seiner baldigen vollkommenen Nachgiebigkeit gegen
Oesterreich erblickten, völlig zufriedengestellt, forderten ihn
zu vertraulicher Korrespondenz mit Basta auf. Zugleich erachteten sie es für nöthig, dass letzterer sich mit einem
glimpflichen Schreiben in des Woïewoden Gunst wieder ein-
zuschmeicheln suche und ihm die ausgiebige Unterstüzung
zusichere; andererseits aber riethen sie dem Kaiser sich nicht
zu ungelegener Zeit mit den Polen zu überwerfen. Michaël-
Woda dagegen forderte die für solchen dringlichen Fall schon
vorher mit gegenseitiger Einverständniss festgezte Diversion
gegen Polen durch Aufstellung eines kaiserlichen Truppenkorps
an der schlesischen Gränze, wenn auch blos zum Scheine, damit nicht die sich heranwälzende ganze Wucht polnischer
Streitmacht gegen Siebenbürgen und gegen ihn sich concentriren könne, sondern zur Zertheilung gezwungen werde; zu diesem Behufe bat er, dass auch die kaiserlichen Generale von Kaschau, Szathmár und Hust mit Ostentation Truppen werben
und sich überhaupt den Anschein geben möchten, als sei es
ernstlich auf Polen gemünzt. **)

*) D. Ungnad, Szathmár. 1. August 1600.
**) Schreiben D. Ungnad's und M. Székely's an Dr. Pezzen, Szathmár.
1. August 1600. — Zwei Schreiben Michaël-Woda's an Székely, Alba Julia,
28. Juli 1600. — Schreiben Michaël-Woda's an Dr. Pezzen, Alba Julia, 28. Juli
1600. — Schreiben Michaël-Woda's an General Basta, Alba Julia, 2. Aug. 1600.

Michaël-Woda schreibt eine in Siebenbürgen unerhörte Kontribution auf das Landvolk aus, die auf 6 Thaler sich belief, wovon 3 gleich, die andern 3 binnen 2—3 Wochen zahlbar. In 9 Monaten musste ihm also der arme Landmann 19 Thaler steuern, ein Steuerquantum, dessen Ausschreibung die Befugniss eines Statthalters oder Guverneurs weit übersteigt. *)

Der Woïewode Michaël empfing das Geld, **) noch mehr aber die Rüstung, die ihm als persönliches Geschenk von Seite des Kaisers übersendet wurde, mit hohem Wolgefallen, nur erschien ihm jenes nicht hinreichend und drang er auf dessen Vermehrung lebhaft. Als Gegenschenkung für den Kaiser bestimmte er ein schönes Ross mit silbernem Reitzeug, ferner eines für den Erzherzog und je eines für die vornehmsten kaiserlichen Räthe. Während Ibrahim-Paschà in Belgrad, um seine Entschliessungen und Bewegungen zu treffen, nur noch auf Michaël-Woda's Willenserklärung harrte, verabschiedete dieser den türkischen Gesandten mit so hohen Freundschafts-Ehrenbezeugungen, wie sie selbst dem kaiserlichen Kommissär Dr. Pezzen nicht zu Theile geworden waren, so dass man österreichischerseits bei dieser Bevorzugung des Türken nicht mit Unrecht einigen Verdacht schöpfte. Beim Abschied beehrte er die osmanische Gesandtschaft mit walachischer, türkischer und Zigeunermusik, bei deren Tönen er so heftig in Thränen ausbrach, dass man ihn von der Gesellschaft sogar wegführen musste. Er gab überdies dem Türken den Leka Agà zur Begleitung bei, und verhiess den eben im Einsammeln begriffenen Tribut für Siebenbürgen nach Temeswar ihm nachzusenden. Dieser Tribut traf die Steuerfähigen mit je 6 Thalern, die Sachsennation aber insgesammt mit 120,000 Thalern ausser dem von ihr noch in Natur zu leistenden Mehl- und sonstigen Proviantvorrath. Des Woïewoden Worte waren übrigens dem Anscheine nach sehr loyal und ergebungsvoll gegen den Kaiser, und um dies noch mehr zu bethätigen, beor-

---

*) D. Ungnad an Dr. Pezzen, Szathmár, 3. August 1600.

**) Durch den zipser Kammersekretär, der nach Weissenburg abgefertigt ward, liessen die kaiserl. Commissäre dem Michai-Woda von der versprochenen Geldunterstützung einen Theilbetrag von 45.000 Thalern übermitteln.

derte er eine Deputation, bestehend aus Balthasar Bornemissza, Bogati und dem Logothet Stoika, an's kaiserliche Hoflager ab.

Der König von Polen schrieb dem Woïewoden, ihn ermahnend, er möge in guter Freundschaft mit Polen verharren, mit dem Kanzler und Kronfeldherrn sich schriftlich aussöhnen und einen Abgesandten nach Polen abfertigen, um die Bedingungen und Modalitäten zu einem Ausgleich wegen der Moldau festzustellen. Dieser Aufforderung entsprechend beschloss Michaël die Mission des Stroia Busesku aus der Walachei nach Polen. *)

Die Gefährlichkeit der Lage entging dem hellen Blicke des Woïewoden nicht: die Polen vom Norden her, die mit ihnen verbündeten Tataren im Osten, die mit beiden im Einverständnisse von Belgrad heranrückenden Türken im Westen bedrohten ihn gleichzeitig, und er sah sich von einer ungeheuren Uebermacht in der Front sowol wie in den beiden Flanken ernstlich gefasst, zudem von den Siebenbürgern selbst, die mit Sigismund Bathory geheimes Einverständniss unterhielten, und ihn in seiner nächsten Nähe mit eben so verdeckten als bedenklichen feindseligen Garnen umsponnen. Sein unbeugsamer Muth blieb aufrecht und paarte sich nur mit kluger Vorsicht und verdoppelter Thätigkeit in der Stunde der Gefahr. Er warb daher ungemein eifrig frische Soldtruppen, trieb allenthalben Geldmittel zur Soldbestreitung auf, drang auf das frühzeitige Aufgebot der siebenbürgischen Stände mit aller Sorgfalt, traf alle Massregeln wegen Beischaffung und Verwaltung des Mundvorrathes und versäumte nichts, was der Ernst der Umstände und die Nähe des Kriegsausbruches nur erheischte. Auch beschloss er die Errichtung zweier Lager, wovon eines in Bistritz, das andere aber bei Szaszsebes (Mühlenbach), mit einem kleinen Reserveheere bei Kronstadt, um auf solche Art dem Feinde nach allen Seiten die Spize bieten und den Rücken gedeckt halten zu können. Die von kaiserlicher Seite angeregte Absendung des Alois Radibrati zu den Krimer Tataren widerrieth er als unnütz, da sie bereits

---

*) Schreiben des Alois Radibrad an David Ungnad, Weissenburg, 31. Juli 1600. — Barilowicz's Relation an die kais. Kommissäre Ungnad und Székely, Weissenburg 6. Aug. 1600.

mit den Polen im Bunde stünden, und auch die Wege dahin
zu sehr abgeschnitten wären; *) auch befürchtete er, dass Radibrati gleicherweise wie seine eigenen walachischen Abgesandten daselbst angehalten werden würde, weil der Tartar-
han des Woïewoden Parteinahme für den Kaiser durchschaut
hatte. Aber eine nicht blos auf dem Papiere, wie bisher, sondern in der Wirklichkeit zu leistende Kriegshülfe, Truppen,
nicht blos zum ruhigen Zuschen, sondern zum ernstlichen
Kämpfen, forderte nun der Fürst, und zwar in der Art, dass
Basta mit seinem Heere bei Tasnád eine Stellung nähme, die
ihm gestattete, auf jedesmaligen Anruf des Woïewoden sich
sofort mit ihm zu verbinden; zudem drang er auf Bewachung
und Säuberung der nach Polen führenden ungarischen Gebirgspässe, damit bei den Feinden die Besorgniss eines baldigen Einmarsches kaiserlicher Truppen in jenes Land rege
würde. Nur unter der Bedingung eines so raschen Beistandes mochte er dem Basta die durch dessen Hauptschuld er-
littene Niederlage vergeben. Er machte sich übrigens auf
den Verlust der Moldau so ziemlich gefasst und erklärte daher seinen Entschluss, den Gebirgskamm Siebenbürgens gegen die Moldau hin zu bewachen und so zu vertheidigen,
dass dem Feinde von dort aus jedes Eindringen unmöglich
gemacht würde. Zur Hintanhaltung der von den Türken im
Schilde geführten Belagerung von Grosswardein, bedeutete
er ihnen, dass er selbst damit umgehe, diese Festung zu berennen und die eigentlichen Gränzen Siebenbürgens d. i. die
äusseren Komitate, die der Kaiser als zu Ungarn gehörig in
Anspruch nahm, wieder zu besetzen. **) Letzteres aber ver-
übelten ihm die kaiserlichen Kommissäre und erblickten darin
einen Kunstgriff Michaëls, um sich dieser längst begehrten
äusseren Komitate unter dem Vorwande, als gälte es der
Hintanhaltung der Türken, zu selbsteigenem Nutz und Frommen ohne Umstand zu bemächtigen. Es sei dies eine im

---

*) Literae Joannis Thoraconimi, Secretarii Camerae Scepusiensis, ad
Dr. Ungnad et Székely, Albae Juliae, 2 Augusti 1600.

**) Litterae Michaëlis Voivodae ad Caesareos Commissarios Ungnad,
Pezzen et Székely, Albae Juliae, 2 et 4 Augusti 1600. — Barilowitsch's Re-
lation, Weissenburg, 6. August 1600. — Litterae Michaëlis-Voivodae ad D-um
Bastam, Albae Juliae, 4 Augusti 1600.

Grase verborgene Schlange (« hic latet anguis in herba », schrieb Ungnad dem Kaiser. *)

Durch den von den kaiserlichen Kommissären ihm zugefertigten Franz Barilowicz wie auch durch Alois Radibrati, der zum Tartarchan bestimmt war, stellte Michaël-Woda an den Kaiser nachstehende Zumuthungen:

1. Oeffnung der Verhaue und Niederreissung der Verschanzungen, welche die Polen bei Kässmark im Gebirge zum Schutze ihres Landes aufgeführt; Abordnung eines kaiserlichen ansehnlichen Gesandten nach Polen, zur Hintanhaltung des im Schilde geführten Feldzuges und zur Einstellung aller polnischen Einmischung in die moldauisch-walachischen Händel, bis der Streit auf diplomatischem Wege ausgefochten würde.

2. Vorstrekung einer hinreichenden Geldsumme, falls man offenen Krieg mit den Türken wolle; wo nicht, zeitlichen Friedensschluss, obgleich bei den eben obwaltenden Umständen mit geringeren Kosten sich grössere Erfolge als sonst erreichen liessen. So hätte er, wenn von österreichischer Seite im moldauischen Feldzuge mit noch 100.000 Gulden unterstüzt, sich bereits auf den polnischen Königsthron in Krakau gesezt, und wäre alsdann von Wien aus eine Aufforderung an ihn auch selbst durch einen Zigeunerknaben ergangen, er hätte dieses Königreich dem Kaiser bereitwillig abgetreten. Anders und zweckmässiger verfahre diesfalls der Feind: so habe der Sultan dem Tartarchan 100.000 Dukaten vorgeschossen, um die Moldau wieder zu erobern und den vertriebenen Jeremias-Woda dahin zurückzuführen; auch dieser seinerseits habe für gleichen Zweck dem Tartarchan 20.000 Dukaten zugemittelt. Da er wegen Geldmangel seinen Truppen keinen Sold auszahlen könne, so schwebe er in der Gefahr, sie zu Sigismund Báthory und zu Jeremias-Woda abfallen zu sehen, welche beide durch die Zusage grösseren Soldes sie dazu verleiten wollen.

3. Nichtabsendung des kaiserlichen Gesandten mit Geschenken an den Tartarchan, weil ihm das Loos des von Michaël abgeordneten Gesandten bevorstünde, der auf dem

---

*) Bericht D. Ungnad's und M. Székely's an den Kaiser, Szathmár, 7. August 1600.

Rückwege von den Polen aufgefangen und den Turken ausgeliefert worden sei.

4. Schnelle ungesäumte Truppenhülfe, nicht auf so nachlässige Art wie dies alle Jahr statt fand.*)

Die Vereinbarung Pezzens mit dem Michaël-Woda, wie auch seine Hinreise zu diesem, um mündlich mit ihm abzuschliessen, erfolgte durch Zustimmung und Anrath der beiden andern Kommissäre Ungnad und Székely, welche das getroffene Uebereinkommen nicht blos genehmigten und bestätigten, sondern auch dem Kaiser zur Genehmhaltung dringend anempfahlen.**)

Nachdem das österreichiche frühere Einverständniss mit dem Tatarchan diesen zu ruhigem Verhalten während des diesjährigen Feldzuges, den Kaiser aber zu einem Geldgeschenke von 10.000 Dukaten an denselben verpflichtete, musste es dem Michai-Woda natürlich auffallen, dass der nach der Tatarei abgeordnete kaiserliche Agent Alois Radibrati, ein Dalmatiner, nicht nur gar keinen Theilbetrag der festgesetzten Loskaufsumme, sondern an sonstigen Geschenken für den Tatarchan blos sechs Becher mitführte. Den schlechten Erfolg voraussehend, rieth Michaël-Woda von so magerer Beschickung ab und übernahm dafür die Verantwortung.

Unterdessen wuchs die Türkengefahr sichtlich. Die osmanischen Streitkräfte concentrirten sich an der Donau, welche zu dem Ende überbrückt ward, und in Giurgewo und Rusczuk standen bereits unter drei ansehnlichen Paschà bedeutende Heeresabtheilungen, des Losbruches gewärtig. Zudem beordnete die Pforte den Giuseldsche Mechmet-Paschà von Silistria zum Tatarchan, um sich der Mitwirkung desselben zu versichern.

Zur Beschwörung des drohenden Ungewitters schickte der kluge Michaël an Ibrahim-Paschà von Belgrad eine Gesandtschaft, bestehend aus einem walachischen Bojaren, Dimo

---

*) Relation des Franz Barilowitsch an die kaiserl. Kommissäre, Weissenburg, 6. August 1600. Auch Relazione di Alovise Ratibrati ai Sigri Commissary, Szathmár, 9 Agosto 1600.

**) Ungnad u. Székely an den Kaiser, Szathmár, 4. August 1600.

Diese überbrachten dem Paschà nebst den ergebenheitsvollen Tschelebi, und Barnalfi, einem siebenbürgischen Edelmanne. Schreiben auch die Geschenke des Woïewoden : fünf Falken, zwei riesige Hunde (canes sansoni), vier Zobelpelze, und eine schöne Uhr in Gestalt eines Hahnes; die Absendung des Tributes verhiess Michaël sogleich nach vollendeter Einsammlung, und bat wegen des Verzuges um Nachsicht. Zu gleicher Zeit fertigte er an die Pforte eigene Gesandte, die auch als Geiseln bei ihr zu verbleiben hatten, mit einem Geldbetrage von 20.000 Dukaten, wie auch mit anderen werthvollen Geschenken in Gold- und Silberwaaren ab. *)

Wie wenig er die seinen Zwecken zusagende Treulosigkeit scheute, bekundet folgender Anschlag, den er den kaiserlichen Kommissären melden liess. Sobald die österreichischen Truppen unter Basta in oder bei Tasnád eingerückt wären, gedachte er nämlich hievon die Anzeige an Ibrahim-Paschà zu erstatten, diesen Heranzug aber für einen feindlichen, auf Siebenbürgen gemünzten Akt auszugeben und um schleunige türkische Hülfe dringend zu flehen. Rückte nun Ibrahim-Pachà, wie zu erwarten stand, an der Spitze seines Hülfsheeres in's offene Feld, um sich mit dem Woïewoden zu vereinigen, so sollte ihn dieser unvermutet auf der einen, Basta aber auf der andern Seite angreifen und also den zwischen zwei Feuer gerathenen Feind dem sicheren Untergang weihen. Der Besiegung der Türken würde alsdann weit leichter die der Polen und Tataren folgen.

Seine Verheissungen klangen so aufrichtig, seine Betheuerungen so unverbrüchlich, seine Lockungen so verführerisch, dass aus ihnen auf kaiserlicher Seite vollkommen Zuversicht und Willfährigkeit hätten entspringen müssen, wucherte nicht bereits in beiden Theilen gegenseitig unvertilgbares Misstrauen und das, obzwar nicht eingestandene Bestreben, einander aus Siebenbürgen's Besitze zu verdrängen. Seine nicht weniger eifrigen als verdeckten Bemühungen, den Kaiser mit Polen zu veruneinigen und hiedurch letzteres von dem Feldzuge gegen die Moldau und Siebenbürgen abzuhal-

---

*) Litterae Joannis Thoraconimi, Secretarii, ad D-os Commissarios Albae Juliae, 5 Augusti 1600.

ten, blieben ja dem wachsamen Wiener Hofe nicht unbekannt ;
je deutlicher aber sein Hintergedanke, mit österreichischer
Hülfe sich ein schönes Land bleibend anzueignen, dessen Regiment er nur widerwillig als kaiserlicher Statthalter für fremde Rechnung führte, zu Tage trat, desto sicherer musste ihm
vollends bei den Kaiserlichen das Urtheil gesprochen werden.

So durchschaute man ihn österreichischerseits gar wol,
als er meldete, der Fürst (Knias) Basil von Podolien wäre mit
40.000 Mann in's Feld gezogen und forderte den Einmarsch
der kaiserlichen Truppen in Polen, und für solchen Fall vollkommenen Anschluss seiner Streitkräfte, wie auch Ergebenheit und Folgeleistung an den Wiener Hof versprach.

Der Hass der siebenbürgischen Stände gegen den Woïewoden wuchs mittlerweile in so bedenklichem Maase, dass
sie nunmehr auch zur That zu schreiten und lieber mit den
Waffen in der Hand zu fallen als demselben länger zu ge-
horchen beschlossen. Insbesondere unterhielten seine Haupt-
feinde Báthory István de Somlyo, [*]) Báthory de Ecsed und
Bocskai István gefährliches Einverständniss mit dem vertriebenen Sigismund Báthory, dessen baldiges Einrücken mit
einem in Polen geworbenen Heere sie sehnsüchtig erwarteten
und dringend betrieben. [**])

Die aber nicht an den Sigismund Bathory hielten, verriethen ihn an den Kaiser oder an beide zugleich, so dass
selbst die scheinbar Treuesten nur dem geeigneten Zeitpunkt
zum Abfall entgegenblickten, wie Stephan Bocskai, [***]) Stephan
Csáky, Balthazar Bornemissza und Kaspar Kornis. Lezterer,

[*]) Dieser Stephan Báthory unterhielt mit den Kaiserlichen Einverständniss, gab ihnen Nachrichten über Michaël's Treiben, und bat sie um Rath
wie auch um Hülfe in der Noth. (Relatio Reverendi Georgii Geörgfalusy a
D-no Stephano Báthory de Somlyó ad D-nos Ungnad et Székely cum Creden-
tionalibus 19 Augusti 1600 expediti.)

[**]) Relatione di Aloyise Radibrati ai Commissarj Imperiali, Szathmár,
9 Agosto 1600.

[***]) Dieser bat nämlich den Kaiser um Rückstellung seiner siebenbürgischen Güter, die auf Befehl des Kardinal's Andreas Báthory waren eingezogen worden ; er hielt es daher gleichzeitig sowol mit dem Woïewoden, wie
mit dem Kaiser. (Gesuch Stephan Bocskai's de Kys Mária an den Kaiser,
August 1600.)

vordem Michael's Gegner und desshalb dem Kaiserhofe mehr gewogen, hatte durch die dem Woïewoden bei der moldau- ischen Expedition geleisteten Dienste sich in desselben Gunst und Vertrauen eingeschlichen, und zur Belohnung dafür seine ansehnlichen Güter in Siebenbürgen zurückerhalten.

Des Woïewoden Unterhandlung mit dem Kaiser in Be- treff Siebenbürgens währte indessen auch nach Pezz's Abreise nach Wien noch fort, so dass also die mit dem Lezteren ge- troffene Vereinbarung um so weniger als endgültig gelten mochte, da Michaël im Hinblick auf die stark drohende Kriegsgefahr und die Widerspänstigkeit des siebenbürgischen Adels sich nunmehr weit leichter einige Zugeständnisse ab- dringen liess. Eine neue Gesandschaft, gebildet aus Kaspar Kornis als erstem, und dem schlichten und ungebildeten Lo- gothet Stoika, als zweiten Bevollmächtigten, unter welchem Titel dieser jenen zu überwachen und unschädlich zu machen hatte, übermittelte in das kaiserliche Hoflager die theilweise neuen Vorschläge des Woïewoden:

Dieser sollte den Woïewodentitel ablegen und den eines kaiserlichen Gouverneurs von Siebenbürgen annehmen, alle Ausfertigungen nur im Namen und mit dem Siegel des Kai- sers besorgen. Ihm zur Seite stünde zur Landesverwaltung ein Beirath aus dreizehn Mitgliedern, von denen der erste und vornehmste vom Kaiser zu dieser Stelle beordert, die übrigen zwölf aus der Siebenbürger Mitte entnommen würden. Der kaiserliche Rath sollte ein kriegserfahrener fähiger Kriegs- mann und nur während des Krieges auf diesem Posten be- stellt sein. Die beiden Gesandten drangen vor der Hand auf schleunige vollständige Auszahlung der dem Woïewoden im verwichenen Jahre noch zugesagten Geldsumme von 100.000 Thaler, wovon ein Theilbetrag seitdem im Rückstande geblie- ben. Ein dringendes Schreiben Michael's an die kaiserlichen Kommissäre suchte dieser Forderung durch Hinweisung auf die Gefährlichkeit der Lage entsprechenden Nachdruck zu verleihen.

Als diese Gesandtschaft von Szathmár, wo sie mit den kaiserlichen Kommissären eine Unterredung pflog, sich zum Besuche Basta's gegen Erlau hin auf den Weg machte, rie- then jene diesem die Vorsicht an, den zugedachten Besuch in einiger Entfernung vom kaiserlichen Truppenlager desshalb

entgegen zu nehmen, damit die hohe Meinung der Gesandten
von der österreichischen Heeresstärke nicht durch den An-
blick des winzigen Lagers eine Abschwächung erleiden möge.
Hauptzweck dieses gesandschaftlichen Besuches war die
Erwirkung schneller Truppenhülfe. Michaël, allerseits bedrängt,
legte seinen alten Groll gegen seinen gefährlichsten Feind,
den General Basta ab, forderte ihn gleichfalls zur Aussöhnung
im Interesse des kaiserlichen Dienstes auf, und er heischte die
sofortige Zuweisung einer Heeresabtheilung von 3000 Hus-
saren, 1000 Kürassiren und 500 Mann deutschen Fussvolks
nach Siebenbürgen so dringend, dass hiezu nicht einmal die
erbetene Genehmigung des Kaisers abgewartet, sondern unmittelbar zur Ausführung geschritten werden sollte. Zugleich
ging sein Wunsch auf Annäherung der übrigen österreichischen
Truppen an die Gränze dieses Landes, sowol um den anrücken-
den Polen und Tataren rasch die Spitze bieten, wie auch um
dem wachsenden Uebermut des siebenbürgischen Adels einen
Zaum anlegen zu können. Endlich verlangte er beharrlich eine
Scheindemonstration der Kaiserlichen wider Polen, in der Absicht, die feindlichen Streitkräfte wo möglich zur Zersplitte-
rung nach mehreren Richtungen zu zwingen.*)

Die «Nattern», (wie Ungnad und Zekely die Landstände
Siebenbürgen's nennen), die Michaël vertrauensvoll im eigenen
Busen nährte und vor denen ihn sogleich nach seinem Siege
die kaiserlichen Kommissäre gewarnt hatten, fingen nunmehr
an sich zu regen und denjenigen tödtlich zu stechen, der sie
einst weder dem Kaiser ausliefern noch mit Kerker- oder
andern Strafen belegen und sonach unschädlich machen wollte. Diese Strenge hatten aber die österreichischen Kommissäre desshalb angerathen, weil die siebenbürgischen «Nattern»
auch gegen den Kaiser ihre bösen Stiche zu richten sich entschlossen zeigten. Je drohender die Krisis ausbrach, desto
ungescheuter wälzten die kaiserlichen Commissäre in ihren
Zuschriften an den Fürsten alle Schuld auf die Ueberhörung
eines Rathschlages, der, wenn gehörig befolgt, sowol für den

---

*) Bericht von Ungnad und Székely an den Kaiser, Szathmár 13. August
1600. — Litterae Michaëlis Voïvodae ad Caesareos Commissarios, Albae Juliae,
8 et 14 Augusti 1600.

Kaiser als für den Woïewoden selbst Siebenbürgen hätte retten können; ja sie legten ihm zur Last, er habe diese ihm selbst nunmehr nach dem Leben trachtenden «Schlangen» blos aus Verachtung gegen des Kaisers Autorität nicht sofort beseitigt; so büsse er nun selbst am meisten, dass er nicht bei Zeiten in Siebenbürgen alle geheimen Anzettelungen der Feinde unterdrückt und an den Häuptern nicht «warnende Beispiele» aufgestellt habe. *)

Die ohnehin grosse Aufregung noch gewaltig zu steigern und zu verallgemeinern, trugen die groben unleidlichen Ausschreitungen der bunten Soldateska des Woïewoden das Ihrige wesentlich bei. Sie erzeugten bei den Bedrängten Selbsthülfe, diese aber beim Fürsten Rachelust im vermeintlichen Interesse seiner Autorität, die er für verlezt und sühnungsbedürftig hielt. Schwer büsste die wolhabende Stadt Hunyad, die eine walachische Besatzung von hundert Mann unterhielt, ihren durch die unerträglichen Uebergriffe der letzteren hervorgerufenen Aufruhr, bei dem fünfzig dieser Söldlinge zum Opfer fielen. Nun schritt die Bürgerschaft der Stadt beim Fürsten um Urtheil und Strafe für die Schuldigen ein, und erhielt von ihm die betreffende Zusage; trotzdem jedoch sah sich die Stadt (6. August 1600) auf des Fürsten Befehl unvermutet von 2000 Kosaken und Walachen feindlich umzingelt, die als Repressalie fünfzig Bürger unbarmherzig niederhieben, Kinder spiessten, Schwangere mordeten, die Stadt ausplünderten und sie schliesslich mit ihren 300 Häusern in Asche verwandelten. Gewaltiger war noch die Erbitterung als der Schrecken im Lande über diesem Akt von Grausamkeit, und Michaëls zuchtlose Schaaren hielten sich zur Plünderung für desto berechtigter, als er ihnen den verheissenen Lohn nicht zu entrichten vermochte. **)

---

*) Litterae D-ni Ungnad et D-ni Székely ad D-um Stephanum Csáky Sathmár, 23 Augusti 1600. — Ungnad an Erzherzog Mathias, Szathmár 23. August 1600. — Ungnad und Székely an den Kaiser, 27. August 1600. — Litterae D-ni Ungnad et D-ni Székely ad Michaëlem Voïvodam, Szathmári, 30 Augusti 1600.

**) Relatio Joannis Thoraconimi, Secretary ex Transyluania reuersi, Szathmár 13 Augusti 1600.

In dieser verhängnissvollen Lage, wo das Misstrauen
allenthalben, die Eintracht nirgends waltete, wo man eben so
sicher auf Feinde als unsicher auf Freunde zählen konnte, und
wo selbst den Kaiserlichen nur geringe Hoffnung auf Siebenbürgen's Erwerb verblieb, fühlte sich Michaël um so beäng-
stigter als unter seinen eigenen Truppen der Mangel an Manns-
zucht und der Abfall zum Feinde starke Demoralisation ver-
ursachten und die Reihen gewaltig lichteten. Ein blutiger
Raufhandel zwischen einem Schwarm von 300 Kosaken und
seinen walachischen Truppen in Weissenburg artete zuletzt
in ein förmliches mehrstündiges Gefecht aus, zu dessen Stil-
lung kaum Stoika's und des Woïewoden ganze Autorität und
persönlicher Muth ausreichten, so dass während des Tumultes
beide in persönliche Gefahr geriethen und nur mit knapper
Noth sich in die Burg dieser Stadt zurückzuziehen vermochten. Bald darauf fielen, vom Feinde verleitet, 700 Kosaken
von Michaël gänzlich ab, rissen plötzlich aus und entkamen
über Sibo und Szigeth nach Polen.[*)]

Vergeblich wandte sich der noch zeitlich von ihrem
Anschlage unterrichtete Woïewode an die kaiserlichen Kommissäre und an Basta, um ihnen den Durchzug über Oberungarn wehren zu lassen. Die Commissäre, von haarspalten-
der Vorsicht oder Missgunst getrieben, glaubten sich desshalb
vorerst an Basta richten zu sollen, dieser aber war noch zu
entfernt, und mittlerweile schlüpften die Kosaken, die keine
solchen Bedenken trugen, über österreichisches Gebiet ganz
unbeanstandet durch.[**)]

Aber ein weit gefährlicherer Schlag sollte den Woïewoden durch den Treubruch seines tapfersten Generals treffen.
Moïses Székely, Michaël's Armee in der Moldau befehligend,
verliess eigenmächtig seinen Posten im verhängnissvollsten

---

*) Bericht der Commissäre Ungnad und Székely an den Kaiser, Szath-
már, 19. August 1600. — Georg Pogán's Vicegespann's der Marmarosch
Bericht an Ungnad und Székely, Szigeth, 26. August 1600.

**) Litterae Michaëlis Voivodae ad D os Ungnad et Székely, Albae
Juliae, 13 Augusti 1600. — Eiusdem literae ad Bastam, de eadem die. — Bericht Ungnad's und Székely's an den Kaiser, Szathmár, 19. Aug. 1600.

Augenblicke, brach daher mit dem Fürsten so gründlich, dass er seines Lebens nicht mehr sicher war. Er nahm demnach 103 auserlesene Soldaten mit sich und entwich in's geheim aus Siebenbürgen über Oberungarn nach Polen zum Sigismund Báthory. Zwar liess Michaël durch seine vornehmsten Bojaren an der Spitze einer Reittertruppe ihm nachsetzen, und Amnestie sowol wie auch neue Gunst nebst andern glänzenden Verheissungen für die freiwillige Rückkehr antragen; doch die Schnelligkeit des Fliehenden war grösser als die der Verfolgenden, welche weit zurückblieben. Gleich treulos verfuhr auch ein anderer Kriegsmann von gleich grossem Rufe, Gaspar Sibrik, der nach Grosswardein und von dort auch nach Polen floh. Der meineidige Uebertritt beider erschien um so bedauernswerther, weil sie in alle politischen und militärischen Geheimnisse des Woïewoden tief eingeweiht, daher ungemein gefährlich waren. Eben so scheiterte Mihaël's Versuch, durch Vermittlung des nach Torda abgeordneten Stephan Csáky den siebenbürgischen Adel in sein Lager zu entbieten. *)

Der Woiewode, über solche Untreue und Widerspänstigkeit gewaltig ergrimmt, griff nun zu Maasregeln der Strenge, die seinem reizbaren Temperamente ohnediess mehr zusagten, verfügte Gütereinziehungen, Einkerkerungen, selbst Niedermezlungen in reichem Masse, und liess selbst den Kaspar Cornis, der noch unlängst sein Gesandter und Vertrauter war, gefänglich einziehen. Dadurch erbitterte er wol, beruhigte aber keineswegs die Gemüther der Adels- und Magyarenpartei, die dem Woïewoden nicht blos in nationaler Beziehung grollten; denn Michaël's Regiment, welches in seinen höchsten Spitzen aus unwissenden Gewaltmännern verschiedener Race wie Stoika, Ban Mihalcze, Georg Raz (einem Slaven) und Peter Armin (einem Armenier) bestand, liess auch in politischer und administrativer Beziehung noch gar vieles zu wünschen übrig und konnte es auch nach dieser Richtung zu keiner Beliebtheit oder nur Erträglichkeit bringen. **)

---

*) Literae Stefani Csáky ad Commissarios Caesareos, Tordae, 21 Augusti 1600. — Ungnad und Székely an den Kaiser, Szathmár, 21. Aug. 1600.

**) Bericht Ungnad's und Székely's an den Kaiser, 27. Aug. 1600. Szathmár.

Unterdessen war schon Polen's Kronfeldherr Johann Za-
moysky, bei dem sich auch Sigismund aufhielt, gegen die
Moldau gerückt, hatte bis zur erwarteten Ankunft der Tata
ren bei Chotin ein Lager bezogen, und in dieser Festung
einen gewissen Polanowski, Ritter des goldenen Spornes (au-
ratus miles), zum polnischen Befehlshaber ernannt. Dadurch
nun kam nicht allein die Moldau in hohe Gefahr, sondern
es war Siebenbürgen selbst im Rücken bedroht.*)

Je bedrohlicher die Lage, desto drückender gestaltete
sich des Woïewoden völliger Geldmangel. Dieser zwang ihn
unter Anderm zu dem Auskunftsmittel, einen Ochsentrieb von
2000 Stück nach Ungarn des Verkaufes halber zu veranstalten, und er forderte von den österreichischen Commissären
Zollfreiheit für diesen Eintrieb.**)

Der Unmut und das Misstrauen der Kaiserlichen wider
Michaël wurden übrigens in letzter Zeit noch durch zwei Umstände bedeutend gesteigert. Zuvörderst nämlich liess sich
der Woïewode die Absicht merken, die von ihm confiscirten Güter siebenbürgischer Adeligen eigenmächtig Anderen
zu verleihen, worin die österreichischen Commissäre einen
Eingriff des Gouverneurs in die blos dem Kaiser als alleini-
gem Landesherrn von Siebenbürgen zustehende Souveranität,
wovon das Verleihungsrecht nur einen einzelnen Ausfluss
bilde, erblickten, wesshalb sie dem Kaiser die rechtzeitige Hintertreibung eines so missfälligen Vorhabens anrieten.***)

Ein noch belangreicheres Aergerniss für die Kaiserlichen
lag in der militärischen Expedition, womit der Woïewode den
Stephan Csáky zur Besiznahme der unter der Benennung
«äussere Theile Ungarn's (exteriores partes Hungariæ)» bekannten ostmagyarischen Comitate betraute. Ernstlichen Ein-

---

*) Literae Nicolai Kaliski, Vice-Capitanei Kolomiensis, ad D-um Fri-
dericum ab Herberstein, ex Arce Kolomiensi, 7 Augusti 1600.

**) Literae Michaëlis Vaivodae ad Commissarios Caesareos, Albae Juliae,
18 Augusti 1600. — Bericht Ungnad's an den Kaiser, Szathmár, 18. August
1600.

***) Bericht Ungnad's an den Kaiser, Szathmár, 28 August 1600.

spruch dawider erhebend, forderten die österreichischen Commissäre ungesäumten Gegenbefehl an Csáky, und drohten,
wofern diese Besiznahme dennoch zum Vollzuge käme, nicht
blos mit des Kaisers Ungnade, die auf das Ergebniss der
schwebenden Unterhandlungen nur einen nachtheiligen Rükschlag üben müszte, sondern auch nicht undeutlich mit einem
bewaffneten Einschreiten der Kaiserlichen Regierung zur Vereitlung der Vergrösserungsabsichten Mihaïls. [*)]

Bei so bewandten Umständen besassen die kaiserlichen
Kommissäre, dem noch immer gefürchteten Fürsten gegenüber, weder den Muth offenen Versagens noch die Resignation ruhigen Gewährens : sie befolgten also eine winkelzügige
Politik geschickten Lavirens und arglos scheinenden Hinhal-
tens, wodurch einestheils Michaël in fortwährender Anhänglichkeit an und Abhängigkeit von Oesterreich erhalten, andererseits aber aller Mittel, die ihm Siebenbürgen's Behauptung für eigene Rechnung erleichtern durften, baar und ledig
gelassen werden sollte. Der Woïewode forderte je länger je
dringender Geld- und Truppenhülfe : die Kommissäre erwiederten, sie müssten hiezu vorher des Kaisers Genehmigung
einholen und hätten den Alois Radibrat als Kurier nach
Prag in's Hoflager entsendet. Geldhülfe könne ihm übrigens
erst werden, wenn die angebahnte Vereinbarung in Betreff
Siebenbürgens die kaiserliche Bestätigung erhalten hätte.

Der Fürst, von der Noth des Augenblicks gedrängt,
flehte um Truppenhülfe auch vor Einlangen des kaiserlichen
Bescheides. Die Kommissäre erwiederten, seine Forderung sei
gerecht und sie würden dieselbe beim General Basta durch
den persönlich zu ihm eilenden Kommissär Michael Zekel angelegentlich befürworten, soweit die Rücksicht auf Oesterreichs eigene Sicherheit, die durch die Türken und Tataren
von Szolnok, Hatwan und anderen Orten aus stark bedroht
würde, es überhaupt thunlich erscheinen liesse.

Der Woïewode erneuerte seine Bitte mittels einer dritten
Gesandtschaft, die, aus dem Siebenbürger Kaspar Bornemissza,
wie auch einem walachischen Bojaren mit Vistiars Rang zu-

---

*) Litterae D-orum Ungnad et Székely ad Michaïlem Vaïvodam, Szath-
már, 30 Augusti 1600,
15,501 III.   2

sammengesetzt und abermals sowol an die Kommissäre als
auch an Basta beordert war. Die Kommissäre erwiederten:
bei den vielfachen Gerüchten über den Anmarsch der Türken
und Tataren wider Ungarn werde Basta's Antwort erst nachfolgen; und nicht minder sei auch in Betreff der Geldhülfe
bis zur Herablangung der kaiserlichen Entschliessung zur Zeit
noch einige abwartende Geduld von nöthen.*)

In Folge solcher Vorgänge verbitterte sich das Verhältnisz beider Theile augenfällig. Der ungeduldige Woïewode, sein dringendes Hülfsbegehren nochmals vorbringend,
fügte diesmal mit bitterer Klage hinzu, man verfahre nicht
redlich mit ihm, und gebe leere Worte für ernste Verheissungen, täuschende Vorspiegelungen für vereinbarende Unterhandlungen; es falle daher alle Verantwortung ob des bereits erlittenen und noch im Anzuge befindlichen Ungema-
ches auf diese Vertreter des Kaisers. Die Commissäre, ihm
wegen der Geldhülfe abermals auf Geduld, und wegen der
Truppenzuweisung auf Basta's Bescheid unbestimmt verweisend, wälzten unter Betheuerung ihrer Gewissensreinheit alle
Schuld von sich ab und auf Michaël hinüber: seine hartnäkige
Verschmähung der väterlichen Rathschläge des Kaisers und
der redlichen Mahnungen der kaiserlichen Vertreter in Betreff seines Verfahrens gegen die siebenbürgischen Ränke-
schmiede und Unruhstifter habe, weit mehr als aller Geldmangel, die heillose Verwirrung in diesem Lande herbeige-
führt, zu deren Lösung es nunmehr zu spät sei; in Bezug
auf die Geldfrage widerstreite des Woïewoden Ansinnen dem
zwischen ihm und Dr. Pezzen verabredeten Uebereinkommen,
in dessen Gemässheit diese Geldhülfe durch die vorgängige
kaiserliche Genehmigung der Festsetzungen über Siebenbürgen's Besitz, Verwaltung und Regierung bedingt werden sollte;
dennoch hege weder der Kaiser noch seine Commissäre, zum
Woïewoden so wenig Zutrauen, dasz sie für die geforderte
pekuniäre Aushülfe ihm die Stellung von Geisseln oder Un-
terpfändern zumuthen würden; ein neuer Kurier stehe übri-

*) Bericht Ungnad's an den Kaiser, Szathmár, 27. August 1600. —
Literae D-rum Ungnad et Székely ad Michaëlem Voïvodam, Szathmár, 10.
26 et 30 Augusti 1600.

gens bereit die beschleunigte Herablangung des endgültigen kaiserlichen Beschlusses zu ermöglichen. *)

Obwol nun von polnischer Seite alle Streitmacht zum Angriff auf die Moldau geführt und gegen Oesterreich keinerlei Feindseligkeit beabsichtigt wurde, so besetzten dennoch die Kaiserlichen die nächst Käsmark und Leutschau nach Polen den Zugang öffnenden Gebirgspässe; um so mehr fanden sie sich zur Besetzung der von Ungarn bei Huszth und Kövar nach Siebenbürgen leitenden Pässe veranlasst, theils um die in lezterem Lande ausgebrochene Krisis in der Nähe zu überwachen, theils um den Zuzug der Báthoryschen Anhänger nach Polen und der Moldau auf dieser Seite hintanzuhalten; denn die von Siebenbürgen nach der Moldau führenden Gebirgswege waren ohnehin schon von den wallachischen Truppen und den Széklern bewacht, welche letztere der Woïewode durch Zusicherung ihrer alten Rechte und Freiheiten für seine Zwecke eben so gut zu gewinnen verstanden hatte, wie die Bewohner der Festung Kövár, denen er dieselben Begünstigung zu Theil werden liesz. Basta rükte indesz schon gegen Siebenbürgen heran, wie es der Fürst Michaïl, freilich in anderer Absicht, wiederholt gefordert hatte.**)

Die Lage der Dinge war zu verwikelt und die Stimmung der einander gegenüberstehenden Parteien zu gereizt, um eine ruhige Lösung, einen geregelten Ablauf der angeschwellten Gewässer gestatten zu können. Wie nun Siebenbürgen's Besiz dem Woïewoden zu sehr am Herzen lag, um sich desselben freiwillig entäuszern zu wollen, eben so hatte auch der Kaiser sein Auge darauf zu innig und entschlossen geworfen, als dasz es die lokende Beute so leichten Kaufes ohne allen Kampf hätte fahren lassen mögen. Der Woïewode hatte österreichische Kriegshülfe wider seine siebenbürgischen Feinde erbeten und vertrauensvoll in's Land gelassen; Basta, ohne das mindeste zu verrathen, zog schweigend und dem Scheine nach als Hülfebringer heran, machte

*) Litterae Commissariorum Caesareorum ad Michaëlem Vaivodam, Szathmár, 30 Augusti 1600.

**) Berichte Ungnad's und Székely's an den Kaiser, 18. u. 27. Aug. 1600.

2*

aber sofort mit den Siebenbürgern Front gegen den Woïewoden.

Des lezteren Grausamkeit und Willkührherschaft, die zwar
schon in seiner heftigen Natur begründet, aber durch den
Trotz seiner inländischen Feinde aber noch gewaltsamer herausgefordert war, trugen allerdings zu diesem unerwarteten Bündnisse der Kaiserlichen mit der siebenbürgischen Nationalpartei
das Ihrige bei; im Grunde jedoch boten sie diesen beiden
blos einen schiklichen Vorwand zur Bemäntelung ihrer Hintergedanken, die nur zu bald sich offenbaren sollten. Ersah
nämlich das Wiener Kabinet in dem Augenblicke, wo gewaltige innere und äussere Feinde gegen den heldenmütigen Mi-
chai-Voda losstürmten, die beste Gelegenheit durch dessen
Verderben sich den bleibenden Besiz Siebenbürgens zu sichern,
so lag dagegen dem Adel dieses Landes an der Vertreibung
des vielgefürchteten Mannes hauptsächlich desshalb so viel,
weil die Abschüttelung des Fremden-Joches und die Wiedereinführung einer nationalen Regierung sich dann um so leichter erreichen liesze. Stände einmal nach Besiegung des Woïewoden die ohnehin wenig zahlreiche österreichische Hülfstruppe vereinzelt und auf sich allein angewiesen da, so
hoffte man, würde sie dem durch Polen, Moldauer und Türken unterstüzten Anpralle Siebenbürgens nicht Stand halten
können. Wie der Kaiser den Michai-Woda, so sollte Sigismund Báthory den Kaiser verdrängen, und deszhalb führten
die Siebenbürger diesen im Munde, jenen im Herzen. Auch
war diese Stimmung im kaiserlichen Lager so genau bekannt
und die Besorgniss so vorwaltend, es könnte die Schilderhebung der Nationalpartei eben zu Sigismund's Gunsten und in
Absicht auf eine Vereinigung mit demselben erfolgen, der
allbereits in der Moldau sich zum Einfalle rüstete, dasz man
es vorzog dem Unwetter noch bei Zeiten zuvorzukommen und
Sigismund's Anhang sich für den Augenblick als Bundesgenossen beizugesellen. In der Wahl der Bundesgenossenschaft
zwischen dem einheimischen und dem fremden Gegner entschied sich aber die wiener Politik mit richtigem Blik für
den ersteren, der jedenfalls als im Lande wurzelnd mehr zu
fürchten war als der tapfere Eindringling aus der Walachei,
dessen mehr auf seiner seltenen Persönlichkeit als auf der
Geltung des von ihm repräsentirten nationalen Elementes ru-

hende Herrschaft ephemer und äuszerlich aufgepfropft schien. Das Misztrauen war indesz gegenseitig und gleichbemessen: während also die Kaiserlichen nach dem Besize der in Michai-Woda's Gewalt befindlichen Festungen Kövár und Szamos-Ujvár strebten, um den Ständen zuvorzukommen und gegen sie strategisch sich im Vortheil zu stellen, wurde dagegen siebenbürgischerseits durch Besetzung und Absperrung aller nach Ungarn führenden Gebirgspässe und Verkehrsstrassen alle österreichische Verbindung mit dem Woïewoden so scharf abgeschnitten, dasz die Kaiserlichen Commissäre von ihm nicht einmal Bescheid auf ihre Anfragen zu erlangen vermochten.

Der wirksamste Anstosz und der entscheidende Anschlag zur siebenbürgischen Erhebung ging übrigens von kaiserlicher Seite aus. Die Stimmung der Commissäre, bei denen sich auch Dr. Pezzen befand, zu erforschen, und seine persönliche Ergebenheit an den Tag zu legen, verfügte sich zu ihnen nach Szathmár Franz Allard, einer der vornehmsten Häupter der Nationalpartei. Auf seine Bemerkung, dasz nur des Woïewoden Schrekensherschaft den Anschlusz und die Huldigung Siebenbürgens an den Kaiser gewaltsam hintanhalte, lautete der Bescheid der Commissäre: «ein ganzes Land «könne jederzeit einem einzelnen Menschen widerstehen und «schaden». Dieser offenbare Aufruf zur Revolution verbreitete sich alsbald wie ein Lauffeuer unter den siebenbürgischen Magnaten, und wirkte umso tiefer, als die Kunde von Basta's Heranzug mit seiner Streitmacht den praktischen Kommentar hiezu lieferte. Die Stände beriethen sich insgeheim, warben Truppen, verleiteten die Anhänger Mihai-Woda's zum Uebertritte, organisirten sich nach Möglichkeit, zogen die Städte in die Volkserhebung mit hinein und bezogen wolgerüstet und kraftbewuszt das Lager von Thorda. Dort sagten sie dem Woïewoden offen den Gehorsam auf und sandten sofort mit dringenden Bitten um kaiserliche Truppenhülfe. Als diese nicht sogleich erfolgte, indem sowol die Commissäre als Basta selbst in Betreff der zu ergreifenden Partei noch unentschlossen waren und dem Gesuche lediglich mit der umbestimmten Versicherung ernstlicher Rüksichtnahme und angelegentlicher Fürsorge um des schwergeprüften Landes endliche Beruhigung erwiderten, so erging bald darauf an die Commissäre ein noch dringenderes Bittschreiben der Stände, in welchem sie für den Verweigerungs- oder Verzögerungsfall der begehrten Hülfe ihren durch den Drang des Augenblikes gebotenen Beschlusz, sich auf Sigismund's Seite zu schlagen, nicht undeutlich durchschimmern lieszen. Sie erklärten ihre unverbrüchliche Treue und thatbereite Hingebung für den Kaiser, den sie als ihren rechtmäszigen Herrn anerkannten, und gaben, sich als Gesammtheit entschuldigend, die gegenkaiserlichen Kundgebungen früherer Zeiten blos den Umtrieben einzelner Parteigänger zur Schuld; allein nur durch rasches Handeln könne das Land dem Kaiser gerettet werden; ginge für diesen nun Siebenbürgen verloren, so wäre ein so beklagenswerthes Ereignisz ausschlieszlich der gar nicht oder doch zu spät geleisteten Kriegshülfe zuzuschreiben, und sie müssten für solchen Fall jegliche Verantwortlichkeit vor Gott und Menschen entschieden von sich ablehnen.

Eine so schwere Verantwortlichkeit auf sich zu laden, trugen aber die Commissäre und insbesondere Basta um so weniger Lust, als nicht blos von beiden streitenden Parteien, sondern eben so von Seiten einzelner einfluszreicher Privatmänner wie Gyulaffi Lászlo und Franz Allard de Pánith, sich die Aufforderungen zum bewaffneten Einschreiten täglich mehrten, dessen Unabwendbarkeit einhellig andeutend, solle nicht der vornemlich in den unteren Klassen wurzelnde und rastlos thätige Anhang Sigismund's vollends die Oberhand gewinnen. Zugleich sandte die Stadt Klausenburg zwei abgeordnete, Martin Borbély und Peter Stenzel, an die Commissäre, mit der Anzeige, dasz die im Lager zu Thorda versammelten Stände, Gespannschaften und Széklerstühle ihr den Anschluss an die begonnene Kundgebung und die Aufstellung einer Schüzenabtheilung von 1000 Mann im gemeinschaftlichen Lager angesonnen habe; um nun nicht wie bei früheren politischen Veränderungen, abermals in den Verdacht kaiserfeindlicher Gesinnung und Bestrebung zu verfallen, bat sie um gutächtliches Anrathen in Betreff der unter so schwierigen Umständen einzuschlagenden Richtung, der sie als treugesinnte und dem Kaiser gehorsame Stadt unabänderlich zu folgen verhiesz. Ungnad nahm die beiden Abgeordneten in Basta's Lager zu Szántó Tasnád und ertheilte ihnen daselbst den Bescheid, er werde bei seinem baldigen Aufbruche nach Thorda seinen Weg über Klausenburg nehmen und persönlich den geforderten Rath kundgeben.*)

Um die noch schwankenden Kaiserlichen zum Einruken vollends zu bestimmen, stellten Siebenbürgens Stände und gesammter Adel ein förmliches Sichergeleite für des Kaisers Hülfsheer und Commissäre aus, worin sie nicht nur alle von beiden Theilen *gemeinschaftlich* (nobiscum una) zu fassenden Beschlüsse gut zu heiszen und zu vollziehen vesprechen, sondern auch eidlich angeloben und sich verpflichten, falls noch vor dem Eintreffen dieses Hülfskorps irgend ein Feind oder Nebenbuhler mit Eroberungsabsicht ins Land einfiele, demselben weder Hülfe, noch Beistand zu bringen, vielmehr aus allen Kräften und mit vereinter Macht Widerstand zu leisten und ihn aus dem Lande zu vertreiben. Diese Lossagung von Sigismund's Partei nebst der offenen Verdammung und der zugesagten Abweisung des von ihm beabsichtigten Einfalles verfehlte die gewünschte Wirkung keineswegs: der Einmarsch der Kaiserlichen ging in Eilmärschen vor sich, Pete László und Tököly mit ihren Abtheilungen wurden sofort, als Basta's Vorhut, zur Vereinigung mit den Ständen beordert, um diesen Mut und Trost zu bringen, und am 15. September stand Basta mit seinem kernigen Heere und auch Ungnad im Lager zu Thorda, wo die ständische Streitmacht, die allein schon 20—25.000 Mann zählte, gleichfalls Kampfbereit concentrirt war. Doch nicht bedingungslos anerkannten die Stände die österreichischen Oberheit, sie stellten viel mehr ihre Postulate, die vorzugsweise auf Gewährung und Sicherstellung der Religionsfreiheit Bezug hatten und deren Verhandlung die Kaiserlichen sich für später vorbehielten, indem

---

*) Bericht Ungnad's und Székely's an den Kaiser, Szathmár, 8. September 1600. — Literæ responsoriæ D-ni Ungnad ad Judicem juratosque cives Civitatis Claudiopolitanæ, Incastris ad Szántó prope Tasnád positis, 7 Septembris, 1600. — Responsoriæ D-ni Ungnad et D-ni Székely ad Proceres et Nobiles Transylvaniæ, In castris ad Majtény positis, 5 Septembris 1600. — Literæ Statuum et Ordinum et universæ Nobilitatis Transilvaniæ ad Cæsareos Commissarios, In castris ad appidum Thorda positis, 6 Septembris 1600. — Literæ Francisci Allard de Pánith ad D-um Ungnad et D-m Székely, In castris ad appidum Thorda positis, 6 Septembris 1600.

hieruber des Kaisers selbsteigene Entscheidung endgultig eingeholt werden muszte. *)

Nun erst war der Bruch mit dem Woïewoden vollständig, und die Repressalien begannen sofort auf beiden Seiten.
So liesz Ungnad die 2000 Rinder, die Michaï-Woda aus der
Walachei zum Verkaufe, oder wie er angab, zur Beschenkung
des Kaisers, nach Ungarn abgeschikt hatte, mit Beschlag belegen, bis das Schicksal des nunmehr als Feind erklärten Mannes zur Entscheidung herangereift wäre. Und um so natürlicher war es, dasz die noch rückständige, dem Woïewoden
zugedachte kaiserliche Geldhülfe nunmehr gegen ihn verwendet wurde, weil man die ganze Schuld des Aufstandes auf ihn
allein schob. Der Commissär Székely durchzog die Comitate
an der siebenbürgisch-ungarischen Gränze, um sie zum bewaffneten Aufgebote wider den Woïewoden aufzureizen. Des
letzteren Hülfsmittel und Hoffnungen schwanden zusehends
in dem Masze als die Zahl und Kühnheit seiner Feinde sich
verdoppelnd mehrte. Der Abfall lichtete seine Reihen, und
der Geldmangel trieb die nicht gelohnten Soldtruppen in das
feindliche Lager hinüber, wo sie gute Besoldung nebst Aussicht auf Beute fanden. Die ganze besoldete ungarische Reiterei Michaï-Woda's, 20 Fähnlein stark, dessen Hofinfanterie,
600 Mann zählend, die berittenen Székler vom Maroser Di-
strikt, 400 Mann stark, sämmtliche Székler, sowol Reiter als
Fuszgänger, aus dem Aranyoser Stuhl, das ganze Aufgebot
von Dees, Thorda, Enyed, eine nicht unbedeutende Ko-
sakenabtheilung: all diese Truppen schwellten nunmehr die
feindliche Heeresmasse an, die somit an Abtrünnigen 2000
Walachen, 800 Rascier, 700 Szekler in sich aufgenommen
hatte. Selbst die vorsichtigen Sachsen, obgleich den bewaffneten Ständen sich nicht anschlieszend, sagten dem Woïewoden, der in sein Lager sie beschied, den Gehorsam auf,
und ihre Stadtrichter erklärten ihm, dasz die Beschlüsse des

---

*) Bericht Ungnad's und Székely's an den Kaiser, Szathmár, 11. Sep-
tember 1600. — Lettera di Giorglo Basta al Sig-r Ungnad et Sig-r Székely, Zilah
9 Settembre 1600. — Literæ obligatoriæ, à Proceribus, Magnatibus, Ordi-
nibus et universa Nobilitate Transylvaniæ ad D-um Ungnadium et D-um Zeke-
lium ex Castris ad oppidum Thorda positis, 7 die Septembris A-o 1600 scriptæ. — Bericht Ungnad's an den Kaiser, Klausenburg 15. September 1600.

demnächst zu Hermanstadt abzuhaltenden sächsischen Natio-
nalconvents auf das Verhalten ihrer Nation allein maszgebend
sein würden; dies war offenbar eine auf Zeitgewinn berechnete Politik, um sich nach des Kampfes Entscheid selber zu
entscheiden.*)

Des Krieges überdrüssig, weil durch dessen Last und
Ungemach schwer gedrückt, begann auch schon das arme
Landvolk von dem stamm- und glaubensverwandten Woïewoden sich abzuwenden. Zugleich suchten die Stände nicht
ohne Erfolg durch Absperrung und Unwegsammachung der
nach der Walachei und Moldau führenden Pässe dem Michaï-
Woda sowol die Hülfsmittel dieser beiden Länder wie auch
im Falle einer Niederlage den Rückzug dahin abzuschneiden.
Auch nach den noch übrigen Kosaken in des Fürsten Lager
warfen die Stände ihr Verführungsnetz aus, und nur die reichlichen Spenden und die argwöhnische Wachsamkeit des Sold-
herrn, verbunden mit der Unmöglichkeit, ihre sämmtlichen
Gepäckwagen gefahrlos mit hinüberzuflüchten, hielt die gewöhnlich dem Meistbieter sich hingebenden Steppensöhne bei
ihrer einmal übernommenen Dienstpflicht; gleichwol erklärten
sie, wofern die Stände wegen des in Stich zu lassenden Ge-
päckes volle Entschädigung zusagten, sich zum Ueberlauf
bereit. Ueberdies verfinsterte sich des Michaï-Woda Horizont
auch von anderer Seite immer stärker: der polnische Kanzler
und Sigismund Báthory standen bereits am Dniester, unweit
Kamenicz, und gedachten, im Bunde mit dem moldauischen
Fürsten Jeremias Movila, durch die Moldau nach Siebenbürgen vorzudringen. Vergebens protestirten Polens König und
Senat, die an der Verwiklung in Liefland sich schon genügen
lieszen, gegen einen Feldzug, der ihnen noch neue Schwierigkeiten mit dem Kaiser in Betreff Siebenbürgens und mit den
Türken wegen der Moldau gleichzeitig an den Hals zu ziehen
drohte; bei dem bösen Gefüge des polnischen Staatsorganis-
mus und bei der, die anarchischen Elemente fördernden Schwä-

---

*) Summa literarum Magnifici Stephani Csáky ad Generosum Gabrie-
lem Haller ex Castris ad Tordam positis die 4 Septembris 1600. — Ungarisches Schreiben des Balthazar Kornis an Leka Aga, Németi, 10. September
1600.

che der Centralgewalt war nichts natürlicher und gewöhnlicher, als dasz solch hohe und höchste Einsprache unbeachtet verhallte.

Michaël's Heer war nunmehr auf 10.000 bis 12.000 Mann zusammengeschmolzen, die Schaar seiner Getreuen durch Verrath ungemein verdünnt, und seine Stellung durch den Verlust Köwar's vollends unhaltbar. Nach dem Besitze dieser· starken Festung, die nebst Huszt und Grosswardein Siebenbürgen's Schlüssel bildete, streckten zur selben Zeit die Kaiserlichen sowol wie die Stände gierig die Hand aus, mit gleichem Misztrauen einander die Einnahme derselben miszgönnend. Leka-Aga, ein eben so tapferer als dem Woïewoden ergebener Mann, befehligte in desselben Namen und Auftrage die beiden Festungen Kövár und Szamos-Ujvár. An diesen Mann wandten sich beide Theile, die Oesterreicher und die Stände, aber jeder für eigene Rechnung und ohne Rücksicht auf den andern, mit Bitten und Vorwürfen, mit Versprechungen und Drohungen', um sobald als möglich die freiwillige Uebergabe der Festungen zu erlangen, und als gälte es nicht dem Verbündeten, sondern dem Feinde, trachtete jeder Theil mit groszer Hast dem Mitwerber hierin zuvorzukommen. Basta und Michaël Székely einerseits, die Stände und Stephan Csáky, der als Führer der Siebenbürger sich voran stellte, anderseits wetteiferten in Anerbietungen hohen Lösegeldes für die Abtretung beider, im beginnenden Feldzuge so bedeutungsvollen Bollwerke, besonders aber Kövár's, das vermöge seiner Lage eben so den Eingang nach Ungarn öffnen wie den nach Siebenbürgen sperren konnte. «Besser sei es», schrieb Csáky dem Leka-Aga, «mit der *Christenheit* zu halten als mit dem *gottlosen* Menschen, der ihn (Leka) so unverschämt plage.» Die Stände verhieszen dem Leka-Aga wolwollende Aufnahme, sicheres Asyl und ein Gut als Geschenk, wenn er ihnen beide Festungen einräumte, und sie trugen vor ihm eine so entschieden kaiserliche Gesinnung zur Schau, dasz er über ihren letzten Gedanken sich leicht einer Täuschung hätte hingeben dürfen. Allein während er in Szamos-Ujvár von Kaspar Kornis's Sohne eingeschlossen lag, erhielt er österreichischerseits den Ueberbot von *drei* Dörfern, die zu der Veste Köwár gehörten. Das entschied nun die Sache, und solchergestalt glückte es dem mit Energie gepaarten Unterhandlungstalente Michaël

Szekely's, Kövar für die Kaiserlichen in Besitz zu nehmen und somit den Ständen einen Vorsprung abzugewinnen.

In dieser Klemme schwankte Michaël-Voda, zwischen Erbitterung und Verzweiflung, zwischen Gram und Rachedurst, die sich abwechselnd in äusersten Masznahmen offenbarten. Er beorderte vorerst noch an die Stände den Jesuiten Pater Gregorius und einen Calvinischen Prediger, sie mit guten Worten vom Aufstande abzuhalten und ihnen zu Gemüte zu führen, wie vielen unter ihnen er ja nur Gutes erwiesen, und wie er sie alle insgesammt auch ferrerhin gegen die Türken zu schüzen und zu vertreten beabsichtigt habe, wenn sie ihm nur als Fürsten des Landes Gehorsam bewiesen hätten; noch aber stehe er ungebrochen da und wolle falls sie in ihrer Widerspenstigkeit verharren, sein Äeuszerstes gegen sie wagen, ja selbst die Türken über sie hereinstürmen lassen.

Der Aufstand war schon zu weit gediehen, als dasz eine solche Botschaft irgend einen Erfolg hätte erzielen können: warnte doch selbst einer dieser Abgeordneten, der Jesuit Pater Gregorius, die Kaiserlichen vor den Anschlägen des gleisznerichen Woïewoden, dem man um so weniger trauen dürfe, als er des Paschá von Temeswar «Sscwurbruder» (d. i. eidlich zum brüderlichen Verhalten verpflichteter Freund) sei. Zur Einschüchterung seiner Feinde liesz nun der Fürst zwei säch sische Märkte im Medyaser Stul, Grosz-Schelken und Klein-Schelken, in Feuer aufgehen, und die siebenbürgischen Ständeglieder Senyey Pongraz, Bodoni Istwán, Barcsai András, Farkas Georgi und Bekes Istvän in Haft setzen. Die Stände dagegen um der ferneren Verwüstung ihrer Heimat und anderweitigen viel gröszeren Gewaltthaten zuvorzukommen, drängten eilig zur Entscheidungsschlacht, die auch bald mit so glänzenden Erfolge geschlagen ward, dasz der besiegte Woïewode keine Rettung als im schleunigen Rückzug erblikte.*)

---

*) Bericht Ungnad's und Székely's an den Kaiser, Szathmár, 10. September 1600. — Bericht Ungnad's an den Kaiser, Klausenburg, 14. September 1600. — Schreiben Stephan Csáky's an Leka-Aga, Lager bei Thorda, 7., 11. und 13. September 1600. — Aufforderungsschreiben der Stände Siebenbürgens an Leka-Aga, Lager bei Thorda, 10. und 13. September 1600. — Schreiben des Balthasar Kornis an Leka-Aga, Németi, 10. September 1600; ein zweites ohne Datum. — Mahnungsschreiben der siebenbürgischen Hauptleute des Verbündeten Heeres an Leka-Aga, Lager auf dem Kereszteser Felde,

Merkwürdigerweise hatte nur wenige Tage vor der Schlacht, die für den Woïewoden so verhängniszvoll werden sollte, der Kaiser den Abgesandten desselben in Prag auf die vorgebrachten Anträge einen gnädigen Bescheid ertheilt. Er bestätigte den Fürsten, wofern derselbe nur treu und gehorsam verbliebe, für Lebenszeit als Gouverneur von Siebenbürgen in kaiserlichem Namen, obgleich ein solcher Gouverneursposten sowol in christlichen Staaten wie auch selbst im osmanischen, nach bisheriger Uebung blos auf kürzere, in des Verleihers Belieben gestellte Zeitdauer übertragen würde. Zudem winkte die gleiche Kaiserliche Gnade Michaël's hoffnungsvollem Sohne huldvoll zu, da ihm nach des Vaters Hintritt, und in Voraussetzung gleich ausdauernder Treue auch seinen Nachkommen, eben so bei Siebenbürgens Regierung wie auch bei andern Gelegenheiten jede irgend thunliche Berücksichtigung und Auszeichnung in Aussicht gestellt wurde. In Betreff der Walachei, die Rudolph II. kraft des ungarischen Oberhoheitsrechtes früher schon für immerwährende Zeiten an Michaël und seine Dynastie zu Lehen gegeben hatte, gewährte er ihm nun auch die Begünstigung der *cognatischen* Erbfolge, die in der Regentenfolge der romanischen Fürstenthümer niemals Plaz gegriffen, und kraft deren in Erlöschungsfalle des Michaël'schen Mannsstammes die überlebende weibliche Linie das Herschenrecht als umbestreitbares Erbe überkommen und durch Verehelichung mit Männern die dem Hause Oesterreich und der Kronne Ungarn ergeben wären, mit Vorwissen und Bewilligung des jedesmaligen Kaisers als Königs von Ungarn, dasselbe auch wirklich geltend machen konnte.

Bedenkt man nun, dasz diese gnadenvolle Entscheidung zu einer Zeit erflosz, da Basta mit der kaiserlichen Armee bereits im vollen Anmarsch gegen Michaël loszog, um ihn zu vernichten oder doch aus Siebenbürgen herauszuschlagen, so erübrigt zur Erklärung des Phänomens blos die Annahme einer doppelten kaiserlichen Regierung, wovon die eine, die schwächere, im Hoflager zu Prag den Woïewoden mit Gna-

11. September. — Aufforderungsschreiben der Edelleute Mako Giorgi, Farkany Istwán und Horvát Giorgi im Namen der siebenbürgischen Stände an Leka-Aga, Lager bei Thorda, 13. September 1600. Literæ Cesareæ ad Georgium Bastam datæ, oh tres pagos Lekæ Aghæ cedendos, Pragæ, 1 Martii 1603.

denbezeugungen überhäufte, die andere, die stärkere aber in Basta's Feldlager denselben verdammte und feindlich angriff.*)

Der Rückzug des geschlagenen Heeres ging aber nicht ohne bedeutende Verwüstungen vor sich, wovon das Sachsenland insbesondere so arg betroffen ward, dass die Gemeindeverwaltung von Kronstadt an des Woïewoden Hauptmann, Johann Zelestey, mit der Bitte sich wandte, der Plünderlust seiner Soldaten Einhalt zu thun und dem Abzuge der mit ihrer Habe ihrer Heimat zueilenden Bojarinen und Rascierinen kein Hindernisz in den Weg zu legen, bis Michaël-Woda's Schicksal sich entschieden habe, denn, bemerkten wolweislich die klugen Sachsen, falls der Woïewode doch noch die Oberhand behielte, müszte ihm selbst ja viel lieber sein, ein bevölkertes als ein zu Grunde gerichtetes wüsstes Land sich zu erringen.**)

In dieser Nothlage und Angesichts so vieler Feinde entschlosz sich der nunmehr mürbe gewordene Woïewode in das Unvermeidliche sich zu fügen und auf dem Wege der Unterhandlung zu retten, was noch zu retten war. Er fertigte demnach eine Gesandschaft, bestehend aus dem Kriegsmanne Johann Zelestey und einigen anderen Bojaren, mit Vergleichsanträgen und einem sein Benehmen überhaupt rechtfertigenden Schreiben an Basta und die Stände ab. Die Antwort Basta's ist die eines hochmütigen Siegers, der den Ueberwundenen nicht blos durch harte Bedingungen unschädlich machen, sondern auch demütigen und mit bitteren Vorwürfen niederschmettern will. Oft genug sei an den Woïewoden, schreibt ihm Basta, durch Staatsboten zuerst, sodann durch Commissäre, endlich durch Dr. Pezz, die Aufforderung zur Räumung Siebenbürgens, immer aber fruchtlos ergangen. Derselbe habe vielmehr die Freiheit des Landes und Adels unterdrückt, die Blüte der Magnaten ungehört und ungerichtet in den Tod geschikt, alles Recht und Gesez mit Füssen getreten und dieses kaiserliche Kronland durch unerträgliche Erpressungen, wie

*) Extractus ex responso Cæsareo Legatis Michaëlis Vaïwodæ Pragæ, 12 Septembris 1600.

**) Antwortschreiben Valentin Hersell's, Stadtrichters von Kronstadt, an Johann Zelestey, Kronstadt, 19. September 1600. Ungrisch.

auch durch die Räubereien, Todschläge und Brandlegungen seiner Soldateska elendlich zu Grunde gerichtet. Aus christlicher Gesinnung wolle indess der Kaiser und Basta im Einverstädnisse mit den Ständen den Vergleichsantrag des Woïewoden annehmen; nur müsse dieser wegen Zuhaltung der neuen Vereinbarung seine Mutter, seine Ehefrau, seinen Sohn Peter und seine Tochter Florika als Geiszeln, seinen ganzen Schaz und all seine Kostbarkeiten als Pfänder in kürzester Frist nach Hermannstadt überliefern. Vor Allem aber solle Michael auf Siebenbürgen völlig und für immer ohne allen Vorbehalt verzichten, und demgemäsz sofort sein Heer dahin führen, wohin des Kaisers oder des kaiserlichen Bestellten Basta Befehl ihn anweisen würde. Nur auf solche Art könne der Woïewode durch Basta's Vermittlung sowol überhaupt die Wiederaufnahme in die vorige kaiserliche Gnade, wie auch namentlich die wirkliche Einräumung der ihm zugesagten Güter und sicheren Zufluchtstätte in Oberungarn mit Grund anhoffen.

Die nämlichen Zumutungen stellten und die nämlichen Verheiszungen ertheilten am gleichen Tage 15. September aus dem vereinigten Lager bei Hermannstadt auch die siebenbürgischen Stände ihrerseits an den friedensuchenden Woïewoden, nur dasz sie seine Bestimmung, künftighin zumeist gegen die Türken verwendet zu werden, genauer ausdrükten. Bald darnach 4. October erneuten sie dieselben Anforderungen und Zusagen aus dem nun weit vorgerükten Lager bei Wladeni, und während sie den Eintritt der Geiszeln und Pfänder gestatteten, beruhigten sie den um die Zukunft seiner Familie besorgten Fürsten dunch ein förmliches Versicherungsschreiben, (30. September) in welchem sie sich auf christlichen Treuglauben verpflichtet erklären die ihrer Obhut anzuvertrauenden Geiszeln und Pfänder unversehrt, unangetastet und unbeschädigt zu erhalten. Was es aber mit der Treue dieser Stände überhaupt für ein Bewandtnisz hatte, bekundete schon Tags darauf, am 1. October, der Aufruf Stephan Csáky's, des Hauptes und Feldherrn der Siebenbürger, an Baba Novak und die übrigen im Heere Michaï-Voda's dienenden Haiduken und Rascier. Er fordert sie im Namen der Stände auf, den »gottlosen, heidnisch gesinnten Woïewoden zu verlassen und sich für des Kaisers Sache der ständischen Armee anzuschlieszen.

Für diesen Abfall sagt er dem Anführer Baba Nowak ein
Dorf, den übrigen allen angemessene Belohnungen und Geschenke zu. Wer aber den Woïewoden *lebendig oder todt*
in der Stände Gewalt auslieferte, dem verheiszt er, gleichfalls
im Namen der Stände, die Betheilung mit Unterthansgrün-
den im Umfange von 500 Hufen. Als Baba Novak und seine
Truppenabtheilung ihre Bereitwilligkeit, von Michaï-Voda abzufallen, schriftlich den Siebenbürgern kundgaben, wiederholte
Csáky und mehrere Magnaten (Pancratius Sennyey, Bornemissza Boldizsár, Stephan Toldy, Bodoni István, Mindzenty Be-
nedict) die Aufforderung zur Fahnenflucht von ihrem *heidnischen* Oberhaupt (Pogány Fejedelem) und die Zusage eines
Gutes (joszágot) für denjenigen, der ihnen den Woïevoden
lebendig ausliefern würde, eines sehr guten Dorfes aber für
ihren Führer Baba Novak. Gleiches that am nämlichen Tage
auch Basta seinerseits, nur dasz er, eben so wie Csáky, den
heidnischen Woïewoden *lebendig oder sonst* ausgeliefert
haben wollte; er habe, fügte er hinzu, einverständlich mit den
siebenbürgischen Ständen die Ueberantwortung eines guten
Dorfes an Baba Novak bereits anbefohlen. Eine so heimtüki-
sche Aufwiegelung zum verräterischen Treubruch und Meuchel
Morde, erlassen während der weit vorgeschrittenen und fast
besiegelten Aussöhnung und Friedensunterhandlung mit dem
Woïewoden, streift nicht nur selbst an die Gränze des Ver-
rates, sondern gibt auch Zeugnis von dem unversöhnlichen,
aller Mittel fähigen Hasse Basta's und der Siebenbürger wieder
Michaël, wie auch von ihrer Furcht und dem hohen Werthe
den sie auf seine Habhaftwendung sezten. Glücklicherweise
je loch gelangten diese drei aufwiegelnde Schreiben, von Mi-
chai-Voda aufgefangen, nicht in Baba Novak's und seiner
Untergebenen Hände. *)

---

*) Literae responsoriae D-ni Bastae ad Michaëlem Vaivodam. Ex cas-
tris ad Cibinium positis, 25 September 1600. — Literae Nobilium Transylvaniae
ad Michaëlem Voivodam, Ex castris ad Cibinium positis, 25 Septembris 1600.
— Literae assecuratoriae Nobilium Transylvaniae ad Michaëlem-Voivodam, Ex
castris ad Porumbak positis, 30 Septembris 1600. — Literae eorundem ad
eundem. Ex castris ad Waldeni positis, 4 Octobris 1600. — Literae Stephani
Chiaky ad Baba Novakum caeterosque milites Haidonum et Rascianorum in
exercitu Michaëls Vaivodae existentium. Ex castris ad fluvium Olt positis,
1 Octobris 1600. — Literae Stephani Chiaky et aliorum Nobilium ad Baba No-

Während Michaël-Woda auf seinem Rückzug noch auf
siebenbürgischem Boden weilte, ging eine dreigliedrige Deputation, zu welcher Basta und die Commissäre den Sebastian
Tököly, kaiserlichen Rath, die Stände ihrerseits die beiden
Edelleute Vitéz Miklós und Bányay Márton ausersehen hatten,
als Träger der gemeinschaftlichen kaiserlichen und siebenbürgischen Friedensbedingungen, in dessen Feldlager zu Szent-Péter.

Das Ansinnen an den Woïewoden lautete dahin: Er sowol als sein Hof, Land und Kriegsheer sollen, alter Uebung
gemäsz, dem Kaiser *und zugleich den Siebenbürgischen Stän-*
den Treue schwören; er solle, Siebenbürgen verlassend, sich
sogleich in die Walachei zurückziehen, die in seinem Heere
dienenden Székler-Truppen in ihre Heimath wieder entlassen,
auch alles aus Fagarasch entführte Schieszgeräthe zurückstel-
len; zur Sicherstellung der Vertragserfüllung habe er seinen
Sohn und seine Tochter, dann seine vier vornehmsten Bojaren
Stoika, Udrabant, Preda und Armasch-Sawa als Geiseln in der
Stände Gewalt ausliefern, und auch alle seine Schätze ausfolgen.

Dagegen verhiesz man ihm völlige Wiederaussöhnung
mit den Ständen, Wiederaufnahme in des Kaisers Gnade,
stete Kriegs-Hülfe wider die Türken, wenn der Woïewode
auch seinerseits Gegenhülfe leisten wolle; die Anweisung des
Schlosses Gyalú zum Aufenthalte seiner als Geiseln auszulie-
fernden Familienglieder, jedoch unter Vorbehalt der kaiserlichen Genehmigung: die Bestätigung der von ihm unter
österreichischer Bewilligung den Széklern verliehenen Freiheiten. Die Stadt Fogarasch, deren Besitz der Woïewode sich
auszubedingen versuchte, verweigerten ihm die Stände, mit
dem Vorgeben, es gehöre dieselbe der Erzherzogin Maria
Christina, Gattin des Sigismund Báthory, und sie könnten
wider des Kaisers Willen nichts unternehmen; im Grunde
aber, weil sie dem gefürchteten Manne jede Gemeinschaft mit
Siebenbürgen von der Wurzel abschneiden wollten. Nachdem
endlich ihr eigenes Beglaubigungsschreiben in diesem Sinne
ihm bereits zugekommen war, forderten sie auch seinerseits
die Ausstellung eines solchen, damit sie eigene Gesandten an

---

vakum et caeteros Capitaneos, militesque Haidonum etc., Ex castris ad fluvium
Olt positis, 1 Octobris 1600. — Literae Generalis Georgy Bastae ad Baba Novakum caetoresque, Ex castris ad fluvium Olt positis, 1 Octobris 1600.

einen zu bestimmenden Ort abordnen und die Ausfertigung
der Friedensurkunde beschleunigen könnten. *)

Diesen Anforderungen, so hart sie auch waren und so
sehr auch sie seine ehrgeizigen Pläne durchkreuzten, fügte sich
der bedrängte Fürst ohne Murren. In die Hände der vorbenann-
ten Abgeordneten schwur er nebst seinen Bojaren sofort den
Eid der Treue gegen den Kaiser und die Siebenbürger auf
Grundlage der vorgedachten, von ihm gutgeheiszenen Bestimmungen, die ohne eben schriftlich gestellt zu sein, doch aus
dem Geiste des ganzen Uebereinkommens zu flieszen schienen.
Das Gefühl der Unterlegenheit und der von auszen drohenden
Gefahr hatte ihn zur mürben Nachgiebigkeit gestimmt. Denn
während einerseits das kaiserliche und Siebenbürgische Heer
ihm auf der Ferse folgten und den Rücken bedrohten, machten die Polen und des Jeremias Schaaren in der Moldau Miene
ihren gemeinsamen Feind in Siebenbürgen aufzusuchen. Dadurch
fand er sich nun veranlaszt, mit den Einen Frieden zu schlieszen, gegen die Andern aber sich mannhaft zur Wehre stellend, einstweilen zur Besetzung des Oituser Passes und man-
cher andern Gebirgszugänge eine Abtheilung von 4000 Mann
mit einigen Feldgeschützen an die Gränze zu beordern. **)

Nach des Woïewoden Rückzug fahndeten die Kaiserlichen sofort nach seinen Schätzen und Kostbarkeiten im
Schlosse zu Fogarasch, aber vergebens: denn der kluge Mann,
der sie nicht eben für seine Feinde aufgespeichert wähnte,
hatte trotz aller Eile und Verwirrung sie mitzunehmen nicht
verabsäumt. Sie rächten sich demnach an ihm durch eine
zweideutige Politik.

Von Feinden allwärts umlagert, von böswilligen Umtrie-
ben reichlich umgarnt, in den Hülfsquellen seines eigenen
Landes tiefbedroht, glaubte der Woïewode seiner eigenen
Macht und dem durch die Niederlage herabgestimmten Muthe

---

*) Literae Magnatum, Statuum, Ordinum et Nobilium Transylvaniae
nec non civitatum Saxonicarum ad Michaëlem-Vaivodam. Ex castris ad possessionem Voyla positis. 2 Octobris 1600.

**) Relatio Sebastiani Tököly ad Generalem C. J. Bastam et Commis-
sarios Imperiales. In castris ad Szent Péter, 3 October 1600.

seines Heeres nicht vollkommen trauen zu sollen, sondern
richtete aus dem nördlichen walachischen Gebirge, wo er sich
zur Zeit noch aufhielt, einen dringenden Hülferuf an die kaiserlichen Kommissäre und an Basta, um auf Grund der von
ihnen schriftlich ertheilten Verheißungen gegen die Uebermacht seiner herannahenden Feinde einige Truppenverstär-
kung zu erlangen. Er sei zwischen zwei Feuern, zwischen den
Polen, die eben Buseu belagerten, und den Türken, die Bukuresti inne hatten, so gefährlich gestellt, dasz ihm, zugleich
aber auch dem Kaiser und der ganzen Christenheit, durch
den Verlust der Walachei der höchste Schade drohe, wenn
man ihm nicht schleunig unter die Arme greife. Diese Bitte
wiederholte er um so öfter und nachdrücklicher, je mehr er
sich dem Feinde näherte, und beschränkte sie auf die Zuweisung von 2000 Mann Fuszvolk und 500 Reitern. Wenn
schon nicht ihm selbst, meinte er, so doch der Christenheit
zulieb, die an ihm einen bisher glücklichen Streiter verlöre,
sollte der geforderte Beistand gewährt werden. Auch ging
seine Bitte auf Rücksendung seines gefangenen türkischen
Schreibers Stephan, dessen er zur Besorgung seiner türkischen Korrespondenz bedürfe, nicht minder auf Loslassung
der zwecklos zurückgehaltenen Ehefrauen seiner Bojaren, Diener und raizischen Soldaten.

Kaiserlicherseits fand man sich nun in einiger Verlegenheit. Die österreichischen Truppen in Siebenbürgen waren
nämlich einestheils zu gering an Zahl, mitunter wegen Sold-
rückstandes miszgestimmt, die deutschen Abtheilungen eifrig
auf ihre Heimkehr bedacht und durchaus nicht gewillt sich
zu entfernteren Expeditionen verwenden zu lassen. Mit einer
so geringfügigen Streitmacht, zu der freilich auch Michaël's
ganzes ungeregeltes Heer zu rechnen war, mochte der Kaiser
es nicht für gerathen halten, sowol mit den Polen, die bereits
auf walachischem Boden standen, wie auch mit den Türken,
die sich nach Giurgewo zurückzogen, zu gleicher Zeit anzu-
binden, besonders da der Türkenkrieg in Ungarn ihm auch
sonst zu schaffen machte. Ueberdies flöszte ihm die Stimmung
der Gemüther in Siebenbürgen gegründete Besorgnisse ein.

In diesem Lande war die mächtige magyarische Nationalpartei trotz aller erlittenen Drangsale noch keineswegs so entmuthigt worden, um nach Frieden für jeden Preis langen und

ein kaum abgeworfenes fremdes Joch mit einem andern neu
aufzunehmenden gutwillig vertauschen zu wollen. Kaum erlöst
von dem eben so gefürchteten als verhaszten Woïewoden,
machten selbst vornehme Siebenbürger sich im Lager öffentlich mit den Worten Luft: ‹Gott habe ihnen von Einem Teu-
‹fel geholfen und dafür zehn andere auf den Hals geschickt.›
Hatten sie auch vorher bereits die österreichischen Absichten
durchschaut, so erhielten sie darüber volle Gewiszheit, seit ihr
Gesuch um Rückgabe der von den Kaiserlichen besetzten Festungen Kövár, Szamos Ujvár und Huszt verneinend beant-
wortet wurde. ‹Nicht gewizigt durch Gottes Strafe›, wie der
kaiserl. Kommissär Ungnad sich ausdrückt, schmiedeten die
Stände fortan böse Gegenanschläge, verweigerten den Huldigungseid vor dem Beginne des Landtages, stellten an den
Kaiser unannehmbare Bedingungen und erwiesen sich auch
sonst bei weitem nicht so gefügig als es die politische Dan-
kespflicht für die letzte Kriegshülfe wider Michaël zu fordern
schien. Viele ihrer Magnaten meinten sogar, man sollte die
Deutschen ob dieses Dienstes mit einem ansehnlichen Geschenke abfertigen und aus dem Lande hinausbitten, dagegen
den Sigismund Báthory mit seinen Truppen hereinrufen und
so dem Gewirre ein Ende machen. Auf ihren Antrieb geschah es vorzüglich, dasz die Truppen des Székely Moises wie
auch diejenigen, die von Michaï-Woda abgefallen waren, die
Eidesleistung an den Kaiser unter allerlei Vorwänden verzogen und verweigerten, dagegen dem in der benachbarten
Moldau weilenden Sigismund Báthory zuneigten und sich für
diesen bereit hielten.

Nur ein einziger einflussreicher Magnat erwies sich
dem kaiserlichen Interesse zur Zeit gewogen, aber auch dieser in höchst eigennüziger Absicht. Stephan Csáky de
Keresztszeg, nunmehr Generalkapitän der Herrn und oberster
Rath in Siebenbürgen, war es der zuerst den Woïewoden
Michaël an die Stände, dann die Stände an den Kaiser,
später wieder den Kaiser an die Stände verrieth. Er machte
seine Verdienste um das Erzhaus auf sehr nachdrückliche Art
geltend: er habe in der schweren Zeit, als Michaï-Woda, Siebenbürgen erobernd, die Adelsrechte fast gänzlich aufhob,
daselbst die härteste Tyrannei übte und des Kaisers Rechte
schmälerte, gleichwol den Adel und die Truppen in treuer

Anhänglichkeit an Oesterreich erhalten; als hierauf der polnische Kanzler sammt Sigmund Báthory in die Moldau einfielen,
Moises Székely 10.000 Mann des Expeditionsheeres nach
Siebenbürgen vorrücken liess und der Kanzler mit seiner übrigen Streitmacht gleichfalls nachzurücken sich anschickte, habe
er (Csáky) jene Truppen zum Rükzug aus Siebenbürgen zu
bewegen und die Polen von allen Feindseligkeiten gegen
lezteres abzuhalten vermocht. Als Belohnung also für die
geleisteten wie als Reizmittel für die noch zu leistenden Dienste
forderte er die Verleihung der Schlösser Szádvár und Sáros
oder anderer gleich werthvoller, und liess sich bis zur Herablangung der kaiserlichen Schenkungsurkunde eine Versiche-
rungsschrift darüber von Basta und den Kommissären ausfertigen. *)

Dem kaiserlichen Interesse sagte es keineswegs zu, den
Woïewoden Michaël so schwach und verzweiflungsvoll zu
wissen, dasz er entweder unter den Streichen seiner mächtigen
Feinde erliegen oder aber den Türken, die mit kluger Berechnung sich des Kampfes enthielten, sich in die Arme
werfen müszte; denn die Walachei in Feindes Hand lassen,
hiesz so viel als Siebenbürgens Ruhe und Sicherheit auf's
Spiel sezen, und mit einem Paschalik in der Walachei war
Siebenbürgen schon halb verloren. Die kaiserlichen Kommissäre waren daher einiger Hülfeleistungan den bedrängten
Woïewoden nicht ganz abgeneigt; desto mehr waren es aber
die trübsehenden Siebenbürger, die gegen den Kaiser den
Argwohn faszten, er gedächte dem Michaël blos deszhalb
emporzuhelfen, um durch dessen Arm abermals ihr Heimatland zu unterjochen. Da nun die Stände sich gegen die ihnen
angesonnene Truppen-Hülfe an den Woïewoden entschieden
sträubten, und da es anderseits gewagt schien, Siebenbürgen
von kaiserlichen Truppen ganz zu entblöszen, um sie dem
Woïewoden zu stellen, weil hiedurch die antioesterreichischen
Bestrebungen nur allzu freien Spielraum gewännen; so muszte
wol Oesterreich gute Miene zum bösen Spiele machen, sein
Gelüste auf die Walachei dissimuliren, sein oft und stark

---

*) Assecuratoriæ D-ni Basta et Commissariorum, a Domino Stephano
Csáky super donatione arcium Szádvár et Sáros. Octobris 1600.

betontes Oberhoheitsrecht über dieselbe mit Füssen treten
lassen und allen Verträgen und Zusagen zum Troz, Land und
Herrscher dem grausamen Schicksal preisgeben.

War man aber im kaiserlichen Lager durch die Gewalt
der Umstände zu einer nicht eben beneidenswerthen Rolle
verurtheilt, so besasz man doch nicht den Muth sie offen
einzugestehen. Man zog deszhalb vor, dem um Hülfe drängen-
den Fürsten zu bedeuten: man werde es an nichts ermangeln
lassen, was man schriftlich zugesagt habe, und wolle alles
was das Heil der Christenheit erheische, in Erfüllung bringen;
er möge nur sichere Berichte über Stand und Stärke von
Türken, Tataren und Polen einsenden, «damit man dem andringenden Feinde desto rechtzeitiger und bequemer entgegen-
ziehen könne.» Die gantze Falschheit und Hinterlist Basta's
und der beiden Kommissäre liegt in dieser Antwort, die verspricht, was sie nicht zu halten gedenkt, mit geschraubten
Zusicherungen verderbliche Hoffnungen erregt, und den Bundesgenossen, der vertrauensvoll Hülfe erwartet, hülflos im
lezten Augenblicke dem mächtigen Feinde überliefert.*)

Michaël-Woïewoda, die Uebermacht seiner offenen und
die Arglist seiner geheimen Feinde wol erkennend, hatte in
lezterer Zeit mittelst seiner Abgesandten bei der Pforte
um Frieden angehalten und des mächtigen Ibrahim-Paschà
von Belgrad einfluszreiche Fürsprache zu gewinnen gewuszt.
Allein der Türken Misztrauen und tödtlicher Hasz gegen
ihn, wie auch ihre Besorgnisz ob seiner Verbindung mit
dem Kaiser, wurzelten noch zu tief, wurden überdies von
Seite Polens zu eifrig angefacht, als dasz ihm der gewünschte Erfolg hätte zulächeln und der angestrebte Friede,
sei es mit ihm allein oder zugleich mit Oesterreich, schon
jezt zu Stande kommen können. Bei Michaël's bekannter
Verschlagenheit und Treulosigkeit besorgte nämlich die
Pforte weit gröszere Nachtheile aus einem guten denn aus

---

*) Ungnad's Berichte, Ilia falu, 12. October. Hiawaros, 14 und 15. Octo-
ber. — Literæ Dominorum Basta, Ungnad et Székely ad D-um Michaëlem Voïvodam. Ex castris 12 Octobris 1600. — Zwei Schreiben des Woïewoden Michaël an Basta und die kaiserlichen Kommissäre. In Regno Transalpinæ ex
castris in Valle Kirko positis, 12. und 14. October, 1600.

einem schlechten Einvernehmen mit demselben. Hiezu gesellte sich das eifrige Entgegenwirken Polens, das sehr emsig
eigennüzige Pläne verfolgte; denn es forderte nichts Gerin-
geres als dasz die Fürsten von Siebenbürgen, der Moldau und
Walachei, die bereits sich als polnische Vasallen bekannt
hätten, diesem Königreiche als dem Schild und Schuzdamm
des Osmanenstaates, unterstellt würden, wobei es sich anheischig machte, den Zins der drei Länder nach bisheriger
Gepflogenheit regelmäszig an die Porte abzuführen und diesen
Vasallenprovinzen ihre eigenen Fürsten auch ferner zu belassen,
zu welchem Ende es den Sigismund Báthory für Siebenbürgen, den Ieremias Mogila für die Moldau in Vorschlag brachte,
die Ernennung eines neuen Woïewoden der Walachei aber
der Pforte anheimstellte. Gegen ein so kühnes Ansinnen
empörte sich der Osmanen Staatsinteresse und Nationalstolz
gleichermaszen, und erhob sich am entschiedensten der Mufti
mit dem vollen Gewichte seiner Stellung, wie auch mit der
ganzen Energie seiner Persönlichkeit. «Warum sollen wir,»
sprach er im Divan, «die ohnehin mächtigen Polen durch
«einen so ungeheuern Länderzuschlag noch mächtiger werden
«und im Falle einer immerhin möglichen Fehde mit ihnen
«sogar zu furchtbaren Feinden der Pforte heranwachsen lassen?
«Die drei Fürstenthümer dem osmanischen, nicht aber frem-
«dem Gebete zu beugen, erheischt ein für alle mal gebieterisch
«unser Statsinteresse; kann diesz nun nicht mit dem Schwerte,
«so möge es geschehen auf dem Wege abgesonderter Unter-
«handlung mit den drei Woïewoden.»
Diese Ansicht behielt die Oberhand, und demgemäsz
erging an Ibrahim-Paschà der Auftrag mit den drei Fürsten
die betreffende gesonderte Unterhandlung zu pflegen; doch
sollte er mit Michaï-Woda nur zum Scheine irgend eine Vereinbarung treffen, und vielmehr trachten ihn baldmöglich
hinterrüks aus dem Wege zu schaffen. Wieder ein so hinter-
listiges Verfahren sträubte sich aber Ibrahim-Paschà, indem
er Michaï-Voda's Macht, Tapferkeit und Schlauheit zu fürchten
vorgab, und die Verantwortlichkeit für die schlimmen Folgen
dieser Taktik, die bei des lezteren Erbitterung und Ueberlegenheit nur allzu wahrscheinlich wären, nicht auf sich laden
zu wollen erklärte; mehr als die Furcht hatten jedoch die
reichen Geschenke den schlauen Türken so friedfertig gegen

den Woïewoden zu stimmen gewusst. Jedenfalls kam die laue Kriegführung der Türken in der Walachei dem hartbedrängten Fürsten doch einigermaszen zu Statten, und hätte ihr müssiges Zuschauen von der Donau herüber ihn noch weit mehr nuzen können, wäre er nicht so schnell der polnischen Uebermacht erlegen. *)

Denn während das türkische Heer, auf die erste Kunde von des Woïewoden Einmarsch in die Walachei, sich unverweilt, sei es in Folge geheimen Einverständnisses oder aus strategischen Gründen, aus Bukuresti nach Giurgewo zurückgezogen, rückten die Polen dagegen demselben unverzüglich entgegen, lieszen ihm keine Zeit sich zu verstärken und schlugen ihn am 20. October so entschieden aufs Haupt, dasz sein Heer sich in wilder Flucht zerstreute, sein sämmtliches Geschütz in Feindes Hand fiel, und er selbst nur mit wenigen Getreuen sich retten konnte, wobei er, Siebenbürgen wolweislich umgehend, sich nach Kraïowa und in der Richtung gegen Karansebes zurückzog. Die Kaiserlichen, die das Eindringen der siegreichen Polen und Sigismund's in Siebenbürgen nunmehr in allem Ernste besorgten, trafen ihre Vorsichtsmaasregeln und schritten, gemeinschaftlich mit ihrem Werkzeuge Csáky, zur Besetzung der Gebirgspässe gegen die Walachei.

Ein so trauriger Ausgang muszte den tapfern Woïewoden um so tiefer schmerzen, als er dieszmal seiner letzthineingegangenen Verpflichtung nicht untreu geworden, somit berechtigt war die ihm ausdrücklich zugesagte Hülfe jedenfalls, mindestens gegen die Türken, zu fordern, welche, in sein Land einbrechend, seine Hauptstadt besezt, ihn also mit Krieg überzogen hatten. Auch der Bedingung der Geisselstellung hatte der Woïewode vollkommen entsprochen: am 16. October traf sein Sohn Petraschko, ein Junge von ungefähr 14 Jahren, in Begleitung Stoika's und des Erzbischofs von Trnowa, (Bulgarien), am 20. October seine Ehefrau in Siebenbürgen ein. Letztere hatte bereits bei ihrem Eintritt einen bitteren Vorgeschmack von den Leiden der Gefangenschaft auf fremden Boden, fern von Angehörigen und dem

---

*) Schreiben des siebenbürgischen Agenten an die Pforte. Constantinopel, 14. October 1600.

eigenen Gemahl. Ihr Schmerz machte sich Luft in herzbre-
hendem Wehklagen und in schrecklichen Verwünschungen
über das gottlose Leben Michaël's, den die Erde mit vollem
Rechte verschlingen könne und dem man bereits seit Einem
Jahre den Untergang vorausgesagt habe. Sie wurde mit einem
Tross von 19 Wägen nach Kronstadt und weiter nach Gyalu
befördert.

Weit gefasster und männlicher benahm sich der junge
Petraschko, als ihn Stephan Csáky den kaiserlichen Kommissären zu Iliawáros vorstellte. Thränen der Wehmuth hatte
ihm zwar die Trennung von Vater und Heimat in die hellen
Augen hervorgelockt, doch führte er für sich selbst das Wort.
Er finde sich ein, sprach er, im Auftrage seines Vaters, empfehle sich der kaiserlichen Gnade und wünsche in des Kaisers Dienste zu treten. Feinde habe er seines Erachtens doch
wol nicht, brauchte sich übrigens auch nicht zu fürchten;
denn habe der Vater etwas verbrochen, so werde man doch
den Sohn hiefür nicht verantwortlich machen wollen. Er begehre blos in das Hoflager abgeschickt zu werden. Und nun
wich seine anfängliche Traurigkeit, und jugendlicher Frohsinn
glänzte bald auf der arglosen Stirn.

Nicht so sein Begleiter, der fürstliche Obersthofmeister
Stoika. Kleinlaut liesz dieser den Kopf hängen und entschuldigte sich demüthig bei den Kommissären ob seiner letzten
politischen Haltung. Er habe dem Woïewoden, seinem Herrn,
oft von seinen Unternehmungen abgerathen, und sogar den
Gehorsam aufgekündigt, stets jedoch ohne Erfolg; auf den
Woïewoden, nicht auf ihn falle die Schuld alles Geschehenen;
er bitte um sein Leben und das Petraschko's, denn Gerüchte
von ihrer beabsichtigten Hinrichtung seien ihnen zu Ohren
gedrungen. Basta und Ungnad beruhigten den Kleinmüthigen,
das Leben beider Geisseln verbürgend. Diese reisten noch am
nämlichen Tage (17. October) in Csáki's Begleitung nach
Kronstadt ab, um von dort nach dem Eintreffen der übrigen Mitgeisseln innsgesammt nach Gyalu versetzt zu werden;
Csáky erwies hiebei dem Petraschko aus Humanität die gleichen Ehrenbezeugungen, die derselbe während Michaël's Regierung genossen hätte.

Der Erzbischof von Bulgarien, dessen Treue gegen
Oesterreich so erprobt war, dasz er im Kollisionsfalle es mit

dem Kaiser wider den Woïewoden hielt, forderte gleicherweise Reisebewilligung in's Hoflager, um daselbst seine Ar-
muth und die dem Kaiserlichen Interesse gebrachten Opfer
geltend zu machen. *)

Dem Woïewoden Michaël gelang es, den blindwüthen-
den Verfolgungen seiner eben so zahlreichen als siegberausch-
ten Feinde durch schleunige Flucht zu entgehen und durch das
Land seiner grimmigsten Hasser, Siebenbürgen, mit genauer
Noth sich nach dem kaiserlichen Ungarn in Sicherheit zu
bringen. Von Grosswardein, wo er am 11. December 1600
eintraf, meldete er sofort in einem ergebenheitsvollen Schreiben dem Kaiser, wie er durch Gottes wunderbare Fügung
den Fallstriken seiner arglistigen, ihm nach dem Leben trachtenden Feinde glüklich sich entwand, wie er mit schmach-
tender Seele, auch fast gebrochenem Mute endlich den
oesterreichischen Boden betrat, der ihn an Leib und Seele
gleichsam wiedergebärend erneute, an Hoffnung und Thatkraft neu belebte, wie er um nichts sehnlicher und inständiger
flehe als um die Gewährung persönlich des Kaisers Antliz
zu schauen, von dem er einen gütevollen Blik zu erlangen
hoffe. Dieses Schreiben, in welchem er übrigens nur als
Woïewode der Walachei, nicht mehr als Gouverneur von
Siebenbürgen figurirt, öffnete ihm die Thore Wien's, wo er
bald darauf eintraf! **)

Seitdem Michaï-Voda in Siebenbürgen das Feld geräumt
und man gegen seine Wiederkehr ausreichende Sicherheit
erlangt hatte, nahmen die Dinge daselbt einen für des Erzhauses Interesse bedenklichen, ja entschieden ungünstigen
Verlauf. Die Stände dieses Landes, nach einer nationalen
Regierung sich sehnend, gaben dem einheimischen Sigismund
unter osmanischer Oberherrlichkeit vor dem auswärtigen Michaï-Woda unter oesterreichischer, unbedenklich den Vorzug.
Sigismund, die günstige Stimmung sofort nüzend und durch
die Wünsche seiner Landsleute herbeigerufen, ging zuerst

---

*) Ungnad's Berichte, Hiawáros 17., 21., 22. October 1600. — Schrei-
ben Stephan Csáky's an Basta, Leczfalva, 21. und 22. October 1600.

**) Literae Michaëlis-Vaivodae ad Caesarem. Ex Arce Várad, 12 De-
cembris 1600.

nach Iassy, wo er sich mit polnischen Lanzenreitern, moldauischem Fuszvolk und podolischen Kosaken verstärkte, und brach sodann (gegen den 20. Mærz 1601) mit Jeremia Mogila an der Spize eines zwar bunten, aber zahlreichen Heeres in Siebenbürgen wieder ein, das ihn auf dem Landtage von Klausenburg förmlich zum Fürsten gewählt hatte. Die wenigen kaiserlichen Truppen, die noch im Lande zurückgeblieben waren, von dieser Kunde überrascht, gaben die Festung Szamos-Ujvár auf und zogen sich nach Kövár zurück, während Basta mit dem Kerne seines übrigens stark geschmolzenen Heeres zu Szatmár noch der Winterruhe pflegte. Stephan Csáky, der Oberfeldherr der Nationalpartei, wurde die Seele der antioesterreichischen Bewegung, sezte auf dem Landtage die Huldigung des Landes an Sigismund durch, liesz den Kaspar Kornis, als der Hinneigung zu Oesterreich bezichtigt, von den Ständen unter Gericht stellen, und erlangte dafür zur Belohnung die Verleihung von Fogarasch. Der Bruch mit dem Kaiser war nun vollständig, die Ausgleichung unmöglich, der Krieg unvermeidlich geworden. Schlimmes ahnend, scharten sich die Stände im Lager von Szamosfalva unweit Klausenburg und stellten bei Körös-Bánya ein Beobachtungskorps von 1000 Mann auf. Besonders bangte ihnen vor den Erfolgen Michaï-Woda's in Wien und Prag, dem freundlichen Empfange und der völligen Aussöhnung desselben mit dem Kaiser: ein solcher Gegner, wenn dazu von Basta gestüzt, reichte allein schon hin, ihre Pläne sammt und sonders zu zerreissen. Sie sezten daher gegen die einzelnen, in Ungarn und Siebenbürgen zerstreuten Truppenüberreste des Michaëlschen Heeres, aus Moldauern, Walachen und Rasciern bestehend, alle Verführungskünste in Bewegung, und eben so eifrig, obwol mit gleich wenig Erfolg, boten sie Alles auf, sich des Kastells Belényes an der ungarisch-siebenbürgischen Gränze, dessen Besazung unter des Bartholomæus Somogy Befehlen dem tapfern Woïewoden treu blieb, auf friedlichen Wege zu bemächtigen. Zugleich lieszen sie Michaël's Geisseln, dessen Sohn nämlich und die Gattin, bei aller guten Behandlung, deren ihre Gefangenschaft sich übrigens zu erfreuen hatte, doch mit um so grösserer Sorgfalt zuerst auf dem Schlosse Gyalu nächst Klausenburg, sodann in Fogarasch bewachen, als der besorgte Woïewode zu wiederholten

malen durch seine Vertrauten Entführungsversuche anstellte,
die aber miszlangen.

Kaiserlicherseits blieb man im Hinblick auf die nahenden
Ereignisse indessen auch nicht müssig, und vorzüglich stark
warb man unter den Haiduken in Oberungarn. Während sich
noch Michaï-Woda mit dem Kaiser verglich und versöhnte,
arbeitete schon sein noch nicht geschwundener Anhang in
Oberungarn, der mit dem oesterreichischen gleichfalls zu
verschmelzen begann, sehr emsig an Wiederergänzung seines
Heeres durch zahlreiche Werbungen, worin sich namentlich
Rákoczy Lajos in Kaschau hervorthat.

Die Siebenbürger ihrerseits, während sie nach Möglichkeit die Rüstungen betrieben, suchten gleichzeitig durch gutes
Einvernehmen mit den Polen und Türken sich den Rücken
zu decken. Daher überbrachte, noch während dem Landtage
ein Abgesandter des Sultans den Bescheid auf Michaël's an
der Pforte betriebene Friedenswerbung dem gemäsz dieser
Woïewode in Siebenbürgen verbleiben, aber seinen Sohn Petraschko wie auch die Festungen Jenö und Lippa als Unter-
pfänder türkischen Händen überantworten sollte, die Stände be-
gnügten sich zwar damit keineswegs, mochten aber gleichwol
mit den Türken deszhalb noch nicht brechen, sondern fertig-
ten zu wiederholtenmalen Gesandte nach Constantinopel ab,
zuerst den Blasius Kamuty allein, hierauf den Toldy Istwán,
Gawaytt und Torma Christoph zugleich, die gemeinschaftlich den Faden der Unterhandlung fortzuspinnen hatten. Uebrigens lebten sie noch einigermaszen der Hoffnung, statt mit
der Pforte unter so schweren, mit dem rückkehrenden Michaï-Woda selbst unter weit leichteren Bedingungen, etwa
dadurch abfinden zu können, dasz sie ihn frei und unbehelligt nach der Moldau und Walachei abziehen lieszen.

Die Polen ihrerseits waren über Sigismund Báthory erbittert, weil er, ohne ihnen die begehrten Zugeständnisse bewilligt zu haben, wider ihren Rath und Willen, mit eigener
Macht und nicht unter ihren Fittigen die letzte Expedition
nach Siebenbürgen zu vollführen sich erkühnte. Zu ihrer Be-
sänftigung ging Petky János als siebenbürgischer Abgesandter nach Jassy ab.

*) Zwei Schreiben des Zolyomi Miklós de Albes an den Woïewoden

Auf dem diplomatischen Schlachtfelde in Wien und Prag hatte Michaël's Gewandheit gegen die Siebenbürger Stände, die ihn durch schwere Anklagen für immer unmöglich zu machen suchten, vollständig gesiegt, und sein Sieg war durch die mittlerweile erfolgten Ereignisse, Sigismund's Rückkehr und Aufnahme in Siebenbürgen, zum förmlichen Triumpf erwachsen; denn selbst den Verstocktesten in Wien und Prag drängte sich nunmehr die Ueberzeugung auf, wie hohes Unrecht dem Manne widerfahren sei, als man gegen ihn mit denselben Ständen sich verband, die doch durch die Thatsachen selbst als des Kaisers Feinde entlarvt wurden. Die Bezwingung Siebenbürgen's unter Basta's Beihülfe wurde ihm nun von Rudolph II. sofort zur Aufgabe, Geld und Truppen in ausreichendem Masze zur Verfügung, die oberste Verwaltung dieses Landes für kaiserliche Rechnung als Belohnung in Aussicht gestellt. Rasch eilte er an seine Bestimmung, und mit allen Ehren, Auszeichnungen und persönlichen Schutzvorsichten umgab unterwegs die wiedergewonnene kaiserliche Huld, wie nie zuvor, den heldenmüthigen Mann, der Siebenbürgen's hochaufstrebendes Unabhängigkeitsgelüste dem kaiserlichen Doppelaar als gedemütigtes Opfer hinzulegen verhiesz und wirklich durchzusetzen sich anschickte. Aber eben so wenig feierte die wachsame Bosheit seiner Feinde, die den Umstand, dasz er seinen Weg nach Siebenbürgen über Oberungarn nehmen muszte, dazu benützten, in den dreizehn vorlängst an Polen verpfändeten Städten einen geheimen Anschlag auf sein Leben auszubrüten. Zeitig von dem in Oberungarn befehligenden, ihm befreundeten kaiserlichen General Gonzaga davor gewarnt, entging er mit Gewandheit den Fallstricken lauernder Hinterlist und erfreute sich bei Aufstellung und Ausrüstung seines Heeres der besonderen Fürsorge des Erzherzogs Mathias, auf dessen Befehl unter Anderem Gonzaga zur Musterung der Michaëlschen Truppen den schon bekannten Kammersekretär Joannes Theraconimus als Musterkommissär beordnete.

Michaël. Ex Arce Székelhid, 26. und 29. März 1601. — Schreiben des Segnicy Miklos an denselben, Lapispatak, 28. März 1601. — Drei Schreiben des Bartholomaeus Somogy an denselben. Ex Castello Belényes, 23. März und 14. April 1601. — Schreiben des Rákoczy Lajos an denselben. Kaschau, 23. April 1601.

Allein kaum sah Michaï-Woda sich wieder an der Spitze
eines Heeres und mit kaiserlicher Unterstützung zur Rück-
eroberung Siebenbürgens befähigt, so griff sein kühner rastloser Geist neuerdings zu den alten hochfliegenden Plänen,
bei deren Durchführung er kaum erst, wie durch ein Nadel-
öhr, dem gähnenden Abgrunde entschlüpft war, nunmehr aber
unrettbar in denselben hinabstürzen sollte. Die nationale Idee,
alles romänische Land unter einer Hand zu vereinen, zu Einer Spitze zu gipfeln, wurzelte in ihm so fest, und bot durch
ihre Groszartigkeit seinem Patriotismus, wie durch den lohnen-
den Siegespreis seinem Ehrgeiz und Herrschgelüste so reichliche Nahrung, dasz sie sich mit seinem ganzen Wesen ver-
schmolz und nur mit ihm selbst ihre Wirkungsfähigkeit ein-
büssen konnte. Seine unbezähmbare Thatkraft, seine reiche
Geistesfülle und seltene Gewandheit bedurften eines ihrer würdigen Gegenstandes, denn nur zu hohen Dingen fühlte sich
dieser überlegene Geist berufen und ausersehen. Unverwand-
ten Blickes das Ziel erschauend, griff er unbedenklich nach
jedem Mittel, das ihn zu diesem Ziele führen mochte, und
so beschlosz er nun die türkische Oberhoheit anzuerkennen,
wie er vorhin die siebenbürgische und die österreichische anerkannt hatte; denn klar war es ihm nunmehr geworden, dasz
der Kaiser niemals auf Siebenbürgen verzichten und ihn selbst
nur als Werkzeug für österreichische Zwecke verwenden wolle.
Während er also mit der einen Hand für den Kaiser gegen
die Siebenbürger das Schwert zog, zeichnete er mit der andern an den Groszvezier Ibrahim-Paschà ein Hülfsgesuch wider
beide, und bot im Tausche dafür seine Unterwerfung unter
osmanische Souzeränität an.

Als seine eigenen und des Sultans Feinde — also führte
er aus — nämlich die siebenbürger Ungarn und die kaiserlichen Deutschen im Bunde gegen ihn aufgetreten wären, habe
er, der Uebermacht weichend, der Pfortè sich nothgedrungen
entfremden müssen. Nachdem er aber, mit göttlicher Hülfe,
Siebenbürgen siegreich erobert, sei sein erstes Geschäft gewesen, Gesandte an die Pforte abzuordnen, Siebenbürgen
gleichfalls unter ihre Oberhoheit zu stellen und zur Sicherstellung seiner Treue seinem eigenen Sohn Nikolaï als Geissel
in türkische Gewalt zu überantworten. Kurz darnach aber
unvermuthet von denselben verbündeten Feinden überfallen

und sowol aus Siebenbürgen wie aus der Walachei vertrieben, habe er, nicht wissend, wohin er sein Haupt neigen sollte, seine Zuflucht zum deutschen Kaiser mit der Bitte genommen, dasz ihm derselbe zur Erlösung seiner Ehefrau und seines Sohnes aus der Gefangenschaft in Siebenbürgen, wie auch zur Wiedereroberung dieses Landes ein Kriegsheer zur Verfügung stellen möchte; was ihm aber der Kaiser verweigerte. Eben diese Bitte richte er daher an die Pforte selbst, hauptsächlich aber wegen Befreiung der beiden Geisseln aus siebenbürgischer Gewalt, die er sodann in der nämlichen Eigenschaft türkischen Händen anvertrauen wolle. Eines grossen Hülfsheeres bedürfe er hiezu wol nicht; denn er habe nunmehr Land und Leute des deutschen Kaisers, seine Verwandten, Streitkräfte, Heerführer und Festungen mit eigenen Augen geschaut, und könne sohin mit Zuversicht bezeugen, dass es schwache, unmenschliche, aller Energie baare und machtlose Menschen seien, unfähig zum Schutze ihres eigenen Reiches und um so weniger tauglich zur Beschirmung seiner Länder. Das zuerobernde Siebenbürgen gleichfalls unter die Suprematie der Pforte zu stellen und ihr dauernde Treue zu wahren, schwöre er bei dem Haupte seines Sohnes und seiner Gattin.

Offener noch, wo möglich, und unzweideutiger spricht sich des Woïewoden Hauptbestreben, die Walachei und Moldau nebst Siebenbürgen in seiner Hand unter türkischer Oberhoheit zu vereinigen, in dem Schreiben aus, das er an drei seiner eifrigsten Anhänger in der Walachei, die hochangesehenen Bojaren, den Grossban Udrea Bipsoï, den Obristhofmeister (Gross — Kluczar) Negrea und den Obristkämmerer Stoikiza richtete. Die Aufnahme und Gesinnungsäusserung, die er sowol persönlich in der Audienz beim Kaiser wie auch an dessen Hof gefunden, seien sehr günstig gewesen; man habe ihm daselbst glänzende Anerbietungen aufgetischt, Güter zum Selbstunterhalte angewiesen, ein Hülfsheer zur Eroberung Siebenbürgens an die Seite gestellt, Miethtruppen bewilligt und alle Vorbereitungen zum Feldzuge in Vollzug gesezt. «Und gleichwol», fährt er fort, «ist mir nicht möglich «unter so vielen thörichten und einfältigen Menschen, die mich «umgeben und die nichts taugen, länger zu verharren. Die «Männer hier sind wahre Weiber, verweichlicht, sittenlos,

‹verworfen, untauglich und unnütz. Selbst der Kaiser macht
keine Ausnahme, und dazu ist er ungemein beschränkten
‹Sinnes, wie nicht minder seine Brüder mit all ihren Trup-
‹pen. Ich habe hier Alles durchschaut, all ihre Anschläge,
‹Verhältnisse und Sitten ergründet, all ihre Festungen und
‹Sitze besucht, daraus aber nur die Ueberzeugung gewonnen,
‹dass diese Leute, trotz all ihrer Hülfsquellen, gerade das
‹am wenigsten einsehen, was die Nothwendigkeit am meisten
‹gebietet, was ihr Nutzen am dringendsten erheischt, dass sie
‹also höchst unbedeutende Geschöpfe sind. Da ich aber auf
‹gefährlichen Boden stehe, so bitte ich Gott, dass er zuvör-
‹derst mich von hier erlöse und mir zum Wiederbesitze Sie-
‹benbürgen's, der Moldau und Walachei verhelfe, um mich
‹unter die schirmenden Fittige des Sultans stellen zu können,
‹dessen Glanz über den ganzen Erdkreis sich leuchtend ver-
‹breitet. Diese Verabredung hatten wir noch zur Zeit unse-
‹rer Anwesenheit in Siebenbürgen mit Ibrahim-Paschà ge-
‹troffen und Alles endgültig festgestellt, worauf derselbe unsre
‹Angelegenheit beim Sultan befürwortete und einer günstigen
‹Entscheidung zuführte. Es bleibt also auch jezt bei der da-
‹maligen Festsetzung. Vernehmt ihr nun von unserer Annä-
‹herung, so setzt euch in's Einverständniss mit allen uns treu-
‹gebliebenen Bojaren, rüstet ein möglichst starkes Heer aus
‹und stürzet von eurer Seite gleichfalls über die Siebenbür-
‹ger los. Zugleich aber fordert den Ibrahim-Paschà, die Pforte
‹selbst und alle Sandschaks in eurer Nachbarschaft schriftlich
‹auf, sich ja nicht zu rühren, bis ich Siebenbürgen's Bezwin-
‹gung vollbracht haben werde. In gleichem Sinne, und na-
‹mentlich wegen Befreiung meines Sohnes und meiner Ehe-
‹gattin, habe auch ich sowol an den Ibrahim-Paschà wie an
‹den Grossvezier, den Sultan und den Tatarchan, an die
‹Kosaken, Polen und Moldauer geschrieben, damit dem Gross-
‹herrn auf verschiedenen Wegen meine Schreiben zukommen
‹mögen. Sendet also auch ihr mein Schreiben an den Gross-
‹vezier, und durch ihn auf den Sultan dahin zu wirken, dass
‹die türkischen Truppen Niemanden Hülfe leisten, bis ich
‹Siebenbürgen und die beiden andern Länder werde mit den
‹Waffen in der Hand bezwungen haben. Glückt dies mit gött-
‹licher Hülfe, so will ich mein Haupt unter seine Fittige
‹beugen und seinen Rocksaum küssen. Dem Sultan wird als-

‹dann an mir ein standhaft treuer Vasall gewonnen sein, und
‹mit meinem geringen Heere will ich dereinst all seine Fein-
‹de bezähmen und alle Länder, die ihm anständen, seinem
‹Machtgebote unterjochen. Verhandelt und beschliſſet das
‹Uebrige unter euch selbst, und schreibet gar häufig dieser-
‹halb an Ibrahim-Paschà, vor Allem aber bittet Gott, dass
‹er mich aus den Händen dieser nichtsnutzigen Menschen
‹hier befreie. Geschieht das, so ist mir um alles Andere
‹nicht bange.› *)

Solches brütete derselbe Mann, der erst kürzlich ver-
schmachtend und fast muthlos sich dem Kaiser in die Arme
geworfen, in ihm seinen einzigen Rettungsanker erblickt hatte,
und der jezt, vom Kaiser mit Truppen und Geld reichlich
ausgestattet, unter den Eingebungen eines uubezwinglichen
Uebermuthes und Ehrgeizes mit schwellenden Segeln dem
schwarzen Verrate schnurstracks entgegensteuerte. Verrat um
Verrat, meinte er zwar, vergass jedoch, dass der von den
Kaiserlichen vor wenig Monden in Siebenbürgen begangene
nur eine Folge seines eigenen, von ihnen durchschauten bildete, während gegen ihn Zweck und Mittel gleich entschieden zeugten. Die Unbesiegbarkeit der ihn allseitig erfüllenden
Jdee der politischen Vereinigung seiner Stammgenossen spot
tete in ihm aller entgegenstehenden· Eidespflicht und schriftlichen Angebung wie auch aller Moral, die ¯nur als Förde-
rungsmittel der grossen Jdee bei ihm einen Werth zu haben
schien.

Beide Schriftstücke, die der Woïewode vorsichtshalber
über Polen an ihre Bestimmung abgehen liess, wurden aber
zum Unglück an der moldauischen Gränze von seinen Feinden aufgefangen und gerieten in die Hände Sigismund Báthory's. Dieser, der ohnehin mit Basta des Friedens halber
Briefwechsel pflog, beeilte sich, theils aus tödlichem Hasse
wider Michaël, theils noch in der Hoffnung einer Aussöhnung
mit dem Kaiser, die Originale der Schuldbeweise, wie er

_____ · _____

*) Literarum Michaëlis-Voivodæ ad Ibrahim-Pascham Vezirium datarum
copia, (ohne datum, aber gewiss vom 1. Mai 1601.) Exempl. literarum
ejusdem Vaivodæ ad Boieros suos Udrea Bipsoy, Negrea et Stoikiza exarata.
rum. Cassoviæ, 1 May 1601.)

mindestens vorgab, durch den General Gonzaga an den Kaiser, Abschriften oder Uebersetzungen davon aber in der That an den General Basta einzusenden. «Aus denselben kann Jedermann entnehmen,» schreibt Sigismund an Basta, «wie un. «würdig man zu Werke geht, indem man einen Verräter der «Vergangenheit, Gegenwart und Zukunft wider einen Mann «begünstigt, der des Kaisers treuergebener Diener war, ist «und sein wird. Reicht das auch noch nicht hin, nun dann «mag der Herrgott bessere Aufklärung schaffen, und mir ver- «leihe er gnädigst die Fähigkeit, thatsächlich zu beweisen, «dass ich aus einer Anhänglichkeit und Ergebenheit an Ihre «Person, nicht aber aus Furcht, stets nur Wahres geredet «habe.»

In Folge der entdeckten Anzettelungen Michaï-Woda's brach in der Walachei gegen die Häupter seiner Partei die Verfolgung ungesäumt los; Ban Udrea und Klutschar Negrea fielen sofort unter Henkersbeil, Kamarasch Stoikiza und Armasch Nikulaï wanderten in den Kerker. Indessen war es natürlich, dasz bei Sigismund's Todesfeindschaft wider den Woïewoden seine Entdeckung um so mehr zu hoher Vor- sicht und selbst zum Argwohn gegen den Entdecker Anlasz gab, als man kaiserlicherseits des Heldenarmes und Scharf- blickes des Romanenfürsten in diesem Augenblicke mehr denn je bedurfte. Und selbst Basta, der sicher kein Freund dieses Fürsten war, äuszerte sowohl gegen Sigismund wie auch den Kaiser seine gewichtigen Zweifel über die Aechtheit von Schriftstücken, deren Originale weder damals noch auch seit- her zum Vorscheine kamen. Der Woïewode blieb daher in seiner Stellung unangefochten, nur vom Auge des Misztrauens schärfer überwacht. Erst später, gegen Ende des August- monates und nach Klausenburg's Eroberung überzeugte sich Basta, dessen bezügliche Meldung gleichwol als die eines durchaus nicht gewissenhaften Todfeindes eine behutsame Deutung räthlich machte, von der Aechtheit dieser schwer- wiegenden Schuldbelege, die von Ban Mihalcze's Hand zu Papier gebracht waren und dem Woïewoden nachgerade so verhängniszvoll werden sollten.

Siebenbürgen war nahezu völlig unterjocht, die stän- dische Armee aus dem Felde geschlagen, Sigismund in die Flucht getrieben, seine Hauptstadt Klausenburg besetzt wor-

Seine Ermor- dung.

4

den. Da nun dies Alles hauptsächlich Michaï-Woda's rastloser Energie und unbezwinglichem Muthe zu verdanken war, so überhäufte ihn der Kaiser, allem Argwohn zu Trotz, noch fortan mit Gunstbezeugungen, und sein Ansehen am Hofe stieg bedeutend. Allein mit dem Siege wachte auch des siegenden Fürsten Herrschsucht und die Miszgunst seines eifersüchtigen Todfeindes Basta, der sich durch dessen Auszeichnung in Schatten gestellt sah, gleichzeitig mit erneuerter Stärke auf. Einmal in Siebenbürgen, suchte der Woïewode daselbst heimlicherweise sich unter den Ungarn und Széklern einen persönlichen Anhang auf Kosten des kaiserlichen zu schaffen und dadurch bleibend festen Fusz zu fassen. Gleichwol verheerten seine zuchtlosen, durch den Sieg gleichfalls übermüthig gewordenen moldo-walachischen und rascischen Truppen das Land in sehr empfindlicher Weise, und verwüsteten namentlich in Weissenburg (Alba Julia) die katholischen Kirchen, wobei sie zum groszen Aergernisz der dortigen Jesuiten und anderer Ordensgeistlichen die Heiligenbilder zerstörten und selbst den geweihten Communionskelch mit frevelnder Hand zu Boden schleuderten. Darob öfter von Basta gemahnt, gab ihm der ungehaltene Woïewode schlieszlich durch seinen Dollmetsch Giorgio Raguseo die trotzige Antwort : «Der «Kaiser bedürfe der Provinz eben nicht, da er ja so viele «andere habe.» Dieser Wink, mit den vorigen Inzichten zusammengehalten, genügte dem lauernden Welschmann zum Beweise des kaiserverrätherischen Brütens, und er beschloss sofort, ohne vorherige Anfrage in Wien oder Prag, sich der Person des Treubrüchigen zu versichern, bevor dieser durch den im Schilde geführten Abzug nach Alba -Julia (Weissenburg), seinen nunmehrigen Regierungssitz, sich gegen jeden ferneren Angriff geschirmt und sichergestellt hätte. «Er aber «wollte sich zur Wehre setzen,» — meldete Basta lakonisch dem Erzherzog Mathias, — und wurde getödtet in Gemässheit des von mir an die Exekutionsführer erlassenen Befehls.»

Kaltes Schweigen war die einzige Antwort des Wiener Hofes auf die Anzeige so eigenmächtiger politischer Vehme. Schmerzlich allerdings mochte er in Hinkunft den obzwar nicht ganz charakterfesten, aber eben so thatkräftigen als gewandten Arm vermissen, der zweimal Siebenbürgen für das Erzhaus erstritten ; aber eben deszhalb bedurfte man nun um

so mehr des verschmitzten welschen Heerführers, von dessen
Kriegserfahrenheit allein noch die Sicherung des hartbedroh-
ten Siebenbürgens zu erhoffen stand. Man schritt sonach an
der vollbrachten unliebsamen Thatsache stumm vorüber und
vermied klugerweise die Abwägung von Schuldinzichten, die
bei allem Anscheine von Beweisfähigkeit gleichwohl nur von
den Anklägern vorgebracht waren und vom vorzeitig geöff-
neten Grabe her keine Erwiederung finden konnten.

So starb ohne processualische Rechtsform und juridi- Allgemeiner
Charakter seiner
Politik.
schen Richterspruch, auf die blosze noch unerwiesene Angabe
seiner Todfeinde hin, der merkwürdigste, heldenmüthigste und
berühmteste Fürst, den die Walachei je gezeugt, ein Mann
von so hoher Begabung, Thatkrakft und Gewandtheit, dasz
um seine Freundschaft und Allianz, sich mehrere Groszmächte
emsig bewarben, und dass seine mächtigen Feinde, denen er
grozse Verlegenheiten zu bereiten wuszte, blos im Bunde, nie
einzeln gegen den Einzelnen Erfolge zu erringen vermochten.
Die grosze Idee der politischen Vereinigung seines Stammes
durchdrang sein innerstes Wesen, leitete seine ganze Denk-
und Handlungsweise, hauchte im Muth im Glücke, Standhaf-
tigkeit im Unglücke, zehe Unbeugsamkeit in jeder Lage ein;
auf ihrem Altare brachte er sein Land und Leben, sein Gut
und Blut zum Opfer dar; für sie schlug er selbst des Menschen höchstes Gut, die Gewissensruhe und den Seelenfrieden,
unbedenklich in die Schanze. Der Cultus dieser Idee war in
ihm zum unwiderstehlichen Instinkt, zur politisch-nationalen
Monomanie erwachsen, welcher kein Einsatz zu werthvoll,
keine Mühe zu dornenreich, keine Gefahr zu abschreckend
schien. Männern gegenüber, die gleich Basta, Ungnad und
Csáki die Regungen des Gewissens den politischen Interressen
unterordneten, hielt er sich zu gleichen Waffen berechtigt
und endigte (wofür zwar die Wahrscheinlichkeit spricht, aber
der Beweis noch mangelt) mit einer Makel seine national so
edle, militärisch so glänzende, politisch so wechselvolle, stets
aber ungemein bewegte Laufbahn. Wie Vorzügliches übrigens, selbst unter überaus schwierigen umstämden und gegen
ebenso mächtige als zahlreiche Feinde, auch mit geringen
Mitteln die Kraft eines Mannes im Dienste einer seelenerfü-
lenden Idee zu leisten vermag, leuchtet aus dem Beispiele
dieses Mannes, dessen Ruhm die Welt mit Recht durchstralte,

zur Genüge hervor. Mit dem Manne starb auch die Idee, und Jahrhunderte bedurfte es, sie wie einen Phönix aus der Asche wieder auferstehen zu lassen.

Folgen von
Michaël's Tod in
der Walachei
und Siebenbür-
zen.

Sofort nach diesem Gewaltakte liesz Basta bei den Bojaren in der Walachei den in seinem Lager weilenden Marcus, Sohn des ehemaligen walachischen Fürsten Petru (Czerczel), einen hoffnungsvollen jungen Mann, als Fürsten in Vorschlag bringen, eine Kandidatur, womit die wenigen in Siebenbürgen noch übriggebliebenen Adeligen jenes Landes sich vollkommen einverstanden erklärten.

Der Tod des Woïewoden Michaël befreite die siebenbürgischen Ungarn und Sachsen von einem Alpdrucke, der centnerschwer auf ihnen gelastet, ihre freien Bewegungen in der Gegenwart gehemmt, ihre Hoffnungen in der Zukunft abgeschnitten und ihre feinberechneten Anschläge in der schönsten Blütte zerknikt hatte. Denn die abermalige Aufstellung ihres siegreichen Hauptfeindes als kaiserlicher Gouverneur des Landes war ihnen mehr als eine Niederlage, sie war das Grab ihrer Nationalität, das Verscheiden ihrer oligarchischen Privilegien, das Wiederaufleben de unterdrückten romänischen Elementes, das bleibende Joch verhaszter Fremdherrschaft, die drückende Fessel all ihres Denkens, Thun und Lassens, die unbeugsame Energie und Scharfsicht eines Helden als Damoklesschwert über ihrem Haupte schwebend. Seine hinwegräumung fachte also natürlich, troz der Anwesenheit des kaiserlichen Heeres, die Hoffnungen nationaler Autonomie unter Sigismund's Anhänger neuerdings an, nur dasz unter ihnen, den kaum Geschlagenen, mehrere Magnaten Basta's Arm noch fürchteten und sich bei ihm deszhalb gut kaiserlich stellten, während sie eigentlich in seinem Jubel über das Abtreten des verhaszten Nebenbuhlers blos im eigenen Interesse, also mit Hinterhaltsgedanken einstimmten. Da nun aber die Zugänge zum Sachsenlande von Michaël's Truppenresten noch besetzt waren, so liesz Basta die Zaghaften sächsischen Deputirten unter Bedeckung kaiserlicher Soldaten in sein Lager geleiten. Zugleich verkündete er Amnestie, in deren Folge die Reihen seiner Gegner sich theilweise lichteten und namentlich die Husaren von Moises Székeli's Lager ab- und dem seinigen zufielen. Auch die Székler suchte

Basta durch die Zusage, ihre Freiheiten und Vorrechte aufrecht erhalten zu wollen, für das kaiserliche Interesse zu gewinnen. Da jedoch der geschlagene Feind noch immer, bewaffnet und gerüstet, einen Theil des Landes inne hatte, sah
sich das kaiserliche Heer, an dessen Seite nicht mehr Fürst
Michaël stritt, weil auf sich selbst beschränkt, auszer Stande,
den gemeinschaftlich erworbenen Sieg zu verfolgen und gehörig auszubeuten, und muszte, Verstärkung abwartend, vorzeitig feiern, sich concentriren und in die Nähe der oberungarischen Gränze zurückziehen, während Sigismund und
Csáky frische Truppen in der Moldau warben und türkische
Hülfe mit Erfolg anflehten. *)

Den Kaiserlichen den Haupteingang zum Vorrücken in
Siebenbürgens zu verwehren, besetzte die ständische Armee
die nach Oberungarn führende Hauptstrasse, deren Freihaltung
für Basta's Erfolge unerläszlich war, und wagte sich bis in
die Nähe von Somlyó; dort aber wurde sie von Basta durch
Kriegslist auf's Haupt und in die Flucht geschlagen, worauf
die Oesterreicher in Siebenbürgen weiter eindrangen, die sächsischen Städte besetzten und ihnen den Huldigungseid an den
Kaiser abnöthigten. Mittlerweile fiel Sigismund, aus der Moldau rückkehrend, in Siebenbürgen ein, zog in Kronstadt und
allenthalben auf seinem Durchmarsche Verstärkungen an sich,
vereinigte sich bei Thorda mit Bektes-Paschà und zwei andern türkischen Anführern und fuhr auf den Basta los, der,
an Geld wie an Soldaten gleich groszen Mangel leidend, seinen Rücktritt gegen Dees ausführte. Bald hiernach langte
auch Stephan Csáky aus der Moldau mit einem aus Türken,
Tataren, Moldauern, Polen, Kosaken und andern Nationen
zusammengestoppelten, bunten und sehr plündersüchtigen
Hülfsheere in Sigismund's Lager ein, welch letzterer überdies seinen Rücken dadurch zu decken wuszte, dasz er auch
in der Walachei einen seiner und der Türken erklärten Anhänger, den Simeon Movila, Bruder des moldauischen Fürsten Jeremias Movila, auf den Woïewodensitz erheben liesz.
  Die walachische Partei, die, von Basta ermuntert, dahin
arbeitete, den Markus zum Fürsten zu erheben und den auf-

*) Lettera del Gènerale Basta all' Arciduca Mathia, Campo à Torda,
23 Agosto 1601.

gedrungenen Simeon Movila zu stürzen, gab bald den Markus gänzlich auf und wählte den Radul, einen Verwandten der mächtigen Brüder Buseschti, zum Fürsten der Walachei. Obwol sie einige Unterstützung von Basta erhielt, so konnte sie doch das Feld nicht behaupten, und erlitt von Simeon eine so entscheidende Niederlage, dasz sie auseinanderstob und mit ihren Truppenresten, 3000—4000 Mann stark, sich nach Siebenbürgen zum Basta zurückzog. Radul, der sich gleichfalls unter diesen Flüchtlingen befand, warf sich dem Basta gänzlich in die Arme, schwor in dessen Hände Treue dem Kaiser (6. November 1601) und beorderte den bekannten Bojaren Stoica nach Prag in's kaiserliche Hoflager, um die genauere Regelung seines Abhängigkeitsverhältnisses zu vereinbaren. Basta's Absicht ging nun dahin, sich vorläufig Kronstadt's zu versichern und sodann eine kurze Expedition in die Walachei zu unternehmen, und dem Radul, als kaiserlichen Vasalen, die Regierung dieses Landes anzuvertrauen. Allein bei der Unzulänglickkeit seiner Streitkräfte muszte dieser Feldherr dringend in Wien um Verstärkung ansuchen, und da überdies die Walachei, als ein offenes, festungsloses nur durch fortwährende Behauptung der Ebenen zu erobern und zu erhalten war, was aber eine bleibende starke Besetzung voraussetzte, zu der man sich kaiserlicherseits schon wegen der bedenklichen Lage Siebenbürgen's vor der Hand noch nicht entschlieszen konnte, so rieth er seiner Regierung zur Anlegung einer Festung in der Walachei, die, mit starcker deutscher Garnison versehen, dieses Land sowol gegen den Angriff äusserer Feinde wie auch gegen einen allfälligen Treubruch des Fürsten selbst den Kaiser sichern sollte.

Zu gleicher Zeit umfasste Basta's Begehrlichkeit auch die Moldau. Durch Jeremias Movila's Missverwaltung und tyranischen Druck ungemein erbittert, sandten Clerus und Adel dieses Fürstenthums einen moldauischen Priester mit dem Auftrage nach Siebenbürgen, ihr Heimathland unter kaiserliche Oberherrlichkeit zu stellen; da indessen dieser Abgesandte nichts Schriftliches zu seiner Beglaubigung vorzuweisen vermochte, so fand er beim General Basta kein Gehör, und geriet vielmehr in den Verdacht, blos zur Ausspähung und Ergründung der kaiserlichen Absichten gekommen zu sein. Bald aber folgte ein moldauischer Bojar als zweiter

Sendling nach, der mit förmlichen Vollmachten ausgestattet und zur Erflehung der österreichischen Schutzherrlichkeit an-gewiesen war. Basta's Bescheid lautete allgemein-zustimmend, auf des Kaiser's endgültige Entscheidung vertröstend, und bis dahin zur Geduld verweisend; er riet auch seinem Hof zur Gewährung der Bitte: denn habe auch der Kaiser aus Rück-sicht für Polen dem Michaï-Woda jedwede Einmischung in die Angelegenheiten der Moldau untersagt, so sei die Lage der Dinge in Polen selbst seither eine ganz andere geworden; man möge also dem Radul-Woda, auf dass er an seinem, von der Moldau her unterstüzten Feind und Beleidiger Si-meon Movila seine Rache kühle, Zustimmung und Kriegs-hülfe zu einem Feldzug in die Moldau gewähren. *)

Als während dieser Ereignisse Csáky's zuchtloses Volk auch einige sächsische Städte und Dörfer zu besetzen und mit Erpressungen von Geld und Mannschaft seinen Durch-marsch zu bezeichnen sich anschikte, erschrak darüber gar heftig die kleinmütige sächsische Nation. Mit einem kläglichen Protest- und Bittschreiben wandte sie sich an Basta, ihn um Lösung ihres Huldigungseides und Entbindung von aller Un-terthanspflicht gegen den Kaiser inständigst anflehend. Höch-ste Gefahr liege im Verzuge; denn sie seien hart am Rande des Ueberganges, an den Mund fliesse erstickend das Was-ser, und gegen den Baum ihres Daseins sei schon die ver-nichtende Axt geschwungen; durch die höchste Not seien sie gezwungen sich ihrem gewohnten Fürsten Sigismund zu er-geben; das Recht zu der geforderten Entbindung aber stehe gewiss dem Basta gleicherweise zu, wie das Recht, Land zu erobern und zu verlassen, Geldauflagen auszuschreiben und den Woïewoden-Michaël um's Leben zu bringen.

Basta verwies ihnen diesen Kleinmut sowol wie auch die ebenso gewaltige als grundlose Bestürzung, die lediglich auf dem zeitweiligen Rückzug des kaiserlichen Heeres nach Dees sich stüze. Er sehe keineswegs die feindliche Macht für so gewaltig an, dass sie, während kaiserliche Truppen noch auf siebenbürgischem Boden weilten, das Sachsenland ernstlich zu

---

*) Lettere di Basta all' Arciduca Mathia, Dees, 6 et 15 Novembre 1601.)

bedrohen vermöchte, von dem sie vielmehr sich ab- und gegen Basta hingewendet habe, so dass auf jenes, sicherer Kunde zufolge, fast gar kein Druck geübt werde. Auch stehe ihm überhaupt nicht die Befugniss zu, der Sachsen Treuschwur zu lösen, und könnte er es, so würde er es doch nicht thuen wollen, weil es sich nie verantworten liesse. Sie mögen also in Geduld und Treue ausharren und des unfehlbaren Sieges der kaiserlichen Waffen benebst baldiger Hülfe gewärtig sein. *)

Nach solchen Vorbereitungen stürmte Sigismund mit gesammter Macht auf Klausenburg los, in dessen Mauern er seinen Sitz aufzuschlagen gedachte. Das türkische Hülfskorps unter Bektesch-Paschà's Befehlen zählte nahebei 10,000 Mann, die ungarisch-siebenbürgische Truppe dagegen 60 Fähnlein Reiterei und nur wenige Infanterie. Die Türken stellten blos 1400 Scharfschützen, (Archibugieri) in Sigismund's Lager auf, und noch grösseren Mangel litt dieser an Artillerie, namentlich an schwerem Belagerungsgeschütz, so dass er (am 25. November 1601) die Belagerung und Beschiessung seiner künftigen Haupstadt blos mit 11 leichten Feldgeschützen und drei nachträglich aus Fogarasch aufgebrachten Stücken von starken Kaliber zu eröffnen vermochte. Die kaiserliche Besatzung in der Stadt, obwol gering an Zahl, war eine treue und verlässliche Kerntruppe, die, wie Basta hoffte, sich daselbst auf's Aeusserste zu vertheidigen wissen würde; allein an Entsatz und Rettung der Stadt war unter den obwaltenden Umständen nicht zu denken. Basta's Armee, durch Soldrückstände misslaunig gemacht, schwankte im Gehorsam und liess sich ohne volle Auszahlung, wozu jedoch ihrem Heerführer die Geldmittel fehlten, nicht begütigen. Zudem gab es der deutschen Truppen unter seinen Befehlen nur wenige, welche aber gleichfalls ihre Beurlaubung begehrten; und wenn gleich an ungrischen, unter den Haiducken geworbenen Soldnern bei 4000 Infanteristen und 5—6000 Reiter gleichfalls ihm unterstanden, die, wären sie nur verlässlich und treu, im Vereine mit den jedenfalls brauchbaren Ueberresten des moldo-

---

*) Protestatio Universitatis Saxonum ad D-um Basta, Cibinii, 12 Novembris 1601. — Responsum Generalis Basta ad Universitatem Saxonum, In castris ad oppidum Dees, 24 Novembris 1601.)

walachischen Heeres Michaï-Woda's gegen Sigismund's Macht
vollkommen ausgereicht hätten, so liessen sich dieselben bei
ihrer durch den Soldmangel veranlassten Insubordination, ferner bei ihrer unzweideutigen Hinneigung zur National-Sache
doch nur mit hoher Vorsicht im Felde verwenden, und bildeten wegen der Abfallsbesorgniss, die sie einflössten, eher
ein Hinderniss denn ein tüchtiges Werkzeug glücklicher Kriegführung. Und damals schon erfuhr und klagte Basta dem
Kaiser, wie misslich es jederzeit sei, ungarisches Militär in
grösserer Zahl auf heimathlichen Boden im Solde zu halten.
Sowol aus diesen wie aus andern Gründern vermied dieser
Feldherr eine Schlacht im offenen Felde und wollte, wie er
sagte, siegen, ohne zu schlagen, in der Meinung es würden
die Feinde bei so weit vorgeschrittener Jahreszeit nicht lange
die Belagerung fortführen können. Er verschanzte sich daher
in einer so starken Stellung bei Dees, dass Sigismund trotz
seiner Uebermacht ihn nicht anzugreifen wagte, sondern es
vorzog, Klausenburg durch Beschiessung, Minensprengungen
und Hunger zur Uebergabe zu zwingen, die ihm aber in so
kurzer Frist nicht gelingen wollte. Die Belagarten nämlich,
Basta's Heer noch immer fürchtend, nahmen es mit ihrem
Widerstande vorläufig noch ernst und capitulirten nicht, während ihre Deputirte dem Kaiser die fortwährende Treue und
Ergebenheit der Stadt betheuerten, deren Uebergabe nur im
Falle der äussersten Noth und Hoffnungslosigkeit als möglich
darstellten, den Sigismund einen grausamen Tyrannen schal-
ten, dessen Joch sie mit kaiserlicher Hülfe baldmöglich abzu-
schütteln wünsche, und um Aufträge an Basta flehten, die
Stadt in Rettungsfalle mit Schonung und Milde zu behandeln,
denn mit Recht besorgten sie dieses General's Ahndung wegen ihrer schlechverhehlten Sympathien für Sigismund Báthory. Die Abgeordneten der siebenbürgischen Stände, durch
zwei Monate in Prag fruchtlos eines Bescheides gewärtig, und
durch Sigismund's *anfängliche* Erfolge in eine schiefe Stellung versetzt, baten fast um dieselbe Zeit den Kaiser um
endliche Abfertigung und Rückkehrbewilligung, «da ihre Gesundheit einer Luftveränderung bedürfe.» Sigismund'sche Sympathien blitzten nämlich auch bei ihnen durch. *)

---

*) Rapporto del Generale Basta al Imperatore. Dees 30 Novembre

Indessen fand Sigismund sich theils durch die Ungunst der Jahreszeit, theils durch den Mangel an ausreichendem Fussvolk genöthigt, die Belagerung von Klausenburg aufzugeben und sich nebst dem türkischen Hülfskorps in der Richtung gegen die moldauische Gränze zurückzuziehen. Er liess dem Basta gleichzeitig seinen Wunsch kundgeben, ein friedliches Uebereinkommen mit den Kaiserlishen zu treffen, und forderte ihn auf, zu diesem Behufe einen Jesuiten als Unterhändler in's ungrische Lager abzufertigen, wozu sich jener bereit finden liess. Die Türken traten vollends den Rückzug auf ihren heimatlichen Boden an, wobei sie auf echte Barbarenart das Land gründlich verwüsteten und an 8000 christliche Gefangene in die Sklaverei schleppten. Nun hielt Basta es an der Zeit, sich bei Kronstadt vorbei den Weg in die Walachei zu öffnen und mit bewaffneter Hand den Radul daselbst auf den Fürstenstuhl zu heben. *)

Basta's Geschick, durch Sigismund Báthory's Energielosigkeit nur noch gefördert, unterwarf im nächsten Jahre (1602) dem Erzhause ganz Siebenbürgen und verhalf dem Radul zur Herrschaft über die Walachei. Dankbar für diese Erhebung und treu seinen Verpflichtungen war Radul-Woda ein gefügiges Werkzeug in Oesterreich's Hand und leistete auf jeden Ruf dem Interesse desselben erspriesslichen Vorschub. Als nun der Groszvezier an der Spize von 100,000 Mann in Ungarn Stuhlweisenburg hart bedrängte (August 1602), und dagegen auf kaiserlicher Seite der Entsaz dieser Stadt mit dem Aufgebote aller Krätte angestrengt wurde, kam es viel darauf an die Macht des Feindes durch eine Bewegung in dessen Flanke oder Rücken zur Zertheilung zu zwingen. An Basta erging daher der Befehl, einen Angriff gegen Lippa und Temeschwár zu bewerkstelligen und gleichzeitig durch Radul einen Einfall in die Türkei jenseits der Donau bei Rusczuk ausführen zu lsssen, damit auf solche Art der gegen Siebenbürgen operirende Bektesch-Paschà, ungeachtet der in

1601. Supplicatio Delegatorum Claudianopolitanorum ad Cæsarem. Legatorum Transylvaniæ ad Cæsarem supplex libellus. Relatione data da Tomas Falloianus, prigioniere, Dees, 30 Novembris 1601.

*) Lettera di Basta all Arciduca Mathia. Dees, 7 Dicembre 1601.

lezter Zeit verhaltenen Verstärkungen, deren noch mehrere zu fordern, um eben so viel also die Hauptmacht zu schwächen sich veranlasst sähe. *)

Der Verräter seines Herrn, des unglücklichen Michaï-Woda, der treubrüchige Ueberlieferer der Festungen Szamos-Vjwár und Keöwár an die Kaiserlichen, der Albaneser Leka-Agá fand Rang und Vermögen in Oberungarn, wie es ihm vorher verheissen worden war. Auf kaiserlichen Befehl musste ihm, ob auch mit groszem Widerstreben, der Hauptmann von Szathmar, Michaël Székely, aus dem Gütercomplexe von Keö-wár drei Dörfer ausscheiden und zur Nuzniessung unentgeltlich überlassen. Ferner hatte ihm der Wiener Hof noch vor dieser Güterschenkung den Rang eines Hauptmannes zuerkannt, in welcher Eigenschaft er zur Expedition, die dem Radul die Walachei zuwege brachte, auf eigene Kosten 200 Reiter stellte; auch genoss er bis zur Einweisung in die geschenkten Gütter einen Gehalt von 100 Thalern monatlich. Trefflich kam ihm zudem die Hofgunst zu statten in seiner Streitigkeit mit Sigismund Rákóczy, der in Oberungarn sich durch einen Handstreich in eigenmächtigen Besitz vieler und werthvoller beweglicher Gütter des Leka-Agá gesetzt hatte, unter dem Vorwande, als gehörten dieselben dem Armenier Georg Duka, einem geheimen Handelsgenossen Michaï-Woda's, und als hätte dieser durch sein Verschulden die Beschlagnahme dieser Sachen verwirkt. Zur Rückstellung oder Ersatzleistung angehalten, konnte Rákóczy, trotz aller Ausflüchten und Zögeruugen, der Hartnäckigkeit der Anspruchnahme sich endlich nicht entwinden; denn seine Verdienste um das Erzhaus vermochten denen Leka-Agá's eben so wenig die Waage zu halten, als seine juridische Rechtfertigung gegen dessen Anklage. **)

---

*) Erlass des Erzherzogs Mathias an Basta, Wien, 28. August 1602.

**) Gesuch Leka-Aga's an den Kaiser, vom J. 1602 oder 1603. — Responsum Sigismundi Rákóczy ad Arciducam Mathiam, Zerencz, 31. Mai 1601. — Supplicatio Sigismundi Rákóczy ad Cæsaream Cameram Aulicam, 1602. — Rescriptum Cæsaris ad Georgium Bastam, Pragæ, 1 Martii 1603. — Responsio Leka-Agæ ad replicationem Sigismundi Rákóczy, Cæsari porrecta, in principio Julii 1603. — Tres aliæ supplicationes Leca-Agæ punes Cæsarem, mensæ Aprilis et Maii 1603. — Kaiserlicher Auftrag an die Hofkammer, 15. Mai 1603.

Des tapfern und unglücklichen Woïewoden Michaël verlassener Sohn, Petrasko, lebte nach seines Vaters Ableben unter habsburgischem Scepter bescheiden, anspruchslos und unbeachtet, näher an den Mangel als an Ueberfluss streifend, jedes Amtes baar und ledig, von väterlichem Erbgut kümmerlich sein leben fristend. Seine Mutter, diese ergebungsvolle Zeugin so vieler Wandlungen menschlichen Geschicks, hatte im Beginn dieses Jahres das Zeitliche gesegnet, und seines Vaters Mutter, eine zweite Hekuba, hatte gleichzeitig in einem Kloster der Wallachei den Nonnenschleier angelegt, um durch die zeitliche Ruhe sich die ewige zu erringen. Als die Kunde von ihres Enkels schwierigen Lebensverhältnissen auch in die klösterliche Einsamkeit zur Ahnfrau gedrungen war, beeilte sich diese das Loos Petrasko's durch Schenkung und Uebersendung kostbarer Gewänder und Einrichtungsstücke nach Möglichkeit zu mildern. Der Ueberbringer dieses Angebindes wurde jedoch unweit Tyrnau von Wallonen der dort aufgestellten rheingräflichen Abtheilung völlig beraubt. Vergebens klagte darüber der Beraubte zweimal an den Erzherzog Mathias als obersten Stellvertreter des Kaisers. Als endlich Petrasko mit bitterer Beschwerde sich an Rudolph II. selbst wandte und dieser die Angelegenheit dem Erzherzog allen Ernstes anempfahl, auch durch Bestrafung der bewaffneten Thäter ein abschreckendes Beispiel gegen das offene Raubwesen, das Weg und Steg so sehr gefährdete, aufzustellen befahl, da gelang es, unter Beihülfe des österreichischen Postmeisters Carlo Magno, und durch gegenseitigen Verrath der Thäter, die geraubten Sachen zu ent-

decken, in Besitz zu nehmen und dem Eigenthümer zurück-
zustellen. *)

Seine (Sefer Pascha's) Friedfertigkeit und Achtung des
Friedensschlusses betheuernd, verheiszt er die allfälligen Friedensstörer auf türkischer Seite angemessen zu strafen, fordert
jedoch das kaiserlicherseits gegen die Friedensbrüchigen gleicherweise vorgegangen werde. Insbesondere beschwert er sich,
über das dem Scherban (Radul), welcher mit Forgach den er.
folglosen Feldzug gegen Siebenbürgen und die Walachei gewagt
hatte, und seinem aus 200 Personen bestehendem Gefolge in
Tyrnau gewährte Asyl; ja der Kaiser verabreiche demselben nicht
allein einen monatlichen Unterhaltsbeitrag von 1000 Thalern,
sondern gedenke ihn zum Fürsten der Walachei zu erheben,
wie die kaiserliche Versicherung in dessen Händen darthue.
Da nun Scherban einerseits sich gegen des Grossherrn Autorität mit bewaffneter Hand aufgelehnt, andererseits aber noch
über 100,000 Thalern, die er dem Lande entzog, Rechnung
zu legen habe, so erscheine das geschilderte kaiserliche Vorgehen jedenfalls als dem Friedenstraktate um so mehr zuwi-
derlaufend, als Scherban nicht aufhöre die Walachei insgeheim
aufzuregen und für seine Eroberungsgelüste reif zu machen.
Diesem Allem müsse Abhülfe widerfahren. **)

Aus Anlass von Radul (Scherban) Waïwoda's beabsichtigten Botensendung an Ali-Paschà erneuert Molart, der gemeinschaftlich mit dem Bischof Klesel für diesen Woïewoden
einmal bereits seine Fürsprache eingelegt hatte, um abermals
an den Vezier die Bitte, dass er dem Radul seine willfährige
Hülfe nicht versagen und dessen billigen Ansprüchen angelegentlichst Vorschub leisten wolle, wofür er auf Molart's Ge-
gendienste bei vorkommender Gelegenheit zählen dürfe. ***)

---

*) Supplica di Petrasco Vaïvoda vlaho al Imperatore. 1604. — Reskript
Rudolph's II. an Erzherzog Mathias, Prag, 5 März 1604. — Anzeige eines
Anerbietens zur Entdeckung der geraubten Sachen, 1604.

**) Schreiben Sefer Paschà's von Ofen an den Kaiser Mathias. Ein
gleiches auch an Hans von Molart. Ofen, 1614 oder 1617.

***) Hans von Molart an Vezier Ali-Paschà von Ofen. Wien, 23.
Jänner 1616.

Er (Ali Pascha) habe, meldet er, mit des Radul-Waywoden (Scherban) Sendboten Rücksprache gepflogen und demselben ausreichende Anleitung gegeben. Sogleich nach dem Eintreffen der Gesandten an der Pforte werde Radul's Anliegen zur Sprache kommen und günstigen Erfolg erringen. *)

Die lezten aus der Moldau eingelaufenen Berichte lauten dahin, dasz die Polen daselbst den mit ihrer Vertreibung beauftragten Ibrahim-Paschà, Beylerbey von Silistria, zum dritten Mal auf's Haupt geschlagen und dessen Kihaïa auf der Walstatt getödtet haben. Hierüber höchlich aufgebracht, ernennt die Pforte wider sie den Skender-Paschà zum Feldherrn, verleiht ihm das Paschalik Bosnien, ordnet ihm 2000 Janitscharen aus der Residenz, 14 Sandschak Bey's aus den Donaugegenden, das gesammte Kriegsvolk der Dobrodschia und Bosniens, überdies auch den Bethlen Gábor und den Woïewoden der Walachei mit all ihrer Kriegsmacht zu, und befiehlt ihm, die Polen in der Moldau sofort anzugreifen, während des Tartarenchan's Bruder gleichzeitig die Weisung erhält zur Unterstützung dieses Angriffs in das Königreich Polen mit 40,000 Tartaren einen Ueberfall zu versuchen. Auf die immittelst eingegangene Kunde aber, dasz die Polen wieder freiwillig aus der Moldau sich zurückgezogen hätten, beruhigt sich die Pforte einigermassen, ohne jedoch auf die Züchtigung Polens, die vorderhand des persischen Krieges halber auf bessere Zeiten verlegt werden musz, völlig zu verzichten. Starzer schlägt zwar dem Kender Paschà vor, den in Konstantinopel lebenden Polen Samuel Otwinowski mit Friedensanträgen nach Polen abzusenden, denen zu Folge das polnische Kriegsvolk aus der Moldau vollständig zurückzuziehen, dagegen die Pforte verbunden wäre den von den Polen vertriebenen Woïewoden Stephan Tomscha, dessen Trunksucht, Unverläszlichkeit und Tyrannei endlich auch ihr selbst in die Augen springen, und auf dessen Wiedereinsetzung sie einstweilen beharrt, binnen vier Monaten nach dieser Wiedereinführung zu beseitigen und durch einen, beiden Theilen gleich genehmen Nachfolger zu ersezen; doch findet dieser Vorschlag, durch welchen Starzer

---

*) Vezier Ali-Paschà von Ofen an Haus von Molart. Ofen, 3. Februar 1616.

lediglich die in ihren Folgen bedenkliche und mehr noch dem Kaiser in Ungarn als den nachgiebigen Polen in der Moldau gefährliche Anhäufung der gesammten osmanischen Heeresmacht an der Donau zu hintertreiben trachtet, an der Pforte keinen Anklang. Skender-Paschà verheiszt indessen dem Starzer unter ernstlicher Betheuerung sogleich nach glücklicher Schlichtung der Zwistigkeit mit Polen all seinen Einflusz aufzubieten, damit die Woïewodschaft Moldau dem Caspar Gratiani, nämlich einem Schützling und Anhänger des Kaisers, verliehen werde. Und in der That steht diese Verleihung, falls Gratiani's Sendung erwünschte Früchte trüge, mit ebenso viel Grund anzuhoffen als des Kaisers Genehmhaltung dieser Verleihung. *)

Friedensvertrag zwischen Kaiser Mathias und Sultan Achmet I. wobei kaiserlicherseits die Cardinäle Forgach und Klesel, dann Molart, Althan, Solms, Pethe und Apponi, türkischerseits aber Ahmet Kihaïa und *Caspar Gratiani* als Bevollmächtigte einschritten und unterfertigten. **)

Radul's (Scherban) Denkschrift in Betreff seiner Wiedereinsezung in die Walachei wird vom Abgeordneten L. Molart mit angelegentlicher Anempfehlung dem Hassan Paschà übermittelt, welcher seine Verwendung dafür mit dem Beding zusagt, dass Scherban sich zur Pforte stelle. ***)

Art. 3. Dem Caspar Gratiani, welcher hauptsächlich den Frieden vermittelte, auch sonst dem Kaiser treffliche Dienste erwies, solle der Gesandte besonderes Vertrauen bezeugen, ihn wie einen wirklichen kaiserlichen Beamten behandeln, dennoch aber, weil er (Gratiani) im Trunke gar befremdlich auslässt, demselben ausschliesslich nur das auf den eigentlichen Zweck der Gesandtschaft Bezügliche mittheilen, und dabei kein Misztrauen merken lassen.

---

*) Michaël Starzer an Hans von Molart. Constantinopel, 25. Februar 1616. —

**) Wien, 1. Mai 1616.

***) Bericht des Abgeordneten Ludwig von Molart, kais. Obristen, über das Ergebniss seiner Unterhandlung zu Belgrad mit dem Vezir Hassan Paschà von Ofen. Prag, 12. März 1616.

Art. 20 In Betreff Siebenbürgens, der Moldau und Walachei solle Czernin sich durchaus in keine Erörterung einlassen, sondern lediglich sich auf die Verträge von Sitwa-Török und Wien berufen, an denen nach bereits vollzogener noch modeln zu wollen ihm nicht gezieme. Er sei, müsse er sich ausreden, gleichzeitig sowol des römischen Kaisers als des Königs von Ungarn Abgesandter, könne daher schon desshalb des lezteren Rechte weder in Zweifel ziehen noch überhaupt in Schuz nehmen wollen; zudem habe er auch keinen Befehl dazu, und es genüge wenn nur die beiden Kaiser eines wollten und einander richtig verständen. *)

Ali-Paschà von Ofen meldet der Pforte, dass die siebenbürgischen Groszen, mit Bethlen Gabor's Regiment unzufrieden, um die Ernennung des Homonnay für Siebenbürgen bitten, und dagegen die Uebergabe der beiden Festungen Lippa und Jeneö an die Türken, wie auch einen Zuwachs an Einflusz in Ungarn durch Gewinnung der dortigen zahlreichen Anhänger Homonnay's in Aussicht stellen; die Pforte leiht jedoch diesem Antrag kein Gehör. — Neuerlich trifft aus der Moldau die Kunde ein, dasz die Polen, sich abermals dieser Provinz mit Gewalt bemächtigt hätten. Skender-Paschà ist demnach gegen sie bereits im Anzuge, und der Kaïmakam widersezt sich mit groszer Hartnäkigkeit jedweder Zumuthung der Beseitigung Stephan Tomscha's und der Ernennung eines neuen Woiewoden, ungeachtet dieses das einzige sichere Lösungsmittel der polnisch-türkischen Wirrnisse abgäbe und un geachtet der Sultan bisher von einem Kriege in Europa weder etwas hören noch wissen will. Die Venetianer sowol als die übrigen Widersacher des Kaisers werden indesz nicht müde durch allerlei Zuflüsterungen dessen Friedfertigkeit in Verdacht und die Pforte auf den Gedanken zu bringen, als sei der Kaiser mit dem polnischem Einfalle in die Moldau insgeheim einverstanden gewesen. Auch faszt dieser Argwohn bei der Pforte um so mehr Wurzel, als einestheils die Ankunft des kaiserlicen Botschafters noch fortan auf sich warten läszt, anderntheils aber aus den Berichten Stephan Tomscha's

---

*) Geheime Instruktion für den an die Pforte abgeordneten kaiserlichen Gesandten Wien, 24. März 1616.

erhellt, dasz im polnischen Lager sich auch Deutsche be·
finden. *)

Nachdem die türkische Botschaft in Wien vom Kaiser
Nichtduldung etwaiger Angriffe auf Siebenbürgen und Zuhal·
tung vollkommener Neutralität begehrt, und nachdem Ali·
Paschà auf Grund dieser Neutralität mit Homonnay sowol
als dem Radul (Scherban) Woïwoda ein besonderes Ueber·
einkommen getroffen hatte, war durch Molart's selbsteigene
Fürsorge die Einleitung getroffen worden, dasz die Sieben·
bürger durch eigene freie Wahl den Homonnay sich zum
Fürsten wählen und in's Land berufen sollten. Auf der
türkischen Botschaft Begehren aber, dasz Kardinal Klesel
den Homonnay und den Radul von ihrem vorgehabten Be·
ginnen abhalten möge, erachteten Klesel sowol als Molart es
rathsamer die Angelegenheit zur Zeit noch in die Länge zu
ziehen und so lange sich dieszfalls zu verstellen (zu dissimu·
liren), bis Homonnay und Radul ihr Vorhaben völlig in's
Werk gesezt hätten. Weil aber diese beiden Unternehmungen
sich mittlerweile verzogen, der Kaïmakam eben so wie Sken·
der·Paschà dem Bethlen sich werkthätig zuneigten, und selbst
Ali·Paschà aus irgend welchem Grunde eine seiner früheren
zuwiederlaufende Richtung einschlug, so stellt sich nunmehr
die ganze Lage der Umstände als völlig verändert und hiemit
die Nothwendigkeit dar, zur Vermeidung erheblicher Uebel·
stände und zur Wahrung des kaum geschlossenen Friedens,
in Bezug auf Homonnay's Unternehmung einen veränderten
Weg zu verfolgen. Abgesehen nun von der kaiserlichen
Weisung an Homonnay, sein Unternehmen auf eine günsti·
gere Conjunktur zu verlegen, wodurch der Neutralitätsfor·
derung Genüge geschah, Zeit zu zweckmäsziger Angriffs·
nahme der Sache gewonnen und der Verdacht der Feinde
von diesem, blos verschobenen, nicht aber aufgegebenen Vor·
haben abgelenkt wurde, erscheint es nöthig dasz Molart den
Doczy in diesem Sinne instruire, ferner den Probsten zu
Thurocz, Pasmanni, zum einfluszreichen Forgach, der auch
auf Homonnay entsprechend einwirken könne, entsende, end·

---

*) Mihaël Starzer an Freiherrn Hans von Molart. — Constantinopel,
16. Mai 1616.

lich dasz er den Bonhomo zum Ali-Paschà von Ofen, Behufs Unterhandglung über diese Angelegenheit, mit angemessenen Instruktionen abordne. *)

1616. Bei der Anerkennung der den Siebenbürgern zustehenden freien Fürstenwahl könnte diese zwar unbeanständet auch auf Homonnay fallen, doch erregt des Radul (Scherban) Woïewoda Anwesenheit in desselben Lager starken Verdacht bei der Pforte rücksichtlich seiner eigentlichen Absichten. Deszhalb entsendete Ali-Paschà, Amhat Kihaïa und Gratiani in gemeinsamen Einverständnisz zwei Sendboten mit beruhigenden Zuschriften nach Constantinopel. **)

1616. Lezterer (Gratiani) wird an' sein Versprechen erinnert, gelegenheitlich seiner Reise nach Konstantinopel die Anerkennung des freien Fürstenwahl-Rechtes der Siebenbürger, die den Bethlen nicht mehr ertragen mögen, wie auch die verheiszene Bewilligung der Rükkehr in die Walachei für Radul (Scherban) bei der Pforte durchzusetzen. ***)

1616. Molart's Verwunderung, wie denn Angesichts der groszherrlichen Begnadigung Radul's (Scherban's) Ali-Paschà der Heimkehr desselben nunmehr hinderlich in den Weg treten könne, entbehre jeden Grundes. Er (Ali) habe über Molart's Einschreiten sich drei- oder viermal an der Pforte für Nachsicht mit dem «unglüklichen, elenden und der richtenden Gerechtigkeit anheimgefallenen Manne» verwendet und demselben endlich die Erlaubnisz ausgewirkt, zum Zwecke näherer Aufschlüsse durch eigene Bestellte die Pforte zu beschiken, wovon er ihn auch verständiget. Anders verhielte sich aber die Sache gegenwärtig. Er könnte nämlich Radul's Rükkehr in sein Land mit einem, theils aus Raaberischen Raizen theils aus Ungarn geworbenen Heere von 2000 Mann auf keinen Fall zulassen, nicht allein « weil die Walachei eine Gasse der Stadt Konstantinopel selbst bilde,» sondern und hauptsächlich auch weil

---

Erlasz Kaisers Mathias an Hans Freiherrn von Molart. — Prag, 6. Juni 1616.

**) Caspar Gratiani an Hans von Molart. — Ofen 6. Juni 1616.

***) Erzherzog Ferdinand an Caspar Gratiani. — Wien, 15. Juni 1616.

die Ausrede, es hätte Radul (Scherban), der doch durch so lange Jahre von des Kaisers Brot und Salz gelebt, diesen bedeutenden Heereszug nach seiner Heimath « ohne des Kaisers Vorwissen und Genehmigung, blos auf eigene Faust» ausführen wollen, weder bei der Pforte überhaupt noch bei den friedhässigen Widersachern des Kaisers und den persönlichen Feinden Ali's selbst je Glauben verdienen würde. Im Interesse der Friedenserhaltung also, wie nicht minder zur Schonung des Ansehens Ali-Pascha's selbst, möge Molart den Homonnay und den Radul alsbald zur Ruhe und zum Verzicht auf das gewaltsame Beginnen verweisen. *)

Das ruhestörerische Beginnen des Georgius Drugeth de 1616. Homonna, welcher dem öffentlichen Rechte Ungarn's zu Troz, fremdes Kriegsvolk aus Polen in's Land zog, und seines Verbündeten Radul Vaïvoda, der mit Ausserrechtlassung des Inhaltes des ihm gewährten kaiserlichen Sichergeleites sich dem Ersteren anschlos, hatte durch den Angriff auf Siebenbürgen nebst anderen unseligen Folgen auch das Heranrüken der türkischen Streitmacht gegen die nördlichen Komitate, ihre Heimat, im Gefolge. Sie bitten demnach den Kaiser um rechtzeitige Beschwörung der drohenden Kriegsgefahr und um Abwendung der wegen solch frevelhaften Unternehmens ihnen in Aussicht stehenden gräulichen Uebel. Ihr Abgeordneter Andreas Keczer möge diesfalls Gehör und Gnade, sie selbst einen günstigen Bescheid finden. **)

In Betreff Radul's (Scherban) erklärt Ali-Paschà, dass 1616. man sich keine Rechnung auf seine Begnadigung und Wiedereinsezung zu machen hätte, da derselbe, ein Mann von niedriger Abkunft und des ehemaligen Woïewoden Michaël Schreiber, die Walachei sechsmal verwüstet und verheert, sich zu wiederholtenmalen gegen des Sultan's Autorität aufgelehnt, seinem Lande über 60,000 Thaler entzogen und äusserstes Verderben gebracht, überdies auch unterlassen habe

---

*)Vizir Ali-Paschà's Antwortschreiben an Hans von Molart. — Szolnok, 27. Juni (neuen Kalenders 1616.)

**) Bittschrift der Abgeordneten der Oberungarischen Komitate an den Kaiser. — Kaschau, 29. Juni 1616.

sich bei der Pforte selbst, nach dem Beispiele Homonnay's, um das Woiwodat zu bewerben. Auf die beiden Provinzen Moldau und Walachei, diese Ziergärten des Sultans, werde die Türkei, solange ein Muselmann am Leben wäre, nimmerdar verzichten und sie vielmehr aufs Aeuszerste zu vertheitigen wissen, auch eine Umgehung des Groszherrn bei deren Besezung keinesfalls dulden. *)

1616. Der Kaïmakam Mehmet Paschà erhielt seine Absezung blos weil er eigensinnigerweise die eben am Ruder sizenden Woïewoden der Moldau und Walachei im Regimente zu erhalten sich bemühte, deren Sturz sohin bei erster günstiger Gelegenheit bevorsteht. Radul (Scherban) möge nun auf gütlichem Wege, nicht aber mit bewaffneter Hand, dem Ziele seiner Wünsche zusteuern, und er wird es sicher erreichen. **)

1616. Radul (Scherban) Woiwoda's Versuch, des Kaisers Gebiet zu verlassen und mit Heeresmacht (einigen Tausend Söldlingen) gegen die Walachei ru rüken, war sehr unklug; denn mit einiger Geduld und Zuversizt auf den Sultan hätte er ohne alles Aufsehen seinen Zwek sicherer erreicht. ***)

1616. Den Radul anbelangend, erklärt sich der Kaiser mit dessen Vorhaben, zu einem Einfall in die Walachei mit Waffengewalt und Kriegsvolk anzuwenden, durchaus nicht einverstanden, wie denn auch die demselben ertheilte Paszurkunde sich nicht auf einen derartigen Feldzug erstreke, sondern lediglich auf seinen und seiner Angehörigen einfachen Durchzug durch Ungarn, jedoch ohne Waffenmacht, gestellt und über des Palatinus (Georg Thurzo) Einschreiten demselben verabfolgt wäre; mit derlei Pässen seien übrigens auch manche andere Personen, damit sie sicher reisen und den Ausgang ihrer Angelegenheiten gewärtigen könnten, schon betheilt worden, weszhalb man auch den Radul von dieser Begünstigung

---

*) Peter Bonhomo's, kaiserlichen Mustermeisters (Zeugmeister) Bericht an Hans von Molart über den Erfolg seiner Sendung an Ali-Paschà von Ofen. Wien, 5. Juli 1616.
**) Caspar Gratiani an Hans von Molart. — Jagodna, 8. Juli 1616.
***) Caspar Gratiani an Hans von Molart. — Alessandria in Bulgarien, 9. Juli 1616.

nicht ausschlieszen mochte, ohne aber deshalb eben für ihn intervenieren zu müssen. Sollte aber dessenungeachtet Radul sein feindliches Vorhaben entweder selbst ausführen oder durch Andere ausführen lassen, so könnte es nur wider des Kaisers Wissen und Willen geschehen, und in solchem Falle würde er auch sonach auf kaiserlichen Schuz ●und Beistand oder sonstige Dazwischenkunft keinerwegs sich Rechnung machen dürfen. *)

Homonnay möge seine Sache von der Radul's (Scher- ban's) trennen, als welcher die Ursache des ganzen lezten Zerwürfnisses dadurch gewesen sei, dasz er dem dringenden Rathe, bis zum Eintritt günstigerer Umstände sein Unternehmen zu vertagen — ein Rath, den Gratiani im Hause Althan's ihm ertheilt hatte — keineswegs sich fügen wollte; nunmehr habe sich der Hasz der Pforte gegen Radul derart gesteigert, dasz sie seinen Wiedereintritt in die Walachei nie und nimmer ihre Zustimmung ertheilen werde. **)

Gaspar Gratiani dankt dem Hans von Molart für den Glükwunsch zur Betheilung mit dem Herzogthum Naxia, die ihm der Groszherr angedeihen liesz. (Er unterfertigt sich übrigens: Duca di Naxia et Signor di Paris). ***)

Der mit Schreiben und Geschenke an den Kaiserhof feierlich abgesandte groszherrliche Botschafter Caspar Gratiani erfuhr kaiserlicherseits feierliche öffentliche Aufnahme. Wegen Ausführung der Friedensbedingungen traf der Kaiser die nöthigen Masznahmen, deren Ueberwachung und Betreibung dem Cardinal Klesel anvertraut wurden. ****)

Wie alle übrigen Klagepunkte, so entkräftet und erklärt Czernin als Verläumdung auch den 12., 16. und 19. Punkt der Gratianischen Eingaben, dasz er nämlich vom Groszherrn

---

*) Kaiser's Mathias Reskript an Erzherzog Maximilian, Hochmeister des deutschen Ordens.
**) Caspar Gratiani an Freiherrn Hans von Molart. — Kuru-tschesmé, 10. Jänner 1617.
***) Belgrad, 17. März 1617.
****) Kaiser Muthias an Sultan Mustapha. — Prag, 4. August 1617.

die beiden bereits türkisirten Söhne des vormaligen moldauischen Woïewoden (dessen Namen aber nicht genannt wird) als
Sklaven für sich zum Geschenk gefordert und dagegen sich
angeboten hätte, die zwischen der Türkei und den Kosaken
aufgetauchte Zwistigkeit gütlich zu vermitteln, wozu er sich
auch Kraft der kaiserlichen Vollmacht und Instruktion eben
so wie zur Anhaltung der Kosaken, damit sie seine Zusagen
erfüllen, berechtiget und verpflichtet erklärt haben solle; dasz
er, nach dem Fehlschlagen dieser Forderung, den im Siebenthürme-Gefängnisse gefangenen adeligen Polen Samuel Korezki als Sklaven verlangt und hiebei vorgegeben hätte, es
sei dies des Kaisers Begehren, der nicht ermangeln würde
erforderlichenfalls es auch schriftlich zu stellen. Ebenso läugnet
Czernin die ihm zur Last gelegte vertraute Verbindung mit
Personen, die dem Kaiser Uebel wollten, insbesondere mit
dem venetianischen Dragoman Marc' Antonio Borisio, einem
erklärten Feind des kaiserlicherseits so sehr angestrebten Friedens mit der Pforte; von diesem Marco (wahrscheinlich Borisi) habe er, behauptet Czernin, noch in Prag wol einige
Besuche empfangen, seitdem ihn jedoch nur Einmal, nämlich
beim venetianischen Baylo getroffen. *)

Gratiani fordert vor seiner Abreise vom Kaiser 1. eine
Belohnung durch Güterverleihung, sei es eines Theils der
Herrschaft Ungrisch-Altenburg, oder einer andern; 2. eine
Geldbelohnung, die er sowol zur Gewinnung der Türken wie
auch zur Bestreitung seines eigenen Unterhaltes bedürfe; 3.
die Erwirkung eines ansehnlichen Geschenkes auf dem be-
ginnenden ungrischen Landtag. Hiebei versicherte er den
Kaiser seiner niewankenden Treue. *)

---

*) Herman Czernin's, kaiserlichen Gesandten an der Pforte, Rechtfer-
tigung in Betreff der von Caspar Gratiani in 31 verschiedenen Anklagepunkten
wieder ihn verfaszten und dem Cardinal Klesel am 27. September 1617 zuge-
stellten Beschuldigungsschriften. — Constantinopel, 28. December 1617.

Anmerkung. Die hierüber angeordneten Zeugenaussagen erweisen, dasz
Czernin die Söhne des moldauischen Woïewoden, jedoch blos im eigenen
Namen, vom Sultan sich erbeten, dann dasz er mit dem Marc' Antonio Borisi
Umgang gepflogen habe.

**) Hans von Molart's Bericht an den Kaiser über die mit Caspar
Gratiani gepflogene Unterredung. — Dewen, 6. Juni 1618.

Der Kaiser genehmigt die von Hans von Molart mit Caspar Gratiani jüngsthin einverständlich vereinbarten Bestim-mungen, erläszt die angemessene Weisungen wegen deren Aufzeichnung und Ausführung und befiehlt dasz dem Gratiani hievon Kunde zugemittelt werde. *)

Der siebenbürgische Abgesandte betreibt die ihm auf- getragene Verwendung an der Pforte für Marko-Voïvoda, der seit ungefähr zwei Jahren in Constantinopel weilt und dessen Erhebung zum Woïwodate der Walachei Gabriel Bethlen durchgesezt zu sehen wünschte, vorsäzlich mit ungemeiner, auf Miszglücken berechneter Lauigkeit. Denn obwol Bethlen' lediglich in Anhoffnung der Wahl Marko's, den walachischen Rebellen die Anwerbung von Kriegsvolk in Siebenbürgen ge-stattet hatte, mit dem sie alsdann ihren Woïewoden Alexan-der (Elias) aus der Walachei verdrieben; und obwol ferner der hiedurch verursachte Woïewodenwechsel während der An-wesenheit des siebenbürgischen Abgesandten sich zutrug, der von Marko mit Bitten und Beschwörungen bestürmt ward, die gute Gelegenheit nicht ungenüzt verstreichen und Bethlen's Befehle in Erfüllung gehen zu lassen: so zögerte der Ge-sandte mit seinen Verwendungsschriften doch so lange, bis die Wahl Gabriel's (Movila), Sohnes des einstens vom Gene-ralen Georg Basta mit kaiserlichen Truppen aus der Walachei vertriebenen (Simeon) zur vollendeten Thatsache und Marko's Erhebung, die er nach Uebergabe der Fahne an Bethlen wirklich zu betreiban begann, zur Unmöglichkeit erwachsen war. Dieser Marcus-Waïvoda, der übrigens dem Kaiser und dem Erzhause insgeheim wesentliche Dienste leistet, hatte im verflossenen Winter einen Versuch zur Flucht gewagt, jedoch zurükkehren müssen, weil seinetwegen der siebenbürgische Abgesandte in's Gefängnisz geworfen worden war.

Gabriel-Waïwoda, Simon's (Mogila's) Sohn, der nun zur Besizergreifung der Regierung in seine Provinz abging, muszte zur Gewinnung des alten und neuen Kaimakam's eine ansehn-liche Geldsumme aufwenden, und versprach zur Versicherung seiner unwandelbaren Treue einen seiner Brüder an die Pforte

---

*) Des Kaisers Ohristkämmerer an Caspar Gratiani. — Wien, 26. Juni 1618.

als Geiszel zu stellen; gleichzeitig aber stellte er auch durch
den Starzer seine treue Dienstwilligkeit dem Kaiser zur Verfügung. Der vertriebene walachische Woïewode Alexander
(Elias), der seinen Sturz dem Gabriel Bethlen und dem mit
demselben einverstandenen vorigen Kaimakam Schuld gab,
soll, wie vielfach behauptet wird, in Constantinopel sich eingefunden haben, um gegen Bethlen Beschwerde einzulegen'
zu deren Untersuchung und allfälliger Ahndung auch wirklich
Daud-Paschà an die walachische Gränze mit einem Heere
abgeordnet ward, ungeachtet mittlerweile die Behauptung von
Bethlen's direkter Betheiligung sich als ungrundhältig heraus-
gestellt hatte; es scheint sonach dieser Absendung Daud-
Paschà's die geheime Absicht zu Grunde zu liegen ihn auf
schikliche Art aus der Hauptstadt zu entfernen und für seine
Nebenbuhler unschädlich zu machen. Scherban's persönliche
Erscheinung an der Pforte ist unter den gegenwärtigen Umständen, troz der gegentheiligen Ansicht Vieler, nicht gefahrlos, deszhalb also demselben nicht wol anzurathen.

Nach dem erfolgreichen Beispiele der Walachei ver-
suchten auch die Moldauer einen Woïewodenwechsel, indem
sie gegen ihren Woïewoden Radul, *) Michne's Sohn, in offener Empörung Ausbrachen. Da jedoch dieser, ein begü-
terter Mann, aller Orten vielfache Bestechungen vornahm,
und nicht allein unlängst seinen einzigen Sohn, einen 6- bis
7-jährigen Knaben, und seine Gattin unter Darbringung kost-
bahrer Geschenke als Geiszeln zur Pforte sendete, sondern
überdies dem Skender-Paschà, welcher an der polnischen
Gränze nächst dem Dnieper, zur Hintanhaltung der Tartareneinfälle in Polen, einen befestigten Wachtthurm aufzuerbauen
anfing, ersprieszliche Beihülfe zu diesem Baue angedeihen
liesz; so konnten die moldauischen Aufrühren ihren Zweck
nicht erreichen. Doch trachtet der Vezier Hassan-Paschà dem
Gratiani entweder die Moldau oder die Walachei zuwegezubringen, und der darum angegangene Bostandschi-Baschi erklärt sich damit einverstanden, obwol Gratiani's verschiedene
Nationalität von derjenigen dieser beiden Länder, wie auch
seine nichtfürstliche, somit auch nicht regierungsfähige Ab-

---

*) *Anmerkung.* Es scheint hier eine irrthümliche Namensverwechslung
mit Stephan Tomscha obzuwalten.

stammung allerdings bedeutende Umstände hervorrufen dürften.
Gratiani, der, falls seine Erhebung gelänge, zweifelsohne dem
Kaiser mehr als jedem anderen zu Dank verpflichtet wäre,
sollte jedoch die gegenwärtige Constelation nicht versäumen,
da dem Vernehmen nach es in des dermaligen Kaimekam's
Absicht liegt sofort nach Skender-Paschà's Rükkehr den regierenden moldaischen Woïewoden ab- un durch einer seiner
eigenen Günstlinge zu ersezen, wie denn thatsächlich der vertriebene vormalige Woïewode Alexander (Elias) durch dieses
Kaimakam's Einflusz die Hoffnung einer Wiederwahl schon
jezt in hohem Grade nährt. *)

    Skender-Paschà und der moldauische Woïewode weilen   1618.
im Lager bei Tigin (Bender) während das bei Kaminiez im
starkverschanzten Lager stehende polnische Heer den Angriff
der weithin auf Plünderung schweifenden Tartarenhorden mit
Erfolg zurükweist. **)

    Radul's (Scherban) Denkschrift in Betreff seiner Wieder-   1618.
einsezung in die Walachei wird vom Abgeordneten L. Molart
mit angelegentlicher Anempfehlung dem Hassan Paschà übermittelt, welcher seine Verwendung dafür mit dem Beding
zusagt, dasz Scherban sich zur Pforte stelle. ***)

    Gratiani verübelt es, dasz in des Kaisers und Hans Mo-   1618.
lart's Schreiben an den Groszvezier seines (Gratiani's) während
seiner Gesandtschaft bethätigten Wohlverhaltens und geführten
guten Wandels nicht die mindeste Erwähnung vorkömmt.
Ludwig Molart ersucht demnach um dessen dahin lautende
Anempfehlung, wie auch um höfliche Entschuldigung wegen
dieser Unterlassung bei Gratiani selbst. ****)

---

    *) Michaël Starzer's Bericht an Hans von Molart. — Constantinopel,
20. September 1618.

    **) Andreas Dóczy an den Kaiser. — Szathmár, 28. October 1618.

    ***) Bericht des Abgeordneten Ludwig von Molart, kais. Obristen,
über das Ergebnisz seiner Unterhandlung zu Belgrad mit dem Vezier Hassan
Paschà von Ofen.

    ****) Ludwig von Molart an Hans von Molart. — Constantinopel, 31.
October 1618.

1619. Gratiani wird, dem kaiserlichen Auftrage gemäsz, überall wo es zwekmäszig oder nüzlich sein mochte, von Ludwig Molart mündlich mit aller Wärme anempfohlen und dadurch in seiner am 4. Februar mit Erfolg gekrönten Bewerbung um das Fürstenthum Moldau mächtig unterstüzt. Radul's Angelegenheit befürwortet der Gesandte beim Groszvezier Mehmet-Paschà durch eine demselben am 22. Februar in türkischer Sprache überreichte Denkschrift. *)

1619. Auf des Gesandten, seiner Instruktion gemäsz, zu Gunsten Radul's (Scherban) eingelegtes dringendes Fürwort lautet des Groszveziers Mehmet - Paschà Bescheid also: «Wer ein Fürstenthum oder anderweitige Gnadenbezeugungen im Osmanenreiche zu erlangen wünsche, müsse sich bei der Pforte persönlich vorstellen, und da erst vor Kurzem das Fürstenthum Walachei dem Gawrilasch verliehen worden, so könne billigerweise nicht sobald wieder zu desselben Absezung schreiten. Wenn demnach Fürst Radul das Verlangen nach einer Betheiligung trage, so möge er nach Konstantinopel kommen und daselbst seines Schicksales harren. Er wolle übrigens die in der Denkschrift, welche bereits in türkischer Uebertragung ihm zu Händen gekommen, erörterten Beweisgründe des Ansuchens willig durchlesen, genau erwägen und nach Maszgabe ihrer Stärke mit Rüksicht auf des Kaisers Wunsch die angemessene Entscheidung treffen. **)

1619. Dem Woïewoden Gratiani und dem Skender-Paschà wird von der Pforte der Auftrag, die Streithändel mit den Kosaken auf dem Wege der Vnterhandlung oder der Waffengewalt zur Entscheidung zu bringen. Die Bezähmung oder sonstige Beruhigung der Kosaken hält Starzer für unausführbar. ***)

1619. Des damaligen walachischen Woïewoden Abgesandte und oberste Landeskanzler, Papa Vistier genannt, welcher zuvor

---

*) Der kais. Abgesandte Ludwig von Molart an den Kaiser. — Constantinopel, 26. Februar 1619.
**) Der kais. Abgesandte Ludwig von Molart an seinen Bruder Hans von Molart, Hofkriegsrathspräsidenten. — Constantinopel, 26. Februar 1619.
***) Michaël Starzer an Hans von Molart. — Constantinopel, 28. Februar 1619.

den Radul (Scherban) Woïwoda in Tyrnau besuchte, stellt sich beim Bethlen am 17. März vor und überbringt ihm in seines Herrn Namen und Auftrag schöne Geschenke wie auch das Ansuchen um ein Bündnisz zwischen der Walachei und ihrem Woïewoden einerseits, dem Bethlen und Siebenbürgen anderseits. — Der moldauische Woïewode (Stephan Tomscha) wird seiner Regierung entsezt und an die Pforte zurückberufen, seine gesammte Habe in groszherrlichem Namen versiegelt und Gratiani zu seinem Nachfolger ernannt, zu dessen Besizeinführung Skender-Paschà, welcher dabei nicht auf sich selbst vergiszt, den Auftrag erhält. *)

1619.

Des Woïewoden Gratiani Angelegenheiten gehen gar wol und glüklich von statten, und ob man gleich gezweifelt hatte, dasz die Moldau bei dessen Anerkennung und persönlichen Aufnahme so platterdings ohne allen Anstand zu Werke gehen würde, so meldet er dennoch, es habe nicht allein sein Stellvertreter einen anständigen Empfang im Lande gefunden, sondern es seien ihm überdies nahebei 20 der vornehmsten Landesgroszen bis gegen Adrianopel zu entgegen gekommen, auch an der Donau einige Tausend Landesbewohner seiner gewärtig gestanden. Freilich der erste Sturm in Polen würde sich über seinem Haupte entladen, doch sei Skender-Paschà angewiesen, in solchem Falle ihm wirksame Hülfe zu leisten, und er selbst würde, schon seines eigenen Interesses wegen, es an Hülfsquellen zur Selbstvertheidigung keineswegs gebrechen lassen. **)

1619.

Der moldauische Woïewode Gratiani zeigt dem Bethlen durch einen eigenen Abgesandten seinen am 6. April erfolgten Einzug in Jassy, wie auch seine Belastung mit einem hohen Schuldenstand an, und bittet ihm um ein Darlehen von 30,000 bis 40,000 Gulden zur Beschwichtigung der vielen mit hereingekommenen Türken, die nur durch vielfältige hohe Bescherungen sich bewegen lieszen ihm von der Seite zu weichen.

---

*) Gabriel Bethlen dem Andreas Dóczy. — Klasenburg, 18. März.

**) Michaël Starzer an IIans von Molart. — Constantinopel, 30. März 1619.

Er werde, meint Bethlen, gar bald erfahren, wie leicht und angenehm eine solche Woïewodenwürde sei. *)

Mehrere vom Sekretär Radul's (Scherban) nach Polen ausgefertigte Schreiben werden an der moldauisch-siebenbürgischen Gränze aufgefangen und dem Groszvezier übermittelt, welcher aus deren Inhalte, namentlich aus der Stelle in Betreff des angeblich neugestifteten geistlichen Ritterordens ‹della Milizia del Redentore› einen bedeutenden, wenn auch mehr stillen Argwohn schöpft. Der Gesandte sucht diese Besorgnisz auf allerlei Weise zu zerstreuen, theils durch Vorschüzung seiner Unwissenheit, theils durch die Versicherung, dasz der Kaiser sich weder in geistliche Sachen einmenge noch auch dem Radul und dessen Angehörigen den Eintritt in einen solchen Orden bewilligt habe, endlich durch die leicht zulässige Annahme, dasz die besagten Schreiben unächt und vom Hasz und Neid diktirt sein dürften; auch gelingt es ihm wirklich den Groszvezier auf solche Art zu beschwichtigen. Da jedoch dieser noch nicht vollkommen getilgte Argwohn von den heimlichen Friedensfeinden und Widersachern des Kaisers als willkommener Anlasz zur Bereitung von Allerlei Unannehmlichkeiten und Verlegenheiten ausgebeutet werden könnte, so erbittet sich der Gesandte zur Vorbeugung des Ungemachs angemessene Verhaltungsbefehle. Er besorgt auch, dasz der einmal angeregte Verdacht dem Fürsten Radul an seiner Bestrebung absonderlich hinderlich sein werde, weszhalb denn eine abermalige kaiserliche Anempfehlung desselben an der Pforte eben jezt nicht an der Zeit sein dürfte. **)

Im höchsten Vertrauen und unter dem Siegel der Verschwiegenheit meldet der vormalige Woïewode der Walachei Alexander (Elias) dem kaiserlichen Gesandten brieflich die Ankunft eines Curriers mit Depeschen Bethlen Gabor's an seinen Repräsentanten, worin dieser die Weisung erhält, die Erhebung Bethlen Gábor's auf dem ungrischen Königsthron,

---

*) Gabriel Bethlen dem Andreas Dóczy. — Alba-Julia 28. Oktober 1619.

**) Ludwid von Molart an Hans von Molart. — Constantinopel, 7. Juli 1619.

die seines Bruders aber auf den siebenbürgischen'Fürstenstuhl bei der Pforte nachzusuchen und durchzusezen. Zu diesem Behufe sollen demnächst zehn ungarische Adelige nach Constantinopel kommen und des Landes Wunsch, dasz Bethlen Gábor die ungarische Krone erhalte, an die Stufen des osmanischen Thrones legen, zudem hält der siebenbürgische Gesandte bedeutende Geldsummen zur Gewinnung der Türken in Bereitschaft.

Ein ungarischer Dukaten galt damals 140 Aspern, der Reichsthaler 80 Aspern; somit stellte sich 1 Asper auf ungefähr 2 Kr. Cm. unseres jezigen Geldes. *)

Gratiani's Sekräter Giovanni Amati ertrank, und aus dem völligen Stillschweigen des ersteren ist auch auf sein Verscheiden der Schlusz zu ziehen. **)   1621.

Sie legen feierliche Verwahrung und energische Einsprache gegen die Anmaszung derjenigen übelgesinnten Wiedersacher des Kaisers und Landes ein, welche unter dem Vorgeben, Bevollmächtigte der unterösterreichischen Stände zu sein, an der Pforte allerlei Umtriebe und Ränke gegen den Kaiser und seine Besizungen schmieden; sie verläugnen deren angebliche Vollmachten, verdammen deren feindselige Schritte und fordern den kaiserlichen Gesandten auf, die betrügerischen sogenannten Bevollmächtigten zur Ruhe zu weisen, im Falle des Ungehorsams aber deren Anhaltung, Einlieferung an die kaiserlichen Behörden und examplarische Bestrafung zu veranlassen. Zu mehrerer Beglaubigung ihrer Miszbilligung legen sie einen entsprechenden, zur Einhändigung an die betreffenden unbefugten Wühler bestimmten Erlasz bei. ***)   1621.

Während die Pforte den Hassan-Aga zum neuen Tartarenchan Mehemet mit Aufträgen abordnet, fallen zahlreiche   1624.

---

*) Der kais. Abgesandte Ludwig von Molart an den Kaiser. Constantinopel, 23. April 1620.

**) Aloisio Radibrati an den Kaiser. Belgrad, 24. Februar 1621.

***) Schreiben der unterösterreichischen vier Landstände, sowol katholischer Religion als Augsburger Confession, an den kaiserlichen Rath und Abgesandten an der Pforte Cæsar Gallo.

Tartarenschwärme in die Moldau und Walachei ein, plündern, sengen und verheeren diese Länder in hohem Grade, und verjagen den Woïewoden der Walachei Radul sammt seinem Sohne nach Siebenbürgen. *)

Während der Tartarenchan Mehemet seinen Gesandten zur Pforte entsendet und dem äuszern Ansehen nach mit ihr auf gutem Fusze steht, rükt sein Bruder Schehin Giraï mit 60.000 Tartaren gegen Akermann, angeblich zur Züchtigung derjenigen Horden welche den lezten Raubzug in die Moldau und Walachei unternommen hatten, in der That aber, um das ottomanische Gebiet zu bedrohen, worauf auch sein geheimes Einverständnisz mit dem Schah von Persien hindeutet. **)

Der berühmte Tartarenhäuptling Cantemir richtet, wie zuvor die Moldau, so jezt die Walachei durch Brandschazung, Einäscherung, Gefangennehmung und auf sonstige Art völlig zu Grunde, bedroht überdies Siebenbürgen und sogar das rechte Donauufer, falls der Strom sich mit einer festen Eisdeke überzöge. Zu gleicher Zeit erneuern die Kosaken ihre gewöhnlichen Raubzüge an der Küste des schwarzen Meeres, diesmal mit 150 Barken, steken Ismail und Braila in Brand und nöthigen dadurch den Kapudan-Paschà mit 15 Galeeren zu ihrer Verfolgung in die See zu stechen. ***)

Im Jahre 1625 brachte der ungarische Landtag mehrere Beschwerden dem Kaiser vor, die auf die vorwaltenden Uebelstände hinweisend, deren Abstellung forderten. Die Erpressungen und Excesse der kaiserlichen Soldateske; die Kosakeneinfälle aus Polen in das Neutraer Komitat (Comitatus Nitriensis), in deren lezem über 500 Menschen theils getödtet, theils entführt wurden; die theils offen, theils geheim betrie-

---

*) Der kais. Gesandte Lustrier an den Kaiser. Constantinopel, 8. October 1624.

**) Der kais. Gesandte Sebastian Lustrier an Grafen Rembald Colalto, Geheimrath und Hofkriegsrathspräsidenten. Constantinopel, 10. November 1624.

***) Eines gewissen Turanni Meldung an den aus Constantinopel heim‾ kehrenden kais. Gesandten Hans Jacob Kurz, Belgrad, 20. November 1624.

benen feindlichen Expeditionen gegen Siebenbürgen und die Donaufürstenthümer, allen Traktaten mit Bethlen Gábor und der Türkei zu troz; der in den übrigen kaiserlichen Ländern fortan waltende Unfriede waren Gegenstände, die nach der Ansicht des Landtages tief in das Wol des Ungarlandes schnitten und dringende Abhülfe erheischten. Die Stände stellten an den Kaiser das Ansinnen, dasz er die Gültigkeit und die Fortdauer des lezten Friedensschlusses mit Bethlen Gábor neuerdings bestätige; dasz er eine Urkunde dieses Traktates in Urschrift dem Landesarchive zur Aufbewahrung überantworte; dasz er gegen die offenen oder verborgenen Friedensstörer, welche sehr leicht auch das Königreich in Krieg verwikeln dürften, strenge Repressivmaszregeln ergreife; dasz er endlich den Wirren und die Kriegsverhältnisse in seinen Erbstaaten durch Zurükführung des Friedens und der allersehnten Ruhe zum vollständigen Abschlusz bringe. In dieser Vorstellung lag aber stillschweigend eine Rüge wegen der von Wien aus angefachten und geförderten Expeditionen Homonnay's nach Siebenbürgen und Radul's nach der Walachei. *)

Dem Vernehmen nach, verbündeten sich die Tartaren *1625.* mit den Kosaken und Moskowiten, erhielten unbestimmte Hülfszusicherungen von Polen, bestimmte von den Woïewoden der Moldau und Walachei, deren Tribut sie hingegennahmen, ihnen hiefür Ehrengewänder und Ehrensäbel spendeten und die Zusage, sie mit ihren Horden nicht heimsuchen zu wollen, ertheilten. Der kosakischen Büchsenschüzen soll es 30,000 bei diesem bereits heranrükenden Expeditionsheere geben. **)

Obgleich Schahin-Giraï, Bruder des gegenwärtigen Tar- *1625.* tarenchans, durch seine geheim betriebenen Kriegsrüstungen und Bündniszbewerbungen der Pforte zwar anfänglich die Besorgnisz eingeflöszt hatte, er werde das Polenreich für seine antiosmanischen Unternehmungen als Bundesnossen gewinnen;

---

*) Gravamina Dietæ Hungariæ anno 1626. (Kriegsarchiv).

**) Schreiben eines Kaufmannes von Tarnova (vielleicht Tirnovo) an seinen Standesgenossen in Sophia. Tarnova (Tarnow?), 18. Jänner 1625.

so läszt er doch nunmehr von seinen Anschlägen ab und erstattet der Pforte die Kunde von der Rükberufnng des Anführers Cantemir und der Entlassung des Tartarenheeres in Krim. Hiedurch werde nun, meldet Schahin-Giraï, des Polenkönigs öfter vorgeschüzter Vorwand, dasz ihn die fortdauernden und begünstigten Tartareneinfälle an der Bezähmung der Kosaken behinderten, völlig entkräftet, und es sei um so mehr an der Zeit durch Aufstellung eines gewaltiren Landheeres und Seegeschwaders dem andauernden Unwesen dieser Kosaken einmal Schranken zu sezen, als der Uebermuth derselben sich sogar so weit verstieg mit den 300 Flössen (Schaïken genannt) einen demnächstigen Angriff auf Skutari oder Kassim-Paschà, des Groszherrn Arsenal, anzudrohen. *)

1625.   Die Pforte sehnt sich aufrichtig nach friedlicher Beilegung ihrer Zwistigkeit mit dem Kaiser, theils wegen des persischen Krieges, dem sie mehr Nachdruk zu geben sich vornimmt, theils wegen der drohenden Haltung der Tartaren, welche an der türkischen Gränze, nämentlich in der Moldau und Walachei, kampfbereit sich aufstellten und, dem Vernehmen nach, die Kosaken in ihren Bund zogen. All diese Umstände erfüllen die Pforte mit unverkennbarer Besorgnisz. **)

1625.   Die Woïewoden der Moldau und Walachei erkaufen durch reiche Geschenke, die sie dem Schiahin-Giraï für den Chan übermitteln, die tartarische Zusicherung, dasz ihre Länder in Hinkunft von Tartareneinfällen verschont bleiben würden. Dessenungeachtet verläszt der moldauische Woïewode Radul sein Burgschlosz von Suczawa nicht.

Nikolaus, Dwornik des walachischen Woïewoden, geräth in die Gefangenschaft der Siebenbürger, die ihn nach Hermanstadt abführen und nur gegen ein Lösegeld von 15 venetianer Dukaten und gegen Bürgschaftstellung entlassen. Auf Bethlen's Befehl von Allem entblöszt, eilt er nun geradewegs

---

*) Bericht des kais. Gesandten Lustrier an den Kaiser. Constantinopel, März 1625.

**) Meldung eines vertrauten Bericherstatters, Tomaso Gloghi. Temeswar, 10. April 1625.

zum Fürsten Radul in die Moldau, der ihm die Mittel bietet nach Dobrina zu reisen. *)

Der Groszvezier, von Damiani um Zurükberufung der zur Unterstüzung Bethlens hinbeorderten Türken und Tartaren angesprochen, erklärt, dieselben seien zu Niemandes Unterstüzung, sondern lediglich zur Bewahrung einiger Pässe vorgeschoben worden, durch welche die vom Kaiser den Polen zugedachte Hülfstruppe erwartetermassen ihren Durchzug zu nehmen hatte; da nunmehr der Friede mit Polen zu Stande gekommen, so werde die gewünschte Zurükziehung wol keinem Anstande unterliegen. **) 1625.

Radul, moldauischer Woïewode, segnet am 4. Februar das Irdische und empfiehlt einen Bojaren, der zugleich bei ihm General war, sowol dem Moldauervolke wie bittweise der Pforte selbst zu seinem Nachfolger, welcher denn auch wirklich von der Pforte die Bestätigung erhält und durch den groszherrlichen Unterstalmeister Bekier-Aga demnächst in den Regierungsbesiz eingeführt werden wird. Es befindet sich aber beim Tartarchan ein Cipriot, Michna Ogli genannt, gleichfalls ein fürstlicher Abstämmlig, zu dessen Gunsten der Chan sich mit solcher Wärme an der Pforte verwendet, dasz man jenem neuernannten Woïewoden insgemein keine lange Regierungsdauer voraussagt. ***) 1626.

Das Regiment des neubestättigten Woïewoden der Moldau verspricht deszhalb keine lange Dauer, weil der Woïewodschaftsfreier gar viele sich melden; so namentlich der einmal bereits abgesezte Exwoïewode Alexander, dann Michna Ogli, für welchen der Tartarchan, endlich die Gebrüder Ga- 1626.

---

*) Meldung eines gewissen Provato über türkische Angelegenheiten. v. O., 24. (wahrscheinlich April) 1625

**) Giovanni Paolo Damiani's Ralation über den Erfolg seiner Sendung nach Constantinopel unter den Sultanen Osman, Mustapha und Murat. Wien, 6. Juli 1625.

***) Der kais. Gesandte Lustrier an den Kaiser. Constantinopel, 24. Februar 1626.

brilasch und Moïses (Mogila), für die Bethlen Gábor sich nachdrüklich bei der Pforte verwendet. *)

Am 28. Februar überschikt die Pforte dem neuernannten moldauischen Woïewoden Miron Barnausky, Radul's gewesenen General, die gebräuchlichen Regierungsinsignien bestehend in Kaftan und Säbel. Doch drohen die Bewerbungen des Ex· woïewoden Alexander in eigener Person, Michna·Ogli's durch den Tartarchan, der Gebrüder Gabrilasko und Moyse (Movila) durch Bethlen Gábor, ihm baldigen Sturz. Moyses (Movila) weilt in Constantinopel. **)

Der neuernannte moldauische Woïewode Miron Bernauski verhält sich noch ruhig, sah sich jedoch, dem Vernehmen nach, genöthigt, dem Tartarchan, der mit dem Vorhaben umgeht hinlängliche Streitkräfte zu einem neuerlichen Einfall in's Polenreich zusammenzubringen, auf dessen Durchreise eine bedeutende Geldsumme vorzustreken. ***)

Bethlen Gábor's Abgesandter, Toldalagi Mihal, am 2. Juli in der türkischen Residenz eingetroffen, dringt bei der Pforte auf Absezung des gegenwärtigen Woïewoden der Walachei (Alexander), Sohnes des Radul-Woïewoden, und auf Ernennung des jungen Gabrilasko (Movila) an desselben Stelle; doch dürfte er mit seiner Zumuthung kaum durchdringen, weil er an des besagten Woïewoden (Alexander) Schwager Skarlat, einen gefährlichen, mit dem Kaïmakam auf sehr vertrautem Fusse lebenden, zudem recht vorsichtigen und mit wirksamen allseitigen Bestechungsmitteln zur Genüge aüsgerüsteten Widersacher zu bekämpfen hat. ****)

Er übermittelt auszugsweise ein ihm aus Fogarasch zu· gekommenes Schreiben Bethlen Gábor's vom 30. Juli, worin dieser behauptet, es habe des Groszherrn Forderung, dasz

---

*) Der kais. Gesandte Lustrier an den Hofkriegsrath Hans Dietrich Freiherrn zu Reiffenberg und den Hofkriegsraths-Sekretär Bernhard Questenberg. Constantinopel, 5. März 1626.

**)[Lustrier, kais. Gesandter, an den Kaiser. Constantinopel, 5. März 1626.

***) Lustrier an den Kaiser. Constantinopel, 30. April 1626.

****) Lustrier an den Kaiser. Constantinopel, 10. Juli 1626.

in der kaiserlichen Friedensbestättigungsurkunde Siebenbürgens,
der Moldau und Walachei ausdrükliche Erwähnung geschehe,
ihren Ursprung und nächsten Anlasz nicht in seiner Aufhe-
zung sondern lediglich in des Kaisers eigenem Verfahren zu
suchen, als welcher durch seinen Agenten in Constantinopel
die freie Fürstenwahl Siebenbürgens, dieses Landes vorzügliches Recht, den eingegangenen Verpflichtungen zuwider habe
anfechten lassen. Aus diesem Vorgange nämlich so wie aus
der nachfolgenden Verwahrung der kaiserlichen Rechte auf
die Krone Ungarn's, welche der kaiserliche Gesandte, von
Báthorys Agenten zu einer Antwort aufgefordert, eingelegt
hatte, sei an der Pforte der Argwohn rege geworden, als
hegte der Kaiser Ansprüche auf und Gelüste nach jenen
Ländern, und hiedurch seien sie auf den Gedanken gerathen
diesen Ansprüchen durch eine unumwundene kaiserliche Verzichtleistung in der gedachten Uebereinkunft ein für alle Mal
die Wurzel abzuschneiden.

Esterházy schreibt dagegen diese neuen türkischen Zumuthungen den Hezereien Bethlen Gábor's zu und berichtet,
dasz er dem Ofner Pascha die Unangemessenheit der Erwähnung Siebenbürgens in der Urkunde vornehmlich daraus
bewiesen habe, weil zwischen dem Kaiser und Siebenbürgen
eigene Separatverträge obwalten, die für beide Theile unter
den vereinbarten Stipulationen bindend, in einem Traktate des
Groszherrn mit dem Kaiser aber keineswegs am Plaze wäre.*)

Der Ofner Visir Murtesa-Paschá, die türkischen Friedensbedingungen erörternd und begründend, rechtfertigte die
dadurch zugemuthete ausdrükliche Einbeziehung Siebenbürgens, der Moldau und Walachei in den Friedensvertrag folgendermaszen: Kaiser Mathias entsandte zur Eroberung Siebenbürgens den Sigismund Forgács mit einem Heere, das nur
mit dem Aufgebote groszer Kosten und beträchtlicher Streitkräfte unter den Anführern Omer-Paschá, Zulfikar-Paschà und
der tartarischen Abtheilung unter Karas-Mirza zum Rükzuge
gezwungen werden konnte. Derselbe Kaiser veranstaltete einen
Angriff gegen Bethlen Gábor durch Georg Homonnai und

1627.

---

*) Graf Nikolaus Eszterházy de Galantha, Palatinus, an den Kaiser.
Schlosz Lakompach, 15. August 1627.

Serban-Waïwoda, deren Streitmassen jedoch auf siebenbürgischem Gebiete, drei Meilen hinter Groszwardein, von Franz Redei auf's Haupt und in die Flucht geschlagen wurden. Derselbe Kaiser, von dem Wunsche beseelt, die siebenbürgischerseits beschlossene Abtretung der Veste Lippa an den Sultan zu hintertreiben, unterstüzte die Widerspänstigkeit der Bewohner dieser Veste durch einen Hülfstrupp, der aber zwischen Lippa und Jeneö durch die siebenbürgischen Streitkräfte eine Niederlage erlitt. Derselbe Kaiser liesz im nämlichen Jahre durch Andreas Dóczi dem Sigismund Sarmaszaghi zur Bekämpfung Siebenbürgens ein Hülfsheer zuordnen, das indessen nicht minder den Truppen Bethlen Gábors erlag. Derselbe Kaiser, endlich, risz durch Andreas Dóczi's Ränke und durch Bestechung der Festungsbefehlshaber die Schlösser Huszt und Keöwar von der siebenbürgischen Herrschaft los, und nur den anhaltenden Bemühungen des Vezirs Nassuf gelang endlich deren Wiedergewinnung durch das Wiener Uebereinkommen. Im Hinblik nun auf die nahebei hundertjährige Schuz- und Schirmherrlichkeit des Groszherrn über Siebenbürgen, stellen sich die obgedachten Anfälle gegen dieses Land als eben so viele Verlezungen der zwischen das Haus Oesterreich und dem Osmanenlande eingegangenen Friedensverträge dar.

Auch genosz Siebenbürgen, so lange es unter groszherrlicher Oberherrschaft stand, einer ungestörten, von den Türken in keiner Weise getrübten noch auch durch Verheerungen zu seinem Nachtheile ausgebeuteten Ruhe und Freiheit, in voller Angemessenheit der von Sultan Suleiman demselben verliehenen Privilegienurkunde. Kaum hatte es sich von der Pforte losgerissen, so verheerte und strafte es Gott durch die nämlichen Deutschen, denen es sich unter Kaiser Rudolph in die Arme geworfen, derart dasz, von Anfällen gebeugt und hülflos dastehend, es neuerdings zum Gehorsam gegen den Sultan rükkehrte und dessen mächtige Hülfe erflehte. Diesem Hülferufe lieh Sultan Achmet groszmüthiges Gehör, befreite das Land von seinen Feinden,, sezte es in Vollgenusz seiner alten Gerechtsame wieder ein, und wird es auch fürderhin gegen männiglich schüzen.

In solchem Zustande fand und hinterliesz der Friedenstraktat von Sitwa-török Siebenbürgen, und zu allen darauf

folgenden Verwiklungen hatten Gabriel Báthory oder Gabriel
Bethlen so wenig triftigen Grund und Anlasz geboten, dasz
sie vielmehr stets als die vom Kaiser zuerst Angegriffenen sich
blos auf ihre Vertheidigung beschränkten. Hätten sie aber
auch wirklich gegen den Kaiser etwas verschuldet, so wäre
es doch jedenfalls angemessener gewessen, vor allen Gewalt-
mitteln den Weg der gütlichen Ausgleichung zu betreten und
demnach die Schuzbefohlenen bei ihrem Oberherrn anzuklagen, welcher der gegründeten Forderung auch in der That
gerecht geworden wäre. Dem entsprach jedoch das kaiserliche Verfahren keineswegs. Denn als lezthin die Siebenbürger
um Bestätigung der Wahl eines Regierungsnachfolgers für
den Fall des Hintrittes Gabriel Báthory's bei der Pforte durch
einen eigenen Abgesandten bittlich einschritten, widersezte
sich der kaiserl. Vertreter diesem Ansinnen aus allen Kräften
und äuszerte endlich bedeutungsvoll, «er wolle im Auftrage
seines Herrn die Rechte desselben als König von Ungarn
auf die drei obgedachten Länder schüzen und wahren.» Aus
dieser Aeuszerung erkannte denn auch die Pforte die fortdauernden Ansprüche, Gelüste und Strebungen des Kaisers
rüksichtlich Siebenbürgens. Und da die Moldau und Walachei,
als ehemalige Nebenländer Ungarns, vom Erzhause mit derselben geheimen Begehrlichkeit und aus demselben Grunde
angesprochen werden; da ferner auch die kaiserlichen Friedenskommissäre in die Friedensurkunde die Einbeziehung Polens beantragen, Polen jedoch schon öfter, und zwar namentlich durch Scherban, Korezki, Zolkiewski und Caspar-Waï-
woda, eigennüzige Eroberungs-Versuche veranstaltete: so
wünscht der Groszherr die ausdrükliche Beifügung der bezüglichen Klausel im Friedensvertrage, wodurch aber weder eine
eigentliche Erschwerung der Friedensbedingungen erwirkt noch
auch etwas Anderes angestrebt wird als die Aufrechthaltung
des bisherigen Bestandes (status quo) der erwähnten drei
Länder. *)

N. Eszterházy antwortet dem Alaï Bey von Szolnok: Der
Kaiser sei von einer blos heimlichen Anspruchname Siebenbür- 1627

---

*) Bericht der zur Friedensunterhandlung nach Ofen entsandten kais.
Gesandtschaft, durch Caspar Tasi erstattet. Ofen, August 1627.

gens, der Moldau und Walachei so weit entfernt, dasz er vielmehr beabsichtigt sowol diese als auch die übrigen ehemaligen Nebenländern Ungarns zu gelegener Zeit seinem Reiche einzuverleiben; vergeblich sei demnach das türkische Bestreben durch ausdrückliche Erwähnung derselben im Friedensvertrage eine Verjährung der kaiserlichen Ansprüche zu erzielen. Es müsse demzufolge diesfalls bei den alten Traktaten sein Bewenden haben. *)

1627. *Absaz 6.* Es solle dem Vezier von Ofen (Murtesa-Paschà) ausdrüklich und unumwunden erklärt werden, dasz der Kaiser im Falle eines Friedensbruches nickt allein die Wiedereroberung der Moldau, Walachei und Siebenbürgens, wol aber auch aller übrigen, ehedem der Krone Ungarns angehörig oder von derselben abhängig gewesenen Länder und Ortschaften sich unbeschränkt und vollständig vorbehalte, dasz im übrigen jedoch, so lange die betheiligten Partein den altersher geschlossenen und hoffentlich nunmehr wieder zu bestättigenden Friedensschlüssen getreu anhängen, auch der Kaiser es bei den diesfalls im neuen Friedensvertrage zu vereinbarenden Bestimmungen anstandslos bewenden lassen wolle ; dasz mithin im Widerspruche mit dieser Enklärung nichts Neues dem Kaiser in der neuen Urkunde zugemuthet werden dürfe. *)

1627. Die türkischen Kommissäre formuliren ihre Bedingnisse dahin, dasz Siebenbürgen, dieses alte türkische Bundesland, innerhalb seiner dermaligen Gränzen und Freiheiten und nebst seinem jezigen Fürsten wie auch dessen gesezmäszigen Nachfolgern, dem gegenwärtigen Friedensvertrage einverleibt, somit von keinem Theile angefeindet oder angegriflen, sondern in dem Zustande, in dem es unter König Johann II. (Zápolya) zur Zeit Sultan Suleïman's sich befand, auch fernerhin belassen werden solle.

---

*) Gutachten des Grafen Nicolaus Eszterházy, Palatinus' von Ungarn, über die türkischen Friedensbedingungen. August 1627.

*) Kaiserliche Instruktion für die zur Friedensverhandlung nach Komorn abgeordneten Kommissäre. Wolkersdorf, 17. August 1627.

Und nicht minder auf die Moldau und Walachei, welche Länder unter die türkische Oberhoheit selbst eingetreten wären (dedititiæ sint) und ihre Woïewoden oder Fürsten vom Groszherrn ernannt erhalten, hätte sich der Friedensvertrag in so weit zu erstreken, als dieselben weder vom Kaiser noch seinen Angehörigen und Verwandten belästigt, beunruhigt oder bekriegt werden dürfen. *)

Bethlen's Gestirn erblaszte, und der Rükhalt auf seine stärkste Schuzwehr entfiel ihm, als er die Ungnade der Pforte auf sich herabzog. Vor Allem trug zu dieser Verstimmung der Umstand bei, dasz er bisher keinen Tribut zahlte, die Osmanen nunmehr ihm einen solchen kategorisch abforderten, er aber sich dawider nach Kräften sträubte. Ferner hatte er sich auch mit dem Tartarchan Schahin Giraï überworfen, durch dessen Hülfe und Beistand es ihm ursprünglich gelungen war Siebenbürgen an sich zu reiszen, und dem er aus Erkenntlichkeit dafür einen Jahresgehalt von 6000 Dukaten während seiner Lebensdauer verheiszen hatte. Als nun diese Verheiszung nicht zur Auslührung kam, drohte ihm der Tatarchan mit einem Einfalle in Siebenbürgen, welcher durch einige Zeit nur deszhalb unterblieb, weil der Sultan dagegen sein Verbot einlegte. Ueber erneuertes dringendes Anlangen erflosz endlich die groszherrliche Bewilligung zu diesem Plünderungszuge insoferne, als derselbe blos die Eintreibung des zugesagten und nicht geleisteten Jahresgehaltes zum Zweke hätte.

Einen ferneren Verstimmungsgrund bot das Verhältnisz zur Walachei dar. Bethlen Gábor hatte nämlich früher schon den ihm miszliebigen Fürsten dieses Landes Alexander vertrieben, ohne die vorgängige Erlaubnisz der Pforte einzuholen; die leztere, obwol darüber miszvergnügt, miszbilligte den eigenmächtigen Schritt nicht und schien ihn stillschweigend zu genehmigen. Bald aber wurde der vertriebene Fürst Alexander osmanischerseits neuerdings zur Regierung berufen und Bethlen beauftragt mit demselben freundlichen Verkehr zu pflegen.

---

*) Bernhard's von Questenberg Schreiben an den Kaiser. Komorn, 31. August 1627.

Je tiefer aber Bethlen's Ansehen an der Pforte fiel, desto
minderen Glauben fanden bei ihr seine Aufhezungen gegen
den Kaiser, und desto dringender sah er sich veranlaszt gegen
die Anschuldigungen seiner Feinde sich selbst zu rechtfertigen. So hatten ihn seine eigenen vormaligen Verbündeten
durch ihre Gesandten beim Groszvezier Redschep-Paschà, der
ihm ohnedies nicht wolgeneigt war, in Anklagestand versezt,
und namentlich des Treubruches und des Meineides geziehen,
weil er unter Verlezung des mit ihnen abgeschlossenen Bundesvertrages und der daselbst festgestellten Bedingungen ohne
ihr Wissen und Einstimmen mit dem Kaiser nicht blos Frieden und Freundschaft geschlossen, sondern bei demselben auch
die Oberleitung der christlichen Heere wider die Türken an-
gesucht hat.

Als ihm J. 1627 der Sultan seinen Kapudan-Paschà mit
einer zahlreichen Truppe von Fuszvolk und Janitscharen an
die Gränze der Moldau unweit vom Flusse Bug abgeordnet
hatte, um durch Erbauung einer neuen Festung, die Dassova
zu heiszen hätte, den beständigen Kosakeneinfällen Einhalt
zu thun, so erhielten auch die Stände der Donaufürstenthümer
und die Fürsten selbst insgesammt den Auftrag, bei diesem
Werke ausgiebige Aushülfe zu leisten. Sie leisteten diesem
Gebote wirkliche Folge, benüzten jedoch die gute Gelegenheit, um bittere Beschwerden wider Bethlen anzubringen. Wie
tiefwurzelnd ihre opferwillige Treue und ergebungsvolle Folgsamkeit gegen die Pforte auch seien, so würden sie damit
noch glänzender an's Licht treten können, wenn ihnen der
Siebenbürgerfürst, dieser übermütige Nachbar, Ruhe und Frieden gönnte, und wenn er nicht einen ungebührlichen Tribut
ihnen abtrozte, oft auch ihre Länder durch seine Haiduken
verwüsten liesze. Ja selbst während ihrer dermaligen Beschäftigung am Festungsbau drohe ihnen fortan die Gefahr, dasz
Bethlen, ihre Abwesenheit nüzend, durch seine fliegenden
Schaaren in ihrer Heimat arge Wirthschaft anrichten würde.

Diese Beschwerden, durch den rükkehrenden Kapudan-
Paschà dem Sultan und der Pforte hinterbracht, erregten um
so tieferen Groll gegen Betlen, als man sich gar wol erin-
nerte, wie derselbe nicht blos den Woïwoden der Walachei,
Alexander, ohne Wissen und Willen des Sultans eigenmächtig
aus dem Lande jagte, sondern das leztere sowol damals wie

auch später mit Feuer und Schwert, mit Raub und Mord
von einem Ende zum andern verwüstete und in Staub und
Asche legte. Zudem sah man es an der Pforte sehr miszliebig an, dasz Bethlen einen eigenen Gesandten, Sigismund
Mikes, an den Tatarchan und den tatar'schen Sultan Schahin-
Giraï, also an zwei Männer, welche beim Groszherrn in Ungnade stünden, abordnete und von demselben ohe osmanische
Genehmigung Kriegshülfe erwirkte. Endlich trat hiezu die
persönliche Miszgunst des Grosszvezier Redschep-Paschà, welchen Bethlen durch verlezende Aeuszerungen, die er Angesichts eines türkischen Vertrauten desselben aussprach, an
seine Ehre mutwilliger weise angegriffen hatte.

Stolz und übermütig wie nun einmal Betlen war, zudem
erzürnt über so geflissentliche Anstösse, entsandte er den Miko
Ferenz als seinen Vertreter an die Pforte, stellte auch alle
ihm zur Last gelegten Thatsachen keineswegs in Abrede,
sondern schrieb ein herausforderndes Schreiben an den Groszvezier, worin er der Pforte schnöden Undank für all die
groszen ihr erwiesenen Dienste vorwarf und sich namentlich
über die Ernennung des Woïewoden Alexander, seines persönlichen Feindes, in seine unmittelbare Nachbarschaft bitter
beschwerte. Wenn nun auf solche Weise auch er selbst eine
andere Bahn einschlüge und Siebenbürgen dem Osmanen
staate verloren ginge, so dürfte ihn die Schuld hievon nicht
treffen. *)

Er schritt endlich bis zur ernstlichen Frage, «ob sie ihn
zum äuszersten treiben und zwingen wolle, Anführer der Christen gegen das Osmanenreich zu werden?» Der kühn geäuszerte Groll des Siebenbürgerfürsten verfehlte aber seinen
Zwek und blieb für diesmal so wenig ausgiebig, dasz der
Gesandte troz seiner nachdrücklichen Sprache nicht einmal
die gewöhnlichen Ehrenbezeugungen erlangen konnte.

Bei aller Veränderlichkeit Bethlen's war gleichwol seine
kühne Drohung an der Pforte mehr eine anf Effekt berechnete Redefigur und deutete keinen ernstlichen Abfall von der
osmanischen Oberherrschaft an. Er hatte zu viel gegen den

---

*) Relatio Residentis Justrier, ddo. Constantinopoli, 10 Januarii 1628.
— Literæ Martini Szombathely ad Imperatorem, Viennæ. 6 Mai 1626. —
Memoriale Martini Szombathely, de codem dato.

Kaiser verbrochen, und traute demselben zu wenig die ausreichende Macht und Geneigtheit einer wirksamen Schutzge-
währung zu, als dasz er es mit dem Türken brechen, mit
dem Haus Oesterreich anknüpfen mochte. Des Kaisers Friede
mit der Türkei hemmte Bethlen's kriegerische Gelüste, durch
die allein er sich den Osmanen möglich, dem Kaiserhause
gefährlich, seinem eigenen Machtanwachse förderlich erweisen
konnte. Krieg war es also, wozu er diePforte gegen das Haus
Oesterreich drängte; Friede war es hinwieder, woraufman von
Wien aus durch erneuerte Gesandschaft an der Pforte drängte.*)

1632.   Nachrichten aus der Moldau zufolge, hätte der dortige
Woïewode (Alexander Elias), von seiner Absezung und der
Wahl seines Nachfolgers unterrichtet, einen Fluchtversuch mit
seinem besten Habe nach Polen gewagt, wäre jedoch auf
seinem Wege dem Tatarenanführer Cantemir (der also nicht,
wie fälschlich behauptet ward, nach Persien fortgezogen gewesen) in die Hände gerathen und von diesem anfäglich in
ciserne Ketten geschlagen, hierauf jedoch freigelassen worden.
Ein griechischer Metropolit arbeitet mit dem Beistande
des französischen Gesandten an der Verdrängung des dermaligen Patriarchen Cyrillus, desse Stelle er einnehmen möchte,
und läszt durch einen griechischen Bischof auch den Schmidt
um seine Verwendung ansprechen, vorgebend, der Papst
wünsche seine Erhebung und sei auch durch Geldopfern dafür bereit. Ob nun wol dieses Vorgeben gewisz kaum glaub-
würdig ist, so nimmt sich Schmidt doch die nachdrükliche
jedoch heimliche Beförderung dieses Anliegens vor, wäre es
auch nur, um die Anschläge des für Cyrillus thätigen holländischen Gesandten zu durchkreuzen. *)

1632.   Von Kantemir aufgefangen, wandert der flüchtige moldauische Woïewode (Alexander Elias) nach Constantinopel
in's Gefängnisz, von einem Defterdar überwacht. **)

---

*) Litteræ Palatini Nicolai Eszterházy ad Præsidem et Censiliarios Con-
silii Bellici, de instructione Oratoris ad Portas mittendi. Byche, 7 Martii 1628.
*) Eer kaiserliche Gesandte Rudolph Schmidt an den Kaiser. Constan-
tinopel, 5. Jänner 1632.
**) Der kais. Gesand'e Rudolph Schmidt an den kais. Hofkriegsrath.
Constantinopel, Ende Jänner 1332.

Einer päpstlichen Anfrage an den katholischen Vicarius patriarchalis entsprechend, erkundigt sich der Gesandte in glaubwürdiger Weise und erfährt aus sicherer Quelle, dasz der ökumenische Patriach Kyrillus der eigentliche Verfasser und Urheber des mit dem Calvinismus übereinstimmenden Glaubensbekentnisses und Traktätleins ist, wodurch der Vereinigung der griechischen mit der reformirten Kirche der Weg gebahnt werden soll; dasz Kyrillus die mit seinen Glaubenssäzen, Ansichten und Zweken nicht vollkommen einverstandenen griechischen Glaubensgenossen verfolgt und hartnäkig auf die Seite schiebt; dasz der holländische Gesandte dieser Bestrebung Kyrill's nach Kräften Vorschub leistet und lezthin mit demselben gemeinschaftlich die griechischen Patriarchen von Jerusalem und Alexandria zum Anschlusse an diese Verschmelzung der griechischen mit der reformirten Kirche aufforderte, jedoch von denselben einen abweislichen Bescheid erhielt. Gelänge diese ungemein belangreiche Verschmelzung, meint Schmidt, so würde im Osmanenlande die griechische Kirche als solche ganz verschwinden und durch das Aufgehen im Kalvinismus auch auf dieser Seite dem Kaiser ein sehr gefährlicher Gegner erwachsen. Er beabsichtige demnach dem bedenklichen Verschmelzungsversuche auf alle nur mögliche Art entgegenzuwirken und namentlich durch Bestärkung der beiden dissendirenden Patriarchen in ihren Widerstreben die weitaussehenden Anschläge des holländischen Gesandten zu nichte zu machen. *)

Er verklagt den Patriarchen Kyrillus beim Mufti sowol ^{1632.} wie beim Groszvezier wegen geheimen Einverständnisses und gefahrdrohenden Briefverkehrs mit den Schweden und Kosaken, von denen jene das Protektorat über die der Pforte unterthänigen Griechen sich anmaszen, diese aber als geschworne Türkenfeinde die ausschliesliche Herrschaft über das schwarze Meer anstreben, während beide sich gegenseitig unterstüzen. Der Groszvezier erwiedert, die Pforte des Groszherrn sei zwar jeder Freundschaft und Bündnisz suchenden Macht geöffnet, nichtsdestoweniger aber auch ihren Friedens-

---

*) Der kais. Gesandte Rudolph Schmidt an den Kaiser. Constantinopel, Ende Jänner 1632.

verträgen gegenüber standhaft getreu, fürchte keinen Feind,
sei er zu Land oder zu Wasser; die Inzichten gegen Kyrillos
hält der Groszvezier für erdichtet und von Leidenschaft ein-
gegeben. *)

1631.
Der Fürst der Walachei erhält seine Absezung und an
(Radul) dem Sohne des moldauischen Exwoïewoden Alexan-
der (Elias) seinen Nachfolger. **)

1632.
Bald nach Absezung des Woïewoden der Walachei mit
dem Beinamen Strida (Stridia) ernannte die Pforte zwar zu
dessen Nachfolger den Radul, Sohn des regierenden moldauischen Fürsten Alexander (Elias); allein die Walachen wählen
den Mathäus (Bassaraba), welcher mit vielen anderen Bojaren
in den lezten Jahren wegen der unerschwinglichen Schazungen
und der sonstigen Auflagen, womit der Fürst das Land belastete, nach Siebenbürgen entflohen war. Die Walachen kon-·
men um Bestättigung des Mathäus ein, weil, ihrer Behauptung
gemäsz, Radul zu jung, unerfahren, ungeschikt und schon
deszhalb zur Regierung unfähig wäre, ferner weil sie, des
tyrannischen Regiments von Alexander, Radul's Vater, welcher einst ihr Fürst gewesen, noch gar wol eingedenk, besorgten es würde der Sohn nur allzu genau in des Vaters
Fuszstapfen treten und ihres Landes ohnehin argen Zustände
nur noch verschlimmern. Die Pforte entsendet dessenungeachtet den Kuczuk als Abgeordneten in die Walachei, um
Radul's Anerkennung kategorisch zu fordern, und gleichzeitig
überbringt ein Czausch dem Fürsten von Siebenbürgen Rá-
kóczi den Auftrag, falls Mathäus (Bassaraba), der Prätendent,
sich nach Siebenbürgen zurükzöge, ihn gefangen zu nehmen
und lebendig oder todt einzuliefern. Abbasa-Pascha von Osia
unterstüzt aber die Walachen und des Mathäus Wahl, weszhalb
man ihm, wegen seiner schnellen Verwendung, unlautere Beweggründe unterschiebt. ***)

*) Rudolph Schmidt, Gesandter, an den Kaiser. Constantinopel, 27.
April und 10. Mai 1632.
**) Rudolph Schmidt, Gesandter, an den Kaiser. Constantinopel, 7.
August, 1632.
***) Rudolph Schmidt, Gesandter, an den Kaiser. Constantinopel, 16.
und 25. Oktober 1632.

Der Groszherr verleiht das Fürstenthum Walachei dem 1632. Radul, Sohne des moldauischen Ex-Woïewoden Alexander (Elias). Allein die Walachen, die ihn für unreif an Jahren er- klären, weigern sich ihn als ihren Fürsten anzuerkennen und Wählen an dessen Statt Mathäus (Bassaraba), einen ihrer vor- nehmsten Landesbojaren. Erbittert durch diese Wiederspän- stigkeit und um so hartnäkiger auf Radul's Anerkennung be- harrend, beauftragt der Sultan nun den Abbasa Paschà, Gou- verneur von Osia, mit Durchführung des souveränen Willens. Und so entbrennt denn der Kampf zwischen den beiden Woïewodschafts-Prätendenten, wozu der eine mit türkisch. tartarischer, der andere (Mathäus) mit siebenbürgischer Hülfe streitet; lezterer wird jedoch vom Glüke begünstigt, Radul zieht den Kürzern und musz seinem Nebenbuhler das Feld und die Woïewodschaft räumen. Es laufen aber Beschwerden an die Pforte wegen des angeblich 3000 Mann starken siebenbür- gischen Truppenkörpers ein', das dem Mathäus zur Seite stand. *)

Radul, von der Pforte zum Fürsten der Walachei aus- 1632 erkoren, versucht es die widerspänstigen Walachen mit einem Heere, das aus einigen Hunderten Tartaren und einem von seinem Vater, dem moldauischen Woïewoden Alexander (Elias) ihm zugespendeten Hülfstrupp bestand, zu seiner Anerkennung zu zwingen. Allein der von den Walachen ihm entgegenge- stellte Gegen-Woïewode Mathäus (Bassaraba) schlägt ihn auf's Haupt in einem blutigem Treffen, das mehr als 100 Tartaren das Leben kostet, und nöthigt den Radul zur Flucht. Die Walachen mögen nun einmal weder diesen Radul noch einen anderen Griechen als Fürsten anerkennen, wollen übrigens der Pforte allen Gehorsam und Tribut leisten.**)

Der von den Walachen neugewählte Woïewode Mathäus 1633. (Bassarba), geleitet von den angesehensten Bojaren seines

---

*) Rudolph Schmidt, kais. Gesandter, an Dasquier. Constantinopel, 28. Oktober—18. November 1632.

**) Rudolph Schmidt, Gesandter, an den Kaiser. Constantinopel, 16. November 1632.

Landes, trifft in Constantinopel ein. Sie alle bitten einhellig um Bestättigung ihrer nationalen, auf Mathäus gefallenen Wahl, verdammen ihre vorigen Fürsten und erklären, wofern die Pforte auch fernerhin irgend einen der im Osmanenlande lebenden Griechen (sei dies nun der bereits ernannte Radul oder ein anderer desselben Stammes) in die Walachei als Fürsten abordnen sollte, nicht allein sie, die Bojaren, wol aber die gesammte Einwohnerschaft in Masse das Land verlassen und sich anderswo niederlassen würden; denn dieser Griechen tyrannischer Druk sei ihnen nachgerade unerträglich geworden. Die Pforte berathschlagt nun über das diesfalls einzuschlagende Verfahren. *)

1633.

Dem anfänglichen Widerstande des Mufti und anderer türkischen Groszen zu Troze, erlangt Mathäus (Bassaraba) die Verleihung der Walachei nebst der groszherrlichen Bestättigung, worüber die walachischen Bojarendeputirten insbesondere wegen ihrer Erlösung von der Griechen Tyrannei hohe Freude bezeugen. Es steht indesz zu besorgen, dasz die Moldauer, das gelungene Beispiel nachahmend, ihrerseits einen gleichen Versuch nächstens unternehmen könnten. Der Gesandte Rud. Schmidt läszt den Mathäus als Fürsten begrüszen, welcher die Ueberbringer des Grusses ungemein höflich empfängt. **)

1633.

Wider Jedermanns Verhoffen vom Groszherrn bestättigt und freudetrunken trat Mathäus vor einigen Tagen nebst den ebenso freudevollen Bojarendeputirten die Heimreise an. ***)

1633.

Was man befürchtete, traf in der Moldau wirklich ein: die Moldauer, in der Walachen Beispiele sich spiegelnd, erhoben sich wider ihren tyrannisch hausenden Woïewoden Alexander (Elias), hieben seine vornehmsten Beamten nieder und verfolgten ihn derart, dasz er mit seinem Sohne blos

*) Rudolph Schmidt, kais. Gesandter, an den Kaiser. Constantinopel, 1. Februar 1633.

**) Rudolph Schmidt an den Kaiser. Constantinopel, 18. Februar 1633.

***) Rudolph Schmidt, kais. Gesandter, an den Kaiser. Constantinopel, 11. März 1633.

durch die Flucht sich retten und vor einigen Tagen in Constantinopel anlangen konnte. Die Moldauer stellen der Pforte
das Anerbieten ihres Gehosams und pünktlichen Tributleistung, wofern nur der Sultan in Hinkunft keinen der im Osmanenreiche befindlichen Griechen mehr, sondern lediglich
einen Landes Eingeborenen ihnen als Woïewoden vorsezen
würde, und Abbasa-Paschà, welcher auch dem ähnlichen walachischen Anliegen zum Erfolg verholfen hatte, unterstüzt sie
so nachdrüklich, dasz voraussichtlich auch sie ihren Zwek erreichen dürften.

Der vorige Fürst der Walachei, Alexander, Strida oder
Stridia zubenannt, muszte im constantinopolitanischen Arse-
nalgefängnisz, in Ketten geschlagen, seine und seines Sohnes
grosze Schulden und die Hartnäkigkeit abbüszen, womit er
sich der Gelderpressungslust des Kapudan-Paschà's nicht fügen
mochte. *)

Miron Barnowski, welchen die Moldauer an des vertrie- 1633.
benen Woïewoden Alexander (Elias) Stelle sich zum Fürsten
erbitten, kommt mit den vornehmsten Bojaren der Moldau
nach Constantinopel, und weil Abbasa-Paschà bei der Pforte
zu Gunsten dieses Anliegens einschreitet, scheint dasselbe demnächst sich des Gelingens erfreuen zu sollen **)

Der moldauische Fürstenthumswerber Barnowski wird 1613.
auf Befehl der Pforte in's Gefängnisz geworfen, und die mit
ihm hereingekommene vornehme Bojarendeputation, am 29.
Juni vor den Groszvezier beschieden, erhält einen scharfen
Verweis wegen ihrer Anmaszung, Hand an ihren Fürsten
legen und in eigener Sache selbst Richter sein zu wollen.
Der Sultan werde ihnen, schlosz der Groszvezier, einen um
das Osmanenland wolverdienten Mann zum Woïewoden verleihen; diesem sollen sie also Achtung und Gehorsam nach
Gebühr zu bezeugen und sich damit ohne Murren beruhigen.***)

*) Rudolph Schmidt, Gesandter, au den Kaiser. Constantinopel, 18.
Mai 1633.
**) Rudolph Schmidt, Gesandter, au deu Kaiser. Constantinopel, 12.
Juni 1633.
***) Rudolph Schmidt, Gesandter, an deu Kaiser. Constantinopel, 1.
Juli 1633.

Am 2. Iuli wird dem, um den moldauischen Fürstenstuhl werbenden Barnowski, statt der angehofften Ernennung
die Köpfungsstrafe in öffentlicher Divanssizung zu Theil, worauf der einmal bereits abgesezte Woïewode Moïses (Mogila)
das Woïewodat der Mollau zum zweiten Male erhält. *)

Der griechische Metropolit von Thessalien, Cyrill, vom
Janitscharen-Aga und anderen türkischen Groszen unterstüzt,
bringt die Absezung des konstantinopler Patriarchen Kyrillus
und seine eigene Ernennung an desselben Stelle zu wege,
worauf er am 14. Oktober die groszherrliche Bestättigung die
und Besizeinführung erlangt. Der Expatriarch entweicht heimlich in's sichere Verstek zum holländischen Abgesandten, wodurch er vor der Verfolgung seines Gegners und der Pforte
sich wahrt, und es ist unläugbar, dasz das holländische Gebäude an ihm eine seiner stärksten Säulen verliert. Sein trium
phirender Nebenbuhler und nunmehriger Patriarch Cyrill pre-
digt nun am 16. Oktober in der Cathedralkirche wider den
Abgesezten, den er der Kezerei, bezichtigt, belegt ihn mit
dem Bannfluch (Exkomunikation), und bringt es dahin, dasz
gleich darauf die anwesenden Metropoliten und das versam-
melte Volk der Andächtigen das in der Kirche hangende
Bild des Excommuniciten von seinem Standorte herunter-
und in Stüke reiszen. Indesz ist der Expatriach seinerseits
auch nicht müssig, und von seinem geheimen Verstek aus
wirkt er einestheils durch reiche Geldspenden und anderntheils durch den Beistand des holländischen, englischen und
venetianiscen Gesandten so geschikt und erfolgreich, dasz sein
Nebenbuhler seiner kaum erlangten Würde wieder entkleidet
und in's Gefängnisz geworfen, er selbst dagegen abermals auf
den Patriarchenthron erhoben wird. Diese Comödie ist eine
geflissentlich aufgesuchte und künstlich entdekte Fundgrube
für den Groszvezier und den Janitscharen-Aga, die, ob des
bevorstehenden Kriegs und ihres Aufbruches geldbedürftig
und geldhungrig, den thessaliotischen Patriarchatswerber nur
als unwissendes Werkzeug vorschoben und ihn zwar anscheinend allen Ernstes einsezten, hinterrüks jedoch das Spiel so

---

*) Rudolph Schmidt, Gesandter, an den Kaiser. Constantinopel, 12.
Juli 1633.

kunstgerecht spielten, dasz der abgesezte Patriarch Kyrillus sich verleiten lies mit vielem Gelde die verlorene Stelle wieder zu erkaufen. Kurz, die Türken verstehen es die Griechen meisterlich zu rupfen und sich in derselben Angelegenheit von beiden Theilen hohe Geldsummen auszahlen zu lassen. Der nun bleibend wiedereingesezte alte Kyrill musz nun zwar auszer seinem eigenen, auch die Schulden, die sein Neben-buhler dieser Simonie halber sich aufgeladen hatte, über-nehmen und zahlen; doch wird er sich dabei natürlicherweise des Schadens erwehren wollen und, seiner Gewohnheit ge-mäsz, die Gläubigengemeinde und die Klöster nicht allein um den wirklichen Schuldbetrag, sondern auch um einen Ueber-schusz, der ihm dann als reiner Gewinn zu Gute kommen musz, höher besteuern. Diesem heillosen, gänzlich unzuver-lässigen griechischen Gesindel geschieht aber mit dieser Wirth-schaft seiner Kirchenobern vollkommen recht, ja es könnte ihm nicht so übel ergehen, dasz es nicht noch übleres ver-dient hätte und dessen wol werth wäre. *)

Der griechische Expatriarch Kyrillus wird zur Verban-nung nach Rhodus verurtheilt, wohin denselben einige Türken und ein griechischer Bischof, des Residenten vertrauter Freund, zu geleiten von der Pforte den Auftrag erhalten. Auf Schmidt's Fürbitte nimmt es nun dieser Bischof über sich die türkische Schiffsmannschaft zu bestechen, dasz sie ihre Fahrt bis nach Messina ausdehne, woselbst dann der Vicekönig von Sicilien und Neapel, an den der Bischof mit bezüglichen Schreiben des Residenten ausgerüstet ist, das Weitere zu veranlassen hätte, um den Kyrillus nach Rom zur Verfügung der heiligen Congregation de propaganda fide zu stellen. Doch scheint der Erfolg nicht so ganz auszer Zweifel zu sein. Der neue griechische Patriarch äuszert freundliche Gesinnung gegen Kaiser und Papst. **) 1635.

Einem adeligen polnischen Staatsboten, welcher die Be-schwerden seiner Regierung wider den moldauischen Fürsten 1635.

---

*) Rudolph Schmidt, Gesandter, an den Kaiser. Constantinopel, 15. Oktober und 5. November 1633.
**) Resident Rudolph Schmidt an den Kaiser. Constantinopel, 24. April 1635.

Basil Lupul dem Sultan zu überreichen den Auftrag hatte, verweigert der Kaïmakam die Reisebewilligung nach Constantinopel, weist ihn vielmehr zur Rükkehr in seine Heimat an und behält auch des Polenkönigs Beschwerdeschreiben an den Sultan in seinen Händen zuruk. *)

1635. Am 7. Oktober verkundigt der gegenwärtige griechische Patriarch in der Kathedralkirche vor allem Volke über den abgesezten und verbannten Expatriarchen Kyrill, als einen verstokten Kezer, den feierlichen Bannfluch. **)

1635. Der neue griechische Patriarch übermittelt dem Residenten die Urschrift eines von seinem Vorgänger, dem Ex-Patriarchen Kyrillus, eigenhändig an den König von Schweden gerichteten Schreibens, ***) welches an einzelnen Stellen die bessernde und feilende Hand des Sekretärs der holländischen Gesandtschaft erkennen läszt. Schmidt legt Abschrift hievon bei. ****)

1635. Am 4. Mai, nachdem der französische Abgesandte von der Audienz beim Kaïmakam Baïram-Paschà heraus- und der Resident zur selben eingetreten war, auch des lezteren Dragoman dem Gebrauche gemäsz das Gewand des Kaïmakam's geküszt hatte, zeigte dieser die ganze wilde Brutalität seiner Gesinnung. Ohne den kais. Residenten nämlich überhaupt zu Worte kommen zu lassen, fuhr ihn der Kaïmakam mit folgenden harten Worten an: «Du ungläubiger Hund, warum «küssest Du mir nicht auch den Rok? Solltest Du es fer- «nerhin unterlassen, so werde ich Dich zu Boden schlagen, «Du Hund! Jezt gleich gelüstet es mich Dir eines in's Ge- «sicht zu versezen.» Hiebei hatte er auch schon den Arm

---

*) Resident Rudolph Schmidt an den Kaiser. Constantinopel, 1. Oktober 1635.

**) Resident Rudolph Schmidt an den Kaiser. Constantinopel, 24. Oktober 1635.

***) Dieses Schreiben trägt das Datum von 11. Juli 1632, ist in lateinischer Sprache geschrieben und in meiner Sammlung ersichtlich.

****) Resident Schmidt an den Kaiser. Constantinopel, 25. Dezember 1635 und 2 Jänner 1636.

und die geballte Faust wider Schmidt erhoben, sich aber des Streiches noch enthalten, worauf er zornig murmelnd und scheltend sich in das anstossende Gemach, Schmidt aber in höchstem unmuthsvollen Ingrimm in seine Wohnung zurükzog. So lange ein so wilder Minister regiert, dessen Hochmuth alle Potentaten, den einzigen Sultan ausgenommen, verachtet und durch dessen trozigen Sinn der polnische Abgesandte einige scharfe Aeuszerungen im Gefängnisse abbüszen muszte, könne der Kaiser, wie Schmidt erachtet, der mit jedem Tage stärker drohenden Verlezung seines Ansehens, dem hieraus möglicherweise entspringenden Unheil und Friedensbruch nicht wirksamer vorbeugen als durch schnellst möglicher Abberufung des kais. Residenten, der darum selbst dringend bittet. *)

Sowol der Papst als diese Congregation nehmen sehr angenehme Kunde von der Wiedererwerbung der heiligen Orte, erkennen Schmidt's verdienstlichen Antheil an diesem Erfolge gebührend an, wovon übrigens auch der päpstliche Nuntius in Deutschland Nachricht erhält und ermahnen ihn zum unablässigen Ankämpfen gegen die griechischen Versuche, das Verlorene wieder zu gewinnen. **)

1636.

Der Papst, von der dringenden Absezungsgefahr des dermaligen griechischen Patriarchen Kyrillus von Veria unterrichtet, ordnet eine eigene Sizung dieser Congregation zur Erwägung der geeigneten Maszregeln an, durch welche der Wiedereinsezung des kezerischen Expatriarchen Kyrillus am wirksamsten vorgebeugt werden möchte. In dieser Absicht fordert der Papst vom Residenten Schmidt die Beischaffung einer beglaubigten und durch Zeugen bestättigten, dem Patriarchalbuch genau gleichlautenden Abschrift des gegen den Expatriarchen geschleuderten Exkommunikationsspruches. ***)

1636.

---

*) Resident Schmidt an den Kaiser. Constantinopel, 15. Mai 1636.

**) Erlasz der Sacra Congregatio de propaganda fide (durch Cardinal Antonio Barbarini) an den kais. Residenten Rudolph Schmidt in Constantinopel. Rom, 28. Juni 1636.

***) Erlasz der Sacra Congregatio de propaganda fide (unter Fertigung des Cardinals Antonio Barbarini) an den kais. Residenten Rudolph Schmidt in Constantinopel. Rom, 28. Juni 1636.

Des Sultans Befehl verpflichtet den Kaïmakam sowol als den Agenten des Pascha's von Ofen zur glimpflicheren Behandlung des kais. Residenten, der übrigens jede Zusammenkunft mit seinem brutalen Beleidiger meidet und nochmals seine Abberufung als rathsam darstellt.

Auf des polnischen Gesandten Zumuthung wegen Entfernung des unruhigen Tartarenhäuptlings Kantemir ertheilt der Kaïmakam den Bescheid, der «Polenkönig möge noch eine kleine Weile gedulden, indem der Groszherr mit dem Gedanken umgehe den miszliebigen Kantemir bald an irgend einen Ort jenseits des Meeres zu versezen.» In Betreff der Klagen gegen den Moldauerfürsten Basilius Lupul, den die Polen eben so wenig leiden mögen, lautet des Kaïmakam's Erwiederung, «die Pforte habe den Kinan-Paschà von Silistria mit der Untersuchung des Verhaltens Lupul's und im Falle der erwiesenen Schuldhaftigkeit mit dessen Züchtigung betraut.» Hiedurch eben nicht sehr zufriedengestellt, reist der polnische Abgesandte am 9. August in seine Heimat ab, dürfte jedoch unterwegs bei Kinan-Paschà einen längeren Aufenthalt nehmen müssen, da die Zögerungs-Politik der Pforte die Polen den Sommer hindurch mit leeren Hoffnungen hinzuhalten und von entscheidenden Schritten abzubringen sucht. *)

Für die von dieser Congregation und dem heiligen Stuhle ihm gewordene Anerkennung dankend, betheuert er sein ernstliches Streben dem griechischen Gelüste nach Wiederbesezung der heiligen Orte einen unübersteiglichen Damm entgegenzusezen, und meldet dasz er eine vom Patriarchen Kyrillus von Verea noch vor seiner Verbannung beglaubigte Abschrift des Exkommunikationsspruches gegen den kezerischen Kyrillus dem Patriarchalvikar zur weiteren Versendung überantwortet habe. Der neuernannte Patriarch Neophytus, der fest in seiner Stelle sizt, läszt sich vom holländischen Gesandten und dem kezerischen, ihm an der Seite haftenden Expatriarchen Kyrillus leiten, während der andere Expatriarch Kyrillus von

---

*) Resident Rudolph Schmidt an den Kaiser, Constantinopel, 7. und 23. August 1636.

Verea, auf die Insel Rhodus verbanht, seine Unfolgsamkeit gegen Schmidt's Rathhschläge noch fortan abbüszt. *)

Ein Dominikanermönch, Innocenz, welcher die lezte tar- tarische Gesandtschaft nach Wien geleitete, übermannt von den Zauberkünsten und liebkosungen einer tartarischen Hexe, Elcibica genannt, und uneingedenk seines Keuschheitsgelübdes, verehelicht sich mit derselben in Gegenwart des Kadi und weist ihr, nach türkischem Herkommen, das Kiebin (d. i. das vom Ehemanne der Frau zuerkannte und im Scheidungsfalle ihr zu verabfolgende Heirathsgut) an. Da jedoch diese Tar- tarin unmittelbar vor ihrer Verehelichung im Trunke einen armen Kanzleibeamten zu Tode geiszelte und Pater Innocenz sie troz ihrer Straffälligkeit heiratete, so wurden beide in Bachtsche-Saraï in's öffentliche Gefängnisz geworfen. Resident Schmidt ersucht am 16. September den Tartarenchan um Nichtgestattung dieses ärgerniszerregenden Ehebundes, um ge- waltsame Trennung der Eheleute, zugleich aber um grosz- müthige Nachsicht mit dem Dominikanermönche, ob dem Fehltritte. Nicht minder ermahnt Schmidt den gefallenen Do- minikaner Innocenz, dessen Uebertritt zum Islam gar sehr zu befürchten stand, am 16. September, von der zum Verderben führenden Sündenbahn auf den Pfad des Heils rükzukehren, wogegen er ihm seine vielvermögende Verwendung in Rom sowol als in Wien zur Erwirkung einer vollkommenen Am- nestie in Aussicht stellt. **)

Basil Lupul, moldauischer Fürst, zeigt der Pforte das von den Fürsten der Walachei und Siebenbürgens mit an- dern Regenten eingegangene türkenfeindliche Bündnisz an, zu welchem Ende der Walachische Woïewode (Mathäus Bas- saraba) bereits über 10,000 Mann in Waffen und Bereitschaft halte, auch mit Polen und andere Staaten sehr vertrautes Ein- vernehmen pflege. Es sei daher, seiner Warnung zufolge, un-

---

*) Resident Rudolph Schmidt an Kardinal Antonio Barbarino als Ver- treter der Congregatio de propaganda fide. Constantinopel, 20. September 1636.

**) Resident Schmidt an den Dominikaner-General Motmano. Con- stantinopel, 20. September 1636.

ermündliche Aufmerksamkeit auf alle diese geheimen Schliche
und Tritte gar sehr am rechten Orte. *)

Lezthin ehelichte ein Grieche Thomas, der bald darauf
nach Moskau abreiste, die Tochter desjenigen reichen Griechen, der des moldauischen Woïewoden Lupul Geschäftsträger an der Pforte ist. Bei der Hochzeitsfeierlichkeit erschien
zwar nicht der holländische Abgesandte in Person, beorderte
jedoch zur selben seinen Neffen, seinen Geheimschreiber und
einige seiner geringeren Beamten, die ihrerseits den Laskay,
Agenten des Grafen Stephan Bethlen, dahin führten. Diesem
Bethlen'schen Geschäftsbesorger liesz nun der gleichfalls dort
anwesende ältere (früher als Kezer verurtheilte und abgesezte,
hierauf jedoch wieder eingesezte) Patriarch Kyrillus einen der
besten Ehrenpläze anweisen und hob in kurzer Anrede die
Vorzüge des nunmehr zum siebenbürgischen Fürsten auserkorenen Grafen Stephan Bethlen eben so hoch hervor als er
anderseits den Rákoczy mit Schmähungen überschüttete. «Der
holländische Abgesandte,» so äuszerte er sich unter Anderen,
«erwies dem Rákóczy zahlreiche, eben so beschwerliche als
«nüzliche Dienste, erfuhr jedoch von demselben nie auch nur
«die mindeste Vergeltung. Nicht also wird der neue Fürst
«Stephan Bethlen zu Werke geben, hatte ja doch schon des-
«selben Bruder Bethlen Gábor dem genannten Gesandten man-
«nigfache Geschenke gespendet. Allein Rákoczy ist ein Tyrann,
«und was kann man von einem solchen erwarten?» Aus diesen
Worten sprach offenbar der Unmuth getäuschter Erwartung
in Bezug auf Siebenbürgens gewünschte Haltung.

Die lezten Tage brachten neue Streitigkeiten unter den
Griechen zum Ausbruch. Der Einflusz des holländischen Abgesandten brachte nämlich den neuen Patriarchen Neophytus
zu Falle und den alten Kyrillus, seinen erklärten Schüzling,
wieder auf den Patriarchenthron. Nichtsdestoweniger mochten
indess Neophytus und dessen Anhang von neuen Umsturzversuchen gegen den glüklicheren Nebenbuhler keineswegs ab-
lassen, und beide Theile überboten sich nun an reichhaltigen
Bestechungsmitteln. Da liesz endlich der Kaïmakam dem Neo-

---

*) Resident Rudolph Schmidt an den Kaiser. Constantinopel, 1. Jän-
ner 1637.

phytus bescheiden, «der Groszherr wolle Vorderhand keinen
«Wechsel im Patriarchate genehmigen; beide Theile hätten
»sich demnach in Ruhe dem Geschike zu fügen, widrigens
«beide es bereuen würden.» So allein konnte der kirchliche
Friede äuszerlich hergestellt werden; dasz jedoch des Neophytus Regiment kaum lange währen dürfte, ist mehr als
wahrscheinlich. *)

Der alte griechische oder, besser gesagt, calvinische 1637.
Patriarch Kyrillus erlangt durch des holländischen Abgesandten
Beihülfe und durch wolangebrachte Geschenkverleihungen von
der Pforte die Zusage seiner baldigen Wiedereinsezung in das
Patriarchat und der Beseitigung des dermaligen Patriarchen
Neophytus, der ja ohnehin freiwillig seiner Stelle zu entsagen
wünscht. Es empfahl zwar die Sacra Congregatio de propaganda fide zu Rom dem Residenten Schmidt die Durchsezung der Wahl eines andern Expatriarchen, Namens Ahana-
sius Patelaros, und stellte ihm zur Sicherung des Erfolges
den Betrag von 4000 Thalern zur Verfügung; doch hat dieser
Candidat durchaus keine Aussichten, er kann auf keine Stimme
zählen und musz voraussichtlich dem jüngsthin verbannten
Expatriarchen Kyrillus von Verea das Feld räumen. Für
diesen lezteren arbeitet nun eine starke Griechenpartei, welche
mit Hülfe der Summe von 12,000 Thalern, die sie einstweilen
beim Schmidt zu hinterlegen sich anbietet, den Kapudan-
Pascha für ihren Anschlag zu gewinnen sucht und auch des
Residenten Verwendung in Anspruch nimmt, der Resident
versteht sich indesz zur Annahme dieser Hinterlage blos unter
der Bedingung, dasz er sich vorerst von der ernstlichen Zustimmung des Pascha's und sohin von der Durchfuhrbarkeit
dieser Wahl selbst genauer vergewissere. Es drang nämlich
der Expatriarch Kyrillus mit seiner Bewerbung schon zu weit
und zu wirksam vor, als dasz ihm irgend ein Anderer die
Oberhand abgewinnen dürfte, um so mehr da auch der venetianische Baylo unverholen eingesteht, es erfordere die
Staatsraison der Republik, dem alten, obgleich kalvinisch ge-

---

*) Resident Schmidt an D'Asquier, kais. Dollmetschen. Constantinopel,
9. Februar 1637.

sinnten Kyrillus vor seinem Mitwerber, Kyrillus von Verea, den Vorzug einzuräumen. *)

Nachdem die Sacra Congregatio de propaganda fide zu Rom aus des Residenten Anzeige von der Unausführbarkeit der Wahl ihres anempfohlenen Candidaten Athanasius Patellaros und der Ersprieszlichkeit der Wahl-Beförderung des Kyrillus von Verea Kunde erhalten, willigte sie in den Antrag Schmidt's die von ihr angewiesenen 4000 Thalern lieber zu Gunsten des Candidaten von Verea zu verwenden, ein und erliesz zu diesem Behufe an den katholischen Patriarchalvikar die entsprechenden Weisungen. In diesem Sinne arbeitet und wirkt Schmidt bei Tag und Nacht, ohne indesz dasz Erfordernisz eines sicheren Vorgehens aus dem Auge zu verlieren, wie er denn lezthin in einer mitternächtlichen Zusammentretung mit Kyrillus von Verea, zu welcher er vorsichtshalber sich verkleidet begab, demselben die ganze Sachlage und die unerläszliche Bedingung auseinandersezte, dasz die 4000 Thaler nicht vor seiner erfolgten Wahl, wol aber gleich am Tage nach dem Wahlvollzuge verabfolgt, demzufolge die bezüglichen Geldzusagen nur in bedingter Art angebracht werden sollen. Dieser Werber fürchtet gar sehr, und nicht mit Unrecht, seinen kalvinisch gesinnten Nebenbuhler, der mit ungetheilter Kraft und unverrükten Sinnes auf sein Ziel lossteuert. **)

Der Anzeige des kais. Residenten Schmidt gemäsz, ergeht an Mathäus Bassaraba, Woïewoden der Walachei, der Auftrag sich zur Pforte zu stellen, um sich von dem gegen seine Treue aufgetauchten Verdachte zu reinigen. Für den Fall aber, dasz er diesem Befehle sich nicht fügen wollte, soll dem Mehemet-Paschà, ehemaligen Groszvezier und dermaligen Befahlshaber von Silistria, die Weisung ertheilt worden sein ihn mit Waffengewalt zu bändigen und zu vernichten. Nach dem beabsichtigten Sturze dieses Fürsten gedenkt die Pforte sich in gleicher Weise auch des Rakoczy zu entledigen. ***)

---

*) Resident Rud. Schmidt an den Kaiser. Constantinopel, 5. März 1637.
**) Resident Rud. Schmidt an den Kaiser. Constantinepel. 15. Juni 1637.
***) D'Asquier an Questenberg. Wien, 9. December 1637.

Nachdem die Sacra Congregatio de propaganda fide die
Wiederabnahme der heiligen Orte aus den Händen der Katholiken erfahren und sich von der Unbeständigkeit jedweden
Erfolges am türkischen Hofe überzeugt hatte, fordert sie die
für die Wahldurchsezung des Expatriarchen Kyrillus von Verea
von ihr angewiesene, demselben bereits verheiszenen und zu
diesem Ende in steter Bereischaft gehaltenen 4000 Thaler
wieder ab und fordert den Residenten Schmidt auf, diesen
Candidaten auf gute Art in steter Anhoffung der zugesagten Geldhülfe zu erhalten. Dies thut auch der Resident,
und um den Patriarchatswerber zu seiner Bestrebung stärkeren Muth einzuflöszen, verheiszt er demselben, für den
Fall seines Obsiegens über den kalvinischen Kyrillus, im
Namen des Kaisers die Betheilung mit einem Bisthume,
aus dessen Erträgnisse er dann um so gröszere Mittel, sich
im Patriarchate zu erhalten, beziehen würde, — eine Ver-
heiszunng, für die derselbe brieflich insbesondere dankt. Der
holländische Abgesandte bot sich zwar dem Kyrill von Verea
zur Aussöhnung mit Kyrill Lukari und zur Erwirkung eines
stattlichen Jahreseinkommens für jenen in einem Schreiben
an; allein der Resident Schmidt, dem der Adressat das
Sehreiben zur Einsicht mittheilt, warnt ihn vor der Hollän-
ders Fallstristriken, denen mehrere gute Freunde des Adressaten aus Unbehutsamkeit zum Opfer gefallen.

Dem kalvinischen Kyrillus gelang es übrigens durch
Anwendung reichlicher Bestechung und durch des holländischen Gesandten teuflische Ränke die einfluszreichsten türkischen Vesiere dermaszen für sich zu gewinnen und den mit-
werbenden Kyrill von Verea so arg anzuschreiben, dasz unlängst einige Bischöfe und Metropoliten, die beim Kaïmakam
des lezteren Erhebung befürworteten, gefangen gesezt und
auf den Galeeren angeschmiedet wurden. Da indesz einer
davon bereits auf freien Fusz kam und die anderen der demnächstigen Entlassung gleichfalls entgegensehen, so gereicht
dieser Umstand sowol dem holländischen Residenten als dem
Kyrill Lukari zum nicht geringem Verdrusz und zu einiger
Besorgnisz vor dem Werber von Verea.

Der Günstling der Sacra Congregatio de propaganda
fide, Athanasius Patelaro, obgleich von ihr dem venetianischen
Baylo und dem Residenten Schmidt gleichmäszig anempfohlen,

vergleicht sich dennoch gütlich mit dem kalvinischen Kyrillus, tritt ihm seine Ansprüche auf das Patriarchat vollständig ab und läszt sich mit dem Metropolitanstuhl von Saloniki abfinden. Resident Schmidt unterstüzt nun zwar den Candidaten, der mehr Aussichten auf Erfolg bietet und besseren Credit als jener bei den Griechen genieszt, nämlich den Kyrill von Verea, und bleibt sonach dem Geiste und den Absichten der Sacra Congregatio noch immer getreu; nicht so aber der venetianische Baylo. Schon dem vorigen Baylo Pietro Foscarino nämlich und wahrscheinlich auch dem dermaligen, hatte Venedig die Weisung ertheilt, dem Athanasius Patellarus, als einem katholisch gesinnten und aus Candia gebürtigen venetianischen Lehensmanne vor dem kalvinischen Kyrillus den Vorzug einzuräumen; nach Patellaro's Rüktritt von der Bewerbung aber und nachdem ihr kundgeworden, der kalvinische Kyrillus sei gleicherweise kandiotischen Ursprungs und venetianischer Unterthan, erachtete es die Republik im eigenen Interesse liegend und von der Staatsräson geboten, das in der Bewerbung dem Kyrillus Lukari vor dem von Verea Vorschub geleistet wäre. Um jedoch über den eigentlichen Sachverhalt sowol die Sacra Congregatio selbst wie auch die Betheiligten irre zu führen, gibt sich der Baylo den Anschein als ob er dem Kyrillus von Veria allen Ernstes behülflich wäre, wärend er insgeheim ihm allenthalben in den Weg tritt und seiner Wahl Hemmnisse bereitet—eine Gleisznerei, die der getäuschte Candidat endlich zu seinem Schaden erkennt. Dieser sezt nun all seine Hoffnung auf den Groszvezier Bayram-Paschà, bei dem er einen Unterhändler hält; doch ist der Ausgang noch zweifelhaft. *)

1638. Der kalvinisch gesinnte griechische Patriarch Kyrillus Lukari wird am leztverstrichenen Peter- und Paul's-Feste (29. Juni) in seinem Patriarchatsgebäude durch Türken überfallen, gefänglich eingezogen und fünf Tage später auf des Groszherrn Befehl strangulirt: so endet der Erzfeind der katholischen Kirche, (wie der Resident sich ausdrükt) nach Gottes

---

*) Resident Rudolph Schmidt an den Kaiser. — Constantinopel, 16. April 1638.

gerechtem Urtheil, sein boshaftes Leben mit einem schmäh-
lichen Tode.

Sein Nachfolger in der Patriarchenwürde, Kyrillus von
Veria, pflegt mit dem Residenten freundlichen und vertraulichem Verkehr, besucht ihn fast alltäglich und theilt ihm
'alle Vorfallenheiten seines Bereiches mit. Ueber Venedig richtete derselbe an den Kaiser ein Bittgesuch wegen der, bereits
von Schmidt ihm zugesagten Verleihung eines Bisthums, etwa
in Sicilien, dessen Einkünfte ihn eben so zur wirksamen Bekämpfung der Feinde der römischen Kirche befähigen wie
zur Festhaltung seines Patriarchenstuhles in den Stand sezen
würden. Rudolph Schmidt befürwortet dieses Anliegen in Berüksichtigung der Würdigkeit des sehr günstig gestimmten
Bittstellers und der von ihm zu leistenden nüzlichen Dienste.

Als jüngsthin die Metropoliten von Adrianopel und Larissa dem jezigen Patriarchen von Veria ein vornehmes Gastmahl veranstalteten und nebst dem Patriarchen von Alexandrien auf glänzend geschirrten Rossen, welche sie vom Residenten entlohnt hatten, zu diesem Gelage ritten, wo überdies
drei Diener Schmidt's aufwarteten, so beschenkt der Patriarch
Tags darauf unter besonderer Danksagung den Reitknecht
des Residenten mit einer ganzen Damastkleidung, und die
anderen drei Diener mit reichlichen Spenden in sehr freigie-
biger Weise. Schmidt's höfliche Verwahrung gegen eine allzu
groszmüthige Beschenkung erwiedert der Patriarch mit einer
noch höflicheren und eindringenderen Wiederrede, die desselben tiefe Ergebenheit und Dienstwilligkeit gegen den Kaiser
beurkundet

Gleichfalls am Tage nach gedachtem Gastmahl wurden
auf Befehl des Patriarchen in der griechischen Hauptkirche
diejenigen Bischöfe und kirchlichen Würdenträger, welche durch
den kalvinischen Patriarchen Kyrillus Lukari ihr Leben verloren
hatten, vor allem Volke bei ihren Namen genannt und in
Anbetracht ihrer für den wahren orthodoxen Glauben erlittenen Todesleiden als Märtyrer proklamirt, auch ihret halben
Todten-Andacht und Begräbnisz-Feierlichkeiten abgehalten.

Dem nunmehrigen Metropoliten von Thessalonika Atha-
nasius Patellaro stand in lezter Zeit die Absezung durch den
Patriarchen bevor, da er bekanntlich mit dem kalvinischen
Kyrill sich im Vergleichswege abfinden liesz; blos der spe-

ciellen Verwendung des venetianischen Baylo und des von
diesem um Fürsprache beim Patriarchen ersuchten Residenten
Schmidt hat er das Zugeständnisz der Belassung auf seinem
Posten, jedoch unter der Bedingung zu verdanken, dasz er,
nach dem Vorgange der übrigen Metropoliten, dem Patriarchen mit einer Beisteuer von 2000 Thalern aushelfen solle,
Allein troz aller Ermahnungen seiner beiden Fürsprecher erklärte er sich wegen Geldmangels mit einer solchen pekuniären Aushülfe keineswegs einverstanden, und demnach steht
die Angelegenheit noch in der Schwebe. ·

Ernstliche Zwistigkeiten kamen neulich zwischen dem
Patriarchen und den holländischen Gesandten zum ausbruche.
Denn während dieser vom Patriarchate die Summe von 20,000
Thalern beansprucht, die er dem Kyrillus Lukari dargeliehen
zu haben behauptet, fordert der Patriarch dagegen die Rech-
nungslage über die beträchtlichen Geldbeträge, die vom Patriarchate dem holländischen Gesandten vorgeschossen worden
waren. Beide Parteien überlaufen deszhalb täglich den Kaïmakam, und der Patriarch erwartet stündlich aus dem türkischen Feldlager einen strengen Entscheid gegen den holländischen Gesandten, dessen Credit im Sinken begriffen ist,
wie schon aus seines Dragomans neulich in Eisen erfolgte
Gefangennehmung und Abführung in die Kerker der sieben
Thürme zur Genüge hervorgeht.

Bei der neulichen Ceremonie der Verleihung des Magi-
sterium Doctoratus an des Residen Kapellan durch den katholischen Vicario patriarcale in der St. Franzenskirche zu
Pera liesz der griechische Patriarch seinerseits als Abgeordnete zwei Metropoliten und einen Archidiakon figuriren, die
auch, wie fast alle übrigen Gäste, bei dem darauf folgenden
Festmahle verblieben. *)

1638.   In Betreff des von Ingoly inständig anempfohlenen Patriarchen von Alexandrien gilt der Saz, dasz nicht Alles Gold
ist, was glänzt. Ungeachtet dieser nämlich, freilich mehr
zwangsweise denn aus selbsteigenem Antriebe, die Glaubens-
säze des kalvinischen Kyrillus (Lukari) verdammt und das

---

*) Resident Rudolph Schmidt an den Kaiser. Constantinopel, 1. Au-
gust 1639.

Verdammungsurtheil auch unterfertigt, so stellen doch seine indesz zum Theil aufgefangenen, zum Theil unter den Papieren des kezerischen Kyrillus aufgefundenen Briefschaften sowie seine letzthin entdeckten Versuche ihn als einen in Lammsfell gekleideten Fuchs dar. Wenn übrigens die verheiszene Geldhülfe für den dermaligen Patriarchen Kyrill von Veria, der sonst übrigens alles Zutrauen in den Residenten Schmidt und den Vicario patriarcale, wie auch alle eigene Hoffnung aufzugeben, nur einmal einträffe, so würde die Abordnung eines eigenen Commissärs nach Jerusalem die Zugeständnisse an die Katholiken, zur vollen Zufriedenheit des heiligen Stuhles und der Sacra Congregatio, in's Werk sezen und sicherstellen. Klugheit mithin sowol als Nothwendigkeit erheischen die unverweilte Hereinsendung des zugesagten Geldbeistandes, um so mehr als indessen der Patriarch Kyrill (von Veria), mehr aus Rüksicht für den Katholicismus überhaupt als auf des französischen Gesandten Grafen de Cesy Einschreiten, den französischen Kapuzinern die Bewilligung zugestand zu Satalia in einem griechischen Kirchlein die Messe abzuhalten. Dasz aber der Patriarch dem Grafen de Cesy nicht gewogen ist, rührt davon her, weil dieser ihn zur gelegenen Zeit von der ferneren Verfolgung und Kränkung des holländischen Abgesandten abhielt, der ihm dann nach Besteigung des Patriarchenthrones vermittelst des Patriarchen von Alexandria doch so viel Ungelegenheit bereitete.

Die in der Wohnung des holländischen Gesandten hinterlegten zehn Bücherkisten des hingerichteten Kyrillus Lukari wurden über Anlangen des dermaligen Patriarchen vorerst in die Behausung des Kaïmakam's geschafft, hierauf aber dem Patriarchen überantwortet, der die meist kezerischen Bücher der öffentlichen Flammenvertilgung heimzugeben beabsichtigt.

Durch Vermittlung des Residenten Schmidt und des venetianischen Baylo, wie nicht minder unter Beistand des katholischen Vicario patriarcale und einiger befreundeten Metropoliten erfolgte, dem Wunsche der Sacra Congregatio gemäsz, die völlige Aussöhnung des Patriarchen mit dem Metropoliten Athanasius Patellaro, welche beide den Versöhnungstag in Schmidt's Wohnung zubrachten und dabei viele Liebenswürdigkeit und Höflickeit entwikelten. Hiedurch be-

ruhigt und zufriedengestellt, reiste Patellaro sodann in's Venetianische ab. *)

1639.   Metrophanes, griechischer Patriarch von Alexandrien,
welcher seit einiger Zeit in der Walachei lebte, ein Anhänger
der Kalvinisten, segnet daselbst das Irdische und empfiehlt
als seinen Nachfolger im Patriarchate entweder den Metropoliten von Veria oder den Expatriarchen von Constantinopel
Neophytos. Da nun jedoch der erstere dieser Candidate ein
erbitterter Feind des dermaligen Patriarchen, mit noch zwei
anderen Metropoliten neulich in die Verbannung wandern muszte,
der andere aber, als bereits gewesener ökumenishher Expatriarch, kraft der griechischen Kirchenkanonen das Patriarchat
von Alexandrien nicht erlangen darf; so steht die Ausschlie-
szung Beider von der empfohlenen Nachfolge auszer allem
Zweifel.

Der venetianische Baylo und Resident Schmidt versuchen nun die Wahl zum alexandrinischen Patriarchen auf
Athanasius Patellaro, einen katholischen und der Congregatio
de propaganda fide sehr genehmen Mann, zu lenken, dessen
Begünstigung der Resident insbesondere beim Patriarchen Kyrillus von Veria durch die Rüksicht auf die Wünsche des
heiligen Stuhles und aller katholischen Potentaten wie auch
durch das Gebot seiner eigenen (des Patriarchen Kyrillus)
Interessen zu begründen suchte. Allein der Patriarch, obzwar
diesem Vorhaben aufrichtig beipflichtend, kann nicht umhin
die für Patellero sehr ungünstige Stimmung der Metropolitan-
synode, der vornehmsten griechischen Laien in der Residenz
und der ägyptischen Griechen einzugestehen und das Gewicht
dieser Schwierigkeit anzuerkennen; nicht minder erweist sich
sein Vorschlag, die Machthaber an der Pforte durch Geldspenden für diese Wahl zu gewinnen, theils wegen seines
eigenen Geldmangels, theils auch deszwegen als unausführbar,
weil in solchem Falle die Vorauslage ohne alle Garantie des
guten Erfolges bestritten werden müszte, zu einem solchen
unversicherten Einsaz sich jedoch kaum ein Spender finden
dürfte.

---

*) Der kais. Resident Rud. Schmidt an P. Ingoly, Sekretär der Con-
gregatio de propaganda fide. Constantinopel, 20. November 1638.

Während dieser Berathschlagungen und Schwierigkeiten gewinnt Papas Nikolaus von Ascolo, ein Candiot und ehemaliger Beichtvater des moldauischen Fürsten (Basil Lupl), gestüzt auf des lezteren Anempfehlung, sowol an den Patriarchen Kyrill von Veria, dessen Lehrer er dereinst gewesen, wie auch an die übrigen Metropoliten und vornehmsten Griechenlaien, in nicht mehr aufzuhaltender Weise die Oberhand, so dasz der kaiserl. Resident und der katholische Patriarchalvikar, von der Person des Candidaten absehend, von demselben mittels des Patriarchen Kyrill mindestens die Ablegung des katholischen Glaubensbekenntnisses zu fordern sich entschlieszen. Der Patriarch Kyrill bürgt denselben für die Ergebenheit des Papas Nicolaus an die Interessen des Katholicismus und stellt die Ablegung des katholischen Glaubensbekenntnisses durch demselben sogleich oder bald nach der Ausweihung in sichere Aussicht. Und in der That besucht Papa Nicolaus noch am nämlichen Tage, und zwar vor seiner Weihe, sowol den Residenten Schmidt, dem er die Erhebung zum Patriarchate nebst seiner Anhänglichkeit an den päpstlichen Stuhl kund gibt und durch sehr umfangreiche Anerbietungen sich pflichtig macht, wie auch den katholischen Vicarius patriarchalis. Bei der am 26. Mai in der griechischen Hauptkirche vom Patriarchen Kyrillos unter Beihülfe von 6 Metropoliten und 12 Priestern vollzogenen Patriarchalweihe des Papa Nikolaus erscheint, von Kyrillus eingeladen, auch der kaiserl. Resident in Person. Dieser neue alexandrinische Patriarch, ein sonst nicht kenntniszloser und mit dem griechischen Wesen noch stark behafteter Mann, vermag blos durch das Aufgebot bedeutender Gewandheit geleitet und zur völligen Hingebung an Rom gewonnen zu werden, was mit der Zeit und durch allmälige Bearbeitung desselben allerdings anzuhoffen steht. Ein groszer Vorzug läszt sich demselben jedenfalls nicht abstreiten: unerbittlicher Feind der kalvinischen Kezer, und von dem Patriarchen Kyrill von Veria beherrscht, wird er voraussichtlich nie und nimmer mit demselben im Vergleichswege sich abfinden, wie es sein Vorgänger Metrophanes, die einzige Stüze des Kalvinismus in Aegypten, leider nur zu sehr gethan hatte.

Der Erfolglosigkeit seiner Fechterkünste endlich ansichtig, und der Hoffnung ledig, einen andern kalvinisch-gesinnten Pa-

triarchen zuwege zu bringen, kehrt der holländische Abgesandte Cornelius von Haga über Polen in seine Heimat zurük,
nachdem er noch zulezt durch die Berufung eines christlichen
zur Anstellung im türkischen Dienste auserkorenen Ingenieurs,
der in des Gesandten eigenen Hause Granaten fabricirt, seiner
ärgerniszreichen Sendung die Krone aufgesezt. *)

1639. Für die in Sachen des Patriarchates insgemein und namentlich durch Emporbringung des Kyrillus von Veria zur
Patriarchenwürde geleisteten Dienste belohnt der Papst den
Residenten Schmidt durch ein belobendes und anerkennendes
Breve. Die inmittelst erfolgte Absezung des Patriarchen Kyrillus (von Veria) dürfte deszhalb um so gröszeres Befremden
und Miszbehagen im Vatikan verursacht haben; allein da es
in Schmidts Kräften bei der angestrengtesten Thätigkeit keineswegs lag, dieses Resultat zu verhindern, so ist demüthige
Ergebung in Gottes unerforschliche Rathschlüsse das Einzige,
was in dieser Lage dem schwachen Menschen noch erübrigt. **)

1639. Der Kaïmakam Mehemet-Paschà hatte noch zur Zeit,
da er in Silistria befehligte, vom walachischen Fürsten Mathäus Bassaraba, dem er einen bedeutenden Geldbetrag abzupressen versuchte, Anstände und Unannehmlichkeiten erfahren und schon damals wegen nicht gesättigter Habsucht
gegen denselben Groll gefaszt. Dieser Groll steigerte sich aber
zur förmlichen Feindschaft durch die ununterbrochene Ränke-
sucht des Moldauerfürsten Basilius Lupul, der, selbst nach dem
Besize der Walachei lüstern, den Mathäus daraus zu verdrängen strebte und zu diesem Ende auch den Kaïmakam
durch die Zusage von 100,000 Thalern auf seine Seite brachte.
Dieser stellte nun dem Sultan vor, Mathäus sei gegen die
Pforte nicht treu, unterhalte geheimes Einverständnisz mit
Polen und Siebenbürgen, die jedoch glüklicherweise, durch
die lezten osmanischen Siege eingeschüchtert demselben kaum
den gehofften Beistand leisten würden, sei zudem wegen tyrannischen Regimentes im eigenen Lande verhaszt; Klugheit

---

*) Der kais. Resident Rudolph Schmidt an den Kaiser, dann auch
an Kardinal Antonio Barbarino. Constantinopel, 39. Mai 1639.

**) Resident Schmidt an den Kaiser. Constantinopel, 22. August 1639.

mithin wie des groszherrlichen Dienstes Interesse erheischten
in gleicher Weise die Absezung des Mathäus, die Versezung,
des zweifellos getreuen Basil Lupul in die Walachei und die
Verleihung der Moldau an Lupul's Sohn. Kaum hatte nun
der Kaïmakam durch diese und ähnliche Zuflüsterungen die
groszherrliche Genehmigung seines Antrages erschlichen und
die entsprechenden Befehle an die beiden Fürsten wie auch
an den Pascha von Silistria und den Tartarchan, welche leztern im Nothfalle den Mathäus mit Gewalt zu vertreiben und
den Lupul einzusezen hätten, ausfertigen lassen, endlich dem
siebenbürger Fürsten jede Hülfeleistung oder Zufluchtgewährung
an Mathäus bei strenger Ahndung ernstlich untersagt, als
Lupul auch bereits seinen Sohn als Fürsten in der Moldau
einsezte, mit seinem Hofstaat aber und Heere der Walachei
zuzog. Seiner harrte jedoch an einem Passe das Kriegsvolk
der Walachei, welches ihn tapfer angriff und so gründlich
schlug, dasz er nach Aufreibung seiner Mannschaft und mit
Aufopferung seines Gepäkes sowol wie seines mitgeführten
Kriegsbedarfes nur mit Mühe entrinnen und kaum das nakte
Leben retten konnte.

Während dieser Vorgänge hatten die vornehmsten Bojaren der Walachei durch die Pforte beim Sultan eine gehörig unterfertigte Denkschrift eingebracht, worin sie des Mathäus Wolregierung und die durch ihn bewirkte unverkenn-
bare Hebung des Landeswolstandes, welcher schon aus der
nunmehrigen Verdoppelung des an die Pforte abgeführten
Jahrestributes sich herausstelle, ausführlich darlegen. Beharre
aber der Groszherr — so sagen sie ferner — entschieden und
unabänderlich auf des Mathäus Beseitigung, so wollten sie
jeden Andern ihnen beschiedenen Fürsten gerne annehmen,
mit einziger Ausnahme des Lupul; dieser habe nämlich durch
seine unmenschliche Regierungsweise die armen Moldauer so
sehr in's Elend getrieben, dasz die meisten sich blos durch
die Flucht aus ihrer Heimat zu helfen wuszten; und ein ähnliches Los stünde auch den Bewohnern der Walachei bevor,
falls er ihr Fürst würde. Deszhalb bitte und flehe das ganze
Land, dasz der Sultan einer rein auf das Verderben der
Walachei abgesehenen Maszregel keinesfalls seine Zustimmung
ertheile, sondern hierin auf anderweitige Fürsorge bedacht
sein möge.   .

Als nun der Sultan einerseits von dem Einschreiten und Bittgesuch der Walachen, anderseits von der durch Lupul mit hohem Gelde bewirkte Bestechung des Kaïmakam's Kunde erhalten, überdies auch in Erfahrung gebracht hatte, der Fürst Mathäus habe sich nicht allein dem groszherrlichen Befehle widersezt und von seinem ihm anhänglichen Lande gehörig unterstüzt den Basil Lupul auf's Haupt geschlagen, sondern sei nebstdem, nach dem Berichte des Paschà's von Silistria, mit so gutem Kriegsheere und so bedeutendem Kriegsbedarfe versehen, dasz weder Lupul noch der Paschà selbst, zumal bei dem eingetretenen Winterfroste, gegen ihn mit Aussicht auf Erfolg zu Felde ziehen könnten; so bemeisterte sich des Groszherrn über diese unerwartete Wendung der Sache und sein dadurch gefährdetes Ansehen, eine nicht geringe Bestürzung und er faszte den Entschlusz vor der Hand zwar sich dem Mathäus gegenüber zu verstellen, doch die volle Schale seines Unwillens über den Kaïmakam, als den eigentlichen Urheber des übel angelegten und sonach miszrathenen Streithandels, unverweilt auszugieszen.

Diesem Zufolge gingen am 15. December (1639) zwei Kapudschi-Baschi zum Kaïmakam mit der Anzeige, dasz der Sultan ihn zu sich entbiete, und als derselbe, dem erhaltenen Rufe folgend, sich nun in das Serail begab, nahm ihn daselbst der hiezu ausdrüklich angewiesene Bostandschi Baschi sofort gefangen und führte ihn nach dem Gefängnisz der Siebenthürme. Hier wurde er in der Nacht strangulirt und sein Leichnam am nächsten Tage in das Haus seines Schwagers Fazel Aga verschafft, dem einige Tage später gleichfalls das Loos der Strangulirung beschieden ward, nachdem man ihm zuvor noch durch Folterung die Anzeige über die verborgenen Schäze abzuzwingen versucht hatte. Die Reichtümer beider Opfer, insbesondere die beim Kaïmakam vorgefundenen 600,000 Thaler in Baarem, liesz der Sultan konfisciren und in sein Serail übertragen.

Vermöge groszherrlichen Befehles reiste der Kapudschi-Baschi Hendan-Zadè zum Fürsten Lupul in die Moldau mit Weisungen, und swei andere Kapudschi's sind auch bereits auf dem Wege zum Mathäus Bassaraba in die Walachei, welchen der Sultan in seinem Fürstenthume wiederbestättigt und zur Annahme einer friedlichen Haltung ermahnt. Da

diese Bestättigung indesz zweifelsohne nur bis zum Eintritte
günstigerer Absezungsgelegenheit zu verstehen kömmt, so thut
dem Mathäus fortwährende Behutsamkeit und rechtzeitige Vor-
kehrung dagegen noch immer noth. Denn die Pforte sieht
noch fortan auf Mathäus sowol als auf dem Siebenbürgenfür-
sten mit ungeschwächtem Misztrauen, und wenn beide sich
zu gegenseitigem Schuze verbündeten, so wäre ihre Unterstüzung durch den Kaiser gleichfalls sehr rathsam, obwol
Georg Rákóczy nicht eben aufhört zu Zeiten der kaiserlichen
Sache zu schaden. Lupul's Uebermuth hat übrigens seine
gründliche Niederlage wol verdient. *)

   Der Moldauerfürst Lupul erhält durch einen Czauschen   1639.
die groszherrliche Investitur auf die Walachei mit Fahne und
Streitkolben, und gleichzeitig werden den Bewohnern der Wa-
achei des Sultans Befehle wegen Anerkennung Lupul's ver·
kündigt. Diesem Gebote stand auch ihr anstandloser Gehorsam
in Aussicht, wofern nicht der Siebenbürgerfürst Georg Rákóczy einen seiner angesehensten Staatsangehörigen, Georg
Kapronczay, an der Spize von 100 Reitern zu ihnen entsendet
hätte, um ihnen treue Hingebung an Mathäus anzurathen, was
ihm auch gelang. Zudem hatte Mathäus einige moldauische
Flüchtlinge und 400 ungarische Reiter um sich, deren Gewicht
wol auf der Walachen Entschlusz, ihrem Fürsten Treue zu
bewahren, auch nicht einfluszlos gewesen sein mochte. Dem
türkischen Czauschen, welcher mit einem Gefolge von 60
Reitern die Willensmeinung des Sultans überbrachte, befahl
Mathäus sich zu entfernen, was derselbe auch that, nachdem
er vorher die Versicherung empfangen, dasz ihm kein Leid
widerfahren würde. In der darauf dem Lupul gelieferten
Schlacht, welcher auch Georg Kapronczay nebst den übrigen
Ungarn, jedoch ohne ihre Feldzeichen, beigewohnt haben soll,
fochten auf Lupul's Seite bei 3000 Tartaren, wovon der gröszte
Theil auf der Walstatt den Untergang fand. Rákóczy, der
Siebenbürgerfürst, entsandte auch in aller Eile den Stephan
Seredy an die Pforte, um Lupul's Beschwerden gegen Mathäus
zu entkräften, gedenkt übrigens vor der Rükkehr dieses Ge-

---

*) Resident Rudolph Schmidt an den Kaiser. Constantinopel, 26. No-
vember, 1. und 22. December 1639, dann 1. Jänner 1640.

sandten dem Mathäus keine Kriegshülfe zu leisten. Endlich
soll ein verbannter Exwoïwode noch in Siebenbürgen weilen.*)

1640.

Lupul, von Mathäus Bassaraba geschlagen, entrinnt nach
Braila. wo er zur Erneuerung des Kampfes sich neuerdings
rüstet. Sein Sohn herrscht in Jassy.**)

1640.

Im confiscirten Nachlasse des wegen Lupul'schen Streithandels mit Mathäus Bassaraba auf des Sultan's Befehl strangulirten Kaïmakam's Mehmet-Pascha, welcher zuvor in Ofen
befehligt hatte, fanden sich nebst 300 trefflichen Rossen viele
Kastbarkeiten, reiche Geldschäze in Dukaten und Thalerstüken,
und auch die von Lupul ihm geschenkten, noch unberührten
10,000 Goldstüke völlzählig vor. ***)

1640.

Des w lachischen Fürsten Mathäus während der lezten
Unruhe nach Siebenbürgen geflüchteten Schaz weigert sich
Fürst Georg Rákoczy dem rechtmäszigen Eigenthümer rükzu-
stellen. ****)

1640.

Angaben dortiger (Constantinopel) Griechen zufolge, vermochte das Schiffdes Karahodscha, an dessen Bord der Expatriarch von Veria sich befand, nicht seine Fahrt nach den
Barbaresken fortzusezen, sondern sah sich durch Gegenwinde
und stürmische See an die Küste des Peloponnesos verschla-
gen, wo der Expatriach Gelegenheit zum Entweichen fand.
Der nunmehrige konstantinopolitanische Patriarch steht demnach in Besorgnisz, der von Verea möchte sich heimlicherweise
hereinschleichen, ihm Ungelegenheit bereiten, ihm wol gar
vom Patriarchenstuhle verdrängen. *****)

---

*) Schreiben des Vicehauptmannes von Szathmar an den Kaiser. Szath-
már, 31. December 1639.

**) Graf Stephan Bethlen an den Kaiser. Ecsed, (in Siebenbürgen),
5. Jänner 1640.

***) Meldung eines vertrauten an den Palatinus. Ofen, 11. Jänner 1640.

****) Questenberg's Meldung an den Kaiser. v. O., 28. Juni 1640.

*****) Resident Rudolph Schmidt an die Sacra Congregatio propa-
ganda fide in Rom Constantinopel 9. Juli 1640.

Der polnische Feldherr an der türkisch-polnischen Gränze führte beim Groszvezier Beschwerde gegen den Moldauerfürsen Lupul, als welcher gegen die lezthin durch die Moldau heimgereisten polnischen Abgesandten sich ebenso unfreundlich als ungebührlich benommen habe; der Groszvezier suchte den Kläger durch freundliche Erwiederung zu beschwichtigen.

Ein vornehmer Grieche, welcher mit des Groszherrn Schreiben an den moskowitischen Zar in officieller, jedoch ganz geheim gehaltener Sendung über Polen nach Moskau reiste, wurde von den Polen ausgekundschaftet und nebst den ihn begleitenden Kaufleuten angehalten. An Lupul erliesz nun die Pforte den Auftrag mit dem polnischen General in Betreff der Freilassung des gedachten Griechen oder mindestens der Reisegenossen desselben Unterhandlungen anzuknüpfen; auch war der Zwek dieser Sendung insoferne wenigstens erreicht, als dieser groszherrliche Staatsbote die ihm anvertrauten Briefschaften, deren Inhalt übrigens auf die Todesanzeige Sultan Murad's und den Regierungsantritt seines Bruders Sultan Ibrabrahim's beschränkt sein soll, mittels anderer Personen nach Moskau voraussendete. *)

Ein Perot, Namens Antonio di Via, welcher vor einiger 1640. Zeit sich in der Walachei aufgehalten und daselbst dem Landstreicher Antonio Schumitza in Schmidt's Namen ein falsches Sichergeleite ausgestellt hatte, worin er sich eben so fälschlich für des Fürsten Mathäus Mundschenk ausgab, trat jüngst in des französischen Gesandten Dienste, und wurde von diesem mit Briefschaften nach Polen beordert. Als er aber auf dieser Reise seinen Weg über die Walachei nahm, liesz ihn Mashäus-Waïwoda, dem indesz von Schmidt die Anzeige von dieser sträflichen Fälschung zugegangen war, gefangen sezen und in's Gefängnisz werfen. Deszhalb nun grollt der französische Gesandte dem Mathäus gar sehr, droht ihm mit hohem Ungemach und kann es durchaus nicht verwinden, dasz derselbe dem kaiserlichen Interesse mehr als dem französischen sich gewogen erweist. Und wirklich fördert Mathäus aufrichtig

---

*) Relation des Residenten Rudolph Schmidt an den Kaiser. Constantinopel, 24. August 1640.

das Beste des kaiserlichen Dienstes, so dasz durch ihn dereinst noch manches hochwichtige Unternehmen könnte in's
Werk gerichtet werden. Nachdem also Rákóczy's Vermitt-
lungsversuche zwischen Mathäus und Lupul vollständig schei-
terten und lezterer an der Pforte neuerdings gegen seinen
Feind Ränke schmiedet, so gesellt sich nunmehr auch der
französische Gesandte heimlicherweise zu des Mathäus Widersachern. *)

1640.   Der Sohn des Moldauerfürsten Lupul verscheidet in der
türkischen Residenz und sein Leichnam wird in die Moldau
übertragen. **)

1640.   Pater Gregorius, Archidiakon von Jerusalem, versichert,
dasz ihm der griechische Patriarch von Constantinopel folgende Anträge eröffnet und Zusagen dargeboten habe: er
wolle alsbald nach der Abreise des katholikenfeindlichen Patriarchen von Jerusalem selbst in eigener Person beim Groszvezier das gute Recht der katholischen Geistlichen auf die
heiligen Orte, das ihnen lediglich durch Trugmittel und gehässige Vorspiegelungen von den Griechen entrissen worden
sei, nachdrüklich vertreten und auf deren Wiedereinsezung in
Besiz dringen; er wünsche ferner sich mit der römischen
Kirche auszusöhnen, die alsdann seiner Hingebung und Folgsamkeit sich in höherem Grade zu erfreuen haben würde, als
dies in Bezug auf die Veria und Patellaro der Fall gewesen;
er gedenke überdies dem Papste selbst und der Sacra Congregatio de propaganda fide diese Gesinnungsänderung mittels
eigener Zuschriften bekunden, wofern die römische Kirche
in seinen Nöthen ihm Beistand, in seinen Bedürfnissen Aushülfe zugestünde; er gedenke endlich in vereinter Gegenwart
des kaiserlichen Residenten sowol der venetianischen ordentlichen und auszerordentlichen Abgesandten an irgend einem
entlegenen Orte seine Zusagen und Anerbietungen zu bestättigen, dieselben auch eideskräftig zu besiegeln.

---

*) Resident Rudolph Schmidt an den Kaiser. Conseantinopel, 11.
Oktober 1640.

**) Resident Rudolph Schmidt an Michel d'Asquier, kais. Dollmetsch.
Constantinopel, 20. November 1640.

Diese Zusammenkunft beabsichtigt nun Schmidt zu veranstalten und von deren Ergebnisz unverweilt einzuberichten.*)

1641.

Zu der für's nächstkommende Frühjahr festgesezten Expedition gegen Asak sollen nebst den Pascha's von Rumelien und Silistrien, dann dem Tartarchan und dem Kapudan-Paschà auch Truppenabtheilungen der Fürsten der Moldau und Walachei beordert worden sein; die dadurch zu bewirkende theilweise entblöszung an Kriegsvolk, die steten, obzwar zeitweise unkenntlichen Abseczungsgelüsten der Pforte, ihre gegenseitige Eifersucht mögen jedoch diesen beiden Fürsten wol einige Unruhe verursachen. Und in der That liegt die Pforte den Hintergedanken, nach Asak's Eroruberung sich der beiden Fürsten, und zwar vorerst des Mathäus zu entledigen. **)

1641.

Antonio Grillo, erster Dragoman von Venedig, der vordem geheimer Geschäftsführer des Fürsten Mathäus Bassaraba gewesen und von diesem eingestandenermaszen in kurzer Frist mit 12.000 Thalern belohnt worden war, unterhielt dessenungeachtet auch mit dessen erbittertem Feinde, dem Fürsten Lupul, heimliches Einverständnisz, auch diesen auszubeuten hoffend. Von Mathäus entdekt, brach er mit diesem vollends und stellte sich offen auf Lupul's Seite, dessen Gunst er in solchem Grade sich zu erringen wuszte, dasz dieser seine Tochter dem Sohne Grillo's zur Ehefrau gab und zur Mitgift die Summe von 50.000 Thalern (nach Anderen, von 100,000 Thalern) bestimmte. Lezthin fand in Grillo's Hause durch den Patriarchen von Constantinopel das feierliche Verlobnisz statt, und Jedermann nimmt es Wunder, dasz der stolze Lupul, welcher den Groszen spielt, dem polnischen Botschafter den Vorrang streitig macht und königliche Ehrenbezeugungen beansprucht, so niedrig gesinnt ist einen kleinen venetianischen Dragoman sich zum Eidam auszuersehen.

---

*) Resident Rudolph Schmidt an Cardinal Antonio Barberini. Constantinopel, 19. Jänner 1641.

**) Resident Rudolph Schmidt an den Kaiser. Constantinopel, 19. Jänner und 12. Mai 1641.

Dieser Antonio Grillo, dessen hoher Undank nun dem Fürsten Mathäus die vielen Wohlthaten mit Verfolgung und feindlichen Ränken aller Art lohnt, war es übrigens gleichfalls, der im Bunde mit den Griechen den Patriarchen di Verea in's Verderben stiesz; Liebling aller venetianischen Baili, troz seines schlimmen Dienstes gegen den Apostolischen Stuhl, und gehaszt von den Kaufherrn Venedigs, verdiente er wol von Mathäus eine herbe Lehre, auf dasz er fürderhin mit Fürsten nicht mehr Possen spiele. *)

1641. Der Groszvezier fiel, wegen der Nichtbezwingung von Asak, beim Sultan einigemaszen in Ungnade, und als er es versuchte sich beim Mufti darüber zu beklagen, sein eigenes Betragen zu rechtfertigen und alle Schuld des Fehlschlages auf den inzwischen verstorbenen Tartarchan zu wälzen, entgegnete der Mufti: «er (Groszvezier) sei einzig und allein der Schuldige, da er Niemanden zu Rathe gezogen, sondern Alles nach eigenem Ermessen angeordnet habe; würde er vorerst die beiden Fürsten der Moldau und Walachei abgesezt und durch Andere ersezt, dann mit den neuen Fürsten und ihren Truppenkontingent die Festung Asak angegriffen haben, so wäre diese nunmehr unfehlbar in türkischen Händen.» Nach der Angabe des walachischen Agenten Mikem, der mit dem Residenten Schmidt auf sehr freundlichem Fusse lebt, bedeutete der Groszvezier in seiner Gegenantwort: «dasz man die obgedachten beiden Fürsten, welche nichts verschuldeten und ihren Jahrestribut nicht allein pünktlich und vollständig, sondern zudem mit einem Ueberschusse an den Sultan abführten, nicht mit Recht und Billigkeit absezen könne; dasz selbst wenn das Gegentheil der Fall wäre, man es mit Geschik angreifen müszte, um dem Mathäus Waivoda nicht auf gleiche Weise in Harnisch zu bringen wie einstens den Michael Waivoda, der aber der Pforte so viel zu schaffen gegebnn habe.»

Und in der That hegt Fürst Mathäus, laut Mikem's Versicherung, den festen Vorsaz, einem ungerechten türkischen Angriff, zu dem jedoch die Pforte so aus Rumelien wie aus der Dobrudschia kaum über 20.000 Mann auftreiben dürfte,

---

*) Resident Rudolph Schmidt an den kaiserlich. Dollmetsch Michael d'Asquier. Constantinopel, 14. September 1641.

sich blos mit seinen eigenen, zur Abwehr ausreichenden Streitkräften entgegenzustellen, und nur, falls ihn die Türken mit
weitaus überlegenen Kräften angriffen, die benachbarten Potentaten um Hülfe anzugehen. Es steht demnach zu erwarten,
dasz die Türken Vorderhand gegen Asak fortziehen und den
Walachenfürsten nicht behelligen würden. *)

Von Lupul's beiden Abgesandten nach Moskau kehrte
einer heim und überbrachte vom Groszfürsten ein Schreiben,
dessen Inhalt zweideutig wie ein Orakelspruch klingt; der
Andere, der noch zurükblieb, soll binnen 14 Tagen, nämlich
sogleich nach dem Eintreffen des türkischen Czauschen in
Moskau, die endgültige Antwort hereinbefördern. Mittlerweile
fand sich der Befehlshaber der Besazung von Asak beim
Groszfürsten in Moskau mit dem Ansuchen um Bewilligung
von Kriegsvolk und Kriegsbedarf, persönlich ein, und ob ihm
gleich dem Anscheine nach diese Bitte anfänglich abgeschlagen
ward, worauf er mit der selbsteigenen Verbrennung und Schutt-
legung von Asak erwiederte, so gewährte ihm doch heimlicherweise der Groszfürst die Bewilligung auf der Heimkehr
Kriegsvolk in zureichender Anzahl auf moskowitischem Gebiete anzuwerben, und verhiesz ihm nebstbei die Zufuhr von
allerlei Kriegbedarf nach Masz des Bedürfnisses. **)

Des Moldauerfürsten Lupul Leibarzt, Gioanni Andreas
Scogardi, von Geburt ein Däne und in Italien graduirt, übrigens mit dem Residenten Schmidt noch aus Constantinopel
persönlich bekannt und von demselben durch Verheiszung
kaiserlicher Ehrenbelohnung in des Kaisers Interesse gezogen,
berichtet *am 11. Februar* aus Jassy, dasz am 9. Februar
zwei aus der türkischen Residenz eingetroffene Curriere dem
Fürsten Lupul schriftliche Aufträge vom Sultan und Groszvezier überbrachten, durch die ihm zur Pflicht gemacht wird
beim Groszfürsten des Moskowiterlandes in eigenem Namen
zu dem Zweke einzuschreiten, damit dieser durch seinen Ein-

1642.

1642.

---

*) Relation des Residenten Schmidt an den Kaiser. Constantinopel, 11.
December 1641.

**) Dr. Giovanni Andrea Scogardi an Residenten Rudolph Shmidt.
Jassy, 22. Februar 1642.

flusz die Kosaken zur freiwilligen Einräumung der Festung
Asak stimmen oder mindestens sich jeder Hülfeleistung und
Gewährung irgendwelchen Beistandes an dieselben enthalten
möge; das Ergebnisz des Einschreitens solle dann der Pforte
einberichtet werden. Dem Groszvezier, welchem die Schwierigkeit der Eroberung von Asak gewaltig auf der Seele lastet,
liegt insbesondere an dem Gelingen des Lupul'schen Einschreitens sehr viel; und da einerseits nicht zu bezweifeln steht,
dasz die Türken nach der Einnahme von Asak sofort die
Fürsten der Walachei und Siebenbürgens mit Krieg zu überziehen beabsichtigen, anderseits aber dem Lupul aufgetragen
ward, falls der moskowitische Groszfürst auch diesmal, wie
es in verstrichenen Jahre geschehen, in gleisznerischen Haltung gegen die Pforte mit den Kosaken heimliches Einverständnisz unterhalten und die Uebergabe von Asak hintertreiben sollte, ein Contingent von 1000 Musketieren zur Eroberung dieser Festung beizustellen, so erklärt sich daraus zur
Genüge Lupul's eiliges Bemühen, sein Einschreiten beim moskowitischen Groszfürsten, dessen Gunst er eben so sehr wie
die des Sultans und des Groszveziers besizt, jedenfalls erfolgreich und fruchtbringend zu machen. Er entsandte demnach
eigene Agenten nach Moskau, deren Wiederkunft demnächst
gewärtigt wird. *)

Der von Lupul mit der moskowitischen Erwiederung
nach Constantinopel abgefertigte Staatsbote langt nunmehr
mit des Groszveziers Schreiben an Lupul, den polnischen
Hetman und den Groszfürsten ausgestattet, in seiner Rük-
sendung in Jassy an, wo ihm auch Lupul Schreiben für den
Groszfürsten ausfertigt, und sezt alsdan seine Weiterreise nach
Moskau über Polen fort. Er hat die Weisung binnen 50 Tagen
den moskowitischen Schluszbescheid rükzubringen, während
welcher Frist die türkischen Streitkräfte sich zum Anmarsch
gegen die Krim in steter Bereitschaft zu halten haben. Asak
ist indesz in starkem Vertheidigungsstand gesezt und mit
Kriegsmaterial reichlich versehen, die Kosaken sind kriegs-
muthig, erhalten fortan Zuzüge und Verstärkungen aus Polen

---

*) Resident Rudolph Schmidt an den Kaiser. — Constantinopel, 12.
März 1642.

und neigen sich keineswegs zur friedlichen Unterwerfung, und
— was den Knoten noch unauflöslicher schürzt — sie ermordeten den nach Moskau bestimmten türkischen Abgesandten an der tartarisch-moskowitischen Gränze. *)

Das zur Berennung von Asak bestimmte Landheer, von
Mehemet-Pashà von Silistria befehligt, soll zusammengesezt
werden aus 20—30.000 von den 24 rumeliotischen Sandschak's
zustellenden Streitern, aus 2000 Büchsenschützen welche die
beiden Fürsten der Moldowalachei in's Feld zu stellen haben,
endlich aus der Kriegsmannschaft des Pascha von Kaffa und
dem Zuzug des Tartarenchans, wornach also die gesammte
Streitmacht in diesem Feldzuge sich auf mehr denn 100.000
Mann belaufen dürfte. Doch finden sich in ihren Reihen,
wenn man etwa das tüchtige rumeliotische Aufgebot ausnimmt,
nur wenige kriegsgeübte Soldaten, und da überdies der Anführer Mehemet-Paschà noch nie einen Kriegszug beigewohnt,
so erscheint auch der Ausgang des gegenwärtigen gar sehr
zweifelhaft.

Troz dieser Rüstungen und kriegerischen Aufstellungen
liesz es der Groszvezier nicht an Bemühungen gebrechen, um
durch den moskowitischen Groszfürsten die Kosaken zur Uebergabe von Asak überreden oder zwingen zu lassen; er
entsandte zu dem Ende nicht allein einen Czauschen nach
Moskau, sondern betraute noch insbesondere den Moldauerfürsten Lupul mit der Aufgabe, sich darob beim Groszfürsten
nachdrüklich zu verwenden, indem er ihm für die Durchsezung der Rükstellung von Asak zu seinem dermaligen Fürstenthume auch das der Walachei in Aussicht stellte.

Ein willkommeneres Anbot konnte kaum für Lupul gestellt werden, der ja ohnediesz kraft der Verleihung Sultan
Murad's sich seither mit Ansprüchen auf die Walachei trägt,
deren versuchte Verwirklichung nur an der völligen Niederlage scheiterte, die ihm der Walachenfürst Matthäus Bassaraba dazumal beibrachte. Dies ist die wahre Ursache der unversöhnlichen gegenseitigen Feindschaft dieser Fürsten, und
seit jener Zeit sind auch die von Mathäus zweimal geführten

*) Dr. Giovanni Andrea Scogardi an Residenten Schmidt, Jassy, 14.
April 1642.

Schläge in dem Buche verzeichnet, welches die Beleidiger der
hohen Pforte dem rächenden Gedächtnis: e aufbewahrt.

Nicht blos also seinen obgedachten Eigenzweken und
Sonderninteressen zu lieb, wol auch um Treue und Gehorsam
gegen die Pforte zu bethätigen, sezte Lupul allen Fleisz und
Eifer an das Gelingen seiner Aufgabe : er entsandte nach
Moskau die treuesten, gewandtesten und begabtesten Unterhändler, die ihm nur überhaupt zu Gebote standen; er lies
durch sie den Groszfürsten mannigfaltige Anerbietungen vorbringen und unter Anderm die Reliquien zweier von den
Moskowitern hochverehrten Heiligen zusagen, den Kosaken
von Asak aber für die Räumung ihrer Festung eine beträchtliche Geldsumme verheiszen. Und um des Erfolgs desto mehr
sich zu vergewissern, deuteten die moldauischen Abgesandten
zu Zeiten mit Worten des Entsezens an, wie im Falle verwei-
gerter gütlicher Uebergabe von Asak sich über das Moskowiterland eine unwiderstehliche, Alles zerstörende Sturmfluth
von Türken und Tartaren so heftig ergieszen würde, dasz
kein Stein auf dem andern liegen bliebe : so boten sie Ueber-
redung und Drohung gleichmäszig auf, um den Groszfürsten
für ihre Absicht günstig zu stimmen.

Während sie aber solchergestalt aus allen Kräften ihrem
Ziele nachstrebten, sezte ihnen der mittlerweile mit einem
Hülfeleistungsgesuche in Moskau eingetroffene Befehlshaber
von Asak kräftigen Widerstand entgegen. Er wies dem Groszfürsten die hohe Bedeutung dieser Festung für das Moskowiterland überhaupt, wie auch die Vortheile und Bequemlich-
keiten nach, welche deren Besiz für die einzelnen Gebiete und
Unterthanen bereite, die in lezter Zeit den Tartareneinfällen
nicht mehr zur Zielscheibe dienten, wie dies der Fall gewesen,
so lange diese Festung türkischem Machtgebote unterstand ;
er schilderte die Lage und Beschaffenheit der Umgegend als
sehr zuträglich und höchst günstig zur Behauptung dieses
Plazes, der eben deszhalb mit geringer Besazung wider mächtige Heere sich vertheithigen liesze, wie dasz glänzende Ergebnisz des verflossenen Jahres einleuchtend dargethan habe ;
er machte sich anheischig, falls die von ihm angesprochene
geringe Hülfe moskowitischerseits gewährt würde, Asak gegen
die gesammte osmanische Macht erfolgreich zu vertheitigen ;
er führte dem Groszfürsten zu Gemüthe dasz, da nun einmal

ein für die Sicherheit seiner Staaten so hochwichtiger Plaz durch Gottes gnädige Verleihung sich im Besize der Kosaken befinde, es ihm keineswegs zieme demselben jedwede Hülfe vorzuenthalten; er beschwor ihn schlieszlich bei der Verant- wortung, die ihm dereinst gegen Gott obliege, diese Festung nicht zu hohem Abbruch der Christenheit in der Ungläu- bigen Gewalt fallen zu lassen.

Ueber diese gegenseitig sich bekämpfenden Forderungen beider Theile fanden in des Groszfürsten Gegenwart viele Rathssizungen statt, in denen der Gegensaz der Ansichten sich deutlich ausprägte und es so der Uebergabe wie der Vertheidigung des Plazes an Fürsprechern nicht gebrach. Die Berathschlagung zog sich aber in die Länge, und der schliesz- liche Entscheid liesz auf sich harren. Gegen diese Zögerung legte indesz der Befehlshaber von Asak Verwahrung ein, und trug seinen Unwillen über die Haltung des Groszfürsten zur Schau, welch tezterer dagegen seinerseits mit den moldaui- schen Abgesandten so glimpflich und freundlich verfuhr, dasz sie in Bezug auf den Erfolg ihrer Sendung sich in schöne Hoffnungen wiegten und hievon zu wiederholten Malen schrift liche Mittheilungen ihrem Fürsten übermachten, der es eben so wenig unterliesz diese Hoffnungen jedesmal mittels eigener Sendboten zur Kenntnisz der Pforte zu bringen. Auf solche Art verflosz in Unterhandlungen der ganze Winter.

Der Befehlshaber von Asak verliesz endlich Moskau, anscheinend mit dem Groszfürsten übel zufrieden, und auch die moldauischen Abgesandten erhielten Abschied und Ab- fertigung. Einen dieser beiden entsandte der Fürst Lupul hierauf zur Pforte, um mündlichen Bericht und Aufschlusz über den zuwege gebrachten Bescheid des Groszfürsten zu erstatten und zugleich des lezteren Antwortschreiben an den Groszvezier zu übermitteln, das in seiner Wesenheit folgen- dermaszen lautete:

«Der Groszfürst von Moskau, zu jeder Zeit die Freund- «schaft der hohen Pforte hochachtend und von dem Wunsche «beseelt dieses freundliche Verhältnisz auch fürderhin unver- «sehrt zu erhalten, ergreife mit Vergnügen jedwede Gelegen- «ceit sich der Pforte in allen gegründeten und seiner Macht «anheimgestellten oder doch von ihr abhängigen Angelegen- «heiten dienstfertig zu erweisen; eben deszhalb habe er auch

«in dem fraglichen Falle niemals seine Zustimmung oder
«Theilnahme zu der Ueberrumpelung der Burgveste (des Ka-
«stells) von Asak durch die donischen Kosaken gewährt.
«Wenn gleich nun dieselben räuberisch, aus Verbannten zu-
«sammengestoppelt, aufrührerisch, gegen seine Befehle wider-
«spänstig seien, so wolle er dessenungeachtet, der hohen Pforte
«zu gefallen, trachten dieselben sowol durch nachdrükliche
«Verwahrungen als durch Drohungen und alle sonst mögli-
«chen Mittel zur Einräumung von Asak zu veranlassen. Mitt-
«lerweile erachte er es nur für zwekdienlich, wenn die Türken
«eine kurze Waffenruhe eintreten und ihm hiedurch die Mög-
«lichkeit lieszen auf die Uebergabe des Plazes ohne Blutver-
«gieszen hinzuwirken; sollten auch alsdann die Kosaken in
«ihrer Halsstärrigkeit verharren, so wäre es immer noch an
«der Zeit Waffengewalt gegen sie zu gebrauchen und sie aus
«diesem Plaz zu vertreiben; übrigens möge die hohe Pforte
«sich versichert halten, das moskowitischerseits den Kosaken
«nicht der mindeste Beistand zugesendet werden würde.»

Diese Antwort miszfiel dem Groszvezier, der vielmehr
Argwohn faszte, als ob der Groszfürst von den Türken Waffenruhe forderte, blos um Zeit zu gewinnen, dadurch aber
den Kosaken zur Fortführung ihrer Befestigungswerke, zur
reichlicheren Versorgung ihres Plazes und folglich zur Erschwerung des türkischen Angriffes die Möglichkeit zu bieten. Und
was den einmal rege gewordenen Argwohn noch gröszeres
Gewickt verleihen muszte, war die allerseits zugegangene und
bestättigte Kunde, dasz ununterbrochen starke Zuzüge der
bedrohten Festung zur Hülfe eilen, dasz die Kosaken die in
der lezten Belagerung durch die türkische Artillerie stark be-
schädigten Festungswerke nicht allein vollständig ausgebessert,
sondern zudem neue, fast uneinnehmbare Festbaue angelegt
und durch Zuleitung eines Kanals aus dem Donflusse in den
Stadtgraben ihr Bollwerk mit einem schüzenden Wassergürtel
umgeben haben; vollends aber trat die wahre Gesinnung der
Besazung von Asak (Asow) zu Tage, als sie den nach Moskau
entsandten türkischen Czauschen unterwegs umbrachte.

Der moldauische Bojar, welcher das obgedachte Schreiben dem Groszvezier überbrachte, wurde von diesem sofort
mit der Antwort der Pforte nach Moskau zurükbeordert. Darin
äuszerte die Pforte seine Zufriedenheit mit den grosztürstlichen

Anträgen, wofern sie nur redlich und der gegebenen Zusage gemäsz vollzogen würden; dabei jedoch bedeutete er, dasz der Groszherr, weit entfernt den vorgeschlagenen Aufschub der Feindseligkeiten genehm zu halten, vielmehr seinen Heeresmassen den Aufbruch anbefohlen habe; der Groszfürst möge demnach sobald möglich die Kosaken zur Abtretung von Asak (Asow) veranlassen, widrigens sie es gar sehr zu bereuen hätten. Auszer diesem Bescheide erhielt der moldauische Bojar auch eine geheime Instruction und eine fünfzigtägige Frist, um mit der moskowitischen Schlusantwort heimgekehrt zu sein, und es wurde ihm, damit er den kürzesten Weg, den über Polen einschlagen könne, ein türkischer Begleiter mit Ersuchschreiben an den polnischen Kronfeldherrn, wegen der Bewilligung zur Hin- und Rükreise, an die Seite gestellt.

Inzischen verliert die Pforte keine Zeit: das Landheer ist in vollem Anmarsch und die Flotte segelt mit vollem Winde gegen die Kosaken von Asow (Asak), die auch ihrerseits sich eifrig rüsten und stärken; allem Anscheine nach dürfte also ein blutiger Zusammenstosz beider Streittheile sich kaum mehr hintanhalten lassen. *)

Der Fürst der Walachei, Mathäus, führt durch eigene Sendlinge bei der Pforte wider den Moldauerfürsten Lupul Beschwerde, weil dieser einem vornehmen Bojaren, der aus der Moldau in die Walachei sich flüchtete, durch einen Reitertrupp auf walachischen Boden und zu des lezteren groszen Schaden nachsezen, auch dieses Flüchtlings Weib und Kinder in der Moldau gefänglich einziehen liesz. Hierüber fertigt der Groszvezier einen Aga mit dem Befehle an den Lupul ab, dasz des entflohenen Bojaren gefangene Familie in Freiheit gesezt und der auf walachischem Gebiete durch die verfolgenden Reiter verübte Schaden ersezt werden solle. **)

Laut Meldung des vertrauten Berichterstattes Dr. Giovanni Andreæ Scogardi, Leibarzt des Fürsten Lupul, von 13.

1642.

1642.

---

*) Resident Rudolph Schmidt an den Kaiser. — Constantinopel, 18. Mai 1642.

**) Resident Rudolph Schmidt an den Kaiser. — Constantinopel 19. Mai 1642.

Mai, überbrachte diesem Fürsten ein aus Moskau am 12.
Mai eingetroffener Kaufmann vom Groszfürsten ein am Char-
samstag ausgefertigtes Schreiben, worin dieser bezüglich des
Mordes, welchen (nach seinem Ausdruke) die polnischen Kosaken wider sein Wissen und seinem Willen an dem nach
Moskau entsandten türkischen Czauschen begangen haben,
sich entschuldigt, und nebstbei erklärt, dasz er den mit des
Groszveziers Antwort abgeordneten moldauischen Abgesandten noch fortan erwarte. Uebrigens flehen die Azower Hauptleute
den Groszfürsten immerfort um Hülfeleistung an, die ihnen
aber abgeschlagen wird. *)

1642.

  Vor einigen Tagen gab Lupul mittels eigenen Curiers dem
Groszvezier Kunde von des moskowitischen Groszfürsten in
Betreff Asow's gefaszten Entschlieszung, dergemäsz die Kosaken diesen Plaz zu räumen und in türkische Gewalt zu
überantworten hätten. Diese Kunde erhielt auch ihre Bestättigung durch die gleichlautende Aussage des am 20. Juni
aus Moskau rükgekehrten moldauischen Abgesandten, dem
gemeldetermaszen fünfzigtägige Rükkehrfrist anberaumt worden war und in dessen Begleitung ein moskowitischer Abgesandter als Ueberbringer eines gleichartigen groszfürstlichen
Erwiederungsschreibens sich zur Pforte stellt. In Anbetracht
dieser gefällig klingenden Zeitungen wird beiden Abgesandten
die Auszeichnung eines ihnen in öffentlicher Sizung angelegten Ehrenkleides (Kaftan's) mit Vergnügen beschieden.
  Indesz traut der Groszvezier dem Lupul doch nicht vollkommen und bedeutete demzufolge sowol dem venetianischen
Dragomen Grillo, nunmehr Lupul's Mitverschwägerten, wie
nicht minder dem moldauischen Agenten insbesondere in dro-
hendem Tone, dasz wenn ihre Meldungen in Bezug auf Asow
mit denjenigen, die er vom Tartarchan durch einen eigenen,
nunmehr stündlich gewärtigten Aga habe abfordern lassen,
in Widerspruch stehen sollte, sie vor seiner verfolgenden
Rache weder in der Moldau noch in Venedig Schuzschirm
finden würden. **)

---

*) Resident Rudolph Schmidt an den Kaiser. — Constantinopel, 25.
Mai 1642.
**) Resident Rudolph Schmidt an den Kaiser. — Constantinopel, 21.
Juni 1642.

Der nunmehr über moldauisches Gebiet nach Constantinopel rükgereiste Redscheb-Agà fand Asow von den Kosaken bereits geräumt, verrichtete in der dortigen Moschee unbehelligt seine Andacht und liesz von den 500 Tartaren, die er aus der Krim mitgebracht hatte, bis zur Ankunft des bereits auf dem Marsche begriffenen Paschà's, daselbst 300 Mann als Besazung und zur Herstellung der Festungswerke zurük.

So endigt nunmehr das vielbesprochene Unternehmen gegen Asow (Asak) eben so gewisz zu wahrem Ruhme Lupul's, dem die Türken zu Dank verpflichtet sind, als zur unauslöschlichem Schmach und Brandmarkung der Moskowiter. *)

Lupul, der Moldauerfürst, als Werber um die Walachei ₁₆₄₂. sachfällig, fordert mindestens seine lebenslängliche und unwiederrufliche Bestättigung und Unabsezbarkeit in der Moldau, die ihm mittels groszherrlichem Hatti-Scherif's gewährleistet werden solle. Ob mit Erfolg, steht noch zu erwarten.

Auch führte Lupul Beschwerde wider den Siebenbürgerfürsten Ràkòczy, wegen einer an der moldauischen Gränze gebauten Burgveste, die allen moldauischen Flüchtlingen und Auswanderern als Zufluchtstätte und Unterstandsort diene; falls nun die Pforte ihm zustimmte, erbietet sich Lupul diese beanständete Burgveste selbst mit Waffengewalt zu erobern und zu zerstören. Der deszhalb vom Groszvezier vorgeforderte und befragte siebenbürgische Agent erklärt den Sachverhalt nicht zu kennen, wol aber von Ràkòczy die gewünschte Auskunft einholen zu vollen. Im Ganzen jedoch hat es allen Anschein, als ob der Groszvezier, indem er die erbetene Zustimmung nicht rundweg versagt, mit Lupul blos ein loses Spiel treiben möchte, da dieser, der doch einmal schon von dem schwächeren Mathäus (Bassaraba) sich aufs Haupt habe schlagen lassen, an des Siebenbürgerfürsten weit gröszeren Macht vollends zu zerschellen Gefahr läuft.

Zur ehrenvollen Abholung seines auserkornen Eidams, welcher ein Sohn des venetianischen Dollmetschen Grillo, dabei aber ein hirnloser Lümmel und eitler, hochmüthiger Tropf ist,

---

*) Dr. Scogardi, Lupul's Leibarzt, an den Kais. Residenten Rudolph Schmidt. — Jassy, 4. Juli 1642.

entsandte Lupul einige Bojaren und Wägen, wornach die
Abreise in die Moldau binnen 8—10 Tagen vor sich gehen
dürfte. Alle Welt nimmt es noch fortan Wunder Lupul's gleich
schlechter Geschmak als niedrige Verschwägerung. *)

1'42.   Der Groszvezier, über den verdienstlichen Antheil, den
Lupul sich an Asow's Wiedererlangung unverholen zuschreibt,
höchlich miszwergnügt, und die von demselben daran verwendeten Auslagen und Anstrengungen für gar nichts achtend, will
durchaus die Ansicht geltend machen als hätten die Kosaken
einzig und allein aus Furcht vor den osmanischen Waffen,
deren Unwiderstehlichkeit sie gar wol fühlten, sich zur Räumung Asow's bestimmen laszen. Eben deszhalb aber schwin-
det alle Aussicht für Lupul's walachische Gelüste.

Diesen Umstandt sich zu Nuze machend, sezt Resident
Schmidt den Dr. Scogardi und hiedurch den Lupul selbst von
dem türkischen Undanke in Kenntnisz und hofft solchergestalt, namentlich, unter Scogardi's Mithülfe, der auf seinen
Herrn hohen Einflusz übt, diesen Fürsten von seine Ergebenheit und Treue gegen die Pforte allmählig abzubringen, wenn
schon seine Aussühnung mit Mathäus an ihrer wechselseitigen
Feindschaft zur Zeit noch scheitert.

Dem Dr. Scogardi, welcher eine goldene Kette oder
mindestens einen Adelswappenbrief vom Kaiser sich zur Belohnung erbittet, möge dieser vor der Hand eine dieser beider
Begünstigungen zuwenden, um denselben durch die Aussicht
auf die andere Gnadenbezeugung auch fernerhin in dienstfer-
tiger Treue zu erhalten.

Lupul's Eidam reiste lezthin mit groszem Gefolge in des
Fürsten sechsspännigem Wagen und umgeben von den Beamten, die ihm jener zugesendet hatte, nach der Moldau ab.
Hätte nun auch Lupul jedenfalls einen höhergestellten Ehe-
mann für seine Tochter ausfindig machen können, so dürfte
dagegen auch Grillo seinerseits sich verrechnet haben; denn
diesse Fürsten werden oft in Einem Augenblicke zu nichte
gemacht, wie man denn wirklich ihrer welche in den Strassen

---

*) Resident Rudolph Schmidt an den Kais. Hofdollmetsch Michel
d'Asquier. — Constantinopel, 30. Juli 1642.

Stambul's einherschreiten sieht, denen es an dem täglichen
Brode gebricht *)

Lupul sezt all seine Hoffnung nunmehr auf die von der
Azower Expedition heimkehrenden türkischen Truppen, die
seinen Nachbarn Mathäus überfallen und vertreiben, ihn selbst
aber in die Walachei einsezen würden. Obwohl er aber den
kommandirenden Paschà zu diesem Unternehmen fast täglich
durch Briefe anzueifern sich bemüht, so ist es bisher noch
ungewisz, ob die, zufolge der lezten Zeitungen den türkischen
Truppen anbefohlene Concentrirung einen Angriff gegen Mathäus oder aber gegen Polen, welches bei Obristeni ein Kastell
anlegen und durch seine Kosaken die türkischen Abgesandten
umbringen liesz, zu gelten hätten.

(Bei Mittheilung dieses Schreibens verwendet sich Schmidt
beim Kaiser wegen Betheilung Scodardi's mit Adelsbrief und
Adelsfreiheiten, auf dasz der Betheilte nur um so eifriger
Lupul's Masznahmen beobachten und einberichten möge). **)

In Betreff der 20.000 Ducaten, die dem Groszvezier zur
Vollendung des Friedenswerkes angeboten werden sollen, hegt
Schmidt die Besorgnisz, dasz ein solcher Anbot jenen nur zur
Steigerung seiner Forderung reizen und seinen frechen Uebermuth nur noch unerträglicher machen würde, wie schon sein
entsprechender Vorgang gegen den walachischen Fürsten Mathäus zur Genüge beweist. Dieser hatte nämlich, um nur, aller
Anfechtung baar und ledig, sein Fürstenthum in Ruhe regie-
ren zu können, dem Groszvezier 20.000 Thaler zu spenden
sich erboten; lezterer aber diesen Betrag für unzureichend
und nicht annehmbar erklärend, forderte 40.000 Thaler, die
denn auch der Fürst wirklich verabfolgte. Und doch fühlt sich
Mathäus in seiner Stellung noch immer nich recht sicher und
heget noch fortan die frühere Besorgnisz. Stellt man nun dem
Groszvezier ein Geldanerbieten, so musz man jede von ihm
geforderte Summe, wie hoch sie auch sei, genehm halten,

---

*) Resident Rudolph Schmidt an Michel d'Asquier. — Constantinopel,
8. September 1642.

**) Dr. Scogardi, Lupul's Leibarzt, an Residenten Rudolph Schmidt.—
Jassy, 13. September 1642.

widrigens ist die Feindschaft gröszer und die Sache ärger als zuvor. *)

1642. Nach einer baim Groszvezier abgehaltenenen vierstündi gen geheimen Rathssitzung werden noch am nämlichen Tage zwei Aga's, an den Tartarenchan und an den Serdar Mchemet-Paschà, abgefertigt, um nach vorläufiger Uebergabe der ihnen zuerkannten Ehrensäbel und Kaftan's, denselben, dem Vernehmen nach, den Pfortenbefehl zuzumitteln, dasz sie beide einverständlich und auf geschikte Art den Fürsten Mathäus entweder lebend in ihre Gewalt zu erhalten oder aber durch eine Kriegslist aus dem Wege zu räumen suchen sollen; liesze sich jedoch dieses nicht wol bewerkstelligen, sondern vielmehr ein grozes Aufsehen hieraus besorgen, so hätten sie sich gegen den Mathäus zu verstellen und vorderhand den Anschlag auf sich beruhen zu lassen. **)

1642. Ein Abgesandter des Groszfürsten von Moskau trifft in Jassi ein und übermacht dem Lupul neun Bund Zobelfelle und einige schwarze Füchse zum Angebinde. Seine Sendung betrifft einen geheimen Gegenstand, den er ausschlieszlich mit dem Fürsten allein bespricht.

Der Sohn des polnischen Kronfeldherrn feiert demnächst sein Hochzeitsfest, zu welchem der gleichfalls eingeladene Fürst Lupul einen seiner vornehmsten Edelleute zu entsenden beabsichtigt. ***)

1643. Rákóczy, der Siebenbürgerfürst, ladet durch einen eigenen Abgesandten, der am 5. Jänner in Jassy anlangt, den Lupul zur Vermählungsfeierlichkeit seines Sohnes, welcher eine Nichte Báthory's ehelicht, ein. Der Moldauerfürst beordert als seinen Vertreter zu diesem Feste einen Bojaren Namens Kantakuzeno, Bruder der Kassandra, einen feingebildeteten verständigen Mann und Scodardi's Freund.

---

*) Resident Schmidt an den Kaiser. — Constantinopel, 17. September 1642.

**) Resident Schmidt an den Kaiser. — Costantinopel, 1. Oktober 1642.

***) Dr. Scogardi an Residenten Rudolph Schmidt. — Jassy, 3. u. 4. December 1642.

Der blos mit Beglaubigungs- sonst aber mit keinem groszfürstlichen Geschäftsschreiben erschienene moscowitische Abgesandte weilt noch in Jassy, wo er bisher lediglich zwei Unterredungen mit dem Fürsten pflog, deren Inhalt noch ein Räthsel ist. Allgemeinem Dafürhalten nach aber verhiesz Lupul, um Asow's Räumung bewilligt zu erhalten, dem Groszfürsten viel mehr als er nun zu erfüllen sich in der Lage sieht, und wahrscheinlich soll der moskowitische Gesandte nun auf die Erfüllung der Zusagen dringen.

Allen Anzeichen nach sinkt der Türken Kredit fortan in Lupul's Augen, der übrigens sich mit Mathäus aussöhnen liesze, falls er es mit Wahrung seines Ansehens thun könnte. Mit Polen steht er, wenigstens anscheinend, auf gutem Fusse. *)

Sowol Lupul als Mathäus Bassaraba erhalten von der Pforte die Wiederbestättigung ihrer Würde, die lediglich der Vermittlung des Groszveziers Mustapha-Paschà zuzuschreiben könimt, indem dieser den beiden Kapikechaïa's das hiezu erforderliche Geld selbst darlehensweise vorschosz, nämlich für den Sultan 30.000 Thaller, für din Sultana-Validé 5.000 Thlr. für den Kislar-Agà 5.000 Thlr. Was der Groszvezier für sich selbst bei diesem Handel ausbedungen, ist zwar noch unbekannt, dürfte jedoch, aller Wahrscheinlichkeit nach kaum unter 40.000 Thaler zu veranschlagen sein. **)   1643.

Hendan Sadé, ein verschlagener und angesehener Mann, erhielt diese Tage eine Sendung in die Walachei, wo er dem Fürsten Mathäus die Bestättigung im Regimente kund zu thun, wie man jedoch argwöhnt, auch geheime Aufträge zu vollführen angewisen ward. Cem Vernehmen nach stünde auch dem Lupul eine änliche Bestättigung mittels eines eigenen türkischen Staatsboten demnächst in Aussicht.   1643.

Schmidt schreibt dem Dr. Scogardi, dasz wofern Lupul sich zur Aussöhnung mit Mathäus Basaraba neigen und gleich diesem sich dem schiedrichterlichen Ausspruche des Kaisers unterwerfen wollte, über Schmidt's Verwendung der Kaiser

---

*) Dr. Scogardi an Residenten Rudolph Smidt. — Jassi, 7. Jänner 1643.
**) Dr. Scogardi, Lupul's Leibarzt, an den Residenten Rudolph Schmidt. — Jassy, 5. Februar 1643.

sich dazu bereit finden und die Ausgleichung unzweifelhaft
zu Stande bringen liesze; dasz Lupul durch die Unterwerfung unter das Schie lsurtheil des groszten christichen Fürsten,
den es auf Erden gebe, in seiner Würde durchaus keinen
Abbruch leiden würde; dasz endlich der hiedurch zu erzie-
lende Friede · beiden Streittheilen unfehlbar in gleichem Masze
zu Nuz und Frommen ausschlagen müszte, während gegenwärtig, sowol die beiden Fürsten als ihre betreffenden Unterthanen
von der Pforte, die ihren Zwist trefflich ausbeutet, schonungslos geschunden und erbarmungslos ausgesogen würden. *)

1643.   Das regelmäszige Einkommen des Osmanenreiches be-
läuft sich zwar laut Angabe des türkischen Hauptbuchhalters
lediglich auf 7—8 Millionen (wahrsch. Thaler), erhält jedoch
weit reichhaltigere Zuflüsse und unerschöpfliche Schazfülle
durch die auszerordentlichen Einküfte, als da sind : Ueberbür-
dung mit Steuern und Naturalleistungen, Vermögenseinziehun-
gen, geforderte Geschenke. Was aber alle sonstigen Ertrags-
quellen an Ausgiebigkeit überbietet, ist die grosze Zahl der
Lehen (Timare), deren Besiz im Kriegsfalle auf jeden Wink
des Sultans zur kostenfreien Stellung und Erhaltung einer
bestimmten, nach der Grösze des Lehens abgestuften Reiter-
zahl verpflichtet, so das der Sultan, ohne nur einen Heller
auszugeben, stets 80.000 [wolgerüstete Reiter in's Feld zu
stellen vermag. Allein eben die zur unerträglichen Höhe hin-
aufgeschraubten Miszbräuche der Steuerauflegung und Eintreibung, wobei die Steuerexecutoren, ohne Nuzen für den Landesfürsten, das Volk zum Besten ihres eigenen Säkels brandschazen und aussaugen, entvölkern das Land durch fortwährende
Auswanderungen, die auch in den beiden Donaufürstenthümern sehr häufig sind und deren regelmäsziger Zug namentlich aus der Moldau nach Polen, aus der Walachei aber nach
Siebenbürgen die unglüklichen Flüchtlinge hinwegführt. **)

1643.   Im Art. II, dieses Traktates verheiszen die contrahiren-
den Mächte dem Rákóczy, seiner Familie und Habe, wie auch

---

*) Resident Rudolph Schmidt an den Kaiser. — Constantinopel, 25.
Februar 1643.
**) Rudolph Schmidt, kais. Exresident, an den Kaiser. — Wien, 20.
August 1643.

den gutgesinnten Ständen Ungarn's vollkommene Protektion, Schuz und Schirm wider allen Angriff der offenen Feinde oder sonst angestifteten Widersacher, unter welch lezteren die Fürsten der Moldau und Walachei, denen Rákóczy eben so wenig als der Pforte selbst trauen mag, verstanden werden. Dagegen jedoch macht der Kaiser den Einwand geltend, dasz es einem Vasallen oder Unterthan keineswegs freistehe zur Beeinträchtigung seines Souveräns die Schuzherrlichkeit eines fremden Landesfürsten anzuerkennen, und dies dem Rákóczy um so weniger zieme, da er sich zur türkischen Oberhoheit förmlich bekannt, und doch versuche er nunmehr sich so viele und so mächtige neue Schuzherren überzuordnen. Nach einem solchen, wenn unbeanständeten Vorgange dürften dann auch die Fürsten der Walachei und Moldau sich der Schuzherrlichkeit Polens, Moskowiens oder eines anderen Staates unterwerfen, hiedurch aber einen beträchtlichen Theil des Osmanen reiches fremder Oberhoheit zuführen.

Die Mittheilung dieses Bündnisses und seiner unvermeidlichen Folgen wie auch des verfänglichen Briefwechsels Rákóczy's mit Schweden, an den Sultan durch den kais. Residenten trug zum Sturze und traurigen Ende des Groszveziers Mustaphà-Paschà hauptsächlich bei. Auch erfährt die Pforte hieraus, wie Rákóczy einen türkischen Lehensstaat in sein eigenes, dauerndes unbeschränktes Eigenthum zu verwandeln, den Groszherrn aber mit süszen Worten hinzuhalten sich bemüht. *)

1644.

. Des Kaisers damalige ernste gefahrvolle Lage leuchtet hervor aus dessen Gesuch an den römischen Hof, worin er von diesem, auszer angemessenen Subsidien, auch kräftiges Einschreiten beim französischen Kabinet fordert, um dieses von der heimlichen Aneiferung und Unterstüzung des mit den Türken verbündeten und den Kaiserstaat gar sehr bedrohenden Rákóczy erfolgreich abzubringen. Erflosz nun auch in Betreff der Geldfrage von Rom aus noch kein günstiger Bescheid, so lauten doch die am 6. Jänner an den päpstlichen Vertreter Kardinal Grimaldi ergangenen Instruktionen so wie die an die

---

*) Bundesvertrag zwischen Schweden, Frankreich und ihren Streitgenossen einerseits und dem Siebenbürgerfürsten Rákóczy anderseits. Von der kaiserlichen Regierung kritisirt und glossirt. — Alba-Julia, 16. a. St. (26. n. St.) 1643.

französische Königin, den Kardinal Mazarin, den Herzog von
Orleans und den Prinzen von Condé hierüber ausgefertigten
päpstlichen Breve's ganz im Geiste und Sinne des kaiserlichen
Begehrens, die Aufmunterung und Unterstüzung von Kezern
und Ungläubigen für eben so unchristlich als unklug erklärend und davon um so mehr zur Zeit des weit vorgeschrittenen
Münster'schen Friedenswerkes ernstlich abmahnend. Auch erscheint des Dänenkönigs Christian IV. Verdienst, welches er
durch die an den kais. Gesandten Grafen Auersperg eingeleiteten Mittheilung der aufgefangenen Schreiben des Feld-
marschalls Torstenson an die Königin von Schweden sich um
den Kaiser erwarb, um so beachtens- und dankenswerther als
darunter auch das zwischen Schweden und dem Rákóczy errich-
tete Bündnisz sich abschriftlich befand. *)

1644. Der nunmehrige griechische Patriarch hält sich von den
Nachstellungen der Pforte verborgen; sie sezt nämlich bei
ihm groszen Geldreichthum voraus und da er überdiez, selbst
ein Albaneser, in seines Landesgenossen, des strangulirten
Groszverziers und Mustaphà-Paschà besonderer Gunst stand,
so gedenkt sie ihm, nach vorläufiger Entkleidung seiner Patriarchenwürde, Geld und Leben zugleich zu entreiszen. **)

1644. Durch hohe Geldspenden und Verheiszungen ausnehmenden Unternehmungsgewinnes erringt Rákóczy nicht allein
die Zustimmung des vorigen Groszveziers zu seinem Anschl-
lage gegen den Kaiser, zudem auch werkthätige Unterstüzung
von derselben, wie denn in diesem Sinne angemessene Aufträge an die Paschà's von Sophia, Bosnien, Silistria und Ofen
bereits ausgefertigt, die beiden Fürsten der Moldau und Walachei wider ihren Willen angewisen wurden dem Siebenbür-
genfürsten je mit 1000 Reitern beizuspringen. Zwar gelingt es

---

*) Schreiben vom Kardinal Savelli an den Kaiser. — Rom, 13. Fe-
bruar; 20. Februar; 9. April 1644. — Ferdinand III. an Herzog Savelli,
des Kardinals Bruder. — Linz, 16. December 1644. — Christian IV. von Dä-
nemark an Grafen von Auersperg, kaiserlichen Gesandten. — Kopenhagen,
25. Februar 1644.

**) Der kais. Resident Alexander von Greiffenklau an den Kaiser. —
Constantinopel (Pera), 20. Februar 1644.

nun dem kais. Residenten das Aufgebot der türkischen Truppen und die Aufträge an die Paschä's rükgängig zu machen,
allein von der Entsendung der moldowalachischen Reitertruppe
konnte aus dem Grunde nicht Umgang genommen werden,
weil der Groszvezier sie dem Råkóczy um die Summe von
40.000 Thalern gleichsam vermithet hatte. Auch warnt Fürst
Mathäus den Greiffenclau vor Råkóczy's Umtrieben. *)

Während der Vorrang der kaiserlichen Internuntien an
der Pforte bisher färmlich anerkannt und festbegründet war
dasz der Sultan vor einigen Jahren dem Internuntius Koinski,
ob auch dieser ohne besonderen Poomp blos mit einem Ge-
leit von 12 Personen erschienen war, vor dem englischen
Groszbothschafter den Vortritt zur Audienz bewilligte und
dem hierauf zur Strangnlierüng verurtheilten Groszvezier, der
dessenungeachtet um 5000 Thaler den Vorrang dem Englän-
der verstattete, diesen Umstand unter andern als ein straf-
würdiges Vergehen in Anrechnung brachte; gewinnt nunmehr der an den christlichen Höfen eingeführte diplomatische
Brauch auch in Constantinopel Boden, und es treten daher
die Unterschiede zwischen Grosbothschaftern und sonstigen
Abgesandten allmählig auch hier in aüszerliche Kraft. **)

Am 25. März findet, vom polnischen Reichsfeldherrn
Konieçpolski mit Klagen wider die Tartaren an den Groszvezier abgefertigt, der Abgesandte Nikolaus Chmielczki in der
türkischen Residenz sich ein, läszt dem kais Residenten ein
Schreiben des gedachten Konieçpolski zustellen und eine geheime Unterredung antragen, die am 31 März im St. Marien-
kloster zu Galata stattfindet. In dieser stellt nun Chmielczki
im Nahmen und Auftrage des polnischen Reichsfeldherrn dem
Greiffenklau dar, «wie Råkóczy, von der Besorgnisz erfüllt,
«durch polnische Truppen vor Wien ebenso wie einst Bethlen
«Gåbor, eine völlige Niederlage und Vertreibung zu erleiden,
«und demzufolge von der Absicht geleitet, das Königreich

1644.

1644.

*) Resident Alexander von Greiffenklau an den Kaiser. — Constanti-
nopel (Pera), 16 März 1644.
**) Resident Alexander von Greiffenklau an den Kaiser. — Constanti-
nopel, 11. August 1644.

«Polen von einer wirksamen Hülfeleistung an den Kaiser durch
«eine Diversion abzuhalten, von der Pforte einen Auftrag an
«den Tartarchan zum sofortigen Einfall in dieses Land aus-
«gewirkt und die ungesäumte Vollziehung dieses Auftrages
«derart betrieben habe, dasz nunmehr die Tartaren zahlreich
«in's Polenland eingebrochen seien. Deszhalb hätte der Ge-
«neral Conieçpolski, über Greiffenclau's Begehren und Bitten,
«nicht allein früher schon den Moldauischen Fürsten Lupul
«angelegentlich ersucht, die Pforte vor Rákóczy's Untreue
«seinerseits zu warnen und ihr jedwede Zustimmung zu des
«lezteren kaiserfeindlichen Anschlägen abzurathen, sondern
«er habe auch lezthin ihm selbst (Chmielczki), die specielle
«Weisung ertheilt, auf der Durchreise durch die Moldau den
«Lupul insbesondere und umständlich dafür in Anspruch zu
«nehmen. Fürst Lupul habe sein Einschreiten wider den Rá-
«kóczy begonnen. Uebrigens stelle sich Conieçpolski zur För-
«derung des kaiserlichen Interesses dem Kaiser selbst und
«dem Residenten Greiffenclau gänzlich zur Verfüng, wie er
«denn auch durch einen eigenen Abgesandten, Pedanski, den
«Rákóczy unmittelbar von seinem feindseligen Beginnen abzu-
»bringen jüngst hin versucht habe.»

Bei all dieser polnischen Bereitwilligkeit scheuen jedoch
die Stände Polens einen Krieg, sei es nun mit Türken oder
Christen, Theils aus Widersezlichkeit gegen ihren kriegslustigen König, theils weil sie unter den gegenwärtigen Umständen
auf die Zuweisung einer deutschen, ihnen in solchem Falle
unentbehrlichen deutschen Infanterie nicht zählen dürften, ferner
wegen des Zwistes mit der Stadt Danzig, dann weil sie in Erwartung des Hinscheidens ihres Königs mit Schweden einen
ewigen Frieden einzugehen beabsichtigen, endlich weil sie
weder den Zaporovier Kosaken, noch den Moskowiten trauen,
«indem diese Nationen iuxta occasiones rerum et temporum
«nur ihre bundtnusz mit der fortun haben, derselben folgen
«vnnd baldt auff gesetzte verträge vndt schrifften vergesszen,
«da man gesehen, dasz die Moscoviten baldt wider die Tür-
«ken in feindtschafft, baldt wider neben denselben in alliantz,
«baldt wider auff einer anderen seiten gestanden.» *)

*) Resident Alexander von Greiffenklau an den Kaiser. — Constanti-
nopel, 12. April 1644.

Fürst Lupul stellt sich gegen die Pforte in Vertheidigungsstand, da er die Besorgnisz hegt die gegen die ungarische Gränze beordneten türkischen Streitkräfte, nach Wie-
derbefestigung des Friedens mit dem Kaiser, unversehens zu
einem Angriff auf die Moldau entsendet zu sehen. Deszhalb
nun rüstet er sehr eifrig, nimmt eine entschlossene, das Äuszerste nicht scheuende Haltung an, sucht aber zugleich einen
Rükhalt an Polen zu gewinnen, den er einerseits durch die
angebahnte Verehelihung seiner Tochter mit dem Herrn Ko-
niecpolski am sichersten zu erreichen versucht. Öfter zur Pforte
beschieden, erwiedert er endlich einem osmanischen Abgesandten, «er habe an der Pforte nichts zu schaffen und eben
«so wenig gegen dieselbe irgend ein Unrecht begangen, das
«er dort zu verantworten hätte. Er merke übrigens gar wol
«den Anschlag der Pforte, und müsse er doch sterben, so
«ziehe er vor dasz 50.000 Türken die Waffen als ein Henker
«die Hand gegen ihn erhöben.» Was er übrigens bei Polens
König und Ständen erstrebt, ist nicht sowol eine bewaffnete
Unterstüzung, als vielmehr schriftliche Verwendung und sonstige
angelegentliche Vermittlung an der Pforte zu seinen Gunsten.

Gleich dem Lupul, fühlt sich auch Fürst Mathäus der
Pforte gegenüber keineswegs sicher, und blos Rákóczy wird
zur Zeit noch von ihr mit keiner Drohung heimgesucht, damit
er nicht etwa darob mit den genannten beiden Fürsten und
dem Kaiser sich zu einem türkenfeindlichen Bündnisse gedrängt sehe und auf solche Art seinen gegen den Kaiser gemünzten Kriegszug in diametraler gegenwirkung zum Nachtheile der Pforte selbst ausschlagen lasse. Im Geiste dieser
schonungsvollen Rüksicht und zur Belohnung der von Rákóczy
an die Pforte öffentlich übermachten Spende von 50.000 Reichsthalern, beehrt ihn sowohl als seinen ältesten Sohn die Pforte
mit Ehrencaftan's. *)

Lupul erwirkt am 27 September den Pfortenconsens zur
Verehelichung seiner älteren Tochter mit den jungen Jan Radziwil aus Lithauen **)

---

*) Resident Alexander von Greiffenklau, an den Kaiser. — Constanti-
nopel, 11. August 1644.
**) Dr. Scogardi an Rudolph Schmidt. — Constantinopel, 27. Sep-
tember 1644.

Zu Anfang Septembers ereignete es sich dasz ein griechischer Kirchenobere, Namens Lerissa, in der griechischen
Hauptkirche zum Heiligen Georg während einer Sizung (tempore consistorii) sich aus persönlichem Hasse dem Patriarchen
widersezte und ihn öffentlich vor des Sultan's Richterstuhl
belangte, durch diese Belangung jedoch das anwesende Grie-
chenpublikum mit so heftiger Erbitterung erfüllte, das er aus
den gewaltthätigen Händen der aufgeregten Menge kaum mit
dem Leben davonkommen und nur mit Mühe vom Patriarchen geschüzt werden konnte. Er brachte nun wirklich seine
Anklage vor den Sultan, welcher den Patriarchen absezte
und den Metropoliten von Andrianopel zu dessen Nachfolge
berief. Kraft dieses groszherrlichen Absezungs- und rüksichtlich Ernennungsdekretes müsze dennoch die griechische Wahl-
synode, wenn auch mit saurer Miene, zu einer neuen Vahl
schreiten, die natürlich auf den vom Sultan designirten Kandidaten fiel, nachden sie noch vorläufig die vom Sultan verfügte Absezung gutgeheiszen, und sowol die Absezungsgründe
als die den etwaigen Widerstrebenden angedrohte Strafe des
Kirchenbannes pro forma verkündigt hatte. Bei der Verkün-
digund dieser Synodalbeschlüsze weigerte sich zwar das griechische Volk, unter heftigem Toben und Lärmen, gegen die
Aufdringung des neuen Patriarchen den es als unwürdig und
Verachtungswürdig darstellte, muszte aber endlich, da all dies
nichts fruchten mochte, sich zur Ruhe und geduldiger Ertragung des Unvermeidlichen bescheiden. *)

Lupul leistete durch eifrige Bekämpfung Rákóczy's bei
der Pforte der kaiserlichen Sache bisher sehr nüzliche Dienste
und, da er überdies zu Anfang des verwichenen Sommers
sein, auf 1000 Reiter belaufendes Hülfscorps vom rebelischen
Rákóczy abgefordert hatte, so sah sich der kais. Resident
demselben zur lebhaften Dankesäuszerung verpflichtet, die er
demselben theils durch direktes Schreiben, theils durch Da
zwischenkunft des polnischen Generals Konieçpolski mündlich
zukommen liesz, worauf Lupul am 11. November ebenso höflich
als wolwollend erwiederte, wie dessen in Original beiliegende

---

*) Resident Alexander Greiffenklau von Volrat an den Kaiser. — Con-
stantinopel, 30. September 1644.

Schreiben darthut. Der Moldauerfürst ist dem Kaiser auch zu ferneren Diensten erbötig, dem Rákóczy aufsässig, statt der Moldau Siebenbürgen von der Pforte zu überkommen begierig und mit dem erwähten General vertraut, welcher zwar den Residenten mit dem Lupul in freundliche Verbindung sezte, jedoch seinerseits in Betreff Rákóczy's mit vorsichtiger Behutsamkeit zu Werke geht.

Fürst Mathäus der Walachei steht nunmehr seit kurzer Zeit zu Rákóczy in freundlicherer Beziehung, die sie jedoch beiderseits verheimlichen und nur im Stillen pflegen, um der Pforte ihr verdachterregendes Einverständnisz nicht merken zu lassen. *)

Die Vorbereitungen zu des Fürsten Radziwil für den nächstkommenden Jänner zu Jassy festgesezten Vermählung mit Lupul's älterer Tochter schreiten vor, und dieselbe dürfte unfehlbar vor sich gehen; nicht so sicher scheint des jungen Grillo's Eheaussicht zu sein, da Lupul an dieser Verschwägerung seinen Geschmak in gleicher Weise verlieren könnte, wie er ihn neulich an Dimitraki, seinem Capukechaïa, verlor, den er seines Amtes verlustig erklärte. Lupul erbietet sich durch Dr. Scogardi dem Residenten Greiffenclau zur heimlichem Beförderung der Korrespondenz mit dem Kaiser über Polen und söhnte sich, dem Vernehmen nach, endlich mit seinem Feinde Mathäus Bassaraba aus. **) 1644.

Auf den 5. Februar n. St. wird das Beilager der Tochter Lupul's mit dem polnischen Fürsten Janus Radziwil in Jassy mit hohem Prachtaufwande gefeiert werden, wobei der polnische Herrenstand und auch der niedere Adel zahlreich vertreten und durch die Anwesenheit eines königlich-polnischen Abgesadten geschmükt zu sein hat. Und da überdies, dem Vernehmen nach, Lupul seine zweite Tochter gleichfalls einem Groszen aus Polle zusagte, so konnte es kaum fehlen dasz dieser Umstand bei der Pforte mehrfaches Nachdenken, leise 1644.

---

*) Resident Alexander von Greiffenklau an den Kaiser. — Constantinopel, 4. December 1644.

**) Dr. Scogardi an Rudolph Schmidt. — Constantinopel, 11. December 1644.

Besorgnisse, verhaltene Eifersuchtelein und heimlich genährten
Groll hervorrief. Demgemäsz und troz der förmlichen Bewilligung zu Lupul's Versippung mit Radziwil, ladet der Groszvezier des Moldauerfürsten Frau und beide Töchter unter hö-
flicher Beschenkung nach Constantinopel ein; allein der vorsichtige Lupul geht nicht in die Falle, sondern weicht dieser
Anmuthung auf gute Manier aus. *)

1645.   Der Fürst der Walachei, mit Rákóczy abermals ent-
zweit, schliszt sich dem Lupul wider Rákóczy an und trägt seinen Agenten auf, des Näheren hierüber mit dem kaiserlichen
Groszbotschafter Grafen Herman Czernic in's Einvernehmen
zu sezen. Dieser jedoch, eine offene Zusammenkunft mit demselben für bedenklich erachtend, weist sie zur Unterredung an
den Residenten Greiffenklau an, dem sie nun in eigener Wohnstätte des Fürsten Mathaus wichtiges Anliegen persönlich vortragen. «Rákóczy sei — so lautete ihrer Rede Inhalt — zwar
jenerzeit ein unruhiger Kopf und böser ungelegener Nachbar
gewesen, nachgerade aber allen Ländern und Leuten seiner
Nachbarschaft unerträglich geworden; deszhalb also, und
nicht etwa aus eigenmächtigen Gier nach Siebenbürgen, das
ja der Walachei an Güte nachstehe, dringe Fürst Mathäus
auf Rákóczy's Beseitigung aus Siebenbürgen, und bitte den
Kaiser um geneigte Förderung dieser Absicht, die unter den
gegenwärtigen Conjuncturen sich wol leichter als sonst würde
durchsezen lassen.»
    Hierauf erwiedernd, hebt Greiffenklau des Kaisers stetes
Vertrauen auf Mathäus hervor; erwähnt des Dienstes, den er
dem Fürsten jüngsthin dadurch erwies, dasz er die vom Rákóczy wider den lezteren an der Pforte angezettellten Umtriebe
entdekte und ihm anzeigte; verspricht von des Mathäus kaiser-
freundlichem Gesinnungsausdruk vorrerst dem Groszbotschafter
und durch diesen sowol als auch durch schriftlichen Bericht
dem Kaiser selbst zur Kenntnisz zu bringen; fordert sie dann
zur Wachsamkeit auf, damit der Fürst nicht etwa, wie im
verflossenen Jahre, auch heuer zur Stellung einer Kriegshülfe
an Rákóczy abermals von der Pforte nöthigen lasse; nimmt

---

*) Resident Alexander von Greiffenklau an Kaiser. — Constantinopel,
5. Jänner 1645.

endlich des Fürsten eifrige Mitwirkung zur Hintanhaltung der Rákóczyschen Expedition und zur Versagung jedweder türkischen Unterstüzung an dieselbe um so mehr in Anspruch, ebenso des Mathäus wie des Lupul Privatinteressen mit dieser Handlungsweise genau übereinstimme.

Mit all diesen Erklärungen und Forderungen des Residenten, die auch der Groszbotschafter durch seinen Dragoman in gleicher Weise stellen läszt, erklären sich des Mathäus Agenten vollkommen einverstanden.

Lupul seinerseits sezt seine Bestrebungen wider Rákóczy an der Pforte unverdrossen fort, wie auch sein leztes Schreiben an den Groszvezier darthut, wovon eben so wie von des lezteren Antwort, dem Residenten aus vertrauter Hand wörtliche Abschrift zugeht. Des Groszveziers Bescheid läszt zweierlei türkische Absichten im Hinterhalte entdeken : nämlich sinnt einmal die Pforte darauf, die Fürsten der Moldau und Walachei in militärischer Beziehung dadurch zu schwächen, dasz sie deren Truppen nicht denen des Rákóczy, sondern den türkisch-tartarischen zur Vereinigung und Mitwirkung zuzuweisen gedenkt, um sodann, ihrem längst gehegten Vorhaben gemäsz, die entblöszten beiden Fürsten und nicht minder den Rácóczy selbst unter irgend einem plausiblen Vorwande unversehens überfallen, ihrer Länder berauben und sich auch der oberungarischen Komitate als guter Beute bemächtigen zu können; zweitens aber geht sie damit um den Székely Moyses mit Siebenbürgen zu belohnen, was des Kaisers Wunsche schnurstraks zuwiderläuft. *)

Das an der ungarischen Gränze aufzustellende türkische Armeekorps soll bis zur numerischen Stärke von 30.000 Mann anzuwachsen bestimmt sein; doch werden die demselben zugewiesenen 50.000 Tartaren diesmal nicht kommen, weil es ihnen bei der gegenwärtigen Stimmung Polens und des Moldauerfürsten Lupul an sicherem Durchzugsgebiete mangelt. **)

---

*) Resident Alexander von Grieffenklau an den Kaiser. — Constantinopel, 4. Februar 1645.

**) Resident Alexander von Greiffenklau an den Kaiser. — Constantinopel, 27. März 1645.

Neulich sezte der griechische Patriarch von Constantinopel bei Gelegenheit eines hohen Festes während der heiligen Messe sich, gemäsz den Ritual der römischen Kirche,
eine Krone auf. Diese Neuerung bot seinem Feinde, dem Patriarchen von Ochrida, erwünschten Anlasz ihn bei der Pforte
mittels schriftlicher Anzeige zu verdächtigen, als wäre derselbe
mit dem Moldauerfürsten Lupul insgeheim gegen die Türkei
verbündet und derart verschworen, dasz sofort nach Einschif-
fung und Abseglung der türkischen Armee Lupul mit polnischer
Hülfe und unter allgemeinem Jubel aller Griechen vorerst in
Griechenland, hierauf aber in Constantinopel einbrechen und
sich zum Könige aufwerfen sollte; schon sei zu diesem Behufe
die neue Königskrone fertig, und vom ekumänischen Patriarchen in der Kirche öffentlich geweiht und eingesegnet worden.
Um des Sultans hiedurch nothwendig zuerregende Entrüstung nicht in eine der Griechen überhaupt verderbliche Wuth
ausarten zu lassen, verschwieg ihm der Groszvezier diese Anklage bis zur gelegenen Zeit, liesz jedoch den Ankläger *) in
Haft sezen und trug ihm den Beweis seiner Beschuldigung derart
auf, dasz im Erweisungsfalle eine Belohnung, im widrigen Falle
die Lebensstrafe seiner zu harren hätte. Jedes Beweises baar,
erklärte und vollzog nun zwar der Ankläger, zur Rettung seines
Lebens, seinen Uebertritt zum Islam, wodurch nach mahome-
tanischem Gesez jeder straffällige Christ, mit alleiniger Ausnahme der türkischen Staatsverräther und Majestäts-verbre-
cher, vollkommene Vergebung für jede Schuldhandlung erringt:
endlich wurde er aber doch schon als Türke erwürgt und sein
Leichnam auf einem öffentlichen Plaz vor der Sophien-Kirche,
dem Brauche gemäsz, zur Schau gestellt. So endete ein bedenk-
licher Vorfall, deren Unschädlichmachung dem Patriarchen
von Constantinopel ungefähr 15.000 Reichsthaler kostete. **)

Fürst Lupul läszt durch seinen Agenten dem Groszvezier ausführliche Kunde zumitteln von der schwedischen Niederlage bei Tabor, von des Dänenkönigs Waffenerfolgen in

*) Ob darunter der Patriarch von Ochrida oder ein von ihm vorgescho-
bener Dritter zu verstehen sei, läszt sich daraus nicht entnehmen.

**) Resident Alexander von Greiffenklau an den Kaiser. — Constanti-
nopel, 29 April 1645.

Schweden, dann von der herrschenden Hungersnoth und dem
anderweitigen hohen Mangel in Rákóczy's Heerlager; dieser
biete mit völliger Erschöpfung und Erbitterung des Landes
seine äuszerste Kraft auf und habe zur Anbahnung der Frie.
densverhandlungen vier Abgesandte an den Kaiser entsendet,
die ihm jedoch einberichtet hätten, dasz sie als Geiszel zurük-
behalten und falls die Friedensversuche fehlschlügen oder Rákóczy nur die mindeste feindliche Bewegung vornähme, mit
dem Verluste ihrer Köpfe bedroht wären. Bestättigte sich diese
Gesandtensendung, wovon jedoch Rákóczy selbst gegen die
Pforte nichts erwähnt, so müszte man heraussezen, er habe
dieses Auskunftsmittel blos erdacht, um den Schweden und
der Pforte die Nothwendigkeit des baldigen Friedensschlusses
desto einleuchtender darzustellen.

Uebrigens befleiszigt sich Lupul, der diese Nachrichten
vom Grafen Homonna überkommen zu haben vorgibt, noch
fortan ebenso so aufrichtig als eifrig der Förderung der kaiserlichen Interessen, und Greiffenklau bestrebt sich diese gute
und sehr dienstwillige Gesinnung auch fürderhin bei demselben zu pflegen und zu erhalten. Der Resident gedenkt daher
demselben ein schönes deutsches Rosz seinerseits zum Angebinde zu verehren und beantragt beim Kaiser eine belobende
schriftliche Anerkennung der sehr verdienstvollen und viel-
verheiszenden Lupul'schen Verwendung. *)

Fürst Basil Lupul wird vom Sultan mit der Aufgabe
betraut, so lange die Pforte den Krieg mit Venedig noch
nicht zu Ende gebracht hätte, all seine eifrige Verwendung
aufzubieten, um die Polen und Moskowiten zur Wahrung des
Friedens zu bereden. **) 1646.

Rákóczy's Aeuszerung gegen den kaiserlichen Abgesandten Joannes Törös, es habe die Pforte den beiden Woïwoden
der Moldau und Walachei anbefohlen, persönlich mit einer
bestimmten Anzahl ihrer Streitkräfte dem türkischen Heere zur 1646.

---

*) Resident Alexander von Greiffenklau an den Kaiser. — Constanti-
nopel, 1. Juni 1645.
**) Resident Alexander von Greiffenklau an den Kaiser. — Constanti-
nopel, 6. Juli 1646.

Hülfe zu ziehen, weszhalb er selbst gleichfalls einen solchen
Auftrag mit Besorgnisz entgegensehe, schrumpft lediglich zu
einem nichtigen Vorwand zusammen, weil diese Woïewoden
nie einen solchen Befehl von der Pforte erhielten. Das Wahre
daran ist Folgendes: Als die beiden Fürsten, vornehmlich
aber Lupul, auf eigene Faust zu rüsten begannen und lezterer
der Pforte auf Befragen erwiederte, es geschehe dies, um bei
den gegenwärtigen Kriegsläuften wider die Tartaren, Kosaken
und Moskowiten seine Landesgränze in gehörigen Vertheidigungsstand zu sezen; da geschah es, dasz die Pforte den
Lupul mit der Fürsorge belastete, die Polen und Moskowiten
in so lange von jedem Krieg und jedweder Kriegsrüstung
wider die Türkei auf gütlichem Wege abzuhalten bis sie ihren
venetianischen Feldzug beendigt haben würde.

Mit Rüksicht darauf, dasz Lupul, welcher am 8. Nov. (1645)
dem kais. Residenten ein sehr höfliches Schreiben zusendete,
durch redliche Beseitigung der zahllosen türkisch-Rákóczy'-
schen Umstände, Zögerungen und Schwierigkeiten, und durch
die bei der Pforte durchgesezte Nöthigung Rákóczy's zum Frieden mit dem Kaiser, sich um diesen unläugbar hohe Verdienste
erwarb, beschenkte ihn der Resident seinerseits mit einem schön
geschirrten Rosz und einem englischen Jagdhund. Hiefür dankte
der Fürst am 20. Jänner in sehr angenehmer Weise und trug
dem Kaiser auch fernerweit seine Dienstleistung willig an.

Im Laufe dieses Monates langten zwei Moskowiten, welche das Erbrecht auf das Groszfürstenthum Moskau, doch jeder
aus einem andern Grunde, ansprechen, in der türkischen Residenz an. Der eine davon, der sich Iwan Knias Wladimirski
nannte, schilderte dem Groszvezier seine Ansprüche und Er-
lebnisse also: Er habe sich vor 2 Jahren und 5 Monaten aus
Moskau nach Polen deszhalb flüchten müssen, weil die Moskowiten ihm, als er sich eben wegen seiner Abstammung aus
königlichem Geschlechte den Titel Knias d. h. Fürst beilegte,
sehr aufsässig gewesen wären. Vom polnischen Königshofe,
wo er sodann in der Eigenschaft eines dortigen Indigena und
unter dem Namen Kiraczinski einige Zeit weilte, sei er mit
des Polenkönigs Connivenz und Paszbrief insgeheim weggeschli-
chen, da die zur Schlichtung von Gränzstreitigkeiten nach Polen
abgefertigten moskowitischen Abgesandten seine Auslieferung
kategorisch gefordert hätten. In der Moldau, wohin seine

Flucht ihn alsdann führte, vom Fürsten Lupul nicht geduldet, habe er sich nach Siebenbürgen gewendet, wo ihm jedoch
nach acht Tagen schon kund geworden, dasz Rákóczy auf
seine Verhaftung und Auslieferung nach Moskau ernstlich
sähne; da sei er denn auf seiner vierten Flucht endlich zum
Pascha von Temeswar hingerathen, der ihn zur Pforte stellte.
Sein Vater sei jener moskowitische Groszfürst gewesen, welcher im Kriege gegen Polen unter König Sigismund III. sammt
einen griechischen Metropoliten in Gefangenschaft gerathen,
und gestorben sei, während der mitgegefangene Metropolit
ausgelöst und in seine Heimat rükgesendet worden. Er begehre
von der Pforte eine Zufluchtstätte und Schuz um von hieraus
und mit Hülfe seiner Anhänger im Moskowiterlande sein Erb-
reich an jenem Reiche geltend machen und behaupten zu können, versprach übrigens der Pforte zum Entgelt die Abtretung
der beiden moskowitischen Provinzen Kasan und Astrachan.

Vier tage nach diesem Prätendenten stellte sich auch
ein zweiter ein, der vorgibt Neffe des vor fünfzig Jahren ver-
ablebten moskowitischen Groszfürsten Demetrius zu sein, beim
Tartarenchan durch 6 Jahre geweilt und auf desselben Weisung sich der Pforte gestellt zu haben. Er spreche gleichfalls
kraft Erbrechtes die Nachfolge auf dem moskowitischen Herr-
scherstuhle an, habe die volle Gewiszheit dasz die moskowitische Miliz gleich bei seiner ersten Erscheinung ihn unter
allgemeinem Jubel als ihren Herrn und Gebieter begrüszen
würde, verheisze übrigens der Pforte nebst den beiden Provinzen Kasan und Astrachan noch einen hohen jährlichen
Tribut und einen verhältniszmäszigen auch dem Tartarenchan.

Dieser zweite Prätendent, gegen 30 Jahre alt, erwirkte
von der Pforte die Zutheilung von fünf Galeeren, die ihn auf
moskowitischen Gebiet zu führen die Weisung erhielten. Dem
erstgedachten Werber aber traut die Pforte deszhalb nicht,
weil sie besorgt, er könnte als angeblich naturalisirter polnischer Edelmann, wenn einmal im Besize des Moskowiterlandes, mit dem Polenreiche, welchem er für seine gute Aufnahme Dank schuldet, zum Nachtheil der Türkei gemeine
Sache machen. Beide Individuen erregen indesz Verdacht. *)

---

*) Resident Alexander von Greiffenklau an den Kaiser. — Constanti-
nopel, 29. Juli 1646.

1646. Die Fürsten der Moldau und Walachei werden neuerdings beruhigt, in ihrem Regiment widerbestättigt und bei diesem Anlasse, dem Brauche gemäsz, mit Ehrenkaftan's beschänkt. *)

1649. Des Tartarenchans erbitterter Feindschaft wider den Moldauerfürsten Lupul liegt die Thatsache zum Grunde, dasz, als im leztverstrichenen Jahre die .Tartaren mit reicher Beute aus Polen heimkehrten, sie in der Moldau angegriffen, ihrer mitgeführten Leute beraubt und sie selbst grösztentheils erschlagen wurden. Diese Niederlage nun sucht der Tatarenchan gegen den Lupul zu rächen **)

1649. Diese Tage erhielt der Resident der Walachei mit seinem eigenen Hakenstok, dergleichen man hier zu tragen pfleget, von Groszwezier Schläge, weil er für die angemessene Aprovisionirung des Serails mit Schaffleisch aus der Walachei nicht gehörige Fürsorge trug und hiedurch Stadt und Pallast in augenbliklichem Mangel aussezte. ***)

1649. Nach Bezeugung der hohen Freude und ausnehmenden Trostes, womit ihn des Kaisers gnädiges Schreiben erfüllte, wünschte er seinem erlauchten Gönner alles Glük, Wolergehen, lange Regierungsdauer, Gesundheit, göttlichen Segen und Sieg wider alle und jede Feinde, bittet beinebens um Aufnahme unter dessen mächtigen Schuz und Schirm und um endliche Erlösung vom unerträglichen Joche der barbarischen Dienstbarkeit, auf das er mit Gottes Hülfe unter kaiserlichem Schirme fürderhin in Ruhe und Frieden zu leben und durch kaiserliche Fürsorge aller Angst, Noth und Trübsal entrükt zu werden vermöchte. Von der Unerträglichkeit seines dermaligen Elendes, das ihm ohne den eben angesuchten Beistand auch künftig noch bevorstände, habe den Residenten Rudolph Schmidt bei dessen lezten Anwesenheit in Constan-

---

*) Meldung eines Ungenannten. — Constantinopel, 12. September 1646.
**) Internuntius Rudolph Schmidt an den Kaiser. — Constantinopel, 2. April 1649.
***) Internuntius Schmidt an den Kaiser. — Constantinopel, 29. August 1649.

tinopel die eigene Anschauung überzeugt, und er wisse demselben kaum mit hinreichend eindringlichen Worten seinen
innigen Dank auszudrüken für dessen eifrige Theilnahme an
dem Wole der orientalischen Kirche, für die Ausrottung des
bereits tiefgewurzelten Kalvinismus aus deren Schosse, für die
Beförderung des Friedens und der Einigkeit unter den griechischen Patriarchen, endlich für das warme Interesse an Hebung des Christenthums überhaupt. In Betreff der mit dem
Residenten Schmidt gepflogenen Unterredungen, Verhandlungen und Vereinbarungen auf des lezteren eigene Relation sich
berufend, und seine Unvermögenheit eingestehend die von
diesem Residenten in Vollziehung der Amtspflichten und des
gnädigen kaiserlichen Willens zu Nuz und Frommen der orientalischen Kirche erworbenen Verdienste zu entgelten lebt der
Patriarch der Zuversicht, es werde der Kaiser selbst diese Belohnung des Residenten vornehmen, und stellt an ihn gleichzeitig das Ansuchen, der orientalischen Kirche auch fernerhin
die erflehte Zuflucht zu verstatten und sie wider alle Angriffe
und Gewaltthätigkeiten ihrer Gläubiger und Feinde zu schirmen und zu wahren.

Da er übrigens von Schmidt vernommen, es hätten sich
Männer des geistlichen Standes und orientalischen Bekennt-
nisses unter dem Vorgeben, vom Patriarchen hiezu abgeordnet
und ermächtigt zu sein, am Kaiserhof angemeldet, während sie
doch lediglich Landläufer und Schwindler sind, so theilte er
dem Residenten die genaue Anleitung in Betreff der Merkmale mit, wornach echte Sendlinge und Bevollmächtigte von
unechten und angemaszten zu unterscheiden und abzusondern
können. Indem er schlieszlich verheiszt die vom erlauchten
Gönner ihm erwiesenen Gnadenbezeugungen mit andachts-
vollem inbrünstigen Gebete an Gott den Allmächtigen abzu-
statten und abzutragen, wiederholt er aufs Neue und sehr
eindriglich seinen obausgesprochenen geistlichen Wunsch und
bittet schlieszlich sich sowol als die orientalische Kirche auch
in Hinkunft gnädiger kaiserlicher Fürsorge anempfohlen sein
zu lassen. *)

---

*) Parthenius, griechischer Patriarch, an Kaiser Ferdinand III. — Con-
stantinopel, 27. Juli 1649.

Da der griechisch-konstantinopolitanische Patriarch Parthenius sich dem kaiserlichen Interesse sehr gewogen und gegen Schmidt sehr ehrfurchtsvoll erwies und man durch dergleichen Personen bisweilen an der Pforte manches erwirken oder mindestens erspähen kann, so wäre es sehr rathsam, diesem Kirchenhäuptling durch den demnächst nach Konstantinopel abzufertigenden Groszbotschafter kaiserlicherseits eine, wenn auch nicht sehr werthvolle Bescherung, allenfalls eine schöne Tischuhr zumitteln zu lassen. Derselbe schmeichelt sich zwar mit der Hoffnung einer ausgiebigen kaiserlichen Kriegs- oder doch Geldunterstüzung theilhaft zu werden, um sich hiedurch in seiner Stellung behaupten zu können; weil aber einerseits diese Hoffnung sich unter gegenwärtigen Umständen keineswegs verwirklichen läszt, und er anderseits zur Beförderung des gesandtschaftlichen Briefverkehres mit dem Kaiser durch die Moldau in sehr ersprieszlicher Weise die Hand bietet, so möge man ihm diese Hoffnung nicht benehmen, um gelegentlich von seinem Antrage den erwünschten Nuzen ziehen zu können. *)

Der Geschäftsträger der Walachei liegt zwar noch in gefänglicher Haft, hofft jedoch bald befreit zu werden, weil Fürst Mathäus in einem recht freundlichen Schreiben an den Groszvezier sich des Sultans gehorsamen Sklaven nannte und unbedingte Folgsamkeit verhiesz; da jedoch Mathäus gleichzeitig in Betreff der geforderten 47.000 Thaler sich mit der Unmöglichkeit der Zahlung entschuldigte, so läszt sich seines Agenten ferneres Schiksal noch nicht vorausbestimmen. **)

Der kais. Resident läszt durch den Dragoman Panaïoti Nicusio dem griechischen Patriarchen Partenius auf Privatwege zu den Feiertagen seine Glükwünsche darbringen, welche dieser dann durch einen vornehmen Griechen und einen Metropoliten sehr höflich erwiedern, nebstbei auch mit einem schönen Geschenke, bestehend aus süszem griechischen Gebäke und zwei Gefäszen (cantimplora) mit bestem Wein, aner-

---

*) Relation des kais. Internuntius Johann Rudolph Schmidt über den Erfolg seiner Sendung nach Constantinopel. — Wien, 11. October 1649.

**) Resident Simon Reniger an den Kaiser. — Constantinopel, 25. November 1649.

kennen läszt. «Er sei dem Reniger — also lautete des Patriarchen fernere Meldung — mit väterlichem Wolwollen zugethan,
würde sich höflich freuen den Rudolph Schmidt nochmals im
Patriarchatsgebäude begrüszen zu können, habe zwar bevor
zahlreiche Feinde gehabt, die an seinem Sturze emsig arbei-
teten, doch sei es ihm geglükt ihre Pläne zu durchkreuzen und
ebenso den Groszvezier als die einfluszreichsten türkischen
Groszen auf seine Seite zu gewinnen, worauf er im Laufe der
lezten Tage, zum Zeichen seiner Bestättigung in der Patriarchenwürde, von der Pforte mit einem Ehrenkaftan ausgezeichnet worden.» Uebrigens äuszert sich der Patriarch an einfluszreichen Orten sehr zum Vortheile des kais. Residenten. *)

Die Fürsten der Moldau und Walachei werden zur Pforte   1650.
erboten, um dem Sultan zu huldigen, oder (wie sich der Groszvezier ausdrükt) um demselben die Füsse zu küssen. Diese
Einberufung ist aber nicht ernstlich gemeint, sondern lediglich ein feiner Vorwand, ersonnen und an die Hand geboten
von einem Griechen, Namens Pacolaki, ausgeführt aber vom
Groszvezier, in der Absicht sich auf Unkosten der Einberufe-
nen nach Möglichkeit zu bereichern. Als nämlich der Groszvezier sich mit dem Gedanken trug den Patriarchen Parthenius absezen und nach Umständen selbst stranguliren zu lassen,
liesz Pacolaki, als des lezteren Freund und des Ersten Günstling, diesem türkischen Machthaber durch Dritte zuflüstern, er
möge sich auf bedeutende Ausbeute beim Patriarchen, dessen
ganzer Geldbesiz kaum 20.000 Thaler umfassen dürfte, wol
keine Rechnung machen, sondern viel lieber die Fürsten der
Moldau und Walachei zur Pforte bescheiden oder absezen,
wodurch er denn statt einer so geringen Summe vielmehr
den hohen Betrag von nahebei 400.000 Thalern zuwegebrin-
gen könnte. Diese Eingebung mundete dem Groszvezier, der
sonach unverzüglich die Residenten beider Länder fordert und
sie zur Vorladung ihrer Fürsten anweist.

Die Bemühungen beider Residenten, eine Aenderung
dieses Beschlusses herbeizuführen, erweisen sich schon deszhalb völlig fruchtlos, weil des Groszveziers Absehen auf reich-

---

*) Resident Simon Reniger an Johann Rudolph Schmidt. — Constanti-
nopel, 11. Jänner 1650.

liche Ablösung von der Pflicht der persönlichen Erscheinung gerichtet ist; ja derselbe beharrt nur um so fester auf der getroffenen Verfügung, da der Tartarenchan der Pforte lezthin schriftlich meldete, er lebe zu ihren Diensten, halte auch 100.000 Tartaren, denen nöthigenfalls 20.000 Kosaken sich anschlieszen würden, zu ihrer Verfügung stets bereit, und harre blos des groszherrlichen Winkes und Befehles zu jeder beliebigen Unternehmung; dieses Schreiben weist nun der Groszvezier dem Residenten in Abschrift vor, um sie hiedurch zu schreken und die beiden Fürsten zur desto glänzenderen Loskaufung zu spornen.

Diese Fürsten wollen jedoch dem an sie ergangenen Auftrage keineswegs Folge leisten. Mathäus Bassaraba, von dem übrigens noch keine Antwort einlangte, ist fast entschlossen sich im Nothfalle selbst mit Gewalt im Regimente zu erhalten, steht mit Rákóczy im bestem Einvernehmen, und baut überdies auf seines Volkes Zustimmung, das ihm in einer Versammlung von 50—60 Menschen (zufolge der Aussage eines siebenbürgischen Kurriers, der jüngsthin durch die Walachei reiste) treue Anhänglichkeit, unverbrüchlichen Anschlusz und ausdauernden Beistand bis in den Tod einhellig und einmüthig zuschwor.

Lupul dagegen versucht wahrscheinlich der Pforte Besorgnisz wegen seines etwaigen Bündnisses mit Polen einzuflöszen und zeigt ihm demnach an, dasz er den polnischen General Potozki, der einige Zeit vom Tartarenchan in Gefangenschaft gehalten worden, auf eigene Kosten losgekauft und nunmehr in seiner Umgebung gelassen habe. Manche wollen daraus auf Lupul's Geneigtheit schlieszen, den Potozki sich zum Tochtermann auszuwählen.

Allgemeiner und höchstwahrscheinlicher Annahme zufolge, werden sich die beiden Fürsten wol bequemen müssen die Erscheinungspflicht mit hohen Geldsummen abzulösen. Pacolaki aber, der listige Grieche, schlägt sich beim Groszvezier sowol für den Patriarchen wie auch für die beiden Fürsten in's Mittel, um die Umstände gütlich zu beseitigen und dafür von allen Befreiten reichliche Belohnung zu ernten. *)

---

*) Resident Simon Reniger an Joh. Rudolph Schmidt. — Constantinopel, 29. Jänner — 27. Februar 1650.

Der griechische Patriarch Parthenius geht mit dem Vorhaben um, einen Kalogero (Mönch) mit Geschenken an den
Kaiser abzufertigen, in der Hoffnung, von diesem als Erwiederung hierauf eine Geldbescherung von einigen Tausend Thalern und auch anderweitig ausreichenden Beistand zu erlangen.
Da nun aber dergleichen Sendungen am Kaiserhofe schon überhaupt nicht beliebt sind und dies auch von der in Rede stehenden um so mehr gelten musz, weil sie nicht die Union der
griechischen Kirche betrifft, so gedenken sowol Reniger wie
auch der Dragoman Panaïoti diese Beschikung mittelbar durch
dritte Personen und von weitem auf geschikte Art zu wider-
rathen und zu vereiteln. Dem Vernehmen nach, versuchte Parthenius schon ehevor eine ähnliche Beschenkung an den Groszfürsten von Moskau, bei dem er jedoch nichts ausrichtete, sondern nur eine schmähliche Abweisung erfuhr. *)

In Bezug auf die gemeldete Einberufung der moldo-
walachischen Fürsten taucht unter den türkischen Groszen
bedeutender Meinungszwiespalt auf, indem der Groszvezier,
der Ianitscharen-Aga und die junge Validé auf dieser Maszregel bestehen, während dagegen der Muphti, Bechtess-Aga
und die alte Validé sie verwerfen. Während nun zwischen
diesen widerstreitenden Ansichten ein Ausgleich im Werke
steht, langt des Tartarenchan's Defterdar am 1. April mit
der Aufgabe bei der Pforte an, die obwaltende Schwierigkeit wegen der beiden Woïewoden in güte beizulegen.

Am 14. März empfängt die Pforte von Fürsten Mathäus
in Betreff seiner Einberufung folgendes Erwiederungsschreiben:
«Mir ist anbefohlen worden in eigener Person an der otto-
«manischen Pforte zu erscheinen, um daselbst meinen Gehor-
«sam anzugeloben. Nun ich aber ein alter, lebensmüder, zum
«Reisen schwerfälliger Mann, weszhalb ich hoffe, die ottoma-
«nische Pforte werde mir in meinem hohen Alter nicht eine
«solche Last aufladen wollen. Sultan Murad hat mir aus Gna-
«den verliehen, wo ich seinem Vertrauen völlig entsprochen,
«den Pfortenbefehlen steten Gehorsam bewahrt und die schul-
«digen Leistungen pünktlich-genau vollzogen habe. Will man

---

*) Resident Simon Reniger an Johann Rudolph Schmidt. — Constan-
tinopel, 15. Februar 1650.

‹mich schon beseitigen, so möge man mir einen Nachfolger
‹schiken; gerne will ich mich darin fügen, ihm den Plaz räu·
‹men, mich sodann in ein Kloster zurükziehen und alda den
‹Rest meiner alten Tage in klösterlicher Abgeschiedenheit
‹verleben. Doch darf mein Nachfolger nicht bereits ein regie-
‹render Fürst*) sein, sondern es werde irgend ein tauglicher
‹Mann aus Konstantinopel selbst hiezu auserkoren. Würde
‹aber dennoch einem regierenden Fürsten die Nachfolge ge·
‹währt, so lehne ich jedwede Verantwortlichkeit wegen der
‹etwaigen bösen Folgen einer solchen Maszregel feierlich und
‹entschieden von mir ab·›

Gleichzeitig versucht indesz Mathäus den Groszvezier
mit Geldspenden kirre zu machen und zu begütigen; misz-
lingt dieser Versuch, so vermuthet man, es würden die Tartaren von der Pforte auf die Walachei losgelassen werden.**)

1650.

Der Tartaren Einfall in die Moldau währt noch fortan,
und ebenso flüchtet in der Walachei sich Alles, Grosz und
Klein, in die Wälder und Gebirge, während Fürst Mathäus
mit seinem Heere noch Stand hält und Schanzen aufwerfen
läszt. Rákóczy aber entschuldigt bei der Pforte die Nichtabsendung seines Tributs mit diesen nie endenden Wirren; denn,
sagt er, die beiden Fürsten hätten den ihrigen erst geleistet,
und doch müszten sie solches Unheil über sich ergehen las·
sen. Da der Tartarenchan von Siebenbürgen und der Walachei hohe Geldsummen fordert, mit der Androhung sie in
widrigen Falle selbst aus diesen Ländern zu holen, so ersucht
Mathäus den Bechtess·Aga schriftlich um sein Gutachten über
das hierin einzuschlagende Verfahren und erhält den Bescheid:
‹er solle sich nur im Nothfalle dem Tartaren zur Wehr sezen
und kühn darein schlagen, der Sultan würde diesen Akt der
Nothwehr nicht allein nicht ungnädig aufnehmen, sondern
überdies falls er noch bei Lebzeiten seinen Nachfolger bezeichnet wünschte, denselben nach Wunsch bestättigen.› Dieser Bescheid läszt den Argwohn der Pforte gegen den Tar·

---

*) Dies ist auf Lupul oder dessen Sohn gemünzt, die schon längst
nach der Walachei die gierige Hand ausgestrekt hatten.

**) Resident Simon Reniger an den Kaiser. — Constantinopel, 3.
April 1650.

tarenchan, dessen Demüthigung sie gerne sähe, deutlich durchschimmern. *)

Lupul der Moldauerfürst klagt neuerdings der Pforte schriftlich seinen tiefen Jammer: kaum wäre man der Tartaren losgeworden, so hätten gleich nach ihnen 50—60 Tausend Kosaken die arme Moldau überfallen, darin mit Brennen und Sengen, Morden und Rauben, Plündern und Brandschazen, Verwüsten und Vertilgen furchtbar und weit gräszlicher als die Tartaren selbst gehaust, viele Menschen entführt, ja sogar Weiber und Kinder zerstükt und aufgehängt, wodurch denn das Land mit Trümmern und *Schutt* bedekt und seinem Untergange entgegengeführt worden sei. Da nun aber zu gleicher Zeit, während eine Kosaken-Botschaft der Pforte das Ansuchen um Freundschaft uud Schuz vorträgt, die Kosaken türkische Länder feindlich überziehen; so rügt die Pforte gegen diese Abgesandten das Befremdende und Widersprechende eines solchen Verfahrens, erhält von ihnen indesz zur Antwort, sie wüsten hievon nichts, hofften aber bei ihrer Wiederkunft Alles ausgleichen zu können. Und vom Groszvezier verabschiedet, dann mit Ehrencaftan's und ausnehmend schönen Gewändern beschenkt, reisen die kosakischen Abgesandten ab.

Des Tartarenchans Bruder, welcher den ersten Einfall in die Moldau leitete, entschuldigt sich deszhalb bei der Pforte schriftlich folgendermaszen: «Die unter ihm stehenden Tartaren, vorerst gegen das Moskowiterland befehligt, dann aber gegenbefehligt, hätten durchaus nicht ohne Beute rükkehren wollen, sondern rachgierig die Schmach zu tilgen beschlossen, welche im verflossenen Jahre eine Tartarenabtheilung in der Moldau, wo sie zur Erholung einige Rasttage zuzubringen gedachte, allein überfallen und niedergemezelt worden sei, erlitten habe. Des Landes völligem Ruin nach Möglichkeit zu steuern, habe er sich nun geflissentlich in eigener Person an die Spize des Rachezuges gestellt, allein es sei rein unmöglich gewesen den Uebergriffe seiner einmal entzügelten Schaar Einhalt zu thun und Mäszigung in die

*) Resident Simon Reniger an den Kaiser. — Constantinopel, 27. September 1650.

entbrannten Gemüther zu leiten. Nun er aber aus der Moldau
wieder abziehe, hoffe er, die Pforte würde gegen das unbän-
dige Streitvolk Nachsicht üben, bleibe ja dieses Land, troz des
Geschehenen, jedenfalls in treuer Anhänglichkeit dem Sultan
ergeben.» Im gleichen Geiste entschuldigt sich auch der Tartarenchan bei der Pforte mit dem Einwande dasz er von dem
Angriff auf die Moldau weder etwas gewuszt, noch weniger
selben anbefohlen habe, und das die zügellose Tartarenschaar
allerdings wider seinen Willen und selbst ohne sein Wissen arg
gehaust, die Pforte jedoch, angesichts der vollbrachten Thatsache, kaum eine bessere Wahl habe als Vergebung zu üben.

Demnach scheint es als trieben Kosaken ebenso wie
Tartaren mit der Pforte lediglich ein loses Spiel, indem sie
dieselbe einerseits mit freundlichen Schreiben und Gesandten
in Frieden einlullten, anderseits aber ottomanische Provinzen gräulich verheerten. Auch bestättigt es sich vollkommen,
dasz der Tartarenchan die Fürsten der Walachei und Siebenbürgens durch Brandschazung zur Leistung einer hohen
Abfindungsumme, oder vielleicht gar eines stättigen Tributes
zu zwingen sich bemüht. Mittlerweile langte vor 14 Tagen
der Tribut der Moldau und Walachei bei der Pforte an, welche
hierauf die beiden Fürsten neuerdings in der Regierung bestättigte; des Rákóczy Tribut ist aber noch rükständig.*)

1650. Aus Lupul's neuerlicher Meldung erfährt die Pforte dasz
er die Kosaken, nachdem sie die Moldau gräulich verheert,
entvölkert und zu Grunde gerichtet hatten, dadurch beschwich-
tigt und zum Abzuge vermocht habe, dasz er dem Sohne
ihres Hetman's seiner Tochter Hand zusagte. Die Erscheinung
der letzten Kosakengesandtschaft verfehlte um so minder die
Pforte zu begütigen und zur Eingehung eines für beide Theile
gleich Vortheilhaften Uebereinkommens günstig zu stimmen,
da die Kosaken zur Rechtfertigung vorbringen, durch ihr
Bündnisz mit den Tartaren zu deren Unterstüzung verbunden
zu sein und sonach in dieser Beziehung nicht freie Hand zu
haben; nur wünschen auch die Türken ihrerseits ein gleiches
Schuzbündnisz mit den Kosaken zu schlieszen.

---

*) Resident Simon Reniger an den Kaiser. — Constantinopel, 10. Oc-
tober 1650.

Die Agenten des Fürsten Mathäus schmachten in Ketten und Kerker, weil er dem Groszvezier zu den leztverwichenen mahometanischen Feiertagen keine Geschenke übermachte; zwar hatte er lezthin bei Ablührung des Tributes auch den Groszvezier mit einem schönen Angebinde bedacht, allein dieses sei, meint der Türke, ohnehin gebräuchlich und als solches selbstverständlich, zu den Feiertagen aber gebühre ihm ein besonderes, das mindestens in baren aus 6000 Thaler zu bestehen hätte. Mit dem Groszvezier nicht zu brechen, räth dem Walachenfürsten schon gemeine Klugheit an, indem er an den mächtigen Janitscharenhäuptern oder Oschak-Agalari im Serail, die er weniger glänzend besticht als die Saphy, seine Anhänger, erbitterte Feinde hat, die auf seine Absezung hinarbeiten, wiewol anderseits der schroffe Zwiespalt der Groszen im Serail, namentlich der jungen und alten Validé, ein Zwiespalt, den er geschikt auszubeuten weisz, ihm dabei trefflich zu statten kömmt.[*]

Lupul's Correspondenz mit Polen wird vom Siebenbürgerfürsten Rákóczy aufgefangen und dem Tartarenchan übermittelt, welcher demzufolge einen Einbruch in die Moldau vornehmen läszt, der diesem Lande über 20.000 in die tartarische Gefangenschaft verschleppte Menschen jeden Alters und Geschlechtes kostet. Bitter beschwert sich hierüber Fürst Lupul an der Pforte.[**]

Die ottomanische Pforte, welche bisher zur Verehelichung der Tochter Lupul's mit dem Sohne des Kosakenhetmans ihre Zustimmung versagt hatte, beginnt nun allmählich sich mit diesem Ansuchen zu befreunden, um einerseits die Kosaken und anderseits den Tartarenchan durch hartnäkige Verweigerung nicht zu erbittern. Auf solche Art wird auch Lupul's Stellung wieder haltbar, denn man ging schon mit dem Gedanken um, ihn zu beseitigen und zu ersezen; überhaupt bedauert die Pforte, nicht im verflossenen Jahre

---

[*] Resident Simon Reniger an den Kaiser. — Constantinopel, 26. October 1650.

[**] Michel d'Asquier, Hofdolmetsch, an Johann Rudolph Schmidt. — Ofen, 8. November 1650.

bereits die Auslieferung von dessen Tochter verfügt zu haben, aus Besorgnisz es dürften die Kosaken mit tartarischer Hülfe dereinst erfolgreich die Hand nach dem moldauischen Für-stenthume ausstreken. *)

1650.   Lefzthin stand Lupul ganz nahe daran abgesezt zu wer-den, da es ihm unter den konstantinopolitanischen Griechen nicht an Neidern und Widersachern gebricht, die ihn nach Kräften untergraben und nach seinem Posten streben; ver-schiedener Ursachen und Rüksichten wegen, insbesondere um bei der gegenwärtigen Sachlage nicht unbequeme Ruhestö-rungen oder Wirren auftauchen zu lassen, nimmt man aber von jeder bezüglichen Neuerung vor der Hand Umgang. Die Ehe der Tochter Lupul's mit Chmielnizki's Sohne stöszt bei der bisher unschlüssigen Pforte endlich auf entschiedene Misz-billigung, die jedoch auf die entgegengesezte Haltung der Kosaken kaum einen Einflusz üben dürfte; denn vielleicht gelingt es dem Lupul durch ein zwischen Polen und Kosaken zubewerkstelligendes Einverständnisz der türkischen Ungnade die Spize zu brechen und vermittels neuer Bundesgenossen sich auf dem Fürstensiz zu befestigen. **)

1651.   Der griechisch-konstantinopolitanische Patriarch Parthe-nius läszt den anlangenden Groszbotschafter durch einen sei-ner Metropoliten vorerst in Adrianopel, sodann in Ponte pic-colo begrüszen und beschenken. ***)

1651.   Den lezten Nachrichten aus der Moldau und Walachei zufolge hätten die Polaken bereits den Kosaken und Tar-taren durch Ungefähr ein Gefecht geliefert, hierauf einige Ortschaften besezt und einen der vornehmsten Kosakenführer gefangen genommen. Auch wären in Folge des dringenden Hülfsgesuches, welches Chmielnizki als türkischer Schuzbe-

*) Resident Simon Reniger an den Kaiser. — Constantinopel, 8. De-cember 1650.

**) Resident Simon Reniger an den Kaiser. — Constantinopel, 8. Jän-ner 1651.

***) Jo. Rudolph Schmidt, Groszbotschafter, an den Kaiser. — Con-stantinopel, 21. Jänner 1651.

fohlener an den Bechtess-Aga und durch ihn an die Pforte
stellte, sowol der Tartarenchan wie auch die Woïewoden der
Moldau und Walachei türkischerseits zu dessen Unterstüzung
wider Polen angewiesen, diese Woïewoden jedoch nicht gesonnen dem Auftrage zu entsprechen.*)

Chmielnizki's Unterwerfung unter türkische Schuzhoheit   1651.
bestättigt sich vollkommen, und er verheiszt in der hierüber
geschlossenen Kapitulation der Pforte unbedingten Gehorsam,
erforderlichenfalls Kriegsbeistand, dann Einstellung der kosakischen Seeräubereien auf dem Schwarzen Meere und Unterhaltung einer stetigen Botschaft in Konstantinopel, während
die Pforte ihrerseits ihm ausreichenden Schuz, Verschonung
mit jeglicher Tributforderung und Anerkennung des Fürsten-
ranges zusichert. Zur Abholung des in Aussicht gestellten
Botschafters erhält bereits ein türkischer Czausch die entsprechenden Aufträge, und zwei andere Czausche übermachen
gleichzeitig dem Tartarenchan und dem Fürsten Lupul die
Weisung dem Kosakenhetman wider Polen nach Kräften Beistand zu leisten. Der Patriarch Parthenius, welcher mit Chmielnizki in Briefverkehr steht, theilt dem Schmidt in tiefstem
Geheimnisz den Inhalt von dessen Zuschriften mit und verspricht auch fürderhin, jedoch unter dem Siegel höchster
Verschwiegenheit, ähnliche vertrauliche Eröffnungen über den
Hetmann an den Kaiserhof gelangen zu lassen. Uebrigens
widerstrebt die Heirat von Lupul's Tochter mit Chmielnizki's
Sohn den Türken und Tartaren in hohem Grade, indem sie
darin den Keim einer allzunaher Verbindung Lupul's mit den
Kosaken und demnach seiner unwiderstehlichen Versuchung
zur Erlangung der absoluten Alleinherrschaft über die Moldau
zu erbliken wähnen.**)

Am 20. April stattet der Patriarch Parthenius, von   1651.
sechs Metropoliten begleitet, dem Residenten einen Besuch
ab, wobei er seine vollkommene Ergebenheit gegen den Kai-

---

*) Resident Simon Reniger an den Kaiser. — Constantinopel, 5.
April 1651.
**) Jo. Rudolp Schmidt, Groszbotschafter, an den Kaiser. — Griechisch-
Weissenburg (Belgrad), 18. April 1651.

ser neuerdings betheuert; auf seinen vorgängigen Wunsch,
daselbst nicht mit einem Schmause bewirthet zu werden, weil
er dann seinerseits ein Gleiches thun, hiedurch aber den vielen Lästerzungen Anlasz gewähren müszte ihn der Verschwen-
dung des Kirchengutes zu zeihen, erhält er bei Reniger nach
türkischer Weise blos Caffee und Scherbet und nimmt mit
dieser frugalen Aufwartung sehr gern vorlieb. Ueber Ansu
chen der katholischen Peroten und zu Gunsten der vom Groszherrn denselben verliehenen Privilegien, verwendet sich der
Resident bei diesem Patriarchen, welcher denn auch kraft
seines innigen Bestrebens, mit dem Kaiserhofe die freundlichsten Beziehungen zu unterhalten, und aus Rüksicht auf
die Person des Fürsprechers, mit Freunden die Zusage ertheilt, durch seinen Einflusz die zu Pera wohnhaften Griechen
zur Achtung der neubestättigten Freiheiten der Katholiken
und zur Nichtbehelligung der lezteren zu stimmen.

Rákóczy sucht durch beunruhigende Schreiben der Pforte
die Besorgnisz einzuflöszen, als wären des Kaisers Truppenaufstellungen im südlichen Ungarn auf einen beabsichtigten
Friedensbruch gegen die Türkei selbst abgesehen, und bittet
demnach um Entsendung des Ofner Paschà's und der beiden
Woïewoden der Moldau und Walachei mit ihren Truppen
vorsichtshalber nach Siebenbürgen, bis des Kaisers Absichten
klar zu Tage träten. Reniger erklärt aber die miszdeutete
Maszregel für eine zur Sicherung der Gränze wider Polen,
Kosaken und Tartaren getroffene Vorsicht, die mit der Absicht eines Friedensbruches nichts gemein habe. *)

1651.   Dem Patriarchen Parthenius war es zwar zu wiederholten Malen gelungen der türkischen Nachstellungen durch
die Flucht sich zu entziehen und sodann den Sturm güttlich
zu beschwören, dennoch muszte er am 20. Mai seinem harten
Geschike erliegen. An diesem Tage nämlich geschah es, dasz
kraft Pfortenbefehles türkische Häscher in griechischer Verkleidung und mit blauer Kopfbedekung den unglüklichen
Patriarchen überrumpelten, geknebelt auf ein Schiff brachten,
unweit von Konstantinopel strangulirten und mit einem Stein

---

*) Resident Simon Reniger an den Kaiser. — Constantinopel, 22.
April 1651.

beschwert in's Meer versenkten. Den gröszten Antheil an
dieser Katastrophe hatte des Patriarchen Feindschaft mit den
Fürsten der Walachei und Moldau, denen er im Bunde mit
einem gewissen Griechen Paul Kisonechst, welcher vor wenigen Monaten auf offener Strasse durch Mörderhand fiel,
stark entgegenarbeitete und durch diese ihnen seither kund-
gewordenen Opposition sich höchst verhaszt machte; und ob
er auch im Laufe der lezten Tage zur Anbahnung einer
Aussöhnung an die beiden Fürsten zwei Metropoliten mit
Geschenken abgefertigt hatte, so schritt doch die Rache dieser Feinde rascher zu Werke als die Versöhnlichkeit der zwei
Friedensboten. Da aber nebst den Agenten der beiden Fürsten auch der seitdem auf den Patriarchenthron gestiegene
Ioannikios und manche andere erbitterte Nebenbuhler per fas
et nefas zu des Parthenius traurigem Ende wesentlich beigetragen hatten, so lieszen der Janitsharen-Aga und der Kehaïa-Bey, als Freunde und Gönner des Gerichteten, alle diese
Feinde in's Gefängnisz werfen, und nur gegen hohes Löse-
gelt wieder in Freiheit sezen; des Parthenius ärgster Feind,
ein Grieche, wurde aber acht Tage darauf zur nämlichen
Stunde, als des Ersteren Tod erfolgte, vor dem Patriarchatsgebäude aufgeknüpft. Der neue Patriarch Joannikios entbot
dem Residenten seinen Grusz und dem abgereisten Groszbotschafter Rudolph Schmidt seinen Dank für das bezeigte
Wolwollen, wie auch für die angetragene Vermittlung in Betreff der bekannten Zwistigkeiten.

Der für landesflüchtig und verschollen gehaltene griechische Patriarch von Jerusalem hatte mit dem Ansuchen um
Geldhülfe Moskau besucht und weilt nunmehr auf der Heimkehr seit einiger Zeit bei den Fürsten der Moldau und Wa-
lahei, welche ihn sehr auszeichnen und auf seine Sicherheit
sehr bedacht sind. Er hegt noch fortan den Entschlusz nach
Jerusalem rükzukehren, zaudert indesz noch aus Besorgnisz
vor der Türken Habgier und der Feindschaft des bisherigen
Patriarchen Parthenius; dieser nämlich war von den drei Patriarchen von Jerusalem, Antiochien und Alexandrien in den
groszen Kirchenbann gethan (excommuniciert) worden und
hatte in Erwiederung darauf dem ersteren mit der Anzeige
an die Pforte gedroht, dasz er vom Groszfürsten von Moskau und den beiden moldowalachischen Fürsten grosze Geld-

summen eingesammelt habe. Diese Drohung hält ihn nun
von seiner Heimkehr noch ab.*)

Ob die jedenfalls sehr seltsame Regierungsform der ottomanischen Pforte mehr von einer Monarchie oder Aristokra·
tie oder einer Demokratie oder endlich von einem Trium·
virate an sich habe, oder ob sie nach Zeit und Umständen
wechselweise von allen diesen Formen mehr oder weniger
Merkmale gleichzeitig an sich trage, läszt sich zur Stunde
noch nicht ermitteln.

Der jezige Sultan Mehemet, ein zehnjähriger Knabe,
steht zwar unter der Zucht der alten Validé, dann seiner
leiblichen Mutter (der jungen Validé) und einiger verschlagenen Eunuchen, weist aber schon dermalen einen ernsten-
stillen und schwermüthigen Character auf, der mit der Zeit
an Tyrannei und Blutdurst dem väterlichen nachzugerathen
verspricht. Der monarchische Absolutismus äuszert sich in den
oft unerwartet aus dem Serail im Namen des Sultans er-
flieszenden harten, tyrannischen und grauenerregenden Ver-
gnügungen, wird indesz oft begränzt und sogar überwogen
von den auszerhalb des Serails festgestellten Beschlüssen der
Janitscharen, deren unveränderte Annahme man hierauf dem
Sultan aufnöthigt.

Das Aristokratische der Pfortenregierung tritt zu Tage
in den vorwiegenden Einflüssen der sämmtlichen Veziere, der
beiden Kadileskieri von Rumelien und Anatolien, der ältesten Oschak Agalari oder Janitscharenhäupter, welche einverständlich sei es einzeln sei es insgesammt Reichsbeschlüsse
fassen und dem Groszherrn zur unweigerlichen Bestättigung,
bisweilen wider seinen Willen, nachdrücklich vorschlagen.

Das demokratische Kennzeichen äuszert sich in den
nicht selten von vielen tausend gemein und übermüthigen
Janitscharen wider die ausgesprochene Willensmeinung des
Sultans, des Groszveziers und anderen Gewalthaber gefaszten
Entscheidungen, deren Nichtbeachtung in der Regel starken
Aufruhr und anderweitige Gewaltthaten unvermeidlich im Ge·
folge führt, da im ottomanischen Reiche ünerhaupt bei 40.000,

---

*) Resident Simon Reniger an den Kaiser. — Constantinopel, 27. u.
30. Mai dann 17. Juni 1651.

in Konstantinopel aber nahezu 10.000 dergleichen, stets em-
pörungslustigen Janitscharen, deren in neuerer Zeit auch die
Spahis sich gewöhnlich anschlieszen, bei solchen Anlässen
durch ihre tolle Meuterei Alles in Unruhe und Schreken zu
sezen pflegen.

Die Elemente einer Dreimännerherrschaft aber finden
sich in der seit Kurzem geschlossenen und beschworenen
Bundesgenossenschaft des Groszveziers Melek Achmet Pascha,
Eidam des Sultan Murat, des Kehaïa-Bey's und des Janitscharen-Aga, die sich solidarisch gegenseitigen Schuz wider ihre
Feinde und Aufrechthaltung in ihren bezüglichen Posten an-
gelobten und durch festen Zusammenhalt die übrigen Gewalthaber zur Unterwürfigkeit unter ihre Aussprüche nöthigen, gleichwol eine mögliche, zur Zeit noch im Stillen thätige Gegenfaction sich gegenüber erbliken.

Zu all diesen disparaten, sich bald anfeindenden und
anfechdenden, bald verstärkenden und unterstüzenden, stets
jedoch regellos nach Willkür und Zufall eingreifenden Kräften und Mischungsverhältnissen der ottomanischen Regierung
gesellt sich überdies die rege herrschsüchtige Eifersucht beider
Validè's, die einander durch oft wechselnde Bundesgenossen
das Heft der Gewalt zu entringen sich abmühen, ferner die
Unfähigkeit des Groszveziers, (der, ein gutmüthiger alter
Mann, nichts bessert und nichts bricht und dem von dem
Reïskitas und von einigen Oschak-Agalari die Worte ebenso
in den Mund gelegt werden, wie einst den heidnischen Gözen-
statuen von den Dämonen und Priestern), seine rastlose Unter-
minirung durch den sehr arglistigen und verschmizten Czausch-
Paschà, Exveziers von Ofen und gleichfalls sultanischen Toch-
thermannes, die Verschlagenheit des Kihaïa Bey's, die Unbe-
deutenheit der übrigen stimmführenden Veziere, die eiserne
Einigkeit der Oschak-Agalar und der übrigen Janitscharenhäupter wider jede miszfällige Verfügung des Grozveziers, und
man begreift leicht, diese gar absonderlichen, hin- und her
geschaukelten, von keinem einigen starken Willen zusammen-
gehaltenen und beherrschten Faktoren an dem Kerne der türkischen Regierungseinheit gefährlich nagen, an den Gewichte
der osmanischen Macht eine Minderung verursachen, an ihrer
Bedeutung und Kraftentfaltung nach auszen einen Verlust ein-
tragen müssen. Dies Ergebnisz ist desto mehr unausbleiblich,

11*

da der durch den kandiotisch-venetianischen Krieg herbeige-
führte Ausfall in den Zollerträgniszen und Staatsfinanzen, die
Vermehrung der Janitscharen und der Ausgaben kriegshalber,
die oft eintretende Unmöglichkeit der Soldauszahlung an die
Truppen, die Steuerüberbürdung, Erpressung und Aussaugung
des armen Landvolkes, das nicht selten in der Flucht und
Verlassung der Heimat sein Heil sucht, die noch unabsehbare
Länge des kandiotischen Feldzuges die Verlegenheiten und
Kümmernisse der osmanischen Lage nur noch zu vervielfachen und zu verstärken geeignet sind. All' ihre Hoffnung sezt
die Pforte dagegen in die Fortschritte ihres Artilleriewesens, in
die Hebung ihrer Schiffsbaukunst und die Vervollkommnung
ihrer Marine, ausgeführt durch geschikte, zum Islam überge-
tretene, aus dem christlichen Westen zugeströmte Artilleristen,
Seemänner und Ingenieure, unter deren Beihülfe sie einen glüklichen Ausgang der kandiotischen Expedition, die Eroberung
dieser wichtigen Insel und fernerweit die Wiederaufnahme ihrer
Kriegszüge wider die übrigen christlichen Groszstaaten zu bewerkstelligen sich erwartungsvoll anstrengt.

Was nun die türkischen Verhältnisse zu einigen Gränz-
ländern, eigenen sowol als fremden, anbelangt, so steht der
Tartarenchan mit den Kosaken in Bundesgenossenschaft. Obwol nun aber die Pforte den Krieg wider Polen mit günstigem
Auge betrachtet und demgemäsz den Tartaren die Unterstüzung der Kosakan anbefiehlt, so flöszt ihr doch des Tartarenchans wachsende Macht Argwohn und Besorgnisz ein. Der
Kosaken-Hetman Chmielnizki erkennt in besonderem Uebereinkommen die türkische Oberhoheit und Schuzherrlichkeit
an, jedoch ohne Tributpflichtigkeit, an, sagt, der Pforte seine
Kriegsdienste ohne Ausnahme in jeder Richtung und gegen
männiglich auf jeden Wink zu, gelobt ihr nebstbei die Freihaltung und Säuberung des Schwarzen Meeres von den kosakischen Streifereien an und empfängt dafür türkischerseits
die Zusicherung ausreichenden Schuzes, Hülfeleistung wider
die Polen und Zuerkennung des Fürstentitels für seine Person.

Gegen die im Werk begrieffene Ehe von Lupul's Tochter mit Chmielnizki's Sohne hegen Türken und Tartaren die
Besorgnisz, es dürfte der Moldauerfürst durch solche Fami-
lienbande in eine zu enge Allianz mit den Kosaken, hiernach
aber auf den Gedanken gerathen sich mit deren Hülfe zum

absoluten Herrscher der Moldau aufzuwerfen. Nichts destowe-
niger ergeht an Lupul der Pfortenauftrag, einverständlich mit
den Tartaren den Kosaken hülfreich beizuspringen. Ein ähnlicher Auftrag wegen Beistandleistung an die Kosaken wird
zwar auch dem Walachenfürsten Mathäus, dem Vernehmen
nach, zugefertigt; allein dieser altkluge, verschlagene Mann
lavirt und schiebt die Sache in die Länge, hält sich nach Umständen und Kräften zur eigenen Vertheidigung bereit und
traut Niemandem recht.

Rákóczy endlich hat durch doppelgängiges Benehmen
bei allen Parteien den Kredit eingebüszt, und, ebenso wenig
als der Kaiser, traut ihm die Pforte, die er doch gegen jenen
zu stimmen stets geschäftig ist und die ihn trozdem mit
Tributsvergröszerung und anderveitigen Plakereien keineswegs
verschont. *)

Die kosakischen Abgesandten des Chmielnizki verklagen
den Fürsten Lupul an der Pforte, dasz er mit den Polaken
zu inniges Einverständnisz pflege und denselben Kriegbedarf
beischafft, wovon sie sich durch eigenen Augenschein überzeugt hätten. In der Moldau soll sich übrigens Alles in die
Wälder Geflüchtet und Haus und Hof leer, das Land öde gelassen haben; der Walachenfürst Mathäus aber, einen Einfall
der Tartaren und Kosaken besorgend, hätte seine Truppen in
stetter Schlagfertigkeit. **)

Lupul meldet der Pforte die Hauptniederlage der Kosaken durch die Polaken, die Flucht und Verborgenheit des
Chmielnizki, des Tartarenchans Einschliessung, endlich die Frie-
densbitte des Kosakenvolkes, welcher polnischerseits nur gegen
Auslieferung der Rädelsführer die Erfüllung zugesagt wird.

Andere Berichte aus der Moldau besagen, Rákóczy habe
zum Chmielnizki einen Abgesandten mit Geschenken abfertigt,
der von den Polaken jedoch ergriffen und niedergehauen sein
soll. Rákóczy stellt übrigens an die Pforte das Ansuchen um

1651.

1651.

---

*) Relation Rudolph's Schmidt, Freiherrn zu Schwarzenhorn, an den
Kaiser. — Wien, 8. Juni 1651.

**) Resident Simon Reniger an den Kaiser. — Constantinopel, 22.
Juni 1651.

die Bewilligung den Kosaken Beistand zu leisten; habe er einmal mit ihrer Hülfe, wie er hoffe, den polnischen Thron bestiegen, so wolle er fürderhin nicht minder als König denn bisher als Siebenbürgerfürst die Lehensherrlichkeit der ottomanischen Pforte anerkennen. Der vorsichtige Bescheid der Pforte lautet aber dahin, er solle weder in eigener Person zu Felde ziehen, noch das Land von Truppen entblöszen, sondern möge mit seinem Gelde lieber anderes Kriegsvolk anwerben und gewärtigen, bis die Kosaken Hülfe verlangen und die Pforte dieselbe bewilligen würde. *)

1651.   Die kosakischen Abgesandten erhielten einen wenig schmeichelhaften Abschied. Der Groszvezier beordert seinen Bruder in die Moldau und Walachei Behufs der Bestättigung beider Fürsten. **)

1651.   Eine gewaltige Pfortenrevolution verbunden mit der Ausstellung der Fahne des Propheten führt den Sturz der Janitscharenhäuptlinge (Odschak Agalaren) und ihres gesammten Anhanges, die Hinrichtung des Bechtess-Aga und der alten Validé, die Verbannung des Siavusch-Paschà, Exgroszvezier, und der übrigen Stimmführer, und die Uebertragung der ausschlieszlichen Macht während der Minderjährigkeit des Groszherrn an den Groszvezier und an die Serailspartei herbei. Aus der Moldau und Walachei trifft der Tribut ein, allein die dabei für die alte Validé und die Odschak-Agalaren bestimmten Geldsummen nimmt der Groszvezier für sich in Beschlag. ***)

1651.   Der griechische Patriarch verläszt wegen unaufhörlicher Auflagen und Erpressungen sein Patriarchat und zieht sich in Verborgenheit zurück, worauf türkischerseits sowol das Patriarchatsgebäude selbst als auch die Häuser der vornehmsten Griechen in so lange geschlossen und versiegelt werden, bis nicht von denselben die Entrichtung einer bestimmten Geld-

---

*) Resident Simon Reniger an den Kaiser.—Constantinopel, 27. Juli 1651.
**) Resident Simon Reniger an Freiherrn Rudolph Schmidt. — Constantinopel 29. August 1651.
***) Resident Simon Reniger an den Kaiser. Constantinopel, 11. September 1651.

summe erfolgt sein würde. Da nun aber das türkische Pla-
kereisystem nachgerade ebenso grundlos und unerträglich als
die Patriarchalkirche arm und verschuldet ist, so hält sich der
Patriarch selbst nach den mittlerweile verfügten Eröffnung des
Patriarchats noch immer im Verbogenen. *)

Die Zügel der Pfortenregierung hält gegenwärtig der
Grosvezier und die Eunuchenschaar im Serail, oder vielmehr
blos die leztere, weil ersterer, ein gefügiger Mann, sie nach
Belieben walten und schaffen läszt, was der abgesezte Siaus-
Paschà, ein eben so hoffärtiger und stolzer als eigensinniger
Mann, nicht angehen liesz, weszhalb er denn auch beseitigt
ward. Durch den Einflusz dieser allvermögenden Eunuchen
und ihren Kislar-Agà's, eines Mooren, die sich mit einigen
Tausend Thalern erkaufen lieszen, gelingt es dem griechischen
Patriarchen ohne Gefährde aus seinem Verstek wieder hervorzutreten, ja sogar vom Groszvezier die Bescherung eines Ehrenkaftan's su erwirken. Der Bestechlichkeit derselben Eunuchen
verdanken ferner die Agenten der Moldau und Walachei allein
die Möglichkeit unangefochten zum Vorschein zu kommen,
und es unterliegt keinem Zweifel mehr, dasz des Groszveziers
völlige Abhängigkeit von den Geboten der Eunuchen ihn allein
noch im Amte erhält. **)

Hasan-Paschà, vormaliger Groszbotschafter, mit einer
Sendung nach Silistria zum Exgroszvezier Ahmet-Paschà, wie
auch in die Valachei und nach Siebenbürgen betraut, überbringt gleichsam auf der Durchreise den Fürsten der lezt-
gedachten Länder wie auch dem obbemeldeten Paschà von
Seiten der Pforte die Auszeichnung eines Ehrencaftan's. ***)

Die Erkrankung des Walachenfürsten Mathäus bereitet
dem Gerüchte von seinem Tode allgemeine Glaubwürdigkeit,

---

*) Resident Simon Reniger an den Kaiser. — Constantinopel, 16. u.
20. November 1651.

**) Resident Simon Reniger an den Kaiser. — Constantinopel, 11. u.
20. December 1651.

***) Resident Simon Reniger an den Kaiser. — Constantinopel, 11.
Jänner 1652.

weszhalb auch schon allsogleich um den vermeintlich vakan-
ten Fürstenstuhl sich zahlreiche Werber melden, insbesondere
aber Lupul nebst seiner Versezung in die Walachei gleichzeitig die Wahl seines Sohnes für die Moldau mit Geschenken und Verheiszungen betreiben läszt. Alle diese Hoffnungen und Strebungen schwinden indesz bei der nachträglichen
Kunde von des Mathäus Wiedergenesung. *)

1652. Der englische Botschafter, von dem Wunsche beseelt, dem
Kalvinismus bei den Grichen Eingang zu verschaffen, mischt sich
in ihre Kirchenregierung und erzielt die Besezung des Patriarchates mit einem gesinnungsverwandten Kandidaten. Demzufolge
läszt der für diesen Anschlag bearbeitete und bestochene Groszvezier den bisherigen Patriarchen Joannikios zu sich entbieten
und befiehlt ihm sowol selbst seinen Patriarchatsstuhl zu Gunsten des bereits ernannten Nachfolgers zu entsagen, wie auch
seine Glaubensgenossen zu des lezteren Anerkennung und zur
Angelobung der Ergebenheit an denselben zu vernehmen. Joannikios entgegnet, in Betreff der angeordneten Entsagung auf
das Patriarchat erhebe er auch nicht den geringsten Anstand
und zwar um so minder da er aus freien Stüken nach diesem
Rüktritt allbereits strebte, auch sei es ihm gleichgültig wer
ihn zu ersezen berufen sein möge; allein seine Glaubensgenossen zur Anerkennung des Nachfolgers zu verhalten und zum
Angelöbnisz zu zwingen, übersteige eben die Gränzen seiner
kirchlichen Befugnisse wie die seiner geistlichen Macht, und
könne von ihm weder zugesagt noch geleistet werden. Diese
entschiedene Antwort bringt dem armen Joannikios am 9. Juni
nebst seiner Absezung auch Kerker und eiserne Bande zuwege,
worin er noch zur Stunde Schmachtet. Um die dadurch erledigte Stelle eines Oberaufsehers über die griechische Kirche,
wenn auch nicht unmittelbar um das Patriarchat selbst, bewirkt
sich insbesondere des englischen Botschafters Haupthebel bei
dieser Wandlung, der vormalige Metropolit von Rhodus, welcher vor ungefähr einem halben Jahre zum Islam über und
als Kapidschi-Baschi in des Groszherrn Dienst eingetreten
war, nunmehr aber für die angesprochene Oberaufsicht der

---

*) Resident Simon Reniger an den Kaiser. — Constantinopel, 20. Fe-
bruar 1652.

Pforte einem jährlichen Betrag von 26.000 Thalern anbietet. Mit Hülfe dieses, in seinem Anschlag gleichfalls unterstüzten Renegaten gelingt es dem gedachten Botschafter die Pforte, mit Beseitigung der, der griechischen Kirche zustehenden freien Patriarchenwahl, zur direkten Ernennung eines kalvinisch-gesinnten Patriarchen zu vermögen, den sie nun mit Gewalt den Griechen aufzudringen strebt. Deszhalb also erscheint am 13. Juni im Patriarchatsgebäude, vom Groszvezier abgesendet, ein Kapidschi-Baschi, welcher die vornehmsten Griechen zur Anerkennung und Angelobung des neuernannten Patriarchen befehlsweise auffordert und sie zur Einberuffung der betreffenden Metropoliten behufs der ungesäumten Consekration desselben nöthigt. Allein diese Griechen, den Aufgedrungenen für unfähig haltend, sträuben sich unter verschiedenen Ausflüchten gegen dessen Anerkennung und Einsezung; die wahlberechtigten geistlichen Synodalglieder aber, um nicht zur Folgeleistung gezwungen und hiedurch ihres Rechtes freier Wahl verlustig zu werden, halten sich grösztentheils verborgen und die wenigen Nichtverborgenen reden sich damit aus, dasz zur Consekration des Patriarchen 12 Bischöfe vonnöthen, sie selbst jedoch blos 5 an der Zahl, und die übrigen unbekannten Aufenthaltes wären. Während solchergestalt Kirche und Patriarchat und Wahlrecht der Griechen sich offenbar gefährdet sehen und diese in ihrer Bedrängnisz sich dem drägenden und bestochenen Groszvezier, welcher den Neuernannten ernstlich aufrecht hält, nach Kräften entgegenstemmen, bezieht der Renegat von Rhodus und nunmehrige Kapidschi-Baschi noch fortwährend die Einkünfte der aufgegebenen Metropolie, deren Genusz er dem dermaligen Metropoliten daselbst nicht verstatten mag, und nichts fehlt zur vollen Herabwürdigung der griechischen Kirche als die Bestellung eines Türken zum Patriarchen. Mitten in diese peinliche Ungewiszheit der Zustände fällt glülicherweise der Wechsel des Groszveziers, auf dessen Kunde der neue Patriarch seinen Posten verläszt und sich verbirgt, die verborgenen Metropoliten dagegen ungesäumt zum Vorscheine kommen und frischen Muth zur Behauptung und neue Hoffnung zur Ersiegung ihres Wahlrechtes gewinnen. *)

---

*) Resident Simon Reniger an den Kaiser. — Constantinopel, 12—21 Juni 1652.

Die Bewohner der Moldau sind bereits auf der Flucht und in Wäldern zerstreut; die Walachei dagegen steht, laut des Mathäus eigenen Anzeige, gerüstet und gewappnet da, allfäligen Tartareneinfällen abzuwähren.

Der vormalige griechische Patriarch Athanasius Patellaro, in lezter Zeit aus der Moldau hier angelangt, hatte durch hohe Geldzusagen seine Wiedererhebung auf den Patriarchenstuhl zuwege gebracht, auch bereits seine Bestättigung und die friedliche Installation im Patriarchate, wobei er mit 10 Ehrenkaftan's ausgezeichnet wurde, erwirkt, als es sich herausstellte, dasz er zur Erfüllung seiner groszen Zusagen keine Geldmittel besize. Diese Entdekung stürzte ihn vom Patriarchenstuhl in den Arrest, aus dem er endlich auf gute Art das Haus desjenigen Renegaten, welcher die Stelle eines Metropoliten von Rhodus mit der eines groszherrlichen Kapidschi-Baschi (Kämmerers) vertauschte, sich zu retten Gelegenheit fand, wo er noch zur Stunde weilt. Unterdessen gelang es den Bitten und Anstrengungen der Griechen eine Ermäszigung der von Patellaro verheiszenen Geldsumme zu Gunsten eines andern Kandidaten zu erlangen, dessen Wahl und Bestättigung zum Patriarchen sie auch zu Stande brachten und dem sie nun insgesammt mit vereinten Kräften um so eifriger beistehen, weil sie den Patellaro, der ihnen des geheimen Einverständnisses mit dem Römischen Stuhl verdächtig dünkt, auf solche Art zu beseitigen wünschen. *)

Der kaiserliche Dollmetsch Panaïoti Nicusio heiratete lezthin eine Griechin aus dem Hause Kankuseno (sic) und befindet sich wegen des bestrittenen Hochzeitsaufwandes nunmehr mit leerem Beutel. Er ist aber ein sehr brauchbarer, dem Residenten unentbehrlicher Mann, dem also bei dieser Gelegenheit nicht blos sein Gehaltsrükstand, sondern auch ein angemessener Vorschusz verabfolgt werden möge. **)

Die in tartariche Gefangenschaft gerathenen jungen Polen Nikolaus Potozki, und Kalinofski, welch lezteren sein

---

*) Resident Simon Reniger an den Kaiser.—Constantinopel, 20. Juli 1652.
**) Resident Simon Reniger an Freiherrn Rudolph Schmidt. — Constantinopel, 31. Juli 1652.

Vater für die Summe von 70.000 Thalern als Geiszel in Tar-
tarenhände gelassen hatte, dann der junge Schönberg entwichen aus dem tartarischen hohen Thurm, wo sie ihre Haft
austehen muszten, auf folgende Weise. Des Polenkönigs Dollmetsch, ein Armenier, mit diesem Befreiungswerke insgeheim
betraut, gewann nämlich zuvörderst für diesen Anschlag einen
Türken durch die Zusage einer Geldbelohnung von 3000
Thalern, wovon ein Drittel zahlbar am Orte der Befreiung,
das zweite in Konstantinopel, das lezte in Polen; beide be-
rauschten sodann die Gefängniszwächter mit Wein bis zur
völligen Schlaftrunkenheit, lösten mittlerweile die eisernen
Ketten der drei Gefangenen, beförderten die Entfesselten mittels eigens hiezu in Bereitschaft gesezter Pferde schnellstens
an's Meer auf das segelfertig harrende Schiff, und brachten
sie somit in Sicherheit auszerhalb des Verfolgungsbereiches
der ihnen auf die Spur gekommenen und so zu Land als zur
See nachsezenden Tartaren, denen blos die ob Pferdeman-
gels zu Fusz entweichenden Diener der Befreiten in die Hände
fielen. In Konstantinopel, wo sie glüklich ankamen, strekte
ihnen Lupul's Agent 1000 Thaler zur Bezahlung des zweiten
Abschlagsbetrages des Befreiungshonorars an den obgedachten Türken vor, und der Resident Reniger, der aus Besorgnisz vor allfälliger Entdekung ihnen das angesprochene Verstek in seinem Hause nicht gestatten mochte, hilft ihnen doch
mit 100 Thalern zur sofortigen Abfertigung eines Kurriers
nach Polen darlehensweise aus. Der Tartarenchan, durch das
Geständnisz der gefangenen Diener der Flüchtlinge von Allem
unterrichtet, legt diese gelungene Rettung dem Fürsten Lupul
zur Last, als welcher hiezu den eigentlichen Retter abgeordnet und das dabei benöthigte Schiff bestellt hätte, klagt ihn
deszhalb unmuthsvoll bei der ottomanischen Pforte an und
droht ihm mit einem Einfall in die Moldau, wo Alles verwüstet und die ganze Bevölkerung bis auf die siebenjährigen
Kinder niedergehauen werden solle. Während aber auf Befehl der Pforte nach den Flüchtlingen gefahndet und an allen
Pässen und durchgängen, insbesondere gegen die Walachei
und Moldau zu, zu ihrer Einfangung strenge Aufsicht geübt
wird, entwichen die Flüchtlinge glüklich aus Konstantinopel
nach Kleinasien, von wo sie sodann über Smyrna auf einen
holländischen Schiff nach Venedig und in ihre Heimat fuhren,

wo endlich in polnischer Luft ihre Flucht sich in Siecherheit
auflöszte. Die Pforte, der gelungenen Heimkehr der Flüchtlinge noch unkundig, bringt indesz Kerker und Tortur zur
Erforschung derselben allwärts in Anwendung, zieht aus diesem Anlasz auch viele unschuldige Christen in Untersuchung
und zur Verantwortung, hegt sogar gegen den französischen
Botschafter, als welcher durch die Zusage eines Gefolterten
beinzichtigt erscheint, hohen Verdacht der Mitschuld, von
dem er sich mit Mühe zu reinigen vermag, und läszt die
Verdächtigten blos gegen bedeutendes Lösegeld auf freien
Fusz sezen. Lupul's Agenten, welche auf dessen Befehl den
befreiten Polaken mit Geldhülfe und auch sonst beigesprun-
gen waren, hatten sich hiezu eines gutten Mannes bedient,
welcher demzufolge diesen Flüchtlingen durch eine Nacht Unterstand in seiner Wohnung gewährte; um nun die eigene
Hülfeleistung zu bemänteln und sich sowol als ihren Fürsten
ganz rein zu waschen, verriethen sie mit des lezteren Einverständnisz diesen guten Mann feigerweise an die Pforte. Reniger freut sich deszhalb gar sehr sich dieszfalls gegen solche
verrätherische Feiglinge keine Blösze gegeben zu haben. *)

Die Tartaren, von Kameniec abziehend, streiften lezthin
theilweise in die Moldau, deren Fürst und Bewohner jedoch
sich durch Flucht in die Wälder zu retten suchten.

Gleichzeitig entsandte des Tartarenchans Bruder einen
Agà nebst Gefolge zum Fürsten Mathäus in die Walachei mit
folgendem Ansinnen : «Er (Mathäus) wisse wol, wie die Tartaren in Polen eben gehaust hätten; deszhalb also solle er
(Mathäus) allsogleich 80.000 Thaler ausbezahlen, oder es würde
auch ihm und seinem Lande ebenso übel ergehen.» Mathäus
liesz die Abgesandten einige Tage auf seinen Bescheid harren,
meldete inzwischen dieses Ansinnen an die Pforte mit dem
Beisaze, «das Land könne nicht mehr als blos Einen Tribut
entrichten; müsse es daher den Tartaren, wie diese eben jezt
forderten, einen Zins verabfolgen, so könne es hinwieder der
ottomanischen Pforte keinen leisten. Nach dem nun türkischerseits unverweilt die Erwiederung erfolgt war, «er solle sich

---

*) Resident Simon Reniger an den Kaiser. — Constantinopel, 3. u.
12. August, 1., 8., 25. u. 17. September, 11. October 1652.

von den Tartaren durchaus nicht anfechten lassen,» stellte er
seine gesammte Streitkraft bis an die Moldauische Gränze in
schlagfertiger Haltung auf, liesz die tartarischen Abgesandten
mitten durch diese Truppenaufstellung einen Rundgang nehmen, und fertigte sie endlich mit dem Bescheide ab: «Wenn
«der Tartarenchan in gleicher Art, wie nun der Sultan, dieses
«Landes Herr seine würde, alsdann wollte man ihm den übli-
«chen Tribut verabfolgen, sonst aber keinen Pfennig. Gedächte
«er jedoch seine Forderung mit Gewalt zu erzwingen, so sollte
«er nur kommen: harrten ja doch seiner bereits 50.0000 wa-
«lachische Reiter unter ihres Fürsten Anführung.» *)

Der Tribut der Moldau und Walachei traf vor einigen
Tagen bei der Pforte ein. Lupul dankt dem Residenten Reniger sowol brieflich am 31. Juli, als auch mündlich durch
seinen neuen Agenten für die ausgezeichnete kaiserliche Gnade
und die Zollfreiheit, deren sein in Einkaufsgeschäften nach Venedig entsandter Hofbeamter Stephan Bablai auf der durchreise durch des Kaisers Staaten sich zu erfreuen hatte; hiefür
wie auch für die anderweitigen Beweise kaiserlicher Huld seinen
Dank und seine Dienstwilligkeit dem Kaiser anbietend übermacht er auch eine bezügliche Zuschrift an Freiherrn Rudolph
Schmidt, dem Residenten, dessen Antwort an Lupul abschriftlich beiliegt. **)

Rákóczy, dem Lupul's Verschwägerung mit Chmielnizki
ein Dorn im Auge ist, überantwortet der Pforte urschriftlich
ein lateinisches, mit dem groszen Fürstensiegel geziertes Schreiben Lupul's an einen Richter in Siebenbürgen in Betreff eines
moldauischen Unterthans, worin unter Anderm von den eingeleiteten Friedensverhandlungen und dem gehofften baldigen
Friedensvergleiche zwischen Polen und Kosaken, dann von dem
Vorhaben des (Timotheus) Chmielnizki, Behufs einer Unterredung mit Lupul persönlich nach Jassy aufzubrechen, Kunde
zugemittelt wird. Dieses Schreiben glossirt nun der Sieben-

1652.

1652.

---

*) Resident Simon Reniger an den Kaiser — Constantinopel, 3. Au-
gust 1652.

**) Resident Simon Reniger an den Kaiser. — Constantinopel, 1. Sep-
tember 1652.

bürgefürst in eigener schriftlicher Ausführung, die er ebenfalls
der Pforte zustellen läszt auf gleich seltsame wie hämische
Weise : Lupul's Absehen bei dieser Verehelihung seiner Tochter wäre lediglich darauf gerichtet, durch die dermalige Mittlerschaft die Polaken und Kosaken auszusöhnen und die Aus-
gesöhnten vorerst wider die Tartaren, sodann aber wider die
Türken zu einem Bündnisz zu vereinigen; bereits hätte derselbe in Polen das Indigenat und den Fürstentitel erlangt und
führe demgemäsz in seinem Insiegel eine Krone, mit der Zeit
aber gedächte er unter Beihülfe der Polaken und Kosaken die
Moldau, Walachei und Siebenbürgen als absoluter Herrscher
vollends an sich zu reiszen.

Rákóczy, der diesen Lupul'schen Brief in Urschrift zu-
rükfordert, und zurükerhält, gilt übrigens bei der Pforte für
einen treuen Vasallen und Auskundschafter, da er über die
Vorkommnisse und Zustände in der Christenheit sehr umständliche Berichte einliefert. *)

1652.

Ende August kam Chmielnizki's Sohn mit 8.000 Kosaken in die Moldau und hielt zu Jassy sein Beilager mit Lupul's Tochter feierlich ab, worauf er in Gesellschaft seiner Gemahlin wieder heimkehrte; doch liesz er den gröszten Theil
seiner Mannschaft noch in der Moldau zum Schuze seines num-
mehrigen fürstlichen Schwiegervaters zurük, welchem der Tartarenchan, ob der angeschuldeten Befreiung der drei gefangenen Polaken noch fortwährend grollend, mit einem Vertil-
gungszug in's Land gedroht hatte. Lupul's Hauptabsicht bei
dieser Verschwägerung scheint hiernach ausschlieszlich die zu
sein, vermittels der Kosaken sich die Tartaren vorläufig vom
Leibe zu halten und später zu befreunden, auf diese Art also
seinen Fürstenstuhl zu befestigen und gegen den Unbestand
des Glüks dauernd zu sichern. **)

1652.

Fürst Lupul gewährt, über Reniger's Anempfehlung,
zweien polnischen Edelleuten, die mit der lezten kaiserlichen

---

*) Resident Simon Reniger an den Kaiser. — Constantinopel, 18. Sep-
tember 1652.

**) Resident Simon Reniger an den Kaiser. — Constantinopel, 25. u.
27. September 1652.

Groszbotschaft nach Konstantinopel gekommen waren und unlängst auf ihrer Heimkehr durch die Moldau zogen, sehr wolwollende Aufnahme, hält sie kostenfrei und gastfreundlich aus und versieht sie mit einem Sichergeleite wie auch mit angemessenem Reisegespann bis an die polniche Gränze. Seine Agenten in Konstantinopel beschenken den Residenten mit einem Angebinde, gleichfalls in Anerkennung der gnädigen Aufnahme, welche die aus Venedig mit Einkaufswaaren rük- gereisten Hofbediensteten Lupul's in des Kaisers Landen ge- funden hatten. Lupul's bezügliches Schreiben an Reniger vom 15. September, so wie des lezteren Erwiederung vom 6. Oc- tober liegen dieser Relation abschriftlich bei. *)

Da Lupul mittels hoher Summen an der Pforte seine Bewerbungen um die Walachei angelegentlichst unterstüzt, so lodert zwischen ihm und dem Fürsten Mathäus die erbit- terte Feindschaft bereits in hellen Flammen auf, und gegen- seitige geheime Auskundschaftungen sowol wie auch offene feindselige Rüstungen stehen bei ihnen an der Tagesordnung. Der Walachenfürst hält sein Kriegsvolk in steter Schlagbe- reitschaft und bedingt sich überdies vom Rákóczy Hulfstrup- pen für den Fall aus, dasz Lupul, auf den Beistand der Tar- taren und Kosaken vertrauend, nicht allein nach der Wala- chei, wol aber auch nach Siebenbürgen die gierige Hand streken würde. Das Verfahren beider fürstlichen Gegner ist indesz nicht immer gleichartig; während z. B. Mathäus die auf walachischem Boden betretenen moldauischen Späher und Kundschafter übel zurichten und tödten läszt, erweist Lupul dagegen den ergriffenen walachischen Spähern viel Wolwol- len und entläszt sie unangefochten in ihre Heimat.

Auf die Vorstellung, welche die walachischen Agenten über Lupul's ränkevolles und ruhestörerisches Trachten nach ihrem Heimatlande beim Groszvezier anbringen, und auf ihre Anfrage, warum denn die Pforte ein Land, das bisher ebenso pünktlich seinen Tribut abführte als seinen übrigen Verpflich- tungen nachkam, nunmehr schonungslos dem Verderben preis- geben wolle, erwiedert der Groszvezier, «Fürst Mathäus führe

1652.

---

*) Resident Simon Reniger an den Kaiser. — Constantinopel, 11. Oc- tober 1652.

bereits über zwanzig Jahre das Ruder seines Landes, habe jedoch dem Sultan noch kein einziges Mal ein auszerordent·liches Geschenk dargebracht; da nun dieses Verfahren einen schreienden Undank aufweise, so sei an der Pforte wider Mathäus eine scharfe Maszregel zwar in Antrag gebracht, aber noch nicht zum Beschlusse erhoben worden, weil er (Groszvezier), als vieljähriger alter Freund des Mathäus, die Sache zu dessen Gunsten noch in der Schwebe erhalte; deszhalb also hätten sie in aller Eile ihren Fürsten an die Hereinsendung eines schönen kostbaren Geschenkes schriftlich zu mahnen.» Mit dieser Abfertigung traten die Agenten von der Audienz ab. *)

1652.   Die Tartaren und Kosaken rüken, den lezten Berichten zufolge, gegen die moldauische Gränze, weil der Tartarenchan, noch immer grollend ob der dem Lupul zugerechneten Befreiung der drei polnischen Gefangenen, von diesem entweder die Auslieferung der Entwichenen oder die Entrichtung von 200.000 Thalern fordert und seine Forderung erforderlichenfalls mit Waffengewalt erzwingen will. Lupul aber läugnete seine Betheiligung daran, und beweiseshalber läszt er denjenigen Armenier, welcher die Gefangenen aus dem tartarischen Kerker erlöste, festnehmen und dem Tartarenchan ausliefern, damit aus dessen Bekenntnisse der Abgang des fürstlichen Miteinvetständnisses sich ergebe. **)

1652.   Da zur Bezahlung des Janitscharensoldes von der Pforte die nöthigen Geldmittel mit aller Anstrengung aufgetrieben und in dieser Absicht hin und wider selbst mit Gewalt Darleihen abgenöthigt werden; so fordert der Groszvezier, durch die Befriedigung der Janitscharen seine eigene Befestigung erzwekend, von dem griechischen Patriarchen von Konstantinopel die Entrichtung einer Geldsumme von 9.000 Thalern. Dieser aber verweigert den Betrag, verläszt das Patriarchat und verbirgt sich vor den Nachstellungen der Pforte. Die

---

*) Resident Simon Reniger an den Kaiser. — Constantinopel, 6. December 1652.

**) Resident Simon Reniger an den Kaiser. — Constantinopel, 12. December 1652.

günstige Gelegenheit schnell erfassend, trit sein Vorgänger, der Expatriarch Joannikios, ungesäumt aus seinem seitherigen Verstek an's Tageslicht, besticht den Groszvezier durch hohe Geldverheiszungen, die sich auf mehr denn 20.000 Thaler belaufen sollen, und erlangt dadurch ebenso unverweilt seine Ernennung, feierliche Einführung und Zuerkennung eines Ehrenkaftan's. Ob nun gleich der Abgesezte zur Zeit noch nicht ohne Gefahr aus seinem Schlupfwinkel hervortreten darf, so läszt sich voraussichtlich annehmen, er werde getreu der bei den Griechen im Schwunge stehenden Praxis, noch bedeutendere Geldsummen aufzutreiben suchen, um seinerseits den Joannikios im Ueberbietungswege wieder aus dem Patriarchatsbesize zu werfen. So richten die Griechen ihre Kirche und ihr eigenes Vermögen selbst zu Grunde, während die Türken, die den Patriarchatsstuhl stets dem Meistbieter überweisen, an solchem Gebahren besonderes Gefallen haben. *)

Lupul's langjährige Wühlereien gegen den Siebenbürger·   1653.
fürsten wie auch des lezteren Nachbarverhältnisz und Bündnisz mit Mathäus-Waivoda der Walachei veranlassen die Abordnung eines siebenbürgisches Kriegsheeres unter dem General Johann Kemény wider den Moldauerfürsten, welcher, den Anmarsch des feindlichen Heeres nicht erwartend, aus seiner Residenz in unbekannter Richtung entweicht und von demselben nach Erforschung seines dermaligen Aufenthaltes nachdrüklich verfolgt werden wird; das ganze Land hingegen ergibt sich an General Kemény. **)

Dem von den Eunuchen des Serails fort angefeindeten   1653.
Groszvezier verursachen auch die lezten Händel in der Moldau grosze Besorgnisz.

In Anbetracht der Gefahr der Unterjochung, welcher sowol die Walachei als Siebenbürgen durch Lupul's Ländergier und durch die ihm nunmehr gesicherte Kosakenhülfe sich blosgestellt sehen, schliesst Mathäus, wahrseheinlich nach vor·

---

*) Resident Simon Reniger an den Kaiser. — Constantinopel, 9. u. 18. April 1653.

**) Georg Rákóczy an Grafen Wesseleni. — Alba-Julia (Karlsburg in Siebenbürgen), 18. April 1653.

läufiger Zustimmung der Paschà's von Ofen und Silistria, mit Rákóczy ein Schuz und Truzbündnisz wider Lupul, den beide sonach zu überfallen beschlieszen. Ihr Vorhaben jedoch bei Zeiten ablauernd und die Verstimmung seines eigenen Landes wider ihn berüksichtigend, rettet sich der Moldauerfürst vorerst auf das feste Schlosz Hotin nächst der polnischen Gränze, sodann aber vollends auf polnischen Boden, von wo aus er der Pforte für seine Unterstüzung und Wiedereinsezung 20.000 Thaler anbietet, die jedenfalls ihre volle Wirkung aüszern würden, wofern nur sein eigenes Land sich ihm nicht so abgeneigt erwiese. Inzwischen erwählen sich die Moldauer einen ihrer vornehmsten Bojaren, Stephan, zum Statthalter, welcher anfänglich zwar sich noch nicht den Fürstentitel beizulegen getraut, bald hernach indesz in der Hoffnung, sich mit Hülfe seines Landes und der beiden Fürsten der Walachei und Siebenbürgens behaupten zu können sich ausdrüklich «Princeps terrarum Moldaviae» nennt, auch die moldauischen Agenten an der Pforte bestättigt und zu dem Behufs der Genehmigung seiner Wahl einige Abgesandte mit hohen Geldanerbietungen nach Konstantinopel beordert, die bereits sich auf dem Wege dahin befinden. Mathäus meldet übrigens selbst der Pforte seinen Angriff auf Lupul, und fügt bei, er sei dabei nur mit Rüksicht auf das Gemeinwol und des Sultan's Nuzen zu Werke gegangen, auch wäre es endlich an der Zeit einen andern Woïewoden in die Moldau zu sezen. Rákóczy's einschlägiger Bericht an die Pforte erwähnt zwar der besondern Gefährlichkeit und zunehmenden Schädlichkeit Lupul's, wie auch dessen tyrannischer, geldgieriger und landsaugender Regierungsweise, welche der Moldau nachgerade so unerträglich geworden sei, dasz sie in offener Aufruhr entbrennend, ihn endlich zur Flucht genöthiget habe, verschweigt jedoch seine eigene Mitwirkung und die dem Mathäus wider Lupul geleistete Kriegshülfe. Die Pforte ihrerseits, obgleich von allen Vorgängen genau unterrichtet, macht zu alledem gleichgültige Miene, um nicht zu neuen Verwiklungen Anlasz zu geben.

Allen diesen Feinden Lupul's gesellt sich auch Siawus-Pascha von Silistria bei, der mit seiner ganzen Macht bereits die Donau übersezte und alle Gebiergspässe und Zugänge stark bewachen läszt, um jedwede schriftliche Mittheilung Lupul's an die ottomanische Pforte hintanzuhalten. Auch melden sich

schon viele Griechen mit hohen Geldanboten um das moldauische Fürstenthum, worüber indesz der Grosvezier bis zur Rükkehr des an Ort und Stelle abgesandten Kapidschi-Bascha
nicht verfügen will. Im Allgemeinen aber erregen diese Virren
blos das Miszfallen der Pforte, die das Bedenken hegt, es-
könnte Lupul die Krone Polen mit dem Kosaken aussöhnen
und sie zu einem Bündnisz wider die beiden Fürsten, seine
Feinde, oder wol gar wider die Türkei selbst stimmen. *)

Ibrahim-Aga, von der Pforte in specieller Sendung an
den Fürsten Mathäus abgefertigt, traf, seinem Berichte zu.
folge, diesen Fürsten auf walachischem Boden inmitten seines,
bei 40.000 Mann betragenden Streitheeres im Feld lagernd
und in vollkommener Waffenfertigkeit kampfgerüstet an. Weil
nun, wider alles Verhoffen, Lupul mit den Kosaken eben im
Anzug bgriffen war, hielt Mathäus es für gerathener den Ibrahim-
Aga nicht zu entlassen, sondern stellte ihn an einen sicheren
Standort auf, damit er mit eigenen Augen den Ereignissen
zusehen und hierüber mit völliger Verläszlichkeit an die Pforte
Bericht erstatten möge. Im Lager des Mathäus befand sich
auch Stephan, der nach Lupul's Flucht aus der Moldau von
seinen Landsleuten auserwählte Statthalter oder Regierungs-
Verweser; dieser war mit 9.000 Mann an der Gränze hinbeordnet worden, wo er zwar seine Aufstellung nehmen, wofern aber Lupul mit zu groszer Uebermacht heranrükte, sich
gegen die Hauptarmee wieder zurükbiegen sollte, was er auch
getreu befolgte. Lupul's Streitkräfte bestanden, dem Vernehmen nach, aus 30.000 Kosaken, ferner 5.000 Söldlingen ver-
schiedener Nationalität, worunter auch Tartaren, endlich aus
nahezu 2.000 deutschen Musketieren und einem Artilleriepark
von 16 Geschüzen. Hievon standen 10.000 Mann der besten
und guterlesensten Kosaken unter persönlicher Anführung des
jungen Chmielnizki (Timotheus), der von seiner übrigen Truppe
eine Abtheilung von 10.000 Mann voranschob; diese sengten,
plünderten und brandschazten gräulich das Land, hieben auch
des Mathäus Vortrab theils nieder, theils jagten sie ihn in
die Flucht so das der Walachenfürst ihn nur mit Mühe, ob-

1653.

---

*) Resident Simon Reniger an den Kaiser. — Constantinopel, S. u.
Mai 1653.

12*

gleich noch schell genug, wieder zu sammeln und aufzustellen,
auch blos durch die Drohung, ihn widrigens selbst niederhauen zu lassen, zu ferneiem Kampf anzutreiben vermochte.
Diese Scharmüzel fanden am 26. und 27. Mai statt.

Des Mathäus rechten Flügel befehligte obgedachter Statthalter Stephan, den linken der walachische Spathar als seines
Fürsten Säbelträger; im Mitteltreffen stand voran ein Reiter-
schwarm, sodann kam die Artillerie und hinter dieser war
Fürst Mathäus mit dem Rest seiner Truppen aufgestellt. Von
siebenbürgischen Truppen hatte sich blos eine Reiterabthei-
lung von 500 Mann auf dem Kampfplaz eingestellt; das Haupt-
korps von 25.000 oder 30.000 Mann aber rükte erst am folgenden Tag daselbst ein, weil man, aller Berechnung nach,
den Kosakeneinfall für noch nicht so nahe bevorstehend erachtet hatte. Lupul's auf 20.000 Kosaken gebrachter Vortrab
erlitt um so gröszere Verluste, je mehr es bei weiterem Vordringen dem feindlichen Herre sich näherte, und da der
junge Chmielnizki und Lupul mit ihre Hauptmacht bald darauf nachrükten, so standen sich die feindlichen Heere nunmehr einander gegenüber, im Angesichte einer unaufhalt-
baren Schlacht.

Diese wurde von beiden Theilen mit eben so groszer Erbitterung als Hartnäkigkeit am 27. Mai geschlagen und wogte
durch 7 Stunden in zweifelhafter Unentschiedenheit und wech-
selvoller Hin- und Herschwankung. Die walachische Artillerie,
aus 32 Geschüzen bestehend, bestreicht die Kosaken mit so
wolgezieltem Feuer und lichtet so sehr ihre Reihen, dasz sie
hiedurh gar sehr in Unordnung gerathen. Doch hat die Stunde
der Entscheidung noch keineswegs geschlagen und auch das
walachische Heer zählt seine Opfer. Mathäus seinerseits ficht
mit echtem Löwenmuthe und thut Wunder der Tapferkeit:
schon verlezt im stürmischen Schlachtgewühle ihn eine Mus-
ketenkugel am Schenkel, schon sinkt durch feindliches Geschosz
unter ihm das eigene Streitrosz, und fällt unter des Gegners
heftigem Feuer an seiner Seite das fürstliche Banner; doch
sein Muth bleibt ungeschwächt, er weicht nicht von der Stelle
im entscheidenden Augenblike; kühn und seiner Wunde nicht
achtend, schwingt er sich alsbald auf ein anderes Ros, mit
geschwungenem Säbel und hocherhobenen Arm stürzt er sich
neuerdings in des Kampfes Gewirre, durch Wort und That

seine Truppen zur Ausdauer ermunternd, durch Siegesver-
heiszung und Beutehoffnung ihre Kraft erfrischend. Gleich ihm
kämpfen seine Soldaten alle ritterlich. Tausende von Feinden
liegen bereits auf der Walstatt, die übrigen zerstreuen sich
in voller Flucht und Auflösung, 5.000 Kosaken fallen in der
Sieger Hände, das gesammte Geschüz (16 Stük) und Gepäk
geht gleichfalls verloren, und Lupul selbst wie auch der junge
Chmielnizki werden in wilde Flucht gejagt. Mehr als 25.000
Todte insgesammt kostette dieser blutige Tag an welchem
Rákóczy mit 20.000 Fuszvolk und 10.000 Reitern bis Kronstadt vorgerükt war.

Den gefangenen Kosaken liesz Mathäus Pardon ertheilen,
nicht so aber den Tartaren, und den Deutschen, die sich in
einen Wald flüchteten, stellte er blos die Wahl zwischen Begnadigung gegen den Eintritt in seinen Dienst oder augen-
blikliche Niedermezelung; sie wählten ersteres, ergaben sich
und traten unter seine Fahne. Das erbeutete Gepäke, wenn
gleich darunter zwei geldbeladene Wagen sich vorgefunden
hatten, gab der Sieger insgesammt seinen Soldaten Preis, und
als man ihm aus Chmielnizki's Reisewagen 1.000 neue venetianische Dukaten überbrachte, verweigerte er gleicherweise
deren Annahme, sondern liesz sie gegen Thaler auswechseln
und diese dann unter die Soldaten vertheilen; und nicht minder
edel verfuhr er mit Lupul's schönem Zobelpelz und anderen
kostbaren Gewändern, die man ihm als Beute übermittelte :
er liesz sie abschäzen, den Schäzungwerth aber seinen Soldaten in Geld verabfolgen. Unter den erbeuteten Schriften
fand sich des dermaligen Groszveziers Schreiben und Befehl
an Lupul vor, wodurch dieser zum ungescheuten Einfall in
die Walachei und zur Absezung des Verräthers Mathäus angewiesen ward; diese beiden wichtigen Aktenstüke überantwortete Mathäus vor einigen Tagen den Mufti mit der, in
Klagetone beigefügten Bemerkung, das unglückliche Land
sei also gründlich verderbt und versengt worden, dasz es
sich kaum in 40 Jahren würde erholen können; als nun aber
der Mufti Kunde hievon dem Groszvezier mittheilte, stellte
dieser seinen Brief und Befehl in Abrede und leugnete auch
sonst jedwede Wiszenschaft und Betheiligung daran entschieden ab.

Am 4. Mai entsandte die Pforte einen Kapidschi-Baschi

in die Walachei und einen andern in die Moldau, um über
die dortigen Wirren und Ereignisse genaue und zuverlässige
Aufklärung zu erlangen Siawus-Pachà von Silistria steht mitt-
lerweille mit seinem Kriegsvolk in Bereitschaft, rükte indesz
bislang noch keinem Theile zur Hülfe. *)

Die Bojaren der Moldau, seit mehreren Jahren bereits
sei es durch unaufhörliche Bedrükungen und Ueberbürdungen,
sei es durch im Privatwege elittene Unbilden erbittert, hatten
gegen ihren Fürsten Basilius Lupul eine Abneigung und einen
Hasz gefaszt, dem sie nur deszhalb noch keinen thatsächlichen
Ausdruk leihen mochten, weil es ihnen entweder hiezu an
einer günstigen Gelegenheit gebrach oder weil sie, wenn auf
ihre eigene Kraft angewiesen, in diese nicht hinreichendes
Vertrauen sezten. Sie schoben demnach ihre Befreiungsver-
suche fortwährend auf, bis sie im Laufe der lezten Wochen,
über Anstiftung der Fürsten Mathäus und Rákóczy, eine förmliche Vershwörung anzettelten und nunmehr beschlossen den
Lupul am Palmsonntage beim Austritt aus der Kirche zu
tödten oder doch gefangen zu nehmen und einzukerkern.
Allein wenige Tage vor der Ausfrührung kam diese Verschwörung einem griechischen Mönch zu Ohren, welcher denn
auch mit höchster Hast dem Fürsten von der ihm drohenden
Gefahr und durch ein schriftliches Verzeichnisz auch von den
Namen mehrerer Verschworenen Anzeige erstattete. Drei der
Rädelsführer liesz nun Lupul sofort in Haft sezen, der Schuld
überführen und ungesäumt hinrichten. Der Groszbotschafter
oder Groszkanzler des Landes aber, Erster unter den Bojaren,
aber auch unter den Verschworenen, und von diesen, laut
getroffenem Uebereinkommen, zum Nachfolger im ledigen
Fürstenstuhle ausersehen, schüzte, da nun schon das Kom-
plott bekannt geworden war, einen dringenden Brief von seiner für krank ausgegebenen Ehefrau, die ihn zur schleunigen
Heimsuchung aufforderte, geschikt vor und erwirkte solchergestalt vom Fürsten die Bewilligung sich zu derselben auf
einer seiner Güter an der Gränze Siebenbürgens für wenige

---

*) Resident Simon Reniger an den Kaiser. Relation über die in der
Walachei unweit von Tergowiste vom Fürsten Mathäus dem Lupul und den
Kosaken siegreich gelieferten Schlacht. — Constantinopel, 9. Mai 1653.

Tage zu verfügen. Tags darauf liesz ihn zwar der Fürst durch
eine beträchtliche Anzahl von nachgeschikten Hofjungen wie
der zu sich entbieten, allein der Berufene, die nahe Gefahr
witternd, war ihr schon dadurch ausgewichen, dasz er zu den
in geringer Entfernung von seinem Gute befindlichen siebenbürgischen Truppen überging Diese Thatsache liesz den Fürsten
einen plözlichen Einbruch der Siebenbürger und Walachen in
sein Land nicht ohne Grund argwöhnen und veranlaszte ihn
zu dem Entschlusse, seine Schäze und kostbarsten Habselig-
keiten zusammenzupaken und sammt der Fürstin und den Kin-
dern nach Chotin, einer an der moldauisch-polnischen Gränze,
gegenüber von dem durch Sultan Osman's Berennung denkwürdigen Kameniec gelegenen Burgfeste in Sicherheit zu bringen. Dahin folgte er sodann persönlich nach, begleitet von
seinem ganzen Hofstaate, vielen Bojaren und mehreren Abtheilungen seiner Soldtruppen; indesz schlosz er sich nicht in
die Veste ein, sondern lagerte sich um selbe dem Zuzuge
seiner Soldtruppen von allen Seiten entgegenharrend, um den
Angriffen seiner Feinde erfolgreich die Spize bieten zu können. Gleichzeitig fertigte er einen seiner Anverwandten an
seinen Eidam Chmielnizki (Sohn) mit dem Ansuchen um Kosakenhülfe ab; da jedoch dieser Abgeordnete an der moldauischen Gränze von dem Vogt des Ortes, einem Bojaren, angehalten wurde, so liesz der hievon unterrichtete Fürst den Vogt
in aller Eile durch einen Reitertrupp aufheben, vor das fürstliche
Antliz stellen und als einem Aufrührer den Kopf abschlagen.
Schon wenige Stunden darnach erreichte ihn die Kunde, dasz
der obenerwähnte Logothet, sein Nebenbuhler, mit Hülfe siebenbürgischer und walachischer Truppen die Hauptstadt Jassy
besezt und sich mit gesammter Macht gegen Chotin, es zu
berennen, auf den Marsch gesezt habe; und nicht sobald hatte
in Folge dieser Schrekensnachricht der bestürzte Fürst mit
seiner fürstlichen Gemalin, seinen Söhnen, Verwandten, ver-
trautesten Freunden und Dienern, im Ganzen mit ungefähr
500 Personen den Dniester, diesen Gränzflusz zwischen Moldau und Polen, sicherhitshalber mit äuszerster Hast als Flücht-
ling überschritten, als er auch bereits mit eigenen Augen ansehen muszte, wie am andern Ufer einige seiner Gepäkwagen,
die in der überstürzten Fluth rükgeblieben waren, dem mittlerweile eingetroffenen feindlichen Vortrab als Beute- und Plün-

derungsgegenstände in die Hände fielen. In solcher Bedrängnisz betrat nun Lupul den polnischen Boden, wo er, bei Kameniec vorüberziehend, von dem dortigen Kastellan Potozki,
dem nämlichen Sohne des ehemaligen polnischen Kronfeldherrn, welchen Lupul im verwichenen Jahre aus tartarischer
Sklaverei erlöst hatte, feierlichen Empfang und ehrenvolle Beschenkung erfuhr und in einem unfern davon gelegenen Dorf
oder Schlosz seinen Aufenthalt nahm. Sein erstes Geschäft
daselbst bestand in Erhebung eines Hülferufes und Schilde-
rung seiner verlassenen Lage an seinen kosakischen Eidam,
welcher, ein entschlossener, kühner, seinem Schwiegervater
sehr wolgeneigter Jüngling, dem vertrauensvollen Rufe auch
ebenso bereitwillig als glänzend entsprach: ohne die Hemmnisse, die ihm die Feinde bereiten mochten, im Mindesten zu
beachten, und blos des Vaters Segen erflehend, brach er
auf's Schleunigste an der Spize seiner 6.000 Mann betragenden Kosakengarde, welcher seinem Auftrage zufolge, andere
12.000 Mann nachzurüken hatten, auf einem anderen Wege
in die Moldau ein, stiesz unterhalb Jassy auf die Steitkräfte
des neuen Fürsten, schlug sie, zwang den Besiegten zur Flucht
nach Siebenbürgen und besezte die Residenz seines Schwiegervaters. Auf die Kunde davon kehrte Lupul mit seinem
ganzen Hofstaat nach Jassy zurük, wo bald hernach viele
Tausend nachgerükter Kosaken sich mit der siegreichen Ko-
sakenabtheilung vereinigten und nach ihrer baldigen Verstär-
· kung durch einen beträchtlichen, im Anzuge befindlichen Tar-
tarenhaufen die Bestimmung haben an Mathäus den Angriff
wider Lupul zu rächen.

Der Groszvezier nahm entschieden Partei für Lupul und
täuschte hiedurch die Hoffnung der Gegenpartei, die da voraus-
sezte, Lupul würde nach seiner Flucht auf polnisches Gebiet
von der Pforte ipso facto als Rebelle erklärt, dagegen der
neugewählte Stephan im Fürstenthume bestättigt werden. In
dieser Hoffnung hatte auch bereits Stephan eine Deputation
von 12 Bojaren, um den Lupul anzuklagen und die Bestättigung der Neuwahl zu erbitten, nach Constantinopel auf dem
Weg gesezt; allein der junge Chmielnizki liesz sogleich nach
dem glänzenden Erfolge seiner Waffen diesen Bojarendeputirten nachsezen, sie in Gallaz aufgreifen, in Ketten und Bande
schlagen und nach Jassy zu Lupul's Verfügung zurükführen.

Der Groszvezier übermachte ferner, sofort nach Chmielnizki's Sieg, dem Lupul durch einen Aga und einen Vertrauten des Moldauerfürsten einen Chatischerif worin dessen Bestättigung im Regimente der Moldau nebst der Ermächtigung zum vorbedachten Rachezug wider Mathäus und Rákóczy enthalten war. *)

Während die ottomanische Pforte in den moldauischen Wirren nicht recht weisz wenn sie trauen solle, begünstigt der Groszvezier, ein Mann, gleich wortkarg als thatgefährlich, den Lupul augenfällig. Nicht blos dasz in dessen Auftrag am 23. Mai der moldauische Agent in Begleitung von vier Türken zu dem wieder eingesezten Moldauerfürsten mit der Bestättigungsurkunde im Regimente der Moldau schleunig abreiste, sondern es ergingen überdies am 27. Mai an den Tartarenchan und dessen Bruder Ehrenkaftan's und Belobungsschreiben, verbunden mit der Aufforderung dem Lupul nach besten Kräften Schuz und Unterstüzung zu gewähren; den beiden Fürsten der Walachei und Siebenbürgen ward aber unter Androhung sonstigen groszherrlichen Ungnade die Ermahnung zu Theil sich jedes ferneren Angriffes auf Lupul zu enthalten und mit ihm freundliches Einvernehmen fürderhin zu pflegen. Dagegen jedoch liesz Rákóczy durch seinen Agenten dem Groszvezier wie auch der Pforte in klaren ungeschminkten Worten kek bedeuten, «dasz ihr ferneres Bestreben, dem Lupul auf jeder Gefahr hin aufrecht zu erhalten, die betheiligten drei Länder der Pforte entfremden müszte; dasz zu diesem Ende der Fürst Mathäus, der seit jeher schon nahebei 40.000 Mann im Felde hielt, nunmehr den dritten Mann in seinem Lande zum Heeresbanne aufgeboten, und dieses Aufgebot, zur Abwehr eines etwaigen Türkeneinfalles in sein Land, an der Donau aufgestellt, mit seiner Hauptmacht aber persönlich ebenso der südlichen, wie Rákóczy der nördlichen Gränze der Moldau sich genähert habe; dasz kurzweg beide Fürsten den Lupul durchaus nicht in ihrer Nachbarschaft zu dulden entschlossen seien.» Da nun aber der Moldauerfürst zu seinen Bundesgenossen lediglich die Ko-

---

*) Dr. Scogardi an Freiherrn Rudolph Schmidt. — Constantinopel, 1. Juni 1653.

saken und die Tartaren zählt, so dürfte das bevorstehende
Gebahren solcher Helfer in der Moldau Wunderliches zu
Tage fördern.

Am 28. Mai überantwortete der Pforte ein siebenbürgischer Kurrier Rákóczy's ausführliche Beschwerdschrift wider
Lupul, in 16 Punkten formulirt. Der erste dieser Schuld-
gründe hob hervor Lupul's unaufhörlichen besonderen Ge-
heimverkehr mit dem Kaiser und den kaiserlichen Gränzober-
sten, vornehmlich mit dem Feldmarschall Grafen Mansfeld
und dem Grafen Wesseleni zu Kaschau; hiedurch habe derselbe zwischen dem Kaiser, dem Polenreiche, den Kosaken
und ihm selbst die Anbahnung eines mächtigen Bündnisses
wider das Osmanenreich angestrebt und, falls der Kaiser ein
starkes Heer hiezu bereit halten wollte, seinerseits den An
schlusz der Polen und Kosaken zugesichert, um sodann mit
vereinter Macht wider die Türken in's Feld ziehen zu können;
er halte zur Schlieszung dieses Allianztractates einen eigenen
Bestellten zu Regensburg wo die bezüglichen Unterhandlungen eben gepflogen würden, un habe bereits die Aufstellung
eines beträchtlichen deutschen Truppenkörpers in Ungarn,
besonders an der Theisz, zu bewirken gewuszt: darin sei er
vollkommen in den Fuszstapfen des einstigen walachischen
Woïewoden Michaël getreten, dessen Einverständnisz mit dem
General Georg Basta und die übrige Verfahrungsweise auf
solch gefahrdrohender Bahn den Weg gezeigt hätte. Eben im
Hinblik auf solches türkenfeindliches Bündnisz -- also meldet
Rákóczy fernerweit — habe der Tartarenchan, über Lupul's
Anstiften, den beiden Fürsten (Mathäus und Rákóczy) Kriegshülfe angeboten, während eine ansehnliche polnische Botschaft,
an welche des Fürsten Radziwil besonderer Agent theil nehme,
nach Siebenbürgen und der Walachei eben jezt im Anzuge
sei, mit dem ausgesprochenen Zweke die beiden Fürsten mit
dem Lupul auszusöhnen; doch würde diese Gesandtschaft
nichts ausrichten.

Der Pforte kommen diese stets wachsenden Wirren sehr
ungelegen, weil sie darin das erste Aufglimmen eines Brandes
erblikt, der noch stärker sie als andere erfassen dürfte, was
sie um so besorglicher macht, indem der Tartarenchan, durch
die vom ehemaligen Groszvezier Achmet-Paschà, der selbst
nach dem Besiz der Tartarei lüstern ist, zu diesem Ende da-

selbst wider ihn geschürrten Aufstände erbittert und bedroht,
gegen die Pforte bedeutende Miszstimmungen äuszert. *)

Durch einen eigenen Abgesandten Martin Boldvay ward
unlängst dem Vezier bereits Lupul's Abfall von der dem Sultan schuldigen Treue und dessen feindselige Umtriebe wie
auch vielfältige Anschläge wider Rákóczy und Mathäus ausführlicher einberichtet und die den beiden Fürsten auferlegten
Nothwendigkeit dargethan worden, sowol zu eigenem Schuze
als nicht minder zur Verhütung der Losreiszung der Moldau
von sultanischer Oberherrschaft das Schwert zu ziehen Seitdem aber nahm die Sache eine nur noch schlimmere Wendung; denn abgesehen davon dasz Lupul die Landesgefälle
sämmtlich nach Polen verschleudert und mit seinen Land-
sassen wie ein Wolf mit den Schafen verfährt, fand er, da
er nun einmal seine Trugkünste und schädlichen Anschläge
entdekt und der beiden Fürsten Kriegszug in die Moldau
festgestellt sah, sicht nicht bewogen Schuzmittel und Kriegshülfe in offener Bitte beim Sultan, sondern in heimlichem
Wege bei den Polen anzusuchen, um mit deren Beistand des
Groszherrn Länder an sich reiszen zu können. Auch gelang
ihm durch Bestechung der Polen, die er mit den Kosaken
aussöhnte, diese Bewerbung so gut, dasz Polen und Kosaken
im gemeinsamen Einverständnisz ein Kosakenheer in die Moldau einrüken lieszen, welches diese arme Provinz ausplünderte,
und zu Grunde richtete, die Bevölkerung aber decimirte und
nunmehr darauf sinnt auch in der Walachei in gleicher Weise
vorzugehen. Diesem Unfall abzuwehren und groszherrliches
Land zu schirmen, ist Rákóczy fest entschlossen mit gesammter Heeresmacht der Walachei zu Hülfe zu ziehen. Weil aber
in der Zwischenzeit des boshaften Fürsten Lupul treue Ge-
sellen und Gesinnungsgenossen hieraus Anlasz nehmen dürften wider das entblöszte Siebenbürgen und andere groszherrliche Länder ihre alten Lieblingsanschläge neuerdings aufzunehmen und dem Siebenbürgerfürsten im Rüken Verlegenheiten zu bereiten, so bittet Rákóczy den Vezier, getreu dem
durch Martin Boldway bereits geleisteten Versprechen, nun-

1653.

*) Resident Simon Reniger an den Kaiser. — Constantinopel, 2.
Juni 1653.

mehr zur Dekung des Feldzuges im Rüken mit seinem Heer
in die Nähe Siebenbürgens zu ziehen und ihm Rákóczy gegen einen etwaigen feindlichen Ueberfall im eigenen Lande
wirksamen Schuz zu gewähren. *)

An seinem lezten Unglük trägt Lupul's Maszlosigkeit
allein die Schuld; denn hätte er es über sich bringen können
nach Wiedereroberung der Moldau sich damit zufriedenzustel-
len und in Hinkunft sich zur Ruhe zu begeben, so würde
schon die Rüksicht auf seine Bundesgenossenschaft mit den
gefürchteten Kosaken, die auf seinen Hülferuf ihm so rasch
beisprangen, sowol die Türken als die beiden Fürsten Rákóczy und Mathäus unzweifelhaft vermocht haben ihm jedwede weitere Anfechtung zu ersparen. Timotheus Chmielnizki
befindet sich mit seinen Kosaken auf dem Rükmarsch in sein
Heimatland; Mathäus aber gab seinen Truppen, die, einige
Tausend Mann stark, dem Feinde nachzusezen hatten, gemessenen Befehl sich auszerhalb der Walachei an keinem Kosaken mehr zu vergreifen, sondern einzig und allein den Lupul
bis an die polnische Gränze zu verfolgen und lebend oder
todt einzufangen.

Dagegen gedenkt die Pforte ihr Verhalten dem jeweiligen Erfolge anzupassen: Vermag nämlich Lupul mit Kosakenhülfe seinen Posten zu behaupten und des Mathäus Angriffe abzuwähren, so will sie ihn auch ihrerseits wieder anerkennen; wieder vertrieben oder von den Kosaken im Stiche
gelassen, hätte er aber türkischerseits jedenfalls die Einsezung
eines neuen Fürsten oder die Bestättigung des im Lande gewählten Stephan zu erwarten. Der bisherigen Begünstigung
Lupul's durch den Groszvezier liegt grösztentheils die Betrachtung zu Grunde, dasz im Nothfalle die Fürsten der Walachei
und Siebenbürgens weit leichter zu beruhigen oder zu Paaren
zu treiben wären als Lupul mit seinen kosakischen Bundesgenossen; eben deshalb aber dürfte Lupul's Unhaltbarkeit
auch den Groszvezier zu Falle bringen.

Über die Schärmüzel und die siegreiche Schlacht, die
vom 26.—28. Mai geliefert wurden, langten von Mathäus am

---

*) Fürst Georg Rákóczy III. an den Vezier von Ofen. — Schlosz Rad-
noth, 3. Juni 1653.

3. Juni Berichte an den Groszherrn, den Groszvezier, Mufti und mehrere andere türkische Grosze ein, mit dem Beisaze, er hoffe auf des Sultans Befriedigung und Mitfreude wegen der vollständigen Demüthigung eines Feindes, der zugleich Hochverräther und auf seine bösen Anschläge versessen sei; habe Lupul, nicht zur Genüge abgeschreckt durch die vor mehreren Jahren auf walachischem Boden erlittenen zweimaligen Schläge, auch nach einem dritten und zwar diesmal unter kosakischem Schild gelechzt, so sei' demselben durch Gottes Zulassung dieses Schiksal auch nun widerfahren, und er sowol als seine kosakischen Genossen gehörig gezüchtigt worden.

Die Kosaken und ihre Verbündeten, die Tartaren, stehen in hoher Besorgnisz vor den sie bedrohenden Polen; deszhalb sezt der vom Hetman um bundesmäszige Hülfe angegangene Tartarenchan, wie er an die Pforte berichtet, seine gesammte Macht in Bewegung, und da er überdies dem Lupul ob der bekannten Befreiung der gefangenen Polaken noch fortwährend grollt, erklärte er sich auch mit des Timotheus Chmielnizki Feldzug in die Moldau, wodurch die verbündete Streitkraft angesichts der polnischen Anschläge um ein Bedeutendes vermindert würde, keineswegs einverstanden; hieraus ist ebenfalls zu entnehmen, dasz der beim lezten Zug in die Walachei verwendete Tartarhaufen im Solde der Kosaken gestanden und nicht etwa vom Tartarchan dazu befehligt gewesen sei.

Lupul entkam, gleich seinem Eidam Timotheus Chmielnizki, in der unglüklichen Schlacht einer Gefangennehmung nur mit harter Mühe und nur in vollständigster Verkleidung, die bis auf's Hemd sich erstreckte, und geniesz noch immer den besonderen Schuz des Groszveziers. Allein diese Begünstigung vermochte nicht die Erlassung eines Belobungsschreibens an den Mathäus hintanzuhalten, worin ihm die Pforte wegen seines Wolverhaltens und der Beschüzung einer groszherrlichen Provinz ihre besondere Anerkennung ausspricht und ihn zu fernerer Ausdauer in pflichtmäsziger Treue ermuntert. Der Pforte, die sich niemals träumen liesz, dasz die beiden Fürsten so grosze Streitmacht aufzustellen fähig wären, bangt es nämlich vor der Möglichkeit einer Aussöhnung dieser Fürsten, die dann ihre verbündeten Waffen gegen die

Türkei selbst kehren dürften; deszhalb zielt sie dahin ab, dasz die beiden Feinde sich einander selbst aufreiben und abschwächen. Zu diesem Ende wendet sie nun eine gleiszneriche Politik an: während sie liebkost beide Parteien, verhezt sie dieselben gleichzeitig noch stärker gegeneinander, auf dasz sie sich gegenseitig mit steigender Erbitterung zerfleischen, abmaten und in einem Grade schwächen mögen, der es der Pforte nur um so leichter und bequemer machte sie beide mit einem Schlage zu unterdrüken. In Bezug auf die genauere Ausführung dieses doppeldeutigen Verfahrens gewärtigt sie vor der Hand noch die Berichte des in die Walachei und Moldau zur Untersuchung der Sachlage abgeordnetbn Kapidschi-Baschi's, und fertigte nachmals zwei andere Agalari, namentlich den Kadir-Agà in die Moldau, den Abasa Mehemet-Agà aber in die Walachei zur Uebernahme des Jahrestributes ab, mit dessen Beischaffung die beiden Fürsten in ihren Hauptstädten sich eben befassen. Mit Lupul weilt auch sein Eidam in Jassy, und des ersteren Schreiben an Dr. Scogardi vom 19. Juni spricht seinen Entschlusz aus, den Krieg fortzusezen und an den Feinden Rache zu nehmen.

In einem am 13. Juni anhergelangten Schreiben meldet Rákóczy der Pforte, «es sei nunmehr sonnenklar, dasz der Groszvezier dem Lupul die Ermächtigung ertheilt habe mit Kosakenhülfe in die Walachei einzufallen; er bitte demnach die Pforte um Shuz für seine Person und Provinz, insbesondere um entsprechende Weisung an die Paschà's von Ofen und Silistria, weil die drei Länder Siebenbürgen, Moldau und Walachei den Lupul als Fürsten und Nachbarn nun und nimmermehr dulden wollen. Er (Rákóczy) sei zwar der ottomanischen Pforte allzeit getreuer Diener und bereit in ihrem Dienste und Interesse selbst sein Leben in die Schanze zu schlagen; wenn sie ihn aber dessenungeachtet verstossen wollte, so bliebe ihm freilich nichts übrig als mit Anderen sich in's Einverständnisz und Bundesverhätnisz zu sezen. Des Kosakenhetmans eroberungssüchtiges Gelüste bedrohe vorerst die Moldau, sodann die Walachei und Siebenbürgen mit dem Verluste ihrer politischen Selbstständigkeit und mit dem Aufgehen in's Kosakenthum: würde nun Lupul nicht beseitigt, so ginge die Pforte unzweifelhaft dieser drei Länder insgesammt verlustig.» Dieses Schreiben schien dem Pfortendoll-

metsch so kräftig und kühn, dasz er sich an dessen Ueber-
sezung und Ueberreichung zur Pforte nicht wagen mochte,
weszhalb der siebenbürgische Agent sich selbst dazu entschlosz.
Dagegen erschienen dieser Tage Abgesandte des Kosakenhetmans Bogdan Chmielnizki beim Groszvezier mit dem
Ansuchen um türkisch-tartarische Kriegshülfe, die ihn befähigte
dem Bündnisse Polens, Ungarns und der Walachei, welches
vorerst auf die Besiegung Lupul's und der Kosaken, sodann
aber auf Eroberung alles türkischen Gebietes bis an die Donau abgesehen sei, mit dem gehörigen Nachdruke die Stirne
zu bieten. Zu desto mehrerer Beglaubigung ihrer Angabe
berufen sich die Abgesandten auf die damit übereinstimmende
Erklärung eines gefangenen Polen, den sie in Ketten der
Pforte vorführen und für einen Edelmann und vornehmen
Senator aus Polen ausgeben, der jedoch bei genauerer Erforschung sich als ein polnischer Diener herausstellte. Lupul's
Hand ist da jedenfalls im Spiele, um die Pforte wieder Mathäus und Rákóczy nach Möglichkeit aufzustaheln. Uebrigens
tragen die Abgesandten die Unterwerfung der Kosaken unter
türkische Oberhoheit nebst Leistung von Kriegsdiensten an,
fordern dagegen türkischen Schuz wider Polen und Tartaren,
verpflichten sich auch zur Unterlassung jedes Angriffes gegen
Polen, erhielten indesz noch keinen Bescheid.[*]

Nach dem Rükzug der siebenbürgischen Truppen aus   1653.
der Moldau, welcher gemäsz den Bitten der hartbedrängten
Einwohner und zur Schonung dieses osmanischen Landes
erfolgte, rükte im Einverständnisse mit Polen eine Kosakenarmee dem Lupul zu Hülfe, welcher mit ihr sein moldauisches Kriegsvolk in Verbindung sezte und mit der also vereinigten Macht auf die Walachei zuzog. Der Fürst Mathäus,
zu dem mittlerweile ein Theil der siebenbürgischen Hülfstruppen gestossen war, hatte aber an die Spize seines Vor-
trabs einen unfähigen Befehlhaber gestellt, der dem ersten
feindlichen Anpralle mit beträchtlichem Verluste weichen
muszte. Der Feind, durch den ersten Erfolg übermüthig gemacht, rükte in der Walachei unter furchtbaren Verheerun-

---

[*] Resident Simon Reniger an den Kaiser. — Constantinopel, 8., 16.
u. 19. Juni 1653.

gen vor, und um der drohenden Vereinigung des bereits auf dem Marsche befindlichen siebenbürgischen Hauptcorps mit walachen zuvorzukommen, eilte er zum Angriff auf den Mathäus, der am 27. Mai*) die Hauptschlacht annahm und vollständig gewann.

Da nun aber Lupul an der Aussöhnung Polens mit den Kosaken, diesen Nachbarn der Moldau, eifrig arbeitet, so dürften die lezteren, die bisher sich ruhig verhalten und freien Durchzug hin und her hatten, das türkische Gebiet um so mehr feindlich anfallen, weil auch der deutsche Kaiser sich dem Moldauerfürsten sehr wolgeneigt erweist.

Der Vezier möge demnach zur Verhütung der drohenden Uebel, durch die selbst die Tributleistung an die Pforte hintangehalten würde, einem etwaigen Angriffe des Kaisers auf Siebenbürgen mit Rath und That vorbeugen oder mit gehöriger Macht die Spize bieten, und Rákóczy wünscht zu wissen, ob und in wieweit er im Nothfall auf des Vezier's Beistand mit Zuversicht bauen dürfte. **)

1653. Ein lateinisches Schreiben des Kosakenhetmans Bogdan Chmielnizki aus dem Feldlager zu Bar, vom 12. Juni datirt, wird dem Groszvezier am 26. Juni übermittelt, des Inhalts: Der Bescheid an die nunmehr heimgekehrten kosakischen Abgesandten verdiene vollen Dank und werde ihr Begleiter Osman Czausch alsbald seine Abfertigung erhalten. Die neuen Abgesandten Jakob und Johann seien indesz mit neuen Vorschlägen betraut, welchen die Pforte geneigtes Gehör und Genehmigung ertheilen möge. Den Feinden, die in Bereitschaft stünden, vollkommen gewachsen, betheilige er sich doch keineswegs an den Zwistigkeiten der Moldau mit der Walachei und Siebenbürgen. Allerdings habe sein Sohn (Timotheus) nicht ruhig und gleichgültig zusehen mögen, wie sein Schwiegervater Basilius mit groszen Schaden aus dem Regi-

---

*) *Anmerkung:* Unrichtig scheint sonach die Ansezung des Schlachttages auf den 17. Mai überhaupt und ebenso die des vorausgegangenen Einzuges Kemény's in Jassy auf den Pfingstsonntag, welcher auf den 1. Juni fällt, in Engel's Geschichte der Moldau (Pag. 270) erfolgt zu sein. Der 17. Mai kann blos nach dem *alten* Kalender (27. Mai nach dem neuen) richtig sein.

**) Georg Rákóczy an den Vezier von Ofen. — Barczaság Feöldvar, 30. Juni 1653.

mente der Moldau vertrieben würde, und ihm zur Wiedererlangung des unrechtmäszig Entrissenen hüllreiche Hand geboten; weil aber Lupul der Pforte stets getreu gewesen, und
ein so fähiger und verläszlicher Fürst, bei den drohenden
Umständen der Gegenwart, an diesen Gränzen nicht allein
sehr nüzlich sondern sogar nothwendig sei, so stelle der Kosakenhetman die Bitte um Wiederbestättigung Lupul's mittels
eines vom Groszherrn eigenhändig gefertigten Chatischerifs.

Dieses Schreiben hat ganz den Anschein eines von Lupul eben so eingegebenen als diktirten Schriftstükes, hat noch
keinen Bescheid erhalten. Da indesz einerseits die Fürsten
der Walachei und von Siebenbürgen, dieser mittels eines
eigenen Abgesandten, anderseits der von der Moldau gleich
dringend mit Geld und reichen Geschenken die Pforte zum
Einschreiten und zur Verhinderung der ferneren Zugrunderichtung dieser Länder zu bewegen trachten, so ergingen
lezthin an Mathäus und Rákóczy türkischerseits gemessene Befehle den Frieden zu wahren und einander fürderhin nicht
mehr anzufeinden, der Tartarchan erhielt die Weisung zur
Aussöhnung der feindlichen Fürsten nach Kräften mitzuwirken und dem Hetman Chmielnizki wurde geboten die Ein-
mengung seiner Kosaken in diese Zwistigkeiten fürderhin nicht
mehr zu dulden.

In der Walachei brach in lezter Zeit ein Militäraufruhr
aus, welchem in Tirgowiste im eigenen Pallaste des Mathäus,
der noch an der in der Schlacht empfangenen Schenkelwunde
krank darniederliegt, drei Bojaren zum Opfer fielen und nur
der vierte Verfolgte glüklich entkam. Der erste dieser Bojaren war der Zahlmeister des Heeres, welcher dem Fuszvolke
die verlangte dreimonatliche Löhnung nicht blos mit harten
Worten verweigert, sondern zudem sich angeschikt hatte eine
Abordnung von 50 Mann, die zur Betreibung dieser Zahlung
insbesondere an ihn gerichtet wurde und die über den abweislichen Bescheid im Stillen murrte, gnadenlos niederhauen
zu lassen. Hierüber war eine gewaltige Aufregung und Erbitterung in dem übrigen Fuszvolke aufgelodert, und weil
der Zahlmeister dasselbe für rebellisch und aufruhrerisch erklärt und durch die aufgehezte Reiterei zu Paaren zu treiben
gesucht hatte, so machten vielmehr beide Heeresabtheilungen
gemeine Sache wider ihn selbst, überfielen dann sowol ihn

als auch zwei andere mitschuldige Bojaren im fürstlichen
Pallaste und hieben sie zu kleinen Stüken nieder. Nach die·
ser Hinrichtung schwur die gesammte Armee dem Fürsten
Mathäus Treue wider Lupul. *)

Lupul erbittet von der Pforte einen Auftrag an Ma·
thäus wegen Hinrichtung oder Ausweisung des vom Lande
gewählten Gegenfürsten Stephan, der sicherem Vernehmen
nach mit seinem Heere zur Zeit noch in der Walachei eine
Stellung inne hat; dagegen wird walachischerseits eingewen-
det, Stephan sei nicht mehr in der Walachei, sondern an die
moldauische Gränze oder bereits nach Siebenbürgen zurük-
gewichen. Noch fortan langen indesz Berichte über des jun·
gen Chmielnizki gräszlichem Gebahren bei seinem im eben
verflossenen Frühling zur Wiedereinsezung Lupul's in die Mol·
dau unternommenen Feldzug ein; weder Stand noch Alter,
weder Geschlecht noch sociale Stellung, weder Schuldlosig·
keit noch Wolhabenheit schüzten vor der Wuth und Habgier
der Kosakenarmee, die was sie nicht über die Klinge sprin·
gen liesz, derart ausplünderte und nakt auszog, dasz die Ge·
plünderten blos in adamitischer Verkleidung in die Wälder
fliehend ferneren Gräueln zu entgehen trachteten. Viele Mol·
dauer fielen Lupul's Rachedurste zum Opfer, vielen gelang
es aber nach Konstantinopel zu entkommen, wo sie in ver·
borgener Zurükgezogenheit leben und unter der Hand im
Namen und Interesse ihres Landes die Anstrengungen Rá·
kóczy's und des Mathäus wegen Lupul's Absezung nach Mög·
lichkeit fördern und verstärken. Kosakenscheu hält indesz die
Pforte noch immer von Erfüllung dieser Zumuthung ab.

Osman Czausch nebst einem neuen kosakischen Abgesandten langen aus dem Feldlager des Hetman's Bogdan
Chmielnizki bei der Pforte ein, und die Unterhandlungen über
die kosakischen Vorschläge werden fortgeführt. Die Kosaken
verlangen Genusz unbedingter türkischer Protection und kräf·
tiger Beschüzung, Zusendung einer türkischen Fahne und

---

*) Resident Simon Reniger an den Kaiser. — Constantinopel, 30.
Juni 1653.

Anmerkung. Hiemit stimmt auch Dr. Scogardi's Schreiben an Freiherrn
Rudolph Schmidt Constantinopel, 26. Juni 1653 vollkommen überein.

Ausfertigung eines Auftrages an den Tartarchan wegen Unterlassung der Sklavisirung von Kosaken, verheiszen dagegen
ihrerseits der Pforte vollkommene Treue und Folgeleistung,
nach beendigtem Krieg selbst einen jährlichen Tribut von
40.000 Thalern, wenn sie Podolien erstritten haben würden.
Die Pforte traut diesen umfassenden Versprechungen nicht
gar sehr, genehmigt die kosakischen Anträge im Allgemeinen,
will jedoch den Kosaken, aus Rüksicht auf Polens rege Eifersucht, die Uebergabe einer osmanischen Fahne, als welche
einen Bruch mit Polen gleichsähe, nicht zugestehen, im Uebrigen indesz ohne Aufsehen sich ihrer Ergebenheit versichern:
kurz, sie beschlieszt in geheimer Sizung beide Giauren ihren
Zweken dienstbar zu machen und beiden gleichzeitig eine
Nase zu drehen. *)

Stephan, der Gegenfürst, vom Rükzuge der Kosaken   1653.
aus der Moldau unterrichtet, zog mit walachischer und siebenbürgischer Hülfe abermals wider den in Jassy weilenden
Lupul zu Felde, welch lezterer sich an die polnische Gränze
flüchtete. **)

Stephan der Gegenfürst, welcher mit walachischer und   1653.
siebenbürgischer Hülfe neuerdings in die Moldau eingefallen,
schlägt und vertreibt den Lupul, nimmt seinen Bruder, welcher moldauischer Hatman (General) ist, gefangen, ergreift
somit zum zweiten Mal die Zügel der Gewalt und belagert
Lupul's Weib und Kinder in der Stadt Suczawa. Durch des
Fürsten Mathäus Bericht von diesen Vorfällen in Kenntnisz
gesezt, und Lupul's Wiederbestättigung, die erst unlängst
theils Kraft besonderer Gunst des Groszveziers, theils in Hinblik auf den Beistand der Kosaken verfügt ward, nun derselbe von der Fortuna sowol als nicht minder von seinen
Bundesgenossen den Kosaken gleicherweise im Stich gelassen
ist, nicht mehr beachtend, verläszt auch die Pforte den von
Allen Verlassenen. Sie fertigt demzufolge am 29. Juli den
groszherrlichen Kapidschilar-Kehaïasi (Oberst-Thürhüter) mit
mehr als dreiszig Kapidschi's nach der Moldau mit beson-

---

*) Resident Simon Reniger an den Kaiser.—Constantinopel, 12. Juli 1653.
**) Resident Simon Reniger an den Kaiser.—Constantinopel, 26. Juli 1653.

deren Schreiben sowol für den Gegenfürsten Stephan als für
das Land überhaupt ab, worin sie die Vertreibung des Verräthers Lupul, der allzeit sich der Pforte untreu erwiesen,
und die Wahl Stephan's genehmigt, die Einsendung des Tri
buts und die persönliche Erscheinung des Gewählten an der
Pforte zum Behufe seiner förmlichen Bestättigung fordert,
übrigens dem lezteren ehrenvolle Heimsendung in Aussicht
stellt Stephan dürfte jedoch der Anforderung einer Reise
nach Stambul, wo sein Kopf in Gefahr steht, kaum Genüge
leisten, sondern vielmehr sich davon mit Geldopfern loszu-
kaufen suchen. Ohnehin befindet sich der Groszvezier bei übler
Laune, da ihm nunmehr seine stete übertriebene Partheinahme
für Lupul, dessen Händel glüklich beizulegen er auf sich allein übernommen, gar sehr verübelt und zu seiner Beschä-
mung durch den ungünstigen Ausgang nachgewiesen wird,
auch gar leicht den Kopf kosten könnte; denn die drei Länder Moldau, Walachei und Siebenbürgen haben, erstere insbesondere durch die Kosaken, so gräuliche Verwüstung erlitten, dasz selbst der Tribut an die Pforte darunter zu leiden
droht. Bei diesen Kriegshändeln büszten aber die Kosaken
ihres Heeres besten Kern ein und muszten demnach ihren
wildbarbarischen Uebermuth der Krone Polen gegenüber bedeutend herabstimmen; auch fanden ihre neuen Abgesandten
sowol wegen dieser Machtabnahme als auch über Reniger's
Einschreiten, an der Pforte nicht mehr einen so ehrenvollen
Empfang wie ihre Vorgänger, und in Betreff der Aufnahme
unter türkische Schuzhoheit gedenken die Türken vorerst
Polens ferneres Verhalten ruhig zu gewärtigen, ehevor sie zu
einer Entscheidung schreiten. *)

1653.   Durch der polnischen Stände grelle Zwietracht und der
Moskowiten Angriff auf Polen jedweder Besorgnisz von dieser Seite enthoben, sinnt Bogdan Chmielnizki auf einen gleichzeitig mit gesammter Macht zu veranstaltenden Einfall in
Siebenbürgen, die Walachei und Moldau, wodurch namentlich lezteres Land der Erfüllung seiner Tributpflicht gehemmt
werden müszte; also lautet mindestens der Bericht des vom

---

*) Resident Simon Reniger an den Kaiser — Constantinopel, 3. Au-
gust 1653.

Kosakenhetman rükgekehrten türkischen Aga. Dagegen meldet Rákóczy dem Groszvezier die Ankunft eines polnischen und eines kosakischen Abgesandten an seinem Hoflager; durch lezteren habe Bogdan Chmielnizki dem Siebenbürgerfürsten die Versicherung treuer Freundschaft und seines Entschlusses zugemittelt gegen Siebenbürgen nicht allein keine Feindseligkeiten zu üben, sondern nöthigenfalls demselben mit thätiger Hülfe Beizustehen und freundnachbarliche Gesinnung zu bewahren; was übrigens sein Sohn Timotheus gethan, das habe er aus bloser Zuneigung gegen den Schwiegervater Lupul gethan. Der polnische Abgesandte aber habe den Rákóczy um Vermittlung in dem Zwiste Polens mit den Kosaken, nebstbei auch um Verwendung bei der Pforte wegen Verlängerung der Friedensdauer angesprochen. Des Groszveziers Bescheid an den siebenbürgischen Agenten hob vorwurfsvoll hervor, wie schädlich und tadelnswerth der von Rákóczy angestrebte Ausgleich zwischen Polen und Kosaken sei, durch welchen fast 200.000 Mann, die freiwillig sich der ottomanischen Oberherrschaft unterwarfen, abermals ihr entzogen würden; da ferner Polen zur Friedensverlängerung die Vermittlung des Kaisers erst unlängst in Anspruch genommen, so sei es kaum glaublich dasz auch an Rákóczy zu einem vermittelnden Einschreiten die Aufforderung ergangen.[*])

In Erwiederung auf die Tributabfuhr der Walachei übersendet die Pforte dem Fürsten Mathäus am 14. August eine Bestättigungsurkunde nebst Säbel und Ehrenkaftan. Den moldauischen Tribut verheiszt Stephan unter der Bedingung abzuliefern, dasz ihm die Pforte vorher die Bestättigung im Fürstenthum gewährt haben würde; im Gegensaze dazu aber fordert die Pforte vor Allem die Entrichtung des Tributes, worauf er erst um die Bestättigung seiner Wahl persönlich an der Pforte sich zu melden hätte. Da indesz Stephan den Türken noch immer nicht traut, so wird er sicherlich, falls Lupul mit Kosakenhülfe die Moldau nicht mehr zurükzuerobern vermöchte, den obwaltenden Umstand mit Geld beseitigen.

1653.

[*)] Resident Simon Reniger an den Kaiser. — Constantinopel, 10. August 1653.

Vor der Hand entsheidet sich die Pforte noch für keinen der streitenden Theile und gedenkt dem Streite auch,
so lange für Lupul noch irgend Kosakenbeistand in Aussicht
stünde, mit gleichgültiger Ruhe zusehen, trozdem ihre neulichen Erlasse an den Stephan und die moldauischen Landstände die Vertreibung des Verräthers Lupul gutgeheiszen.
Ist aber einmal dem Lupul jede Hoffnung auf Kosakenhülfe
geschwunden, so sprechen alle Anzeichen dafür dasz die
Pforte, dem gleichmäszigen Wunsche der Moldau, Rákóczy's
und Siebenbürgens entsprechend, dem Stephan die Wahlbestättigung nicht mehr versagen werde. Von dem in die
Moldau abgeordneten groszherrlichen Kapidschilar-Kehaïasi,
der zu Jassy weilt, trifft am 25. August ein Bericht an die
Pforte ein, des Inhalts, dasz er sofort nach seiner Ankunft
den eben bei der Belagerung von Suczawa beschäftigten Ge-
genwoïewoden Stephan nach Jassy zur Unterredung entboten
und, als die erste Mahnung nichts fruchtete, eine zweite ihm
zugefertigt habe; dasz in Folge der lezteren Stephan mit einer
Abtheilung seiner Truppen sich zwar nach Jassy auf den Marsch
gesezt, mitten auf dem Wege jedoch die unerwartete Meldung
von dem Anrüken eines kosakischen Entsazheeres gegen
Suczawa, das die moldauischen Belagerungstruppen theils niedergemezelt, theils in die Flucht geschlagen hätte, empfangen und demgemäsz in aller Eile seinen Rükweg angetreten
habe. Der Umstand indesz, dasz weder die siebenbürgischen
noch die walachischen Agenten von diesem angeblichen Ent-
saze von Suczawa Kunde besizen, deutet auf eine listige Vorspiegelung Stephan's, durch die er dem türkischen Abgesandten, welchem nicht recht zu trauen sein mochte, aus dem
Wege zu gehen sich bestrebte.

Rákóczy, durch Lupul's befürchteten abermaligen Einfall in die Moldau mit einem zahlreichen kosakisch-tartari-
schen Kriegsheere in Besorgnisz versezt, erbittet von der
Pforte Befehle an den Kosakenhetman zur Schonung Siebenbürgens, erhält aber vom Groszvezier die höhnische Erwiederung, «Rákóczy sei ja, nach eigener Angabe, mit den Kosaken in Freundschaft, bedürfe demnach gegen Freunde wol
keines Schuzes; übrigens habe die Pforte unlängst noch allen
Betheiligten mittels eigener Befehle Wahrung der Ruhe zur
Pflicht gemacht, und dessenungeachtet seien die Siebenbürger

und Walachen, mit Hintansezung dieser gemessenen Befehle,
abermals in die Moldau eingefallen. Rákóczy solle nur auf
die Aufbringung seines Tributes bedacht sein, und weil er
zur abermaligen moldauischen Verwirrung schuldbarerweise
Mithülfe geboten, von Rechtswegen auch den versiegenden
moldauischen Tribut gleichzeitig entrichten.» *)

Der siebenbürgische Agent theilt dem Groszvezier folgende von Rákóczy anher gelangte Nachrichten mit: Der
neue Woïewode Stephan sei mit dem gröszeren Theile des
Belagerungsheeres von Suczawa nach Jassy abgegangen und
daselbst von den groszherrlichen Kapidschilar-Kehaïasi mit
Ehrenkaftan geschmükt worden; mittlerweile habe Lupul und
sein Eidam mit einigen Tausend Kosaken, das siebenbürgisch-
walachische Belagerungsheer bei Suczawa in die Flucht geschlagen, diese Stadt entsezt und seinen Weitermarsch gegen
Jassy zur Vertreibung des Gegenfürsten angetreten. Allein
von Stephan geschlagen und in die Flucht getrieben, sei Timotheus Chmielnizki genöthigt worden sich nach Suczawa
zurükzuziehen, daselbst nebst Lupul's Familie eine harte lang-
wierige Belagerung auszuhalten und sogar eine Kapitulation
anzutragen, die indesz nicht angenommen worden. Da zu
Stephan's Belagerungsheere ein polnisches Hülfskorps von
7000 Mann gestossen, welches auf Habhaftwerdung des jungen Chmielnizki mit aller Anstrengung hinarbeitet, so habe
der Groszfürst von Moskau durch eigene pompöse Gesandtschaft bei der polnischen Regierung um Aussöhnung und
Friedensschlusz mit den Kosaken angehalten, die zudem
auch selbst einen Abgesandten mit gleicher Bitte nach Polen abgefertigt hätte; allein·beide Gesandtschaften seien an
Polens Hartnäkigkeit gescheitert. Schlieszlich sei eine polnische Botschaft im Begriffe zur Pforte abzureisen und erwarte hiezu, über Rákóczy's Verwendung, blos den türkischen
Geleitschein.
Diesen Geleitschein aber verweigerte der Groszvezier
rundweg, da Polens bewaffnete Einmischung in moldauische
Zwistigkeiten von der Pforte sehr miszliebig angesehen wird.

---

*) Resident Simon Reniger an den Kaiser. — Constantinopel, 31. Au-
gust 1653.

In dem lezten Drittel Septembers langte eine moldauische Deputation, bestehend aus einigen der vornehmsten Bojaren und einigen Geistlichen, in der türkischen Residenz ein
und trug dem Groszvezier im Namen und Auftrage ihres
Heimatslandes, unter Ueberreichung eines mit zahlreichen
Unterschriften versehenen völlig übereinstimmenden Bittge-
suches, nachstehendes Anliegen vor : «Der Groszherr möge
sich des flehenden hartbedrängten Landes Erbarmen und
dasselbe weder von den Kosaken mit so arger Verwüstung
heimsuchen lassen noch auch dem tyranischen Regiemente
Lupuls neuerdings überantworten, welcher durch seine grau-
same aussaugende Miszregierung ja allein das Land an den
Rand des äuszersten Verderbens gebracht und zum verzwei-
flungsvollen Entschlusse getrieben habe sich durch allgemeine
Schilderhebung Linderung seiner Leiden zu bereiten. Der
neugewählte Fürst Stephan sei dagegen ein Landeskind, Abkömmling eines vornehmen Geschlechtes, ebenso verständig
und regierungsfähig als daheim allgemein beliebt, auch von
ausdauernder, die Zukunft versichernder Treue gegen den
Groszherrn; sie stellten demnach alle insgesammt in eigenem
sowol als ihres Landes Namen die Bitte, es möge blos der
gewählte Stephan, und kein anderer, als moldauischer Fürst
die Bestättigung erlangen.»

Dieser Bittschrift war ein Verzeichnisz derjenigen Geldanerbietungen angeschlossen, welche die Moldauer mit Rüksicht auf ihr Anliegen noch auszer ihrem Jahrestribute stellen
zu müssen erachteten; darunter fand sich der Sultan mit
40.000 Thalern, der Groszvezier mit 30.000, des lezteren
Kehaïa mit 15.000 Thalern, ferner auch die Validé und die
übrigen Pfortenminister mit ansehnlichen Beträgen bedacht,
so das die Gesammtsumme aller Geldverheiszungen unzweifelhaft auf 100.000 Thalern belauft

Der Groszvezier gab dieser Deputation zur Antwort :
«der Sultan bedürfe weder Lupul's noch Stephan's, sondern
blos eines treuen und gehorsamen Vasallen für die Moldau;
wenn nun auch sowol Lupul's als Stephans Geschik in seiner
(des Groszveziers) Hand liege, so wolle er nichts destoweni-
ger ihr Anliegen dem Sultan vortragen und auch sonst nachdrüklich begünstigen; jedenfalls aber müszten sie die versprochenen Geldsummen in Bereitschaft halten, und damit

sie desto leichter ihren Hauptzwek erreichen könnten, sei er, falls ihnen zur Zeit eine anderweitige Geldquelle nicht zu Gebote stünde, seinerseits erbötig die benöthigten Geldbeträge darlehensweise vorzustreken.»

Dieser Bescheid konnte eines erfreulichen Eindrukes auf die Bittsteller nicht entbehren, und in der That faszte die Plorte am 27. September den Beschlusz dem Stephan die Bestättigung im Fürstenthume zu gewähren, und zu diesem Ende die übliche Fahne nebst den sonstigen Insignien, die ihm nächstens zugemittelt werden sollen, baldmöglich anfertigen zu lassen.

Auf das von der Pforte gestellte Ansinnen, sich jedes Einschreitens in dem moldauischen Zwist und jedes Einmengens in die innern Angelegenheiten der groszherrlichen Länder sich fürderhin zu enthalten, entgegnet Bogdan Chmielnizki: «er mische sich ja im Allgemeinen ohnedies gar nicht in die Angelegenheiten türkischer Länder ein, nur dasz im vorliegenden Falle Weib und Kinder seines Mitverschwägerten Lupul in Suczawa belagert würden, und es keineswegs anginge sie in Feindes Hand gerathen zu lassen. Im Uebrigen erflehe er von der Pforte inständig die Wiedereinsezung Lupul's in die Moldau, da derselbe allzeit dem Osmanenreiche treu gewesen sei und allem Anscheine nach, bei der drohenden politischen Verwiklung der Gegenwart, in jenem Lande zur Wahrung der türkischen Interessen unentbehrlich werden dürfte.»

Gegen die mit groszer Macht anrükenden Polen sandte der Kosakenhetman eine Abtheilung von 2000 Kosaken und 1000 Tartaren, welche den Polen eine empfindliche Niederlage beibrachten. *)

Die Pforte, auf die Bundesgenossenschaft Stephan's und 1653. des Mathäus mit Polen gezwungene Rüksicht nehmend und dem ersteren (wie bereits am 28. September gemeldet ward) die förmliche Walbestättigung ertheilend, überschikt ihm, bei dieser Gelegenheit, der alten Uebung gemäsz, als Regierungsinsignien eine Fahne, einen groszen weiszen Federbusch, ei-

---

*) Resident Simon Reniger an den Kaiser. — Constantinopel, 12. u. 28. September 1653.

nen Reiherbusch, zwei Ehrenkaftans, ein reichgeschirrtes Rosz und ein Sammetstük zu einem Thronsessel.

Timotheus Chmielnizki stirbt in Suczawa durch feindliche Kugel, und die grosze Noth an Lebensmitteln, die sich bis zur wahren Hungersnoth steigerte, läszt den baldigen Fall dieser berannten Stadt nur allzu sicher voraussagen. Nun die Kosaken in den moldauischen Händeln an Streiteranzahl, Kriegsehre und politischem Ansehen so hohe Einbusze erlitten, zudem eine bedeutende polnische Heeresmacht in Kameniez sich gegenüber aufgestellt sehen, wollen sie mit Lupul's Beschüzung sich nicht mehr befassen, und so steht dieser nunmehr von Allen verlassen da.

Zur Widerlegung der Lupul'schen Anhänger und Gönner an der Pforte, die da behaupten, des Mathäus lezter Sieg im Monat Mai sei durch übertriebene Schilderungen geflissentlich und wahrheitswidrig vergröszert worden, überschikt Fürst Mathäus 70 gefangene Kosaken an die Pforte zur beliebigen Verfügung, mit dem Beifügen, er habe deren noch viele andere, die, kettenbeladen, theils in seinen Salzberg-werken, theils in anderweitiger Arbeit beschäftiget werden. Hiernach ist auch die frühere Angabe zu berichtigen, als habe Mathäus in jener Schlacht keinen Kosaken gefangen nehmen lassen, sondern allen die Freiheit geschenkt. *)

1653.

Am 24. October langt vom neuen Fürsten Stephan die Meldung ein, die Stadt Suczawa, von den 7000 Kosaken, ihrer Besazung, die in ihre Heimat abzogen, verlassen und ihrem Schiksale anheimgestellt, habe sich auf Gnade und Ungnade ergeben, und Lupul's Weib und Kind seien in des Siegers Gewalt gefallen. Also plazte, einer Luftblase gleich, Lupul's hoher Glüksflor, all sein Reichthum und selbst sein Familienglük mit einem Schlage zu bedeutungslosem Nichts. Der groszherrliche Kapidschilar-Kehaïasi weilt übrigens noch in der Moldau.

Der Groszvezier gab vor wenigen Monaten dem Rákóczy in einer Zuschrift blos den Titel: «Georgio Rákóczy, Waïwoda von Siebenbürgen», worüber dieser aber seinem

*) Resident Simon Reniger an den Kaiser. — Constantinopel, 7. October 1653.

Agenten wegen Annahme eines derartigen Schreibens herben Verweis und nebstbei den Auftrag ertheilt, darüber an der Pforte Beschwerde zu führen. Denn er (Rákóczy) sei bereit und entschlossen, — also schreibt er — für seine Ehre und sein Ansehen sowol Hab und Gut als auch erforderlichenfalls sogar seinen Kopf zu opfern; er habe sich mit Polen für die Dauer der Belagerung von Suczawa und blos zur Eroberung dieser Stadt verbündet, deszhalb also verdiene er wahrlich keinen Argwohn von Seiten der Pforte, deren getreuer Vasall er nach wie vor verbleiben wolle; auch mit einer Diversion des Kaisers gegen ihn drohe ihm die Pforte vergebens, da es nur an ihm liege, gegen Abtretung der zwei Gespannschaften und unter Nachsicht wegen des Darlehens mit dem Kaiser in das freundlichste Einvernehmen zu treten. Allein der siebenbürgische Agent weigert sich eben so wie der Dollmetsch Sulfikar-Agà dem Groszvezier den Inhalt dieses energischen, einigermaszen rüksichtslosen Schreibens kund zu geben. *)

Der neue Fürst Stephan erwiederte die ihm gewordene türkische Bestättigung mit der Absendung des Tributes, dem binnen Kurzem die verheiszenen Geldgeschenke nachzufolgen haben. Doch verspricht die Regierungsdauer Stephan's keineswegs einen langen Bestand, weil der Pforte diese Bestättigung nur durch die Furcht vor Polen, welches mit Siebenbürgen sowol als der Moldau und Walachei im Bunde stand, abgerungen, nicht aber der Ausflusz ihres freien Entschlusses war; es sinnt jedoch jezt schon die Pforte, ermuthigt durch die tartarisch-kosakischen Erfolge gegen Polen, auf die Zuruknahme ihres Zugeständnisses bei erster schiklicher Gelegenheit.

Stephan hatte bei der Kapitulation von Suczawa, ungeachtet diese Stadt sich auf Diskretion ergab, allen die sich ihm unterwarfen, Amnestie geschenkt und dieses Versprechen eidlich bekräftigt; dieser Zusage zu Troz liesz er jedoch unlängst einen von Lupul's Räthen, gegen den er irgend Ver-

*) Resident Simon Reniger an den Kaiser. — Constantinopel, 27. October 1653.

dacht hegte, von der Tafel wegführen und ihm den Kopf abschlagen. *)

Der moldauische Tribut langt am 24. November ein, die für die Bestättigung zugesagten Geldgaben aber noch nicht. Die Pforte verordnet die Ablieferung von Lupul's Ehefrau und Kind nach Konstantinopel, wogegen der Tartarchan sie für sich deszhalb beansprucht, weil er mittlerweile den Lupul selbst in seine Gewalt erhalten: er spiegelte diesem nämlich listigerweise vor, dasz er durch einen Pfortenauftrag zu dessen Wiedereinsezung in's Fürstenthum angewiesen und um deszwillen gesonnen sei mit ihm persönlich Rüksprache zu pflegen; er lud demnach den Exfürsten zu sich ein und wirklich ging dieser arglos in die Falle. Nun bietet der treulose Tartarchan Lupul's Haupt dem Mathäus, dem Rákóczy und dem Stephan um einen hohen Geldbetrag feil. Findet dieser Antrag Annahme, so ist es um den armen Mann geschehen; im Verwerfungsfalle gedenkt der Tartarchan ihnen mit Lupul's Wiedererhebung und Aufrechthaltung oder selbst mit einem Einfall in ihre Länder zu drohen, was um so glaublicher klingt, als ohnehin die Tartaren und Kosaken gegen die Krone Polen, dem Vernehmen nach, Vortheile errungen haben. Auch hegen die Moldau und Walachei noch fortan hohe Besorgnisz vor den Tartaren und Kosaken. **)

Nur wenn Polen wider die vereinigten Kosaken und Tartaren obsiegte, vermöchten die Fürsten Rákóczy, Mathäus und Stephan, im Gefühle ausreichenden polnischen Schuzes, sich in ihrer Stellung und Regimente für gesichert anzusehen und einer kummerlosen Zukunft ruhig entgegenzuharren. Dem ist indesz zur Zeit nicht also Die polnischen Waffen erringen keinen Erfolg gegen die Feinde, und hiedurch mit Besorgnisz erfüllt, erflehen die beiden moldo-walachischen Fürsten von der Pforte strenge Aufträge an den Tartarenchan und

---

*) Resident Simon Reniger an den Kaiser. — Constantinopel, 16. November 1653.

**) Resident Simon Reniger an den Kaiser. — Constantinopel, 26. November 1653.

den Kosakenhetman, sich jeden Einfalls in die beiden Länder und aller Verwüstung derselben zuverlässig zu enthalten. Ob nun auch vor der Hand diese Bitte Erhörung findet, so läszt sich anderseits eben so wenig verkennen, dasz alle drei Fürsten bei der Pforte in's schwarze Buch eingezeichnet sind, theils weil sie überhaupt schon, von unzeitigem Stolz getrieben, die leidigen moldauischen Kriegshändel kek hervorriefen, theils und insbesondere aber weil sie im lezten Sommer, nach Lupul's Wiederrestituirung durch seines Eidam's kosakische Waffen, dem ausdrüklichen Pfortenbefehle, welcher allen dreien Bewahrung der Ruhe und Unterlassung jedes Einfalls vorschrieb, offenen Hohn bietend, mit siebenbürgisch-walachischer Streitmacht die Moldau überzogen und den Lupul zum zweiten Male daraus verdrängten. Stephan's Bestättigung gilt sonach in den Augen der Pforte für eine blos erzwungene, also zeitweilige Maszregel, die schon bei dem nächsten besten Anlasse seiner Beseitigung und Ersezung durch einen, dem griechischen Unterthanen der Pforte zu entnehmenden Nachfolger den Plaz zu räumen bestimmt ist. Auch ist eine solche gefährliche Wandlung um so wahrscheinlicher, als des Timotheus Chmielnizki hinterlassene Wittwe durch die Geburt eines männlichen Posthumus den Kosaken einen neuen Anreiz verlieh, sich Lupul's, des Groszvaters dieses Nachgeborenen, werkthätig anzunehmen; geschieht dies, so ist das Geschik der drei miszliebigen Fürsten abermals in Frage gestellt.

Am 20. December langte der zur Abholung von Lupul's Eheweib und Kind in die Moldau entsandte Cziausch zurük und überbrachte der Pforte einen Bericht des Fürsten Stephan, des Inhalts, «die Moldau, durch die Nachricht von Lupul's neuerlichen Rüstungen und Kosakenwerbungen, um abermals in's Land zu fallen und Frau und Kind zu retten, aufgeschrekt und zur Abwehr genöthigt, habe es für besser und zwekmäsziger erachtet dem niemmermüden Friedensstörer die Triebfeder zum bevorstehenden Einfall dadurch zu benehmen, dasz man sein Weib und seinen einzigen, fast jährigen Sohn durch rechtzeitige Hinrichtung aus dem Wege schaffte, um auf solche Art allem fernerem Blutvergieszen und neuer Landesverwüstung gründlich vorzubeugen. Dieser grausamen Maszregel soll übrigens Rákóczy eben so wenig

als der zuvor von Stephan gehegten Absicht, dem Sohne
Lupul's die Nase abzuschneiden, seine Zustimmung geschenkt
haben; so behaupten mindestens die siebenbürgischen Agenten an der Pforte. Auch dürfte Stephan durch dieses traurige Auskunftsmittel sich gegen die peinliche Alternative,
Lupul's Familie entweder dem Sultan oder dem Tartarenchan, welche beide darauf Anspruch machten, ausliefern zu
müssen, sich haben schüzen wollen. *)

1653. Der groszherrliche Kapidschilar-Kehaïasi langt endlich
aus der Moldau, wo er durch mehrere Monate seiner voll-
klingenden Abfertigung harren muszte, in der zweiten Hälfte
Februars an und überbringt die längst erwarteten Geldgeschenke Stephan's an den Sultan sowol als an die Pfortenminister und die einfluszreichsten türkischen Vornehmen. Seiner Meldung zufolge, bezog Fürst Stephan bereits seine Residenz Jassy, steht indessen, gleich den Fürsten der Walachei
und Siebenbürgens, in unabläsziger Besorgnisz vor dem angedrohten Einfalle der Kosaken und Tartaren, die Lupul's
Regiment wieder herzustellen Miene machen, und beginnt
abermals sich in Kampfbereitschaft zu stellen.

Während aber Lupul in des Tartarchans Gefängnisse
und seine verwittwete Tochter bei den Kosaken sich befindet, läszt die Pforte all seinen grossen Geldreichthum und
unbewegliches Besizthum zu ihren eigenen Gunsten confisci-
ren. So verkaufte sie lezthin Lupul's Haus zu Konstantinopel
und einige Landgüter dem nunmehrigen Fürsten Stephan um
den Preis von 15.000 Thalern. So verfuhr sie auch in einem
andern Falle: sie war nämlich durch die verrätherische Anzeige und Aufforderung eines griechischen Renegaten und
Exmetropoliten von Rhodus zur Kenntnisz des Geheimnisses
gelangt, dasz Lupul auf dem Berg Athos unfern von Eraclea
bei den griechischen Mönchen eine baare Geldhinterlage von
100.000 Dukaten sicherheitshalber veranstaltet hatte, die jedoch der Fürst Stephan im Monate Jänner durch einen eigenen Bestellten abzuholen und in seinen Besiz zu nehmen sich
anschikte; eilig flog daher, um dem bereits auf dem Wege

---

*) Resident Simon Reniger an den Kaiser. — Constantinopel, 3., 10.,
25. u. 30. December 1653.

befindlichen Boten Stephan's zuvorzukommen, eine Abordnung von Bostandschi's aus dem Serail auf den heiligen Berg, und es gelang ihnen wirklich daselbst 40.000 Dukaten in Gold mit Beschlag zu belegen, die sie am 12. Februar dem Groszherrn überantworteten. Des verrätherischen Renegaten Lohn bestand in 2000 Thalern nebst einem Zobelpelz, und es ist mehr als wahrscheinlich dasz den entsandten Bostandschi's eben so wie den aufbewahrenden griechischen Mönchen bei dieser Gelegenheit ein Theil des zu confiscirenden Schazes im heimlichen Einverständnisse an den Fingern kleben blieb. Nunmehr wird in Folge des schönen Fundes allenthalben nach Lupul's hinterlegten Schäzen gefahndet.

Es wird den moldo-walachischen Agenten bekannt und von ihnen als Beschwerde vorgebracht, von Reniger jedoch in Abrede gestellt, dasz der aus einer Woïewodenfamilie abstammende und am kaiserlichen Hof als Truchsesz in Bedienstung gestandene Petraschko vom Kaiser mit einer Sendung an den Kosakenhetman Bogdan Chmielnizki betraut worden und sich noch fortwährend bei diesem befinde um die Kosaken wider die drei Länder Moldau, Walachei und Siebenbürgen zu verhezen und in Bewegung zu bringen.

Mittlerweile geht aus der Moldau im vertraulichem Wege die Kunde ein, Lupul's Ehefrau und Sohn seien noch am Leben und im sicherem Verstek, auch blos deszhalb bei den Türken und Tartaren todt gemeldet worden, um sie der angeordneten Auslieferung zu entziehen.

Einer ferneren Meldung zufolge, zog im Februar der polnische Groszbotschafer Nicolaus Bieganowski mit einem Gefolge von 200 Personen durch die Moldau und Walachei, wo er mit den Fürsten Unterredungen pflog, und sezte hierauf über Silistria seinen Weg nach Konstantinopel fort. Seine Sendung betraf mehrere Zusäze und Abänderungen, welche seine Regierung in ihre Verträge mit der Pforte aufgenommen zu sehen wünschte, und die namentlich im 4-ten, 6-ten. 8-ten und 9-ten Absaze des bezüglichen Vertragsentwurfes, welchen der Groszbotschafter vorlegte, auch die Verhältnisse der Moldau berühren. Polen fordert darin, dasz vom Tage des Vertragsschlusses ab es den Tartaren weder gestattet sein solle in der Moldau und in den Gefilden des sogenannten Budschiakgebietes ihre Wohnsize aufzuschlagen, noch auch

ihre Rabzüge und Einfälle seies von der Moldau und Budschiak aus über andere Länder, oder aus diesen über jene
zu unternehmen; dasz ferner die aus der Moldau, Walachei
und Siebenbürgen sich nach Polen flüchtenden notorischen
Räuber, über gestelltes Verlangen, von der polnischen Regierung auszuliefern kämen; dasz die Fürsten der Moldau
und Walachei in Gemäszheit der alten Verträge und des anerkannten Herkommens anzuhalten wären gegen die Krone
Polen die schuldige Rüksicht der Freundnachbarschaft und
Ehrerbietung werkthätig an den Tag zu legen; dasz endlich
den polnischen Unterthanen und Handelsleuten sowol die
freie Beschiffung des Dniesters als volle Handelsfreiheit und
und Waarenverfrachtung nach dem Hafen von Akerman (por-
tus bialogorodensis) zugesichert werden sollte.

In der ersten Märzhälfte berief der Defterdar den griechischen Patriarchen Joannikios und hielt ihm vor, dasz er
nunmehr seiner würde entkleidet und seines Patrialchalamtes
verlustig erklärt sei, weil sich ein anderer Bewerber gefunden,
der für den Patriarchenstuhl 25.000 Thaler biete; wolle er
jedoch gleichfalls den nämlichen Anbot stellen, so sei dem
Miszstand sofort abgeholfen und er dürfe alsdann in jedem
Fall auf seinem Posten verharren. Da der Patriarch sich dessen weigerte und Geldmangel einwendete, so würde er sogleich in Haft gesezt und sein Amt als ledig angekündigt.
Schon hatte aber in der Zwischenzeit der englische Botschafter zu Gunsten eines kalvinisch gesinnten und in Ungnade
gefallenen griechischen Mönches, der vor einem Jahr bereits
durch drei Tage die Patriarchenwürde bekleidete, weil aber
von den misztrauischen Griechen nicht anerkannt, wieder abtreten muszte, sich in's Mittel geschlagen und für dessen
Anbot von 25.000 Thalern Bürgschaft geleistet. Anstandslos
erhielt nun dieser Kandidat von der Pforte Bestättigung und
Ehrenkaftan, nahm auch vom Patriarchate förmlichen Besiz,
vermochte jedoch die zugesagte hohe Geldsumme nicht aufzutreiben; denn auch dieszmal verscmähten die Griechen beharrlich ihn anzuerkennen oder den obgedachten Betrag, durch
den seine Ernennung bedingt ward, für ihn zusammenzuschlies-
szen. Die Metropoliten verbargen sich insgesammt, um dem
verhaszten Eindringling nicht die Weihe vertheilen zu müssen,
und wenngleich es den Nachforschungen der Czauschen ge-

lungen war zwei oder drei dieser verborgenen kirchlichen Würdenträger aus ihrem Verstecke gewaltsam hervorzuziehen und ihnen das Versprechen der Anerkennung und Angelobung an den neuernannten Patriarchen unter Drohungen abzupressen, so hatten doch die Gepreszten, des Czauschenzwanges kaum ledig, nichts Eiligeres zu thun als abermals sich zu verbergen, so dasz die Consecration des neuen Patriarchen durchaus nicht vollzogen werden konnte. Zu diesem passiven Wiederstande gesellte sich nebstdem die Aufbringung von mehr als 100.000 Thalern, welche die Griechen für die Wiedererhebung eines Kandidaten ihrer Wahl, der vor zwei Jahren schon diesen Posten versehen hatte, der Pforte anboten, und da der Anbot hinlänglich lokend schien, der englische Schüzling aber noch immer seiner pekuniären Verbindlichkeit nicht nachkommen konnte, so trat diesen die Absezung und das Exil nach Cypern, wogegen der Kandidat der Griechen das Patriarchat erhielt. Joannikios, ebenso verstimmt als misztrauisch, verzichtete aber auf Alles, schlug selbst den Antrag einer reichen erzbischöflichen Diöcese, womit ihn sein glüklicherer Nachfolger zu bedanken gedachte, rundweg aus, und vertauschte das öffentliche Leben mit der friedlichen Einsamkeit. Allein gegenüber dem Unbestand und der Verwöhnung der Türken dürfte auch dem neuen Patriarchen kein langes Glük erblühen; denn der Griechen unabänderlich festgehaltener Grundsaz, durch Geldes Macht ihre Patriarchen häufig zu wechseln und abzusezen, brachte den Türken, nun sie einmal diesen bequemen Weg zur Bereicherung erspäht, einen so entschiedenen Geschmak für derlei einträglichen Personenwechsel bei, dasz sie, wenn die Griechen selbst sich eines Andern besinnen würden, ihrerseits keinen Anstand nehmen solchen Wechsel sogar gewaltsam herbeizuführen, bei dem sie alsdann nie unter mehreren Tausend Thalern sich abfinden lassen.

Des Kosakenhetmans Bogdan Chmielnizki warme Anempfehlung hate des Tartarchans anfängliche Miszstimmung und unverholenen Widerwillen gegen Lupul derart gemildert, dasz der Kerker dieses Gefangenen vorerst in milde Verwahrung überging, sodann aber der besonderen Gunst des Tartarchans Plaz machte, und diese wuchs in dem Masze als Lupul's Gewandtheit und ausgezeichnete Rede- und Schreib-

lertigkeit in der türkischen Sprache ihn auch für die Son-
derzweke des Tartarenherrschers als nüzlich darstellten. Lupuls Person, den Fürsten der Moldowalachei und Siebenbürgen als stete lebende Drohung entgegengehalten, war nämlich trefflich geeignet dieselben in stetter Einschüchterung
und banger Besorgnisz und sonach in einer Art von Abhäng-
lichkeit zu erhalten, die eben so der Habgier als dem Rachedurste der in dem moldauischen Streithandel aus dem Felde
geschlagenen Kosaken und Tartaren reichliche Nahrung verhiesz. Die jüngsten Kriegszüge dieser Fürsten auf moldauisch-
walachischem Boden sollten diesen durchaus keine Rosen tragen — also drohten laut die verbündeten Kosaken und Tartaren — und theils um die seltene Fundgrube nach Möglichkeit auszubeuten, wurden die hohen Geldanbote der Fürsten
Mathäus und Stephan für Lupul's Kopf entschieden abge-
lehnt. Die Gefährlichkeit der Drohung steigerte sich überdies
durch die bedeutungsvolle Aeuszerung des tiefgekränkten Kosakenhetman's, «er habe seines Sohnes Leichnam noch nicht
bestatten lassen, um den Tod desselben in stets frischem
Andenken zu bewahren;» und ebenso bezeichnend erscheint
der Umstand, dasz die tartarischerseits gefangenen Unterthanen der Moldau, Walachei und Siebenbürgens, als eben so
viele Trophäen über die polnischen Bundesgenossen, der Krone
Polen zugesendet wurden. Da ferner Lupul's unablässige Umtriebe, Aufwiegelungen wider die Gegenpartei und rüksicht-
lose moldauische Restaurationsgelüste dem moldowalachischen
Fürsten das Heranahen des gewaltigen Sturmes zweifellos
andeuteten, so flehten sie durch ihre Agenten bei der Pforte
um strenges Verbot des beabsichtigten Tartareneinfalls, was
denn auch der Groszvezier ihnen sowol als dem Rákóczy
zusagte, welch lezterer ihm ein Angebinde von 600 frisch-
gemünzten und mit dem Rákóczyschen Bild geprägten siebenbürgischen Dukaten durch einen eigenen Abgesandten zugefertigt hatte.

Nach dem am $^9/_{19}$ April erfolgten erblosen Hinscheiden
des Fürsten Mathäus Bassaraba wählte die hauptlose Walachei zum Fürsten den Constantin Scherban, einen Mann von
nahezu 50 Jahren, und Abkömmling aus walachischem Für-
stengeschlecht, welchen der Fürst Mathäus durch Nasenauf-
schneidung in früher Jugend von Bewerbung um den Fürsten-

thron hintangehalten, in diesem verunstalteten Zustande aber
unbesorgt im Lande geduldet hatte. Von der vollzogenen
Wahl erstatteten die walachischen Stände pflichtmässige Anzeige an die Pforte und forderten bald darauf mittels eigener Bojarendeputation die Bestättigung des Aktes, erlangten
auch deren Zusage, jedoch unter der doppelten Bedingung,
dasz nämlich des Mathäus Verlassenschaft der Pforte verabfolgt werde und dasz der neugewählte Woïewode, altem
Brauche gemäsz, sich behufs der Bestättigung persönlich an
der Pforte einfinde. Von der lezteren Forderung gelang es
zwar den Bojarendeputirten mit vielem Gelde einen unbedingten Nachlasz zu erwirken, indem sie nämlich den Sultan mit
200 Geldsäkeln (100.000 Thalern), die Sultana Validé mit 100
Geldsäkeln (50.000 Thlr.), den Groszvezier mit 150 Geldsäkeln
(75.060 Thlr.), und die übrigen Pfortenminister mit entsprechenden Beträgen zufriedenstellten; bezüglich der Verlassenschaft indesz war ein totaler Rüktritt der Pforte unerreichlich,
und sie verglichen sich demnach mit ihr nothgedrungen auf
die einverständlich festgesezte Summe von 400 Geldsäkeln
(à 500 Thaler, somit 200 000 Thaler), die in den türkischen
Schaz abzuliefern kämen. Hiebei erbaten sie aber und erhielten die Bewilligung einen von Mathäus beim Rákóczy hinterlegten und von diesem dem Fürsten Stephan dargeliehenen
Geldbetrag von mehren Tausend Dukaten, falls die Ausfolgung auf gütlichem Wege auch ferner hin verweigert würde,
erforderlichenfalls mit Gewalt einzutreiben; denn Stephan behauptet steif und fest dieses Geld von Mathäus geschenkt
empfangen zu haben, muszte aber sofort 25.000 Thaler zu-
rückstellen und die Ausfolgung der noch abgängigen 60.000
Thaler für die nächste Zukunft verheizsen.

Der Moldauerfürst Stephan liesz im April durch seinen
Agenten dem Groszvezier hinterbringen, ein moskowitischer
Abgesandte sei im Auftrage des Groszfürsten zu ihm und
dem Fürsten der Walachei gekommen, um aus Religions-
rüksichten den Beitritt dieser beiden Fürsten zu einem Bündnisz mit dem Groszfürsten und den Kosaken zu erwirken,
weil der Moskovitenfürst und der Kosakenhetman wider Polen einen Religionskrieg vorhätten. Hierüber gewaltig aufgebracht und mit starken Scheltworten wies der Groszvezier

statt aller Antwort, dem moldauischen Agenten sammt dem
Lupul'schen Berichte kurzweg zur Thür hinaus.

Mittlerweile spinnt der ruhelose Lupul die weitgezoge-
nen Fäden seiner theils offenen, theils geheimen Restaurations-
strebungen mit geschäftiger Hand immer weiter und erfolg-
reicher. Stefan, der Moldauerfürst, durch das kosakisch-tarta-
rische Getriebe zu Gunsten Lupul's eingeschüchtert und be-
sorgniszvoll, macht sich eben so wie sein Land auf das
Schlimste, was ihnen widerfahren mag, einen Kosaken- oder
Tartaren-Einfall, völlig gefaszt und während er auch bereits
Weib und Kind nebst der kostbarsten Habe nach Siebenbürgen in Siecherheit bringt, beginnen die moldauischen Einwohner ihrerseits durch Entweichung auf das rechte Donauufer den gefürchteten Horden aus dem Wege zu treten. Im
Monate Mai berichtet Stephan an die Pforte, es stehe Lupul's Vetter an der Spize vieler Tausend Kosaken albereits
in Angriffsfertigkeit, erhält jedoch von ihr den beruhigenden
und aufmunternden Bescheid, «er solle nichts befürchten».
Allein als die am 21. April eingetroffenen kosakischen Abgesandten die Wiedereinsezung Lupul's in der Moldau und
das Verbot der tartarischen Hülfeleistung an Polen wider die
Kosaken von der Pforte erbitten, erlangen sie gleichfalls günstige Abfertigung und ehrenvollen Empfang und Abschied.
In dieser scheinbar widerspruchsvollen Haltung der Pforte liegt
indesz bei näherer Betrachtung kein Widerspruch : nach der
vertraulichen Aeuszerung eines türkischen Ministers nämlich
gedenkt die Pforte sich Lupul's als eines Falken zu bedienen; vorerst will sie von demselben durch List herausloken,
wie viel Geld ihm der Fürst Stephan entzogen habe, und
dem lezteren den ganzen eingezogenen Betrag zurükfordern;
hierauf wird sie den Fürsten der Moldau, Walachei une˝Sie-
benbürgens, so oft es sich um eine neue Gelderpressung von
denselben handelte, jedesmal mit Lupul's Wiedereinsezung
gewaltig drohen und nur durch reichen Geldgewinn sich begütigen lassen, wie bereits ihr Vorfahren mit Székely Moyses
zur Genüge darthut, den sie eben so oft liebkoste als sie
dem Rákóczy im Wege der Einschüchterung Geldspenden
zu entwinden vor hatte.

Diesem Plane gemäsz, stellt sich die Habhaftwerdung
von Lupul's Person als die Hauptsache dar, und der tarta-

rische Agent wird noch im April mit einer Sendung an den Tartarchan betraut, dem er türkischerseits Ehrensäbel und Kaftan, aber auch den Auftrag übermitteln soll, den Lupul auf gute Art und mit allem Glimpf an die Pforte auszuliefern. Der Erfolg dieser Sendung schien nicht so ganz sicher und litt insbesondere deszhalb einen Aufschub, weil in der Zwischenzeit Tartaren Gunst für Lupul bei der Pforte besondere Verwendung eingelegt hatte und des Ausgangs harrte. Am 5. Juni nämlich traf in Begleitung von 16 andern Tartaren des Tartarchans Zischnehir-Baschi (Oberst-Truchsesz) in Konstantinopel ein, welcher zu Lupul's Gunsten fünf verschiedene Empfehlungsschreiben von den vornehmsten tartarischen Groszen der osmanischen Regierung überreichte. Diese Verwendung für Lupul fand unter nicht ungünstigen Auspicien statt; denn abgesehen von der Parteinahme des Tartarchans selbst und seines allmächtigen Groszveziers, wie auch des Tartarenvolkes überhaupt, und insbesondere der steten Vorliebe des türkischen Groszveziers für den Empfohlenen, so war auch die Stellung seiner fürstlichen Gegner der Pforte gegenüber jedenfalls miszliebig und bedenklich. Zwar hat die Walachei, nun Mathäus verblichen, vor der Hand nichts Wiederwärtiges zu befahren, allein wider Stephan und Rákóczy hegt die Pforte doch einigen, wenn auch zur Zeit noch verdekten, Unwillen, erstlich weil sie bei Eroberung Suczawa's alles Geld und Gut Lupul's an sich gezogen, dann aber weil sie sich überhaupt unterfangen hatten in des Sultan's eigenem Lande Krieg zu beginnen, daselbst des Sultan's Vasallen aus dem Besitz zu werfen un Städte zu belagern und zu Fall zu Bringen; nur erwartet die Pforte, bevor sie offen auftritt, vorerst die Ablieferung des moldauischen Tributes. Doch errang die tartarische Abordnung noch kein entscheidendes Resultat, und unaufhaltsam eilte indessen Lupul's Geschik seiner Erfüllung entgegen.

Am 20. Juni des Abends segelten, vom schwarzen Meere kommend, zwei Schiffe in den Bosporus heran. Auf einem derselben befanden sich des Tartarchan's Agent und Chasnadar (Schazmeister) mit 50 christlichen Knaben und 50 jungen Mädchen, welche der Tartarchan dem Groszherrn als Angebinde zusendete; das andere trug den Lupul selbst am Bord. Diesen hatte der Groszvezier am folgenden Tag zwar

nur zu Fusz zu sich entboten, jedoch freundlich empfangen
und in seinem (des Groszveziers) Pallaste beherbergt; am 22.
nahm er ihn mit sich nach Skutari zum Sultan und liesz ihn
auf dem Hinwege bis an den Kanal sich nachreiten. Der
Sultan aber vergönnte ihm blos eine sehr kurze Audienz, fuhr
ihn auch sogleich barsch und unwillig an, wie er sich denn
habe vermessen können Krieg zu beginnen und groszherrliche Länder zu zerrütten, und liesz ihn sofort wieder abtreten. Hierauf nahmen ihn die Eunuchen in ihre Behausungen,
unterhielten sich mit ihm gar freundlich durch mehrere Stunden, forschten ihn aber auch mit guter Manier recht emsig
über Betrag und Grösze der Schäze und Güter aus, die er
in Suczawa zurükgelassen und verloren, und verfehlten nicht,
all seine einschlägigen Angaben fleiszig aufzuzeichnen. Also
ausgeforscht, fuhr er des Nachmittags mit dem Groszvezier
in dessen Wohnung zurük; allein kaum war er daselbst angelangt, als ihn schon ein Chatischerif überraschte, der ihn
zu den Siebenthürmen verurtheilte, in den er noch am nämlichen Abend vom Czausch Baschi verschlossen ward. Seine
Haft hatte anfänglich, da seinen guten Freunden der Zutritt
zu ihm unverwehrt blieb, noch einige Milderung erfahren;
als aber die Besuchsanmeldungen sich häuften und der Zu-
lauf übermäszig anwuchs, wurden die Besuchsverstattung zu-
rükgenommen und Lupuls Verkehr blos auf seinen Diener
beschränkt. Während die Eunuchen im Serail gegen ihn,
als einen ränkesüchtigen, ruhestörerischen und unverläszlichen
Mann, der es einmal mit Polen, ein anderes Mal ebenso unbedenklich mit Kosaken halte, sich aussprechen und seine
Wiedereinsezung in die Moldau miszriethen, erliesz auch die
Pforte, von der Falschheit des gemeldeten Hinscheidens von
Lupul's Weib und Sohn unterrichtet, am 25. Juni den ernstlichen Auftrag an Stephan, dieselben unversehrt und ohne
alle Leideszufügung nach Konstantinopel auszuliefern, auch
jedweder falschen Angabe sich dieszfalls zu enthalten; aber
Stephan's Antwort lautete, er habe von Lupul's Familie keine
Kenntnisz und Spur, wisse auch nicht, was aus ihr geworden sei. Gleich erfolglos blieb Lupul's Gesuch an den Bogdan Chmielnizki, der mit dem Fürsten Stephan in gutem Verhältnisse stand und dessen Verwendung beim Moldauerfürsten
er wegen Auslieferung seiner Familie in Anspruch genom-

men hatte. Für Lupul's Auslieferung empfing der Tartarchan durch den rükgekehrten Chasnadar von der Pforte zur Anerkennung einen kostbaren Säbel und Ehrenkaftau.

Ward übrigens dem Lupul im Laufe des Sommers durch den Tod des Tartarchans ein mächtiger Gönner entrissen, so büszte dagegen auch der Dreifürstenbund seiner Verfolger seit dem Hintritte des Mathäus gar sehr an Festigkeit und Einflusz, und nicht ohne hohes Bedauern wehklagten die siebenbürgischen Agenten darüber, dasz Constantin Scherban, von seines Vorgängers Politik abweichend, sich weniger dem Rákóczy als den Kosaken zuneige, mit denen er freundlichen Verkehr unterhalte; dasz er dem kaiserlicherseits an die Kosaken entsandten geheimen Emissär Woïewoden Petraschko ununterbrochen Geld, schöne Rosse und sonstige Bedarfsgegenstände reichlich zuführe, ungeachtet er wol wisse, dasz dieser Petraschko, im Einverständnisse mit dem Kaiser, durch Kosakenbeistand die Eroberung Siebenbürgens anstrebe und zu dem Ende auf eine Ehe mit Lupul's Tochter und des Timotheus Chmielnizki Witwe ernstlich sinne.

Die Einsamkeit der strengen Haft war indessen um so minder im Stande, das Gewebe von Lupul's Ränken und Strebungen auch nur um einen einzigen Faden zu verkürzen, als seine weitverzweigten Verbindungen und des Groszveziers fortwährende Gunst seinen Restaurationshoffnungen stets neue Nahrung zuführten. Mit dem unverholenen Ausdrukе solcher Hoffnungen schrieb er an den Kosakenhetman Chmielnizki, Anempfehlung durch dessen Gesandte an der Pforte beanspruchend. Er versuchte Rákóczy's und Constantin Scherban's Feindschaft im Wege der Unterhandlung zu brechen und deren Argwohn zu entkräften, indem er die Agenten derselben zu seinen Gunsten bearbeiten liesz; allein der vieljährige Hasz und die eingewurzelte Eifersucht beider Regenten mochten den schönen Worten eines hinterlistigen Gefangenen, über dem das Damoklesschwert hing, nicht recht trauen. Und so erwiederte auf diese Versöhnungsvorschläge der argwöhnische Scherban: «Lupul möge sich mit keiner Hoffnung schmeicheln; dieses Land werde ihn ja keinesfalls annehmen und anerkennen. Er solle sich demnach gefaszt machen, dasz ihm die Walachei mit Geld und Gewalt, im Wege der Unterhandlung wie der Waffen, auf's Aeuszerste Widerstand leisten werde.»

Nicht minder entschieden sprachen sich Rákóczy und
Stephan an der Pforte durch ungeschminkte Verwahrung
wider Lupul aus, indem sie dessen Wiedereinsezung erst
nach dem Absterben der ganzen Generation in ihren beiden
Ländern überhaupt als durchführbar erklärten, Stephan insbesondere äuszerte in den Zuschriften an seine türkischen
Gönner: «Lupul könne nimmermehr die Regierung der Moldau wiedererlangen, es wäre denn dasz zuvor Lupul's, Rákóczy's und all ihrer Unterthanen Köpfe am Boden lägen;
auch mit den Tartaren, diesen Bundesgenossen des Exfürsten,
würde Stephan keineswegs den Kampf scheuen, da er bereits
10.000 Mann theils eigener, gröstentheils aber deutscher Miliz, und andere 10.000 Mann ungarischer Soldtruppen aufgestellt und die Söldnerwerbungen noch nicht eingestellt habe;
mit all dieser Macht sei er Lupul's Angriff abzuwähren eben
so entschlossen als fähig.»

Diese kräftige Einsprache unterstüzte der Dreifürstenbund durch reichhaltige Geschenke und noch glänzendere
Geldverheiszungen für Lupul's Kopf, und indem sie mittels
gleichzeitiger Abführung dez Jahrestributes, Constantin Scherban aber mittels Leistung der Abfindungssumme wegen Mathäus Bassaraba's Verlassenschaft die einschlägigen, von Lupul böswillig erregten Befürchtungen der Pforte dämpften,
gewannen sie auf ihre Seiten, mit Ausnahme des Groszveziers,
die meisten übrigen Pfortenminister, die denn auch sich beflissen im Diwan die Ansicht geltend zu machen, dasz man
n den kaum beruhigten Ländern durch Lupul's Wiederernennung nicht neue Wirren wieder anfachen, nicht neue Kriege
wieder auflodern lassen solle.

Diesen Geldanboten stellte Lupul seinerseits nicht minder ansehnliche als Gegengewicht entgegen, wofür ihn auch
die Türken mit süszen Worten und schönen Zusicherungen
wegen seiner baldigen Freilassung und nachfolgenden Wiedererhebung zum Woïewodate vertrösteten und in dem Zustande angenehmer Täuschung erhielten; allein während die
Türken ihm geneigtes Ohr liehen, boten sie insgeheim ein
eben so williges den Zuflüsterungen und Anerbietungen der
Agenten des Dreifürstenbundes, der im Ueberbietungswege
seine Geldzusagen in demselben Grade zu steigern gezwungen war, in welchem die berechneten türkischen Liebkosun-

gen an Lupul verschwendet wurden. Endlich hatten sich die
drei Fürsten mit dem Groszvezier bezüglich der Betragsgrösze
geeinigt, und schon sollte Lupul's Haupt im Kaufs- und Ver-
kaufswege durch die Macht seines eigenen Geldes, das in
Räkóczy's und Stephan's Händen gerathen war, unwiderruflich fallen, als gegenseitiges Misztrauen die Katastrophe aufhielt; die Türken forderten die Geldleistung vor der Hinrichtung Lupul's, die argwöhnischen Fürsten aber mochten sie
erst nach geschehener That bewerkstelligen. Indesz auch Lupul's Uebereinkunft mit dem Groszvezier, der ihm für einige
Tausend Thaler die Freilassung aus dem Siebenthürme-Gefängnisz zusicherte, scheiterte an demselben Misztrauen: vor
der Freilassung kein Geld, sagte der Eine; vor dem Gelde
keine Freilassung, erwiederte der Andere. Und so blieb Lupul noch fortan in Kerkerhaft, hat auch, falls seine einzige
Stüze, der Groszvezier, fiele, blos das Schlimmste zu gewärtigen. *)

In den lezten Tagen geräth bei einer Feuersbrunst in
Pera unter andern auch das Haus des moldauischen Agenten
in Flammen, und dieser, der eine zur gelegenheitlichen Verwendung im Dienste und Interesse seines Fürsten bestimmte
Summe von 20.000 Thalern in Händen hatte, erachtet im
Drange des Augenblikes sie nicht besser sichern zu können,
als dadurch dasz er sie in einen Brunnen wirft. Allein Lupul's Leute verrathen diese Bergung an die Türken, und sofort läszt der Defterdar das verborgene Geld aus dem Brunnen herausfischen und nimmt es in Besiz.

Lupul bietet für seine Erlösung aus dem Gefängnisse
und für die freie Aufenthaltsbewilligung in Konstantinopel
nunmehr eine förmliche Bürgschaft von 30.000 Thalern der
Pforte an und verheiszt ihr zudem auch sonst die Mittel und
Wege an die Hand zu geben, wie sie ihre Bezüge und Vortheile aus der Moldau noch vervielfachen könnte. **)

*) Resident Simon Reniger an den Kaiser. — Constantinopel,
1655.
**) Resident Simon Reniger an den Kaiser. — Constantinopel, 10.
Jänner 1655.

1655. Aus dem Siebenthürme-Gefängnisse sendet Lupul dem
neuernannten Groszvezier Ipsir-Paschà bis nach Nikomedien
ein Geschenk von einigen Tausend Thalern, wofür er mit
einer guten Vertröstung belohnt wird. Die Fürsten der Moldau,
Walachei und Siebenbürgen lassen gleichfalls den neuen Gewalthaber mit entsprechenden Geldspenden begrüszen, gleichzeitig indesz immerfort und Lupul's Kopf feilschen. Zur Unterstüzung dieses Anschlags erscheinen nahezu 40 Moldauer
an der Pforte, Lupul's Miszregierung schildernd und dessen
tyranische Willkür anklagend. Da nun beide Parteien ihren
Beschwerden mit hohem Gelde Nachdruk zu verleihen und
Erfolg zu sichern sich bestreben, so unterhalten die Türken
die Hoffnungen beider Theile gleichmässig, um auf solche Art
beide gleichmäszig in opferwilliger Stimmung zu erhalten. *)

1655. Auf die Kunde von der Kosaken Rüstungen zur See
befiehlt die Pforte den beiden Fürsten der Moldau und Walachei, je hundert Schaïken (kleine Schiffe) zur bevorstehenden Abwehr der kosakischen Seezüge auf dem Schwarzen
Meere bauen zu lassen, und ein gleicher Auftrag verpflichtet
auch die übrigen längst der Donau gelegenen Städte und
Länder zur verhältniszmäszigen Anfertigung von Schiffen wider die Kosaken. Von dem moldauischen Fürsten ist die
bezügliche Aeuszerung noch rükständig; der Walachenfürst
aber erwiedert seinen Abgesandten, es sei ihm unmöglich in
so kurzer Zeit dem Pfortenbefehle nachzukommen; doch ge-
trauen sich seine Abgesandten um so weniger der Pforte die
negative Antwort kund zu geben, als die Wirren in der Walachei den Türken ohnedies übles Blut verursachen.

Die griechische Kirche in Konstantinopel verliert abermals ihr Haupt, geräth in Verwirrung und ermangelt durch
mehrere Tage eines Hirten. Der Patriarch Païsios, welcher
vor Einem Jahre seinen Vorgänger Joannikios mit einer Geld-
spende von 25.000 Thalern vom Patriarchenstuhle verdrängt
hatte, entsagt seinerseits (Ende März) der hohen Würde, ein
neues Opfer türkischer Begehrlichkeit. Denn die Türken, aus
der einfachen Geldleistung einen Präcedenzfall zu ihren Gun-

---

*) Resident Simon Reniger an den Kaiser. — Constantinopel, 6. März
1655.

sten herausklügelnd, beanspruchen nunmehr vom Patriarchen
Païsios eine jährliche Geldabgabe für die alljährige Wieder-
anerkennung und überdies eine abgesonderte Spende von einigen Tausend Thalern an den neuen Groszvezier Ipsir-Paschà für die erste Wiederbestättigung der Patriarchenwürde;
wofern er sich dessen aber weigere, so sei es — also bedeuten sie ihm — lediglich sein eigener Schaden, indem Joannikios und Kyrillos, seine Mitwerber, auf diese Bedingungen
hin zur Uebernahme des Patriarchates sich erbötig machen.
So hadern und steigern sich gegenseitig die griechischen
Mönche um die Patriarchenwürde, und arbeiten hiedurch eben
so sehr zum ausschlieszlichen Vortheile der Türken, denen
die ganze Frucht dieser Rivalität zufällt, als zum Nachtheile
ihrer eigenen Glaubensgenossen, die doch am Ende unter
Strafe des Kirchenbannes die Bestechungssummen aus eigenem Säkel auftreiben müssen.

In diesem Ueberbietungs-Wetteifer der drei Expatriarchen gelingt es nun zwar dem Joannikios den Kaufsieg über
Païsios davon zu tragen und den zugesprochenen Patriarchenstuhl einige Wochen hindurch im Besize zu halten, dagegen
aber findet er einen mächtigen Wiedersacher an dem Kyrillos, der doppelt so hohe Geldanerbietungen als der Joannikios stellt, jedoch die Bedingung daran knüpft, dasz dieser
Rival, weil gegenwärtiger Patriarch, nebst den vornehmsten
Metropoliten, weil dessen Anhängern, sicherheitshalber strangulirt würden. Mit diesem Meistbot einverstanden und über
die Bedingung handelseinig, lassen denn auch die Türken die
designirten Opfer in der zweiten Aprilhälfte unversehens überfallen, ohne Rüksicht und Verhör in zwei oder drei Kaïks
(Gondeln) werfen und sofort aus dem Bosporus in die hohe
See hinwegführen, um auf den Prinzeninseln an ihnen die
Hinrichtung zu vollziehen. Zum Glük erwies sich der Himmel
dieszmal gnädiger als die Menschen, indem wegen starken
Gegenwindes die Kaïks nicht bis an die bezeichnete Richt-
stätte hinzurudern vermochten, sondern die angetretene Fahrt
unterbrechen muszten. Dieser Zeitgewinn aber ermöglicht es
der griechischen Gesammtheit zusammenzutreten und den
Groszvezier um Gerechtigkeit und Barmherzigkeit so dringend und inständig anzuflehen, dasz er, das Todesurtheil

widerrufend, den Joannikios nebst dessen anhänglichen Metropoliten zurükholen, aber bis auf Weiteres in Kerker werfen läszt, deren Thore, allem Anschein nach, nur vermittels eines goldenen Schlüssels erschlieszbar sein werden.*)

1655. Ein sehr gefährlicher Aufstand der Miliz, zu dessen Unterdrükung die sonstige Macht Constantin Scherban's nicht ausreicht, bringt hohe Verwirrung in die Verhältnisse der Walachei so nach Innen wie nach Auszen, verursacht der Pforte bedeutende Besorgnisz, und bietet dem Siebenbürgerfürsten Rákóczy erwünschten Anlasz sich durch bewaffnetes Einschreiten überwiegenden Einflusz in der Walachei zu sichern.

Den Anstosz zum Militäraufruhr aber gaben die vornehmsten Bojaren dadurch, dasz sie dem Fürsten Constantin die theilweise Abdankung seiner Soldtruppen, deren Ueberzahl des Landes Mark verzehrte und völlig auszusaugen drohte, namentlich aber die völlige Entlaszung der Seimeni dringend und nachdrüklich anriethen. Diese Seimeni, nahezu Tausend an der Zahl, verzweifelte Wagehälse jedweden Gelichters, grösztentheils dem Raube ergeben, aus Türken und Christen, besonders Bulgaren zusammengewürfelt, und von einem Türken befehligt, der als Räuberchef zuvor in der Türkei hin und wieder hohen Schaden angerichtet hatte, waren noch vom Fürsten Mathäus Bassaraba vor mehreren Jahren zur Vertheidigung des Landes mit hohem Solde angeworben, in die Walachei gezogen und bei jeder Gelegenheit, wo es galt, als tapfere Streiter befunden worden· Dem Rathe seiner Bojaren folgend, beschlosz Constantin Scherban auch in der That das Korps der Seimeni ganz, die übrigen Heeresabtheilungen aber in beträchtlichem Masze aufzulösen und heimzusenden, und sann nur noch auf das zwekdienlichste Auskunftsmittel die Sache gefahrlos und ohne Aufsehen in Angriff zu nehmen. Unter dem Vorwande endlich, dasz ihn die Pforte zu Troz mit Gewalt im Regimente zu behaupten, beorderte er sein gesammtes Heer auf einen gewissen Tag zu einer Hauptversammlung nach Bukarest, wo in Folge dieser

---

*) Resident Simon Reniger an den Kaiser. — Constantinopel, 30. März u. 24. April 1655.

Berufung mehrere Tausend Mann, meist schönaussehendes und altgedientes Kriegsvolk, von den Seimenen aber blos 200 Mann sich einstellten. Der Fürst schritt sofort zur Abdankung der lezteren, die indesz ihre bösen Früchte trug. Denn als am nächtfolgenden Tag die noch übrigen Seimenen, über 700 Mann stark, die eben im Begriffe standen sich gleichfalls bei der angeordneten Hauptversammlung einzufinden, von der Abdankung ihrer daselbst erschienenen Kameraden und von dem gleichen ihnen zugedachten Loose Kunde erhielten, rotteten sie sich aufrührerisch zusammen, schlossen sich dem übrigen Heere in Masse an und suchten es mit aufreizenden Reden zur Meuterei fortzureiszen. «Liebe Brüder», so sprachen sie zu demselben, «wir haben schon so manche Jahre «miteinander gelebt, gemeinsam gekämpft und das Land ge- «schüzt, und dennoch dankt man uns nun ab! Allein gebet «Acht! Mit euch wird man nicht besser verfahren, und die «nächsten an der Reihe seid nunmehr ihr selbst.»

Diese Worte zündeten den Aufstand zur vollen Flamme an, und derselbe galt hauptsächlich den Bojaren, die zur Abdankung eingerathen hatten und die theils in den fürstlichen Pallast, theils aufs Land sich flüchteten. Der Gewalt weichend, muszte der Fürst die ersteren selbst der empörten Soldateska ausliefern und zusehen, wie sie vor seinen eigenen Augen miszhandelt, verstümmelt und niedergehauen wurden. Sodann stürzte die ebenso beutelustige als rachegierige Miliz auf der Bojaren Häuser, plünderten deren Hab und Gut, beraubte und schleifte in den Straszenkoth deren Frauen, und wutherfüllt, wie sie nun einmal war, verschonte sie nicht einmal die Landgüter und Unterthanen der Verfolgten: kurz, sie hauste so graulich und wüthete so furchtbar wie es selbst Türken und Tartaren nicht gethan.

Aus diesen Wirren beschlosz Rákóczy den bestmöglichen Nuzen zu ziehen, um, seinem Vorhaben gemäsz, sich der unbedingten Anhänglichkeit und Folgsamkeit des Walachenfürsten in gleicher Weise zu versichern, wie es ihm bezüglich des Moldauerfürsten bereits gelungen war, und um bei der Ausführung seiner übrigen weitaussehenden Pläne auf den militärischen Beistand beider Woïewoden mit Sicherheit bauen zu können. Hiebei kamen ihm, auszer dem gewaltigen Soldatenaufruhr, den der Walachenfürst mit dem Reste seiner

Macht kaum zu dämpfen vermochte, noch mehrere andere Umstände zu statten, die Constantin Scherban's Lage allerdings bedenklich machten.

Nach des Fürsten Mathäus ausdrüklichen und auch testamentarisch ausgesprochenen Absicht war eigentlich die Nachfolge im Fürstenthume seinem General Dikolo (Dikul) zugedacht, der indessen als die Bojaren zur Wahl schritten, seinem glüklicheren Nebenbuhler Constantin Scherban den Plaz räumen und wegen der auf des lezteren Befehl erlittenen Nasenabschneidung auch fernerhin jedweder Aussicht auf eine erfolgreiche Kandidatur entsagen muszte. Dikul hatte aber in Siebenbürgen nebst einer verheirateten Tochter auch einen Sohn, und auf des lezteren Regierungseinsezung durch die aufrürerische Miliz scheint es Rákóczy abgesehen zu haben, falls Constantin Scherban vom Fürstenthume unwiderruflich verdrängt würde.

Ohnedies hatte sich dien gegenseitigen Beziehungen der beiden Fürsten, Rákóczy und Constantin, etwas unfreundlich gestaltet. Lezterer nämlich hatte die von Mathäus dem ersteren dargeliehene Summe von 80.000 Dukaten ernstlich in Anspruch genommen und als Rákóczy in seiner Antwort beifallen liesz den fordernden Constantin selbst zu einem Besuche in Siebenbürgen einzuladen, um, wie er sich ausdrükte, den Forderungsbetrag gemeinschaftlich zu verzehren, demselben muthig zum Bescheide gegeben; « wenn überhaupt, so würde es blos auf dieselbe Art in Siebenbürgen erscheinen, wie vor Jahren sein Vater Scherban» (d. h. mit den Waffen in der Hand). Gedrängt und bedroht, gab nun Rákóczy zwar nach und überschikte das geforderte Geld an Constantin, trug demselben jedoch seither einigen Groll nach, zu dem sich noch Rákóczy's Argwohn gesellte, als sei der Walachenfürst mit des Kaisers Anschlag einverstanden, dem Woïewodenabkömmling Petraschko durch kosakischen Beistand zur Eroberung Siebenbürgens zu verhelfen.

Zudem machten sich Constantin's Neider und Nebenbuhler in Konstantinopel seine Verlegenheiten Geschäftig zu nuze und führten der Pforte einerseits seine Regierungsunfähigkeit und Abkommenschaft von einem anerkannten Rebellen (Radul Scherban), der verrätherisch zum deutschen Kaiser abgefallen wäre, anderseits aber sein geheimes Einver-

ständnisz und seine Verwandtschaft mit dem fürstlichen Sprösz-
ling Petraschko, der nach längerem Aufenthalte am kaiserlichen Hoflager nunmehr bei den Kosaken gegen Siebenbürgen und die Pforte conspirire, so nachdrüklich zu Gemüthe,
dasz diese zur Beseitigung Constantin's sich geneigt zeigte
und nur noch mit der Wahl des Nachfolgers nicht im Reinen
war. Es hatte zwar ein walachischer Woïewodensprosse, der
ein alter guter Freund Rudolph Schmid's und dem kaiserlichen Interesse zugethan, bereits gegründete Aussicht auf
Ernennung in die Walachei; doch traten sogleich die zahlreichen griechischen Mitwerber, deren jeder viele Tausend
Reichsthaler anbot, mit der falschen Vorspiegelung dazwi-
schen, es sei derselbe in Polen geboren und der polnischen
Partei ergeben, was allein mehr als hinreichend war ihn beim
Groszvezier völlig zu diskreditiren.

Angesichts so vielfältiger Schwierigkeiten und Miszstände
in Constantin's Stellung darf es nicht befremden, dasz Rákóczy ihn gleichfalls unter der Hand an der Pforte unter-
minirte und überdies den Aufstand der Soldateska mit scha-
denfrohem Eifer insgeheim zu jener Höhe anfachte, die seinem Einschreiten einen Vorwand und seinem Ehrgeize einen
Dekmantel füglich leihen konnte. Viele der vornehmsten Bojaren der Walachei, theils durch die Schreknisse der Solda-
tenmeuterei aus der Heimat getrieben, theils von Rákóczy
auf gute Art gelokt, hatten in Siebenbürgen ihren zeitlichen
Aufenthalt genommen, und willfährig unterschrieben sie, Rákóczy's Wunsche gemäsz, eine Bittschrift und Aufforderung
an ihn, zur Beruhigung ihres Vaterlandes bewaffnet daselbst
einzuschreiten. Auf Grund dieser Bittschrift sezte sich nun
Rákóczy alsbald mit dem Siawus-Paschà von Silistria, den er
durch Bestechung in sein Interesse zu ziehen wuszte, wie
auch mit dem Moldauerfürsten in's Einvernehmen und zog
gemeinschaftlich die Frage in Erwägung, wie er angeblich
zur Vollziehung gerechter Strafe und zur Demüthigung der
übermüthigen Soldateska in die Walachei einrüken und Ruhe
und Ordnung daselbst wieder herstellen könnte. Durch Siawus-Paschà's Verwendung erwirkte er auch in der That von
der Pforte die hiezu erforderliche Bewilligung, und obgleich
diese hierauf zweimal widerrufen und in ein Verbot des bewaffneten Einschreitens verwandelt wurde, so rükte dennoch

Rákóczy, hiedurch in seinem Vorhaben nicht beirrt, persönlich mit seiner ganzen Macht an die walachische Gränze, wo
er sich mit dem gleichfalls herangezogenen Fürsten Stefan
vereinigte, der, ein willenloses Werkzeug in Rákóczy's Händen, auf dessen Wink mit einigen Tausend Mann herbeigeeilt
war. Die in des Siebenbürgerfürsten Feldlager anwesenden
walachischen Bojaren hatten mittlerweile den Fürsten Constantin theils durch starke Drohungen, theils durch wolklin-
gende Zusicherungen so erfolgreich bearbeitet und für Rákóczy's Interesse gewonnen, dasz er sich vollkommen auf
dessen Seite schlug, und sowol unmittelbar in seinen Kundgebungen an denselben als auch in dem Gutachten, welches
er darüber an die Pforte zu erstatten hatte, sich mit der bewaffneten Dazwischenkunft, zu der türkischerseits nebst dem
Rákóczy auch Siawus-Paschà befehligt wurde, völlig einverstanden erklärte, überdies sich anheischig machte auf gute
Art von seiner Soldateska abzufallen und um sie desto sicherer dem Verderben zu weihen, mit einer bedeutenden Abtheilung verläszlicher Truppen im entscheidenden Augenblike das
Hauptlager im Stich zu lassen.

Während dieser geheimen Verhandlungen und offenen
Rüstungen rotteten sich die walachischen Truppen und der
Kern des Landvolkes, von dem Anmarsch der Feinde Unterrichtet, in starken Haufen zusammen und fragten ihren Fürsten, ob er zu ihnen stehen und halten wolle? für den be-
jahenden Fall sich entschlossen erklärend, ihn wider alle seine
Feinde aufs Aeuszerste zu schüzen und mit ihm zu leben
und zu sterben. Fürst Constantin nahm diese Erklärung wol-
gefällig auf, entschied sich zu ihren Gunsten, und so schwu-
ren sich beide Theile gegenseitig unverbrüchliche Treue und
andauernden Beistand feierlich zu. Zudem betheuerten die
aufständisch gewesenen walachischen Soldtruppen dem zur
Abholung des Tributes nach Bukarest beorderten türkischen
Aga, der daselbst eine sehr freundliche Aufnahme fand, ihre
stete treue Ergebenheit und Folgsamkeit gegen die Pforte,
der sie jederzeit den Tribut nebst den anderweitigen Pflicht-
leistungen pünktlich zuführen würden; die jüngsten Vorfälle,
die als Unrecht keine Rechtfertigung zulieszen, gehörten nunmehr doch schon der Vergangenheit an, und als Vergütung
hiefür verhieszen sie, den nach Siebenbürgen oder anderwärts

flüchtigen Bojaren nicht allein freie unbehelligte Rükkehr zu
gestatten, sondern nach Möglichkeit auch alles ihnen entzogene Hab und Gut zurükzustellen; falls indessen die flüchtigen Bojaren, diese Genugthuung zurükweisend, ihren Aufenthalt in Siebenbürgen noch fortan hartnäckig fortsezten und
zur Anzettelung von Umtrieben wider die Walachei benüzten,
so wären sie (die Truppen) entschlossen, 16—20 Tausend
Mann stark, die Widerspänstigen selbst aus Siebenbürgen ab
zuholen und all jenen Fürsten, die so verstokten Ruhestörern
Schuz angedeihen lieszen, kühn die Stirne zu bieten. Der
demüthige und doch entschiedene Ton dieser Kundgebung
bestimmte die Pforte sofort, an Siawus Paschà und Rákóczy
das Verbot des Angriffs und jedweder Feindseligkeit wider
die Walachei ergehen zu lassen und sie überhaupt zur Ruhe
zu weisen; dieser schwankenden Haltung der Türkei liegt
auszer ihrer zeitweisen Friedensliebe grösztentheils die Mei-
nungsdifferenz zwischen dem Groszvezier und dem Mufti zu
Grunde, von denen der erstere für die bewaffnete Interven-
tion und Constantin's Absezung, der leztere aber für gütliche
Schlichtung der Streitsache, und diesmal mit Erfolg im Divan
abstimmte.

Die Erbitterung beider Parteien, ihr umfassenden Rüstungen und die Fortschritte der Rákóczyschen Pläne waren indesz schon zu weit gediehen, als dasz durch einfachen Pfortenbefehl sich der Einmarsch Rákóczy's und seiner Verbündeten in der Walachei und sonach der Anprall der gegenüberstehenden Streitmassen hätte hintanhalten lassen. Das
walachische Heer, grösztentheils aus Veteranen und tapfern
Söldlingen bestehend, hatte es als vortheilhafter erachtet und
beschlossen dem Feinde zuvorzukommen und durch einen un-
vermutheten Anfall zu Leibe zu gehen, und war auch wirklich demselben entgegengegangen. Fürst Constantin aber, der
zufolge des mit Rákócry verabredeten geheimen Anschlages
mit einem bedeutenden Theil seiner Truppen abzufallen und
in's Rákóczy'sche Lager überzutreten hatte, auch bis zu dem
Ende bis in die feindliche Schuszlinie gezogen war, führte
noch am Vorabend der Hauptschlacht seinen Vorrath aus
und entwich mit einigen Tausend Mann nächtlicherweile unversehens aus dem Lager der Seinigen, es seinem Schiksale
anheimstellend. Doch die verlassenen Truppenreste, durch die-

sen Verrath nicht entmuthigt und Angesichts des Feindes
vielmehr zur rüstigen Gegenwehr entschlossen, wichen nicht
um ein Haarbreit, sondern wählten einen ihnen gewogenen
Bojaren zum Gegenfürsten und lieferten am 26. Juni n. St.
(16. Juni a. St.) dem Feinde die Hauptschlacht. Diese endete
mit Rákóczy's vollständigem Siege, den ihm eine gelungene
Kriegslist bereitete. Er wuszte nämlich die tapfern, jedoch
unvorsichtigen walachischen Truppen durch einen verstellten
Angriff, der allmählich in einen förmlichen Rükzug überging,
zur heftigen Verfolgung zu reizen, und hiedurch in einen
Hinterhalt zu loken, wo seine 3.000 deutschen Musketiere
mit einigem Geschüz in einem Graben verborgen lauerten.
Diese begannen nun plözlich ein so wolgezieltes und trefflich
unterhaltenes Feuer, dasz die hizigen Verfolger, dadurch überrascht, sofort in Verwirrung geriethen; in diesem kritischen
Moment sprengte die ungarische Reiterei stürmisch daher,
hieb tollkühn darein und entschied Rákóozy's Sieg.

Unterdessen hatte Fürst Constantin mit 3.000 Mann die
Richtung nach Silistria eingeschlagen und auf dem linken
Donauufer gegenüber dieser Festung Halt gemacht. Der Einladung Siawus-Paschä's zu einem Besuche in Silistria keine
Folge leistend, empfing er diesen auf freiem Feld in seinem
Lagerzelt, pflog lange Unterredungen mit demselben, nahm
aus dessen Hand den von der Pforte ihm zugedachten Kaftan
nebst anderen Geschenken entgegen, und zog in Begleitung
des mitgesandten Kihaïas und 300 türkischer Reiter zum Sieger Rákóczy. Der Sieg wurde nun von den drei Fürsten
durch prächtige Gelage gefeiert, ihre gegenseitige treue Bundesgenossenschaft erneuert und mit Eidschwören bekräftigt.
Die Suprematie Rákóczy's über die nunmehr in Abhängigkeit gerathenen Constantin und Stephan ist indesz unverkennbar und leuchtet schon aus den Verhaltungsbefehlen
derselben an ihre Agenten in Konstantinopel, denen es zur
Pflicht gemacht ward in all ihren Angelegenheiten sich beim
siebenbürgischen Gesandten Raths zu erholen und nichts ohne
sein Vorwissen zu verhandeln oder vorzukehren. Von seinem
Sieg, der Bändigung der übermüthigen Soldateska und der
Beruhigung der Walachei erstattet Rákóczy Bericht an die
Pforte, gleichzeitig seine Treue gegen den Sultan betheurend,
in dessen Interesse er hauptsächlich diesen Feldzug unter-

nommen, die vollkommene Schonung des beruhigten Landes
versichernd, dem nicht um eines Strohhalmes Werth Schaden
zugegangen, im Uebrigen weder einen Fürstenwechsel in der
Walachei noch anderes Zugeständnisz von der Pforte begeh-
rend, deren Ermessen und freie Zustimmung allein maszgebend sei. Türkischerseits dissimulirt man den Groll wider Rákóczy, welcher dem zweimaligen ausdrüklichen Verbote zu
trotz die Walachei überfallen, und der Groszvezier, ferneren
Wirren ausweichend, genehmigt sogar förmlich des Siebenbürgerfürsten Handlungsweise. Auch bestättigen Meldungen
die argen Verheerungen der Walachei durch Rákóczy's ungrische und Szeklertruppen, welche daselbst unmenschlich
hausten, Alles rein ausplünderten, die zahlreichen Bienenstöke
in ihr eigenes Land mitschleppten, und sogar das Getraide
auf dem Felde muthwillig unter den Hufen ihrer Rosse zer-
malmten, so dasz in Folge der dadurch herbeigeführten Hungersnoth und Drangsale viele Tausende Landsleute theils
nach der Türkei am rechten Donauufer, theils nach der Moldau auswanderten, ihr zerstörtes Hab und Gut dem Schiksale
preisgebend.

Gleichwol sind die Hülfsquellen der nunmehr beruhigten
Walachei so vielfältig, dasz es ihrem Fürsten, zu seiner eigenen nicht geringen Verwunderung, gelang den Jahrestribut
gleichzeitig mit dem aus der Moldau an die Pforte abzuliefern. Die Vertheidigungskraft des Landes hat aber sowol
durch die Aufreibung der eigenen Aufständischen Miliz, wie
auch durch die Entziehung von 40 der besten und schönsten
Geschüze ungemein gelitten, die Rákóczy nach Siebenbürgen
abführen liesz, um des Fürsten Constantin militärische Wi-
derstandsfähigkeit zu schwächen und den Geschwächten desto
sicherer in seiner Abhängigkeit zu erhalten. Zur Befestigung
seiner Supremacie und zum Schuze des Walachenfürsten wider
die gebändigte, jedoch nicht bekehrte Soldateska, hatte indesz Rákóczy eine Abtheilung seiner ungrischen Truppen,
2.000 Mann stark, in der Walachei als Besezung zurükgelassen. Diese Truppe sowol als den Fürsten Constantin zu
überfallen und niederzumezeln, war der Zwek einer Verschwörung, die im Monate August unter der besiegten Miliz ausgebrütet ward und zu deren Ausführung die bereits zusam-
mengerotteten 2.000 aufruhrsüchtigen Söldlinge nur noch den

Zuzug der übrigen Tausende ihrer Gesinnungsgenossen gewärtigten. Doch Fürst Constantin, von dem Complotte rechtzeitig unterrichtet, kam den Verschwörern zuvor, überfiel sie
unversehens und liesz sie meistentheils über die Klinge springen. Das Verdienst der siebenbürgischen Truppe bei der Bewäl-
tigung der gefährlichen Soldateska verfehlte nicht Rákóczy's
Ansehen und überwiegenden Einflusz auf Constantin noch
weit mehr zu steigern, und demgemäsz sandte dieser einen
seiner vornehmen Bojaren als Ueberbringer eines schönen
Angebindes und eines Geldgeschenkes von 20.000 Thalern
in Baarem an den Siebenbürgerfürsten, — eines Geldgeschenkes, das fast einem Tribute gleich sieht. Die übermüthigen
siebenbürgischen Agenten an der Pforte behandeln die Fürsten Constantin und Stephan allbereits als Unterthanen Rákóczy's und diesem vindiciren sie den Titel «König».

Dessen ungeachtet leben alle drei Fürsten noch fortan
in steter Besorgnisz vor einem Kosakeneinfall in ihre Länder,
womit der Hetman Chmielnizki namentlich die Moldau be-
drohte, an deren Gränze er unlängst mit groszer Macht gegen Kameniec zog und wo er durch einen aufgefangenen
Moldauischen Späher dem Fürsten Stephan eine unverweilte
Heimsuchung ankündigen liesz. Stephan bat zwar an der
Pforte um Untersagung des angedrohten Kosakenzuges, allein
der Groszvezier, Lupuls Gönner, neigt sich mehr auf Chmielnizki's Seite, dessen er gegen Polen bedarf und erhält auch
den Lupul in guter Hoffnung. Auszer diesen trüben Aussicht
drohte dem Fürsten Stephan tartarischerseits gleichfalls hohe
Gefahr und im verflossenen März bot ihm der Tartarchan
blos unter der Bedingung eines jährlichen Tributes die Verschonung der Moldau an. Dem Moldauerfürsten, der Reniger's
Korrespondenz mit dem Kaiser durch die Moldau weiter be-
förderte, drükte der Resident in eigener Zuschrift seinen
Dank aus; da jedoch demselben, wahrscheinlich wegen seiner
Verdacht erregenden engen Verbindung mit Rákóczy,
vermöge ausdrüklichen kaiserlichen Befehls die fernere Beförderung des Depeschenwechsels nicht mehr anvertraut werden
darf, so verheiszt Reniger genau Folgeleistung in dieser Beziehung.

Im Monate Oktober traf die Nachricht von dem an der
Pest erfolgten Hinscheiden des walachischen Fürstensprösz-

lings Petraschko ein, der vorhin am Kaiserhofe, sodann aber in politischer Mission einige Zeit bei den Kosaken seinen Aufenthalt gehabt hatte. Sein Leichnam wurde durch die Moldau nach der Walachei überführt, wo er an seiner Ahnen Seite ruht. Seine Feinde, insbesondere die Siebenbürger, frohloken darüber ungemein.

Am 24. Mai übernachte der polnische Internuntius dem Groszvezier in feierlicher Audienz nebst dem üblichen königlichen Beglaubigungsschreiben auch einige andere Zuschriften politischen Inhalts, und zwar vom Groszkanzler und von zwei Kronfeldherrn. Das wichtigste dieser Schreiben ist unstreitig dasjenige des Groszkanzlers, der sich der Wahrheit nach folgends äuszert:

Der moskowitische Groszfürst sei durch einige kleine Siege so hochmüthig und anmaszend geworden, dasz er sich öffentlich verlauten liesz, er wolle nunmehr alle Griechen vom türkischen Joche erlösen und das byzantinische Kaiserthum wiederherstellen; zu diesem Zweke habe derselbe bereits griechische Priester und Mönche als Sendlinge in die Türkei zur Aufwiegelung der Griechen und zur Erregung einer allgemeinen Schilderhebung vielfach ausgeschikt, welche Schilderhebung in dem Augenblike ausbrechen solle, da die moskowitischen Heere sich den türkischen Gränzen nähern würden, was schon deszhalb leicht und wahrscheinlich sei, weil die Kosaken den Moskowiten den Zugang zum Dniester gewähren würden. Die Folgen davon aber wären sehr weitgreifend. Dem Hetman Chmielnizki und seinen Abgesandten könne die Pforte füglich weder Glauben noch Vertrauen schenken; den er sei ein doppelgängiger, treuloser, trugvoller Mensch, welcher einen Abfall von seinen rechtmäszigen Herrn begangen und seither seine Eidschwüre nur zu oft gebrochen habe, welcher zur nämlichen Zeit als er durch Abgesandte in Konstantinopel um türkische Schuzherrlichkeit anhielt, mittels anderer Gesandte dem Groszfürsten von Moskau Unterwerfung und Treue angelobte. Was der polnische Botschafter vor einem Jahre zur Kenntnisz der Pforte gebracht, sei nunmehr vollständig zu Tage getreten und erheische osmanischerseits ernstliche Erwägung und rechtzeitige Vorkehr; gegen so gefährliche Anschläge biete sich kein besseres und ausgiebigeres Gegenmittel dar, als dasz die Pforte der Krone

Polen, die übrigens selbst ein gewaltiges kampffertiges Heer aufstellte, durch Zuweisung tartarischer, siebenbürgischer, moldauischer und walachischer Hülfstruppen wider den gemein-samen Feind nachdrüklichen Beistand leisten möge.

Während dieser polnischen Bewerbung um Türkenhülfe fand sich Anfangs Juni auch ein kosakischer Abgesandte mit Schreiben vom Hetman Chmielnizki an der Pforte ein, und bat um Enthebung der Tartaren von der an Polen zu leisten-den Hülfe wie auch um Zuweisung tartarischen Beistandes an die Kosaken. Derselbe erhielt eine geheime Audienz beim Groszvezier, genosz gröszere Ehren als der polnische Inter-nuncius und ward, seinem Wunsche gemäsz, zum Lupul in das Siebenthürme-Gefängnisz auf Besuch zugelassen. Nebst-dem verwendete er sich angelegentlich bei der Pforte wegen Lupul's Wiedereinsezung in die Moldau oder mindestens we-gen dessen Entlassung aus dem Gefängnisse und freien Auf-enthaltsbewilligung in seiner Behausung zu Konstantinopel. Wirklich erlangte Lupul Ende December von der Pforte den tröstlichen Bescheid (Buiurdi): « er möge guter Dinge sein und sich auf die Erfüllung seiner Wünsche gefaszt halten, denn man wolle ihn gegen Pfand und Bürgschaft seiner Haft entlassen und neuerdings mit einem Fürstenthume betheilen.» Dieser milde und hoffnungserregende Bescheid ist indesz le-diglich eine türkische Finte, auf doppelte Wirkung berechnet, einestheils nämlich dem Lupul bedeutende Geldsummen zu entloken, anderntheils aber die ihm feindlichen drei Fürsten durch die Besorgnisz eines nahen Lupul'schen Sieges zu de-sto gröszeren Geldüberbietungen und Gegenminirungen zu nö-thigen. *)

1656.   Der drohende Einfall der Tartaren und Kosaken in Sie-benbürgen ist ganz das Werk des ränkesüchtigen Lupul's, den Verwandtschaft an Chmielnizki, Anhänglichkeit an den Tartarchan bindet, und der mit Hülfe beider wie auch der vornehmsten Griechen von Konstantinopel sich an den feind-lichen Dreifürstenbunde zu rächen und auf den verlorenen

---

*) Resident Simon Reniger an den Kaiser. — Konstantinopel, 17. u. 18. März; 24. April; 24. Mai; 3. 14., 20. Juni; 2., 8., 19., 22., 29. Juli; 16. August; 8. September; 21. Oktober: 21. November; 27. December 1655.

Fürstensiz sich wieder zu erheben strebt. In diesem Bestreben
unterstüzt ihn unter der Hand die Pforte, welche den festen
Zusammenhalt des Dreifürstenbundes nur mit Besorgnisz an-
sieht und demselben nichts weniger als geneigt ist. Sie ver-
gegenwärtigt sich lebhaft genug die Schmach, die Rákóczy's
Vater in Bekämpfung ihres Schüzlings Stephan Bethlen, und
Mathäus Bassaraba als Gegner des von ihr patrocinirten Lupul'schen Sohnes, ihr einst unter gleichen Verhältnissen durch
ein solches Bündnisz zugefügt hatten; sah sich doch damals
Sultan Murat selbst dahin gebracht, dasz er zum bösen Spiel
gute Miene machen und Rákóczy's sowol als des Mathäus
Willensmeinung fast unverändert annehmen muszte. Da nun
jedoch gegenwärtig die Fürsten Constantin und (Scherban)
nicht, wie zu jener Zeit, einen Rükhalt an Polen, sondern lediglich an Rákóczy besizen, so liegt es allerdings im Interesse
und Anschlage der Pforte die Bande zwischen den beiden
ersten und dem lezteren, selbst im Wege der Gewalt, zu
zerhauen, und dieses Ziel gedenkt sie durch Loshezung der
Kosaken und Tartaren auf Siebenbürgen zu erreichen.

Hiegegen empfiehlt Schmidt dem Kaiser verstärkte Gränz-
Besezung und Bewachung, nebsdem ernstliche Vorstellungen
an der Pforte auf Grund des, solche Tartareneinfälle verbie-
tenden, dritten Artikels des Vertrages von Sitwa-Török. *)

Berichte aus der Moldau bestättigen die durch des Kai- 1656.
sers Vermittlung erfolgte Beilegung des Zwistes der Krone
Polen und dem Groszfürsten von Moskau, weszhalb auch der
polnische Internuntius an der Pforte sich zur Heimkehr rüstet.

Der Tartarchan drängt den Rákóczy noch fortan zur
Uebernahme förmlicher Tributspflichtigkeit, im widrigen Falle
mit einen Einfalle drohend. Der Siebenbürgerfürst, dieses Verlangen muthig zurükweisend, erstattet der Pforte hievon Anzeige, beifügend, er wünsche der osmanischen Regierung ausdauernde Treue zu bewahren, sei auch fest entschlossen den
Tartaren die Spize zu bieten; sollte ihm indesz die Pforte
Schuz und Schirm versagen, so würde er solchen anderwärts
schon zu finden wissen.

---

*) Gutachten des Freiherrn Rudolph Schmidt von Schwarzenhorn über
die in Reniger's Relationen vom 20., 24. und 29. April enthaltenen wichtigen
Punkte. — Wien 1656.

Die darin liegende Abfallsdrohung erregt nun bei den Türken Besorgnisz, und der Tartarchan vermag nunmehr die zum Einfall erforderliche Bewilligung nur mit Mühe zu erwirken. *)

1657. Die ottomanische Pforte, mit den Fürsten von Siebenbürgen, der Moldau und Walachei fortwährend gleich übel zufrieden, bedroht sie mit Einfällen von Tartaren und Gränztürken und erhält in der lezten Zeit einen besonderen Grund zum Miszvergnügen wider die Fürsten Stephan und Constantin durch die Anzeige des Tartarchan's, wornach diese beiden und der griechisch-constantinopolitanische Patriarch mit dem Groszfürsten von Moskau geheimes Einverständnisz wider das Osmanenreich unterhalten hätten. Als erstes Opfer des türkischen Unwillens fiel der angeklagte Patriarch, der am 31. März im Mittelpunkte der Stadt aufgeknüpft wurde, und so heftig äuszerte sich die türkische Erbitterung, dasz sie dem Gerichteten eine anständige Bestattung, für welche die Griechen dem Groszvezier ein bedeutendes Geschenk nebst einer Geldsumme anboten, durchaus nicht zugestehen mochten, sondern den Leichnam am Nachtage in's Meer versenken liesz. **)

1657. Die Pforte, mit Rákóczy's polnischen Throngelüsten keineswegs einverstanden, und seine Kriegsgedanken und Allianzen verwerfend, läszt die türkischen Gränztruppen in Bereitschaft halten und den Tartarchan auf einen Einfall in Siebenbürgen sich gefaszt machen. Der Tartarchan seinerseits fordert die Fürsten der Moldau und Walachei auf, seinem Zuge gegen Rákóczy sich anzuschlieszen, widrigens ihnen nichts Gutes bevorstünde. Und allerdings liegt es im Anschlage der Pforte, woferne der Tartarenzug wider Rákóczy sich erfolgreich gestaltete, die beiden Fürsten durch andere zu ersezen und dem Siebenbürgerfürsten durch Beseitigung seiner Satelliten die Flügel abzureiszen. ***)

---

*) Resident Simon Reniger an den Kaiser. — Constantinopel, 19. u. 22. Juni 1656.
**) Resident Simon Reniger an den Kaiser. — Constantinopel, 22. April 1657.
***) Resident Simon Reniger an den Kaiser. — Constantinopel, 7. Mai 1657.

Am 27. Mai erhielt der siebenbürgische Abgesandte beim Groszvezier im Arsenale Audienz und stellte ihm anständlich vor, wie Rákóczy nicht ohne triftigen Grund, wol aber zum Besten der Pforte Krieg wider Polen begonnen und mit Schweden, diesem groszherrlichen Bundesgenossen, sich verbündet habe; denn hätte sein Fürst einen andern Weg verfolgt, so würde der moskowitische Groszfürst Polen's Unterjochung bereits vollständig bewerkstelligt und zur Stunde mit der Pforte selbst Krieg begonnen haben; die vier griechischen Patriarchen seien diesem Groszfürsten zu besagtem Zweke ohnehin beständig im Ohre gelegen, und der von Antiochien, welcher lezthin persönlich in Moskau sich eingefunden, habe daselbst um barmherzige Erlösung der armen Christen vom unerträglichen türkischen Joche und um Beihülfe zur Wiedererrichtung des griechischen Kaiserreiches flehentliche Bitte angebracht. Diese Gefahr verdiene um so genauere Beachtung, da Moldau, Walachei, Bosnien, Albanien, Thracien und Macedonien fast ausschlieszend oder überwiegend, die übrigen Provinzen der Türkei aber in bedeutendem Masze mit Griechen bevölkert seien, die auf das erste Signal des Anrükens moskowitischer Streitmassen sich sofort wie ein Mann erheben würden. Es könne nur noch ein Glük heiszen, dasz nunmehr durch das Ableben des mit dem moskowitischen Groszfürsten verbündet gewesenen Römischen Kaisers mindestens von Deutschland her nichts zu besorgen sei, als welches Land, durch diesen Todesfall in Bezug auf die Wahl des Nachfolgers in Verwirrung gestürzt, vom Parteihader zerrissen, am Vorabende blutigen Bürgerkrieges stehe.

Diese Ansprache verfehlte nicht einiger Wirkung auf den Groszvezier. Der auszerordentliche Abgesandte Schwedens, Claudius Sohalam, überreichte am 29. Mai dem Sultan ein Schreiben seines Königs Karl Gustav vom 23. September 1656, worin dieser unter Hinweisung auf die von moskovitischer Seite der Türkei drohende Gefahr und auf das Bündnisz des katholischen Deutschlands mit dem Groszfürsten wider den Sultan, als den gemeinsamen Feind, die Forderung stellt, dasz dem Tartarchan anbefohlen werde mit Schweden gegen den Moskowiterfürsten sich zu vereinigen; zur gewünschten Anbahnung eines festen Bündnisses zwischen Schweden und der Pforte empfehle er als Vermittler den Rákóczy, als

groszherrlichen Unterthan und schwedischen Nachbar. An
nämlichen Tage erhielt auch der siebenbürgische Gesandte
beim Sultan Audienz und trug demselben Rákóczy's Anerbieten vor, für die Beförderung oder mindestens Nichthinde-
rung seiner polnischen Thronbesteigung jährlich 40.000 Thaler und zwar diese Summe für drei Jahre im Vorhinein zu
entrichten

Dessenungeachtet lautete der Bescheid an den Schwedenkönig, er solle mit den Polaken, diesen alten Freunden
der Pforte, ehestens Frieden schlieszen; an den Rákóczy, er
solle nach Siebenbürgen heimkehrend, sich ruhig verhalten,
widrigens eines Tartaren- und Türkeneinfalls sich versehen;
an den Kosakenhetman und den Tartarchan, sie sollen mit
einander freundliches Einvernehmen pflegen, treue Ergebenheit gegen die Pforte stets bethätigen und des türkischen
Schuzes sich versichert halten. *)

1657.   Da Rákóczy dem Pfortenbefehle, der ihn zur Heimkehr
und Einstellung aller Feindseligkeiten anweist, widerspänstigen Ungehorsam entgegensezend, auf seinem feindlichen Beginnen hartnäkig verharrt, auch die Woïewoden der Walachei und Moldau zum Anschlusz an sein verpöntes Unternehmen und zur Verwiklung in seine Fehde mit Polen ver-
leitete, so wuchs der Pforte hohe Erbitterung gegen ihn und
die beiden anderen Fürsten derart an, dasz ihr schon längst-
gehegter Wunch, die drei miszfälligen Vasalen abzusezen,
nunmehr zum Entschlusz reifte. Dieser Entschlusz wird noch
gefördert und gefestigt durch Rákóczy's vollständige Niederlage durch die Tartaren, welche so hohe Freude im Divan
erregte, dasz der Groszvezier den Ueberbringern dieser Kunde
sofort Ehrenkaftan's anlegen liesz, ferner durch Reniger's in
gleicher Weise angewendete Bemühung an der Pforte, nachdem ihm vom Kaiser aufgetragen worden Rákóczy's Zurükberufung aus Polen durchzusezen; endlich durch das Einschreiten des neuen polnischen Abgesandten am 14. August
in der Audienz beim Groszherrn, welchem er Polens Forderung wegen Bestrafung und Beseitigung der drei Fürsten
eindringlich zu Gemüthe führte.

---

*) Resident Simon Reniger an den Kaiser. — Constantinopel, 12. Juni 1657.

Bereits zu Anfang Juli flüchteten sich, durch der Tartaren Erfolge im Nachbarlande und die Haltung der Pforte
aufgeschrekt, die Bewohner der Moldau und Walachei in
Wälder und Gebirge, und der Pascha von Silistria, mit einigen hundert Reitern, die Donau übersezend, rükte gegen die
Moldau, um mit dem Tartarchan für die nächsten Anschläge
übereinstimmende Maszregeln zu vereinbaren. Nicht minder
begannen auch die Fürsten Stephan und Constantin sich auf
das Schlimmste gefaszt zu machen und den Rákóczy unmuthsvoll zu verdammen, in demselben Masze aber Lupul
im Siebenthürmenkerker seine Hoffnungen und Bewerbungen
neuerdings zu potenziren. Fürst Constantin Scherban verpflichtete sich bereits in einem besondern Abkommen mit
Lupul mit Gold und anderen Bedarfsgegenständen dessen
Wiedereinsezung zu fördern, wogegen jedoch Lupul nicht
nach der Walachei die Hand zu streken und nichts gegen
Constantin's Person vorzunehmen verhiesz, Fürst Stephan liesz
durch einen vertrauten Freund den Reniger und durch diesen den Kaiser um Asylbewilligung in kaiserlichen Landen
für den wahrscheinlichen Nothfall ersuchen, und Reniger versprach ihm die Vorlage der Bitte an den Hof, ohne indesz
demselben einige gegen die Gewährung derselben streitende
Bedenken zu verhehlen. *)

Auf die Kunde von der bevorstehenden Ankunft des   1657.
englischen Botschafters in das Hoflager zu Adrianopel ver-
dächtigt ihn der kais. Resident, als ob er im Interesse desselben Schwedens herbeikomme, welches, allenthalben die
Ruhe trübend und im Trüben eigennüzig fischend, das Bündnisz zwischen Rákóczy, der Moldau und Walachei mit den
Kosaken zu Stande gebracht und diese groszherrlichen Vasallen ohne Vorwissen und Ermächtigung ihres Oberherrn
zum Kriege wider Polen getrieben hätte. Die schwedischen
Abgesandten, Rákóczy's Helfershelfer, haben demnach unverweilt ihre Abfertigung zu gewärtigen, und so stark tritt der
türkische Ingrimm gegen Rákóczy zu Tage, dasz, wie der
Reis-Effendi sich ausdrükte, so wenig das vom Himmel her-

---

*) Resident Simon Reniger an den Kaiser. — Constantinopel. 31. Juli,
15. August, 24. Oktober 1657.

abregnende Wasser je wieder zurük hinaufregnet, eben so wenig Rákóczy's Begnadigung je wieder in's Reich der Möglichkeit gehöre. Der siebenbürgische Abgesandte, welcher den Tribut überbrachte, wurde gleich in seiner ersten Audienz, sobald er nur von Rákóczy Meldung gethan, mit Unwillen hinausgeschafft, und selbst die Annahme des Tributes fand türkischerseits deszwegen Ablehnung, weil Rákóczy denselben unter dem Vorwande eingesendet hatte, er wolle, da er im vergangenen Jahre noch im Regimente gewesen, den Tribut als eine alte Schuld abliefern; die Pforte merkt indesz gar wol Rákóczy's eigentliche Absicht sich durch eine sogenannte Schuldzahlung und durch geldgespikte Unterhandlung mit ihr abermals zu versöhnen und sich in ihre Gunst wieder einzuschleichen, und eben deszhalb will sie noch weit weniger von ihm etwas wissen oder hören, ja ihr ganzes Thun und Trachten richtet sie auf Rákóczy's und seines Sohnes unfehlbaren Sturz. Dies erfahren schmerzlich sowol die siebenbürgischen Abgesandten, die sofort in's Gefängnisz wandern, als auch die Stände Siebenbürgens, deren Anzeige von der Fürstenwahl des Redey Ferenz nebst der Bitte um dessen Bestättigung bei der Pforte als eine Finte gilt, darauf berechnet den Rákóczy unter fremden Namen am Ruder zu erhalten, die osmanische Regierung dagegen zu blenden und einzuschläfern. Zwar läszt Rákóczy durch Vermittlung des Moldauerfürsten die Pforte um Begnadigung und Erhaltung im Regimente betreiben, widrigens er sich unter des Kaisers vielfach angebotenen mächtigen Schuz und Schirm begeben würde; doch die Pforte erwiedert hierauf mit einen erneuerten Befehle — dem dritten seit Kurzem — an die siebenbürgischen Stände, den Rákóczy um jeden Preis aus dem Lande zu stossen und ihm nicht einmal Zeit zum Umschauen zu gönnen.

Der griechische Patriarch von Jerusalem hatte zu Konstantinopel sich eine Krone anfertigen lassen, dergleichen die Patriarchen sonst bei feierlichen Anlässen anstatt der Mitra aufzusezen pflegen. Man machte aber dem türkischen Kaimakam von Jerusalem glaubhaft, diese Krone wäre vom Patriarchen für den Groszfürsten von Moskau vorbereitet worden, so kam der Beschuldigte nebst einigen Mönchen in's Gefängnisz, die Krone jedoch an die Pforte und selbst vor des Groszhern Antliz. Hierüber erfolgte nun eine Divans-

sizung und der Befund, es sei die Kronenbenüzung lediglich
ein alter unverfänglicher Brauch in der griechischen Kirche;
nichtsdestoweniger wurde der angeschuldigte Patriarch zur
Pforte beschieden. *)

Fürst Constantin Scherban meldet durch einen abgesandten Bojaren der Pforte seine Entschuldigung, dasz er für
diesmal nicht befohlenermassen persönlich sich einfinde und
dem Sultan die Hand küsse; es sei eben die gelegene Zeit
zur Einsammlung des Tributes eingetreten; sobald er diesen
eingebracht, wolle er selbst erscheinen und ihn der Pforte
persönlich liefern. Der Groszvezier, hierüber entrüstet, läszt
den walachischen Staatsboten in Kerker werfen und beschlieszt
von Stunde an die Absezung der beiden Fürsten Constantin
und Stephan, und während er rüksichtlich der Nachfolge in
der Moldau, die er anfänglich dem Lupul zudachte, mit sich
noch zu Rathe geht, theilt er die Walachei sofort einem
Griechen zu, Gioan-Bey genannt, dessen Vorältern angeblich
Woïewoden in der Moldau und Walachei gewesen, und der
als designirter Fürst bereits mit Kaftansanlegung und sonstigen Ehrenbezeugungen ausgezeichnet wird. **)

Gioan-Bei, ein feiner und gewandter Grieche, welcher
im Hause Kinan-Paschà's sich aufgehalten und vor Jahren
mit dem Residenten Rudolph Schmidt enge Freundschaft ge-
pflegt, auch den Reniger unausgesezt heimgesucht hatte,
wurde am 26. Jänner als neuernannter Fürst der Walachei
zum Handkusse beim Groszherrn zugelassen. Hiebei verehrte
er dem Sultan an Goldborten, Seidenwaaren und Edelsteinen
reiche Geschenke im Gesammtwerthe von ungefähr 30.000
Thalern, erhielt dagegen feierliche Belohnung und Einkleidung, gleich einem Beylerbey, mit einem hohen Federbusch,
dann mit drei Fahnen zu Rosz und drei zu Fusz, und reiste
hierauf am 31. Jänner in sein Fürstenthum ab. Am Tage
nach seiner Investitur trafen bereits Bittschreiben der wala-

*) Resident Simon Reniger an den Kaiser. — Adrianopel, 6. Jänner
1658.
**) Resident Simon Reniger an den Kaiser. — Constantinopel, 12. Jän-
ner 1658.

chischen Stände an der Pforte ein, des Inhalts, «der Grosz-
«herr möge sie nur mit keinem armen Fürsten wieder heim-
«suchen; denn sie und ihr Land seien ohnedies arm genug;
«was nun aber der Neuernannte etwa von den Juden auf
«Kredit entlehnte und an der Pforte verausgabte, das würde
«er aus der armen Walachei reichlich einzubringen und wu-
«chermäszig Alles im fünffachem Betrage zu erlangen trach-
«ten; überhaupt aber könnten sie den Ernannten durchaus
«nicht als Fürsten anerkennen und empfangen.» Indesz hatten
diese Gesuche und Verwahrungen gerade die entgegengesezte Wirkung, dasz nämlich der Gioan-Bey nur um so dringender zur Abreise, troz des heftigen Unwetters, getrieben
ward und auch wirklich in aller Eile dazu schritt. Sein Hofstaat besteht aus Türken und Christen zur gleichen Hälfte,
und seine Leibgarde, 300 Mann stark, ebenfalls aus Türken
und Christen zu gleichen Theilen. Seine Ausstattung und die
dargebrachten Geschenke mögen ihm wol an 200.000 Thalern Unkosten verursacht haben, da er nichts im Vorrath besessen und sich somit genöthigt gesehen hatte seinen ganzen
Bedarf gegen hohe Zinsen auf Borg von Juden zu beziehen.
Sogleich nach seiner beschlossenen Ernennung wurde des
Sultans Kapidschilar-Kehaïasi (Ober-Thürhüter) zur provisori-
schen Regierungsübernahme in die Walachei entsendet, was den
Woïewoden Constantin zwang sein Land zu verlassen und
nach Siebenbürgen zu flüchten. Gioan-Bey wünschte und erhielt vor seinem Abzug nächtlicherweile einen Besuch und
halbstündige Unterredung vom Residenten Reniger, der ihm
zur fürstlichen Erhebung herzlich Glük wünschte.

Der Moldauerfürst Stephan, welcher der Pforte seine
bevorstehende Ankunft bereits angesagt hatte, um dem Groszherrn die Hand zu küssen, besann sich indessen eines Andern und meldete, es sei ihm angesichts der jezigen Sachlage unmöglich sich an der Pforte einzufinden. Dieser Ungehorsam entschied vollends seinen Fall, den die Pforte zwar
noch nicht verlautbarte, aber um so fester beschlieszt, weil
Stephan nicht weniger als Constantin im geheimen Einverständnisse mit Rákóczy stand und, gleich demselben, gewillt
war sich im Regimente selbst mit Gewalt zu behaupten.

Der Exfürst Lupul, dessen Kerkerhaft in den Sieben-
Thürmen nunmehr in's fünfte Jahr währt, dessen Muth und

Hoffnung aber durch die neuen Wirren frische Nahrung erhielten, sezt seine reichen Geldmittel und zahlreichen Anhänger abermals in starke Bewegung, um bei der gegenwärtig so günstigen Constellation das moldauische Fürstenthum wieder zu gewinnen; allein ob auch der Groszvezier einigermaszen sich zu ihm neigt, so stimmen gleichwol die übrigen Pfortenminister gegen seine Wiedereinsezung, weil er während seiner Regierung unklugerweise bald mit Kosaken, bald mit andern Nachbarn fortan in Hader und Streit lebte und die so erwünschte Ruhe stets trübte. Ewige Gefangenschaft, gleich derjenigen des Szekel Moyses, scheint sonach seiner fürderhin zu harren. *)

Der Groszvezier verlangt die Nichtunterstüzung Rákóczy's kaiserlicherseits und die Nichtduldung der von dessen Mutter in Ungarn eingeleiteten Stadttruppenwerbungen, verzichtet dagegen, der kaiserlichen Zumuthung gemäsz, auf die unmittelbare Besezung der Festung Jenö (Janova) und anderer festen Pläze. Der förmlich bestättigte neue Fürst Franz Redey ertheilt der Pforte Kunde von Rákóczy's neuer Schilderhebung und bewaffnetem Einfall in Siebenbürgen, dessen Zwek die gewaltsame Besiznahme dieses Landes sei. Nun wird Rákóczy als offener Rebelle erklärt und zu seiner Vertreibung eine Kriegsmacht, aus Türken und Tartaren bestehend, aufgeboten. Insbesondere ergeht an den Tartarchan der Befehl, in eigener Person mit seiner gesammten Streitmacht wider Rákóczy aufzubrechen. Ohnehin befinden sich in der Moldau und Walachei, zur Vertreibung der entsezten Fürsten und zur Einsezung des neuernannten Gioan-Bey, bereits 20.000 Tartaren, welche mit Feuer und Schwert, mit Sengen und Brennen und Plündern die armen Länder furchtbar heimsuchen und an den Rand des Verderbens bringen.**)

Fürst Constantin (Scherban), vom Tartarensultan Kalga und dem Pascha von Silistria bedrängt, zieht sich nach dem Rathe einiger befreundeter Tartaren in die Bergdistrikte und

*) Resident Simon Reniger an den Kaiser und an Freiherrn Rudolph Schmidt von Schwarzenhorn. — Konstantinopel, 13. Februar 1658.
**) Resident Simon Reniger an den Kaiser. — Adrianopel, 28. Februar 1658.

und Gebirge. Der Tartarchan indesz sezt seine Ränke und bösen Anschläge emsig fort und schliesz mit den Kosaken Frieden unter der Bedingung, dasz dem Rákóczy und seinen beiden Bundesgenossen Constantin und Stephan von türkisch-tartarischer Seite kein Leid widerfahren dürfe. *)

1658. Der abgesezte Fürst Constantin stand an der Spize eines Heeres von 32.000 Mann, das siebenbürgische Hülfscorps ungerechnet; allein, allem Anscheine nach, verdarb schwarzer Verrath seine sonst hoffnungsreiche Sache, da sein walachisches Heer sich der heranrükenden tartarischen Armee schon beim ersten Zusammentreffen sofort anschloss. Und nun stehen mehr als 100.000 Mann zum Einfall in Siebenbürgen bereit. **)

1658. In einer Audienz beim Groszvezier läugnet Reniger jedwede dem Kaiser angeschuldigte Unterstüzung des Rákóczy'-schen Einfalls ab, fordert in kaiserlichem Interesse die Schonung Siebenbürgens und beharrt auf der Nichtbesezung von Jenö und anderer Festungen durch die Türken. Hiebei äuszert der Groszvezier unter Anderm : «er habe beide Woïewoden der Moldau und Walachei an die Pforte berufen und ihnen eidlich die Nichtzufügung irgend eines Leides angelobt; er hätte ihnen auch in der That, falls sie gehorsam gewesen, alle Ehre angethan und sie wieder in Gnaden und Frieden entlassen; da sie indesz Ungehorsam bethätigt und sich nicht persönlich gestellt hätten, so wären sie selbst in's eigene Verderben gerannt, wie die lezten Vorgänge bewiesen.»

Und allerdings sind dem Rákóczy (nach dem türkischen Ausdruke) nunmehr seine beiden Flügel, die Woïewoden der Walachei und Moldau vollends abgerissen.

Fürst Constantin (Scherban), dessen eigene Streitmacht auf 25.000 Mann, mit dem siebenbürgischen Hülfskorps von 7.000 Mann aber im Ganzen auf 32.000 Mann sich belief, sezte sich gegen seinen neuernannten Nachfolger Gioan-Bey muthig zur Wehr und machte ihm den Einzug in's Land und

---

*) Der Siebenbürgerfürst Georg Rákóczy an den Erzbischof von Gran. — Alba-Julia, 12. März 1658.
**) Adam Károly an den Erzbischof von Gran. — Karolinum, 17. März 1658.

die Regierungsübernahme standhaft streitig. Allein das Kriegs-
glück entschied sich gegen ihn: er unterlag der vereinigten
türkisch-tartarischen Macht in einer blutigen Schlacht, die über
8000 Todte auf der Walstatt bettete, und die meisten walachischen Würdenträger (Bojaren) und sonstigen Adeligen
als Gefangene in Feindeshand lieferte. Kaum gelang es
dem Fürsten Constantin sich vorerst in ein griechisches
Kloster und hierauf mit Verlust all seiner Habe nach Siebenbürgen zu retten, wodurch Gioan-Bey nunmehr in völligen
Besitz der Walachei gelangte.

Am 13. März erfuhr auch die Moldau den längst erwarteten Fürstenwechsel. An diesem Tage wurde nämlich
die Absezung des Woïewoden Stephan formell ausgesprochen
und Georg Gika, einer der moldauischen Agenten, ein Mann
über sechszig Jahre alt, wider Willen und Verhoffen zum
Fürsten der Moldau erklärt. Am 18. März zum Handkusse
beim Sultan vorgelassen, empfing er die übliche Fahne und
rüstet sich nunmehr zur baldigen Abreise. Sogleich nach
dieser Ernennung beordnete die Pforte den Czausch-Baschi
mit 250 Mann in die Moldau, um einerseits den abgesezten
Stephan-Woïewod wo möglich zu ergreifen, anderseits bis zu
Gika's Ankunft die zeitweilige Regierungsleitung zu über-
nehmen, und darin sollen ihm nöthigenfalls einige Tausend
Türken und Tartaren wirksamen Beistand leisten. Somit ist
für den Rákóczy jede Aussicht auf Hülfe aus der Walachei
und Moldau unrettbar verloren. *)

Durch Verhaftung des türkischen Abgesandten, durch
Schmachreden wider den Sultan, wie auch durch prahlerisch-
anmaszende Schreiben an den Groszvezier und den Pascha
von Silistria brachte Rákóczy die Pforte dermaszen in Harnisch und Erbitterung, dasz die friedliche Beilegung des
Streites und die Abwendung des erdrükenden türkischen Einfalls nur mehr von zwei Bedingungen abhängt: von einer
neuen Fürstenwahl an des entsezten Rákóczy Statt, sodann
von der Auslieferung in türkische Hände oder von der heimlichen Entweichung Rákóczy's und seiner beiden Bundes-

1658.

---

*) Resident Simon Reniger an den Kaiser. — Adrianopel, 28. Februar
1658.

freunde Constantin und Scherban aus Siebenbürgen. Die Verwerfung dieser Bedingungen ist gleichbedeutend mit Krieg wider Rákóczy, mit ebenso gräulicher Verwüstung Siebenbürgens wie in der Walachei gewesen; die Annahme derselben heiszt Schonung und Frieden, so dasz, um des Groszveziers Ausdruksweise zu gebrauchen, alsdann Niemanden gewaltsam auch nur ein Blutstropfen aus der Nase hervorschieszen dürfte. Die Auslieferung der drei Woïewoden fordert der Groszvezier Mehemet Paschà im Grunde der ausdrüklichen Bestimmungen der mit Siebenbürgen geschlossenen und zu Recht bestehenden Kapitulation Sultan Soliman's, denen zufolge die Bojaren aus der Walachei oder Moldau, welche sich nach Siebenbürgen flüchten, an die Pforte auszuliefern sind; habe doch Rákóczy, den Kapitulationsbestimmungen zuwider, nicht allein mit fremden Fürsten, wie mit Schweden und Kosaken, inniges Einverständniss unterhalten, sondern ohne des Sultans Bewilligung mit fremden Ländern Krieg geführt. Als strafwürdige Vergehungen Rákóczy's aber erklärt der Groszvezier a) den Krieg desselben wider Polen ohne Ermächtigung der Pforte; b) die eigennüzige Abhängigmachung der moldowalachischen Woïewoden von seinem Willen zu seinem eigenen und wider das türkische Interesse; c) die Ermunterung und Unterstüzung der vom Fürsten Constantin bewerkstelligten bewaffneten Empörung, die der Walachei so theuer zu stehen kam.

Und allerdings musste dieses arme Land die Empörung arg büszen. Alles wurde erbarmungslos verheert, versengt, gebrandschazt und ausgeplündert; viele Tausende seiner Einwohner jedweden Alters und Geschlechtes, selbst Säuglinge nicht ausgenommen, traf des Siegers rachgieriger Schwert; mehr als 10.000 Unglükliche muszten als Sklaven den Heimatsboden verlassen und auf die Sklavenmärkte Stambuls wandern, wo sie haufenweise um Spottpreise feil standen.

Warnend wirkte das schrekliche Beispiel der Schwesterprovinz auf die Moldau und sie ging diesmal einen viel sichereren Weg. Sie liesz den abgesezten Woïewoden Stephan mit all seinen Angehörigen, Hauptanhängern und Hofstaatsbeamten wie auch mit seiner besten beweglichen Habe frei und anstandslos nach Siebenbürgen entweichen, nahm dessen Nachfolger Georg Gika bereitwillig an, gewährte ihm ehrenvollen

Empfang und dankte Gott vom Herzen, dasz sie nicht abermals den verhaszten Lupul zum Fürsten bescheert erhielt. *)

Die Pforte besteht auf Auslieferung Rákóczy's und der
beiden anderen Woïewoden nebst deren Bojaren durch die
Siebenbürger binnen 20 tägiger Frist, auf Abtretung von
Jenö, Lugosch und einiger anderen Festungen, endlich auf
Verdoppelung des bisherigen Jahrestributes. Da ihren Anforderungen nicht sofort Erhörung wird, so beauftragt sie am
24. Mai den Fürsten Georg Gika, mit seiner Streitmacht sich
dem Tartarchan anzuschliessen und diesem den besten Durch-
zugsweg nach Siebenbürgen durch die Moldau zu weisen.

Der neue Woïewode der Walachei Gioan-Bey steht in
seinem Lande im Rufe der Untauglichkeit, weisz sich dessen
Liebe und Achtung nicht zu erwerben, pflegt mit Rákóczy
schriftlich und gesandschaftlich geheimen Verkehr und dürfte
sonach blos einer kurzen Regierungsdauer sich erfreuen. **)

Die drei Nationen Siebenbürgens bitten schriftlich den
Groszvezier in Gottes und Mahomet's Namen um Abwendung
der Kriegsfurie von ihrer Heimat, wie auch um Amnestirung
und Belassung Rákóczy's im Regimente, indem sie für dessen
künftige treue Haltung bürgen, und auch ihrerseits standhafte
Anhänglichkeit der Pforte zusichern. Auf diese offen erklärte Parteinahme für den Rebellen Rákóczy erwiedert die
Pforte mit der Androhung demnächstiger militärischer Besezung des Landes, und des Sultan's Stallmeister übermacht
dem Pascha von Ofen zwar Säbel und Kaftan, aber auch
den erneuerten ernstlichen Befehl, sofort in Gemeinschaft mit
dem Tatarchan den Angriff auf Siebenbürgen zu beginnen,
widrigens ihm — so lautet nämlich die groszherrliche Sank-
tion — die Haut abgezogen, mit Stroh ausgefüllt und zum
abschreckenden Beispiel zu Ofen vor dem Festungsthore aufgehängt werden würde. ***)

---

*) Resident Simon Reniger an den Kaiser. — Adrianopel, 8. 22.
April 1658.
**) Resident Simon Reniger an den Kaiser. — Adrianopel, 10. u. 28.
Mai 1658.
***) Resident Simon Reniger an den Kaiser. — Adrianopel 24. Juni
1658.

Zur Nichtabtretung der Veste Jenö an die Türken kaiserlicherseits aufgefordert, erklärte er schon vorhin seine Bereitwilligkeit gedachten Plaz lieber einer kaiserlichen, als einer türkischen Besazung einzuräumen, erhielt indesz darauf noch keine Antwort. Da nun die Türken aber die Belagerung dieser Veste bereits in Angriff genommen haben, so bittet er den Kaiser um schleunige Entsendung von Hülfstruppen zum Entsaz des bedrängten Bollwerks, andernfalls auf die Gefährdung Ungarns hinweisend und für die zubewilligende Hülfe seinen lebenswierigen Dank mit That und Blut zu erwahren verheiszend. *)

Nr. 5. Das günstige geheime Anerbieten, welches der nunmehrige Woïewoda der Walachei (Gioan-Bey, später Michne genannt) vor einigen Monaten dem Kaiser eröffnen liesz und durch einen eigens abzusendenden Geistlichen des Nähern zu erörtern zusagte, verdiene um so genauere Beachtung und Benüzung, da derselbe schon vorhin stets eine absonderliche kaiserfreundliche Gesinnung an den Tag legte, mit Reniger gleichfalls vertrauten Verkehr unterhielt und, wenn von deutscher Seite gehörig gedekt, treffliche Dienste dem Kaiser und Reiche leisten dürfte. Er könne diesen Fürsten persönlich gar wol, traue ihm auch nicht minder, sei jedoch der Meinung, dasz wenn dessen Agenten in Konstantiopel dem Residenten Reniger über das dem Kaiser gestellte Anerbieten etwas bedeuten würden, der Resident hievon zur Einberichtung zwar Notiz zu nehmen, mit ihnen aber über solche Kundgebungen in keine wie immer geartete Unterhandlung zu treten hätte; diese Vorsicht sei nicht durch Misztrauen gegen den Fürsten, sondern durch ein geschichtlich nur zu wolbegründeten Argwohn gegen die Agenten (Kehaïa) beider Länder an der Pforte geboten, welche um selbst auf den Fürstensiz zu steigen, ihre Fürsten und Herrn öfter schon zu Falle gebracht und auf den Schultern der Gestürzten den erledigten Siz auch wirklich mehr als einmal schon erklettert

---

*) Fürst Georg Rákóczy an den Kaiser. — Szovat (in Siebenbürgen), 1. September 1658.

hätten. Das lezte derartige Beispiel bietet Lupul's Vorgang
gegen seinen Herrn und Fürsten Moyses (Mogila). *)

Die Tartaren, Kosaken, Moldauer und Walachen hausten
in der Zeit gräulich in Siebenbürgen: Haus und Hof, Aker
und Wiese, Dorf und Stadt, Alles ging in Flammen auf;
die meisten Einwohner, zarte Kinder nicht ausgenommen,
fielen durch's Schwert; über 60.000 Menschen führte der
tartarische Sieger in ewige Dienstbarkeit ab. Auch die Residenz Alba Julia ward ein Raub des Feuers, und der Tartarchan, selbst Augenzeuge der Feuerbrunst, wollte nicht von
der Stelle weichen, bis nicht die ganze Stadt in Trümmer
und Asche gelegt war. Die wilden Tartaren erbrachen sogar
die Fürstengrüfte und Gräber, warfen die Leichname aus und
forschten allenthalben nach Schäzen. Nie und nirgends war
aber Rákóczy mit seiner Heeresmacht sichtbar.

Die Bedingungen, welche von den siebenbürgischen
Ständen angenommen und von ihrem neuen Fürsten (Barcsai)
beschworen werden mussten, sind: a) Verzichtleistung auf
Jenö und dessen Rayon; b) Abtretung von Lugosch, Karansebes und einigen dazu gehörigen Kastellen und Dörfern an
die Türken; c) Erhöhung des Jahrestributes von 15.000 auf
30.000 Dukaten; d) Ersaz der Kriegskosten im Betrage von
500 000 Thalern; e) Auslieferung Rákóczy's, Constantin's und
Stephan's, gleichviel ob lebend oder todt, in türkische Gewalt. **)

An den Tartarchan, die Gränztürken, dann an die Fürsten der Walachei und Moldau ergeht ein Pfortenbefehl wegen
Unterstüzung des neuen siebenbürgischen Fürsten im Nothfalle; demgemäss stellten bereits die Moldau und Walachei
je 1500 Mann dem letzteren zur Hülfe. ***)

1658.

1658.

---

*) Gutachten Rudolph's Schmidt Freiherrn von Schwarzenhorn über
die gegenwärtige Sendung an die Pforte. — Wien, (August oder September)
1658.

**). Resident Simon Reniger an den Kaiser. — Adrianopel, 21. Oc-
tober 1658.

***) Resident Simon Reniger an den Kaiser. — Konstantinopel, 24.
December 1658.

Durch Achatius Barcsai's Berichte von den Rákóczyschen
Rüstungen und feindlichen Anschlägen unterrichtet, versagt
der Groszvezier jedwede Berüksichtigung und Erhöhrung der
angelegentlichen Vermittlung des Kaisers zu Gunsten Rákóczy's, erklärt entschieden den Entschluss der Pforte diesen
verrätherischen Vasallen um jeden Preis aus dem Wege zu
räumen, fordert dann die kaiserliche Regierung selbst, wofern
kein anderes Mittel erübrigt, sich dieser Schlange im eigenen
Busen zu entledigen, zur Strangulirung oder Köpfung Rákóczy's auf, und erklärt endlich, die Abneigung der Pforte
gegen diesen für so heftig und unüberwindlich, dasz einerseits
wenn sogar alle Christen ausstürben und blos Rákóczy als
einziger Christ noch am Leben bliebe, er selbst dann Siebenbürgen nicht wieder erlangen würde, und dass anderseits,
wenn alle Türken der Welt bis auf einen einzigen ausstürben,
dieser einzige Türke noch den Krieg wider Rákóczy auf
Leben und Tod fortführen würde.*)

Der walachische Fürst Michne geräth fortan schlecht
und schlechter, und gewinnt fast den Anschein, als ob in
seinem Kopfe immerdar trübes Wetter herrschte. Er nennt
sich nun gar einen Erzherzog, liess sich in der Hauptkirche
seiner Residenz öffentlich krönen und salben, entsandte auch
einige Verordnete zur Pforte, um einerseits die Anerkennung
des Erzherzogtitels durch ein groszherrliches Hatischerif zu
erwirken, anderseits aber die osmanische Regierung dafür zu
stimmen, dasz sie seinem jetzigen Fürstenthume noch Siebenbürgen, die Moldau und die Festung Silistria anschliessen
und seinem Regimente anvertrauen möge. Deszhalb hält ihn
die Pforte hirnverbrannt und irrsinnig, macht sich mit dem
Gedanken seiner Entsezung vertraut und gewährt dadurch
dem Lupul neuen Hoffnungsschimmer.**)

Der Tribut aus der Moldau im Belaufe von 20.000
Thalern langte in lezter Zeit bei der Pforte ein; derjenige

---

*) Resident Simon Reniger an den Kaiser. — Konstantinopel, 21.
Februar u. 16. März 1659.
**) Resident Simon Reniger an den Kaiser. — Konstantinopel, 21.
April 1659.

Walachei im Betrage von 130.000 Thalern wird in zwei bis
drei Tagen nachfolgen, gleichzeitig mit ihm auch der siebenbürgische, der von 30.000 eine Steigerung auf 70.000 Thaler
erlitt. Bedenkt man hiezu die unerläszlichen Geld- und sonstigen Geschenke an den Sultan, die Validé, den Groszvezier
und die übrigen Minister, auch manche andere unvermeidliche
grosse Unkosten aus Anlasz der Tributablieferung; erwägt
man insbesondere die übertriebenen Gelderpressungen und
erzwungenen Naturalgiebigkeiten, sei es Viehstüken, oder in
Getreide, Holz und anderen Produkten, womit die Walachei
und Moldau fast unausgesezt heimgesucht werden; so kann
man sich kaum eines gerechten Erstaunens über die reichhaltigen Hülfsquellen und die unversiegliche Ergiebigkeit von
Ländern erwehren, denen es unmittelbar nach so vielen
Drangsalen und heillosen tartarischen Verwüstungen doch
noch möglich wird solche Lasten zu erschwingen.*)

Der siebenbürgische Jahrestribut von 70.000 Thalern
traf zwar vollständig ein, von dem Kriegskosten-Ersaz im Belaufe von 500.000 aber blos ein Abschlagsbetrag von 5000
Thalern, wesshalb der Sultan und der Groszvezier unmuthsvoll die Drohung eines neuen Einfalls in Siebenbürgen ergehen lieszen. Fürst Michne schürt diesen Unmuth wider
Barcsai sehr geschäftig und flüsterte lezthin der Pforte in's
Ohr, der leztere hätte die ganze rückständige Ersazsumme
schon längst aufgebracht und vorräthig, wolle sie jedoch nicht
abliefern und trage geflissentlich so grosse Schwierigkeiten
zur Schau, weil er hoffe mit der Zeit einen namhaften Erlass an dem Forderungsbetrage zu erwirken.

Durch dergleichen Einstreuungen, dann durch Geldspenden und anderweitige Geschenke bemüht sich der wegen
seiner Miszregierung und verdächtigen Haltung nicht wolge-
littene Walachenfürst Michne die Gunst der Pforte wieder zu
erobern, und um seines Zieles sich noch mehr zu versichern,
verordnet nicht blos die Erbauung einer Moschee in der

1659.

---

*) Resident Simon Reniger an den Kaiser. — Konstantinopel, 16.
Juni 1659.

Walachei, sondern lässt überdies seinen baldigen Uebertritt zum Islam allenthalben verlautbaren. *)

1659. Rákóczy bricht in Siebenbürgen ein und beschwört dadurch ein Ungewitter über sich herauf, indem die Pforte dem Pascha von Ofen und anderen türkischen Grenzbefehlshabern Angriffsordre ertheilt. Gleichzeitig pflanzt Michne in der Walachei die Fahne des Aufstandes offen auf, erklärt sich für einen Anhänger Rákóczy's und, von Jenö gegen Silistria ziehend, überfällt und schlägt den Pascha dieser Festung in sehr empfindlicher Weise. Hiedurch sehr betroffen und erbittert, beordnet der Groszvezier wider Michne den Fürsten Georg Gika aus der Moldau, den Pascha von Rumelien nebst vielen Sandschak's aus Græcia und ein Korps von 12.000 Tartaren. Michne's Sturz, ohnehin schon in drohender Nähe bevorstehend, erwächst durch seine Schilderhebung nunmehr zur Nothwendigkeit; stand doch die Pforte früherhin bereits auf dem Punkte, diesen Fürsten, wegen seiner Unfähigkeit, Miszregierung, Hinrichtung und Beraubung von Bojaren, nach Konstantinopel zu citiren und als einen Missethäter zu enthaupten. Ueberhaupt ist er ein leichtfertiger, unverlässlicher, geldloser Mensch, der, gleich dem Rákóczy, sein Land und Volk mit einem schwer zu löschenden Brande bedroht. **)

1659. Auf einer persönlichen Zusammenkunft der drei Exfürsten, Rákóczy, Constantin und Stephan, und des Fürsten Michne zu Kronstadt in Siebenbürgen verabreden sie die Organisation ihres bewaffneten Aufstandes, erwählen den Rákóczy zum Partei-Oberhaupte, den Stephan zu ihrem Feldherrn, theilen übrigens die Moldau dem Constantin zu, während sie die Walachei dem Michne auch fürderhin zusprechen. Mit diesem Ergebniss zufriedengestellt, beschenkt Michne den Rákóczy mit einem Zoberpelz und einem reichgeschirrten Rosz, wogegen dieser jenem einen Säbel und ein Streitrosz als Angebinde spendet, zudem auch einen Hülfstrupp von 500 Mann zur Verfügung stellt.

---

*) Resident Simon Reniger an den Kaiser. — Konstantinopel, 26. Juni 1659.
**) Resident Simon Reniger an den Kaiser. — Adrianopel, 20. October 1659.

Da Rákóczy und Stephan in Polen unter den Augen der Regierung unbehindert Truppen anwerben, da ferner ein polnischer Abgesandter mit dem rebellischen Michne Verständnisz anknüpft und geheimen Verkehr pflegt; so erregt dieses Vorgehen Polens hohes Miszvergnügen an der Pforte, die über polnischen Undank klagt.

Zur Einantwortung der Walachei an den Moldauerfürsten Georg Gika wird der groszherrliche Kapidschilar-Kehaïasi (Obristthürhüter) dahin abgesendet, der indesz die Weisung erhält auch die Moldau einstweilen unter Gika's Regiment insolange zu belassen, bis die Pforte zu deren Verleihung an einen tauglichen Fürsten geeinete Fürsorge getroffen hätte.[*]

Beide neuen Woïewoden der Walachei und Moldau (Georg Gika und Stephan, Lupul's Sohn[**]) genieszen Ruhe, ihre Länder aber und Unterthanen haben, wie gewöhnlich bei Tartaren- und Türkeneinfälle, abermals gräulich gelitten. Michne, von den Tartaren auf's Haupt geschlagen und in einem Kloster belagert, entweicht und flüchtet nach Siebenbürgen. Weil nun die Unweit der siebenbürgischen Grenze gelegene Hauptstadt Tergowiste den gefährlichen Verkehr mit Siebenbürgen erleichtert, so verordnet ein osmanischer Befehl die Schleifung dieser Stadt nebst ihren benachbarten Klöstern und die Verlegung der Fürstenresidenz nach dem, näher gegen das türkische Donauufer gelegene Bukarest.

1659.

Des Tartarchan's Agent meldet dem Groszvezier, dasz der von Rákóczy mit einem starken Heer in die Moldau befehligte Exfürst Constantin darunter 4000 Soldaten aus Oberungarn zählte, die ihrer Aussage zufolge, vom ungarischen Palatinus dem Rákóczy zu Hilfe gesendet worden wären, und erweist seine Anzeige durch ein ganzes Paket aufgefangener Briefe, die an diese Soldaten aus Oberungarn von ihren hinterlassenen Eheleuten oder Verwandten adressirt waren. Der Resident Reniger stellt jedoch die Wahrheit dieser Behauptung entschieden und standhaft in Abrede.[***]

---

[*] Resident Simon Reniger an den Kaiser. — Adrianopel, 1. November 1659.

[**] *Anmerkung.* Diesen gibt Engel Gesch. d. Moldau, pag. 274 als Fürsten an.

[***] Resident Simon Reniger an den Kaiser. — Adrianopel, 21. December 1659.

1660.

Rákóczy's lezte Schilderhebung brachte über die Moldau und die Walachei unsägliches Elend. Ueber 50,000 arme Einwohner aus der Walachei und über 10.000 dergleichen aus der Moldau wurden von den Tartaren in die Sklaverei weggeschleppt, und so verwüstet und entvölkert sieht die Walachei aus, dasz man daselbst fast allenthalben weder Vieh noch Menschen anzutreffen vermag. *)

1660.

Ueber den moskovitischen Groszfürsten, welcher mit dem Polenkönig und Tartaren, als des lezteren Bundesgenossen, in Streit und Kampf gerieth, erfochten der Tartarchan und Gasi-Giray-Sultan einen ebenso glänzenden als blutigen Sieg. Die Sieger kehrten sodann ihrer Waffen Spize wider die beiden aufständischen Exfürsten der Walachei, Constantin und Michne (Michael), die an zwei verschiedenen Orten ihre Lager aufgeschlagen und zur Ausführung ihrer hochverrätherischen Anschläge bedeutende Streitmacht zusammengebracht hatten. Der Tartarchan selbst und Gasi-Giray, auf Gottes und des Propheten Beistand vertrauend, griffen mit ihren Tartaren die Lager der Verräther an, brachten diese in Verwirrung, schlugen sie vollständig aufs Haupt, lieszen den gröszten Theil ihrer Truppen über die Klinge springen, führten den Ueberrest in die Dienstbarkeit ab und hätten bald auch den Constantin selbst in ihre Gewalt bekommen, der indesz noch mit harter Mühe, blosz von 8—10 Personen gefolgt, durch die Flucht sich rettete. So wäre denn dem Verrathe gebührender Lohn zu Theile geworden. Mit dem Polenkönig verbindet, fordern die Tartaren nunmehr den Kaiser auf, dem Polenreiche wider die aufständischen Kosaken, von Osia Beistand zu leisten, falls ein solcher verlangt würde. **)

---

*) Resident Simon Reniger an den Kaiser. — Adrianopel, 16, Jenner 1660.
**) Gasi-Giray-Sultan, Bruder des Tartarchan's Kalga-Sultan, an Kaiser Leopold I.
(Von seinem tartarischen Abgesandten Meïdan-Gasi in der Audienz am 10. Mai dem Kaiser überreicht.) — Ak-Saraï, April, (überreicht am 10. Mai) 1660.

(Ist mit unwesentlichen Abweichungen ganz gleichen
Inhaltes mit dem Schreiben seines Bruders Gasi-Giray-Sultan
vom nämlichen Datum.)*)

Rákóczy, Haupt der aufständischen Exfürsten, beordnete
einen derselben (Constantin nämlich) mit einigen Tausend
Mann zum Angriff auf die Moldau, den andern (Michne)
gleichfalls mit einigen Tausenden in die Walachei wider den
Fürsten Georg Gika, der sich aber zurückzog und den Pascha
von Silistria wie auch anderweitige türkische Kriegshülfe
gewärtigt.

Ein geheimer Briefbote mit Rákóczy's Schreiben an
einige Veziere bei der Pforte, und der griechische Mönch,
welcher von den Kosaken geheime Schreiben an Rákóczy
zu besorgen hatte, jedoch vom dermaligen Woïewoden der
Moldau entdekt und ergriffen ward, kamen gefänglich in
Adrianopel an und erlitten vor dem groszherrlichen Serail
die Strafe der Köpfung. Beim ersteren fand man in sein
Gewand eingenäht Rákóczy's Schreiben an den siebenbürgischen Agenten, welches im Beisein des Sultans, des Groszveziers und des Reïs-Kitab's (Groszkanzlers) vom Dolmetscher
Panaïoti Nikusio vorgelesen und übertragen werden musste,
und dessen Inhalt folgender war: Der Agent solle dem Brief-
überbringer hülfreiche Hand bieten und gehörigen Orts her-
vorheben, dass Rákóczy sich wider der Pforte niemals ver-
gangen habe. Sein Feldzug in die Walachei und Moldau sei
ihm von Siaus-Paschà und Ipsir-Paschà gestattet worden, wie
deren noch in seinen Händen befindlichen Schreiben zur Genüge darthun. Wider Polen würde er gleichfalls nicht begonnen oder mindestens die Feindseligkeiten sofort eingestellt
haben, falls ihm die Missbilligung der Pforte zur Kenntniss,
oder das Untersagungsschreiben des Groszveziers, welches
ihm vorenthalten und erst kürzlich überreicht worden, rechtzeitig unter die Augen gerathen wäre. Gesetzt aber, er hätte
was verbrochen, so bitte er demüthig um gnädige Vergebung,

---

*) Murat-Giray-Sultan, zweiter Bruder des Tartarchan's Kalga-Sultan,
an Kaiser Leopold I.

(Ueberreicht von seinem Abgesandten Rustem-Bey dem Kaiser in der
Audienz am 10. Mai.) — Hadschi-Saray, April, (überreicht am 10. Mai) 1660.

(

verheisze des Veziers allzeit getreuer Diener zu verbleiben,
den Tribut pünktlich einzuzahlen und sich, wo immer es von
nöthen wäre (nur den Kaiser ausgenommen), bereitwillig und
mit Aufgebot seiner ganzen Kraft verwenden lassen. Barcsay
sei untauglich, regierungsunfähig und einer genauen Tributentrichtung nicht gewachsen, wünsche demnach selbst, wofern nur Rákóczy vorerst die Bewilligung der Pforte zuwege
brächte, ihm das Fürstenthum einzuräumen. Des Agenten
eifrige Verwendung sei ihm (Rákóczy) übrigens dadurch gesichert, dasz derselbe Haus und Hof, Weib und Kind in
Siebenbürgen besize. *)

1660.

    Der Groszvezier begehrt die Auslieferung des jungen
Rákóczy (Sohnes des Georg Rákóczy III.) und des Kemény
János, welcher leztere gleichfalls einer der Rädelsführer in
den eben gedämpften siebenbürgischen Wirren gewesen und
nunmehr auf kaiserliches Gebiet in Oberungarn gewichen sei;
überhaupt beschwert sich der Groszvezier nachdrücklich über
die Unterstüzung und den Unterschleif, den alle Empörer
wider die Pforte, und selbst die entsezten Woïewoden der
Walachei und Moldau von kaiserlicher Seiten erfahren. Dagegen erwiedert der Resident: der Kaiser, als Haupt der
Christenheit, könne unmöglich wider die Gebote der christlichen Religion Flüchtlinge, die, gleich dem jungen Rákóczy
und dem Kemény János, auf kaiserlichem Gebiet Zuflucht genommen hätten, in Feindes Hand ausliefern, und zwar um
so minder, weil der junge Rákóczy an seines Vaters Ver-
brechen unschuldig, mithin auch nicht strafbar sei, Kemény
aber, als Rákóczy's Diener und Officier, seines Herrn Befehle
auszuführen verpflichtet und nach seiner ordentlichen Loskaufung aus tartarischer Gefangenschaft allerdings berechtigt
gewesen sei die Belassung auf freiem Fusse anzusprechen.
Ueberhaupt schwillt der Pforte durch die siebenbürgischen
Erfolge der Kamm handgreiflich. **)

*) Resident Simon Reniger an den Kaiser. — Adrianopel, 15. Mai
1660.
**) Resident Simon Reniger an den Kaiser. — Adrianopel, 10. Juli
1660.

Constantin Scherban, von Rákóczy jüngsthin mit 2000 oder 3000 Mann zum Angriff auf die Walachei beordnet, von den Türken daselbst jedoch geschlagen, ergreift die Flucht nach Siebenbürgen, auf das nunmehr Türken und Tartaren gewaltig losstürmen. Bacsai zieht von Hermanstadt gleichfalls in's Feld und verlegt dem Rákóczy die nach der Walachei führenden Pässe. *)

Fürst Georg Gika übermachte der Pforte am 9. August ein von den Siebenbürgern ihm zugefertigtes Schreiben, welches die Kunde enthielt, der junge Rákóczy (Sohn) gehe damit um, mit einem Kriegsheere in die Walachei einzubrechen, um ihn abzusetzen. Reniger stellte indesz dieses Vorhaben förmlich in Abrede, weil der Kaiser keineswegs dem Sohne die Hülfe gewähren werde, die er dem Vater desselben abgeschlagen habe, wie denn auch die vom Kaiser den vagirenden Truppen Rákóczy's anbefohlene Einstellung aller Streifzüge und Feindseligkeiten bereits gegen jenes Unternehmen entschieden streite. **)

Der Groszvezier Kiuprili, allmächtig beim Sultan, an der Pforte allein herrschend, ein Mann kühner Entschlüsse und vom Glüke fast immerdar begünstigt, die dreifache Rolle eines Sultans, Groszveziers und Mufti's in seiner Person vereinend, beschlieszt in den drei nunmehr beruhigten und unterworfenen Fürstenthümern Walachei, Moldau und Siebenbürgen die Autorität der Pforte und die völlige demuthsvolle Ankettung dieser Länder an das Osmanenreich dadurch dauerhaft und in allen Schiksalswechseln zu gründen, dasz er in denselben reine türkische Paschaliks einführt. Mit der Walachei soll der Anfang gemacht werden, und wirklich überfällt im ersten Drittel September's, dem Auftrage des Groszveziers gemäsz, der Pascha von Silistria mit 300 Reitern unversehens den überraschten alten Woïewoden Georg Gika in seiner Residenz, plündert ihn, seine Familie und seinen Hofstaat rein aus, und läszt ihn nach Adrianopel in Eisen schleppen,

---

*) Resident Simon Reniger an den Kaiser. — Adrianopel, 13. Juni 1660.

**) Resident Simon Reniger an den Kaiser. — Adrianopel, 13. August 1660.

wo er vom Subaschi (oder Profosen) in's Gefängnisz geworfen, Anfangs Oktober aber gleichfalls in Eisen nach Konstantinopel abgeführt und dort in Haft gehalten wird. Keine
Schuld liegt ihm zur Last; dessenungeachtet muthet man
ihm türkischerseits die Entrichtung eines Lösegeldes von
200 000 Thalern an, verspricht ihn dagegen nicht blos die
Freilassung aus der Gefängnishaft, sondern überdies die Ernennung seines Sohnes in die Walachei, da nunmehr der
Groszvezier, verschiedener Bedenken halber, von der beschlossenen Paschalikserrichtung in den gedachten drei Ländern abermals Umgang nimmt und es, wie zuvor, bei den
Woïewodaten sein Bewenden haben läszt. *)

Der gefangene Exfürst Georg Gika, dem es gelingt
zum Zweke seiner Freilassung und der Nachfolge seines
Sohnes Gregor die verlangte Summe von 200.000 Thalern
gegen hohe Zinsen aufzutreiben, erlegt dieselbe baar an der
Pforte und erlangt seine Stellung auf freien Fusz, wobei er
indesz sein Versprechen, aus Konstantinopel nicht entweichen
zu wollen, durch Zuziehung von Bürgen bekräftigen und
sicherstellen muss. Sein Sohn Gregor Gika, zum Fürsten der
Walachei ernannt, trat am 24. November seine Reise dahin
schon an.

Im Laufe der lezten Tage kaufte sich endlich, nach
fast siebenjähriger Kerkerhaft, der Exfürst Lupul mit 50.000
Thalern vom Gefängnisz los und erlangt zwar keine volle
Freiheit, wol aber einen freien Hausbann unter seinem eigenen
Obdach, das er nicht verlassen darf. Auch er muszte für
seine Nichtentweichung die vornehmsten Griechen als Bürgen
stellen, welchen dann ihrerseits die Verpflichtung förmlich
auferlegt wurde, für ihre eigene Personen besondere Bürgen
zu stellen und ohne Buiurdi (schriftlichen Pfortenbescheid) die
Hauptstadt in keinem Falle zu verlassen. **)

Fürst Achatius Barcsai forderte jüngsthin den neuen
walachischen Woiewoden Gregor Gika zur Hülfeleistung auf.

---

*) Resident Simon Reniger an den Kaiser. — Konstantinopel, 7. Oc-
tober. Adrianopel, 14. u. 24. September 1660.
**) Resident Simon Reniger an den Kaiser. — Konstantinopel, 29.
November 1660.

da Rákóczy's junger Sohn ~~und Kemeny~~ Janos mit deutschen Truppen in Siebenbürgen eingefallen wären. Diese ~~beunru~~higende Nachricht nebst einigen andern gleichen Inhalts versezten die Pfortenminister in heftige Aufregung und Entrüstung über die Haltung des Kaisers, dem sie Unterstüzung und Vorschubleistung an die erklärten Feinde der Pforte zur Schuld geben.

Da nun aber die Pforte auch mit Barcsai's Vorgangsweise sich ebensowenig zufriedengestellt, so trachtet Fürst Lupul nach Siebenbürgen's Besiz, und erlangt die Zustimmung einiger Pfortenminister, seiner besondern Gönner. In dieser Ernennung, wenn sie überhaupt gelänge, läge blos der Keim und Samen neuer Zwistigkeiten und Unruhen, da ihn die Siebenbürger um keinen Preis annehmen würden, und eben deszhalb widerräth Reniger im Vertrauen einigen Pfortenministern diese Maszregel*)

Der Stadtrichter von Kronstadt meldet dem Fürsten Gregor Gika in der Walachei, Kemény János wäre weder in feindseliger Absicht noch mit deutschen Hülfstruppen nach Siebenbürgen gekommen, stünde übrigens in weit höherem Ansehen als Barcsai bei den Siebenbürgern, die ihn sehr gerne als Nachfolger des lezteren auf ihrem Fürstenstuhle sähen. **)

166 ʌ

Der walachische ¦Exwoïewoda Constantin fiel letzthin mit 4000 Kosaken in die Moldau ein, vertrieb den regierenden Fürsten, der Lupul's Sohn (Stephan genannt) ist, aus der Residenz Jassy und verbreitete allenthalben solchen Schreken, dasz die Bevölkerung fast ausnahmslos in die Gebirge und Waldungen flüchtete. Der Pascha von Silistria und die Tartaren erhielten zwar den Auftrag den Eindringling Constantin aus dem Besize zu werfen und den rechtmäszigen Woïewoden (Stephan) im Regimente zu erhalten; dennoch hat es den Anschein, als ob die Moldauer und die Tartaren selbst mit

166ı

---

*) Resident Simon Reniger an den Kaiser. — Constantinopel, 20. u. 30. December 1660.

**) Resident Simon Reniger an den Kaiser. — Konstantinopel, 7. Februar 1661.

Constantin unter Deke spielten, indem Stephan (Lupul's Sohn) bei seinen Unterthanen durch Miszregierung, bei den Tartaren aber durch die Hinrichtung eines gefangenen Tartaren sich sehr verhaszt machte. *)

1651.

Der walachische Exfürst Constantin (Scherban) bewerkstelligte, mit reicher Beute beladen, seinen Rükzug aus der Moldau, worauf die tartarische Streitmacht den Fürsten Stephan (Lupul's Sohn) in die Regierung wieder einsezte, und als Lohn dafür erbeutete Menschen und Viehstüke aus dem Lande mitschleppte. Nun rükte auch der Pascha von Silistria, obgleich zu spät, in die Moldau ein und vollendete deren äuszerste Verheerung. **)

1661.

Der Groszvezier forderte vom jüngst eingetroffenen polnischen Abgesandten die Auslieferung des walachischen Exfürsten Constantin (Scherban), welcher, nach seinem lezten verunglükten Einfall in die Moldau, Zuflucht und Aufnahme auf polnischem Gebiet in Kameniec fand. Da indessen türkischerseits die Ueberhebung und Geringschäzung gegen Andern bisher in demselben Verhältnisse stiegen wie auf polnischer Seite die zur Schau getragene Ergebenheit und Anhänglichkeit; da ferner die alljährlich ein- oder zweimal stattfindenden und mit leeren Händen kommenden Gesandschaften Polens auf die Türken wirkungslos bleiben; und da überdies die eigentlich auf Constantin's Hinrichtung zielende Absicht der Pforte nicht zu verkennen war: so fand des polnischen Abgesandten dieszfällige Unwillfährigkeit gegen die türkische Zumuthung so wenig Gehör und Anklang, dasz der Groszvezier vielmehr bereits im Begriffe stand den widerspänstigen Polen in das Gefängnisz der Siebenthürme werfen zu lassen. Endlich einigte man sich doch dahin, dasz der Tartarchan über die Art der Auslieferung mit dem König von Polen im Wege friedlicher Unterhandlung ein Abkommen zu treffen und von demselben den reklamirten Woïewoden in Empfang

---

*) Resident Simon Reniger an den Kaiser. — Konstantinopel, 18. Februar 1661.
**) Resident Simon Reniger an den Kaiser. — Konstantinopel, 20. März 1661.

zu nehmen hätte. So muszte denn der polnische Abgesandte sich in die türkische Forderung weislich fügen und bei dieser Stimmung der osmanischen Machthaber getraute er sich nicht einmal, seiner Instruktion gemäsz, die Begnadigung des Kemény János bei der Pforte auch nur im Mindesten in Anregung zu bringen.

Kemény János führt eine hoffnungslose Sache. In lezter Zeit schrieb er an den walachischen Woïewoden Gregor Gika, ihn um Wahlbestättigung und Tributsminderung von der Pforte bittend, und ihm seinerseits treue Anhänglichkeit und Folgeleistung an den Groszherrn, pünktliche Tributentrichtung und nöthigenfalls unweigerlichen Rüktritt in Aussicht stellend; nichtsdestoweniger sezt er in einer Nachschrift zu, er sei kein Weib und könne sich mithin nicht platterdings verjagen lassen, absonderlich da er und sein Anhang sich des kaiserlichen Schuzes zu erfreuen haben. Hiezu gesellt sich noch der Umstand, dass er den Achatius Barcsai im Arreste hält, dessen Bruder aber mit dem Strange bestrafte, und dass die Siebenbürger und namentlich die Sachsen ihm blos unter der Bedingung vorgängiger Bestättigung durch die Pforte das Angelöbnisz der Treue leisten wollen. Die Pforte macht nun vollen Ernst und beordnete den Aly-Paschà, die Tartaren und die beiden Woïewoden der Walachei und Moldau zum Angriff auf Siebenbürgen, falls dieses keinen andern Fürsten sich erwählen, sondern auf Kemény's Beibehaltung beharren sollte.

Uebelwollende bringen zur Kenntniss des Groszveziers und anderer Pfortenminister und erhärten es durch schriftliche genaue Nachweisung, dasz der Kaiser an verschiedenen christlichen Höfen den Plan eines gemeinschaftlichen groszen Bündnisses und Feldzuges gegen die Osmanen durch eigene Abgesandte in Anregung gebracht, und zu diesem Ende eine Liste der hiezu nöthigen Geld- und Streitkräfte mitgetheilt habe. Der Fürst der Walachei Gregor Gika, dem aus Siebenbürgen eine solche kaiserliche Liste zugemittelt ward, übermachte sie leztlich dem Groszvezier. Die türkische Kampflust brennt hiedurch bedeutend auf.*)

---

*) Resident Simon Reniger an den Kaiser. — Konstantinopel, 5. u. 7. Mai, 17. und 22. Juni 1661.

1661.   Die beiden Woïewoden der Moldau und Walachei sind
nicht in Person nach Siebenbürgen aufgebrochen, sondern
haben blos ihre Truppen hinbeordnet. **)

1661.   Absaz 4. Auf die Fürsten der Walachei und Moldau läszt
sich zur Zeit zu Kemény's Gunsten durchaus nicht bauen, da
ihnen bekanntlich die Flügel so gestuzt sind, dasz sie in der
ihnen beliebigen Richtung nicht fliegen können. Deszhalb
gehen sie nur sehr vorsichtig zu Werke, unterhalten sehr
heimlich Briefwechsel mit Kemény János und theilen ihm
und den Kaiserlichen mit hohem Bedauern die ihnen zu-
gegangenen Pfortenbefehle mit, wodurch sie zum Angriff auf
Siebenbürgen beordnet wurden.
    Absaz 11. Kemény János ist freundlich, nüchtern, wizig,
verständig, vorsichtig, emsig, jedoch kleinmüthig, unentschlossen, weichherzig, haushälterisch und nicht herzhaft. Ihm geht
Rákóczy's Entschlossenheit und Herzhaftigkeit ab, wie diesem
hinwieder Kemény's Verstand und Umsicht mangelte. Die
Verschmelzung beider gäbe einen in jeder Beziehung trefflichen Regenten ab. *)

1661.   Im Laufe der lezten Tage trafen aus der Moldau einige
Bojaren hier ein, deren einer, Estratius Dabischa genannt,
zum Fürsten der Moldau ernannt und in Folge dessen sowol
von Sultan als dem Groszvezier mit einem Kaftan ausgezeichnet wurde. Vor seiner Abreise in seiner Provinz liegt
ihm aber ob, die zugesagten hohen Geldspenden, deren Betrag mindestens 200.000 Thaler umfaszt, an die betreffenden
hohen türkischen Würdenträger baar abzuführen. ***)

---

*) Resident Simon Reniger an den Kaiser. — Konstantinopel, 19.
Juli 1661.
**) Bericht Franz Heinrich's Vischer zu Rampelsdorf an den Hofkriegs-
rath über die siebenbürgische Verwiklung. — Lager bei Zikofalu, (Sieben-
bürgen), 4. October 1661.
***) Resident Simon Reniger an den Kaiser. — Adrianopel, 29.
November 1661.

Der neuernannte Woïewoda der Moldau*) reiste dieser Tage in seine Provinz ab. **)

Die Spahy sind dreierlei: entweder mit Siamet, oder mit Timar oder mit einer Besoldung betheilte. Ein jährliches Einkommen in Grund und Boden von 5000 Asper oder darunter, als Kriegslehen verliehen, heiszt Timar und verpflichtet, falls es 5000 Asper erreicht, zur Stellung von zwei Mann in's Feld, nämlich zur selbsteigenen Erscheinung des Lehensbesizers nebst einem wolausgerüsteten Kriegsknecht. Ein solches Grundeinkommen von 5000 Aspern und darüber heiszt Siamet und verpflichtet, wofern es 10.000 Aspern abwirft, schon zur Stellung von 4 Mann in's Feld (mit Einschlusz des Besizers), auch für je 5000 Aspern zur ferneren Stellung von zwei Mann in's Feld. ***)

Der Bitte Apaffi's gemäsz, beordnet die Pforte den walachischen Woïewoden Gregor Gika im Nothfalle zur Hülfeleistung an denselben, da Siebenbürgen durch die heranrükenden deutschen Truppen in hoher Gefahr schwebt. ****)

Die Fürsten der Walachei und der Moldau empfiengen von der Pforte den Befehl, mit ihren ungefähr 20 000 Mann betragenden Streitkräften sich in Bereitschaft zu halten und im Erforderniszfalle dem Fürsten Apaffi zu Hülfe zu eilen. *****)

In der Walachei und Moldau lagern, um erforderlichenfalls sogleich in des Kaisers Lande einbrechen zu können, gegenwärtig schon einige Tausende Tartaren, die gleichwol, sobald das Zustandekommen des Friedens jezt noch eintretten würde, Befehl zum Rükmarsch in ihre Heimat zu erhalten

---

*) d. i. Eustathius Dabischa (siehe Engel Gesch. d. M. pag. 274).

**) Resident Simon Reniger an den Kaiser. — Konstantinopel, 14. Dezember 1661.

***) Resident Simon Reniger an den Kaiser. — Adrianopel, 2. Jänner 1662.

****) Resident Simon Reniger an den Kaiser. — Konstantinopel, 15. Mai 1662.

*****) Resident Simon Reniger an den Kaiser. — Konstantinopel, 4. September 1662.

haben. Zur Verproviantirung des türkischen Heeres ergeht an die Walachei die Weisung 18.000 Schafe, an die Moldau aber deren 15.000, an beide aber einige hundert Reitpferde nach Griechisch-Weiszenburg (Belgrad) abzuliefern. *)

1662. Die zur Belagerung herangezogenen Tartaren belaufen sich auf 15—20 000 Mann, die mit ihnen herbeigezogenen Kosaken auf 5—6000, die Moldauer und Walachen aber auf 12.000 Mann. **)

1663. Als Hauptbeschwerden des Kaisers wider die Pforte und Hauptgründe des eben aufflammenden Türkenkrieges figuriren: die Besezung der Gränzfestung Wardein durch die Türken im J. 1660, die drohende völlige Unterjochung Siebenbürgens, der Walachei und Moldau ottomanischerseits und die alsdann unausbleibliche Loszreiszung dieser Provinzen vom Stamme der Christenheit, endlich die Gefährdung des ganzen Königreiches Ungarn durch die übergreifenden Gelüste der Pforte. ***)

1663. (Gleichbedeutend mit der Einladung an England und Frankreich ddo. 21. u. 27. November. ****)

1664. Nach der erlittenen Niederlage treten die Woïewoden der Walachei und Moldau (Gregor Gika und Eustathius Dabischa) mit ihren Truppen den Rükzug in ihre Heimat an, werden jedoch wieder in's Feld zurükberufen. *****)

---

*) Resident Simon Reniger an den Kaiser. — Konstantinopel, 14. Februar 1663.

**) Schreiben des Dollmetschen Panaïoti Nikusio an Simon Reniger. — Lager bei Ujvár, (Neuhäusel in Ungarn,) 28. August 1663.

***) Kaiser Leopold's I., Instruktion für den Grafen Peter Stroppi, kais. Abgesandter nach Frankreich und den Grafen Leopold Wilhelm Könisek, kais. Abgesandter nach England, in Betreff der anzusuchenden Mitbetheiligung Englands an dem neu ausgebrochenen Türkenkriege. — Wien 21. u. 27. November 1663.

****) Leopold's I. Instruktion an Grafen Windischgrez, kais. Abgesandter nach Schweden, in Betreff der Aufforderung an den Schwedenkönig zum Beistande im neuen Türkenkrieg. — Wien, 27. November 1663.

*****) Resident Simon Reniger an den Kaiser. — Türkisches Lager bei Gran, 4. September 1664.

Der Groszvezier citirt nach dem Treffen bei Lewenz die heimgekehrten Woïewoden der Walachei und Moldau abermals in sein Lager. Dabischa, dem Rufe gehorsamend, findet Gnade und erhält sofort seine Entlassung und Rükkehrbewilligung, nachdem er die Verpflichtung zur pünktlichen Tributentrichtung und zur persönlichen Erscheinung an der Pforte nach je drei Jahren förmlich erneuert hatte. Fürst Gregor Gika aber, den Türken nicht trauend, dem groszvezirellen Befehle sich nicht fügt, wird sofort mit Absezung bestraft, und der Groszvezier stellt es diesmal der Walachei selbst anheim, im eignen Schosze einen Kandidaten zur Fürstenwürde auszuersehen und der Pforte in Antrag zu stellen. Die walachischen Bojaren, diese Begünstigung nüzend, stellen dem Groszvezier einen der Ihrigen als designirten Nachfolger Gregor Gika's vor, welcher Auserkorene auch unverweilt nach Adrianopel beordnet wird, um daselbst nach vorläufiger Audienz beim Groszvezier die Belehnung mit der Walachei zu erlangen. *)

Während der von den Landesbojaren erwählte walachische Fürstenthumskandidat auf Geheisz des Groszveziers nach Adrianopel seiner Bestättigung entgegeneilte, verlieh der Sultan seinerseits die Fürstenwürde der Walachei einem aus Konstantinopel gebürtigen Griechen, Demetrius Stridia genannt, **) dessen Vater vor Jahren gleichfalls in diesem Fürstenthume regiert, aber daselbst in einem Aufstande sein Leben eingebüszt hatte. Diese groszherrliche Verfügung erregte gewaltigen Unmuth beim Groszvezier, dessen ausschlieszende Herrschsucht sich dadurch gehemmt fühlen musste. Der abgesezte Woïewoda Gregor Gika ergriff die Flucht durch die Moldau nach Polen, seine Ehegattin aber nach Siebenbürgen, wohin sie geschikt angelegte Lokungen zogen. Gregor Gika's hochbetagter Vater, der moldowalachische Exfürst Georg Gika, war auf die erste Kunde von seines Sohnes Flucht vermöge dringenden Pfortenbefehls in aller Hast von Kon-

---

*) Resident Simon Reniger an den Kaiser. — Griechisch-Weiszenburg, (Belgrad), 14. December 1664.
**) Richtiger scheint er Radul zu heissen, welcher Leo Stephan's Sohn war. (Engel Gesch. d. Walachei, pag. 313, § 64.)

stantinopel nach Adrianopel geführt worden und hätte unfehlbar alle Heftigkeit des türkischen Zornessturmes erfahren, wenn nicht der Groszvezier von Belgrad zu seinem Gunsten eingeschritten wäre und hiedurch seine Freilassung und Heimsendung bewirkt hätte.

Des Kaisers Auftrag an Reniger, sich des Exfürsten Gregor Gika anzunehmen und bei den Türken ihm gute Dienste zu leisten, — ein Auftrag, der mit des Residenten persönlichen alten Freundschaft für den Anempfohlenen ohnehin genau übereinstimmt, — konnte bisher nicht in Erfüllung gebracht werden, theils weil zur Zeit keine Erledigung der moldowalachischen Fürstenstühle statt hatte, theils weil es um so weniger gerathen schien des Groszveziers Misztrauen und Eifersucht wach zu rufen, Gika's Zufluchtnahme auf kaiserliches Gebiet ohnedies allgemeinen Glauben fand und dem Groszvezier die Aeuszerung entlokte: «er wolle nun sehen, ob der Kaiser sein kaiserliches Wort halten und nichts gegen die Kapitulation unternehmen werde.» *)

1665. Apaffi erhielt vom Groszvezier den Auftrag die nach Siebenbürgen flüchtige Ehegattin des Exwoïewoden Gregor Gika nach Belgrad auszuliefern, verwendete sich indessen gesandschaftlich für dieselbe und übermittelte dem Groszvezier ihre Denk- und Bittschrift, worin sie mit besonderer Hinweisung auf ihre eben erfolgte Entbindung um Erlassung dieser Reise und um Aufenthaltsbewilligung in Siebenbürgen das Ansuchen stellte.

Gregor Gika zog sich anfänglich zu den Kosaken zurük, wo er jedoch ein Auslieferungsbegehren von tartarischer Seite befürchtete, weszhalb er sich nach Polen sicherheitshalber flüchtete. In der Moldau wurde einer seiner Leute aufgegriffen, der mit Besorgung einiger Gelder und Briefschaften seines Herrn beauftragt war; unter diesen Briefen befand sich auch ein Schreiben des Kaisers an den Exwoïewoden noch vom Mai 1664, und zwei Briefe des Generals Grafen von Rothall an denselben, welche sämmtlich nach Belgrad eingeliefert, vom Dragoman Panaïoti Nikusio aber geschikterweise dem Groszvezier nicht vorgewiesen wurden.

*) Resident Simon Reniger an den Kaiser. — Griechisch-Weiszenburg, (Belgrad), 2. Jänner 1665.

Aus der Walachei laufen mittlerweile die Klagen der Einwohner über des neuen Woïewoden (Radul) Miszregierung und unerträgliche Erpressungen haufenweise ein und stellen für den Fall nichtgewährter Abhilfe eine Massenhafte Auswanderung dringend in nahe Aussicht. Dieser Umstand mag gleichfalls dazu beigetragen haben, dasz Radul's Ehefrau, die mit besonderem Pomp als Fürstin nach der Walachei auf den Weg gesezt hatte, bei ihrer Durchreise durch Adrianopel, wo man im groszherrlichen Serail diese prunkhaft-hoffärtige Reise mit Miszfallen gewahrte, sofort den türkischen Befehl erhielt nach Konstantinopel heimzukehren. *)

Während die Klagen aus der Walachei über Radul's Miszverwaltung und Bedrükungssystem sich unaufhörlich mehren, wird des Exwoïewoden Gregor Gika dermalige Anwesenheit in Wien immer mehr ruchbar. Da nun auch ein türkischer Botschafter an den Kaiserhof reist, so stellt es sich als räthlich dar, dem Exwoïewoden diese Zeit hindurch einen Aufenthalt auszerhalb Wien und in der Umgebung anzuweisen, damit nicht etwa der kaiserliche Botschafter von Seite der in Kenntnisz gerathenden Pforte darob zur Verantwortung gezogen werden möge. **)

Die Pforte, die mit dem Tartarchan wegen der Nogaischen Tartaren im Streite lag, sezte lezthin den Fürsten der Moldau (Dabischa) wegen seiner mit den Tartaren zum Nachtheile der Türkei gepflogenen Korrespondenz ab und ernannte an seiner Statt denjenigen Griechen ***) dahin, der vor einigen Monaten mit seiner Bewerbung um dieses Fürstenthum durchgefallen war. Wohin der entsezte Woïewode (Dabischa) sich zurükziehen werde, ist noch unbekannt. ****)

---

*) Resident Simon Reniger an den Kaiser. — Griechisch-Weiszenburg, (Belgrad), 30. Jænner, 12. Februar, 3. März 1665.
**) Resident Simon Reniger an den Kaiser. — Griechisch-Weiszenburg, (Belgrad), 30. April u. 12. Mai 1665.
***) Hierunter scheint der Grieche Elias, Sohn des ehemaligen Woïewoden Alexander Elias gemeint zu sein, der in Engel's Gesch. d. Moldau pag. 275, § 66.
****) Resident Johann Baptist Casanova an den Kaiser. — Adrianopel, 25. Mai 1666.

Der moskovitische Abgesandte erhielt am 5. November vom Kaïmakam seine Abfertigung und des Groszherrn Antwortschreiben an den moskovitischen Groszfürsten, worin kundgegeben wird, dasz gleichwie die ottomanische Pforte allzeit Jedermann offen stehe, sie eben so bereitwillig den zur Friedenserneuerung ihr zuzufertigenden moskovitischen Groszbotschafter empfangen werde. Bei der Abschiedsaudienz hatte sich aber dieser moskovitische Abgesandte in einem so volltrunkenen und selbst die Sprachfähigkeit so erschwerenden Zustande eingefunden, dasz man es nicht mehr für angemessen hielt die ihm zugedachte Auszeichnung eines Kaftan's zu gewähren, ungeachtet das Ehrenkleid schon in Bereitschaft stand.

Von der Besorgnisz einer baldigen Absezung fortwährend geplagt, versuchte der neue Fürst der Moldau (wahrscheinlich Elias) den Einfluszreichen Günstling des Sultans, Kologlu genannt, durch Bestechung auf seine Seite zu ziehen. Er liesz ihm mithin durch die moldauischen Agenten ein monatliches Honorar von 5000 Thalern antragen, falls derselbe dem Fürsten seinen besonderen Schuz zusagen und die Erlaubnisz gewähren wollte, sich in persönlichen Noth- und wichtigeren Bedürfniszfällen unmittelbar und ausschlieszlich an ihn (Kologlu) zu wenden, weil seinem Vorgeben nach, sowol der Groszvezier als der Kaïmakam gar zu geldgierig und deszhalb sehr schwierig wären. Kologlu meldete dieses dem Sultan, und dieser, nachdem er den Kaïmakam hierüber befragt und von ihm zur Antwort erhalten hatte, es lägen dem Allem lediglich Possen und Aufhezungen der ränkesüchtigen Agenten zu Grunde, ertheilte entrüstungsvoll sofort den Befehl diese Agenten mit einer gehörigen Tracht Schläge von der Pforte gänzlich abzuschaffen. Der Kaïmakam, der sich mit dem Kologlu nicht gar zu sehr verfeinden mochte, verfügte anfänglich nur die einfache Ausweisung der beiden Agenten, die anbefohlene Leibesstrafe erlassend; da jedoch dieselben, der Ausweisungsordre zu troz, ihren Aufenthalt noch fortsezten, so zog der Kaïmakam straffere Saiten auf, liesz den Einen unter ihnen, indem der Andere noch bei Zeiten sich aus dem Staube zu machen wuszte, verhaften und sehr empfindlich abprügeln; überdies entsandte er einen Aga an den moldauischen Fürsten mit dem Auftrage die verun-

gnadigten Agenten sogleich seines Dienstes zu entlassen und
fernerhin keiner Anstellung mehr zu würdigen, übrigens aber
von derartigen Bestechungsversuchen und Kunstgriffen, die
sehr leicht in's Gegentheil umschlagen und ihm den Kopf
kosten könnten, in Hinkunft die Hand fern zu halten. Dem
ernstlichen Geheisze ohne Widerrede sich fügend, beordnete
der Fürst an der Abgesezte Stelle zwei andere Agenten zur
Pforte. *)

Von den Moskovitern verdrängt, lieszen sich die No- 1666.
gaischen Tartaren hart an der moldauischen Gränze auf einem
Gebiete nieder, das sie unter Vorschüzung ihres alten, nie
aufgegebenen Eigenthumsrechtes neuerdings in Besiz nahmen.
Weil nun aber sowol über diese Ansiedlung selbst, wie auch
über die damit unausbleiblich verbundenen nachtheiligen
Folgen, absonderlich über die ununterbrochenen Raubzüge,
Plünderungen und sonstigen Angriffe der Tartaren auf moldauisches Gebiet und Eigenthum von Seiten der beraubten
und verkürzten Moldauer unaufhörlich Klagen an der Pforte
einliefen, so erhielt der Paschà von Silistria gemeinsam mit
einem groszherrlichen Kapidschi-Baschi den Auftrag den
wahren Thatbestand und die Grundhältigkeit der Beschwerden
genau zu erforschen. Nicht sobald war indesz die Kunde
von der bevorstehenden Ankunft dieser Untersuchungskom-
missäre zu den Nogaischen Tartaren gedrungen, als diese
einen ähnlichen Ueberfall witternd wie der vormals vom Tartarchan über sie verhängte gewesen, sich zusammenrotteten,
zu den Waffen griffen und zurükzogen. Im Hinblik auf die
Vertreibung der landberaubten und zum Aeuszersten getriebenen Nogaischen Tartaren wird nun die Pforte von der Besorgnisz beschlichen, es könnten dieselben in ihrer Nothlage
sich mit den Kalmuken vereinigen und dadurch der Pforte
gefährlich werden. Diese Rüksicht kam im Pfortenrathe dermaszen zur Geltung, den moldauischen Beschwerden zuwider,
die Bewilligung zur Niederlassung auf dem angesprochenen
Gränzgebiete nächst der Moldau den Nogaischen Tartaren
förmlich zugesprochen und somit ein nachbarliches Verhält-

---

*) Resident Johann Baptist Casanova an den Kaiser. — Adrianopel,
15. u. 21. November, dann 12. December 1666.

nisz begründet wurde, das die Reibungen und Streitigkeiten zwischen beiden Theilen in Hinknnft zu verewigen geeignet erscheint.

Endlich langte am 7. September auch Mirsa Muradin, Haupt der Nogaischen Tartaren, an der Pforte an und stellte die vom Fürsten der Moldau in wiederholten Anbringen den Tartaren zur Last gelegten Menschenentführungen, Viehräubereien und anderweitigen Verlezungen moldauischen Gebiets entschieden in Abrede; auf dem beanständeten Gebiete —- also behauptete er — hause seine Horde nicht allein kraft alten Eigenthumsrechtes, sondern zudem insbesondere vermöge förmlicher Pfortenerlaubnisz, sei übrigens jederzeit bereit der osmanischen Regierung zu gehorsamen. *)

1667. Nach ausführlicher Auseinandersezung der polnischen Klagegründe wider die Tartaren und deren rechtlosen Einfall in's Königreich, wie auch unter Versicherung von Polens unversieglichen Friedensliebe und Freindschaft gegen die Pforte, beglaubigt der König seinen Groszbotschafter Hieronymus Radziewski, dessen Aufgabe es ist die polnisch-türkischen Friedens- und Bundesverträge zu erneuern, gegen den Tartarchan und den Fürsten der Moldau, welch lezterer den Tartaren freien Rükzug aus Polen durch din Moldau und seinen eigenen Unterthanen die Bewilligung zur Betheiligung am Feldzug gegen Polen gewährte, ernste Beschwerde zu führen, endlich die Rükstellung der durch die Tartaren in die Gefangenschaft weggeschleppten Polen und die Untersagung aller tartarischerseits etwa künftighin anstellbaren Feindseligkeiten angelegentlich zu fordern. **)

1667. Einer der im verwichenen Jahre von der Pforte auf unglimpfliche Weise ausgewiesenen und abgesezten moldauischen Agenten, durch die harte Züchtigung nicht abgeschrekt, hatte sich abermals in Adrianopel, wo der Sultan seit einiger Zeit residirte, eingefunden und den Versuch angestellt, unter Beihilfe des groszherrlichen Günstlings Kologlu sich das Fürsten-

*) Resident Johann Baptist Casanova an den Kaiser. — Adrianopol, 15. April 1666.

**) Schreiben des Königs Johann Kasimir an Sultan Mehmet. — Warschau, im Februar 1667.

thum Walachei zuwege zu bringen. Hievon unterrichtet, liesz
der Kaïmakam denselben einziehen und in der Wohnung eines
Cziauschen in Haft sezen. Aus dieser Haft entsprang aber
der Gefangene heimlicherweise und floh sicherheitshalber in
des Günstlings Behausung; das rettete ihn jedoch nicht, denn
der Kaïmakam machte nun noch mehr Ernst, liesz ihn nächtlicherweile durch den Czausch-baschi in seinem scheinbaren
Asyl aufgreifen, zur Galeerenstrafe verurtheilen und zur Ab-
büszung der Strafe nach Konstantinopel abführen.

Dem polnischen Internuntius Georg Podlevoski, Ensifer
terræ Novogradiensis, der am 27. März eintraf und am 2.
April beim Sultan Beschwerde über die tartarischen Streifzüge in Polen führte, ward der Bescheid ertheilt, es sei der
Tartaren Einfall in's polnische Gebiet wider Willen der Pforte
verübt und dem Tartarchan deszhalb ernstliche Rüge ertheit
worden. Hieraus schon leuchtet die Ungeneigtheit der Pforte,
unter den gegenwärtigen Umständen und namentlich vor
Beendigung des Krieges auf Kandia mit Polen zu brechen,
zur Genüge hervor. *)

Des polnischen Groszbotschafters Hieronymus Radziewski
angemeldete Reise ging nur langsam von statten. Schon am
7. Mai mit einem Gefolge von 360 Personen eingetroffen,
langte er kaum um Mitte Juni in Adrianopel an, erhielt am
25. Juni beim Sultan unter einem Zelt zu Demotiko eine
feierliche Audienz, worin er seines Königs Schreiben überreichte, und wurde hierauf mit 42 Kaftan's für sich und seine
Begleiter wie auch mit einem Gastmale ausgezeichnet. Weil
aber bei dieser Audienz sowol er selbst als seine zugelassenen
Begleiter vor dem Sultan nicht so tiefe Büklinge, als das ceremoniell eben erforderte, ausgeführt hatten, so gerieth der
Sultan hierüber nach beendigter Vorstellung in so aufbrau-
senden Zornausbruch, dasz er die dienstthuenden Kapidschi-
baschi sofort zum Strange verurtheilte und nur über Fürbitte
seines Günstlings (Kologlu) und des Kaïmakam's die Lebens-
in eine Züchtigungsstrafe milderte.

*) Resident Johann Baptist Casanova an den Kaiser. — Adrianopel,
15. April 1667.

Da der tartarisch-kosakische Einfall in das mit der Pforte Frieden und Freindschaft haltende Polenreich nach dem eigenen Ausspruche derselben ein schreiendes Unrecht darstellt, welches türkischerseits keineswegs in Schuz genommen werden will, so forderte dieser Groszbotschafter nebst der Rükstellung aller entführten und in die Türkei als Sklaven verkauften polnischen Unterthanen auch die Bestrafung der Schuldbelasteten Haupturheber des Unrechts, als welche er den Tartarchan und den Fürsten der Moldau bezeichnete.*)

Ein griechischer Mönch, der sich mit dem konstantinopolitanischen Patriarchen überworfen hatte, gewann mittelst einer hohen Geldzusage den Kaïmakam, einen sehr geldgierigen und schazsammelnden Mann, auf seine Seite, erkaufte und bestig demzufolge selbst den Patriarchenstuhl, während der gleichzeitig abgesezte bisherige Patriarch nach Tenedos in die Verbannung wandern muszte. Ob nun auch dieser Vorgang die griechischen Glaubensgenossen gründlich miszstimmte, so konnten sie gleichwol nicht umhin sich in das Unvermeidliche zu fügen, den neuernannten Patriarchen förmlich anzuerkennen und den theils für die von ihm zugesagte Bestechungssumme theils für die anderweitigen Ernennungs- und Installationskosten entfallenden Gesammtbetrag von ungefähr 100.000 Thalern aus eigenen Mitteln aufzubringen und zu entrichten. **)

1667.

Am 3. Oktober langte ein Kurrier aus der Moldau mit des Fürsten Bericht an, dasz der polnische General mit einer starken Armee sich der moldauischen Gränze bis auf zwei Stunden genähert, dasz der moskovitische Feldherr, in fünf Korps abgetheilt, an der tartarischen Gränze seine Aufstellung genommen, dasz endlich auch die Tartarenmacht im Kosakenlande sich stark concentrirt habe. Die Kunde solch gewaltiger Wirren verfehlte nicht dem Kaïmakam einige Besorgnisz einzuflöszen. ***)

---

*) Resident Johann Baptist Casanova an den Kaiser. — Adrianopel, 15. Juli 1667.
**) Resident Johann Baptist Casanova an den Kaiser. — Adrianopel, 1. Oktober 1667.
***) Resident Johann Baptist Casanova an den Kaiser. — Adrianopel, 14. Oktober 1667.

Die beiden Fürsten der Walachei und Moldau erlangen durch Erlegung der ihnen abgeforderten Geldsummen die neuerliche Bestättigung in ihren Fürstensizen. Der aus der Walachei, *) welchen die Sorge wegen völliger Auftreibung der auf ihn entfallenden Geldbeisteuer noch auf türkischem Boden zurükgehalten hatte, stellte sich auf der Hieherreise nach Adrianopel dem von einer Jagd heimkehrenden Sultan mit grosser Pracht vor, empfing von diesem nebst Belobung wegen seines Gehorsams die Auszeichnung eines Ehrenkaftan's und die Ermahnung, auf der eingeschlagenen Bahn des Wohlverhaltens fortzufahren. Durch so häufigen Fürstenwechsel und eben so häufige Gelderpressungen in dessen Gefolge werden die beiden Fürstenthümer ihrem unausbleiblichen Untergange sicher entgegengetrieben. **)

Der walachische Fürst (wahrscheinlich : Radul), welchen der Resident Casanova sogleich nach dessen Ankunft, jedoch zur Vermeidung des türkischen Argwohnes durch eine dritte Person begrüszen liesz, hatte sich während des Sultans Abwesenheit nach Konstantinopel begeben und nach seiner Rükkehr, als er in Adrianopel die Pest noch auf dem Scheitelpunkte fand, den Residenten um Ueberlassung einer seiner Wohnungen im benachbarten Dorfe ersuchen lassen, was ihm Casanova auch gewährte. Hierauf besuchte er, von seinem ganzen Hofstaate geleitet, den Residenten, beschenkte ihn mit einem Zobelpelz, und empfing bald dessen Gegenbesuch und gleich werthvolle Geschenke. Seine unverkennbar kaiserliche Gesinnung betheuernd, verhiesz dieser Fürst ausreichenden Schuz den ihm anempfohlenen Handelsleuten, als des Kaisers Unterthanen, und stellte auch andere Anerbietungen, worüber er sich vorbehielt mit dem Residenten im Verkehrswege noch besondere Erörterungen zu pflegen. ***)

Nachdem der Fürst der Walachei, (wahrscheinlich Radul,) am 25. December beim Sultan, am 26. December (1667)

*) wahrscheinlich Radul.

**) Resident Johann Baptist Casanova an den Kaiser. — Adrianopel, 6. November 1667.

***) Resident Johann Baptist Casanova an den Kaiser. — Adrianopel, 23. December 1667.

beim Kaïmakam Abschiedsaudienz erhalten hatte, reiste er
am 28. desselben Monates nach der Walachei ab. *)

1668.

Da Hyacinth Macrypodari, Bischof von Csanád, Abt
von Tyrnau und kaiserlicher Rath, mit Vorwissen und Genehmigung des Kaisers über Konstantinopel und von da zur
See nach Jerusalem eine Pilgerreise zu unternehmen vorhat,
so wird um sicheres Geleite und sonstige Beförderung zur
Hin- und Rükreise für denselben ersucht. **)

1668.

Dem moskowitischen Botschafter, der sich, dem üblichen
osmanischen Ceremoniell zuwider, ungeschlacht und störrisch
benimmt, wird etwas unsanft mitgespielt. So weigerte er
sich dem, kraft seiner Stellung als Minister und Staatssekretär,
vorläufige Einsicht in den Inhalt der moskowitischen Forderungen verlangenden Kaïmakam hierin zu willfahren, und
verschmähte es auch zur Audienz den von der Pforte anempfohlenen Dollmetsch beizuziehen, oder die üblichen Geschenke in's Serail vorauszusenden, oder andere Veziere, den
Kaïmakam ausgenommen, zu grüszen, oder zu Fusz und un-
bewaffnet in den Groszherrlichen Hof einzutreten. Alle diese
Verstösse wider die Hofetikette zogen ihm harte Zurecht-
weisungen, Rügen und Berichtigungen auf den Hals, denen
er nothgedrungen sich fügen muszte. Als er sich im Angesichte des Sultans nicht tief genug verbeugte, wurde er
gewaltsam mit dem Kopf zur Erde gestossen, und als er
vollends durch seinen Dollmetscher meldete, sein groszmäch-
tigster Kaiser und Herr, der Zar, entbiete dem Sultan Mehemet seinen freundlichen Grusz, konnte lezterer seinen auf-
brausenden Zorn nicht mehr bemeistern, sondern befahl dem
Kaïmakam sowohl den Botschafter wie auch dessen Sekretär und Dollmetsch eigenhändig mit Schlägen abzufertigen
und sofort hinauszustossen, ein Befehl den der Kaïmakam
ebenso pünktlich als rücksichtslos vollzog. Wenig besser ging
es diesem Botschafter, der, heimatlichem Brauche gemäsz,
grobe Manieren aufweist, in der Abschiedsaudienz beim Sultan

---

*) Resident Johann Baptist Casanova an den Kaiser. — Adrianopel,
15. Jænner 1668.
**) Fürst Gonzaga an den Vezier von Ofen. — Wien, 8. Februar 1668.

am 19. April: auch jezt wurde er wegen nicht hinlänglich
demüthiger Verbeugung mit dem Kopf zur Erde gestossen.
Den Titel «groszer Kaiser von Moskau», den er durch
Mittelspersonen für seinen Herrn erbitten liesz, erwirkte er
so wenig, dasz der Kaïmakam, über die hochmütige Zumutung vielmehr aufgebracht, ihm selbst durch den nämlichen
Mittelsmann das Prädikat «Schwein» an den Kopf warf.
Doch brachte er für die beiden Patriarchen von Antiochien
und Alexandrien, die aus Anlasz einer in Moskau entstande-
nen Streitigkeit ohne türkische Erlaubnisz dahin gereist und
nun des groszfürstlichen Fürwortes theilhaft waren, Amnestie,
Rükbewilligung und Wiederaufnahme zuwege; auch wurde
ihm die Auswechslung des gefangenen Generals Scheremetiew
gegen 2000 gefangene Türken zugesagt. Endlich fanden gegenseitige Friedensversicherungen statt; die moskowitische
Beschwerde wegen der unter den gegenwärtigen friedlichen
Beziehungen Moskau's zur Pforte unzulässigen Schuznahme
der vom Groszfürzten abgefallenen Kosaken erhielt den Bescheid, dasz die Pforte jedem Hülfe und Zuflucht Suchenden
offen stehe; die Drohung des Botschafters mit 80.000 moskowitische Streitern, die zur Vertilgung der Kosaken heranzögen,
verfehlte ihren Erfolg beim Kaïmakam, der ihr Gleichgültigkeit und Geringschäzung entgegensezte.*)

Eine nogaïsche Tartarenhorde, 2000 Mann stark, liesz   1668.
sich auf moldauischem Gebiete nieder, wo sie mit ihrem
Raubhandwerk groszen Schaden anrichtet. Auf des Moldauerfürsten dieszfällige Beschwerde entsendet die Pforte den
Paschà von Silistria zur Austreibung der Eindringlinge.
Der Anführer der lezthin unter die Botmäszigkeit der
Pforte getretenen Kosaken bat jüngsthin die Pforte um Zuweisung eines griechischen, und nicht etwa eines römisch-
katholischen Mitropoliten, der zu Choos zu residiren hätte.**)

Vor einigen Tagen forderte der Sultan bei Entgegen-   1668.
nahme des Tributs der Walachei und Moldau abermals einen

---

*) Resident Johann Baptist Casanova an den Kaiser. — Adrianopel,
27. u. 31. Jænner, 8. Februar, 12, u. 29. April 1668.
**) Resident Johann Baptist Casanova an den Kaiser. — Adrianopel,
26. Februar 1668.

Zuschlag, und zwar von 70 000 Thalern für die erstere, von
40.000 Thl. aber für die leztere. Als nun aber beide Länder
sich darüber beschwerten und mit Aufweisung ihres Schulden-
verzeichnisses die Unerschwinglichkeit der neuen Geldlast dar-
thaten, trat eine Milderung des groszherrlichen Unsinnes ein,
dergemäsz die Walachei blos 40.000, die Moldau aber 25.000
Thaler zu entrichten verpflichtet wurden. Solches Gebahren
ist gleichbedeutend mit der Zugrunderichtung beider Länder. *)

1668.

Auf des Kaïmakam's Befehl sendet der Moldauerfürst
einen Späher nach Polen, der von der polnischen Zwietracht
und den zahllosen Umtrieben ob der Königswahl Kunde
überbringt. **)

1668.   *Art. 6.* Die zur Hülfeleistung im Bedürfniszfalle abzuordnenden türkischen, moldauischen und walachischen Ar-
meen sollen keinen Schaden auf dem Gebiete der
Kosaken begehen, so lange diese mit der Pforte und
den beiden Fürstenthümern im Frieden und sicherem
Bestande leben. Alle Kosaken aber, sowol die dem
konstantinopler Patriarchen anhängigen als auch die
in der Stadt Kywethalica angesessenen, hätten unter
den Befehlen ihrer eigenen Mitropoliten zu verharren. ***)

1668.

Bittet um Ausfertigung eines Sichergeleites für den Erzbischof von Martianopolis Peter Parcevich, der in die Moldau
mit dem Vorhaben reist, den göttlichen Cultus und den
Friedenszustand unter den Menschen allüberall zu verbreiten
(«eius institutum esse, ut cultus divinus et pacificus hominum
status ubique promoueatur.») ****)

---

*) Resident Johann Baptist Casanova an den Kaiser. — Adrianopel,
11. u. 12. April 1668.
**) Resident Johann Baptist Casanova an den Kaiser. — Adrianopel,
12. Juni 1668.
***) Capitulation der Kosaken unter Hetman Peter Doroschenko mit
der Pforte, in 16 Artikeln abgefaszt und durch den Abgesandten Osman-
Czausch ratificirt. — v. O. 10. August 1668.
****) Fürst Gonzaga an den Vezier von Ofen, Mahmud-Paschà. — Wien,
2. Oktober 1668.

Vom Moldauerfürsten, dessen ernannter Nachfolger bereits den Ehrenkaftan erlangte, ging der Bericht ein, es sei
ein zur Pforte reisender moskowitische Internuntius auf der
Durchreise mit einem Gefolge von 20 Personen in die Moldau gekommen und gesonnen, seine Weiterreise baldmöglich
fortzusezen. *)

Dem moskowitischen Gesandten wird bei der Abfertigung ein groszherrliches Schreiben an den Groszfürsten mitgegeben, des Inhalts, dasz gleichwie dem Tartarchan bereits
der Befehl wegen Wahrung des guten freundnachbarlichen
Einvernehmens mit dem Moskauerlande zugegangen sei, die
Pforte sich dagegen eines ähnlichen Verhaltens seitens des
Groszfürsten und namentlich der alljährigen Absendung von
Gesandten mit Geschenken an den Tartarchan, als des Groszherrn Stellvertreter für jene Gegenden, mit vollem Rechte
versehe; denn alle Feindseligkeiten des Tartarchan's hätten
ja eben in dem Streben ihren Erklärungsgrund, es von diesem
alten Brauch der Geschenk Entgegennahme nicht abkommen
zu lassen. Dieser Internuntius verwendete sich gleichfalls für
Amnestirung des ohne Pfortenerlaubnisz nach Moskau abgegangenen Patriarchen von Alexandria. Ueber Anfragen des
Kaïmakam's meldete er ihm, dasz der Groszfürst von Moskau
die polnischerseits seinem Sohne angetragene Königskrone
deszwegen zurükgewiesen habe, weil daran die Bedingung,
des Uebertrittes zum Katholicismus geknüpft gewesen —
eine Bedingung, die nie von den Moskowitern angenommen
werden würde. Diese Antwort gefiel dem Kaïmakam dermaszen, dasz er dem Abreisenden Internuntius eine ansehnliche Wegzehrung bescherte. **)

Dem Ursprung und Verlauf des zwischen Volk und
Fürst in der Walachei zum Ausbruch gediehenen ernsten
Zerwürfnisses, insofern er dem Casanova aus den Mittheilungen der walachischen Abgeordneten zur Pforte kund geworden, liegen folgende Thatsachen zu Grunde:

*) Resident Johann Baptist Casanova an den Kaiser. — Turnovo,
(Thessalien), 1. December 1668.
**) Resident Johann Baptist Casanova an den Kaiser. — Turnovo,
(Thessalien), 31. December 1668.

15.501 III.   18

Die Griechen, welche der Fürst (Radul) noch bei seiner Ernennung aus Konstantinopel mitgebracht und seinem Glüksstern dienstbar gemacht hatte, übten so schreienden Unfug und so schwere Miszbräuche aller Art, dasz das gegen fremde Eindringlinge ohnehin miszgestimmte Land, dadurch nur noch mehr erbittert, mittelst seiner vornehmsten Bojaren hierüber beim Fürsten vor einigen Monaten Beschwerde führen und ihm die Bitte vortragen liesz, diese straffälligen landsaugenden Griechen von seiner Seite abzuweisen. Des Fürsten Bescheid auf die dringenden Vorstellungen fiel indesz abschlägig aus, und die Aufregung der Bevölkerung erreichte eine bedenkliche Höhe. Als nun der Zeitpunkt der Ablieferung des Tributes an die Pforte und der damit verbundenen Steuerausschreibung eingetreten war, mochte sich das Land hiezu nicht bequemen, es wäre denn dass der Fürst die verhaszten Griechen vorher abgedankt hätte. Diese Kunde brachte den Fürsten derart in Harnisch, dasz er zornentflammt die Drohung ausstiesz, er wolle unter den Widerspänstigen ein Blutbad anrichten, das bis an die Knie reichen würde. Schreken und Entsezen fuhr in die Gemüther der Walachen angesichts einer Aeuszerung, deren Tragweite im Hinblik auf die griechische Umgebung des Hofes nicht mehr räthselhaft sein konnte, und in der Vorahnung des nahenden Sturmes zog sich Jedermann in seine Behausung zurük. Und in der That ging noch am nämlichen Tage zur Nachtzeit der Fürst mit seinen griechischen Helfershelfern zu Rathe und faszte demzufolge den Beschlusz, durch seine aus lauter Ausländern zusammengefügte Leibwache am nächsten Morgen die vornehmsten Bojaren aus dem Wege zu schaffen. Durch einen glüklichen Zufall erfuhr aber ein Inländer den geheim ausgebrüteten Anschlag und theilte ihn noch um Mitternacht den bedrohten Bojarenhäuptlingen mit, die denn auch darüber mit einander berathschlagten und einverständlich die dem Drange des Augenbliks zusagenden Maßnahmen vereinbarten.

Am verhängniszvollen nächsten Morgen fanden sie sich, ungeachtet der dringenden Gefahr, zur üblichen Aufwartung beim Fürsten ein, aber in gröszerer Anzahl als sonst und mit Waffen ausgerüstet. Vom Fürsten neuerdings mit Drohungen empfangen, suchten sie ihn vor der Hand zu beschwichtigen, gaben ihm scheinbar gute Worte, und versprachen zur

Dämpfung der im Lande waltenden Unruhe und Aufregung nach Möglichkeit mitzuwirken. Als sie jedoch, zum Austritt aus dem Fürstenhofe sich anschikend, den einen Flügel des Pallastthores schon verschlossen und die Wache unter's Gewähr getreten, sonach die Lebensgefahr schon in Wirklichkeit übergehend fanden, winkten sie ihren bestellten und auszerhalb des Fürstenhofes auf das verabredete Zeichen harrenden bewaffneten Anhängern zum Angriff, die den auch sofort in den Fürstenhof eindrangen, die Hofwache umrangen, entwaffneten und bei der mindesten Bewegung mit augenbliklicher Niedermezelung bedrohten. Die auf solche Art geretteten und entwichenen Bojarenhäuptlinge zogen sich nun in ein Kloster zurück, lieszen Sturm läuten, veranstalteten eine Volksversammlung, schilderten darin mit ergreifenden Worten die Grösze der Gefahr, in die sie lediglich durch Beschüzung des Volkes und dessen Vermögens gerathen waren, und brachten von der Versammlung das Versprechen zu Stande, mit ihnen zu leben und zu sterben. Durch den Ernst der Ereignisse zur Nachgiebigkeit gestimmt, bat nunmehr der Fürst schriftlich den Erzbischof um Mithülfe zur gütlichen Beilegung des Zwistes, verfügte sich auch selbst zu den Bojaren in's Kloster und versprach ihnen daselbst im Vergleichswege die Abdankung der miszliebigen Griechen, die Auflösung seiner Leibwache und die Genehmigung der in Hinkunft von den Bojaren zuertheilenden Rathschläge, wogegen diese von ihren Beschwerden wider den Fürsten abzustehen und beide Theile die Uebereinkunft durch einen feierlichen Eid auf das Evangelium zu besiegeln hätten. Als aber der Fürst sich standhaft weigerte das ihm ferner zugemutete eidliche Versprechen, dasz er die aufständischen Bojaren sämmtlich in ihren gegenwärtigen Aemtern beibehalten werde, sofort zu leisten, schöpften diese hieraus den Argwohn, es sei nicht auf Tilgung, sondern blos auf Vertagung des fürstlichen Hasses und Rachgefühles wider sie bis auf einen gelegeneren Zeitpunkt das Absehen gerichtet. Dreiszig der angesehensten Landesbojaren machten sich daher unverzüglich nach Larissa auf den Weg, klagten an der Pforte nicht blos gegen die fürstlichen Rathgeber, die landsaugerischen Griechen, die durch den Aufstand ohnedies vertrieben wurden, sondern gegen den Fürsten selbst, der den vornehmsten Bojaren nach dem Leben getrachtet, Eheweibern

18*

und Jungfrauen Gewalt angethan und auch anderweitigen
Unfug getrieben habe. Sie erklärten ferner, unter dem Regimente Radul's, dieses falschen, unzuverlässigen Mannes, nie
mehr den Fusz auf heimatlichen Boden sezen zu wollen, um
einerseits die türkische Habsucht zu reizen, anderseits aber
um dem Fürsten die zur Wiedererlangung der Regierung
künftighin dienlichen Geldmittel vollends zu entziehen, gaben
sie in etwas übertriebener Weise vor, es habe derselbe 800.000
Thaler in baarem Gelde und viele kostbare Kleinodien zu-
sammengescharrt. Sie baten endlich um Bestallung eines Fürsten
aus ihrer eigenen Mitte, indem die konstantinopolitanischen
Griechen nicht allein selbst gar arm wären, sondern zudem
ein ebenso hungerleidendes Gefolge in's Land mitschleppten,
wo sie sodann gemeinschaftlich auf ununterschiedliche Weise
(per fas et nefas) mit Raub, Enteignung und durch jedwede
Erpressung hochmütig auf ihre Bereicherung losarbeiteten,
das arme Land aber an den Rand des Verderbens brächten.
Der Kaïmakam beordnete sogleich den Kapidschi-baschi Halil-
Agà zur Erforschung des eigentlichen Sachverhaltes an Ort
und Stelle, und bis zu desselben Rükkunft müssen die Kläger
sich in Larissa aufhalten. Mittlerweile wurde die fürstliche
Leibwache entlassen und die Bewachung des Fürsten walachischen Soldaten anvertraut; auch stehen seine Ankläger dadurch im Vortheil, dasz der Groszvezier diesem Fürsten, der
nicht ihm, sondern andern Machthabern seine Erhebung zu
verdanken hat, nicht gewogen ist.

Diesen vereinten Bemühungen erlag Fürst Radul Anfangs März, und sein Nachfolger, der aus der Mitte seiner
Ankläger, der einheimischen Bojaren selbst hervorging, reiste
am 28. März in seine Provinz ab. Die Griechen von Konstantinopel, deren einige durch Geld und glänzende Verheiszungen eifrig, aber vergeblich, um die Walachei geworben
hatten, empfanden die Ernennung eines Inländers dahin so
schmerzlich, dasz sie selbst nach der Entscheidungsstunde
demselben jedwedes Hemmnisz in den Weg zu legen sich
nach Kräften bemühten. So stifteten sie einerseits den Kaïmakam an, die gesammten, ungemein hochlaufenden Wahl-
umkosten den walachischen Bojaren aufzubürden, während sie
anderseits den, bei solchen Gelegenheiten wucherliche Darlehen gewährenden türkischen Geldmännern zuflüsterten, es

seien die Entlehner Fremdlinge, denen man ohne Schaden nicht trauen dürfe. Allein weit entfernt die neue Fürstenwahl hiedurch rükgängig zu machen oder auch nur zu gefährden, riefen sie vielmehr eine so heftige Erbitterung unter den Walachen hervor, dasz diese sich nun entschieden weigern die Agentenstelle ihres Fürstenthums an der Pforte oder irgend ein Amt in ihrem Lande fürderhin einem Griechen anzuvertrauen. Der abgesezte Fürst wurde, seiner Verantwortung wegen, zur Pforte beschieden, und der Kaïmakam hält fünf der vornehmsten Bojaren in Turnovo zurük, um die vom Exfürsten während seines Regimentes verübten Erpressungen und ungerechten Geldauflagen demselben nachzuweisen; denn da durch des Abgesezten Miszregierung und „Habsucht die Walachei sich in einen hohen Schuldenstand getrieben sah, so forderten die Bojaren mit vollem Recht, dasz der Ersaz aus dem Vermögen des Exfürsten geleistet und zur Tilgung dieser Schulden verwendet werde. Wahrscheinlicher jedoch ist es, dasz der Kaïmakam den zu ermittelnden Ersazbetrag in den eigenen Säkel steken werde.

Der einberufene Exfürst (Radul) traf in der zweiten Maihälfte an der Pforte ein, und sofort verliesz das Glük die wider ihn auf Ersaz klagenden fünf walachischen Bojarendeputirten. Der Kaïmakam und sein Kanzleidirektor nämlich ertheilten ihnen den Bescheid: «die Walachen hätten ja vorhin selbst des Fürsten Wolregierung an der Pforte unablässig gerühmt, und dem zu Troz wären sie doch plözlich in hochflammenden Aufruhr wider ihn gerathen; dieser offenbare Widerspruch lasse aber vermuthen, dasz sie denselben (Radul) dermal grundlos anklagten.» Schon aus diesem Bescheide leuchtet des Kaïmakam's erkaufte Parteinahme für den Exfürsten hervor, die noch glänzender zu Tage trat, als er dem Angeklagten ein groszherrliches Schuzschreiben zuwege brachte, kraft dessen derselbe gerechtfertigt und jeder ferneren Behelligung oder Verantwortung ledig erklärt ward. Hiedurch aber keineswegs entmuthigt, bieten die fünf Bojaren noch fortan Alles auf den Exfürsten zum Ersaz des ungerecht Entzogenen zu verhalten.

Gegen das in lezter Zeit (Juni) insbesondere stark hervorgetretene Bestreben des griechischen Patriarchen von Ochrida in Bosnien, alle katholischen Glaubensgenossen lezterer Pro-

vinz, gleichviel ob Laien oder Geistliche, seiner Gerichtsbar-
keit zu unterwerfen, erliesz die Pforte, über Casanova's Verwendung, einen scharfen Befehl, welcher jedwede Belästigung
der Katholiken dem übergreifenden Patriarchen strengstens
untersagt. *)

1670.   Da die von den Kosaken aufs Haupt geschlagenen
Tartaren auf ihrem Rükwege nicht blos einen Streifzug in
Podolien unternahmen, sondern im Durchmarsche auch die
Moldau durch Wegführung von Menschen und Vieh sehr
empfindlich in Mitleidenschaft ziehen, so führte der Moldauer-
fürst hierüber an der Pforte dringende Beschwerde. **)

1670.   Der am 24. Mai mit einem Gefolge von 12 Personen
eingetroffene moskowitische Gesandte Manoli Iwanowicz, seines
Zeichens eigentlich Zobelpelzhändler, der zur Umgehung der
moskowitischen, polnischen, moldauischen und türkischen Zölle
sich vom Groszfürsten von Moskau als Gesandter beglaubigen
liesz und hiedurch in den genannten Ländern sich Zollfreiheit
erwirkte, wurde am 27. d. M. beim Kaïmakam zur Audienz
vorgelassen, brachte jedoch so unbedeutende Gegenstände zur
Sprache, dasz der Kaïmakam ihn vielmehr für einen moskowitischen Späher denn für einen wirklichen Abgesandten zu
halten geneigt zeigte. Auch zeugte sein Benehmen durchaus
nicht von Geschiklichkeit: als er nämlich nach der üblichen
Einkleidung in die Ehrenkaftan's dem Kaïmakam die Hand
geküszt hatte, und hierauf sich zurükziehen wollte, verwikelten
sich seine Fersen in den lang herabwallenden Kaftan dermaszen, dasz er, zu groszem Gelächter der Umstehenden,
seiner ganzen Länge nach platt auf den Rüken fiel. Der türkische Aberglaube erblikte darin sofort eine gute Vorbedeu-
tung: Gott selbst nämlich strekt die Feinde des Islams nieder,
ohne dasz dieser auch nur die Hand aufzuheben brauchte. ***)

---

*) Resident Johann Baptist Casanova an den Kaiser. — Turnovo,
(Thessalien), 14. Jænner, 3. Februar, 1. März, 3. April, 20. Mai, 3. u. 20.
Juni 1669.
   **) Resident Johann Baptist Casanova an den Kaiser. — Saloniki, 19.
Februar 1670.
   ***) Resident Johann Baptist Casanova an den Kaiser. — Adrianopel,
30. Mai 1670.

In Folge der ununterbrochenen Klagen der Moldauer
wider die vor wenigen Jahren an der moldauischen Gränze
angesiedelten Nogaier-Tartaren, von denen sie ohne Unterlasz
argen Schaden erdulden muszten, fand sich die Pforte nunmehr bereit die Versezung dieser schädlichen Nachbarn auf
ein anderes Gebiet, jedoch blos unter der Bedingung zu verfügen, dasz die Moldau den von diesen Tartaren der Pforte
alljährig entrichteten Tribut von 10.000 Thalern künftighin
auf sich nehmen und genau abführen hätte. Diese harte Zumuthung stiesz in der Moldau auf starken Widerspruch, über
dessen Verlauf und Ende seither nichts verlautete, der jedoch
bald auf gütliche Art geschlichtet scheint; denn bereits am
19. August ergingen Pfortenaufträge an den Paschà von Silistria und die Fürsten der Moldau und Walachei zur ge-
waltsamen Vertreibung der Nogaischen Tartaren aus ihren
gegenwärtigen Wohnsizen. Indessen mag die Pforte damit
eher auf die Erforschung der eigentlichen Absichten der bei
Kamenicz lagernden polnischen und Kosaken-Truppen, als
auf ernstliche Vertreibung der Tartaren das Absehen gerichtet zu haben, da die für die leztere Absicht getroffenen Masznahmen sich bald als unzureichend erwiesen. Demnach sahen
sich die gegen die Nogaier bereits im Anzuge begriffenen
Fürsten der Moldau und Walachei genöthigt sich einige
Meilen weit zurükzuziehen, und gewärtigen die baldige Vereinigung mit dem Tartarchan, ohne dessen Beistand sie mit
den wehrhaften Nogaïern kaum nach Wunsch und Befehl
fertig werden zu können sich zutrauen. *)

(Unter diesem Datum, wie auch früher schon öfter, Georgios Cleronomos, als kaiserlicher Dollmetsch in mehreren
Schriftstüken vor.) **)

Der König von Polen liesz Kamenicz nebst anderen
Gränzfestungen besichtigen und bei diesem Anlasse den
Fürsten der Moldau, welcher gemeinschaftlich mit dem der
Walachei und dem Paschà von Silistria wider die nogaïschen

1670.

1671.

1671.

---

*) Resident Johann Baptist Casanova an den Kaiser. — Adrianopel,
13. u. 24. August, 28. Oktober 1670.
**) Tartar Pazardzik, 15. September 1671.

Tartaren im Anzuge begriffen war, brieflich fragen, was er und seine Waffengenossen damit eigentlich im Schilde führeten. Die Antwort lautete: es sei damit nichts gegen Polen beabsichtigt. *)

1671.
Siebenbürgen, von der Pforte nicht glimpflicher behandelt als die Moldau und Walachei, musz nicht allein die Last eines Jahrestributes von 80.000 Thalern tragen, sondern überdies der unersättlichen Habsucht der Pfortenminister föhnen, und vermag gleichwol seine besonderen Anliegen nicht durchzusezen *)

1671.
Der walachische Exfürst, der sich lange Zeit in Wien aufgehalten, (d. i. Gregor Gika) traf leztlich in Adrianopel ein und erwirkte seine Amnestirung, doch mit der Beschränkung, dasz er seinen Aufenthalt nicht am groszherrlichen Hoflager, sondern zu Konstantinopel zu nehmen hätte; auch bewilligte ihm der Groszvezier keine Audienz. Nichtsdestoweniger hält man ihn zur Wiederernennung in die Walachei ausersehen, und bisher äuszerte er sich noch nicht nachtheilig über den Wiener Hof.

(Das Hofkriegsraths-Gutachten über Casanova's vorliegenden Bericht lautet in diesem Punkte dahin: dasz mit Rüksicht auf die wahrscheinliche Wiederwahl Gregor Gika's und die alsdann von ihm zu leistenden guten Dienste das ihm vom Kaiser bewilligte Jahrgeld auch fernerhin fortzusezen wäre, um ihn auf solche Art bei guter Stimmung zu erhalten.) ***)

1672.
Ein vornehmer moldauischer Bojar, dessen Bruder in polnischem Dienste steht, erhob mit 2—3000 Mann die Fahne des Aufstandes wider seinen Fürsten, wogegen die ottomanische Pforte unverzüglich den Ali-Paschä zur Bekriegung und Dämpfung dieser Empörer beordnete. Uebrigens langte aus der Moldau am 24. Jænner gleichzeitig mit dem Tribute die

---

*) Resident Johann Baptist Casanova an den Kaiser — Adrianopel, 7. Jænner 1671.

**) Relation des Hofkriegskancellisten Hans Geörg Hausch über seine Sendung an die ottomanische Pforte. — Wien, 14. Oktober 1671.

***) Resident Johann Baptist Casanova an den Kaiser. — Adrianopel, 24. December 1671.

Kunde ein, es habe die Pforte mittels des moldauischen Fürsten Vergleichsversuche mit Polen, jedoch vergeblich, eingeleitet. *)

Der Moldauerfürst, der seiner Wiederbestättigung halber sich bereits auf den Weg nach Adrianopel gesezt hatte, erhielt Gegenbefehl zum Rükmarsche in seine Provinz, deren Eingang ihm aber seine aufständischen Unterthanen noch verwehren. Den Fürsten der Walachei (nach Engel hiesz er: Anton) führte dasselbe Verlangen nach Wiederbestättigung gleichfalls dahin, doch mit geringer Aussicht auf Erfolg, da in Grigorasko Gika ihm ein gefährlicher Nebenbuhler erwuchs. **)

Weil die unter einander abermals in Zwiespalt gerathenen Walachen wider ihren Fürsten und dessen vorzüglichste Helfershelfer und Schuldgenossen die schwere Anklage wegen gewaltsamer Miszbräuche und tyranischer Regierungsweise erhoben, fühlte sich die Pforte, der es bei der schweren Verwiklung mit Polen an Erhaltung der Ruhe in den beiden Donauländern viel gelegen ist, veranlaszt, gegen die klagenden Bojarendeputirten strenge vorzugehen und vier derselben, welche nicht gleich dem walachischen Spatar (General) zu entfliehen vermochten, in enge, mit harter Behandlung verbundene Haft zu sezen. Mittlerweile gelang es den Bemühungen und Ränken des Pfortendollmetschen Panaïoti Nikusio den begnadigten Exfürsten Grigorasko Gika, welcher von Wien über Venedig zur Pforte gereist war, neuerdings auf den Fürstenstuhl der Walachei zu erheben; demzufolge wurde der Neuernannte aus Konstantinopel zurükberufen und beauftragt sich alsbald nach seiner Regierungsübernahme kampfgerüstet zu halten. Dem Vernehmen nach, soll er auch die verhafteten walachischen Bojaren in's Land zurükführen, um sie ob der ihnen selbst zur Last gelegten Erpressungen zur Rechenschaft zu ziehen.

---

*) Resident Johann Baptist Casanova an den Kaiser. — Adrianopel, 24. Jänner 1672.
**) Resident Johann Baptist Casanova an den Kaiser. — Adrianopel, 3. Februar 1672.

In der Moldau lodert die Aufruhrflamme noch fortan hoch auf, und das Aufgebot der Aufständischen liegt massenhaft zu Feld, während Weib und Kinder, Hausrath und Vieh sicherheitshalber von denselben nach Polen geflüchtet wurden. Dies hemmt des Fürsten (Duka) Eintritt in's Land, und da er ohne fremde Beihülfe seine Residenz nicht erreichen kann, so hält er sich zur Zeit unthätig an der Donau auf. *)

1672.

Der Aufruhr in der Moldau ist gedämpft. Die Aufrührer flohen nach Polen, der neubestättigte Fürst (Duka) aber bezog seine Residenz Jassy wieder.

Am 2. April brach der neue Fürst der Walachei Grigorasko Gika nach seiner Provinz auf, und würdigte blos die venetianische Gesandschaft, nicht aber auch den kaiserlichen Residenten, eines Abschiedsbesuches. Zwar redete er bisher — insoweit es nämlich transpirirte — dem Kaiserhofe nichts Uebles nach, liesz sich auch gegen den kaiserlichen Dollmetsch verlauten, er habe die Deutschen persönlich kennen gelernt, sei ihnen auch vordem zugethan gewesen, werde übrigens gegen sie nunmehr ob der empfangenen Wolthaten seine Zuneigung nur verdoppeln können; da er aber seit seiner Wiederernennung eine so auffallende, fast an Undank streifende Kälte und Gleichgültigkeit gegen den Kaiser aufwies, so meint Casanova, es wäre so unzuverlässigen Leuten in des Kaisers Landen entweder die Aufnahme oder die Entlassung fürderhin nicht mehr zu gewähren. **)

1672.

Den Fürsten der Walachei und Moldau ertheilte die Pforte den Befehl, Mundvorrath für die türkische Heeresmacht daheim in Bereitschaft zu sezen, mit ihren eigenen Streitkräften aber gemeinschaftlich mit den Tartaren den Vortrupp der osmanischen Aufstellung zu bilden.

Die im Felde besiegten moldauischen Aufrührer, 6000 an der Zahl, traten auf polnisches Gebiet über. ***)

---

*) Resident Johann Baptist Casanova an den Kaiser. — Adrianopel, 9. u. 26. Februar 1672.

**) Resident Johann Baptist Casanova an den Kaiser. — Adrianopel, 5. April 1672.

***) Relation des Gabriel Lenoris, kaiserlichen Kurriers, über seine Hin- und Rükreise zur und von der ottomanischen Pforte in Adrianopel. — Wien, 4. Mai 1672.

Dem kaiserlichen Befehle vom 15. Mai, wodurch dem
Residenten zur Pflicht gemacht wird, sich der treuen Erge-
benheit des Fürsten der Walachei Grigorasko Gika nach
Kräften zu versichern, wird Genüge geschehen. *)

Die erschöpfte und völlig ausgesogene Moldau ist nicht
mehr im Stande den Proviantvorrath der türkischen Armee
zu deken, wol aber stellte der Fürst der Walachei Grigorasko
Gika unlängst 2000 getreidebeladene Wägen in's türkische
Hauptquartier bei.

Der Groszherr, welcher mit seiner Hauptmacht drei
Stunden von Jassy zwischen dem Prut und Dniester sein Lager aufschlug, besuchte lezthin die moldauische Residenz lediglich in der Absicht, um vom Fürsten (Duka) Geschenke
zu empfangen. **)

Den moldauischen Fürsten (Duka), der den angeordneten Proviant nicht beischaffte und auch sonstige Saumsal
gegen das türkische Interesse sich zu Schuld kommen liesz,
traf die groszherrliche Ungnade mit ganzer Wucht, vor der
ihn die Entschuldigung, er habe wegen Flucht seiner Unterthanen die ihm gewordenen Aufträge nicht gehörig in Vollzug sezen können, nicht zu schüzen vermochte. Er wurde
abgesezt, in Ketten geschlagen und verdankte die Erhaltung
am Leben lediglich der Wirksamkeit seines, an den Sultan,
den Groszvezier und andere einfluszreiche Würdenträger reichlich
gespendeten Goldes. Durch den Erfolg der osmanischen
Waffen und insbesondere durch die rasche Eroberung der
Hauptfestung Kameniec schwillt der Uebermuth der Türken
ungemein an, und schon sinnt der Groszherr an die Verwand-
lung der Moldau in ein rein türkisches Paschalik. ***)

An der nunmehr beschlossenen Expedition gegen Lemberg unter Kaplar-Paschà's Führung erhielten nebst den Ja-

*) Resident Johann Baptist Casanova an den Kaiser. — Adrianopel,
4. Juni 1672.
**) Resident Johann Christoph Khindtsperg an den Kaiser. — To-
marovo, 29. Juli 1672.
***) Resident Johann Baptist Casanova an den Kaiser. — Tomarova,
(Dorf in der Moldau, drei Stunden von Galaz), 23. August u. 8. September
1672.

nitscharen, dem Tartarchan und dem Kosakenhetman Doroschenko auch Fürst Grigoresko Gika der Walachei Befehl
sich zu betheiligen.

Uebrigens tritt Gika's Undank gegen den Kaiserhof
nachgerade ungescheuter an's Tageslicht: er unterhält vor-
bedachtermassen mit den ungarischen Rebellen unter der
Hand bedenklichen Schriftwechsel, wovon er der Pforte sodann in ihrem Interesse Mittheilungen zukommen läszt, wie
erst in lezter Zeit ein auffallendes Beispiel darthat; ferner be-
förderte er den Sohn des ungarischen Rädelführers Ballázs
zur Pforte, unter dem Vorwande, derselbe wolle sich die
türkische Sprache eigen machen.*)

1672.   Am 15. September überbrachte ein türkischer Kurrier
nach Bukureschti das Verbot der Ausfuhr und des Verkaufes
von Getreide aus der Walachei, und gleichzeitig requirirte
ein daselbst eingetroffener Czausch 100 Maurer zur Ausbesserung der Werke von Kamenicz und anderer militärisch wichtigen Pläze.**)

1672.   Um der Pforte in ihrem Streite mit Polen des Kaisers
Mittlerschaft anzutragen, begab sich Resident Khindtsperg nach
Jassy, wo er die Geneigtheit der Pforte zur Annahme dieser
Vermittlung und zugleich die Rükreise des Sultans nach
Aprianopel vernahm und deszhalb seine Audienz in lezterer
Stadt nehmen zu sollen erachtet.

Von der Paschalikisirung der Moldau kam es diesmal
ab, und zur Verhütung eines Aufstandes stellte der Groszherr
den moldauischen Landständen die freie Wahl eines neuen
Fürsten anheim, welche auf den schwächern unter ihnen,
einen Bojaren Namens Stephan Petriczeïko insbesondere deszwegen fiel, weil derselbe im Laufe des diesjährigen Feldzuges dem Sultan treue Dienste widmete. Auch geht die

---

*) Resident Johann Baptist Casanova an den Kaiser. — Tomarova,
14. September 1672.
**) Relation des kais. Kuriers Rudolph Dané über seine im Laufe des
Sommers mit dem neuen kais. Residenten Kindtsperg nach Tomarovo, einem
Dorf am Donauufer in die Moldau, vollbrachten Reise. -- Wien, 4. Oktober
1672.

Absicht der Pforte dahin, zur Hintanhaltung aller, für die drei Fürstenthümer so verderblichen Durchzüge und Streifungen der Tartaren und Kosaken, die wohlgerüstete Festung Kameniez durch Zufuhr auf der See mit allem Mund- und Kriegsbedarf dermaszen zu versehen, dasz sie eine regelmäszige Belagerung gefahrlos aushalten könnte. Diese Absicht aber und die hiedurch angestrebte gröszere Leichtigkeit, die Tartaren in Gehorsam und Unterwürfigkeit gegen die Pforte zu erhalten, verfehlen nicht lebhafte Miszstimmung unter der räuberischen Horde hervorzurufen. *)

Auf der Reise nach Adrianopel an's groszherrliche Hoflager traf Khindtsperg in Bukureschti ein, wo er in Abwesenheit des Fürsten Grigorasko Gika von der Fürstin einen Paszbrief zur Rükbeförderung des kaiserlichen Kurriers nach Wien forderte und erwirkte. Die Rükkehr des Fürsten, welcher der Pforte im lezten Feldzuge mit seinem Heerbann von 6000 Mann wesentliche Dienste geleistet und auch sonst sich genehm gemacht hatte, wurde in seiner Residenz demnächst gewärtigt. Da unterdessen die Siebenbürger mittels einer Zuschrift, die nun in die Hände der Fürstin gerieth, den Fürsten Gika um Mitwirkung zur Absezung Apaffi's und seiner Gattin, als welche durch Miszregierung und Vorschubleistung an die Rebellen eine neue Kriegsfakel im Lande anzuzünden drohten, in Anspruch nahmen, so ertheilte die Fürstin hierauf mündlich den Bescheid: der Fürst sei abwesend, allein wenn er auch anwesend wäre, so würde er gleichwol in derlei Hader sich keineswegs einmengen.

Der älteste Sohn des Rädelführers Grafen Balázs Imbre that Versöhnungsschritte beim Residenten Khindtsberg, wobei er die Rükgabe der eingezogenen väterlichen Güter beanspruchte, genieszt übrigens nebst seinem Hofmeister freien Aufenthalt und Verpflegung in Bukureschti, während sein Vater in Siebenbürgen auf den Gütern seiner Ehefrau Zuflucht und Schuz vor den Verfolgungen der kaiserlichen Mannschaft gefunden hat. **)

---

*) Resident Johann Christoph Khindsperg an den Kaiser. — Jassy, 8. November 1672.

**) Resident Johann Christoph Khindtsperg an den Karser. — Bukureschti, 29. November 1672.

Sobieski's heimliches Einverständnisz, Zusammenspiel und Verkehrwesen mit dem Groszvezier, fi üherhin schon errathen und angedeutet, tritt nunmehr nach genauer Erforschung aus mehreren Anzeichen mit unwidersprechlicher Gewiszheit an's Tageslicht. So hielt er zuvörderst die polnische Armee zwischen der Stadt Lemberg und dem Dniester ohne alle trifftige Ursache oder ausgesprochenen strategischen Zwek durch fünf ganze Wochen in berechneter Unthätigkeit lediglich deszhalb auf, damit sie nach völliger Aufzehrung des mitgeführten und für diesen Zeitraum eben ausreichenden Mundvorrathes an Vorschreiten überhaupt, namentlich aber an der Benüzung ihres, später wirklich erfochtenen Sieges und an der Verfolgung des geschlagenen Feindes gehindert, und vielmehr zum Rükzuge genöthiget, den Türken jedoch gleichzeitig die Möglichkeit geboten werde Verstärkungen in der Zwischenzeit an sich zu ziehen und schlimmsten Falls durch geeignete Rükwärtsbewegung gröszerem Unheile zu entgehen. So entliesz er ferner nach dem Siege bei Chotin 22 gefangene Türken ohne alles Lösegeld und sendete sie dem Paschà von Kameniez zu. So forderte er drittens mit Bezug auf des Groszveziers Antrag, ihm zur Thronbesteigung beizustehen, in einem Schreiben an den Fürsten Grigorasko Gika genaue Aufklärung über des Groszveziers eigentliche Absicht und die Art und Weise der zugedachten Unterstüzung, wobei er die Bemerkung einflieszen liesz, dasz ein etwaiger Beistand durch ein türkisches Hülfskorps, statt zwekfördernd vielmehr ungemein schädlich sich erweisen und sogar einen allgemeinen Aufstand der gesammten polnischen Nation wider seine Person unfehlbar hervorrufen würde; für das Rathsamste hielt er sonach die von der Pforte ihm anfänglich angebotene Vorstrekung eines baaren Geldvorschusses, mittels dessen er die polnische Miliz und viele andere Miszvergnügte in sein Interesse zu ziehen befähigt würde. Da Gika nun abgesezt und abgereist war, so nahm der neuernannte Fürst der Moldau Dimitrasko (Kantakuzeno) die angesponnene Unterhandlung mit Sobieski auf und erwiederte ihn vermöge Auftrages des Groszveziers, dasz die Pforte sich zur Leistung des gewünschten Geldvorschusses einverstanden erkläre, falls er zur Sicherstellung seiner Gegenleistung seinen Bruder oder nächsten Anverwandten als Unterpfand und Geiszel dem

Groszherrn überantworten würde. Für den Fall der Annahme
dieser Bedingung gedenkt der Groszvezier den Jahrestribut
der Walachei im Betrage von 100 000 Thalern dem Sobieski
zuzuweisen, und ist im gegentheiligen Falle schon mit dem
Ergebnisse einer Unterhandlung zufrieden, die dem polnischen
Winterfeldzuge Einhalt zu thun und neue Wirren im Polenlande anzufachen vermochte.

So stekt viertens Sobieski in eben dieser Absicht mit
seinen eingeweihten Helfershelfern, dem Palatinus von Reuszen
Jablonowski und dem Kronfähnrich Sieniawski unter einer
Deke, und lezteren liesz er bei den rebellirten Moldauern in
Jassy unter dem Vorwande der Hülfeleistung, thatsächlich
aber deszhalb zurük, damit dieser in seinem Sinne wirken
möge.

So steht endlich Sobieski in verborgenem und höchst
vertraulichem Verkehr mit Doroschenko, der ohne dessen
Wissen und Willen nichts vornimmt und gemäsz der Aufforderung desselben den aufreizenden Briefwechsel der Polen mit
Moskau grösztentheils auffangen läszt und der Pforte mittheilt.
Doch traut leztere, durch die polnischen Aufwiegelungen und
die moskowitischen Rüstungen einigermaszen beunruhigt, der
ruhigen Zukunft nicht recht und sezt sich in angemesse
Kriegsbereitschaft. *)

Dem dringenden Hülferufe Doroschenko's, der einen   1673.
Ueberfall von Seiten der mit den Moskowiten und den Deutschen verbündeten Polen befürchtet, bereitwilliges Gehör lei-
hend, beauftragte die Pforte den Tartarchan, und unter dessen
Leitung auch die Fürsten der Walachei und Moldau demselben im Erforderniszfalle wirksamen Beistand und Schuz zu
gewähren. **)

Von der fortdauernden Zwietracht und den Streithändeln   1673.
der polnischen Groszen erhält die Pforte stete Kunde durch
den Fürsten der Moldau (Stephan Petrischeïko), welcher ihr
unlängst noch eine Abschrift des beschworenen Verschwörungs-

---

*) Resident Johann Christoph von Khindtsperg. — Adachioi, (Bul-
garien an der Donau), 19. Jänner 1673.

**) Resident Johann Christoph Khindtsperg an den Kaiser. — Adriano-
pel, 26. Jänner 1673.

vertrages mittheilte, dessen Urheber und Leiter der polnische
Feldherr Sobieski wider seinen eigenen König ist. *)

Der Groszvezier versagt die geforderte Auslieferung der
ungarischen Rädelsführer an den Kaiser, weil auch die Deutschen (wie er sich ausdrükt) dem Rákóczy, wie auch den
Woïewoden der Moldau (Georg Stephan) und der Walachei
(Michne) in ihren Landen wider Willen der Pforte Zuflucht
und Aufenthalt gewährt hätten; ferner weil es den osmanischen Grundsäzen und Gewohnheiten widerstreite diejenigen
zu verfolgen oder zu vertreiben, die auf osmanisches Gebiet
sich glüklich gerettet; endlich weil die Pforte der freundnachbarlichen Rüksicht dadurch hinlänglich entsprochen zu
haben erachte, dasz sie sich der ungarischen Rebellen, troz
der vielfältigen Bitten derselben, nicht allein nicht angenommen,
wol aber auch, wie es weltkundig sei, zu wiederholten malen
von ihrem Gebiete ausgewiesen habe. Da übrigens sowol in
Kandia als in Polen auch Teutsche sich vorgefunden, die
wider die Türken gestritten, die Pforte aber gleichwol derch
Auslieferung nie angesprochen hätte; so sei es kaum erklär-
lich, warum man deutscherseits sich über die Pforte ob einiger
bösgesinnten Ungarn, die man doch auch gelegenheitlich vertreiben werde, gar so bitter beschwere, und er könne — so
schlosz er — sich des Gedankens kaum erwehren, dasz den
Deutschen der bestehende Friede nachgerade schon zur Last
falle.

Inzwischen fährt der Moldauerfürst (Stephan Petrischeïko)
fort, die Pforte mit wichtigen Nachrichten über die lezten
polnischen Vorfallenheiten und Verhältnisse zu versehen. So
meldete er jüngsthin den Abschlusz eines polnischen Ver-
gleiches zwischen dem König und den miszvergnügten Ständen,
welcher unter Dazwischenkunft der Königin zu Stande gekommen sein soll; so berichtete er die Bereitwilligkeit des
Polenkönigs zur Entrichtung des Jahrestributes von 22.000
Dukaten an die Pforte sogleich am Jahresschlusse; so auch
die Geneigtheit der Stadt Lemberg zur Leistung des rükständigen Abfindungsbetrages von 75 000 Thalern, damit so-

---

*) Resident Johann Christoph Khindtsperg an den Kaiser. — Adriano-
pel, 13. April 1673.

dann die polnischen Gränzen der Wiederanknüpfung des vormaligen Handelsverkehrs mit der Moldau zugänglich gemacht werden könnten. Dennoch schenkte der misztrauische Groszvezier dieser, wenn wahr, hochwichtigen Zeitung von einer Streitbeilegung keinen Glauben und befahl demgemäsz dem Fürsten zur Ausforschung des eigentlichen Sachverhaltes und der polnischen Absichten eigene vertraute Männer nach Warschau zu beordnen.

Bald darauf traf aus der Moldau eine von den Gutsherren abgeordnete Deputation an der Pforte ein und beschwerte sich bitter wider den türkischen Festungskommandanten von Kameniez, welcher, nicht zufrieden mit dem vorhin an die Pforte selbst abgeführten, nunmehr aber zur Bezahlung der dortigen türkischen Besazung von ihm selbst übernommenen Jahrestribut der Moldau, die einträglichste Mauth, nämlich die von Chotin am Niester, dem Lande entzogen habe, zudem die moldauischen Unterthanen mit ununterbrochenen Frohndiensten und jederartigen Zufuhren dermaszen beeinträchtige und drüke, dasz dieselben aus Verzweiflung mit Verlassung ihrer Wohnhäuser sich in die nachbarlichen Länder unter fremde Botmäszigkeit verliefen; bei so bewandten Umständen und angesichts der von Unterthanen in Stich gelassenen Landgüter sei es aber den Gutseignern unmöglich den Jahrestribut pflichtgemäsz aufzubringen. Der Bescheid der Pforte über diese Beschwerde ist noch nicht erflossen.

Apaffi's und Grigorasko Gika's gegenseitiges Verhältnisz gestaltete sich sehr unfreundlich. Laut Bericht des Hauptmann's von Kronstadt an den Pfortendollmetsch Panaïoti Nikusio, wurde der ungarische Rädelsführer Petrozi, der auf der Reise nach Adrianopel durch Siebenbürgen zog, auf Befehl Apaffi's wegen einiger bei ihm vorgefundenen und den Grigorasko, des Siebenbürgerfürsten gröszter Feind, betreffenden Schriftstüke unterwegs in Haft genommen. Dagegen aber verfolgt Grigorasko den Apaffi auf alle erdenkliche Weise und mit dem ganzen Ingrimm einer erbitterten Seele, so dasz er zur Befriedigung dieses Hasses mit den siebenbürgischen Rebellen, die ihn überdies durch die Zusage einer Belohnung von 100.000 Thalern in ihr Interesse zu ziehen wuszten, wider den gemeinsamen Feind (Apaffi) gemeine Sache machte und es insbesondere über sich nahm ihn bei der Pforte gründlich zu unterminiren. Der kaiserfreundliche Panaïoti rieth ihm jedoch von diesem Beginnen ernstlich ab und ermahnte ihn vielmehr seine eigene Angelegenheiten und sein persönliches Schiksal dauernd festzustellen als luftigen Hirngespinnsten nachzujagen, die seinen gegenwärtigen leidlichen Ruhestand gar leicht und unheilbar trüben dürften. *)

1673. Polens Bundesgenossenschaft mit dem Groszfürstenthume Moskau ist vollbracht, die Waffenbrüderschaft mit Schweden angenommen und bestätigt, wenn auch diese nicht ohne Geldopfer. Die polnische Armée, die kampfgerüstet dasteht, wird beiläufig im August hervorbrechen und den Feldzug beginnen. Moldau's Ungemach und äuszerste Erschöpfung sind eben so unbeschreiblich als unerträglich, und da der ganze Getreidevorrath des Vorjahres in die Magazine von Kameniez beigestellt ward, die heurige Ernte aber blos einen kargen Ertrag abwarf, so genieszt dieses Fürstenthum nicht einmal den Trost des Sprichwortes: «sæpe premente Deo fert Deus alter opem», sondern, von allen Schiksalsmächten verlassen und einer verzweifelten Zukunft entgegengehend, erblikt es Schuz vor völligem Untergange und allfällige Kraft zur Ausdauer lediglich in einem Wunder der göttlichen All- macht. **)

1673. Am 20. Juni überschikte der Fürst der Moldau (Stephan Petriceicu) an die Pforte einen Abrisz der Schanze, welche er zur Beschirmung der über den Flusz Niester neu geschla- genen Brüke auf polnischem Gebiete aufführte, wobei er zu- gleich den Tod des polnischen Generals Sobieski einberichtete. Der Groszvezier vernahm leztere Zeitung mit Bedauern, da er (nach seinem Ausdruke) an Sobieski einen guten Freund verlor, dem er die Eroberung von Kameniez und ganz Po- dolien zu verdanken hätte. ***)

---

*) Resident Johann Christoph Khindtsperg an den Kaiser. — Adriano- pel, 13. April 1673.
**) Der Moldauerfürst Stephan Petriceicu an die Pforte. — Chotin, 28. Juni 1673.
***) Resident Johann Christoph Khindtsperg an den Kaiser. — Adriano- pel, 1. Juli 1673.

Ein Schreiben des polnischen Groszkanzlers an den Fürsten Grigorasko Gika meldet ihm die baldige Zufertigung eines polnischen Abgesandten in der Person des Joannes Jablonowski, Palatinus von Reuszen, an die Pforte zum Abschlusz und zur Ratifikation des Friedens, ersucht ihn auch inständig zur Einstellung der türkischen Rüstungen wider Polen nach Kräften mitzuwirken, indem die Republik bereit sei ganz Podolien an die ottomanische Pforte eingenthümlich zu überlassen und fürderhin mit ihr gute Nachbarschaft zu pflegen, falls ihr nur die Pforte den geforderten Jahrestribut, dessen Auftreibung unmöglich wäre, nachlassen und nicht mehr zumuthen würde. Gika's Bestellter, welcher zufolge Auftrages des Groszveziers zur Auskundschaftung nach Polen entsendet und vom Groszvezier mit dem gedachten Schreiben an Gika betraut wurde, erstattete überdies an der Pforte mündlichen Bericht über polnische Verhältnisse der Gegenwart, insbesondere über die polnische Zwietracht wegen der angetragenen allgemeinen Kopfsteuer und wegen dem abschlägigen Bescheid des Kaisers, welcher sowol mit Rüksicht auf sein Friedensverhältnisz zur Pforte wie auch auf die ihm obliegende Sorge der Dämpfung der ungarischen Unruhen jede direkte Kriegshülfe an Polen verweigerte. Eben dieser Sendling erzählte ferner von der Zusammenziehung von 15.000 Polen unweit Lemberg, wohin auch der Kosakenführer Hanenko mit 5000 Mann beordnet worden, um mit vereinter Kraft dem türkischen Einfall begegnen zu können; auch widerlegte er die falsche Nachricht vom Tode des Feldherrn Sobieski, der vielmehr zur Verstärkung seiner Streitmacht nach Danzig aufgebrochen sei.

Am 4. August reiste Grigorasko Gika's Gemalin nebst Sohn nach Konstantinopel ab, wo beide als Geiszeln zur Sicherstellung der Treue dieses Fürsten gegen die Pforte in Hinkunft zu verbleiben angewiesen sind. *)

Apaffi bot alle Kunst der Ränke auf, die Türken an dem Anschlage der ungarischen Malkontenten wider den Kaiser zu betheiligen, und forderte demnach vier Mal die

---

*) Resident Johann Christoph Khindtsperg. — Adrianopel, 2. u. 4. August 1673.

Pforte zur Eroberung des kaiserlichen Antheils von Ungarn und zur Beschüzung der widerspänstigen Magyaren auf. Zur Anfeuerung der Türken gab er vor, es hätte der Kaiser lezthin eine entscheidende Niederlage durch die Franzosen erlitten; es wären fünf Churfürsten von der deutschen zur französischen Partei abgefallen; es stünden 10.000 ungrischsiebenbürgische Krieger auf jeden Wink der Pforte zum Angriff bereit, gedächten aber, falls sie türkischerseits im Stiche gelassen würden, abermals dem Kaiser wider die Pforte sich anzuschlieszen. Da er jedoch von Sciten der Pforte, wo ihm Panaïoti energisch entgegen arbeitete, nicht allein das strenge Verbot sich in die Händel und Wühlereien der ungarischen wider den Kaiser einzumengen, mit dem die Türkei in Frieden zu verharren wünsche, sondern zudem die ernste Drohung zugefertigt erhielt, dasz sie im widrigen Falle mit Waffengewalt sein ruhiges Verhalten erzwingen würde; so drohte er seinerseits mit dem Abfalle von der Pforte und mit der Einstellung der Tributzahlung, eine Drohung, welche der siebenbürgische Agent, um sein Haupt besorgt, nicht dem Groszvezier, sondern nur dem Kihaïa desselben zu melden wagte. Die Pforte aber, des widerspänstigen Vasallen Züchtigung bis zum gehofften Ausgleich mit Polen klugerweise verziehend, würdigte ihn sowohl auf diese wie auf seine nachfolgenden drohenden Schreiben gar keines Bescheides, sondern beschlosz einfach seinen Sturz um so sicherer, da er sogar in Polen gegen die Türken Ränke zu schmieden sich nicht scheute.

Der Fürst der Moldau (Stephan Petriceicu), welchen die Pforte mit der Aufgabe betraut hatte, im vertraulichen und privaten Wege die Polen zur Beschikung der türkischen Regierung zu bereden, versuchte sich nämlich wirklich an dieser Aufgabe, erhielt indesz polnischerseits die Antwort, sie hätten im Gegentheile von Apaffi die Abneigung der Pforte wider jedwede Unterhandlung und Abschlieszung des Friedens in Erfahrung gebracht und aus dem eigenen Schreiben des Groszveziers an denselben selbst herausgelesen, weszhalb sie denn sich eben so wenig zur Geld- als Gesandtensendung geneigt finden lieszen. Da sonach Apaffi das groszvezirielle Schreiben, worin ihm alle Betheiligung an den Umsturzversuchen der ungarischen Rebellen untersagt ward, der polni-

schen Regierung durch geschikte Miszdeutung als Beweis
seiner Behauptung, dasz die Pforte von Frieden und Friedens-
Unterhandlungen nichts hören möge, böswillig mittheilte, so
steigerte sich der türkische Hasz gegen ihn bis zur Unver-
söhnlichkeit und harrt blos der gelegenen Vergeltungsstunde.

Apaffi's Ränken entgegenwirkend, befahl der Groszvezier
abermals dem Moldauerfürsten, mit Aufgebot all seiner Gewandheit und List die Polen zur Entsendung eines Botschafters
und Ratificirung des Friedens zu stimmen und ihnen seine
erfolgreiche persönliche Verwendung an der Pforte, auf dasz
der ihnen obliegende Tribut gemindert würde, unter der
Hand zuzusichern. Gleichzeitig beordnete die Pforte einen Aga,
der ein Geleite von 40 Personen mit sich führt, nach Polen,
die Absendung des polnischen Botschafters zu verlangen, für
den Weigerungsfall aber die unvermeidliche Kriegserklärung
der Türkei daselbst anzukündigen, wobei er gleichfalls wegen
Herabminderung des Tributes Hoffnung zu machen berechtigt
ward. *)

Am 2. Oktober starb der Pfortendollmetsch Panaïoti 1673.
Nikusio im 51. Jahre seines Alters so unversehens und jählings,
angeblich am Schlagflusz, dasz der darüber betroffene türkische
Hof den jungen Arzt Alexander Maurocordato im Verdachte
hält, er habe denselben mit Gift aus dem Wege geschafft,
um sein Nachfolger in dem einfluszreichen Amte werden zu
können. Dieser Maurocordato, der durch 15 Jahre in Italien
den Studien obgelegen, hatte vor wenigen Monaten von Panaïoti einen Ruf und Anempfehlung an den groszherrlichen
Hof in Adrianopel erhalten und bewirbt sich nunmehr als
Nebenbuhler des Janaki um die Pfortendollmetscherschaft,
wobei ihm die Verwandten des Groszveziers und der vor-
theilhafte Eindruk, den er persönlich auf lezteren hervorbrachte,
erfolgverheiszend zu Statten kommen. **)

Fürst Grigorasko Gika meldete durch dringenden Boten 1673.
dem Sultan, es sei der Polenkönig mit zwei Heeresabtheilun-

---

*) Dollmetsch Joannaki an den kais. Residenten Khindtsperg. — Lager
bei Issakcza, 9. Oktober 1673.
**) Resident Johann Christoph Khindtsperg. — Adrianopel, 21. Okto-
ber 1673.

gen in Glıniani, vier Stunden oberhalb Lemberg, eingerükt,
wo auch der General von Litthauen mit einer dritten Armee
zu demselben gestossen; das Fuszvolk sei bereits gegen Halicz
aufgebrochen, der König aber stehe im Begriffe an der Spize
der übrigen Heeresabtheilungen und des polnischen Adels
nachzurüken, die Türken bei Chotin am Niester anzugreifen
und die Moldau zu überfallen, demgemäsz der polnische Vortrab den Niester unweit Potok schon überschritten und sich
daselbst wol verschanzt hätte. Durch diese Meldung überrascht
und bestürzt, verlegte der Groszherr sein ursprünglich in Silistria aufzuschlagen bestimmtes Winterquartier nach Baban,
stellte den Groszvezier in Issakcza, wo die Ueberbrükung der
Donau erfolgt, den Janitscharen-Aga aber am jenseitigen Ufer
in Ismail auf. Ueberdies wurde beschlossen den Kaplan-Paschà
mit 3000—4000 Mann zur Dekung des bedrohten Chotin's
voranzusenden, den Gika aber zur Verbreitung der Nachricht
aufzufordern, besagter Paschà habe 20.000 Mann unter seinen
Befehlen, erwarte bedeutende Verstärkung durch die demnächst erfolgende Vereinigung mit Doroschenko und dessen
Kosakenheere und werde sodann mit Erfolg den Polaken die
Stirne bieten.

Gleichzeitig aber übertrug der Groszvezier dem Fürsten
Gika die höchst geheim gehaltene vertrauliche Aufgabe, durch
alle nur irgend ersinnlichen Mittel den General Sobieski in's
türkische Interesse zu ziehen und ihm sowol hohe Geldsummen als insbesondere den Beistand der Pforte zur Erhebung
auf den polnischen Königsthron dafür zuzusagen, dasz derselbe das polnische Heer entlassen und die früheren Zwistigkeiten zwischen Polen's König und Adel wieder anfachen möge.

Diese türkischen Kniffe sind indesz nicht sowol ernstlich
gemeint als vielmehr Auskunftsmittel zum Zeitgewinn, da die
ohnehin geringe osmanische Streitkraft, durch Vertheilung an
sechs verschiedenen Aufstellungspunkten, deren jede einzelne
nur schwach besezt und unhaltbar ist, noch mehr geschwächt,
zur Zeit weder angriffs- noch vertheidigungsweise wirksam
vorzugehen vermag. *)

---

*) Resident Johann Christoph von Khindtsperg an den Kaiser. —
Rustczuk, 15. November 1673.

• Dasz Panaïoti's plözlicher Todesfall, der unter den gegenwärtigen Umständen insbesondere bedauernswerth erscheint,
einer heimlichen Vergiftung durch Alexander Maurocordato
und zwar aus eigennüzigem Beweggrund zuzuschreiben sei
(wie Khindtsperg behauptete), bezweifelt der Kaiser deszhalb,
weil der Groszvezier fürderhin unmöglich einem Andern so
sehr, als es beim Panaïoti der Fall war, trauen und voraussichtlich auch keinem Andern so viel Ansehen und Wirkungs-
kreis einräumen würde, was doch auch dem Maurocordato
selbst einleuchten müszte. Der Resident wird demnach beauftragt der Sache nach Möglichkeit auf der Grund zu kommen
und das Ergebnisz dem Kaiser einzuberichten. *)

Der moldauische Fürst (Stephan Petriceicu), durch die
zahllosen und unerträglichen türkischen Erpressungen in seinem
Lande überhaupt schon erbittert, insbesondere aber durch
den Uebermuth der durchmarschirenden Paschà's, die ihm,
woferne er nicht sofort ihren Launen willfahrte, mit Prügel-
strafe ungescheut drohten, persönlich tief gekränkt, überging
anfangs November mit allen moldauischen Landeigenthümern
in's polnische Lager, wo er sich gegen die Türken zur Verfügung stellte. Vor seinem Uebertritt jedoch hatte er vorsichtshalber seinen moldauischen Unterthanen befohlen all
ihre bewegliche Habe in die Wälder zu flüchten, Häuser und
Dörfer aber leer stehen zu lassen, damit solchergestalt Mundvorrath und Viehfutter den Türken entgehen, der polnischen
Armee aber zu Gute kommen mögen. Der lezteren gab er nun
die Mittel zur Umgehung und Aufreibung der Türken so geschikt an die Hand, dasz der Erfolg jede Erwartung weit über-
schritt.

Am 10. November nämlich griff das polnische Heer die
Türken bei Chotin herzhaft an und erfocht über dieselben
einen glänzenden Sieg. Der Paschà von Bosnien mit 8000
Mann seiner besten Streiter, so wie Sagardschi-Paschà (im
Range der drittnächste Befehlshaber nach dem Janitschar-Aga)
mit 20 Kompagnien Janitscharen bedekten mit ihren Leich-
namen die Walstatt. Das Fusz- und Reitervolk von Rumelien,

*) Reskript Kaiser Leopold I. an den Residenten Johann Christoph
Khindtsperg. — Wien, 16. November 1673.

angeführt von Seidogli-Paschà von Sophia, dem Schwäger des Groszveziers, wurde gleichfalls völlig aufgerieben, der Anführer selbst tödtlich verwundet. Die Spahy (oder regelmäszige Reiterei), 4000 Mann stark, in der Schlacht auseinander-gesprengt, erlagen theilweise dem Schwerte des Siegers, theils fielen sie in dessen Gefangenschaft. Auch Fürst Grigorasko Gika, dessen 5000 Walachen wider die Polen nicht fechten mochten, gerieth mit seinem Korps in feindliche Gewalt. Insgesammt fielen an diesem Tage unter polnischen Streichen über 20.000 der Türken, deren Niederlage so vollständig war, dasz es kaum dem Oberbefehlshaber Hussein Paschà von Silistria (des Sultan's Vetter und Günstling, vorzüglich durch die im J. 1664 verlorene Schlacht von Lewenz näher bekannt, wo auch Gika unglüklich figurirte,) mit blos 130 Mann gelang über den Niester zu entkommen und, die Brüke hinter sich abbrechend, in Kameniez Rettung zu finden, wobei er freilich Artilleriepark, Gepäke, Zelte, Mund- und Futtervorräthe sammt und sonders dem nachrükenden Feinde opfern muszte.

Nach diesem Hauptsiege eroberten die Polen Chotin und das gegenüberliegende Suanza, in denen beiden sie deutsche Besazung zurüklieszen, worauf sie den Uebergangspunkt über den Niester so wol sperrten, dasz die Möglichkeit eines türkischen Entsazes oder sonstigen Beistandes von der Moldau aus hiedurch abgeschnitten ward. Sodann besezten sie die grosze Stadt Suczava, die ehemalige Residenz der moldauischen Fürsten, wie auch den haltbaren Ort Niamzo, wodurch also die Hälfte der Moldau in ihre Hände gegeben war. Durch diese Fortschritte des Feindes beunruhigt, schikte Kaplan-Paschà, der mit 4000 Mann bei Zuzora, drei Tagreisen weit von Chotin, auf freiem Felde hinter einer Wagenburg verschanzt lagerte, Eilboten über Eilboten an den Sultan und den Groszvezier mit dringenden Nothrufen ab, da ihm sonst, gleich den Andern, unvermeidlicher Untergang bevorstehe.

In Folge dieses Hülferufes hatte sich der Groszvezier entschlossen mit seiner geringen Streitmacht nach Zuzora zur Dekung der bedrohten Truppe aufzubrechen, und schon war ihm vom Sultan Ehrenkaftan, Säbel und Federbusch verliehen, auch die Fahne des Propheten anvertraut worden, als die Kunde eintraf, die polnische Armee hätte alle Zugänge in die

Moldau wol besezt und rükte in solchen Massen vor, dasz der Groszvezier mit seiner und des Sultan's auf 3000 Mann herabgeschmolzener Heeresabtheilung dawider keine ·Aussicht auf Erfolg haben könnte. Da stand der Groszvezier von seinem Vorhaben ab, und es wurde beschlossen, dasz dem bedrohten Kaplan-Paschà eine Verstärkung von 1000 asiatischen Reitern zugesendet werden, der Sultan wegen des in Issakcza ausgebrochenen Janitscharen-Aufstandes sich nach Paravadi zurükziehen, der Groszvezir aber in Baban sein Lager beziehen solle, damit dem Kaplan-Paschà, falls er in der Moldau sich nicht behaupten vermöchte, eine sichere Rükzugslinie gegen Issakczia an's rechte Donauufer geöffnet bliebe. Unterdessen hätte das Landvolk die Donaulinie zu bewachen und den Polen sowol als den Moldauern den Stromübergang wehren, weil die türkische Armee völlig demoralisirt, entmuthigt, verwirrt und gelähmt war.

Am 27. November fand sich der Kriegsgefange walachische Fürst Grigorasko Gika, zur groszen Verwunderung und Befriedigung der Pforte, beim Groszvezier ein und meldete, dasz er sogleich nach seiner Gefangennehmung sich für einen geheimen Freund Polens ausgegeben und eben deshalb angeboten habe mit einigem polnischen Beistande einen gewaltigen Schlag wider die Türken zu führen; dasz er auf solche Art vom Sobieski, als seinem vertrauten Korrespondenten, einige Manschaft zu diesem Ende erbeten und erlangt, mit dieser den Prut überschritten, aber um Mitternacht desselben Tages nebst beiläufig 100 seiner eigenen Leute und Diener die Flucht ergriffen habe; dasz die Polen sein Abhandenkommen allzu spät gewahrend, ihm zwar nachgesezt hätten, ohne ihn jedoch erreichen zu können. Die Türken, insbesondere der Groszvezier, ertheilten seiner treuen Unterthänigkeit und Gehorsamkeit hohes Lob und es ward ihm bis auf Weiteres Issakcza zum Aufenthalte angewiesen. Der Aussage eines gefangenen polnischen Spähers gemäsz, verübelte der polnische Adel dem Sobieski gar sehr die Loslassung Gika's, weil diesem binnen Kurzem die verdiente Todesstrafe zugedacht war, welcher er nun auswich.

Auch steht Sobieski's geheimes freundschaftliches Verhältnisz zu Gika auszer Zweifel, und wird durch dessen geheime Berichte an den Walachenfürsten, die dieser sodann in

Urschrift der Pforte übermittelte, unwidersprechlich erwiesen.
So gab er im verflossenen Jahre dem Gika und durch diesen
der Pforte rechtzeitige Kunde von den Wirren in Polen, deren
Benützung die osmanische Regierung sich sowol angelegen
sein liesz, dasz sie nach Ueberschreitung der Donau die Eroberung von Kameniez und Podolien zu bewerkstelligen vermochte, während sie sonst, dem Doroschenko allein zu Gefallen, gewisz nicht zu einem so gefährlichen und entfernten
Kriegszug sich hätte verleiten lassen. Sobieski's fernere Schreiben
an Gika, die sämmtlich der Pforte überantwortet wurden,
meldete auch den erfolgten Ausgleich der polnischen Zwistigkeiten, die Rüstungen und den persönlichen Aufbruch des
Königs, den Anmarsch des polnischen Heeres an den Niester
so ausführlich und getreu, dasz die Pforte, wofern die Möglichkeit ausgiebiger Gegenanstalten und angemessener Gegenwehr ihr geboten wäre, auf Grund so verläszlicher Auskünfte
dem polnischen Angriff gewaltigen Widerstand entgegen zu
sezen, ja ihm die Spize völlig abzubrechen vermocht hätte.
Zudem spricht Gika's Antrag an Sobieski, unter der Bedingung der Zurükziehung des polnischen Heeres und der An-
zettlung neuer Unruhen daheim ihm mit osmanischem Beistande zur Königskrone zu verhelfen, laut genug für den
Bestand einer innigen Vertrautheit zwischen beiden Männern,
und dieses Verhältnisz erhielt endlich seine lezte Bekräftigung
durch Sobieski's Collusion bei Gika's unverantwortlicher Freilassung und Entweichung in die Türkei. *)

1674.

Einige türkische Reiter, welche der groszen Niederlage
am Niester lebend entkommen und durch die Ukraïne nach
Issakcze entflohen waren, bestürmten den Groszvezier daselbst mit übertriebenen Beschwerden wider den Fürsten Grigorasko Gika, dem sie die Hauptschuld an diesem Schlacht-
verlust mit so wildem Ungestüm beimassen, dasz sie die sofortige Auslieferung desselben forderten, um ihn vor des
Groszveziers eigenen Augen in Stüke zu reiszen. Wenn nun
auch diese und mehrfältige andere Klagen den Groszvezier
zur wirklichen Miszhandlung des Angeschuldeten hinzureiszen
nicht vermochten, so zogen sie gleichwol Gika's unverweilte

*) Resident Johann Christoph von Khindtsperg an den Kaiser. — Adach,
(Dorf an der Donau, 6 Stunden von Baban entfernt), 8. December 1673.

Absezung und seine Verweisung nach Konstantinopel, wo Weib und Kinder als Geiszeln sich befanden, bis auf weiteren Befehl nach sich. Zur Nachfolge in der Walachei wurde Duka ernannt und zur Post in seine Provinz schleunig befördert, um dem daselbst aufkeimenden Aufruhr noch rechtzeitig zu begegnen. Diese Ernennung fällt insoferne auf, weil über denselben Duka vor Einem Jahre eine gar schimpfliche Entfernung vom moldauischen Fürstenstuhle, und selbst die Folterung hereingebrochen waren. Auch die von ihrem Fürsten (Stephan Petriceicu) in Stich gelassene Moldau erhielt ein neues Oberhaupt in der Person des seitherigen moldauischen Agenten Dimitraschko (Kantakuzeno).

Während übrigens die Polen Chotin und andere Gränzorte und Pässe besezten und dem Ueberläufer Stephan Petriceicu zur nachdrüklichen Behauptung der Hauptstadt Jassy ein Hülfskorps von 10.000 Mann zur Verfügung stellten, den Rest ihres Heeres aber wegen Sicherung der baldigen Königswahl in's Innere von Polen zurükzogen, brach auch Kaplan-Paschà aus dem Lager von Zuzora, wo er vor einem unvorgesehenen Ueberfalle sich nicht mehr sicher wähnte, nächtlicherweile auf, liesz 300 volle Getreidewägen, die seinem eigenen Abzug hinderlich, einem feindlichen Angriffe aber sehr blosgestellt schienen, in den Prutflusz verschütten und langte am 15. December, nach Ueberscheitung der Donau, in Issakcza an, von wo sodann der harrende und im Felde unter Zelten kampirende Groszvezier nach Baban in die Winterquartiere abrükte. Vorsichtshalber trugen die Türken die Schiffbrüke über die Donau ab, und indem sie nach einer so starken Niederlage sich glüklich priesen, durch jähen Hintritt des Polenkönigs den unwiderstehlichen Siegeslauf der polnischen Waffen fast wie durch ein Wunder gehemmt zu sehen, hoffen sie in dem während eines Zwischenreiches unausbleiblichen polnischen Parteihader die nöthige Musze zur Erholung sowol als zur Vorbereitung auf einen neuen Feldzug um so sehnlicher zu finden, als sie Kameniez und Podolien, wie auch ihre Kornkammer, die Moldau und Walachei, bereits für verloren gehalten, überdies dem Osmanenreiche noch viel gröszeres Unheil vorherverkündigt hatten.

Von der Pforte dringend aufgefordert, entschlosz sich endlich der Tartarchan mit seiner Streitmacht den Dnieper bei Ozu zu überschreiten und, gegen den Niester sich wendend, die Polen aus Chotin und Jassy zu vertreiben, sodann aber die abgeschnittene Verbindung mit Kameniez wiederherzustellen. Im Zusammenhange mit dieser Bewegung steht auch Hussaïn-Paschà's erfolgter Aufbruch aus Kameniez und seine Marschrichtung durch die Ukraïne gegen die Moldau, die vom Groszvezier zu diesem Ende ihm gewährte Verstärkung von 1000 Mann und der ausdrükliche Auftrag, der ihn verpflichtete gemeinschaftlich mit den Tartaren die Polen und die moldauischen Rebellen zu Paaren zu treiben und sie sammt und sonders in die Sklaverei abzuführen. Hiebei lebt die Pforte der Hoffnung, es werde die Verzögerung der polnischen Königswahl oder aber deren Eintreffen auf Sobieski's Person, der die Ratificirung des für die Pforte günstigen Friedens alsdann in Aussicht stellte, ihrem auf eigene Vergröszerung abzielenden Anschlage trefflich zu statten kommen. *)

1674.   Da Grigorasko Gika seinen gefährlichen Schriftwechsel nicht allein mit Polen, sondern selbst mit Ungarn sonder Zweifel unterhält und das in Erfahrung gebrachte sogleich an die Pforte meldet, so liegt dem Residenten auch ferner ob, darauf sein Augenmerk zu richten und das Ergründete an den Kaiserhof einzuberichten. **)

1674.   Husseïn-Paschà, der unglükliche Befehlshaber in der Schlacht bei Chotin, mit des Sultan's und der Pforte vollen Ungnade beladen, wurde am 27. Jänner von seinem Posten ab- und zur Rechtfertigung einberufen, aber weder vom Groszvezier noch vom Groszherrn persönlich empfangen, vielmehr zur Güterkonfiskation und lebenswierige Verbannung nach den Dardanellen verurtheilt.

Mittlerweile rükten 7000 Tartaren und zu deren Verstärkung 1000 Türken unter Kior-Paschà in die Moldau ein, worauf nach gemeinschaftlichem Beschlusse eine Abtheilung von 1500 Tartaren, 500 Türken und 500 Moldauern zur

*) Resident Johann Christoph Khindtsperg an den Kaiser. — Adachioi, (in Bulgarien an der Donau), 3. Jänner 1674.
**) Kaiser Leopold I. an den kais. Residenten Johann Christoph von Khindtsperg. — Wien, 21. Februar 1674.

Rekognoscirung der polnischen Truppenaufstellung gegen Jassy vorgeschoben wurde. Unfern von dieser Stadt stiesz die rekognoscirende Abtheilung auf einen gleichfalls zur Auskundschaftung entsandten polnischen Trupp von 400 Reitern, welcher, der augenfälligen Uebermacht weichend, sich zur Flucht nach Jassy wandte, 24 Mann an Gefangenen verlor und durch übertriebene Angaben von dem Heranrüken einer Armee von 70.000 Türken und Tartaren den Rest der polnischen Besazung daselbst, lediglich in Reiterei bestehend, so sehr einschüchterte, dasz sie sofort ihren Rükzug nach Suczawa und Chotin, wo das polnische Fuszvolk stand, beschlosz und ausführte. Unmittelbar darauf zog das Tartarenheer in Jassy ein, plünderte weidlich diese Hauptstadt, entführte viele Weiber und Kinder in die Knechtschaft und verwüstete zu eigenem Schaden der Türken selbst die ganze Moldau so schonungslos, dasz das arme Land, von seinen Bewohnern völlig verlassen und seines Viehstandes gründlich beraubt, dem äuszersten Elende sich preisgebeben sieht.

Während dieser Vorgänge litt die von den Polen halb cernirte Festung Kameniez an so bedenklichem Mangel an Lebensmitteln, dasz sie bereits die eigenen Pferde aufzuzehren gezwungen war; deszhalb verordnete der Groszvezier die Absendung von 200 vollen Proviantwägen und des sechsmonatlichen Soldes in das bedrängte Bollwerk. Als aber dieser Transport schon in Jassy eingetroffen und seiner ferneren Escortirung durch eine türkisch-tartarische Abtheilung nach seinem Bestimmungsorte gewärtig war, machte die polnisch-deutsche Besazung der Veste Niamzo, zur Vereitlung des Proviantzuges, einen heftigen Ausfall gegen die Türken und Moldauer, tödtete ihnen nahezu 500 Mann, während sie blos einen Verlust von 70 Köpfen erlitt, und bewirkte dadurch um so mehr die Zurükhaltung des Transportes in Jassy, weil auch die übrigen Zugänge nach Kameniez, insbesondere Chotin am Niester in polnischer Gewalt sich befanden. Dies Alles hielt den Groszvezier indesz nicht ab, die Köpfe der bei Niamzo gefallenen Türken und Moldauer, die man ihm zur Verkleisterung der Niederlage nach Baba übersendet hatte, seinerseits dem Sultan als Siegeszeichen zuzumitteln. Endlich entschlosz man sich türkischerseits durch ein türkisch-tartarisches Reiterkorps von 3000 Pferden sowohl den halbjährigen·

Soldbetrag wie auch den Mehlproviant, wovon jeder Reiters-
mann Einen Sak zu besorgen hatte, nach Kameniez zu werfen.

Das Loos der polnisch-deutschen Besazungen in der
Moldau, die von Sobieski die ganze Zeit hindurch weder
Verstärkung noch Mundvorrath noch Kriegsbadarf empfingen
und deszhalb in die Länge sich unmöglich halten können, ist
indessen ein sehr beklagenswerthes, wie es aus einem Schreiben
des polnischen Befehlshabers von Suczawa, Obristlieutenant
Theodor Frankh, an dem Feldherrn Sobieski klar hervorgeht,
welches am 25. Februar ausgefertigt, vom Fürsten Dumitrasko
Kantakuzeno aber aufgefangen und dem Groszvezier zugestellt
wurde. Dem gemäsz hatte zwar die Besazung von Niamzo
sich mit einem Verluste von 70 Todten und 30 Schwerver-
wundeten nach Suczawa durchgeschlagen und dem Feinde
500 Mann erlegt; allein die vereinigte Besazung in lezterer
Stadt, nachdem sie aus wahrer Hungersnoth bei ihr vorgefundenen Hunde aufgezehrt hatte, sah sich nunmehr in der
harten Bedrängnisz auf das Fleisch ihrer Pferde als alleiniges
Unterhaltsmittel angewiesen. Da die Feinde alle Brunnen
am Fusse des Schlosses verstopften, überdies deren Zugänge
mit unausgeseztem Gewehrfeuer bestrichen, so herrschte auf
der eingeschlossenen Veste ein so bitterer Wasser- und Holz-
mangel, dasz bereits das Schloszdach als Heizmateriale dienen
und die Besazung sich zu wiederholten Ausfällen entschlieszen
muszte, die aber mit beträchtlichen Verlusten beiderseits verbunden und vorzüglich deszhalb erfolglos waren, weil die
Vorposten der moldauischen Streitmacht, recognoscirungs-
halber hart an dem Schlosse streifend, die Rüstungen zum
Ausfall jedesmal rechtzeitig zu erspähen wuszten.

Die Belagerungsarmee von Suczawa besteht aus sieben
Kompanien (Fahnen) Türken unter Kior-Paschà, aus zwölf
Kompanien (Fahnen) von Truppen des Moldauerfürsten, endlich aus dem, bei 2000 Mann starken, Aufgebot der Unterthanen und des Volkes der Moldau. Die Türken indesz
vermögen der Besazung nicht solche Besorgnisz einzuflöszen
wie die verzweifelten Moldauer, und wird die Veste nicht
binnen 14 Tagen mit Mannschaft, Proviant und Munition
versehen, so musz sie — nach Frankh's offener Erklärung
— sich in Folge des drükenden Mangels in Feindes Hand
ergeben.

Mittlerweile traf vom Peter Doroschenko, Hetman der Zaporovischen Kosaken, ein Eilbote mit der dringenden Bitte um Hülfe im Lager des Groszveziers ein. Aus dem betreffenden Schreiben des Hetman's an den Kehaïa des Groszveziers, ddo. *Czeherin, 29. Jänner 1674,* wie auch aus den Angaben des Sendboten erhellt es, dasz die Moskowiten sechs Kosakenstädte, worunter Czerkas, Kaniow und Korsim die erheblichsten sind, eroberten, seine eigene Residenz Czeherin einschlossen und nebstdem eine eigene Armee von 50.000 Kalmuken und Kosaken sich nach der Krim wider den Tartarchan in Bewegung sezte. In der Besorgnisz nun, es könnten seine Unterthanen rebelliren und den Moskowitern sich anschlieszen, bittet Doroschenko um Zutheilung der in der Moldau lagernden Tartaren als der schnellsten Kriegshülfe, und somit um entsprechende Weisung an dieselben und den Kalga Sultan. Diese Gefahr erhielt Bestättigung durch das Schreiben des moskowitischen Hauptmannes von Bereiaslaw, Dimitraschko, an den Moldauerfürsten, vom *16. Jänner 1674, aus Barischowka* datirt, worin der am 31. December (a. St.) 1673 erfolgte Aufbruch des 70.000 Mann starken, vom Feldherrn Chowanski befehligten moskowitischen Heeres, dem auch die Führer Joan Somulewicz und Georg Romadanowski mit ihren Schaaren beitraten, unzweifelhaft kundgegeben wird.

Auf diese Kunde hin sendete der Groszvezier vorläufig dem Doroschenko zwar blos 500 Tartaren aus der Moldau zur Hülfe, schrieb jedoch die groszartigsten und eifrigsten Kriegsrüstungen im ganzem Reiche aus, die von seiner Besorgnisz ob der moskowitischen Einmischung und ob des hiedurch der Türkei drohenden Doppelkrieges laut redendes Zeugnisz ablegen.

Noch fortan erhält sich übrigens der allgemeine Glaube, der Arzt Alexander Maurocordato habe den Panaïoti Nikusio geflissentlich um's Leben gebracht, und zwar nicht auf Anordnung der Türken, sondern lediglich aus Eigennuz und um seine wichtige Stelle zu erben; auch errang er wirklich diesen Posten durch Verwendung eines Vetters des Groszveziers, den er an der Wassersucht mit Erfolg behandelt hatte. Panaïoti's Verlust erweist sich aber im Allgemeinen weit beklagenswerther für die Türken, die er vor einem offenen unzeitigen Bruch mit dem Kaiser wahrte, als für den lezteren selbst, dessen Interesse er nur mit Hintergedanken und nicht ohne öftere Anwandlungen von Trugsucht zu vertreten sich bemühte, so dasz der nunmehr gänzlich kompaszlose Groszvezier mehr als der halbbediente, aber auch halbverrathene Kaiser an ihm verlor.

Der Groszvezier forderte lezthin vom Apaffi die Auslieferung der mit dem völlig zusammengebrachten Jahrestribut der Walachei nach Siebenbürgen entwichenen vornehmeren Bojaren, widrigens der Siebenbürgerfürst sowol als diese Flüchtlinge für Feinde der Pforte gehalten und mit scharfen Exekutionsmitteln heimgesucht werden würden. Den ungarischen Rebellen liesz er gleichzeitig mündlich bedeuten, sie hätten sich auf den Beistand der Pforte, insolange dieselbe mit Polen und dem Moskauerlande im Streite läge, keine Rechnung zu machen, wol aber später nach Schlichtung dieser Zwiste, und insbesondere wenn sie selbst in Oberungarn eigene Streitkräfte aufgestellt haben würden.

Auf der Pforte Anerbietung an Sobieski, ihm gegen Stellung eines seiner Verwandten als Geiszel den gewünschten Geldvorschusz zu verabfolgen, lautete seine Erwiederung: «er könne einen seiner Verwandten aus Polen deszhalb nicht in die Türkei zum Unterpfande abstellen, weil man daraus seinen Kunstgriff und geheimen Einverstand unfehlbar errathen würde; er habe aber den König von Frankreich um Vollmacht für den bereits an der Pforte befindlichen oder einen erst abzuordnenden französischen Botschafter gebeten, für die von der Pforte auszulegende Geldsumme hinlängliche Sicherstellung zu leisten; übrigens wünsche er vor Empfangnahme des Baarbetrages jedenfalls genaue Aufklärung über die Bedingungen und Vorbehalte, unter denen die Pforte die Zuerkennung dieser Geldhülfe vorzunehmen gedenke».

Dagegen jedoch wendete der Groszvezier in seiner Erwiederung ein: «es dürften diese Unterhandlungen, die doch insgeheim ausschlieszlich mit ihm selbst gepflogen wurden, den Franzosen keinesfalls kundgethan werden; ferner erschiene der Pforte eine französische Sicherstellung, als von einer höchst veränderlichen Nation ausgehend, die schon in eigenen Angelegenheiten ihr Wort nicht halte und um so minder es im fremden Interesse zu Gunsten Sobieski's werkthätig halten würde, durchaus nicht annehmbar, weszhalb er eine ander-

weitige Sicherstellung vorzuschlagen und sich in so geheim
gehaltenen Geschäften jedwede Betheiligung des französischen
Botschafters zu entschlagen hätte; allein während die Pforte
seinem Geldansinnen in vollem Umfange zu willfahren sich
anschikte, begehre sie billigerweise doch auch über die Art
der Rükerstattung im Vorhinein genauere Auskunft, ob nämlich diese Erstattung nach Sobieski's Anschlag aus eigenem
oder fremdem Gelde, ob sie nach seiner Thronbesteigung
durch Ausschreibung einer allgemeinen Schazung oder in
anderem Wege zu bewerkstelligen wäre. Was schlieszlich die
ihm türkischerseits angesonnene Gegenleistung anbelangt, so
sei sie weder unmöglich noch auch schwierig und beschrenke
sich lediglich auf die formelle friedliche Abtretung der ganzen,
ohnehin schon mit dem Schwerte eroberten und in osmanischer
Gewalt befindlichen Provinz Podolien an die Pforte; sei er
damit einverstanden, so möge er es unverzüglich eröffnen,
damit die zugesprochenen Geldmittel an den gehörigen Ort
zu seiner Verfügung eingesendet und von ihm rechtzeitig
verwendet werden könnten. *)

Die nach Kameniez mit den Geldern und den aufge- 1674.
bundenen Mehlsäken beordneten dreitausend Reiter erfüllten
nicht allein glüklich ihre Aufgabe, sondern kehrten zudem,
ohne auf polnischen Widerstand zu stossen, nach Jassy zurük
und eskortirten von da die zurükgelassenen 200 Proviantwägen
mit dem besten Erfolge nach jener Festung. Da nun die bei
diesen Transportwägen verwendeten 800 Ochsen in diesem
Plaze zurükblieben, und aus Mohilew 300 andere Wägen mit
Lebensmittel gleichfalls dahin geschafft wurden, so sieht sich
diese wichtige Festung nunmehr so reichlich versorgt, dasz
sie wegen der ausgestandenen Hungersnoth sich hinreichend
zu entschädigen und einer mehrmonatlichen Belagerung unbesorgt entgegenzusehen vermag.

Bedenkt man aber, dasz es unbestritten in polnischer
Macht stand die Verproviantirung einer in die äuszerste Noth
getriebenen Festungsbesazung zu hintertreiben, die binnen
Kurzem sich selbst und dadurch ganz Podolien unfehlbar

---

*) Resident Johann Christoph von Khindtsperg an den Kaiser. — Ada-
chioi, an der Donau, 22. März 1674.

15,501 III. 20

ohne Schwertstreich hätte in polnische Gewalt ergeben müssen, und dasz gleichwol der Versuch dazu unterblieb; erwägt man ferner, dasz die nach der Schlacht bei Chotin in polnische Gewalt gefallenen drei moldauischen Festungen, worin grösztentheils deutsche Besazung liegt, aus Mangel an Mundvorrath und Kriegsbedarf auf dem Punkte stehen sich den Türken zu ergeben; so tritt die durch so geflissentliche Versäumnisse sich kundgebende verrätherische Haltung Sobieski's gegen Polen und die Christenheit bei unbefangener Würdigung klar an's Tageslicht, und der türkische Uebermuth ist nunmehr sichtlich im Steigen begriffen. Eben auf dieses verrätherische Einverständnisz Sobieski's gestüzt errang der Groszvezier einerseits den Besiz nahezu der ganzen Moldau, anderseits den freien Verkehrsweg nach Kaneniez und, einen polnischen Ueberfall nicht mehr besorgend, verordnete er jüngsthin den Bau einer Schiffbrüke an der vorrigen Stelle bei Issakcza, in der Absicht, 6000 Türken zu dem in der Moldau lagernden Tartarencorps zu entsenden und durch die solchergestallt verstärkte Truppenabtheilung alle Uebergangspunkte am Dniester wieder die Moskowiten besezen zu lassen. *)

1674. An Proviant machten die Türken keinen Vorrath und schon begann an mancherlei Lebensmitteln, als z. B. Rindsund Hammelfleisch, im osmanischen Hauptquartier sich ein so fühlbarer Abgang zu äuszern, dasz bei dem völligen Verkommnisz der Moldau und der starken Erschöpfung der Walachei die türkischen Heerführer sich zum Plane hinneigen, durch die Walachei und Siebenbürgen den Krieg nach dem fruchtbaren Polen selbst hinüberzuspielen, wo auf Feindes Unkosten die Erhaltung der Armee einigermaszen gesichert wäre.

Der Moldauerfürst Dimitraschko (Kantakuzeno) meldete am 20. April dem Groszvezier, er habe durch seinen in Polen als Kundschafter unterhaltenen Anverwandten in zuverlässige Erfahrung gebracht, dasz zuvolge der von Sobieski angeknüpften geheimen Unterhandlungen die Republik Polen einen vertrauten Internuntius an die Pforte abzuordnen beschlossen

---

*) Resident Johann Christoph von Khindtsperg an den Kaiser. — Ada chioi, (Bulgarien, an der Donau,) 2. April 1674.

habe, welchem auch obliegt den im vorrigen Jahre der Friedens-
einleitung halber nach Warschau entsandten türkischen Aga
zurük zu geleiten.

Am 21. April erhielt der Groszvezier geheimen Bericht
von einem Treffen, welches zwölf zur Verstärkung der Besazung nach Suczava befehligte Eskadronen (Standarten) polnischer Reiterei auf ihrem Hinmarsche dem tartarischen Anführer Giray Sultan, welcher einen Plünderungszug in einige
polnische Dörfer auszuführen sich anschikte, mit so glüklichem
Erfolge lieferte, dasz der gröszte Theil der tartarischen Truppe
aufgerieben wurde. Das türkische Heer nicht zu entmuthigen,
hält der Groszveziez diese traurige Kunde möglichst geheim
und läszt blos die etwaigen günstigen Zeitungen verlautbaren.

Da übrigens die Pforte in all ihren Kriegen wider christliche Mächte zu ihrem Schaden erfahren, dasz die moldauisch-
walachischen Truppen stets im entscheidendsten Augenblike
ihr die Treue brachen und dem Feinde in die Hände arbei-
teten, so faszte sie den wolerwogenen Beschlusz, fürderhin
sich derselben ausschlieszlich zu Proviant-Eskortirungen zu
bedienen. *)

Der polnische Internuntius Siekerzynski, Obrist in der
polnischen Armee und vertrautes Werkzeug der Sobieskischen
Pläne, langte am 10. Mai in Baban beim Groszvezier an,
wurde durch strengste Ueberwachung von allem Verkehre
mit fremden Personen fern gehalten und am 13. Mai von dem
türkischen Premier in Audienz empfangen. Er überreichte
demselben ein Schreiben Sobieski's, des Inhalts, dasz blos des
Polenkönigs jäher Todesfall die Abfertigung des türkischen
Gesandten verzögert habe, die Republik indesz nach wie vor
das Verlangen hege den Frieden mit der Pforte abzuschlieszen;
mündlich fügte der Internuntius blos hinzu, man harre polnischerseits einer um so schleunigeren Erwiederung entgegen,
da sie noch vor Auflösung des eben tagenden Landtages
am zeitgemäszesten einträle. Des Groszveziers stolze Antwort
lautete: «Wir sind zum Kriege schon bereit; wenn Ihr aber
durch einen Groszbotschafter den Sultam um Friden bitten

1674.

---

*) Resident Johann Christoph von Khindisperg an den Kaiser. — Ada-
chioi, 6. Mai 1874.

werdet, will ich auch dazu beitragen, und vielleicht gewährt
der Sultan Euch die Bitte. »

Auf des Groszveziers fernere Anfrage, ob er sonst noch
etwas vorzubringen habe, erwiederte der Internuntius bejahend,
aber mit dem Beisaze, er könne es nicht öffentlich vortragen.
Als nun der Groszvezier die schriftliche Mittheilung der geheimen Aufträge forderte, überreichte ihm der Internuntius
die von Sobieski ertheilte geheime Instruktion in Urschrift
(wovon Khindtsperg dem Kaiser eine getreue Abschrift als
Beilage zum gegenwärtigen Berichte einsendet), worin Sobieski
sich erbietet, erforderlichenfalls die fünfwöchentliche Frist zur
Königswahl noch erstreken zu lassen, bezüglich der Grösze
des Gelddarlehens aber völlig dem freien Ermessen des Groszveziers vertraut.

Mittlerweile zog Sobieski die gesammte polnische Streitmacht aus Podolien geflissentlich zurük, um die Verproviantir-
rung der von einer Besazung von 6000 Janitscharen wolver-
theidigten Festung Kameniez ungehindert und in aller Be-
quemlichkeit vollziehen zu lassen; auch trachtete er, auf Anstiftung des Groszveviers, die Moskoviten durch allerlei Un-
gelegenheiten und Unzukömmlichkeiten von der Unterstüzung
oder militärischen Hülfeleistung an Polen abwendig zu machen,
was auch schon den Erfolg hatte, dasz sie ihre Hülfstruppe
von jenseits des Dniepers zurükzogen. Kurz, Sobieski's Verrath an Polen und der Christenkeit leidet keinen Zweifel
mehr. *)

Am 2. Juni erhielt der polnische Internuntius Siekier-
zynski in öffentlicher Divanssizung seine Abschiedsaudienz und
Abfertigung vom Groszvezier, der ihn vor Aller Augen folgendermaszen anredete: «Ihr seid gekommen um den Frieden
zu bitten, und verlangt zugleich, dasz man Euch Kameniez
abtreten solle. Dieses ist ein ungereimtes Begehren, das wir
durch mehr als vier Jahrhunderte, während deren wir un-
zählige Königreiche und Fürstenthümer eroberten und be-
herrschen, Niemanden erfüllten oder erfüllen konnten. Daher
erachte ich es für durchaus unnöthig und unzulässig, Euer so
unbesonnenes Begehren dem Sultan vorzutragen.»

---

*) Resident Johann Christoph von Khindtsperg an den Kaiser. — Ada-
chioï, 26. Mai 1674.

Kleinmüthig erwiederte hierauf der Internuntius, man versehe sich polnischerseits dieser Gnade lediglich von der Barmherzigkeit der Pforte, da dem Groszvezier der elende Zustand des Polenreiches hinlänglich bekannt sei.»

Der Groszvezier gegenantwortete: «Gnade und Barmherzigkeit seien nur bei billigen Forderungen am Plaz, bei ungereimten Ansprüchen aber nicht anzuhoffen. Den erbetenen Frieden anbelangend, solle Po'en einen zu dessen Abschlusz bevollmächtigten Groszbotschafter an den Sultan abordnen und auf die Rükstellung von Kameniez verzichten; alsdann würde er (Groszvezier) selbst sich beim Sultan für den Friedensschlusz in's Mittel schlagen und dem Polenreiche anderweitige Entschädigung zu wege zu bringen trachten. Mittlerweile habe sich die Pforte gerüstet und in feste schlagfertige Verfassung gesezt, um mit Nächstem wider Polen den Kampf beginnen zu können.»

Zum Schlusz übergab ihm der Groszvezier ein sehr kurzes und lediglich in Höflichkeitsformeln bestehendes Antwortschreiben an Sobieski, liesz ihm indesz durch seinen Kihaïa unter der Hand bedeuten, dasz alle schriftlichen Mittheilungen, die der Exfürst der Walachei Grigorasko Gika und der nunmehrige Moldauerfürst Dumitraschko Kantakuzeno von Zeit zu Zeit an Sobieski gelangen lieszen, mit Vorwissen, Genehmigung und im Auftrage des Groszveziers erfolgt wären; dasz die Pforte zwar dem Sobieski zur Erlangung der Krone ein groszes Gelddarlehen gegen Geiszelstellung zugesagt, aber durch Sobieski's Versäumnisz in der Geiszelstellung und durch dessen weitschweifige, zeitraubende und erfolglose Unterhandlungen sich veranlaszt gesehen habe mit groszen Kosten eine starke Armee auszurüsten und zu concentriren; dasz man türkischerseits nunmehr von der Zusage dieses Darlehens, dessen Kunde das osmanische Heer zum Aufstande treiben würde, nunmehr abkomme, allein nach wie vor bereit sei den Polen gegen annehmbare Bedingungen einen günstigen Frieden zu bewilligen und dem Sobieski, falls er die Königswahl noch hinauszuschieben trachtete, durch andere Mittel und Wege sum Throne zu verhelfen; dasz die freiwillige Rükgabe der Festung Kameniez ebenso dem Koran als dem alten Herkommen des osmanischen Reiches und dem Ansehen des siegreichen Sultan's widerstreite und in der ganzen osmanischen Geschichte durch keinen entsprechenden Vorgang

sich rechtfertigen liesze; dasz aber, diesen Punkt einmal zugestanden, alle übrigen, in der geheimen Instruktion ersicht-
lichen Bestimmungen Annahme und Gewährung finden würden.

Also abgefertigt und reich beschenkt trat der Internuntius
am 5. Juni von Baba seine Heimkehr über die Moldau nach
Polen an.

Während nun Sobieski die um Kameniez gelegene polnische Streitmacht zurükzog und sogar die in Chotin liegende
deutsche Besazung in höchster Noth hülflos liesz, verprovian-
tirten die Türken den erstgenannten Plaz durch einen auf
500 Kamele geladenen Mehlvorrath, und ertheilten zugleich
den Fürsten der Walachei und Moldau die Weisung, einige
hundert Wägen mit Lebensmitteln gleichfalls dieser Festung
entgegen zu führen, damit der in Person anrükende Tartarchan nothdürftige Verpflegung finden möge. Diese Proviant-
Zufuhr eskortirte Kaplan-Paschà mit 3000 Mann bis nach
Zuzora, wo ihn sodann die Tartaren übernehmen und in die
Festung geleiten werden.

Bald darnach sah sich aber die polnisch-deutsche Besazung der drei festen Orte der Moldau: Suczava, Niamzo
und Studeniza (?, soll wol heiszen: Chotin) zur Räumung derselben durch die höchste Noth gedrängt, und sie schlug sich
mit einem Verluste von 30 Todten und fast eben so vielen
Gefangenen durch die feindlichen Truppen durch. Die Gefangenen, worunter ein Kurländer, drei Schweden, fünf Dan-
ziger, die übrigen aber Preuszen und Polen waren, beordnete
der Moldauerfürst Dumitraschko (Kantakuzeno) am 13. Juni
nach Baba zum Groszvezier, der sie am Leben zu erhalten
sich zwar geneigt erwies, aber durch groszherrlichen Befehl
zu deren unverzüglichen Hinrichtung sich genöthigt sah.

Uebrigens wurde die Pforte durch den Moldauerfürsten
Dumitraschko in genauer Kunde aller wichtigeren Vorkommnisse in Polen unausgesezt erhalten, und namentlich brachte
die von ihm gemeldete Thronbesteigung Sobieski's unter den
vorher etwas besorgten und kleinlauten Türken einen sehr
freudigen ermunternden Eindruk hervor, in dessen Folge der
Sultan nach Issakcza aufbrach und auf die ungesäumte Ueberschreitung der Donau sinnt. *)

---

*) Resident Johann Christoph von Khindtsperg an den Kaiser. — Ada-
chioï, 3. Juli 1874.

Der Sultan brach am 5. Juli in die Moldau gegen Jassy auf, entsandte den Ibrahim-Paschà mit der Hälfte der türkischen Armee und mit der ganzen Tartaren-Abtheilung in die Ukraïne wider die Moskowiten, und beschlosz sammt dem Groszvezier bei Soroka unfern des Niesterflusses, am Berührungspunkte der moldauischen und ukraïnischen Gränze, zu verbleiben, den sehnsuchtsvoll herbeigewünschten polnischen Friedensbotschafter daselbst zu erwarten und dem Verlauf des wider die Moskowiten eröffneten Feldzuges von der Ferne entgegenzubliken. *)

1674

Bei seinem Eintreffen in Jassy am 25. September erfuhr Khindtsperg einen ausgezeichneten Empfang von Seiten des Moldauerfürsten Dumitraschko Kantakuzeno, der ihm die vornehmsten Bojaren entgegensandte und in jedweder Beziehung sehr höflich begegnete.

1674.

Einige Tage zuvor war der polnische Internuntius Joannes Karaboski durch Jassy zum Groszherrn geeilt, der mit seinem ganzen Heere bei Soroka über den Niester sezte und in die Ukraïne einfiel. Seine Reise von Warschau bis Jassy hatte merkwürdigerweise zwei volle Monate in Anspruch genommen, und seine Aufgabe bestand in der Ankündigung von Sobiesky's Thronerhebung und von Polen's Friedensneigung, falls die Pforte das eroberte Podolien nebst Kameniez zurükzustellen sich anheischig machte. Diese Bedingung verwarf der Sultan unbedingt, einen so erkauften Frieden verschmähend, und eben deshalb wurde dem unwillkommenen polnischen Internuntius ein wenig ehrender Empfang zu Theil.

Die in den gefallenen vier moldauischen Festungen gewesenen deutschen Soldaten haben neulich beim Moldauerfürsten Dienst angenommen. Fast gleichzeitig aber überfielen die Tartaren, dem ausdrüklichen Pfortenverbote zuwider, einige grosze, blos zwei Stunden von Jassy entlegene moldauische Dörfer, plünderten dieselben vollständig, trieben 2000 Viehstüke weg und schleppten 4000 christliche Seelen in die Gefangenschaft. Das Elend dieses groszen und schönen Landes ist wahrhaft schaudererregend, und die lezte, erstlich von den

---

*) Resident Johann Christoph von Khindtsperg an den Kaiser. — Galaz, in der Moldau, 8. Juli, 6. August 1974.

Polen verübte, dann von den Tartaren wiederholte Verwüstung so unmenschlich arg und aussichtslos zernichtend,
dasz zwei Drittel der Bevölkerung sich theils zerstreuten
theils sonst zu Grunde gingen. Mittlerweile gibt sich die Pforte selbst mit Sobieski's
lauen und zeitraubenden Friedensunterhandlungen deszhalb
zufrieden, weil sie hofft, er werde eben durch diesen Verzug
in Stand gesezt die widerstrebenden Magnaten für den Frieden
zu gewinnen. Mit des Groszveziers geheimen Einverständnisz
hat übrigens der Tartarchan schon vom Beginne des Feldzuges die Einleitung und Förderung der Friedensverhandlungen über sich genommen, allfällige türkische Angriffe auf
Polen bisher hintangehalten und durch allerlei Gründe den
Sultan zur Abreise von der Armee und zur Rükkehr nach
Issakcze und Adrianopel gestimmt, die auch wirklich vor
einigen Tagen erfolgte.

Während dieser Vorgänge starb der walachische Exfürst
Grigorasko Gika zu Konstantinopel, als er eben noch die
Hoffnung, in die Walachei wieder eingesezt zu werden, ent-
gegenschimmern sah. *)

1675. Zwei auszugsweise mitgetheilten Berichte des Moldauerfürsten (Dimitraschko Kantakuzeno) an die Pforte vom 24.
December 1674 und 10. Jänner 1675 gemäsz, rükte Sobieski,
nachdem er den oberen Theil von Podolien durch Aufstellung
des Generals Landskoronski bei Kameniez, den unteren Theil
aber durch Zurüklassung einiger Obersten bei Bar und Mohilew gesichert, mit dem Hauptcorps in die Ukraïne ein, wo
einige Vesten Besazung erhielten, und drang bis an den
Dnieper, drei Meilen von Zecherin, vor, in welcher Gegend
er beim Städtchen Sola sein Standquartier aufschlug. Dort
kam, dem Vernehmen nach, zwischen ihm und den Moskowiten ein Vergleich zu Stande, demgemäsz diese ihm Kiew
und Kaniow diesseits des Dniepers abtraten, dagegen sie alles
Land und Kosakenvolk jenseits des Dniepers als Eigenthum
zugesprochen erhielten. Da nun die Polen das Tartarenheer
des Hadri Geray Sultan schlugen und demselben einen Ver-

---

*) Resident Johann Christoph von Khindtsperg an den Kaiser. — Jassy,
29. September 1674.

lust von 1000 Todten beibrachten, so befiel den bedrängten
Doroschenko in Zecherin hierüber hohe Angst und er schikte
zum Sobieski zwei Abgesandte mit Vergleichsvorschlägen,
weszhalb auf seine Treue türkischerseits nicht sonderlich zu
bauen sein dürfte. Man erwartet übrigens den Anzug des
Tartarchan's in Person an der Spize seines Heeres, um in
die Ukraïne einzubrechen. Nach Dislocirung der meisten polnischen Truppen diesseits und jenseits des Bug, stellte der
Polenkönig den andern Theil seines Fusz- und Reitervolkes
in Mohilew auf, und liesz blos den General Korezki mit den
deutschen Soldtruppen in der Ukraïne zurük, wo übrigens
Mangel an Lebensmitteln herrscht. In dem gleichfalls durch
die Polen eroberten festen Plaze Raskow erhielten die flüchtigen Exwoïewoden der Moldau und Walachei Constantin
(wahrscheinlich: Bassaraba, der in der Walachei 1654—1658
regierte, siehe Engel pag. 298) und Petrus (wahrscheinlich:
Petriceicu, moldauischer Exfürst) ihren Standort angewiesen.
Sobieski sichert den freien moskowitischen Kosaken jenseits
des Dniepers, falls sie polnische Kriegsdienste nähmen, die
Vorrechte des dienenden polnischen Adels, den unterthänigen
Kosaken aber volle Befreiung vom Unterthansjoche zu. Doroschenko's Gesinnung ist noch in Dunkel gehüllt; der Ko-
sakenhäuptling jenseits des Dniepers Popowicz rüstet sich
zum Einfall in die Moldau.

Späteren Nachrichten aus der Moldau zufolge, brachen
die Tartaren der Krim in die Ukraïne ein, und kraft ihrer
Uebermacht, wie auch mit türkischer Verstärkung, schlugen
sie einen Ausfall der polnisch-deutschen Besazung der am
Dniester gelegenen Festung Raskow zurük, hieben den gröszten
Theil der Ausfallenden nieder und nahmen zwei angesehene
Hauptleute gefangen. Ein anderer und zwar der stärkste
Tartarenschwarm, von Nuradin Sultan, des Tartarchan's Sohne,
angeführt, zog gegen Brazlaw selbst los, um den Sobieski
selbst gefangen zu nehmen, dessen Truppenmangel und Discre-
ditirung bei den Moskowiten, die, aus den aufgefangenen
Briefen seine Untreue erkennend, ihm jedweden Kriegsbeistand
versagten, die tartarische Kriegs- und Beutelust herausforderten.

Jedenfalls aber spricht der Umstand, dasz Sobieski bei
allem Fortschritte seiner Waffen keinen einzigen Türken verfolgte oder beschädigte, vielmehr die Hälfte seiner Armee

nach Polen zur Ueberwinterung rükbeordnete, für sein un-
ausgeseztes Bestreben, mit der Pforte freundliche Beziehungen
zu unterhalten. *)

Laut der lezten Berichte des Moldauerfürsten (Dumitraschko Kantakuzeno) aus eigener Kundschafterquelle, verhieszen die Moskowiten dem Sobieski ein namhaftes Hülfskorps an Infanterie, falls er es als Besazung in den eroberten
Pläzen der Ukraïne zu verwenden gedächte, verweigerten ihm
aber noch vor der Hand die Zutheilung des erbetenen Reitervolkes. Durch dieses unfreundliche Anerbieten eben so wie
durch die wachsende Uebermacht der heranbrechenden Tartaren hoch verstimmt, reiste der König unter dem Vorwande
der Krönung von seinem Winterquartiere Brazlaw nach Lemberg und Warschau ab, die besezten Festungen am Dniester
ohne hinreichenden Proviant einer sehr unsicheren Zukunft
anheimstellend. Vor seinem Aufbruch ersuchte er den Tartarchan und den Doroschenko in dringenden Schreiben um
Friedensvermittlung zwischen Polen und der Pforte; da er
indesz sich über die Bedingungen des Friedens durchaus nicht
aussprach, so muthmaszt der Groszvezier, es sei dem Sobieski
die Abtretung Podoliens nach wie vor unannehmlich und
liege ihm blos daran, das Vordringen der osmanischen Heere
in Polen so lange hintanzuhalten, bis er auf dem Throne
fester säsze und kräftiger zu Felde zu ziehen vermöchte.
Dessenungeachtet wünscht und hofft die Pforte noch fortan
die Ankunft eines polnischen Botschafters mit Friedensvoll-
macht. **)

Alexander Maurocordato, dessen Bitte um Zulassung
zum Dollmetscherdienste der Groszvezier willfahrte, übersezte
in der Audienz den Vorschlag des lezteren und den Bescheid
des Residenten Khindtsperg so ungenau und ungeschickt, dasz
seine Unkenntnisz der türkischen Sprache und der eben ver-
handelten ungarischen Gränzverhältnisse auffallend zu Tage
trat und er, als ein hiedurch vor Aller Augen Blosgestellter,

---

*) Resident Johann Christoph von Khindtsperg an den Kaiser. — Adria-
nopel, 7. Februar 1875.
**) Resident Johann Christoph von Khindtsperg an den Kaiser. — Adria-
nopel, 26. März 1875.

gar wenig Aussicht hat in derartigen Amtshandlungen künftighin Verwendung zu finden. *)

Der auf Kundschaft ausgesandte Contecusino (Cantacu-   1675.
seno) kehrte in Begleitung eines polnischen Abgesandten nach
der Walachei zurük, deren Fürst beim Groszvezier anfragte,
ob er diesen Internuntius an die Pforte zu weisen hätte, aber
zum Bescheid erhielt, er solle denselben, falls er keine förmliche und besondere Vollmacht produciren könnte, an den Oberbefehlshaber Ibrahim-Paschá befördern. Obwol nun, laut Apaffi's Meldung an die Pforte, Sobieski folgende vier Friedensbedingungen vorschlägt: a) Abtretung des halben Podoliens
und der Festung Kameniez an die Türken, jedoch gegen
Einverleibung dieses Gebietes mit der Moldau und halb moldauischer halb türkischer Besezung der Veste; b) Ueberlassung
von Podoliens anderer Hälfte an das Polenreich; c) Einräumung
der ganzen Ukraïne an den Doroschenko; d) Rükstellung des
heiligen Grabes und anderer geweihten Stätten an den katholischen Klerus: so erwies sich dennoch diese Angabe nach
Ibrahim-Paschà's späterem Berichte in so ferne als unrichtig,
da der polnische Gesandte zwar die Abtretung halb Podoliens,
nicht aber auch die übrigen Bedingungen in Antrag brachte.
Eben deszhalb auch liesz Ibrahim-Paschà diesen Internuntius
heimreisen und gab ihm einen Agà als Sicherheitsgeleite für
den mit ordentlicher, genau specificirter Vollmacht hereinzu-
sendenden polnischen Friedensbotschafter.

Alexander Maurocordato, des kaiserlichen Dollmetschers
Joanaki Porphyrita erbitterter Feind und gefährlicher Nebenbuhler, brachte denselben am türkischen Hof so sehr um
alles Ansehen, Zutrauen und jedweden Einflusz, dasz durch
denselben nunmehr nichts erreichbar oder durchsezbar ist.
Weil überdies Joanaki mit offenbarer Arglist und Untreue
dem Residenten Khindtsperg die Schmach einer, troz wiederholten Ansuchens dennoch versagten groszherrlichen Audienz
zufügen liesz, auch ungescheut und dienstwidrig seinen festen
Entschlusz gestand, wider seinen eigenen Patriarchen und
Klerus in der Angelegenheit der heiligen Stätten zum Besten

---

*) Resident Johann Christoph von Khindtsperg an den Kaiser. — Adria-
nopel, 17. Juni 1875.

der katholischen Geistlichkeit durchaus nicht einzuschreiten; so trägt Khindtsperg die unbedingte Absezung dieses auch in anderen Geschäften unzuverlässigen und zur Zeit unbrauchbaren Dollmetschen an. Einen Ersaz glaubt der Resident in Alexander Maurocordato finden zu können, der alle von Joanaki behandelten Angelegenheiten systematisch untergräbt und dem Khindtsperg zur besseren Besorgung der kaiserlichen Interessen gegen eine jährliche Remuneration sich selbst mit klaren Worten antrug; es sei — bemerkte Maurocordato — auf Joanaki, den am Hofe in Miszachtung Gefallenen und durchaus Einfluszlosen, keineswegs mehr zu bauen, und derselbe gegenwärtig eben so wenig im Stande einen Türkenkrieg zu erregen oder hintanzuhalten, als die schwierige Gränzangelegenheit zum günstigen Abschlusz zu bringen, habe ihn doch zunehmendes körperliches Leiden und Abwendigwerdung seiner Freunde gleichzeitig befallen. *)

1676. Die Absezung des Untreuen, wenngleich erst unlängst mit Gehaltsvermehrung zufriedengestellten Dollmetschen Joanaki Porphyrita wird derart verfügt, dasz der Resident ihm die einzelnen Anschuldigungen wegen Untreue und sonstiger Straffälligkeit bekannt zu geben, genaue punktweise schriftliche Verantwortung abzufordern und dem Kaiser in Urschrift zu übermitteln habe. (Doch wurde derselbe nachher begnadigt und in seiner Anstellung wieder bestättigt.) In Bezug auf Maurocordato's Selbstantrag beobachtet der Kaiser ein redendes Stillschweigen. **)

1677. Erlaubt dem Residenten, falls Alexander Maurocordato irgend welche gute Dienste geleistet haben sollte, in eigenem (Khindtsperg) Namen ein Geschenk zur Belohnung zu verleihen. ***)

1678. Nachdem Khindtsperg die drei abschriftlichen Patente oder Manifeste Wesselény's und der französichen Helfers-

---

*) Resident Johann Christoph von Khindtsperg an den Kaiser. — Am Bosporus, 22. Mai, 17. Juni, 2. Juli, 21. Oktober 1676.
**) Kaiser Leopold I. an den Residenten Khindtsperg in Konstantinopel. — Wien, 18. November 1676.
***) Kaiser Leopold I. an den Residenten Johann Christoph von Khindtsperg in Konstantinopel. — Wien, 9. April 1677.

helfer dem Oberdollmetsch Alexander Maurocordato, welcher
den verstorbenen Dragoman Panaïoti Nikusio, an Ansehen,
Einflusz und Vertrauensgenusz weit überragt und die Verhältnisse zu den christlichen Potentaten fast nach Willkür leitet,
unter lebhaften Beschwerden wegen der widersprechenden
Haltung der Pforte mitgetheilt hatte, antwortete Maurocordato am 17./27. November 1677 schriftlich, es sei der Einfall
der ungarischen Insurgenten und der fremden Hülfskörper in
Oberungarn wider Wissen und Willen der Pforte erfolgt, und
namentlich habe Apaffi das ihm gewordene Verbot der Einmischung in die ungarischen Händel offenbar überschritten.
Mittels einer zweiten Zuschrift vom 21. November und 1. Dezember 1677 meldet Maurocordato, er habe, dem Wunsche
des Residenten gemäsz, vorläufig, bis nämlich dem leztern
die dritte Audienz beim Sultan bewilligt würde, dem Groszvezier von allen Vorfallenheiten in Oberungarn umständliche
Kunde ertheilt, welche nicht ermangelte bei diesem ein son-
derliches Befremden ob des Ungehorsams Apaffi's zu erregen;
auch versprach der Oberdollmetsch die baldige Auswirkung
einer Audienz für Khindtsperg.

In einer geheimen Unterredung rieth Maurocordato dem
Residenten, den günstig gesinnten Groszvezier und dessen
Groszkanzler, welchen beiden für die Vertilgung und Ausrottung der ungarischen Empörer eine namhafte Belohnung
erst lezthin von Khindsperg in Aussicht gestellt war, dadurch
vollends für das kaiserliche Interesse zu gewinnen, dasz er
dem Groszvezier ein Geldgeschenk von 12.000 Dukaten, dem
Groszkanzler aber von 2000 Dukaten auswirken und einhän-
digen möge. Denn bei den Türken — bemerkte er — gelte
ein freiwilliges Anbot als ein Versprechen, das Versprechen
als Verpflichtung, die Schnelligkeit des Geschenkes aber als
Doppelgabe; auch sei bei der gegenwärtigen friedliebenden
Stimmung des Groszveziers noch möglich mit dem einfachen
Betrag auszurichten, was später nach begonnenem Feldzug
nicht mit dem Doppelten. Dieser nämliche Rathschlag findet
sich auch in des Oberdollmetschen späterem Schreiben vom
1./11. Jænner 1678 wiederholt, und stimmt nahezu mit des
Kaisers Auftrag an den Residenten überein, dem Groszvezier
für die Dämpfung der oberungarischen Insurrektion ein Angebinde von 30.000 Thalern zu verheiszen.

Auf groszvezirielle Anordnung erhielt er, Resident, seinem
Ansuchen zufolge, gegen Zinsentrichtung das Haus des verstorbenen walachischen Fürsten Grigorasko Gika in Fanar
am Meeresufer zur Wohnung angewiesen; Reninger und Casanova hatten gleichfalls daselbst ihren Siz. *)

1678.

Im Hinblik auf Maurocordato's hohen Kredit bei der
Pforte, musz Alles daran gesezt werden diesen einfluszreichen
Oberdollmetsch bei guter und willfähriger Stimmung fortan
zu erhalten. **)

1678.

Der polnische Abgesandte Gninski, welcher endlich den
Frieden schlosz und in die Abtretung der beiden Festungen
Bar und Miedzyboz willigte, brachte hinwider polnischerseits
28 minder belangreiche Forderungen, die in den Friedensvertrag Aufnahme zu finden hätten, am 10. März beim Groszvezier zur Sprache und überreichte deren schriftliche Aufzeichnung dem Reis-Effendi.

In diesem Verzeichnisse fordert der 6. Artikel, dasz der
Fürst der Moldau die katholische Kirche in Jassy den Jesuiten
überweise; der 7. Artikel, dasz sowohl die Fürsten der Moldau
und von Siebenbürgen wie auch die Pascha's von Silistrien
und der Nachbarprovinzen den Einfällen in Polen und sonstigen Beschädigungen polnischer Staatsangehörigen und Habe
fürderhin Schranken sezen; Art. 9, dasz auszer dem von
Kameniez kein anderer Pascha für jene Gegenden bestellt
werde; Art. 27, dasz dem Streite zwischen dem Edlen von
Balaban und dem Moldauer Orsaki durch den Moldauerfürsten
mittelst billigen Rechtsspruches ein Ende gesezt werde. Da
indessen der Friedensvertrag zwischen Polen und der Pforte
bereits am 6. März 1678 durch den nämlichen Palatinus von
Kulm Johannes Gninski, als Gesandter, und durch Michaël
Rzewuski, Starosta von Chelm, als Sekretär, zu Konstantinopel
unterzeichnet war, so ist die Annahme dieser nachträglichen
Forderungspunkte jedenfalls sehr problematisch. ***)

---

*) Resident Johann Christoph von Khindtsperg an den Kaiser. — Kon-
stantinopel, 22. Jänner 1678.

**) Reskript Kaiser Leopold I. an den Residenten Khindtsperg. —
Wien, 18. März 1678.

***) Resident Johann Christoph von Khindtsperg an den Kaiser. —
Konstantinopel, 28. März 1678.

König Johann Sobieski, in heimlichem Einverständnisz
mit der Pforte vorgehend, spielte ihr deszhalb ganz Podolien
in die Hände, damit sie die daselbst begüterten vornehmsten
und reichsten Senatoren, seine Widersacher, durch Erpressung
und Unterdrükung am Vermögen herabbringen und in Dürf-
tigkeit werfen könne. Zudem wünscht und erbittet er einen
starken Tartaren-Streifzug in's Innere Polen's, lediglich zur
Demüthigung und Unterdrükung seiner übrigen einheimischen
Gegner. Als solche gelten namentlich: Krizki, Unterkämmerer
von Kalisch; der Palatinus Kaliski, Starost von Mezeritsch in
Klein-Polen; Pisarski; Lubowiezki; Penkoslawski; Remiano
Kielzewski; der Palatinus Chalminski, Gesandter an der Pforte;
Pissad Kalminski, Konachoski in Lithauen; General Paz; der
Kanzler Paz; endlich der Vicekanzler Fürst Radziwil, gleich-
zeitig Sobieski's Schwager und Todfeind, welche insgesammt
auf Sobieski's Sturz hinarbeiten. *)

1673.

Da Chmielnizki in einer Zuschrift an den König ddo.
Türkenlager bei Bender 15. Juni 1678, sich unterzeichnet:
Maïestati Vestræ *amicus* Georgius Gedeon Vititius Hmilinski,
Princeps Minoris Russiæ et Ucrainiæ, et Dux Exercitûs Za-
poroviensis; so findet die Anmaszung des Fürstentitels von
Kleinruszland, insbesondere aber der, Gleichheit des Ranges
voraussezende Ausdruk: *Amicus* beim Könige starken Anstosz,
und demzufolge beauftragt er seinen Gesandten, namentlich
bezüglich des lezteren Ausdrukes, den nicht einmal die Woïe-
woden der Moldau und Walachei in ihrem Verkehre mit den
Polenkönigen sich beilegen dürfen, an der Pforte ernstliche
Vorstellungen und Verwahrungen anzubringen. **)

1678.

Dem nach Silistria an's türkische Hoflager abgeordneten
kaiserlichen Dollmetsch Marc Antonio Mamuca della Torre
ertheilten sie die Weisung, mit dem für's kaiserliche Interesse gewonnenen Oberdollmetsch Maurocordato steten Verkehr zu pflegen und ihm bekannt zu geben, er (Mamuca)

1678.

---

*) Resident Johann Christoph von Khindtsperg an den Kaiser. — Kon-
stantinopel, 7. Mai 1678.
**) König Johann Sobieski an seinem Gesandten bei der ottomanischen
Pforte. — Jaworow, 13. Juli 1678.

dürfe vermöge seiner Instruktion ohne desselben Mitwissenschaft, Beirath und Beistand keinen Schritt unternehmen.*)

1678. Auf des Residenten Ansuchen und nach vorläufig ein-
geholter groszvezirieller Bewilligung besuchte ihn der Oberdollmetsch der Pforte Alexander Maurocordato am 28. November und versprach Hoffmann's Forderung wegen Bewilligung
einer öffentlichen Audienz beim Groszherrn sowol als beim
Groszvezier, wie auch einer Privataudienz beim lezteren, endlich
. wegen Vergröszerung seines allzu knappen täglichen Unterhaltes (Taïn) mit seinem ganzen Einflusz zu unterstüzen. Bei
dieser Gelegenheit beschenkte ihn Hoffmann mit 360 Dukaten
in Münzstüken, zu deren Annahme der Beschenkte sich nach
kurzer Weigerung entschlosz, und seine willfährigen Dienste
dem Kaiser in jedwedem Geschäfte und zu aller Zeit zu Gebote stellte. Wirklich brachte Maurocordato die Gewährung
der öffentlichen Audienz am 7. December beim Groszvezier
zu Stande, welcher dem Hoffmann sowol als dem Khindtsperg
freundliche Aufnahme angedeihen liesz und in Bezug auf die
übrigen Wünsche mit guter Hoffnung vorbeschied. **)

1679. Der im verwichenen Jahre seines Fürstenthums beraubte
moldauische Woïewode Anton (Rossetti) wurde vom Groszvezier durch Geiszelung und Marterqualen (flagellato et mar-
tirisato) zur Angabe der geheimen Bergungsstätte seiner
Geldbarschaft verhalten und demnach zur Ausfolgung von
300 Beuteln genöthigt; trozdem aber schmachtet er noch
fortan in nie endender Kerkerhaft.

Lezthin überbrachte ein eigener siebenbürgischer Abgesandte dem Fürsten der Walachei (Scherban Kantakuzeno)
Apaffi's Bitte, keinen Siebenbürger, auszer den mit einer Besonderen Bewilligung versehenen, die Durchreise zur Pforte
zu gestatten.

Blos binnen der lezten fünf Monate erpreszte der Groszvezier von den Fürsten der Moldau und Walachei 700 Beutel,
was ihn jedoch nicht hindert dieses Aussaugungssystem gegen

*) Internuntius Peter Franz Hoffmann und Resident Johann Christoph
von Khindtsperg an den Kaiser. — Adrianopel, 15. September 1678.
**) Internuntius Peter Franz Hoffmann an den Kaiser. — Adrianopel,
16. September 1678.

sie noch fortzusezen. Wahrlich, die beiden Länder scheinen durch die Alchemie in den Besiz des Geheimnisses des Geldmachens gelangt zu sein, da sie, auszer einer sehr beträchtlichen Naturalleistung an Pferden, Hammeln, Butter, Salz, Wachs, Honig, u. s. w. noch so grosze Geldmassen der türkischen Habsucht zu bieten vermögen.*)

In kaiserlichem Namen und mit Berufung auf den Vertrag von Sitwa-Török führte Hoffmann beim Groszvezier Beschwerde wider Apaffi, weil derselbe die zum Vergleiche geneigten ungarischen Insurgenten zum Ausharren in der Empörung und Untreue förmlich gezwungen, deszhalb auch den Insurgentenchef Tököli verhaftet und seine Officiere durch andere ersezt habe; weil ferner Apaffi's eigener Schwager Teleki (soll eigentlich heiszen: Tökeli-sic) sich neuerdings zum General der Aufständischen aufgeworfen und allenthalben ausgestreut habe, dasz Apaffi sich selbst an deren Spize stellen und den von der Pforte zur Vermehrung seiner Soldtruppen ihm angewiesenen siebenbürgischen Jahrestribut hiezu verwenden würde, dasz der Ofner-Paschà mit 40.000 Mann und die Fürsten der Moldau und Walachei hätten bereits Befehl erhalten ihnen zu Hülfe zu eilen, und dasz ohne vorgängige Genehmigung der Pforte die Insurgenten mit dem Kaiser kein Abkommen treffen dürfen.

Der Groszvezier, die Friedensliebe der osmanischen Regierung und ihr allzeit offenes, nicht hinterhältiges Vorgehen hoch betheuernd, läugnete unbedingt jede Mitwissenschaft oder Betheiligung der Pforte an den Vorgängen sowol als den Behauptungen Apaffi's und Tököli's, erklärte deren Ausstreuungen für durchaus grundlos und böswillig erdichtet, stellte namentlich den vorgeblichen Unterstüzungsbefehl an den Ofner-Paschà und die beiden moldo-walachischen Fürsten, nicht minder die Nachsicht des Tributs zum Behufe der Apaffi'schen Rüstungen entschieden in Abrede, und verhiesz die ungesäumte Abordnung eines Agà an Ort und Stelle zur

---

*) Meldungen eines geheimen Berichterstatters. — V. O. (wahrscheinlich Konstantinopel.) 10. Mai — 18. Juni 1679.

Untersuchung des eigentlichen Sachverhaltes und umständ-
lichen Berichterstattung. *)

Im Serail zu Adrianopel die Vorlassung zum Sultan
gewärtigend, erblikte der Jnternuntius im Divan den neuernannten Fürsten der Walachei (Scherban Kantakuzeno) in
Gesellschaft des Oberdollmetschen Alexander Maurocordato
gleichfalls in dieser Absicht harrend, grüszte ihn höflich und
liesz ihm durch den Internuntiatursdollmetsch Marc' Antonio
Mamucca della Torre zur fürstlichen Erhebung Glük wünschen,
worauf dieser Fürst mit sichtlichem Wohlgefallen Grusz und
Gratulation erwiederte. Obwol nun Scherban weder im Divan
warten durfte noch die Auszeichnung eines öffentlichen Mahles
daselbst genosz, so erhielt er gleichwol bei der Vorlassung
zur Audienz den Vortritt vor dem Internuntius, weilte vor
dem Sultan aber blos einige Augenblike zur Bezeugung
seiner Ehrfurcht, wogegen Hoffmann daselbst zu längerer
Besprechung sich aufhielt und sogar einige seiner Aufwärter
vorstellen durfte, die dem Groszherrn gleichfalls ihre Huldigung erwiesen. **)

Der vor einem Jahre zum Fürsten der Walachei ernannte Serban Kantakuzinos (sic) sah sich eben dieser Ernennung
halber genöthigt an Geschenken für den Sultan, den Groszvezier, die Validé und andere Groszwürdenträger binnen Jahres-
frist 1300 Beuteln zu verausgaben. Hiebei ist zu bemerken,
dasz Ein Beutel 500 Löwenthaler (lioni) in sich faszt, $2^{1}/_{4}$
Löwenthaler aber einen Dukaten ausmachen. ***)

In Erwägung der schwierigen Kriegführung in den südlichen moskowitischen Ländern, wo sowol des Zaren hohe
Macht wie auch die Unmöglichkeit, in den ausgesogenen Gebieten der Ukraïne und der Moldau Mundvorrath aufzutreiben

---

*) Internuntius Peter Franz Hoffman an den Kaiser. — Konstantin-
opel, 7. Juni 1679.
**) Internuntius Peter Franz Hoffmann an den Kaiser. — Konstantin-
opel, 25. August 1679.
***) Relation des kais. Dollmetschen Marc' Antonio Mamucca della
Torre über die türkischen Ereignisse vom 27. September 1679—28. Jænner
1680. — Konstantinopel 28. Jænner 1680.

und Kriegsbedarf zu beziehen, endlich die Schwierigkeit der Zufuhr all dieser unerläszlichen Gegenstände in die wüsten Steppen Südruszland's gewaltige Hemmnisse entgegenstellen, strebt der um seinen eigenen Ruf besorgte Groszvezier den Frieden mit Ruszland sehnsuchtsvoll an. Er beauftragte demnach am 4 Februar heimlicherweise einerseits den Tartarchan als des Zaren Nachbarn, anderseits den Fürsten der Moldau Duka als Glaubensgenossen des Groszfürsten zu wiederholten Malen, jedoch so dasz einer von dem Andern nichts wuszte, sich dem Hofe von Moskau als Vermittler anzubieten, ihn zur Absendung eines Bevollmächtigten an die Pforte zu veranlassen und ihm ihre Verwendung bei derselben zu seinen Gunsten zu verheiszen; doch sollte es den Anschein haben, als wünschten und erstrebten die Moskowiten selbst aus eigenem Antrieb den Frieden und als wüszte der Groszvezier, der übrigens dem moskowitischen Gesandten guten Empfang und Erfolg verhiesz, von dieser Vermittlung nicht das Mindeste.

Der Tartarchan und der Moldauerfürst beschickten in dieser Absicht, jeder für sich, öfter den moskowitischen Groszfürsten, anfänglich aber ohne Wirkung. Endlich gelang es dem Tartarchan eine moskowitische Gesandschaft, die vorläufig sich mit dem leztern zu verständigen die Weisung erhielt, zur Pforte auszuwirken. Nicht minder beharrlich betrieb Fürst Duka das Vermittlungswerk, beordnete zu drei verschiedenen Malen Gesandte nach Moskau, schüchterte den Groszfürsten durch übertriebene Angaben von den türkischen Rüstungen ein, denen gemäsz 500.000 türkische Soldaten mit 300 Kanonen bereit stünden und durch sämmtliche Kriegsheere Asiens verstärkt werden würden, und bewirkte auf solche Art, dasz ein moskowitischer Abgesandter zur Pforte mit Friedensschreiben abgefertigt, sonach des Fürsten Vermittlung angenommen wurde.

Gegen einen Griechen, welcher dem Duka als Fürsten der Walachei dahin gefolgt und von ihm mit einem Staatsdienst betraut war, erhoben die Bewohner der Walachei an der Pforte gewaltige Klage wegen nichtzurechtfertigenden hohen Gelderpressungen, und in der That verurtheilte ihn der Groszvezier zur Rükstellung des Geldes, wovon er die noch vorfindigen 60 Beutel (30.000 Löwenthaler) sofort mit Beschlag belegte.

Der erste Pfortendollmetsch Alexander Maurocordato trug aus selbsteigenem Antriebe, in der Absicht, seine verfügbaren Kapitale in sicherer Hand angelegt zu wissen, den in Konstantinopel lebenden deutschen Nationalen ein Darlehen von einigen tausend Thalern gegen die übliche 20°/₀ Verzinsung, jedoch gegen vorläufig von Kuniz zu ertheilende Zustimmung und Bestättigung an. Wenn nun auch die deutsche Nationalgemeinde ein solches Darlehen durchaus nicht benöthigte, so liesz sich der Resident Kuniz doch, um dem Anbieter einen hohen Gefallen zu erweisen und desselben Gunst zu gewinnen, herbei für die Anlehenssumme von 1000 Thalern Sicherheit auf Ein Jahr zu leisten; er bittet übrigens den Kaiser um die Bewilligung zur Gutstehung für einen ferneren Darlehens-Betrag von 3000—10 000 Thalern, und erachtet, dasz die hohen Zinsen dafür in andern Wegen doppelt rükflieszen würden. *)

Der Oberdollmetsch der Pforte Alexander Maurocordato bat um den Ankauf einiger Werke in Wien, namentlich der sämmtlichen Werke von Aldobrandino, der historischen Schriften des Conte Gualdo Priorato, einiger neueren Geschichtsschreiber in lateinischer oder italienischer Sprache, endlich der lezten medicinischen Bücher, erlegte auch hiefür sogleich den Betrag von 100 Dukaten in die Hände des Residenten. Gegen dieser Gewährung erklärte sich aber der Hofkriegsrath in seinem Vortrage an den Kaiser (ddo. 25. Februar 1681, Wien) und schlug vor, das Maurocordatische Begehren lieber unbeantwortet zu lassen, weil gegen diese historischen Werke in türkischen Händen allerlei Bedenken obwalten, und insbesondere Gualdi's Geschichte des lezten Türkenkrieges manche Fingerzeige und nüzliche Anweisung der Pforte zu ertheilen geeignet ist, auf die eben das Absehen gerichtet zu sein scheint.

Der türkischerseits dem Fürsten Siebenbürgen's nunmehr gewöhnlich beigelegte Titel ist: *Hakim*; denn die vormalige Titulatur «Kral oder König» erwies sich im Verlaufe der Zeit als gänzlich unangemessen und präjudicirlich für die kaiser-

*) Der kais. Gesandte Georg Christoph von Kuniz an den Kaiser, und der Internuntiaturs-Sekretär Johann Georg Puecher an den Hofkriegsrath. — Konstantinopel, 11. März, 19. April und 16. September 1680.

lichen Interessen; der Titel *Bey* aber, welcher den Fürsten der Moldau und Walachei zukömmt, fand auf den Sieben-bürgerfürsten, dessen Stellung von derjenigen der beiden lezteren wesentlich abweicht, vornehmlich deszwegen keine Ausdehnung, weil er nicht, wie diese, von der Pforte will-kürlich ein- und abgesezt werden darf, sonach jedenfalls eine gesichertere Stellung einnimmt.

Die Fürsten der Moldau und Walachei erhielten den Auftrag sich mit 5000 Mann dem Paschà von Groszwardein anzuschlieszen und dessen Weisungen in Bezug auf Verpro-viantirung, Marschrichtung u. s. w. während des beginnenden Feldzuges zu befolgen. Anfangs Juli erfolgte auch thatsächlich die Vereinigung derselben wie auch einiger Tausend Tartaren mit dem Paschà von Groszwardein.

Am 28. Juli genosz der im moldauischen Fürstenthume wieder bestättigte Duka-Woïewod die Ehre einer öffentlichen Audienz beim Groszvezier, der ihn zu gleicher Zeit an die Stelle des Inzko Chmilinsky zum Kosakenhetman bestellte. Von diesem Kosakenlande begehrt die Pforte faktisch keinen Tribut, sondern übertrug dem Fürsten Duka blos die Fürsorge für die Wiederbevölkerung der verödeten Landschaft, damit es ihr fürderhin ermöglicht werde, im Bedürfniszfalle daselbst stets einige Tausende streitfertiger Kosaken für ihren Dienst anstandslos aufzutreiben.

Es geht das allgemeine Gerücht im Schwange und drang selbst zu den Ohren der Pforte, dasz Maurocordato zu ver-schiedenen Malen von Apaffi an Geldgeschenken insgesammt über 20.000 Dukaten in Empfang genommen habe. Dieses zu bemänteln und die gegenseitigen Beschwerdepunkte aus-zugleichen, zielt des Oberdollmetschen Streben nunmehr da-hin ab, die Pforte dafür zu stimmen, dasz sie die Grafen Csáky und Pasko von ihrem Vorhaben abwendig machen und nach Siebenbürgen zum Apaffi wegweisen solle, welchem dadurch etwas Willkommenes widerfähre. Einen neuen Beleg zu Apaffi's heimlichem Einverständnisz mit Maurocordato bot das Verhalten der lezten siebenbürgischen Abgesandten Ladis-laus Székely, Georg Garoffy und Stephan Miko, welche bei Ueberreichung des Jahrestributes zur Unterstüzung der Bitte, dasz die Pforte die Fürstenwürde des Sohnes Apaffi's an-erkennen und bestättigen möge, dem Groszvezier 12.000 Dukaten, dem Maurocordato aber 2000 Dukaten in Namen des Siebenbürgerfürsten bescheerten.

Einer dieser Gesandten, Garoffy, lebt mit dem Grafen Csáky in unversöhnlicher Feindschaft, weszhalb er insgeheim sich in die Moldau zurükzog. *)

1681.

Den Fürsten der Moldau, Walachei und Siebenbürgen's, wie auch vielen Pascha's in der europäischen Türkei ward die Ordre zugefertigt, mit ihren Streitkräften in Bereitschaft zu stehen, um auf den ersten Wink an den ihnen zuzuweisenden Aufstellungsort abmarschiren zu können. **)

1682.

Auf Maurocordato's durch den Residenten gemeldetes öfteres Andringen ertheilt der Kaiser den Bescheid, er habe die Einsendung der von jenen gewünschten Bücher nach Konstantinopel und die Bestreitung der diesfälligen Kosten aus dem Staatsschaze verordnet, befehle übrigens gleichzeitig die Rükerstattung der von dem Bittsteller dafür entrichteten 100 Dukaten in dessen Hände, damit dieser Mann, der eben so viel Nuzen als Schaden zu bringen vermag, auf solche Art um desto mehr bei freundlicher Stimmung erhalten werde. ***)

1682.

Maurocordato's Gunst auch fürderhin sicher zu stellen, beschenkte ihn Caprara jüngst mit dem Geldbetrage von 100 ungarischen Dukaten, die er in einem versiegelten Briefe durch einen vertrauten Mann übermachte. In ähnlicher Weise lieszen sich, nach des Internuntius Dafürhalten, auch einige Günstlinge des Groszveziers, nicht aber dieser selbst verläszlich gewinnen. Dieser nämlich wünscht und sucht geflissentlich das Kriegsfeuer anzufachen, weil er, bei seiner allgemeinen Verhasztheit, ohne Krieg dem unfehlbaren Sturz entgegenschritte, wogegen er im Kriege diktatorisch auftreten und seinen eben so zahlreichen als mächtigen Widersachern Ruin

*) Resident Georg Christoph von Kuniz an den Kaiser, theilweise auch an den Hofkriegsrath. — Adrianopel, 5. u. 6. Februar; Konstantinopel, 12. und 31. Juli, 27. September, 26. Nowember 1681.

**) Resident Georg Christoph von Kuniz an den Kaiser. — Konstantinopel, 26. Februar 1682.

***) Reskript Kaiser Leopold I. an den Residenten Kuniz in Konstantinopel. — Linz, 15. März 1682.

zu bereiten hinlänglichen Anlasz finden könnte. Eben deszhalb liefe man aber bei ihm Gefahr, sein Geld auszugeben und dennoch nichts auszuwirken. So erging es neulich dem Apaffi, der für seine Enthebung vom gegenwärtigen Heeresbanne, wie auch für die Bestimmung der Nachfolgerschaft seines Sohnes 60.000 Thaler anbot. Der Groszvezier nahm dieses Geld bereitwillig an, entband aber den Siebenbürgerfürsten gleichwol nicht seiner Militärpflicht, die er ihm vielmehr scharf einprägte, und eben so wenig bewilligte er die Nachfolge des jungen Apaffi. Mit bloszen, nicht durch die That begleiteten Verheiszungen stellt sich aber der Türke überhaupt nicht zufrieden, denn er will das Versprechen mit den Händen greifen, nicht blos in Worten besizen. *)

Während Pasko noch an der Pforte weilt, befindet sich Graf Csáky beim Fürsten der Walachei (Scherban Kantakuzeno), durch den ihm der Groszvezier im Falle eines Fürstenwechsels in Siebenbürgen die Zusage besonderer Bedachtnahme auf seine Person ankündigen liesz. **) 1682.

Zwei Agàs wurden in die Moldau und Walachei zur Auftreibung einer bestimmten Anzahl Pferde abgeordnet, deren Ablieferung den beiden Fürsten dieser Länder gelegenheitlich einer groszherrlichen Reise, dem Herkommen gemäsz, obliegt. ***) 1683.

Der Fürst der Walachei (Scherban Cantacuzenos) leistete seinen Jahrestribut, spendete vielfache Geschenke und errang seine Wiederbestättigung im Fürstenthume. ****) 1684.

Im Laufe des Monates Jænner trafen an der Pforte Beschwerdeschreiben des Fürsten der Walachei wider die Tar- 1688.

---

*) Internuntius Albert Caprara an den Kaiser. — Konstantinopel, 22. und 25. Juni 1682.
**) Resident Georg Christoph von Kuniz an den Hofkriegsrath. — Konstantinopel, 11. August 1682.
***) Resident Georg Christoph von Kuniz an den Hofkriegsrath. — Adrianopel, 22. Februar 1683.
****) Georgius Cleronomos, kais. Gesandschafts-Dollmetsch an den Hofkriegsrath. — Konstantinopel, 1. Jænner 1688.

taren ein, welche in groszen Maszen sich zur Ueberwinterung
in diesem Fürstenthume gewaltsam sich anschikten, des Fürsten
Gegenvorstellungen nicht beachtend. Sogleich erfolgte türkischerseits die erwünschte Abhülfe, und der Groszvezier beordnete die Tartaren zur ungesäumten Heimkehr. *)

1689
Da die Abordnung der polnischen Friedenskommissäre
zum Wiener-Kongresse durch die Wirren des Landtags und
der übelwollenden Partei einen längeren Aufschub zu erleiden
droht, so stellt Fürst Lubomirski an den Kaiser die Bitte, er
möge in den, mittlerweile etwa dem Abschlusse zuzuführenden
Friedensvertrag mit den Türken auch das Königreich Polen
einbeziehen, unter der Bedingung jedoch, dasz dasselbe die
Festung Kameniez sammt dem gehörigen Gebiete zurük-
erlange, gegen tartarische Einfälle in sein Gebiet für die Zukunft ausreichende Bürgschaft erhalte, ferner dasz dem Polenreiche als Kriegskostenersaz türkischerseits eine angemessene
Geldsumme ausgefolgt und endlich auch die Moldau bis Jassy,
so weit sie nämlich schon vordem in polnischem Besize gewesen, völlig abgetreten werde. **)

1689.
Es ist der Wunsch und das Begehren der höchsten
polnischen Regierungskreise, dasz wenn der König sich entweder an dem türkischen Friedenswerke gar nicht betheiligen
oder mindestens die, ob auch prinzipiell schon beschlossene
Beschikung des Friedenskongresses von Wien noch aufschie-
ben würde, der Kaiser gleichwol im Friedenstraktate die Rükstellung von Kameniez und der Moldau an Polen ausbedingen
möchte. ***)

1689.
Conditio 5ta. Transylvania, Valachia et Moldavia, antiquitùs
ad Regnum Hungariæ integraliter spectantes
Provinciæ, quæ Cæsareis armis vel sponte suà
se dediderunt, pariter pro recuperatis et Regno

---

*) Georgius Cleronomos, kais. Gesandtschafts-Dollmetsch an den Hof-
kriegsrath. — Konstantinopel, 6. März 1688.
**) Fürst Lubomirski, polnischer Groszmarschall, an Kaiser Leopold I.
— Warschau, 2. Februar 1689.
Der kais. Gesandte Hans Christoph Baron Zierowsky an den Kaiser.
— Warschau, 22. Februar 1689.

Hungariæ reincorporatis censebuntur, Sacræ Cæs. et Regiæ M⸬ plenissimo iure proprietatis acquisitæ, et nullis residuorum tributorum aut alio quocunque sub excogitabili prætextu formandis prætensionibus remanentibus, sed omnibus his, sicut etiam antiquioribus tractatibus, quatenus omnibus supra positis adversantur, annullatis et integrè cassatis.

Conditio 10ᵗᵉ Moldavia quoque etc. (siehe oben unter 1689, 12. März.)

(Dem türkischen Abgesandten wurde am 12. März 1689 schriftlich der Inhalt der Bedingungen mitgetheilt, worin aber blos die Bedingung No. 10, nicht aber auch die No. 5 ersichtlich ist.) *)

1689.

Davon lautet Art. 10: «Das Gebiet der Moldau wird «von den Tartaren, welche in ihre vorigen Wohnsize jenseits «des Dniepers und der Budziaker-Gegend zurükzuweichen «haben, völlig geräumt, und den Moldauern der durch die «Tartaren entzogene und fürderhin nicht mehr zu überziehende «Bezirk vollständig rükgestellt werden.»

(Im lateinischen Originale lautet diese Stelle also:

10ᵐᵃ Conditio. Moldaviæ territorium quoque à Tartaris, in pristinas suas sedes ultrà Boristhenem et Budziak translatis, omninò evacuabitur, fietque Moldavis per Tartaros erepti territory, deinceps non eripiendi, plenaria restitutio. **)

1689.

Ueberschikt zwei Schreiben des Tököli'schen Helfershelfers Sándor Caspar an Georg Szecheny, Erzbischof zu Gran, und an den Palatinus Fürsten Paul Eszterházy, beide ddo. 28. December 1688; unter demselben Datum und von demselbem Briefsteller liegen ferner bei zwei andere Schreiben:

---

*) Entwurf der kaiserlichen Erwiederung auf die Vorschläge der türkischen Abgesandten vom 15. Februar 1689, vom Grafen Kinsky verfaszt, und in der Conferenz der kais. Räthe am 11. März angenommen. — Wien, 3. März 1689.

**) Kaiserliche Erwiederung, im eigenen und der Bundesgenossen Namen, auf die Anerbietungen der türkischen Friedenskommissäre, denselben in der Zusammentretung beim Grafen Kinsky ämtlich mitgetheilt. — Wien, 12. März 1683.

an die Fürstin Helene Zriny, und an sein Eheweib Elisabeth Tököly zu Késmárk.

Dem Erzbischof und Palatinus klagt Sándor Caspar seine Mühseligkeiten und Trübsale, empfiehlt ihrem Schuze Frau und Kinder an, und bittet beide um die Gewährung einer halbstündigen Unterredung, damit er ihnen wichtige Vorschläge thun könne. Der Fürstin Helene Zriny meldet er, Tököly, welcher frisch und gesund sich zu Widdin befinde, habe ihn als Abgesandten in die Walachei beordnet. Seine Ehefrau fordert er auf sich beim Palatinus und dem Erzbischof von Gran um die Bewilligung zu bewerben, ihre Briefe an ihn entweder über Siebenbürgen an den Woïewoden der Walachei, der sie ihm sodann übermitteln würde, oder durch den Grafen Guido Stahrenberg, Festungskommandanten von Belgrad, oder durch den raizischen General Nowak befördern zu lassen, *)

1689. Der Fürst der Walachei stellt eine starke Truppenmacht von 20.000 Mann auf, wodurch er dem Kaiser die Eroberung der Walachei ermöglicht. **)

1689. Die Art und Weise des angeordneten Vortrags an die walachischen Abgesandten und die von den lezteren zugestandene Absendung des Mathæus Cleronomos mit dem kaiserlichen Bescheid an den Fürsten den Walachei (Constantin Brankowan) erhalten kaiserlicherseits die gewünschte Genehmhaltung. ***)

1689. Während der venetianische Abgesandte zum Abbruch der Friedensunterhandlungen und zur Entlassung der türkischen Friedenskommissäre die Zustimmung seiner Regierung sich erbat und gewärtigte, versuchte Alexander Maurocordato durch den venetiaschen Dollmetsch Tarsia den Botschafter

---

*) Feldmarschall-Lieutenant Graf Friedrich Veterani an den Hofkriegsrath. — Hermanstadt, 24. März 1689.
**) Georgius Cleronomos, kais. Gesandschafts-Dollmetsch, an den Hof. kriegsrath. — Konstantinopel, 16. April 1689.
***) Kaiser Leopold I. an den Grafen Johann Quinter Jörger, Statthalter von Niederösterreich, und Freiherrn Christoph von Dorsch, Hofkriegsrath und Kanzleidirektor. — Augsburg, 10. Oktober 1689.

Venedigs in Betreff der Forderungen dieser Republik im Allgemeinen, namentlich aber mit Rüksicht auf Malvasia zu
einem Ausgleich oder sonst zu einem thunlichen Abkommen
zu bewegen und hiedurch Venedig von der kaiserlichen Waffen-
genossenschaft loszureiszen. Allein der Botschafter nahm dieses
Ansinnen übel auf, verbat sich dergleichen Zumutungen für die
Zukunft und schlosz mit der entschiedenen Versicherung, die
Republik werde sich von ihren Verbündeten keineswegs los-
sagen und eben so wenig ohne deren Zustimmung zu einem
Separatfrieden verleiten lassen, als welcher den Interessen und
der Würde Venedigs in gleichem Masze zuwider liefe.

Bei der Abfertigung übernahmen die türkischen Abgesandten des Kaisers versiegelte Antwortschreiben an den
Sultan und den Groszvezier, der Ehrerbietung halber, in ste-
hender Stellung, worauf ihnen der Bescheid zugemittelt ward,
ihrer Sendung stünde kein anderes Resultat, als das bereits
errungene, in Aussicht, und demnach ihrer Abreise kaiserlicherseits kein Hindernisz mehr im Wege. Im vertrauten
Wege bezeugte aber Maurocordato dem Hofdollmetsch Lachewicz sein tiefes Bedauern ob des Fehlschlags so vieler müh-
samen Unterhandlungen, sprach seine Hoffnung aus daheim
noch mehr als auswärts dem kaiserlichen Interesse nüzen zu
können, verschwieg indesz nicht die Unmöglichkeit, in der
sich der Sultan selbst beim besten Willen befindet, den Frieden
mit Landesabtretungen zu erkaufen.*)

1690.

Der Bischof Don Giuseppe Camillo, gebürtig aus Chios,
woher auch Maurocordato abstammt, machte mit diesem vor
25 Jahren in Rom seine Studien, wo beide im Griechen-
Seminar (seminario di Greci) Aufnahme fanden und als gute
Angehörige der römischen Kirche (tutti due boni uniti con
la Chiesa romana) durch länger als drei Jahre weilten. Von
Rom ging Maurocordato in seine Heimat Chios und sodann
nach Konstantinopel, wo ihm die Stelle eines Pfortendollmetsch
zu Theile ward.

Auf die Kunde von des Kardinals Kollonicz Ankunft
entbot ihm Maurocordato durch den Hof-Dollmetsch Lachowicz ehrerbietigen Grusz und erbat sich die Bewilligung zur

---

*) Bericht des Grafen Joh. Quintin Jörger und des Barons Christoph
Dursch an den Kaiser. — Wien, 13. December 1689.

Zusammenkunft mit seinem alten Jugendfreunde, dem Bischof Don Camilo. Mit Genehmigung des Grafen Jörger und des Thaun (wahrsch. Daun) fand sich der Bischof am 11. Jänner in Maurocordato's Wohnung ein, wo beide sich augenbliklich wieder erkannten und in dreistündiger Unterredung sich gegenseitig aussprachen.

In Wesenheit ging Maurocordato's Aeuszerung dahin: er habe sich seinen türkischen Mitgenossen und Mitkommissäre blos in der Hoffnung zugesellt, mit der Friedenspalme in der Hand heimreisen zu können; diese Hoffnung sei indesz an den überschwänglichen Forderungen der christlichen Mächte gescheitert, die dem stets geübten Grundsaze, dasz jeder Streittheil im Friedensschlusse das zu behalten hätte, was er dem Gegner im Kriege abgerungen, widerstreitend, sich mit den türkischen Zugeständnissen nicht zufriedenstellen und allem Anscheine nach mit sich selbst noch nicht im Reinen seien, da sie bald alles Gebiet bis an's Schwarze Meer, bald aber bis an's Adriatische Meer ansprechen und nie einen genauen bestimmten Ausgleichungsmodus bleibend in Antrag stellen.

Auf des Bischofs Bemerkung, die türkischen Abgesandten sollten, falls ihnen eine völlig vertraute Person abginge, dem Kaiser persönlich ihren lezten Entschlusz kundthun, erwiederte Maurocordato, ihr lezter Entschlusz sei den christlichen Mächten das von ihnen Eroberte und noch fortan Inne gehabte zuzugestehen; Städte, Festungen und Gebiete aber, die vom Feinde nicht erobert seien, ihm abzutreten, widerstreite den Sazungen des Korans.

Die fernere Einwendung, es liesze sich ein Frieden kaum gedenken, durch den das flache Land den Christen, die benachbarten Festungen aber, die jenes beherrschten, wie z. B. Kanischa, oder die als verlorene Posten inmitten eines christlichen Landes anzusehen kämen, den Türken eingeräumt würden, beseitigte Maurocordato mit der Bemerkung, es liesze sich ein Auskunftsmittel dieserhalb schon treffen und an Kanischa allein würde sich die Friedensverhandlung nicht zu zerstoszen brauchen. So hoch auch sein Bedauern sei, behauptete er, der Pforte nicht den Frieden überbringen zu können, so würde sie ihn doch nichts anhaben, da er sich streng an die erhaltenen Verhaltungsbefehle gehalten.

Schlieszlich bat er seinen bischöflichen Jugendfreund um wiederholte Zusammenkunft, gegen den Hofdollmetsch Lachewicz
aber äuszerte er das Verlangen mit dem eben aus Rom heim
gekehrten Kardinal Kollonitsch an einem passenden Orte
sich zu besprechen, zu welchem Ende Lachewicz ihm die
Augustinerkirche, welche der Gesandtenwohnung eben so nahe
sei wie dem bischöflichen Garten, als den Ort bezeichnete,
wo sich ohne alles Aufsehen eine solche Unterredung noch
am füglichsten abhalten liesze. Maurocordato äuszerte sich
mit dem Antrage zufrieden. *)

Am 13. Jänner sandte der Kardinal Kallonitsch den
griechischen Bischof Don Giuseppe Camillo und den Hofdollmetsch Lachewicz abermals zum Maurocordato, welcher
aber angeblich zum Zweke einer Beichte den Lachewicz beseitigte und durch länger als zwei Stunden mit dem Bischof
allein zu geheimer Unterredung sich abschlosz. Da nun aber
nach dem Ritus der griechischen Kirche, die jährlich blos
viermal, nemlich in den vier gröszeren Fastenzeiten diese Kategorie
vorschreibt, der gegenwärtige Zeitpunkt in diese Kategorie
nicht fällt, und überdies Maurocordato erst lezthin zu Weih-
nachten dieser kirchlichen Vorschrift vermittelst seines Kaplan's
Genüge leistete; so erscheint die Beichte um so mehr als
bloszer Vorwand, da, den eingezogenen Erkundigungen zu
Folge und des Bischofs gegentheiligen Behauptung zu Troz,
in Maurocordato nichts weniger als ein guter Katholik stekt. **)

Wie der Hofkriegsrath meldet, hat Alexander Maurocordato einen Schaz der auserlesensten Werke politischen,
militärischen, geschichtlichen und anderweitigen Inhalts bei
den Wiener Buchhändlern in der Absicht angekauft, bei seiner
bevorstehenden Abreise ihn nach der Türkei mitzunehmen.
Da indessen durch einen solchen Vorgang die Grundsäze in
christlichen Staaten geübten Regierungs- und Kriegsführungs-
kunst dem Feinde bekannt werden und sonach, als eben so
viele Waffen in Feindes Hand, für die Christenheit Gefahr

*) Kardinal Leopold von Kollonicz an Wandenberg. — Wien, 12.
Jänner 1690.
**) Bericht des Grafen Joh. Jörger und des Christoph Dorsch an den
Kaiser. — Wien 14. Jänner 1690.

und Schaden heraufbeschwören dürften, so hat man zur Be-
gegnung dieser Drohnisz für solche Fälle die vorläufige Vornahme einer Durchsuchung und Sichtung der zu kaufen ge-
suchten Bücher durch taugliche Kommissäre angeordnet, damit die beanständeten Werke ausgeschieden und zurükbehal-
ten werden könnten. Demgemäsz wurde den Buchhändlern
die Liste der von Maurocordato erkauften Bücher abgefordert
und dem Censor Pater Menegatti zur Ausscheidung der für
bedenklich gehaltenen übermittelt, wobei man übrigens gestattete, dasz die als gefahrlos erkannten Werke dem Käufer
anstandslos ausgefolgt würden. *)

1690.Die Vorsichtsmaszregel bezüglich der von Maurocordato
erkauften Bücher erhält eben so die kaiserliche Genehmigung
wie die Erfolglassung der unbeanständeten an den Käufer.
Uebrigens soll künftighin bei den Bücherbesizern («Buchfüh-
rern») und Buchhändler in Wien die Anstallt dahin getroffen
werden, «dasz bey Anwesenheit dergleichen Barbarischen
«Pott- oder abgesandtschafften Sy die, etwo von denenselben
«Erkhauffent- und auszsuchende büecher nicht allein fleissig
«annotieren, sondern auch, ohne vorwissen der Ihnen vorge-
«stellten, nichts wekh geben, sondern sich bey denenselben
«vorhero inderzeit anfragen vnd bescheydts Erholen sollen.»
(Mittels Berichtes vom 18. Februar 1690 bestättigen
Jörger und Dorsch den Empfang und die Ausführung der
kaiserlichen Entschlieszung vom 1. Februar 1690.)
Schon im Jahre 1689 stiesz man sich im kaiserlichen
Hoflager an der Ueberschwenglichkeit der polnischen Friedensbedingungen, die in Wien für eben so ungerecht als unausführbar galten, und der Kaiser hegte nicht ohne Grund den
Verdacht, es schüze Polen derlei übertriebene Ansprüche geflissentlich vor, um dadurch Anlasz und Vorwand zum Abfall von der Allianz und zum Abschlusz eines Separatfriedens
mit der Pforte auf nicht auffällige Art zu gewinnen — ein
Verfahren, worüber der Kaiser durch seinen Gesandten Zierowski am polnischen Königshof, obzwar glimpfliche, aber
nachdrükliche Beschwerde führen und dabei bemerken liesz,
es hätte ja auch die kaiserliche Regierung einen Separat-

---

*) Bericht des Grafen Jörger und des Christoph von Dorsch an den
Kaiser. — Wien, 22. Jänner 1690.

frieden, falls sie gewollt, schon längst und mit stärkerem Rechte für sich abzuschlieszen vermocht. Und dennoch — fügte der Kaiser hinzu — sei man in Wien einen anderen Weg gewandelt und den Bundesgenossen treu geblieben: nicht allein habe man die im Türkenkriege erbeuteten Geschüze jeglicher Art und Grösze, gemäsz der vorhin dem Bischof von Przemysl ertheilten Zusage, an die polnische Gränze abführen lassen, sondern es sei im kaiserlichen Kabinete schlieszlich der Entschlusz gereift, wegen der Moldau, wofern deren Eroberung und Behauptung überhaupt thunlich, der Krone Polen keinerlei Anstand oder Schwierigkeit zu bereiten und ihr vielmehr die Einnahme und Eigenbehaltung dieser Provinz zuzugestehen. Damit aber diese Zugeständnisse, wenn sie unmittelbar vom Kaiserhof ausgingen, den Polen nicht Anlasz liehen den Bogen noch straffer zu spannen, habe man in Wien die päpstliche Vermittlung angerufen und ihr in Betreff der Vorschläge einer annehmbaren Uebereinkunft die Initiative eingeräumt: es handle sich nämlich darum die Walachei, die dem Kaiser gehuldiget und auf welche dieser keineswegs verzichten wolle, vor der polnischen Gier zu retten. Gleich wie also der päpstliche Nuntius zur vollen Zufriedenheit des Kaisers den beabsichtigten Einmarsch der polnischen Truppen in die Walachei bisher hintanzuhalten wuszte, so möge auch der kaiserliche Gesandte Zierowski darauf hinarbeiten, dasz diese Provinz auch fernerhin bis zur völligen Ausmachung der Sache von einem solchen Einmarsche verschont und unangefochten bleibe. *)

Von da ab bildeten die beiden rumänischen Fürstenthümer, bald offen, bald verhüllt, den Zwietrachtsapfel zwischen dem Hause Oesterreich und Polen, und durch die ganze Reihe der nachfolgenden Verhandlungen beider Reiche zog sich der rothe Faden des gegenseitigen Misztrauens, der Verstellung und Hinterhältigkeit, weil kein Theil dem andern das gönnen mochte, was er sich selbst zuzueignen wünschte.

Hatte der Kaiser, wie oben erwähnt, die Moldau eventuell den Polen zugesprochen, so lautete die von ihm am 23. August 1690 ratificirte kaiserliche Erwiederung auf das Ultimatum der türkischen Gesandten vom 3. u. 4. Mai ganz

---

*) Kaiserliches Schreiben an Baron Zierowski ddo. Wien, 9. Juni 1689.

entgegen gesezt.*) Der kaiserliche Vorschlag erwähnt des polnischen Anrechtes auch nicht entfernt, und der Artikel 4, welcher die Beziehungen der beiden Fürstenthümer zu den kriegführenden Theilen zu regeln versucht, nimmt blos auf deren Stellung zur Pforte und zum Erzhause Rüksicht. Ihm zufolge sollen der Kaiser und der Sultan die Schuzherrlichkeit über beide Länder gleichmäszig zu genieszen und in gleichem Grade und Modus auszuüben berechtigt sein. *(Ad 4ᵘᵐ: Velachia et Moldauia sub utriusque Imperij protectione ita maneant, ut quemadmodum una pars ijsdem frucitur, deinceps, ita et alteri frui liceat.)*

Polen entwikelte nunmehr seine Absichten auf beide oder vorläufig mindestens auf eines dieser Fürstenthümer immer lauter und ungestümer, ja es machte seine fernere Betheiligung am Türkenkriege vorzüglich von der Zuerkennung dieser Länder förmlich abhängig. In der Konferenz der kais. Friedensdeputation beim Grafen Starhenberg am 30. Juni 1690 übergab der polnische Abgesandte Prosky schriftlich die in Form einer Instruktion überkommenen Vorschläge und Forderungen seines Königs, das übersezte Schreiben des Tartarchans an leztern, die Aufzeichnung der mündlichen Mittheilung des tartarischen Gesandten an den Königshof, endlich zwei königliche Erlässe an ihn selbst Prosky.**) Diese Kundgebungen bezeugen Sobieski's festen Entschlusz Kameniec wieder zu erobern, zu desto sicherer Erreichung dieses Zwekes aber auch die Moldau (oder, wie die Polen sie insgemein nennen: Valachiam, auch Valachiam citeriorem) und Bassarabien bis an die Donaumündung anzugreifen, wodurch nicht allein die türkische Proviantzufuhr an jene Festung abgeschnitten, sondern zudem für etwaige Nothfälle die Anlehnung der polnischen an die kaiserliche Streitmacht gesichert würde.

Allein an diesen Wiederbeginn der Feindseligkeiten wider den Osmanenstaat knüpft der König *drei* Bedingungen, worunter als die erste und Wichtigste die schriftliche unge-

---

*) Responsio Cæsarea ad declarationem Ablegatorum Portæ ottomanicæ, mense Junio 1690 concertata et 23. Augusti a Cæsare ratificata.

**) Relatio der sowohl mit dem pohlnischen Abgesandten Prosky als über dessen propositionen bei IIEn. Graffen von Stahrnberg durch die in Turcicis verordnete deputation den 30-ten Juni 1690 gehaltenen conferentia. Præsentibus DD. Com. Stahrnberg Kinsky, Jœrger, Stratman, Caraffa. (Die Instruktion an Prosky kommt darin wörtlich vor.)

schminkte Anerkennung des polnischen Anspruches und Be-
sizrechtes auf die Moldau im Vordergrunde steht. In diesem
Anbetracht stellt er die Behauptung an die Spize, dasz durch
alte, aus Archiven und sonstigen Geschichtsquellen entnom-
mene Urkunden die polnische Oberlehensherrlichkeit über
beide romanische Fürstenthümer seit 200 Jahren nachgewiesen,
durch feierliche Belehnungen und Lehenseide der Fürsten und
Magnaten dieser Länder anerkannt und bestättigt erscheint,
dasz demnach diese, vom Hauptstaate gewaltsam losgerissenen
Provinzen rechtsgemäsz demselben nunmehr wieder zurükzustellen sind. Da nun der Kaiser bislang blos das polnische
Anrecht auf die Moldau zu wiederholten Malen anerkannte,
so erklärt Polen zwar die Frage wegen Zugehörigkeit der
Walachei vor der Hand noch in der Schwebe zu belassen,
dringt aber um so nachdrüklicher auf eine *schriftliche* kaiserliche Ausfertigung bezüglich der Moldau, als General Heisler
nach der blos mündlichen kaiserlichen Erklärung durch die
Annahme des Titels eines Gouverneurs der Walachei die
Frage wegen Zuständigkeit und Rechtmäszigkeit der Oberherrschaft in den Augen der dortigen Bevölkerung zu einer
zweifelhaften und streitigen stempelte; auch würde kraft einer
solchen Anerkennungsschrift, wie sich die polnische Eingabe
ausdrükt, dem polnischen Invasiationsheere die moldauischen
Sympathien und dessen Kriegsoperationen gegen Bessarabien
die moldauische Vorschubleistung gewonnen, hiedurch aber
die Eroberung von Kameniez unfehlbar bewerkstelliget werden
können.

Als *zweite* Bedingung bezeichnet die polnische Staatsschrift die Bewilligung, dasz die königlich polnische Armee
die zu ihren Vorrüken in die Moldau und Bessarabien, wie
auch zur Behauptung der dortigen festen Pläze unentbehrlichen, im kriegsüberzogenen Lande nicht auftreibbaren Lebensmittel und Futtervorräthe zu gerechten Preisen im benachbarten Siebenbürgen anstandslos ankaufe, — eine Bewilligung, die deszhalb ausdrüklich angesprochen wird, weil man
kaiserlicherseits die Versorgung des von einer polnischen Besazung versehenen Ortes Kimpolung (Campelongum), zu
groszem Aergernisz Polens, in lezter Zeit versagt hatte.

Drittens endlich fordert der König die Zutheilung eines
Hülfskorps deutschen Fuszvolks bei seinem Angriff auf die

Türken, namentlich zur Eroberung der wichtigen Pläze Akerman (Bialogrod) und Kilia, durch deren Besiz nicht blos die
Herrschaft über die Donau und die Sicherheit der von den
kaiserlichen Waffen errungenen Gebiete, sondern überdies die
angestrebte Losreiszung des mächtigsten Armes vom türkischen Kriegskörper, der Tataren, gleichmäszig bedingt
erscheint.

Blos gegen diese Zugeständnisse verheiszt Polen seine
thätige Theilnahme am Türkenkriege, seine angestrengte Mithülfe zur Erzwingung eines ehren- und nuzvollen Friedensschlusses, nicht minder seinen Beitritt zu einem, auf die Behauptung der Errungenschaften abzielenden stätigen Defensiv-
bündnisse; im widrigen Falle stellt es für die Zukunft ein
verhängniszvolles Walten der unerbittlichen Nemesis in Aussicht, herausgefordert durch das bisherige Unrecht an Polen,
welches hundert Milionen*) aus dem Staatsschaze und eben
so viel aus dem Privatvermögen, abgesehen von den Unkosten
der einzelnen Provinzen, endlich so viele seiner edelsten Söhne
auf dem Altare dieses heiligen Krieges opferte, und seinen
Mitverbündeten grosze Vortheile, für sich selbst aber keinen
einzigen erstritt.

Der polnische Gesandte machte gleichzeitig**), zur Unterstüzung dieser Ansprüche, das Verdienst seines Königs
geltend, welcher den lokenden mündlichen Anerbietungen des
tatarischen Gesandten, namentlich der im Namen der Pforte
ertheilten Zusage, nebst Kameniez auch die *Moldau* und andere Vortheile an Polen einzuräumen, standhaft widerstand.
Gleichwie aber Sobieski selbst den um annehmbaren Preis
angebotenen Separatfrieden verschmähte, eben so versieht er
sich eines gleich bundestreuen Verfahrens zum Kaiser und
den übrigen Mitverbündeten, auf dasz, der Bestimmung des
Bundesvertrages zufolge, blos ein für alle Genossen ersprieszlicher und mit Aller Uebereinstimmung zu erzwekender Kollek-
tivfriede zu Stande kommen möge. Um indessen einerseits
bei allem Zutrauen in des Kaisers Bundestreue, über dieselbe

---

*) centum Milliones; wahrscheinlich polnische Gulden.
**) Schriftliche Proposition desz Pohlischen abgesandten Prosky in puncto
desz von den Tartar-Han in Namben der Porthen der Cron Pohlen offerirten
particular friedens vnd deszen Conditionen, übergeben von Ihme abgesandten
in der mit Ihm den 30-ten Juny 1690 gehaltenen Conferenz.

stärkere Gewähr und Gewiszheit zu erlangen, wie anderseits um des Feindes schlauen Trugkünsten die Spize zu brechen, forderte der Gesandte im Auftrage seiner Regierung eine bindende *schriftliche* Versicherung von Seite des Kaisers in diesem Sinne, wobei der König es für ebenso gerecht als billig erachtet, dasz ihm durch den abzuschlieszenden Kollektivfrieden jene Vortheile und Erwerbungen zugesprochen würden, die der Feind ihm jezt freiwillig anbietet. Der tatarische Gesandte habe übrigens — so behauptete Prosky — sich erboten, die eben nicht zur Hand liegende Vollmacht des Groszherrn an den Tartarchan zur Unterhandlung und Abschlieszung eines Separatfriedens mit Polen binnen acht Tagen einzuholen und vorzuweisen, weszhalb auch die verlangte Abfertigung desselben unter diesem willkommenen Vorwande einen Aufschub erlitten habe. Nur ein Friede, welcher Siebenbürgen, beide romanische Fürstenthümer *) und Bessarabien in der Bundesgenossen Besiz bleibend brächte, verdiente den Namen eines angemessenen; jeder andere vermöchte den tödlichen Krebsschaden vom ungrischen sowol als polnischen Staatskörper nicht abzuscheiden. Gegenseitige Unterstüzung der Bundesgenossen bei Durchsezung und Anerkennung ihrer Ansprüche im gemeinsamen Friedensschlusse, rechtzeitige Anzeige an den König über allfällige ernstgemeinte türkische Friedensstrebungen, Einbeziehung des moskowitischen Groszfürsten und Theilnahme desselben am Friedenswerke, Alles dies forderte daher der Gesandte in der nämlichen Sizung kraft nachträglich erhaltener Verhaltungsbefehle†), die er den kaiserlichen Friedenskommissären vorwies.

Einige polnische Arglist leuchtet indessen aus diesen gesandschaftlichen Eröffnungen jedenfalls hervor. Während nämlich der König in seinem Schreiben an Prosky vom 23. Juni, welches dieser gleichfalls in der Konferenz kund gibt, mit hohem Bedauern die beiden bedeutenden Niederlagen eingesteht, welche seine Heere durch die Tartaren, allem Anschein nach zur Erzwingung eines Separatfriedens, am 15.

---

*) utramque Valachiam, lautet der Ausdruk der Staatsschrift.

†) Ad 3-um hat er folgendes abgelesen: Finitâ expeditione allatæ sunt litteræ Sao. Cæs. Mttis per extraordinarium Cursorem, quibus annexæ erant conditiones Pacis, à Turcicis Legatis Comorromy commorantibus oblatæ. In quibus etc. . . . (Siehe im obcitirten Conferenzprotocoll vom 30. Juni 1690.)

und 16. Juni, am Dnieper und in Volhynien derart erlitten, dasz er selbst nunmehr sich zum Auszug in's Feld genöthigt sieht, um der bevorstehenden Verheerung Reuszens und Volhyniens, der Versorgung und Ausrüstung von Kameniez, so wie dem drohenden Einfall in Ungarn kräftig vorzubeugen, weszhalb er denn um so dringender auf schleuniger Zutheilung von einigen Tausend Mann deutschen Fuszvolks besteht, läszt er sich dennoch in Bezug auf seine nur aufgeschobenen, nicht aufgegebenen Ansprüche auf die Walachei eine Hinterthür durch die Erklärung offen, «dasz er in Abwesenheit der ihm vom Landtag zur Berathung über die Friedensbedingungen zugewiesenen Kommissäre erst nachträglich, sobald nämlich der ernste türkische Friedenswille an Tag treten würde, end-gültig sich aussprechen wolle.» Er dringt auf die türkische Abtretung der Walachei, ohne zu bestimmen: an wen; er behauptet, vom tartarischen Abgesandten im Namen des Chans, die Moldau (Valachiam citeriorem) angetragen erhalten zu haben, während doch der Chan in seinem Schreiben ein solches Zugeständnisz gar nicht erwähnt, was sonst jedenfalls geschehen wäre; er gibt seinen eigenen Anspruch so wenig auf, als den kaiserlichen zu; er will also mit des Kaisers Hülfe vorläufig die Moldau und Bessarabien erobern und er-wartet schweigsam von der Zukunft die Erwerbung der Wa-lachei für polnische Rechnung.

Die Schwierigkeit, die den eigenen so diametral zu-wider laufenden polnischen Interessen offen anzuerkennen, lastete um so fühlbarer auf dem Kaiser als ihm einerseits an der Hintanhaltung eines polnischen Separatfriedens, welcher durch Aufstachelung des türkischen Uebermuthes dem vom Erzhause gewünschten Frieden Gefahr zu bringen drohte, anderseits an der Rettung der eigenen Ehre und des An-sehens vor der Welt ungemein liegen muszte, dieses Ziel aber ohne Opfer an Polen kaum erreichbar schien. Hierin und in dem Bestreben, gegenüber dem Kriege mit Frankreich vor-läufig den türkischen abzuthun, liegt der Schlüssel zur theil-weisen Nachgiebigkeit gegen Sobiesky, die indessen selbst bei ihrer engen Begränzung groszentheils noch illusorisch war.

Hatte der Kaiser schon im J. 1689 die durch den pol-nischen Abgesandten Losch bezüglich der Zuerkennung der Moldau und der Bewilligung der Proviantzufuhr aus Sieben-

bürgen wie auch der militärischen Hülfeleistung vorgetragenen
Zumuthungen in Verhandlung genommen und theils zugestanden, theils aber an die Vermittlung des päpstlichen Nuntius
gewiesen, so sprach er sich in der Abfertigung an Prosky
hierüber zum Scheine noch bestimmter aus, ohne indessen
dadurch den eigentlichen Streitknoten auch nur um ein haarbreit der Lösung näher zu bringen. Wie der König hinter
dem polnischen, so verschanzte sich der Kaiser hinter dem
ungrischen Landtag; die Reichsversammlungen sollten aussprechen, was ihre Souveräne nicht offen eingestehen mochten;
dem Drange des Augenbliks sollte durch vorübergehende
Masznahmen entsprochen, der Zukunft aber kein Opfer bleibend auferlegt werden.

In diesem Sinne unterhandelten Leopold und Sigismund
mit einander, und in diesem Sinne fiel auch gegenwärtig des
Kaisers Bescheid aus. *)

Die angekündigte polnische Expedition in die Moldau
und nach Bessarabien erhält am Wiener Hofe volle Bewilligung
und herzliche Wünsche des Gelingens, und ebenso willfährig
wird der angesuchte Proviant- und Futterbezug aus Siebenbürgen genehmigt, und auch sonst alle mögliche Vorschubleistung und Erleichterung der operierenden polnischen Armeen
zugesagt. **) In lezterer Beziehung indessen blikt auch hier der
Geist des Argwohnes aus der an die kaiserlichen Befehlshaber
und Generalkommissariatsbeamte ergangenen Weisung hervor,
«unter der Hand genaues Augenmerk darauf zu halten, dasz
«unter diesem Vorwande polnischerseits nicht andere gefähr-
«liche Anschläge in Siebenbürgen ausgebrütet und in's Werk
gesezt werden.» †) Die geforderte Zutheilung eines Hülfskorps

---

*) Responsio ad Ablegatum Polonicum Samuelem Prosky ad ejus pro-
positiones in negotio turcico. Viennæ, 4-A July 1690.

**) Dekret per Imperatorem, ddo. Wienn den 9. July 1690, an kays.
Hoffkriegs-Rath pto. ausfertig- vnd abschikung der gehörigen Verordnungen
an die kays. generalitet in Siebenbürgen vnd selbigen Endten, dasz Sy der
in Moldau vnd gegen Bessarabiam anziehenden Pohlnischen armee allen möglichen vorschub vnd facilität laisten sollen.

†) Kayserliches Dekret ddo. Wienn, 3. July 1690 an den Hofkriegsrath. Erinderung, dasz Ihre kays. Mayt. allergdst. verwilliget, für die gegen
Wallachey vnd Bessarabia rukhende Pohlnische armee in 7-bürgen ohne præ-
iudiz des landts vnd der daselbstigen kays. miliz gegen bezahlung des billichen
Preisz zuerkhauffen.

deutscher Infanterie findet abschlägige Erledigung, theils wegen des Kriegsbeginnes mit Frankreich, der nunmehr die Aufstellung doppelter Militärmacht erheischt und selbst den Nachschub der nöthigen Ersatzmannschaft erschwert, theils in Anbetracht der Nothwendigkeit die gemachten Eroberungen zu behaupten und zu schüzen; doch stellt der Kaiser, im Falle siegreichen Vordringens der polnischen Waffen bis in die Nähe des kaiserlichen Heeres, denselben alle nur thunliche Hülfeleistung und Förderung in sichere Aussicht.

In Betreff der Zuerkennung der Moldau erwiederte der Kaiser, auf die bereits dem Gesandten Losch ertheilte Antwort sich beziehend und die genauere Erörterung der Rechtsfrage einer gelegeneren Zeit vorbehaltend, «dasz diese Provinz von «altersher und selbst nach dem Zeugnisse der Moldauer immer- «dar ein anerkannter Bestandtheil Ungarns gewesen sei, weszhalb «es also dem Kaiser als Könige von Ungarn keineswegs zu- «stehe, ohne Wissen und Zuratheziehung der ungarischen Stände «darüber zu verfügen. Da jedoch Polens König und Stände «sich durch die Zusprechung der Moldau zufrieden stellen und «jedwedem anderen Vorbehalt oder Anspruch in dieser Be- «ziehung entsagen zu wollen sich schriftlich erklärt hätten, so «verheisze der Kaiser seinerseits dieses Uebereinkommen auf «dem nächsten ungrischen Landtage zur Vorlage und durch «das Gewicht seines königlichen Ansehens zu einer für Polen «günstigen Erledigung zu bringen, schon jezt aber seinen Heer- «führern den Auftrag zu ertheilen, dasz sie die polnische Ex- «pedition in die Moldau nach Kräften unterstüzen und auf «jedwede Art sieghaft machen. Anbelangend die vom tatari- «schen Gesandten vorgelegten Friedensanerbietungen, so stimm- «ten die im Schreiben des Tatarchans enthaltenen vollkom- «men mit den im Ultimatum der türkischen Abgesandten ge- «stellten und unannehmbar befundenen überein; die übrigen «Zugeständnisse habe der tatarische Gesandte aber nicht «schriftlich überreicht und nicht einmal die türkische Vollmacht «zur Friedensunterhandlung vorgewiesen — ein Umstand, der «mit Anspiel auf den unglüklichen Ausgang der zu Chechrin «gepflogenen Unterhandlungen, eine dahinter lauernde türkische «Arglist auch diesmal nicht ohne Grund vermuthen lasse, um «nämlich auf solch trügerische Weise die Sprengung des «heiligen Bundes zu erzielen. Gleichwie übrigens das kaiser-

«liche Kabinet, aller unsäglichen Opfer ungeachtet, die es im
«gegenwärtigen Krieg wider die Türkei und Frankreich brachte
«und die den polnischen an Grösze durchaus nicht nachstehen,
«und troz seines lebhaften Wunsches, mindestens nach Einer
«Seite hin dem Kriegszustande ein Ziel zu sezen, gleichwol
«jeder Versuchung zur Schlieszung eines Separatfriedens be-
«harrlich widerstanden, und vielmehr, getreu den beschwornen
«Bundesbestimmungen, seinen Alliirten von allen mit den tür-
«kischen Abgesandten gepflogenen Unterhandlungen genaue
«Kunde zugemittelt habe, so werde es auch in Hinkunft nur
«mit Einwilligung und guter Mitbetheiligung seiner Bundes-
«genossen einen Gesammtfrieden mit der Pforte anstreben,
«in diesem aber seinen Einflusz dahin geltend machen, dasz
«dem polnischen König durch den gemeinsamen Friedens-
«schlusz die eben gegenwärtig tartarischerseits angebotenen
«Zugeständnisse zugesprochen und gesichert würden, was dem
«polnischen Interesse jedenfalls besser als ein Separatfrieden
«entspräche. Zur desto stärkeren Bethätigung seiner Geneigt-
«heit gegen Polen genehmige schlieszlich der Kaiser die
«seinerzeitige Beiziehung der Moskowiten zu den Friedens-
«verhandlungen, doch nur kraft Freundschaftsrüksichten, nicht
«vermöge vertragsmäsziger Verbindlichkeit, als welche nicht
«vorhanden sei, und ohne dasz die einzuleitenden Unterhand-
«lungen dadurch einen Aufschub erlitten.»

Nicht unangemessen erscheint es hier, auch die anderweitigen Bemerkungen und Gründe anzuführen, die von der
kaiserlichen Friedensdeputation bei der Antragstellung dieses
von Leopold genehmigten Bescheides zur Unterstüzung der
kaiserlichen Ansprüche vorgebracht wurden.*)

Da es sich vor der Hand weniger um die einer geeig-
neteren Zeit vorbehaltene Austragung des Rechtsstreites, wem
die Moldau und Walachei rechtsmäszig angehörten, als vielmehr um die Entreiszung derselben aus türkischer Botmäszigkeit durch die Waffen des einen oder andern Bundesgenossen
handelte, so vergab einerseits der Kaiser sich und der Krone
Ungarn durchaus nichts an seinem Rechte auf beide Länder
und verlezte anderseits eben so wenig seine Bundespflicht

***

*) Siehe oben citirte *Relation* über die bezüglich der polnischen Vorschläge Prosky's am 30. Juni 1690 beim Grafen Starhenberg abgehaltene
Konferenz. pag. 11½, 17, 23.

gegen Polen dadurch, dasz er die aus freien Stüken herüber-geflüchteten Moldowalachen unter seinen Schuz nahm, oder dasz er vor drei Jahren die Expedition Sobiesky's in die Moldau und den nach Eroberung der Hauptstadt Jassy diesem Lande auferlegten Huldigungszwang an Polen nicht allein gut-hiesz, sondern überdies Wünsche für den ferneren glüklicheren Erfolg der polnischen Waffen an den Tag legte. Nicht als ob der Wiener Hof auch nur einen Augenblik an Ungarn's Rechte auf die Moldau Zweifel hegte, sondern lediglich von der Ansicht geleitet, dasz erst nach Abschlusz des türkischen Krieges die Erörterung der Frage, wem die eine oder die andere Provinz bundesgesezlich zuzufallen hätte, auf gütlichem Wege füglich eingeleitet werden könnte, stellte er es dem Belieben des Königs anheim, die gütliche Untersuchung und Erledigung der Streitfrage etweder bis nach dem türkischen Friedensschlusz aufzuschieben, oder aber gleich damals unter päpstlicher Vermittlung in Angriff zu nehmen, für welch lezterem Fall nicht minder als für ersteren kaiserlicherseits alle Bereitschaft und Förderung der Lösung angeboten wurde. Archive und Geschichtswerke stellen Ungarns Hoheitsrechte auf die beiden romanischen Länder so sehr auszer Zweifel, dasz noch fortan auf jedem ungarischen Landtag den Fürsten der Moldau und Walachei Siz und Stimme von Rechtswegen offen behalten werden, wie selbst der jüngste Landtag zu Preszburg noch darthut, auf dem man sogar die Sizstellen beider Fürsten namentlich und genau bezeichnete. Hat sich aber von den Woïewoden dieser Länder irgend einer aus freiem Antriebe unter polnische Schuzhoheit gestellt, so ge-schah dies wider Willen des Königs von Ungarn, und eben deshalb vermag dieser Umstand den Gerechtsamen der Krone Ungarn um so weniger Eintrag zu thun, als es dem Kaiser kraft seines Krönungseides ja nicht einmal zusteht, ohne Vor-wissen und Beistimmung der Stände ein so ansehnliches Glied Ungarns für immer abzutreten oder sonst aufzugeben. An-belangend endlich des Generals Heisler beim Hofkriegsrath angesuchte Bewilligung, unter günstigen Umständen mit Rei-terei unversehens einen Handstreich gegen die Walachei und etwa auch gegen die Moldau zu dem Ende auszuführen, um den eben dermalen an einem offenen Orte weilenden Fürsten der Walachei, wenn möglich, in seine Gewalt zu erlangen,

liegt die kaiserliche Friedensdeputation dagegen nicht blos
kein Bedenken, sondern erachtet diesen Zug vielmehr für unerläszlich und politisch geboten, sowol zur Züchtigung der
Fürsten, insbesondere des walachischen Constantin Brankowano, welcher die Achtung gegen den Kaiserhof ganz bei
Seite gesezt, wie auch überhaupt zur Hebung des kaiserlichen
Ansehens in beiden Ländern durch energische Einflöszung
heilsamer Furcht in die Gemüther der dortigen Bevölkerung.
Die Krone Polen aber dürfe — wie die Friedensdeputation
sich ausdrükt — diese Maszregel weder übel aufnehmen noch
dawider Beschwerde erheben, weil sie auf die Fürstenthümer
eben so wenig bisher ein Recht besessen als nunmehr irgend
eines eingeräumt erhalten, sondern auf ihre neuen Ansprüche
lediglich einen aufschiebenden Bescheid erwirkt habe. Uebrigens erbürgten Heisler's Talent und Geschik das sichere Gelingen und den gedeihlichen Erfolg des beabsichtigten Unternehmens.

    War nun die Vertagung der Frage kaiserlicherseits
schon überhaupt eine verblümte Verneinung, so trug die Berufung an den Spruch des ungarischen Landtages schon die
volle Gewiszheit der polnischen Sachfälligkeit in sich. Die
bittere Pille zu vergolden, beordnete nun Leopold seinen Gesandten Siemunsky zu einer für Polen's selbsteigenes Interesse günstigst möglichen Auslegung des œsterreichischen Bescheides, «dasz es nämlich mit der Verweisung der Sache
«vor den nächsten ungarischen Landtag blos auf deren aus-
«giebigere Sicherstellung und festeren künftigen Bestand ab-
«gesehen, und unschwer zu entnehmen sei, dasz widrigenfalls
«nicht allein der Kaiser seinen Eid brechen müszte, sondern
«auch die Ungarn selbst, tief gereizt durch ihre, in dem ein-
«seitigen Vorgange ihres Königs liegende Nichtbeachtung und
«Nichtvernehmung, eben deszhalb in Hinkunft dagegen zur
«Einsprache und Nichtgenehmigung getrieben, sonach ein nich-
«tiger Akt begangen, und kraft dessen alle nachfolgenden
«Könige von Ungarn noch fortan befähigt werden würden,
«ihres Landes Gerechtsame auf die Fürstenthümer zur Geltung
«zu bringen. Dasz der Kaiser ein Erbrecht auf Ungarn be-
«size, entbinde ihn übrigens so wenig des geleisteten Eides
«als der darin übernommenen Verpflichtungen, und es stelle
«sich somit selbst zum eigenen Besten von Polens König und

‹Republik der kaiserliche Vorbehalt als zwekmäszig und wol-
‹gemeint dar. Schlieszlich wolle das kaiserliche Kabinet, an
‹der Allianz mit Polen festhaltend, ohne selbes einen Sonder-
‹frieden weder anstreben noch schlieszen, und erwarte ein
‹Gleiches von Polen.› *)

Bei Gelegenheit dieser Gesandschaft erhob Samuel Prosky
unter Anderem auch Ansprüche auf eine gewisse Geldsumme,
welche der verstorbene moldauische Woïewode Duka dem
Polenkönige nicht sowol als Lösegeld denn aus Dankbarkeit
verheiszen habe, ein Betrag, der aber zum Besten des kaiserlichen Heeres seine Verwendung gefunden. †) Der hierauf
erflossene Bescheid stellte Untersuchung des Sachverhaltes und
hiedurch bedingte angemessene Erledigung in baldige Aussicht. ††)

Des Kaisers Hintergedanken mochten indessen, ihrer un-
scheinbaren Verhüllung ungeachtet, für Polens misztrauischen
Blik doch nicht undurchdringlich genug gewesen sein, denn
der kaiserliche Gesandte Georg von Siemunski hatte in
Warschau gegenüber dem durch den œsterreichischen Bescheid
gereizten Königshof einen harten Stand. Sobiesky übertrug
die nähere Prüfung der kaiserlichen Antwort (wovon Prosky
blos die Abschriften mit Zurükbehaltung der Originale eingesendet hatte) einer Senatsabtheilung, die den Siemunski
zu einer Konferenz vorlud und ihn zu Erläuterungen über
einige dunkle Stellen des kaiserlichen Bescheides aufforderte,
von ihm jedoch wegen Mangel ausreichender Instruktionen
nur eine allgemeine und ungenügende Auskunft erhielt. Als
nun der König durch den Kardinal Rudzieiowsky die Sache
in Wien und Rom mit ungestümer Dringlichkeit abermals in
Anregung zu bringen sich anschikte, trachtete der kaiserliche
Vertreter diesem stürmischen Ultimatum, welchem ein entschiedener Bruch fast unausbleiblich nachfolgen muszte, mit
Beihülfe des päpstlichen Nuntius und des venetianischen Ge-

---

*) An Siemunsky Kayserliche Communicatio, was der Pohlnische Ab-
gesandte Prosky in negotio Pacis an den Kays. Hoff angebracht vnd Ihme
darauf geandtworthet worden. Wienn den 10. July 1690.

†) ‹ratione ciusdam pecuniæ Ser-mo Regi à defuncto Palatino Moldauiæ Ducka, non tam lytri, quàm gratitudine ergò promissæ, et prout refer-
tur, in militiam Cæsaream erogatæ.

††) An den Pohlnischen Abgesandten Prosky verbescheidung der Reichs-
hof-Kanzley auf seine alda Eingereichte puncta. Viennae 13-tia July 1690.

sandten vorzubauen, und wendete sich deszhalb persönlich sowol an den König als die Königin, wobei ihm auch der Prinz Jacob und der kaiserfreundliche Bischof von Posen erfolgreich zur Seite standen. Prosky empfing demnach die Weisung die ihm unter Siegel zugefertigten Depeschen, worin auch die dem Kardinal Radzieiowsky zugedachten eingeschlossen waren, so lange nicht zu öffnen, bis Siemunsky nicht neuerdings vernommen und in Folge dieser Einvernehmung der Auftrag zur Oeffnung ausdrüklich ertheilt worden wäre.*) In den von Siemunsky erbetenen neuerlichen Konferenzen vom 24. und 25. Juli, in welchen die Polen ihre Ansprüche an die Moldau sowol auf ibre uralten Gerechtsame als nicht minder auf ihre jüngste Besiznahme und Huldigung dieses Landes stüzten, drang der kaiserliche Gesandte eben so wenig mit seinen mündlichen wie mit den ihm abverlangten schriftlichen Erläuterungen und Vorschlägen durch, weil diese auch in der That nichts denn lautere Umschreibungen und Rechtfertigungen des vom Wiener-Hof erflossenen Bescheides vorstellten. Man brach demnach die officielle Verhandlung in den Konferenzen ab und liesz dafür die im Privatwege durch den Bischof von Posen und durch die vom Gesandten selbst angerufene Königin noch fortführen. Von diesen beiden aufgefordert und an das Interesse des Königs gemahnt, der Verdächtigung seiner (Sobiesky's) patriotischen Absichten ein halbwegs annehmbares kaiserliches Zugeständnisz entgegen zu halten, erliesz Siemunsky eine zweite schriftliche, diesmal aber ganz kurze Erklärung, welche des Kaisers ernstlichen Willen, die Moldau an Polen bleibend abzutreten, neuerdings bekräftigte, und die Vorlage an den ungarischen Landtag blos aus der Absicht, mehrere Sicherheit und dauernderen Bestand für diese Abtretung zu wege zu bringen, ableitete, gleichzeitig aber auch die bekannte Bedingung der polnischen Verzichtleistung auf alle sonstigen Vorbehalte und Ansprüche in Erinnerung brachte. Auf Grundlage dieser Erklärung nun erging an Prosky der Auftrag, den Kaiser wegen Abtretung

---

**) Schreiben desz Siemunsky an Ihre Kays. Maytt. in puncto der dem Puhlnischen abgesandten Prosky am Kays. Hoff erthailten verbeschaydung, vnd wie solche am Pohlnischen Hoff aufgenommen, vnd wasz dem Cardinal Radzieiuwsky derentwegen aufgetragen worden. ddt. Warschau den 21. Juli 1690.

der Moldau mindestens unter der Bedingung zu drängen, dasz dieselbe bis zur völligen Genehmigung durch die ungarischen Stände vorläufig nach Möglichkeit zu gelten hätte *) — eine Forderung, welche man kaiserlicherseits neuerdings mit dem gedachten Vorbehalte entsprochen zu haben scheint.

Die Zögerung Polens sich am Friedenskongresse in Wien ernstlich zu betheiligen, und die dadurch noch immer rege Besorgnisz von einem polnisch-türkischen Separatfrieden veranlaszten das kaiserliche Instruktionsschreiben an Siemunski vom 17. Jænner 1691.†) In diesem wird die Rükführung der türkischen Friedensgesandten von Komorn nach Pottendorf, der Antrag der guten Dienste (bona officia) von Seiten Englands und Hollands an der Pforte zur Erzielung ausgehnterer Vollmachten für die türkischen Gesandten und die Annahme der guten Dienste durch den Kaiser kundgegeben und bedeutet, dasz die Genehmigung dieser guten Dienste von Seiten der Alliirten unter gleichzeitiger Eröffnung der Friedensbedingungen an die englisch-holländischen Gesandten sich zur Ermöglichung eines günstigen Friedensschlusses als erwünscht darstelle. Da es sich aber vor der Hand nicht um Entgegennahme neuer türkischer Friedensvorschläge, sondern lediglich um Beantwortung der leztgestellten handle, so habe Siemunski dem König Sobiesky zu bedenken zu geben, «dasz «man bei nunmehr so stark veränderten Umständen polni-«scherseits nicht mehr auf den in der ersten Antwort an die «Türken gestellten Forderungen beharren, sondern dieselben «vielmehr, der geänderten Sachlage gemäsz, mit Rüksicht «auf die lezten türkischen Friedensvorschläge abändern sollte; «dasz der König, angesichts des doppelten kostspieligen «Krieges, in den der Kaiser verflochten ist, und des dadurch «bedingten Friedenswunsches, seine Bedingungen lieber derart «einrichten sollte, um den Weg zu ferneren Friedensverhand-

*) Relatio desz Schicmunsky an lre Kays. Mal., die Cession der Moldau an die Cron Pohlen betreffend. ddo. Warschau, 28 July 1690. Sambt den zwai schriftlichen Erklärungen desselben A u. B.

Daselbst heiszt es: «et ut ad interim (cessio Moldauiæ), donec omnia valide apud Status Hungariæ procurerentur, valeat quantum valere potest.»

†) An Schiemunsky Commissio, wasz Er bei dem König in Pohlen in negotio Turcico in Einem vnd andern vorbringen vnd verrichten soll. Wien den 17-ten January 1691.

«lungen vielmehr zu ebnen und zu erleichtern, als um ihn zu
«erschweren oder gänzlich abzuschneiden; dasz ja ohnedies
«im Hinblik auf den lezten Umschwung der Verhältnisse und
«des Feindes jüngstes Kriegsglük, dermalen weit mindere
«Wahrscheinlichkeit dafür spricht, es würden die Türken nun-
«mehr aus freien Stüken die Zugeständnisse einräumen, die
«ihnen in ihrer vorigen weit schlimmeren Lage nicht abzu-
«trozen gewesen; dasz dem entsprechend die Krone Polen in
«ihren mit dem Moskowiterlande geschlossenen Bündnisse
«überdies sich anheischig machte, mit der Rükstellung von
«Kameniez und des zugehörigen Bereiches, welches noch tür-
«kischer Gewalt unterstehen, sich zufrieden zu stellen und auf
«diese Bedingung hin mit der Pforte Frieden zu schlieszen,
«sonach auch aus diesem Grunde auf härtere Bedingungen
«einzugehen nicht die Berechtigung besize. Doch dürfe —
«fügte er tröstend hinzu — der König den Muth nicht sinken
«lassen, solle derselbe vielmehr sich zu dem bevorstehenden
«Feldzug in kräftige Verfassung sezen und, gleich dem Erz-
«hause, dahin trachten das im lezten Feldzug verlorene wieder
«zu erobern und auf solche Art den von den türkischen Ab-
«gesandten noch fortan als Grundlage der Unterhandlung
«hartnäkig in den Vordergrund gestellten gegenwärtigen Be-
«sizstand (uti possidetis) zu seinen Gunsten umzugestalten.
«Die frühzeitige Eröffnung und praktische Leitung des nächsten
«Feldzuges müszte aber unfehlbar die ganze Moldau in pol-
«nische Hände spielen und ihnen die, weit leichter durch
«Waffen als durch türkische Verträge ausführbare Behauptung
«des einmal Eroberten verbürgen, zumal der Kaiser, dem
«polnischen Begehren gemäsz, durch die beschlossene Ab-
«sendung eines eigenen Gesandten, des Kammerrathes Kurzen,
«nach Moskau eine moskowitische Diversion gegen die Tar-
«taren zuwegezubringen unternommen, aut dasz diese, da-
«heim hinreichend beschäftigt, genöthiget würden weit eher
«der Vertheidigung des eigenen Herdes als der Hülfeleistung
«an Andere eingedenk zu sein. Auf solche Art würde ein
«annehmbarer Friede unter dem Kriegsschilde sich abschlieszen
«und festigen lassen. Kaiserlicherseits werde man übrigens,
«zur Erzielung eines Einklangs in den Operationen des nächsten
«Feldzuges, einen eigenen Abgeordneten in's königliche Hof-
«lager entsenden, gewärtige indez sofort die Beschikung des

«Friedenskongresses in Wien durch einen, ob auch mit be-
«liebig beschränkter Vollmacht versehenen polnischen Ver-
«treters, der bei wirklichem Abschlusz der Unterhandlungen
«durch einen gehörig bevollmächtigten Gesandten zu ersezen
«käme. Endlich habe der Wiener-Hof, obwol es dem Bundes-
«vertrage, der blos dem Separatfrieden ausschliesz, nicht zu-
«widerliefe, dem englischen und holländischen Gesandten zwar
«keine Vollmacht zur Unterhandlung im kaiserlichen Namen
«ertheilt, sondern lediglich die Erwirkung neuer Instruktionen
«für die türkischen Friedenskommissäre zur Aufgabe gestellt,
«erachte aber für sehr zwekmäszig die Friedensbedingungen
«jedes einzelnen Bundesgenossen den obgedachten zwei Ge-
«sandten zu den Zweke zu eröffnen, damit sie darnach
«die Abfassung der türkischen Instruktionen an der Pforte
«selbst anzustreben sich bemühen mögen. Polen werde so-
«nach eingeladen gleichfalls diesem Verfahren beizutreten
«und seine eigenen Bedingungen zum Frieden, die nicht
«eben als die lezten und unabänderlich festgestellten zu gel-
«ten hätten, an die englisch-holländischen Vertreter bekannt
«geben.»

Diesen vom Gesandten Siemunsky sowol mündlich
als schriftlich dem Könige vorgebrachten Zumuthungen und
Anträgen willfahrte lezterer nur theilweise, in der Hauptsache
aber gar nicht. Ein königlicher Vollmachtsbrief, ausgestellt
in Zolkiew am 24. Jænner 1691, beordnete den Maltheser
Ritter Samuel Proski nach Wien zur Anhörung der türkischen,
wie auch zur Vorlegung der polnischen Bedingungen und
Vorschläge, ohne jedoch demselben das, einer späteren Groszbotschaft vorbehaltene, Recht des endgültigen bindenden Abschlusses zuzuerkennen. Hiedurch geschah dem œsterreichischen Begehren Genüge, welches zunächst eine blos formelle
Betheiligung am Congresse zum Zweke der Wiederanknüpfung
des eine Zeit lang zerrissenen Unterhandlungsfadens herbeizuführen wünschte. Auch willigte *Sobiesky*, der nicht ohne
Mühe die Beistimmung des zu Lemberg versammelten Senats
vorläufig erwirkte, in den Vorschlag ein, den ihre guten Dienste
an der Pforte antragenden Gesandten Englands und Hollands
zur Förderung des Friedenswerkes die polnischen Friedensbedingnisse mitzutheilen. Allein eine sehr nennenswerthe Milderung all dieser Bedingungen selbst, namentlich in Betreff

der Donaufürstenthümer zu erzielen gelang weder des Kaisers Staatskunst noch seines Gesandten eifriger Bemühung. †)

Polens Bedingungen, welche der Kronreferendar Stanislaus Szczuka am 13. Februar 1691 aus Zolkiew an Siemunsky, und der Bevollmächtigte Samuel Proski am 14. Februar aus Regensburg dem Hofkanzler Kinsky schriftlich übermittelten, bestanden diesmal aus sechs Punkten nebst einem kurzen Anhang: 1. Abtretung der Provinzen Podolien und Ukraïna nebst der Festung Kameniez; 2. Ueberlassung der Moldau und Walachei; 3. Hintanhaltung der Raubzüge der Krimer Tartaren und Ersazleistung der Pforte für dieselbe im widrigen Falle; 4. billige Entschädigung für die Kriegsschäden und Landesverheerungen Polens; 5. Versagung aller Unterstüzung und Schuznahme der meuterischen Kosaken ohne Ausnahme; 6. Räumung und Niederreiszung aller türkischen Festungswerke am Dnieper; endlich anhangsweise die Genehmhaltung der vom moskowitischen Zaren geforderten Zugeständnisse.

Im Vergleiche zu seinen im J. 1689 formulirten Friedensbedingungen verzichtete nun Polen allerdings auf diejenigen rein religiöser Natur, und in politischer Beziehung auf die Vertilgung oder mindestens Vertreibung der Tartaren; von seinen Vergröszerungsgelüsten durch Erwerbung anerkannt türkischer oder doch zeitlich durch Kriegsglük in türkische Gewalt gefallener Länder liesz es sich indesz keineswegs abbringen. Und in djesem Anbetracht fiel sein Augenmerk zunächst auf Podolien und die Ukraïna, deren Besiz im Interesse der eigenen Sicherheit, des Gränzschuzes und der politischen Ehre gleich unerläszlich schien, in zweiter Reihe aber auf die von der Natur reich gesegneten beiden Fürstenthümer, deren in

---

†) a) Schiemunsky an Ire kays. Mayt. Erindert, wasz für eine schriftliche information Er dem König in Pohln in puncto reassumendi tractatûs paeis mit der Porthen, vnd der, von Engel- vnd Hollandt hierzur angetragenen officien durch den, an Ihne von hierausz abgeschikhten Courrier zuegesendet, vnd waszgestalt Er selbigen Eheistens persönlich nachfolgen werde. Warschau den 29-ten January 1691.

b) Relation desz Schiemunsky an Ire kays. Mayt, wasz für eine Anthworth von dem König in Pohln Ihme auf den, wegen accep
tierung der Englischen vnd holländischen officien zu reassumierung der friedens tractaten mit denen Türkhen beschechenen vortrag erfolgt. Warsehau den 19. February 1691.

der *zweiten* Bedingung folgendermaszen Erwähnung geschieht: «Die Moldau und die Walachei, welch beide Provinzen einst «Polens Königen zinspflichtig waren und deren erstere gegen- «wärtig von Seiten des Königs Sobieski groszentheils besezt «wurde, sollen sammt allen jenen Gebieten, die den Bud- «schaker- und Akermaner-Tartaren zur Wohnstätte dienen, so «dem Rechte als dem Besize nach, der Krone Polen über- «antwortet werden, derart dasz der Donaustrom die Gränze «zu bilden hätte.» *)

Der offenbare Widerstreit dieser Bedingung mit dem vom Wiener Hofe bei Zugestehung der Moldau an Polen aufgestellten Vorbehalte, dasz hiedurch des Kaisers und der ungarischen Krone alte Rechte auf die Walachei in keinem Falle eine Kürzung oder Fragestellung zu befahren hätten, und die, troz aller scheinbaren Ermäszigung, noch immer hohe Ueberspannung der polnischen Zumuthungen konnten gegenüber dem Friedensbedürfnisz des doppelt bedrängten Kaisers und den groszen Werth, den er auf den Besiz der Donaufürstenthümer legte, nicht fehlen auf die kaiserliche Regierung verstimmend zu wirken. Und wenngleich noch immer die Hoffnung aufrecht blieb, Polen würde seine Er- klärung nicht als sein leztes Wort ansehen, sondern im Laufe der Unterhandlungen noch ferner mildern, so machte sich doch die Miszstimmung des Wiener-Hofes theils offen theils verdekt zu wiederholten Malen Luft.

Den Anlasz zu einer solchen Gesinnungsäuszerung bot dem Kaiser bald darnach das doppelte polnische Begehren, mit dessen Geltendmachung in Wien der Gesandte Prosky betraut war. Sobiesky, der eine Heeresabtheilung von 6000 Mann nach Siebenbürgen zur Vertheidigung der kaiserlichen Eroberung zu entsenden verheiszen hatte, forderte dasz der Oberbefehl sowol über diesen Hülfstrupp wie auch über das daselbst zu Felde liegende kaiserliche Armeekorps seinem

*) Conditiones ad Tractatum Pacis cum fulgida Porta othomanica ex parte Ser-mi Regis et Reipublicæ Poloniæ Constantinopolim designandæ. Conditio 2-da. Moldavia (quæ jam magna ex parte Sac. Regiæ Majtis Polo- niæ occupata) et Valachia, quæ utræque olim Provinciæ Se- renissimorum Regum Poloniæ tributariæ erant, iuri et posses- sioni Sæ. Regiæ Majtis Poloniæ relinquantur, unâ cum omnibus istis ditionibus quas Budziacenses et Bialogrodenses Tartari in- colunt, itâ ut limes sit fluvius Danubius.

Sohne, dem Prinzen Jakob anvertraut, und ferner dasz wegen
seinerzeitiger Vermählung einer königlich polnischen Prin-
zessin†) mit des Kaisers Sohn, dem römischen König Jo-
seph I., die angemessene Uebereinkunft getroffen werden
möchte. Leopold's I. Bescheid lautete dahin: «Wenn Prinz
«Jakob längstens bis Ende Juni mit dem gedachten Hilfsheer
«sich in Siebenbürgen persönlich einfinden, die polnische Ar-
«mee bald nachrüken und spätestens um Mitte oder zu Ende
«Juli ihre Kriegsoperationen eröffnen würde, alsdann wollte
«man kaiserlicherseits kein Bedenken tragen dem Prinzen die
«Ehrenvorzüge und den äuszeren Anschein des Oberbefehls
«in Siebenbürgen zu gewähren; sollte aber der Drang der
«Umstände den Einmarsch der kaiserlichen Hauptarmee in
«Siebenbürgen zur Beschirmung des Landes erheischen, so
«könnte man keineswegs sich dazu verstehen, dem Markgrafen
«von Baden den ungetheilten Oberbefehl über die gesammte
«kaiserliche Waffenmacht zu entziehen. Belangend die in Vor-
«schlag gebrachte Heirat, sei deren Erwägung jedenfalls un-
«zeitig und all zu sehr von der künftigen Neigung und eigenen
«freien Wahl des noch unmündigen (weil erst 13-jährigen)
«Kaisersohnes abhängig, als dasz sich dermalen schon mit
«Verläszlichkeit eine Feststellung treffen und der Zukunft
«vorgreifen liesze. Doch habe der kaiserliche Gesandte Graf
«Thun blos im eigenen Namen und gleichsam aus eigenem
«Antriebe, ohne sich im Entferntesten auf irgend einen Auf-
«trag oder irgend welche Vollmacht vom Kaiser berufen zu
«dürfen, der Königin bei günstiger Gelegenheit anzudeuten,
«dasz des Kaisers Abneigung gegen die angetragene Ver-
«schwägerung von der überwiegenden und verdachterregenden
«Einflusznahme der französischen Partei, insbesondere des
«königlichen Schwagers Bethune, am polnischen Hofe desz-
«halb herrühre, weil man in Wien und im ganzen Reiche auf
«grösztmöglicher Sicherstellung der Nachfolge und somit der
«Fruchtbarkeit des Erzhauses sehr viel halte; dasz nun aber
«die französischen Ehebündnisse mit dem spanischen Königs-
«hause allenthalben verrufen seien, und absonderlich die Un-

---

†) Es kann wol keine andere gemeint sein als Sobiesky's Tochter The-
resia Kunigunde, im Jahre 1695 vermält mit dem bayerischen Kurfürsten Maximilian Emanuel.

«fruchtbarkeit der lezten Königin von Spanien der Krone
«Frankreich Schuld gegeben wurde; dasz eben deszhalb die
«Anwesenheit Bethune's und die Vertraulichkeit seiner Ehe-
«gattin am polnischen Königshofe sich vorzüglich eigneten,
«einerseits als die zuverlässigsten Beförderungsmittel der un-
«lauteren Absichten des französischen Hofes zu wirken, ander-
«seits jedoch dadurch dem Kaiser einen nicht grundlosen
«Verdacht wider diese französischen Helfershelfer, und folge-
«richtig hohe Bedenken wider die Zulässigkeit des angeregten
«Ehebündnisses einzuflöszen; dasz schlieszlich der Kaiser diesen
«wahren Grund des Widerwillens zwar nie offen eingestehen,
«aber eben so sicher auch in so lange der Aufenthalt des
«Marquis de Bethune und seiner Gattin an Sobiesky's Hof
«währe, nimmermehr dem Heiratsprojekte beipflichten werde.
«Bethune's Ausweisung stelle sich aber um so dringender dar
»und sei auch dem Könige um so nachdrüklicher anzusinnen,
«da derselbe, wie das ihm zugefertigte, aber aufgefangene
«Schreiben Croissy's aus Versaille vom 3. Mai klärlich erweist,
«am polnischen Königshofe gefährliche Ränke wider das
«polnisch œsterreichische Kriegsbündnisz schmiede, die Einig-
«keit und Freundschaft der beiden Höfe zu untergraben
«trachte, und mit Beihülfe der übrigen französischen Aus-
«sendlinge allbereits viele polnische Generäle, Senatoren, Mi-
«nister und den Kardinal Radziowsky für Frankreichs Pläne
«gewonnen habe. Wolle der König Abhülfe schaffen und die
«bedrohten Bande der Einigkeit auszer Gefahr sezen, so handle
«er lediglich im Geiste und nach dem Buchstaben seiner
«wiederholten feierlichen Betheuerungen; wolle er es nicht,
«so möge diese Kundgebung ihn mindestens belehren, dasz
«man in Wien von den Vorgängen am Warschauer Hofe und
«von den eigentlichen Werkzeugen und Ursachen der Störung
«in den freundnachbarlichen Beziehungen der beiden Höfe
«genau unterrichtet sei. Zur Aufdekung der französischen Um-
«triebe solle Graf Thun Croissy's oberwähntes Schreiben auch
«dem dortigen päpstlichen Nuntius und andern wolgesinnten
«Personen vertraulich zur Einsicht mittheilen, und dem fran-
«zösischen Einflusz zuwider, welcher auf Hintanhaltung jed-
«weden polnischen Kriegsbeistandes hinarbeite, vom Könige
«seinen persönlichen Auszug in's Feld und die beschleunigte
«Entsendung der polnischen Hauptarmee, vor Allem die Zu-

«theilung des verheiszenen Hülfskorps von 6000 Mann nach «Siebenbürgen mit allem Nachdruk fordern.*)

Ueber die damaligen Zustände und Einflüsse am polnischen Königshofe und die dabei thätigen geheimen Triebfeder verbreitete die Aussage eines hochgestellten polnischen Staatswürdenträgers am Kaiserhofe ein, jedem profanen Auge unfaszbares helles Licht.**) Diesem durch Personen- und Sachkenntnisz wie auch durch Offenheit gleich merkwürdigen, vom böhmischen Kanzler Grafen Kinsky zu Papier gebrachten mündlichen Zeugnisse gemäsz, stellte sich die damalige polnische Kriegsmacht zur Abwehr der tartarischen Einfälle in Reuszen als unzureichend dar. Der Kronfeldherr hatte kaum tausend Reiter unter seinem Banner zu vereinigen vermocht; der lithauische, obzwar stärkere Zuzug, durch seine räumliche Entlegenheit vom polnischen Heere getrennt, stellte ein spätes Erscheinen am Kampfplaze in Aussicht, und die angestrebte Vereinigung der Lithauer und Polen wurde durch die Aufstellung des Tartaren-Lagers zwischen Tarnopol und den königlich polnischen Güttern, wenn nicht unmöglich, so doch sehr erschwert. Die Verheerung und Einäscherung der königlichen Güter tartarischerseits erfolgte aber über Anrathen und Anstiftung Frankreichs und seiner Partei, zu dem Ende, um den König und die Republik durch überwiegenden Schaden und Aussichtslosigkeit auf irgend welche polnische Waffenerfolge zu einen Separatfriedensschlusz mit der Pforte zu drängen. Haupthebel Frankreichs am Königshof war aber die Königin selbst, Marie Kasimire Louise, aus dem Hause Bethune stammend, welche ohne den eigenen nationalen Ursprung zu verläugnen, nicht in die Ausweisung ihrer Verwandten und Parteigenossen vom Hofe willigen mochte, und deszhalb diese Maszregel, welche zumal in den königlichen Eheakten als Bedingung ausdrüklich festgesezt war, stets zu hintertreiben wuszte. Der Königin unerlaubtes Verhältnisz mit dem Fürsten

---

*) Kayserlicher Erlasz an Graffen von Thun über desz Pohlischen Abgesandten alhier gethane propositionen wegen Verleihung an Princz Jacob desz Commando über die völkher in Siebenbürgen, vnd Eine künftige Heyrath zwischen Irer Mayt dem Röm. König, vnd Einer Königl. Pohlischen Prinzessin, dan Eines intrigirenden französischen Briefes. Wien, den 5-ten Juny 1691.

**) Prothocollum secreti Cologny inter Suam Excellentiam (Comitem à Kinsky) et N. 7-må July 1691 habiti de moderno statu; compllatum 18-vå eiusdam Mensis et Anni.

von Kurland gelangte zwar durch klare Belege zu Sobiesky's Kunde, erfüllte ihn jedoch gleichzeitig mit solcher Besorgnisz vor allfälligen meuchlerischen Angriffen auf seine Tage, dasz er in dieser Beziehung sich unwissend stellte und den Buhlen nicht allein in Amt und Würde wieder einsezte, sondern überdies öffentlich am Hofe duldete. Die Königin ihrerseits aber legte nicht die Hand am Leben ihres königlichen Gemals aus zweifachem Grunde: zuvörderst weil sie die verborgene Stätte, wohin Sobiesky seine Schäze in Sicherheit gebracht hatte, nunmehr nach dem auffallenden plözlichen Verscheiden des einzigen Mitwissers, des königlichen Groszschazmeisters, keineswegs zu errathen vermochte; sodann weil sie in Anbetracht des unsicheren Ausganges aller Bestrebungen ihrer Anhänger eine offene Schilderhebung immerhin für ein Wagnisz, sonach es aber für gerathener hielt, die sichere Gegenwart der unsicheren Zukunft vorzuziehen. Dies hinderte sie gleichwol nicht, dem nach ihrer Hand und der Königskrone gleich lüsternen Reichsmarschall Jablonowsky insgeheim beides zuzusagen und dessen Hoffnung durch Schmeichelworte und Trugkünste aller Art wach zu halten und zu pflegen. Der Ehrgeiz Jablonowsky's und sein mächtiger Anhang waren aber willkommene Bundesgenossen Frankreichs, das seine Schäze ihnen spendete und hiedurch seinen Einflusz auf Polen behauptete. Auch die Pforte hatte es versucht die Throngelüste ehrgeiziger Polen im eigenen Interesse dienstbar zu machen: um den Preis eines günstigen Separat- oder auch gemeinschaftlichen Friedens trug sie dem Sobiesky den vollen Beistand ihrer Heeresmacht zur Sicherstellung der Nachfolge seines Sohnes, des Prinzen Jakob, an, und als der König den Antrag von der Hand wies, verhiesz sie unter der nämlichen Bedingung ihre Waffenhülfe insgeheim dem Jablonowsky, um ihm auf den Thron zu verhelfen; der Reichsmarschall ging in den Vorschlag ein, und arbeitet nun eben so am Sturze Sobiesky's wie dieser selbst einst in gleicher Lage an demjenigen seines königlichen Vorfahren. Es ist selbstverständlich, dasz das kaiserliche Kabinet seine Sympathie und Unterstüzung derjenigen Partei in Polen zuwendete, die, dem französischen Einflusse unzugänglich, einer Politik der Mäszigung, Bundestreue und der Anstrebung eines Kollektivfriedens das Wort redete.

Ein derart durchwühlter Boden war nun keineswegs geeignet, die zarte seelenumrankende Vertrauenspflanze aufkeimen zu lassen. Demgemäsz erlitt die Absendung eines polnischen Bevollmächtigten nach Südungarn in's siegreiche kaiserliche Heerlager, wo der Markgraf von Baden auf etwaige Friedensvorschläge der geschlagenen Türken sich Hoffnung machte, bedeutenden Verzug, troz dem beharrlichen Andringen des Kaisers, der, erschöpft durch die schweren Geld- und Menschenopfer zweier groszer Kriege, die Beendigung des türkischen herbeiwünschte, um desto leichter den Strausz mit Frankreich durchfechten zu können. Eine neue kaiserliche Betreibung an den Gesandten Prosky sezte den Sobiesky von des Wiener-Hofes dringendem Verlangen in schnelle Kenntnisz. *) Als endlich Polen durch Abordnung seines Bevollmächtigten Stanislaus Malachowski diesem Ansinnen, ob auch spät, willfahrt hatte, erwiederte kaiserliches Misztrauen dem königlichen in unverkennbarer Weise. Der gesammte Schriftwechsel dieses Bevollmächtigten mit seinem König und der polnischen Regierung überhaupt wurde in Ungarn, wo er bestimmungsmäszig in der Nähe des kaiserlichen Hauptquartiers weilte, von den kaiserlichen Postbehörden systematisch unterschlagen und seinem Einspruche zu Troz beharrlich vorenthalten. Mit schmerzvoller Bitterkeit rügte Malachowski gegen den kaiserlichen Friedenskommissär Baron Kanon ein so völkerrechtswidriges, bundesfeindliches und unedles Verfahren, das durch Verhinderung der dem König zugedachten nothwendigen Aufklärungen und Berichte den Erfolg der polnischen Friedensverhandlungen sammt und sonders in Frage zu stellen und dadurch dem König und der Republik eben so groszen Schaden als Schimpf zuzufügen droht. «Nicht als Späher und «geheimer Sendling, schrieb er, bin ich hieher gekommen, «sondern als Gesandter und Bevollmächtigter des mächtigen «Polenkönigs, eines durch den Bundesvertrag und so viele «andere Bande alliirten Fürsten; nicht mit feindlicher Absicht «trat ich in des Bundesgenossen Lager, sondern zufolge der

*) Decret an den Pohlnischen abgesandten Samuele Prosky, das Er die vnanständige absendtung eines Pohlnischen geuollmächtigten ministri zur kays. armée in Hungarn zu denen alda etwo vorfahlenden friedens tractaten bey seinem König sollicitiern solle, wie solches auszgefertiget vnd dem Pohlnischen adgesandten den 27-ten Augusti 1691 zugeschiklt worden.

«freundlichsten und lautersten Willensmeinung meines Ge-
«bieters, unter Antrieb meiner eigenen natürlichen Sympathie.
«Wozu also mein hiesiger Aufenthalt, wenn der Rechenschafts-
«bericht an meinen Souverän über den Ausgang meiner
«Sendung jeden Ausweg geschlossen findet? wenn des Königs
«Verhaltungsbefehle in einer so wichtigen Sache mir nicht
«zukommen dürfen, und das Gesandtenrecht nicht minder als
«das strengere Bundesvertragsrecht sich verhöhnt sehen musz.*)»

Freiherr von Kanon trachtete durch seine Antwort die
handgreifliche Wunde des tiefgereizten Gesandten vernarben
zu lassen. Er tadelte den angezeigten Unglimpf aufs Entschiedenste, stellte aber jede Mitwissenschaft oder Mitbetheiligung des Kaisers und des Markgrafen von Baden durchwegs
in Abrede, und forderte den Beschwerdeführer zur genauen
Aufmerksamkeit auf Ort und Urheber der Missethat auf, indem viel wahrscheinlicher Bosheit eines Privaten oder über-
grosze Neugierde oder Unachtsamkeit am Aufgabsorte dieser
Schuldhandlung zu Grunde liegen könnte; endlich verhiesz
er dem Gesandten die von ihm selbst zu bezeichnende Art
der Abhülfe. **)

Des Kaisers Friedensbedürfnisz, die Unnachgiebigkeit
der Pforte und die beharrliche Ländergier Polens milderten
indessen die œsterreichischen Ansprüche auf die Moldau und
Walachei in erheblicher Weise. Die mit dem Friedenswerke
betraute Deputation machte den Grund geltend, dasz der
Kaiser auf diese Länder als alte Nebenländer des Königreichs
Ungarn zwar allzeit einen gegründeten Anspruch bewahrt,
aber von diesem Kriege niemals die wirkliche Schuzhoheit
über dieselben ausgeübt habe.†) Dieser Ansicht und dem

---

*) Copia schreibens des in Hungarn befindtlichen l'ohlnischen abge-
sandten an HEn. Baron Canon, darinnen selbiger sich wider die Ihme inter-
cipierende schreiben beklagt. ddo. Epcries, den 15-ten December 1691. (Das
originale dem HEn. Graffen Kinsky am 26. Dec. zurukhgeschikht.)

**) Copie de réponse à l'Ambassadeur de Pologne, par le Baron Ca-
non, ddo. Leutschen, 17. decembre 1691.

†) «Die Vrsach aber, warumb dises votum zu auszlaszung bemelter
«worth «*sub protectione utriusque Imperij*» eingerathen, ist, das Euer kays.
«Mays auf dise Länder alsz ein altes appertinens des königreichs Hungarn
«zwar allzeit eine fundierte prætension, niemahls aber vor diesem krieg die
«wirkhliche protection gehabt haben.» Relatio der am 17-ten Marty 1691 in
«Turcicis gehaltenen Conferenz.

daran geknüpften Rathe beipflichtend, verzichtete nunmehr
der Kaiser auf die in der 4-ten Friedensbedingung früherhin
forderte und mit der Pforte zu theilende Oberherrlichkeit
über die beiden Fürstenthümer und erklärte sich mit der türkischerseits beliebten Auffassung des Artikels, wornach diese
Länder in ihrem, dem Kriege unmittelbar vorangegangenen
Zustand (status quo ante bellum) zu verharren hätten, vorderhand zufrieden gestellt. Demnach erhielt der im Vermitt-
lungswerke nach Konstantinopel reisende englische Gesandte
eine in diesem Sinne eingerichtete Information, worin dieses
Zugeständnisz nicht etwa durch den Abgang eines rechts-
begründeten kaiserlichen Anspruches auf die beiden Länder,
sondern durch die Nothwendigkeit erklärt wird, einerseits das
Friedenswerk nicht durch neue Streitpunkte noch verwirrter
und unlöslicher zu gestalten, anderseits aber keinem der
Bundesgenossen in dieser Beziehung irgendwie vorzugreifen. *)
Und des Kaisers Friedenswunsch fand in seinem Rathe so
lebhafte Unterstüzung, dasz dieser sogar den Antrag stellte,
zur Erzielung eines ehren- und nuzvollen Friedensschlusses
entweder beide türkische Abgesandte oder mindestens den
beim Groszvezier in hohem Kredit stehenden Maurocordato,
falls dieser seines Amtsgenossen, des Sulfikar Effendi, entbehren
zu dürfen erachtete, durch eine Geldzusage von 100.000 Gulden in's œsterreichische Interesse zu ziehen; die Wahrscheinlichkeit für das Gelingen einer solchen Verlokung aber erblikte man in Maurocordato's früherhin schon gemachten Anerbietung, mit dem abzuschlieszenden Friedenstraktate der
Bestättigung halber zur Pforte abzureisen, und deszhalb
schlug man dem Kaiser vor, Maurocordato's Anerbietung
nunmehr anzunehmen. **) Auch hatte derselbe auf sein Ansuchen bereits von Leopold I. durch den Kardinal Kollonitsch
die Bewilligung erlangt, auf kaiserlichem Gebiete seinen

---

*) «Ad 4-tum articulum Cæsarei responsi de tractu Valachiæ et Mol-
•daviæ nihil habetur in Cæsareo responso, non equidem proptereà, quòd ad
•prædictum tractum ius fundatum desit, seu quòd nec novis tricis pacis ne-
•gotium inuolûere, nec fœderatorum cuipiam in eo præiudicare uisum fuerit.»

Instructio für den, nach der ottomanischen Porthen gehenden Englischen
Gesandten in negotio Pacis, vom Graffen Kinsky dictiert und von Irer Kays.
Mt. approbiert, den 28-ten Marty 1691.

**) Relatio der bei Herrn Graffen von Stahrnberg den 24-ten January
1691 in Turcicis gehaltenen Conferenz.

Wohnsiz an einem beliebigen Orte aufzuschlagen, wobei der
Kardinal nicht umhin konnte den von Maurocordato getheilten
Wunsch und die Hoffnung auszusprechen, dasz unter des
Lezteren Mitwirkung der Osmanenstaat in Trümmer gehen,
die Vereinigung der morgen- mit der abendländischen Kirche
erfolgen und im Sophientempel von Kollonitsch das Dankamt
dafür feierlich abgehalten werden möge.*) Kaiserlicherseits
erfolgte indesz über diesen Vorschlag noch keine Entschlieszung,
weil eine vorläufige bessere Ausforschung der türkischen Gesandten noch räthlich schien. Das Ansinnen eines Bestechungs-
versuches gegen Maurocordato findet übrigens seine natürliche
Erklärung in dessen steigenden Gunst und überwiegenden
Einflueznahme an der Pforte, welch leztere ihm, auszer seinem
Gehalte, die Einkünfte der drei griechischen Inseln Milo,
Andro und Micone als Unterhaltsbeitrag bewilligte.**) Deszhalb
gebrauchte die kaiserliche Regierung äuszerlich alle Schonung
im Geiste des Völkerrechtes, als Maurocordato's entwichene
zwei Diener wider denselben wegen Gehaltsverweigerung Beschwerde bei ihr erhoben hatten.***) Doch stellt sich diese
Schonung als eine blos scheinbare dar, weil man in Wien
von dem Fluchtanschlage der beiden Diener und ihrem Entschlusse, ein Asyl bei den Jesuiten zu suchen, schon in vorhinein durch Zamory, Unterbefehlshaber von Komorn, Wind
erhalten und dazu die geforderte Einwilligung ertheilt hatte.
Die während des Abzuges von Komorn nach Pottendorf
wirklich flüchtig Gewordenen wurden nun zwar in Bruk an
der Leitha aufgebracht; indesz erhielt Maurocordato's bezüg-

---

*) Concept schreibens des HEn. Cardinaln Kollonitsch an den Mauro
Cordato in materia pacis sambt den beigelegten monitis, ddt. Wien 17./20.
Maertz 1690. «Come già Sua Maestà gli ha promessa di poter venir habitar
«ò in Friuli, ò altre parti e provincie regni di Sua Maestà con ogni libertà
«desiderata, conforme domandò e io assecurai a nome della Maestà Cesarea
«Vostra Sigia. Illma, e spero che Dio ci farà veder secondo l'augurio e de-
«siderio di Va. Sigia. Illma., che io possa cantar il te Deum laudamus nella
«Chiesa di S. Sophia, unir la chiesa greca con latina, e il sancto sepolchro
«honorar insieme, come discorressimo, che non più anni servi sotto titolo di
«devotione una gabela di Turchi a roina di Christiani tanto latini che greci.»

**) Supplica di Marc' Antonio all' Imperatore con le interrogatioui che
si possono far al Maurocordato. ddo. 1691.

***) Supplica die Giorgio Valacco et Alessandro da Morea all' Impera-
tore contro Maurocordato, ddo. 1691. Dort heiszt es unter Anderem: Maurocordato viue più da Turco che da Cristiano.

liches Klaggesuch vom Grafen Kinksy den Bescheid, es sei
der Verstek der Entwichenen unbekannt, und wenn derselbe
vom Gesuchsteller angegeben würde, dann sollte dem Gesuche
willfahrt werden. *) Als aber im Verlaule der Unterhandlungen
der Wiener-Hof von den türkischen Abgesandten nicht jene
Geschmeidigkeit und Willfahrigkeit erfuhr, deren er sich versehen hatte, verfuhr er mit Strenge gegen dieselben und ertheilte ihnen namentlich einen förmlichen Verweis wegen der
Freiheit die sich einmal angemaszt hatten, die auf ihre zu
Komorn gestellten Anträge ihnen durch den Hofsekretär
Werdenburg erstattete kayserliche Antwort schimpflicherweise
zurükzuweisen. Der betreffende kaiserliche Erlasz Leopold's I.,
ddo. Wienn den 2ten Marty 1691, lautet:

‹Instructio vnndt Befehl für Vnsern Hoff-Rath, geheim-
‹ben Hoff Secretario vnndt Referendario der J. Ö. Landten,
‹Stephan Andreen von Werdenburg, wasz derselbe bey denen
‹Türkhischen abgesandten zu Pottendorf in einem vnndt an-
‹deren zuuerrichten hat.

‹Demselben ist bewust, wasszmaszen die Türkhische ab-
‹gesandte die, denenselben durch Ihne Jüngstlich in Vnserm
‹namben ybergebene anthworth auf Ire in negotio pacis leczt-
‹mahls zu Comorn gethane proposition anfänglich zwar an-
‹genomben, hernach aber mit einigen schimpflichen terminis
‹widerumb zurukhgestellet. Wan Wür nun solche, von Ihnen
‹abgesandten verübte insolentien vnd freuel kheineswegs zu-
‹geduldten gemainet, wie Wür selbige auch nicht gestatten
‹khönen, vnd dahero gnädigist resoluiert, solche Ihnen ver-
‹weisen zu laszen, alsz wirdet Er sich zu solchem Endte al-
‹sobaldt widerumb nach ermelten Pottendorff zuuerfügen
‹vnndt Ihnen abgesandten anzudeüten haben, waszmasszen
‹Wür ausz dem, von Ihme yberreichten prothocoll seiner mit
‹selbigen Jüngstlich gepflogenen Handlung verstandten hetten,
‹dasz Sy gehörte antworth nicht angenomben sondern wide-
‹rumb zurukhgegeben hetten. Wie nun solches wider den,
‹vnsz gebührenden vnd schuldigen respect lauffe, gestalt ein

---

*) Anthworth-Schreiben des Graffens Kinsky an den Türkischen Se-
cundarium Plenipotentiarium ad Tractatus Pacis Alexandrum Mauro Cordati
ddo. 18. Marty 1690. — Literæ Domini Zamory Vice-Commendantis Coma-
romy de die 4-te 8-bris 1690. — Specification deren Expensen vnd vnkosten
für die drey entloffenen Griechen Mauro Cordato's. —

«ein ieder an einem frembden hoff befindtliche minister dasz
«Jenige, so Ihme angehändiget wirdet, anzunemben schuldig,
«vnd Ihme gleichwohlen hermach die anthworth darauf also
«einzurichten freystehet, wie es seines Principalen Conuenienz
«zuerfordern Ihne bedunkhet, wir auch selbst sogar alle Ire
«biszherige schrifften vnbedenkhlich angenomben haben; Also
«trageten Wür ob ermelter Zurukhgebung, wie billich, ein
«sehr groszes misszfahlen, vnndt hetten gar genuegsambe
«vrsach gegen Ihnen abgesandten wegen der, Vnsz darmit
«zuegefügten verschimpfung vnnd verlohrmen respects ein
«gezimbendes ressentiment zuzaigen, allermasszen von der
«Porthen gegen Vnseren ministern alda in dergleichen fählen
«vnfehlbahr geschechen würde, so wir aber für disszmal in
«Consideration Ires aufhabenden Characters noch vnterlasszen
«wollen, liesszen Sy aber darbey ermahnen vnd wahrnen,
«sich von dergleichen khünftig zu enthalten, vnd gegen Vnsz
«alsz Römischen Kaysern den erforderlichen vnd gebührenden
«respect so gewisz zubeobachten, als Wür im widrigen Vnsz
«selbigen durch andrere mitl verschaffen müeszten.»

Während nun aber die diplomatischen Künste nicht
recht verfangen mochten, bereiteten sich die kaiserlichen Feldherrn schon im Beginne des Jahres 1691 für den unvermeidlichen Feldzug vor. Beachtungswerth erscheint diesfalls namentlich der Feldzugsplan des Generals Heisler, den er während
seiner Gefangenschaft bei Tökeli anfertigte und seiner Regierung zur Genehmigung einsandte.[a]) Dem 6:ten Artikel dieses
Planes gemäsz, sollte mit der Kriegführung in der Moldau
ausschlieszlich Polen betraut werden, um hiedurch einerseits
die Tartaren im Zaum halten, anderseits aber Siebenbürgen
gegen einen etwaigen Angriff von der Moldau aus gehörig
deken zu können. Zu diesem Ende hätte Polen auszer den
bereits mit polnischer Besazung ausgerüsteten moldauischen
Klöstern auch die übrigen besezen und befestigen, ja selbst
die ganze Moldau im Abtretungswege zugetheilt erlangen,
weil nun doch einmal der Kaiser nie in den ruhigen, ungestörten Genusz dieses Nebenlandes eintreten könnte, und
weil dadurch überdies der Griechen Anwartschaft auf Wieder-

---

a) Vorschlag des IIEn. General Heiszlers aus der Töckelischen Ge-
fangenschafft, die künfftige Compagnia betreffendt, de Januario 1691. Item
puncta der verlangten Töckelischen Ranzion für den General Heiszler.

aufrichtung der alten byzantinischen Monarchie einen kleinen Stosz erleiden würde. Der umsichtige Markgraf Ludwig von Baden, um sein Gutachten vom Wiener Hofe aufgefordert, gab zwar im allgemeinen zu Heisler's Vorschlagspunkten seine Zustimmung, drükte indesz speciell gegen den eben gedachten Antrag das Bedenken aus, dasz Polen ohne deutsche Beihülfe nie eine Kriegsoperation wider die Tartaren wagen, die kaiserliche Regierung demnach auf so lokeren Grund wol viele unzeitige Hoffnungen bauend, während des Feldzugs selbst aber aus Polen's zurükhaltendem Auftreten nur geringen Nuzen ziehen würde. [b]

Nicht minder merkwürdig sind im 8$\underline{\text{ten}}$ Vorschlagspunkte Heisler's Enthüllungen in Betreff Siebenbürgens und der Walachei, welch beide Länder bunten Umtrieben zum Tummelplaz dienten.

Drei Parteien stritten sich in Siebenbürgen um die Erhebung ihres Günstlings zur Herrscherwürde; die Einen wollten den noch unmündigen Apaffi, die Andern den in ihrem Lande nicht einheimischen Tököly, eine dritte Partei aber keinen von beiden, sondern einen in gesextem Alter stehenden inländischen Magnaten auf dem Fürstensize erbliken. Die Pforte ihrerseits, keinem Bewerber sich entschieden zuneigend, und blos auf Wiederherstellung des alten Zustandes in diesem Lande, nicht minder auf die Verdrängung der Kaiserlichen aus den festen Pläzen ernstlich sinnend, faszte eben deshalb den Vorsaz, den Wünschen und Bitten der Siebenbürger in

b) Des Prinzen Louis von Baden Schreiben an den Hofkanzler Grafen von Kinsky nebst seinen Bemerkungen über Heisler's Vorschlag wegen des nächsten Feldzugs, ddo. 16. Februar 1691. Unter Anderm heiszt es daselbst: «Les proiects son bel et bon, et lon en fait baucoup a peu de fray, mais cest «de la fumée sen qlon aye de qouy les soutenir a main forte; ayensy ie se- «rois d'Auis qlon ce rompis pas lesprit a Batir des chateaux en Espagnie, «mais q'on ne songea plustost qu a faire vne nombreuse et Bonne armée bien «pourrueue de touttes les Choses neseseres, surqouy lon pourait auec plus de «solidite fonder des desseins celon la conueniance de S. M. S. et du bien «vniuercelle de toutte l'allemagnie; mais ie vous aduoüie que la longe connoi- «sence que i'ay de nos maniers d'Agir me fait parfoy apprehander qu' il ne «se trouuent de gens qui aymeront peutestre mieux ce flatter sur lestast de «nos affaires que de multiplier ou prolonger les conference par quelque doutte «salutaire, car quoy qlon men puisse dire, ie tremble incessament qun iour «nous nous trouuions auec vne fort grosse armée a viene et sur la gasette, et «on tres petit et asse mauuais nombre de trouppes en campagnie. . . .

Absicht auf die Fürstenbestättigung gerecht zu werden und sich jedes gegentheiligen Einflusses oder Zwanges zu enthalten. Bei so bewandten Umständen und bei der Ungunst, in die Tököly an der Pforte und beim Fürsten der Walachei gerieth, stiegen die Hoffnungen Apaffi's und seiner Anhänger um so beträchtlicher, weil auszer jenem kein anderer gefährlicher Nebenbuhler mit Aussicht auf Erfolg im Wege stand.[c] Der siebenbürgische Landesrath Székely László, welcher eine Rumänin geehelichet und in der Walachei Güter hatte, trug in Verbindung mit andern Siebenbürgern das Anliegen des Landes dem walachischen Fürsten Brankowano vor, und es gelang ihnen denselben völlig für ihren Anschlag zu gewinnen. Dieser Fürst betrieb nun Apaffi's Bestättigung an der Pforte sehr eifrig und mit einem Aufwande von 200 Beuteln (100.000 Thalern), die er wegen zuverlässigerer Geheimhaltung aus eigenen Mitteln vorzuschieszen sich anheischig machte; dagegen verschrieb man ihm siebenbürgischerseits für den Fall der Bestättigung Apaffi's die Abtretung von Fogarasch, wobei man gleichzeitig beschlosz sich gelegentlich die Kaiserlichen aus dem Lande und vom Halse zu schaffen. Brankowano's Geldreichthum, sein und seines vornehmsten Rathes Constantin Cantacuzeno ernstliches Bestreben die kaiserliche Regierung von den Gränzmarken der Walachei entfernt zu halten, die Käuflichkeit der Türken überhaupt, Alles sprach für den Erfolg des siebenbürgischen Anschlages, welcher dem œsterreichischen Interesse schnurstraks zuwiderlief. Nicht mit Unrecht also flöszte General Heiszler seiner Regierung ein wolbegründetes Misztrauen gegen den Walachenfürsten und die Siebenbürger ein, und mahnte demnach an die unabweisliche stärkere Besezung der Schlösser Fogaras und Görgeny, wie auch an genaue Ueberwachung sämmtlicher Bewegungen und Masznahmen der geheimen Widersacher. Nicht minder entschieden sprach sich der Markgraf Ludwig von Baden gegen die Siebenbürger und die Bewohner der Walachei aus, von denen er sich ewigen Betruges versah und denen er eine noch weit feindlichere Haltung zutraute, weszhalb klugerweise er anrieth sich lediglich auf die eigene Waffenmacht, keines-

---

c) Haupt-Relation des Grafen Luigi Ferdinando Marsigli an den Kaiser, ddo. Wien, 10. Juli 1691.

wegs aber auf die Unterstüzung so zweideutiger Freunde zu
verlassen. *)

Zu Brankowano's freundlicherer Gesinnung und eifrigerer
Parteinahme für Apaffi trug übrigens seine Feindschaft wider
Tököly nicht wenig bei. Dieser hatte nämlich mit seinem
ungezügelten Kriegsvolk die Walachei so arg mitgenommen,
dasz der Walachenfürst den Groszvezier mit vielfachen und
dringenden Beschwerden dawider bestürmte, und endlich den
gemessenen Auftrag an Tököly auswirkte, den walachischen
Boden zu räumen und entweder nach Siebenbürgen oder
nach Konstantinopel sich persönlich zu verfügen. Zudem hatte
sich Tököly's unersättlicher, durch den französischen Botschafter sorgsam gepflegter und befürworteter Ehrgeiz sich
vermessen, von der Pforte nebst Siebenbürgen auch die Moldau
und Walachei sowol durch eigene Zuschriften als durch französische Vermittlung für sich auszubedingen. Allein weit entfernt für seine übergreifende Zumuthung Gehör zu finden, fiel
er vielmehr durch sein zweifelhaftes, übermüthiges eigensin-
niges und willfähriges Verfahren, namentlich durch die Verweigerung der Auslieferung Heiszler's und durch verschiedene
nachher blosgelegte Vorspiegelungen, an der Pforte mehr und
mehr in Miszcredit und Ungnade, wozu auch die Betrachtung
sich gesellte, dasz er als Haupturheber des Krieges gegen
den Kaiser, alles Ungemach und alle Verlegenheit, die daraus
für die Türkei entsprangen, hauptsächlich verschuldet habe. a)
Es war also ganz natürlich, dasz der grollende Brankowano
an dem aus Türken, Rumänen, Zigeunern, Ungarn, Deutschen
und Heiduken zusammengewürfelten Kriegstrupp Tököly's
durch die miszhandelten Bewohner der Walachei Rache nehmen
und gelegentlich Morde verüben liesz. Doch schüzte französischer Einflusz an der Pforte den magyarischen Führer zur
Zeit noch vor jeder Beeinträchtigung oder Unbild. So geschah
es, dasz Tököly's Agent an der Pforte, Namens Bertodi,
welchen die französische Gesellschaft zur Uebergabe eines Geldbetrages von 7000 Thalern an seinen damals in der Walachei

---

*) Des Markgraffen Louis von Baden Bemerkungen über General
Heiszler's Vorschlag in Betreff des nächsten Feldzuges, ddo. 16. Februar 1691.

a) Geheime Berichte des Georgios Cleronomos ddo. Constantinopel, 18.
December 1690 und 10. Februar 1691, dann des Joannes Porphyrita, ddo.
Constantinopel 1691.

weilenden Herrn abgefertigt hatte, auf walachischem Boden durch Mörderhand fiel und all seiner mitgeführten Habe verlustig ging. Dem Einschreiten des französischen Botschafters gelang es einen Auftrag zu erwirken, welcher dem Fürsten Brankowano die Rükstellung der obgemeldeten Raubsumme an Tököly auferlegte. b)

Dieser Walachenfürst Brankowano, ein verständiger, vorsichtiger und schlauer Regent, dem es zur gelegenen Zeit an der nöthigen Energie nicht gebrach, hatte inzwischen gegenüber den Zumuthungen des Wiener Hofes einen mit seiner Vasallenpflicht gegen die Pforte kaum verträglichen harten Stand. Sein Hasz wider Tököly so wie sein lebhafter Wunsch, der türkischen Botmäszigkeit wo möglich zu entrinnen, machten ihn empfänglich für die vielfachen Eröffnungen, die im kaiserlichen Interesse vom Generalen Veterani, dann den Grafen Erbs und Marsigli mehr oder minden verdekt an ihn gestellt wurden und auf deren Grundlage er sogar eine eigene Gesandtschaft nach Wien beordnet hatte. Da des Erzhauses Hauptaugenmerk auf die Behauptung von Siebenbürgen, «diesem Steuerruder des im Laufe befindlichen Kriegsschiffes,» c) unablässig gerichtet war, so kam es insbesondere darauf an, mittelst einer Diversion der Moldowalachen die Tartaren von dem Vorhaben eines Einbruches in jenes Land abzubringen, gleichzeitig aber in Lippa die Rüstungen zur Bezwingung von Temesvár anzubahnen und die Donauverbindung bei Orsova genau zu überwachen. Zu diesem Ende riethen sowol Veterani als Marsigli dem Kaiser, die in Wien zurükgehaltenen Gesandten der Walachei mit einem gnädigen Bescheid entlassen, und Veterani entsandte, um dieses Resultat zu erzielen, sogar einen eigenen Fürsprecher nach Wien, den Grafen Erbs, der mit dem General Heiszler in Feindes Hand gefallen, über Veterani's Verwendung aber von Brankowano freigegeben und mit einem sehr verbindlichen Schrei-

---

b) Haupt-Relation des Grafen Luigi Ferd. Marsigli an den Kaiser ddo. Wien, 10. Juli 1691.

c) Schreiben Veterani's an den Hofkanzler Kinsky, ddo. Hermanstadt, 8. December 1691. Daselbst heisst es: «è di necessità di preuedere e provedere al necessario per il sostenimento della Transiluania, come sempre hò detto, Timone di tutta la Machina, et i mezi son questi: per uia de Vallachi e Moldavi suiar li Tartari dal tentar l'ingresso in questo Regno, etc. . . . . .

ben an diesen kaiserlichen Feldherrn nach Hermanstadt entlassen worden war. a) Nicht als ob man auf Brankowano's
beständige Betheurungen und Zusicherungen seiner treuen
Anhänglichkeit ernstlich baute, hatte er doch selbst im Laufe
des Sommers eine Truppenabtheilung von 1000 Mann zur
Unterstüzung der Türken gegen die Deutschen an die Donau
beordnet, welch leztere hiebei einige Soldaten nebst einem
Kapitän in die Gefangenschaft verloren, b) und verrieth sich
doch aus seiner ganzen Haltung, ungeachtet aller Verschleierung, eine solche Hinterlist, dasz Veterani ihn und seine
Räthe *Füchse* (volpi) nannte, die man jedoch benüzen müsse;
man gedachte vielmehr ihn und seine Landsleute durch huld-
reichen Bescheid, dessen sie nicht entbehren mochten, und
durch sofortige Abfertigung ihrer Abgesandten in guter
Stimmung und steter Dienstwilligkeit zu erhalten. Auch konnte
man die Anerkennung und Anempfehlung nicht verkennen,
welche Veterani dem Fürsten Brankowano für die durch dessen
Briefwechsel und auch sonst im Laufe des verflossenen Winters
der kaiserlichen Sache geleisteten Dienste in Wien gewährte.
Veterani erhielt demnach den Auftrag, dem Walachenfürsten
in Erwiederung seines Ansuchens den kaiserlichen Beschlusz
zu melden, die walachischen Abgesandten gegen Ende des
Feldzuges heimzusenden. Diesen Beschlusz motivirte die kaiserliche Friedensdeputation unter Anderm auch durch die
Erwägung, dasz diese Abgesandten ohnedies in Wien nichts
nüzen, wol aber durch ihre gefährlichen Korrespondenzen
viel Schaden verursachen könnten, zudem durch ihren verlän-
gerten Aufenthalt dem Staatsschaz in Betreff ihrer Unterhalts-
kosten zur Last fallen müszten, wogegen eine günstige Abfertigung ihnen Muth und Trost zur Ertragung all der Trübsale, über die sie dringend klagen, einzuflöszen nicht ermangeln würde. c)

_____

a) Schreiben Veterani's, ddo. 8. December 1691, an den Grafen
Kinsky; Schreiben des Fürsten Brankowano an Veterani ddo. Bukuresti, 22.
November 1691.

b) Bericht des Obristen Bollandt an den Hofkanzler Grafen Kinsky,
ddo. Berg Kosa an der Donau, 4. Juni 1691.

c) Relatio der bey Herrn Graffen Kinszky den 21. August 1691 in
Turcicis et Valachicis gehaltenen Konferenz.

Fürst Brankowano buhlte indessen, dem Anscheine nach, eben so ernstlich um Oesterreichs Gunst, wie dieses hinwieder dessen Herüberlokung anstrebte; auch stand in Bezug auf zuvorkommende Willfährigkeit gegen den Kaiser des Fürsten vornehmster Rathgeber, der Stolnik Constantin Cantakuzeno keineswegs nach, indem er den Briefwechsel zwischen dem vermittelnden holländischen Abgesandten Coliers und der kaiserlichen Regierung besorgte, allerlei wichtige Vorfallenheiten und Absichten der Pforte nach Wien einberichtete und bei jeder schiklichen Gelegenheit, wie z. B. bei der Durchreise des Grafen Marsigli durch Bukarest, seiner treuen Ergebenheit und Anhänglichkeit an den Kaiserhof Ausdruk und Geltung verlieh. a) Auch der Fürst der Moldau, Constantin Cantemir, unterhielt ein freundschaftliches Verhältnisz zum Erzhause, ertheilte Nachrichten über den erwarteten Durchzug des Sándor Gaspar, welchen Tököly zur Abholung eines Geldbetrages nach Frankreich entsendet hatte, und erklärte sich auch fürderhin bereit zur Förderung des kaiserlichen Interesse's. b) Um nun den Moldauerfürsten nicht zu verstimmen, und «weil man beim Fischen denn doch den Köder und bisweilen selbst die Angel daran wagt», rieth General Veterani der kaiserlichen Regierung, den vom General Heiszler für Pferdekauf an den moldauischen Schazmeister (Thesaurarius) Jordaki noch schuldigen Kaufschilling von 1000 Reichsthaler sofort aus der Staatskasse zu ersezen, seinerzeit aber den General Heiszler zur Rechnungslegung zu verhalten. c)

Dem durchreisenden Grafen Marsigli erwies Fürst Brankowano nicht blos eine glänzendere Aufnahme als ihm durch Pfortenbefehl auferlegt war, und gab er ein glänzendes Mal, in dem er mit leiser Stimme (sotta voce) auf des Kaisers Gesundheit ausbrachte, sondern er machte demselben auch in einer sechsstündigen Konferenz wichtige Eröffnungen und Anträge, die Marsigli nachdrüklich zu unterstüzen und durch-

---

a) Schreiben des Constantin Cantacuzeno, ddo. Bukarest 16-ten und 29-ten Juni 1691, dann Relation des Grafen Marsigli aus dem Feldlager nächst Groszwardein, vom 5-ten October 1691.

b) Schreiben des Moldauerfürsten an General Veterani, ddo. Jassy, 21. Juni 1691.

c) Bericht Veterani's an den Kaiser, ddo. Hermanstadt, 3. Juni 1691.

zusezen versprach, falls der Fürst sie in einer direkten schrift-
lichen Eingabe an den Kaiser und dann auch mittels seiner
Gesandten in Wien zur Vorlage bringen wollte. Um der
kaiserlichen Huld und Gunst wieder theihaft zu werden, machte
Brankowano dabei die Verdienste geltend, die er sich seit
Tököly's Austritt aus Siebenbürgen und vornehmlich im lezten
Feldzug durch seine Haltung gegen die Tartaren und Türken
um das Haus Oesterreich gesammelt: als Beleg dazu diente
Tököly's mit dem französischen Botschafter und mit anderen
Personen gepflogener Briefwechsel, welcher bei dem, in der
Walachei auf Befehl des Fürsten ermordeten Tököly'schen
Abgesandten Bertodi vorgefunden und dem Grafen Marsigli
vorgewiesen wurde, und der nebst andern Schriftstüken die
bösen Anschläge der Siebenbürger unwiedersprechlich darthat.
Dasz weder dem Tököly, noch den Tartaren je der Duch-
marsch nach Siebenbürgen durch die Walachei, und eben so
wenig jenem die Ueberwinterung in diesem Lande gestattet
werden würde, dafür verbürgte sich Fürst Brankowano aufs
Entschiedenste, ungeachtet bei der ungünstigen geografischen
Lage seines Landes zwischen Deutschen, Türken und Tartaren ein solcher Entschlusz nicht ohne Opfer durchführbar
anzusehen käme, wie ja eben schon der klägliche Zustand
der Walachei, in Folge der gräulichen Verödung durch Tököly zur Genüge beweise. Auf des Grafen Bemerkung, es
sei besser den Groszen das Gewünschte aus freien Stüken zu
geben als abzuwarten bis sie es sich selbst nehmen, erwiederte
der Fürst, er sei entschlossen sich dem Kaiser als Tribut-
pflichtig zu erklären, und sein Stolnik Constantin Cantacuzeno
drükte in einer späteren Unterredung gleichfalls diesen Wunsch
und Vorsaz aus, mit dem Bedeuten, es gedächte die Walachei
in dieser Absicht den Wiener Friedenskongresz durch zwei
Deputirte zu beschiken. Marsigli's Gegenantwort beschränkte
sich auf den Rath, dieses Vorhaben zuvörderst der Pforte
anzuzeigen und deren Genehmigung mittelt des walachischen
Residenten in Konstantinopel, Janaki Porphyrita, der zugleich
Pfortendollmetsch war, angelegentlichst einzuholen, nicht minder aber sowol schriftlich als mündlich durch die in Wien
weilenden Gesandten diese Absicht und Maszregel dem Kaiser
zur Kenntnisz zu bringen. Sei diese Genehmigung erlangt
und diese Anzeige erstattet, so wolle auch er selbst (Mar-

sigli) zur Erzielung des gewünschten Resultates das Seinige nach Kräften beitragen. a)

Diesem Vorschlage Marsigli's beipflichtend, verhiesz der Walachenfürst die Anregung des vereinbarten Anliegens an der Pforte und meldete dem mittlerweile nach Hermanstadt abgereisten Grafen Marsigli, dasz die Ankunft des zu obigem Zweke nach Bukarest entbotenen Joanaki Porphyrita stündlich gewärtigt werde, «obwol man dessen damaligen Aufenthaltsort nicht habe entdeken können.» Später schrieb er demselben, es habe Joanaki, den das fürstliche Einberufungsschreiben nicht mehr in Belgrad, sondern nächst Nissa erreichte, wegen Unsicherheit der Landstrasse durch Räuber, bereits seine Rükreise nach Adrianopel angetreten und Bukarest hinter sich gelassen. b) Mögen nun diese Zögerungsgründe echt oder blos vorgeschützt gewesen sein, um Brankowanos' Hintergedanken zu verdeken, mag die Schuld der Winkelzügigkeit auf beiden oder blos auf lezterem oder auf Janaki lasten, dessen Charakter und Gesinnungsreinheit bereits mehrfache und nicht unbe-gründete Anfechtungen erlitten hatten: *) so viel ist unbe-stritten, dasz der Fürst wie vorher so nachher auf die Be-theiligung seines Landes bei den schwebenden Friedensver-handlungen und dessen Aufbesserung und gesichertere Stel-lung durch den angestrebten Friedensvertrag beharrlich und nachdrüklich drang. Dies geht namentlich aus Marsigli's aber-maligen Besuch beim Fürsten im November 1691 zu Bukarest hervor, wobei dieser ihn ebenso freundlich wie zuvor empfing, glänzend bewirthete, mit allerlei Aufschlüssen über türkische Verhältnisse ausstattete und zugleich bat, an der Pforte für

---

a) Relatio des Graffens Marsigli an Ire Kays. Maytt. vber seine ver-richtung in der Türkhey in negotio pacis. Veldtlager vnweith Grosz-Wardein, den 5. Octobris 1691.

b) Schreiben des Fürsten Brankowano an Grafen Marsigli ddo. 30. September u. 8. October 1691.

*) So bittet Marc' Antonio in klägerischer Absicht den Kaiser, an Maurocordato als Beschwerungszeugen die Frage zu stellen: «Se Janacchi scr-uiva per Agente al Prencipe Dimitrasco (Cantacuzeno), et il Prencipe pro-vandolo falso e traditore, lo scacciò e lo divulgò à tutti nella Corte, mani-festando li suoi infami passi, latrocinij e tradimenti.»

Joanaki Porphyrita's verrätherische Haltung wider den Kaiser, in dessen Ungnade er schon einmal gefallen war, geht übrigens aus allen gesandschaft-lichen Berichten zur Genüge hervor.

die Walachei im angedeuteten Sinne zu wirken. Marsigli be-
ruft sich hiebei auf die mündlichen Erläuterungen des aus
walachisch-türkischer Gefangenschaft durch Brankowano befreiten und das fürstliche Vertrauen genieszenden Grafen Erbs; c)
er rühmt des Fürsten Eifer um Oesterreich, der sich in jedweder Beziehung, insbesondere aber dadurch bethätigte, dasz
er sich der gefangenen kaiserlichen Mannschaft annahm, allerlei
Kundschaften über den Feind mittheilte, aa) Pferde- und Ge-
treidelieferungen nach Siebenbürgen dem Veterani in Aussicht stellte und überhaupt angelobte Siebenbürgen's Vorwacht
zu bilden. Dieser Eifer, wenn nicht durch irgend ein kaiserliches Gunstzeichen unterhalten, würde aber — so meint Marsigli — allmälich erkalten und der Kaiser des Vielen oder
des Wenigen von Brankowano's Mitwirkung verlustig gehen.
In gleich günstigem Sinne sprach sich der Fürst gegen den
Kaiser unmittelbar in einer Zuschrift aus, deren Ueberreichung
er dem Marsigli oder den walachischen Abgesandten in Wien
anempfahl. bb)

Indessen gestaltete sich des Walachenfürsten auch sonst
schwierige Stellung durch die Anforderungen der Freunde
und Feinde immer schwieriger und gefahrvoller. Während der
Friede mit der Pforte eben so im Interesse und Wunsche
des Kaisers und Brankowano's lag, wirkte Joanakï Porphyrita,
kaiserlicher Botschaftsdollmetsch und gleichzeitig Agent der
Walachei an der Pforte, weil durch französischen Einflusz gewonnen, allen Friedensstrebungen Marsigli's und der vermit-

---

c) Relatio des Graffens Marsigli an den Hofkanzler Kinsky, ddo. Bukurest, 20. November 1691.

aa) So schreibt er dem Grefen Marsigli am 30. September 1691 aus
Obileschti unter Anderm : «Regia Majestas Polona cum Exercitu in Moldavia
«reperitur, contra quem duo Sultani cum numerosissimis Hordis obviam ad
«Ceczoram usque itidem in Moldaviam venerunt.»

Am 8. October 1691 aber meldet er demselben aus Bukarest; «Sere-
«nissimus Poloniarum Rex est in Moldavia cum Exercitu (prout fertur) Cotnari;
«sed quid operaturus, adhuc ignoratur. Contra quem Tartari cum suis Sultanis
«ad fluvium Prut congregantur. Insuper etiam unus Serdarius Giordzi Mehmet-
«Pascha, est iam constitutus ad Baba, ut collecto ex illis Ditionibus Nefiran,
«sit contra Polonos.»

bb) Schreiben des Grafen Marsigli an Hofkanzler Kinsky ddo. Grosz-
wardlein, 7. October 1691, und des Fürsten Brankowano an Marsigli ddo.
Bukurest, 15. September 1691.

telnden mächte eifrig entgegen, und ohne seine beiden Brod-
herren, wovon ihm der walachische auszer dem Jahrgehalte
noch einen Zuschusz von mehr als 12 Beuteln (6000 Reichsthaler) auswarf, irgendwie zu verschonen, durchkreuzte er
ungescheut und gewissenlos alle ihre darauf abzielenden Absichten, brachte aber eben dadurch den Fürsten an der Pforte
in den, allerdings gerechtfertigenden Verdacht verrätherischen
Einverständnisses mit den Türkenfeinden. So spielte er bos-
hafterweise die von Veterani an Brankowano zur Weiterbe-
förderung an den kaiserlichen Botschafter abgefertigten Brief-
pakete zu zwei verschiedenen Malen dem Kechaïa des Groszveziers in die Hände, welcher jedoch zartdenkend genug war
diese Briefschaften uneröffnet dem Botschafter als rechtmäszi-
gem Eigenthümer zurükstellen zu lassen; so vermasz er sich
ferner Veterani's Zuschriften an den kais. Botschafter auf-
zufangen, zu erbrechen, wochenlang zurükzuhalten und unter
seinem Siegel dem Adressaten zuzumitteln; so hielt er die in
Wien gedrukte Zeitung, welche der Fürst Brankowano freund-
schaftshalber dem kaiserlicher Botschafter regelmäszig zu-
sandte, eine Weile zurük, um deren Inhalt beliebig den türkischen Machthabern mitzutheilen und dann erst folgte er
sie dem Bezugsberechtigten aus.

Die Gefährlichkeit eines so gesinnungslosen und ränke-
vollen Vertreters der walachischen Interessen wuchs noch
durch die Beigesellung zahlreicher Feinde, welche französischer
Einflusz und Tököly's Bemühung dem Brankowano auf den
Hals geladen hatten. Unter diesen stand in vorderster Reihe
der Reïs-Effendi, ein durchdringender, politisch wolerfahrener
und gewandter Staatsmann aus Kiuprily's Schule, aber vom
französischen Botschafter Chasteau-neuf mit 15.000 Dukaten,
welche die katholischen Priester aus dem heiligen Lande vor-
schossen, in Tököly's Interesse gezogen, bei seinem überwiegenden Einflusse der gefährlichste und erbittertste Gegner;
sodann kam der Moldauerfürst Constantin Cantemir, ein Erzfeind Sobiesky's und Brankowano's, dagegen inniger Freund
und Gönner Chasteau-neuf's und Tököly's, Schüzling des
Reïs-Effendi und der französischen Partei an der Pforte, und
mit deren Hülfe den Fall des walachischen Fürsten anstrebend.
Lezterer wäre auch wirklich der feindlichen Uebermacht
rettungslos unterlegen, wenn nicht einerseits die grosze Liebe

seiner Unterthanen, anderseits die von ihm groszartig angewendete Bestechlichkeit der türkischen Machthaber, endlich
die Nähe der kaiserlichen Armee seinen wankenden Herrscher-
stuhl gestüzt hätten. Allein diese Zwitterstellung, die ihn
nöthigte gleichzeitig sowol mit den œsterreichischen Feldherrn
freundliches Einvernehmen zu pflegen als auch gegen die
Pforte Gehorsam zu üben, flöszte ihm auch für die Zukunft
den Vorsaz ein, es mit dem Stärkeren, also mit dem Sieger
zu halten, und sich blos demjenigen zu beugen, auf dessen
ausreichenden Schuz er mit zuversicht würde bauen können.

Einen Beleg zu Brankowano's vorsichtig-kluger Haltung
liefert der Bericht*) eines hochstehenden œsterreichischen
Staatsbeamten, des kaiserlichen Rathes Quarient, welcher, im
Interresse des Friedenswerkes von dem englischen Gesandten
Paget mit einer geheimen Sendung an Colier, den holländischen Gesandten in Konstantinopel, betraut, seitens seiner
Regierung unter Anderm den Auftrag hatte auf der Durchreise über die Walachei «zu erforschen, wie der Fürst Brankowano gesinnt sei, in welchem Kredit er an der Pforte
stehe, auch ob und wie weit ihm zu trauen wäre.» **)

Fürst Brankowano, dem dieser geheime kaiserliche
Sendling beim Eintritt in die Walachei sich wahrheitsgemäsz
geoffenbart, übrigens aber der Form halber zur Ueberreichung
eines seine Person beglaubigenden Schreibens des holländischen Gesandten eine Audienz und die Durchzugsbewilligung
angesonnen hatte, liesz ihn noch an der Landesgränze be-
willkommen und den guten Wink ertheilen, er möge nicht
durch das Stadtthor, welches an der in die Türkei führenden
Strasse liegt, sondern durch dasjenige, welches in der Richtung gegen Budschak†) steht, seinen Einritt in Bukurest ab-

---

*) Ausführlicher Bericht dieses Vertrauten Sendlings Quarient über den
Erfolg seiner Sendung und den Zustand des ottomanischen Reiches, ddo.
Wien, 15. Mai 1692.

**) Puncta, welche dem von dem Englischen Abgesandten Paget nacher
Türkhey zu dem daselbstigen holländischen Gesandten Colier abgeschikhten
Quarient alhier mündlich wie auch schriftlich mitgegeben vnd in Ziffern bei-
geschlossen worden. Wien, den 6. December 1691.

†) Das türkische Wort *Budschak* bedeutet einen Winkel, und soll den
von der Niester- und Donau-Linie gebildeten Winkel bezeichnen, wie Marsigli
behauptet. Der Einräumung dieses Landstriches an die Krimer-Tartaren durch
die Pforte lag die verdekte Absicht unter, zur Züchtigung der zinspflichtigen

halten, und sich auf Befragen für einen holländischen Handels-
mann ausgeben. Diese Vorsicht wurde auch getreu beobachtet,
worauf der Ankömmling auf fürstlichen Befehl stattliche Be-
wirthung und am nächsten Tage als holländischer Handels-
mann Audienz erhielt. In dieser nun betheuerte Brankowano
wiederholt seine Ergebenheit und Anhänglichkeit an den
Kaiser, bot sich überdies aus freien Stüken auch fernerhin

Provinzen Moldau, Walachei und Siebenbürgen stets eine Schaar von vielen
Tausenden Schergen zur Hand zu haben. Bei der Beweglichkeit aber dieser
tartarischen Bevölkerung, deren ganze Habe blos in Viehherden besteht, und
mit Rüksicht auf die sonstige Oede dieses nur seinem geringsten Bodenraume
nach kärglich angebauten Landestheiles, welches auszer den von den Türken
besezten Festungen keinen haltbaren Punkt aufweist, hält Marsigli einen Einfall dahin durch die kaiserlichen Waffen für unausführbar. Dagegen schlägt
er sowol zur Sicherstellung des kaiserlichen Gebietes wider Polen wie auch
zur Dekung Siebenbürgens wider die Türken das Auskunftsmittel vor, den
gebirgigen, von den Flüssen Czeremusch, Bistriza unn Seret begränzten Theil
der Moldau an Polen zu überlassen, dafür aber das ganze moldauische Gebiet,
vom Flusse Bistrica an längs dem Seret bis an die Donau für den Wiener
Hof in Anspruch und sofortigen Besiz zu nehmen. Polen's rechte Flanke er-
hielte alsdann eine Dekung an den Karpathen Siebenbürgen's, die linke an
der wider Kameniec operierenden und in Sniatyn aufgestellten polnischen Armee, die Front lehnte sich an den Seretflusz, der Rüken an die zusammen-
hängende Ländermasse des eigenen Königreiches. Der Mangel einer fahrbaren
Hauptstrasse aus der Moldau nach Siebenbürgen benähme einer solchen polnischen Aufstellung alle Gefährlichkeit für lezteres Land, also für's kaiserliche
Interesse, während den deutschen Waffen durch die beiden Pässe an den
Flüszchen Totrusch und Oitus der Zugang in den polnischen Theil der Moldau nach wie vor geöffnet bliebe, und überdies für dieselben der Vortheil ent-
spränge, durch blosze Besezung der beiden strategisch-wichtigen Punkte Fok-
schan und Gallaz über die Hauptadern der Walachei beliebige Verfügung erlangen zu können, ohne den walachischen Boden auch nur berühren zu müssen.
Polen's neue Stellung also und dessen Verwundbarkeit von Siebenbürgen aus
zwänge es allein schon zum friedlichen Einvernehmen mit dem Erzhause, wenn
es auch an anderen Bestimmungsgründen hiezu gebräche. Das Bedürfnisz sich
in dieser Eroberung zu behaupten, die ihm von Siebenbürgen aus leicht
streitig gemacht werden könnte, müszte also den Polen die œsterreichische
Herrschaft in leztgedachtem Lande erwünscht erscheinen lassen, und eben so
erwünscht käme, in Absicht auf die Sicherung Siebenbürgens gegen Tartareneinfälle, dem kaiserlichen Kabinete eine polnische Schuzwand in der oberen
Moldau zu Statten. Um aber diese polnische Erwerbung unangreifbar und die
türkischen Zuzüge von der Donau aus nach Kameniec schwer ausführbar zu
machen, wäre eine gründliche und vollkommene Verwüstung des ebenen
Theiles der Moldau vom Seret an unerläszlich und somit bald zu verfügen.
— Dies ist der Hauptinhalt des merkwürdigen Schreibens des Grafen Marsigli
an den Hofkanzler Kinzki, ddo. Kaschau, den 17. Februar 1691.

zur Leistung alles möglichen Beistandes an General Veterani, dem er schon vorhin 1500 Kübel·Korn zugestellt hatte, und verhiesz allen Ernstes auf die, jedoch nur theilweise, Abtragung des kaiserlicherseits geforderten Betrages von 50.000 Reichsthalern Bedacht zu nehmen. Die Leistung der ganzen Summe erklärte der Fürst für platterdings unmöglich, weil der abgesezte Groszvezier ihm volle 200 Beutel (100.000 Thlr.) abzutrozen versuchte, ohne die übrigen schweren Auslagen in Anschlag zu bringen, weil ferner die häufigen Ministerwechsel an der Pforte ihn zu eben so oftmaligen Beschenkungen der eintretenden Machthaber bemüssigten, wobei er mit geringen Summen keineswegs auslangte. Er führte bittere Beschwerde über die vielfachen, aber — wie er behauptete — völlig grundlosen und unverdienten Verdächtigungen und Verläumdungen, womit ihn zahlreiche Miszgönner und Feinde am Kaiserhofe unablässig verfolgten und um alles Zutrauen und Ansehen zu bringen sich bemühten. Dessenungeachtet wünschte und erstrebte er nichts anderes als die steigende Wolfahrt und Uebermacht der Christenheit eben so den siegreichen Fortschritt der kaiserlichen Waffen, zu deren Erfolg er auch fürderhin das Seinige nach Möglichkeit beitragen werde. Nachdem er schlieszlich für Veterani den guten Rath mitgegeben, an die Behauptung der sogenannten Veteranischen Höhle, deren Eroberung unter den Türken grosze Bestürzung verursacht habe, alles Mögliche daran zu sezen, entliesz er den kaiserlichen Sendling sehr gnädig und gab ihm bis Hermanstadt einen sicheren Begleiter in der Person eines walachischen Kapitäns zur Seite.

Während dies in der Walachei sich zutrug, hatte man oesterreichischerseits vergeblich alle Wege der Güte und der Einschüchterung, des Wolwollens und der harten Behandlung gegen die von Wien nach Pottendorf, von da nach Komorn, und von Komorn zurük nach Pottendorf gefangenartig versezten Vertreter der Pforte eingeschlagen: der französische Einflusz behielt im Rathe der Groszherrn die Oberhand, und die Erfolglosigkeit der Friedensunterhandlungen in Wien führte zur endlichen Entlassung der türkischen Abgesandten Sulficar Effendi und Maurocordato, welche bisher eben so dringend als vergeblich zu wiederholten Malen darum eingeschritten waren; doch winkte dem kaiserlichen Kabinet, welches die

Schuld des miszlungenen Verständigungsversuches von sich
ab- und auf die Pforte und deren Abgeordnete zuwälzte, *)
ein neuer Hoffnungsschimmer in der englisch-holländischen
Vermittlung, als deren Träger und Hauptorgane englischer-
seits die Gesandten Houssey und Harbord, holländischerseits
aber Colier, Heemskerk und Hop an der Pforte eifrig, wenn
auch nicht mit dem gewünschten Erfolg, wirkten. Indessen
durchkreuzte auch da noch der französische Antagonismus
sowol die Strebungen der Vermittler als die Friedensneigung
des zwischen zwei Feuern stehenden Kaisers und seiner Kriegs-
genossen. Auf Betrieb und mit Beihülfe Frankreichs versuchte die Pforte abermals einen Separatfrieden mit Polen
abzuschlieszen und dadurch dieses Königreich von der Allianz
mit Oesterreich und Venedig loszureiszen. In diesem Sinne
schrieb der französische Botschafter an der Pforte dem Vertreter seiner Regierung in Polen, Desneval, dessen Mitwirkung
hiezu angelegentlich beanspruchend; **) auch zeigte er ihm
an, es wären bereits von der Pforte Befehle an den Fürsten
der Moldau wegen sicherer Beförderung des Schriftverkehres
beider Gesandten von und nach Polen durch's moldauische
Gebiet ergangen, weszhalb also die Korrespondenz anstandslos durch die Hände des Fürsten Constantin Cantemir laufen
könnte.

Zur Anknüpfung von Friedensunterhandlungen mit Polen
wurde Sobiesky's persönlicher Freund, der Tartarchan Saffa
Gieray, ausersehen und dieser liesz im Sommer 1692 durch
seinen Abgesandten, Derwisch Gazy Murza, dem in Jaworow
weilenden Polenkönige im Namen und Auftrage der Pforte
Anträge zu einem Sonderfrieden stellen, die er auch in einem
eigenen sehr freundlichen Schreiben an den König unterstüzte.
Diese Anträge bestanden in der völligen Abtretung der Festung
Kameniec an Polen, in der Verzichtleistung der Pforte auf
die Ukraïne und Podolien und auf die mit diesen Provinzen

---

*) Copia Responsoriarum Comitis Khinsky ad Ablegatos Turcicos Pot-
tendorffy commorantes exaratarum Viennæ 16-ta Aprilis 1692, quibus inter
alia dimissio eorundem in 21-mam modò dicti Mensis determinata ipsis in-
timatur.

**) Copie d'une lettre chiffrée de l'Ambassadeur de France qui est à
Constantinople Mr. Chateaneuf, écrite à Mr. Desneval, Ambassadeur de la
même Couronne à la Cour de Pologne, et datée à Andrinople le 8-me May
1692.

in Verbindung stehenden Ansprüche, ferner in dem Anbote von 100 000 Tartaren für jeden Bedürfniszfall der polnischen Regierung, endlich in der Zusage, niemals, selbst nicht im Falle eines polnischen Krieges mit der Türkei, die tartarischen Waffen wider Polen kehren zu wollen. c) Die Wirksamkeit der Friedensvorschläge wurde noch erhöht durch die Expedition einer Tartarenhorde von 40 000 nach Volhynien, durch die Absendung einer anderen Horde gleichfalls dahin, durch die Vorrükung des Tartarchans und die Ansammlung seiner Streitkräfte in Budschak, zu dessen kräftigen Vertheidigung bereits 6000 Türken, beträchtliche Verstärkungen erwartend, in Zuzora sich aufstellten und, verstärkt durch das Kontigent des Moldauerfürsten, mit 30 Feldgeschüzen auf Soroka loszumarschiren im Schilde führten. Angesichts dieser schwierigen, durch Ausbleiben der bisherigen Geldsubsidien noch erschwerten Lage, und mit Rüksicht auf den ausnehmend hohen Werth des Budschakerlandes in den Augen der Türken, die, nach Sobiesky's Ausdruk, «eher den Verlust von hundert Festungen oder einiger Königreiche verschmerzen könnten», hatte sich der König noch im Monate Mai 1692 abermals genöthigt gesehen, vom Wiener-Hofe und auch vom moskowitischen Zaren einige Truppenhülfe in Anspruch zu nehmen.

Ungeachtet dieser Verlegenheiten oder vielleicht eben in Folge derselben, da die Allianz vortheilhaftere Bedingungen als der Sondervertrag für Polen in Aussicht stellte, glaubte Sobiesky den türkisch-tartarischen Friedensversuch, zu dessen sichereren Anstellung der Abgesandte des Tartarchan's sowol von diesem als auch von den vornehmsten Tartarenhäuptlingen ausreichende Vollmachten vorwies, dem Kaiserhofe in aller Aufrichtigkeit melden und gleichzeitig seinen Entschlusz ankündigen zu sollen, verabredetermaszen nur einen Kollectivfrieden mit der Türkei abzuschlieszen; hiebei versah er sich gleicher Aufrichtigkeit von kaiserlicher Seite in Bezug auf die Instruirung des zur Pforte reisenden englischen Mittelsmannes und drükte die Hoffnung aus, im angestrebten gemeinsamen Friedensschlusse angemessene Berüksichtigung der

---

b) Copia literarum å Saffa Giereio Sultano et Hano Crimensi ad Sacram Regiam Majestatem Poloniæ.

polnischen Interessen und vollen Ersaz für die Ablehnung des Sonderantrages zu erlangen. d) Allein nicht mit gleicher Münze lohnte dem Polenkönige der Kaiser, und jener sah sich in seiner Erwartung eben da getäuscht, wo er am meisten auf diesen gerechnet hatte. Während der Wiener-Hof bei Formulirung seiner Friedensbedingungen für diesmal seine Ansprüche auf die Moldau und Walachei bei Seite schiebend, sich mit dem, im Kriegsverlaufe begründeten Besizstand als Haupt-Grundlage der aufzunehmenden Friedensunterhandlungen, sonach mit der Erwerbung Südungarns und Siebenbürgens, zufriedengestellt erklärte, forderte Polen unter Anderm nebst den Provinzen Podolien und Ukraïne und nebst der Festung Kameniec sammt dem ganzen daselbst vorfindlichen Artilleriepark, auch noch die vollständige Abtretung der Moldau und der Walachei, dann des Budschaker- und Akermaner-Gebietes unter polnische Herrschaft. e) Dasz der Chan von einer Zuerkennung der Moldowalachei wolweislich schwieg, mag der König, dessen Ehrgeiz und Eroberungslust schon zu wiederholten Malen mit beharrlichem Eifer nach diesen schönen Ländern die Hand ausstrekte, vornehmlich zum Ausharren beim antitürkischen Bündnisse bestimmt haben.

Dieses ausdauernde polnische Gelüste auf Länder, die das Erzhaus nie aus dem Auge liesz und auf die es seine Ansprüche blos vorläufig vertagt, nicht aufgegeben hatte, konnte natürlich in Wien sich keines Beifalls erfreuen*) und

d) Copia literarum Serenissimi Regis Poloniæ ad Ablegatum suum extraordinarium, Equitem Prosky, ddo. Javoroviæ 28-va Maji et 2-da Julii 1692. Copia literarum Ablegati Extraordinarii Regis Poloniæ, D-ni Prosky, ad Comitem Kinsky, ddo. Viennæ 18-va Julii 1692.

e) Copia Conditionum ad Tractatum pacis cum fulgida Porta ottomannica ex parte Serenissimi Regis et Reipublicæ Poloniæ Constantinopolim consignandarum, exhibita die 13-â octobris 1692. Daselbst heiszt es im Art. 2 : «Moldavia (quæ jam magna ex parte armis Sacræ Regiæ Maiestatis Poloniæ «occupata) et Valachia, que utræque olim Provinciæ Serenissimorum Regum «Poloniæ tributariæ erant, juri et possessioni Sacræ Regiæ Matis Poloniæ re-«linquantur, unâ cum omnibus istis ditionibus, quas Budziacensos et Bialogro-«denses Tartari incolunt, ita ut limes sit fluvius Danubius.»

*) Anmerkung. Interessant erscheint hiebei das Gutachten des berühmten Vertheidigers von Wien, Grafen Rüdiger von Stahremberg, ddo. 6. August 1692, welcher dem Kaiser unter Anderm schreibt: «Siebenbürgen belangent, ist selbes landt auf kheine weis zu cedieren,

stiesz auf einen Wiederstand, den man zwar an der Pforte
geltend zu machen, gegenüber von Polen selbst aber zu verhehlen beschlosz. Als daher Kaiser Leopold I. dem sich zur
Abreise in die Türkei anschikenden englischen Gesandten
Harbord am 31. Mai 1692 die erforderliche Information in
Bezug auf das Vermittlungswerk ertheilte und sowol seine
eigenen wie auch die polnischen und venetianischen Friedensbedingungen kundgab, bezeichnete er Polens Zumuthungen
als so weittragend, umfassend und verschwommen, dasz sie
an der Pforte füglich kaum einer Billigung theilhaft werden
dürften; er lebe demnach der Hoffnung, es werde Polens
König und Republik, vom Geiste der Billigkeit beseelt, sich
mit der von der Türkei zugestandenen Erwerbung der Festung
Kameniez nebst dem zugehörigen Bezirke schlieszlich zufrieden stellen und von jedweder ferneren Zumuthung um so
sicherer abstehen, als man von dem einmal angenommenen
Grundsaze, demgemäsz nur auf Grundlage wirklicher Waffen-
eroberung und militärischer Innehabung das den Türken trak-
tatenmäszig zustehende Territorium denselben im bevorstehenden Friedensschlusse aberkannt werden könne, des üblen

---

«sowohl wegen des emolumenti vnd Einkhombens, so Euer kays. Maytt.
«daraus haben, auch tractu temporis, wan darinnen die sach verlässzlich ein-
«gerichtet wirdet, noch mehr haben khönen, als auch in deme dasz königreich
«Hungarn niemahls in ruhe sein khan, da nicht auch 7bürgen Euer kays.
«Maytt. vnterworffen verbleibet, alwo sich iedesmahls die vnruhe vnd rivolten
«angesponnen haben, sondern wirdet vill mehr nothwendig sein, die 7bürgi-
«schen gränizen gegen der Moldau vnd Walachey zuuersichern, zu fortificieren,
«vnd in dem tractat expressè auszudingen. dasz iedem thaill seine gränizen
«nach seinem guettbefinden zu fortificieren vnd zuuersorgen freystehen solle,
«durch welches, wans geschicht, Euer kays. Maytt., gränizen allerorthen wohl
«verwahrt währen, vnd Sie hingegen bey sich aufs neu anspinnenden krieg
«maister sein wurden, diessz- vnd jenseiths, wie Sie wollen, in dasz hosticum
«einzutringen. Die Polläkhen werden sich mit restitution Caminez vergnüegen,
«vnd zugleich das Jenige, was Sy in Moldau haben, weilen es schlechte
«örther, vnd von geringer Consequenz seint, gegen behaltung gedachtes Ca-
«minez leicht fahren lasszen khönnen; währe auch kheine billichkheit, das
«Euer kays. Maytt. etwo an schliessung eines honorablen fridens sich verhin-
«deren solten, indeme Sy Polläkhen gleichwohl souill avantage gehabt,
«hingegen so wenig zu dem Krieg beygetragen hetten, Euer kays. Maytt. aber
«dargegen neben disen türkhenkrieg auch mit dem so kostbahren krieg wider
«Frankhreich impegniert seyen, zu welchem Sy Polläkhen nicht concurrieren
«wollen.» — — — — — —

Präcedenzfalles halber keine Ausnahme zulassen dürfe. f) Auch
Venedigs Bedingnisse litten, wie der Kaiser sagt, an den
beiden Gebrechen der Weitschweifigkeit und der Nichtbede-
kung durch den bewaffneten Besiz; doch unterstüzte und
empfahl er sie wie die eigenen, weil eine Klausel im Bundes-
vertrage mit dieser Republik ihm diese Verpflichtung ausdrüklich auferlegte, wenn auch aus dem Grundton der Anempfehlung hervorleuchtet, dasz sie nur mit halbem Munde
und lediglich der Form wegen, die man zu beobachten sich
verpflichtete, ausgesprochen wurde; auch scheint eben das
Anspiel auf die Vertragsmäszige Anempfehlung anzudeuten,
dasz dieselbe ohne diese specielle Verbindlichkeit zuverlässig
nicht erfolgt wäre.

Wie wenig bundesfreundlich und aufrichtig Leopold's I.
Vorgang gegen Polen und Venedig bei dieser Gelegenheit
gewesen, erhellt aus der an dieselben über die Informirung
Harbord's erstatteten Anzeigen: die Gesandten beider Staaten
erhielten nämlich von dieser Instruktion zwar je eine Abschrift,
in der aber die auf die beiden Bundesgenossen bezüglichen

f) Informatio pro Legato Anglico, Domino Harbord, in negotio pacis
cum Turcis, die 31-mâ Maij 1692 eidem per D-um. a Werdenberg exhibita.
Die angezogene Stelle lautet also: «Quod igitur Screnissimi Regis et
«Reipublicæ Poloniæ conditiones spectat, eæ, uti communicatæ sunt, ita sub
«H annexæ exhibentur, quæ licet magis *vagæ et ampliæ,* quàm quas à Turcis
«obtinendas sperare liceat, esse videantur, quia tamen ipsimet Turcæ suis etiam
«primis ac posteà repetitis propositionibus eidem Serenmo. Regi et Reipublicæ
«Poloniæ Camenecum cum suo territorio ac pristinis limitibus restituere sub
«litera *I* obtulerunt, *ab aequanimitate Serenmi. Regis et Reipublicæ Poloniæ spe-*
«rare licet, hoc oblento acquieturos, cùm uel maximè extrà possessionem eorum,
«quæ armis occupata fuerunt, per tractatus cum Turcis initos cessorum, nullum
«dari possit exemplum. Quod uerò Illustrissimi Dominii Veneti conditiones
«ab eodem Cæsareæ Matti cum conditione, ut non secùs ac propriæ pertracten-
«tur, communicatas, et hîc sub *K* annexas concernit, *etsi et illæ satis vagæ*
«sint, et multa etiam non possessa continere uideantur, in quibus à Turcis ob-
«tinendis maxima fortè suberit difficultas, cùm etiam ab eodem Dominio Ve-
«neto sub fundamento *uti possidetis,* pacem propter Regnum Moreæ ab eodem
«Dominio armis occupatum concludere maxima perhibeatur esse ex parte Tur-
«carum renitentia; quia tamen ex ratione fidei publicæ et obligationis per
«foedus sacrum contractæ Sua Cæs. Mttas, non differentem à propriis habere
«potest Venetarum conditionum considerationem, ideò earundem conditionum
«Venetarum tractatio et perfectio Excell-mo D-no Legato Angliæ enixè com-
«mendatur, cùm uel maximè prædictæ conditiones Venetæ hoc expresso pacto
«Suæ Cæsæ. Matti. communicatæ fuerint, ut non secùs ac propriæ commen-
«datæ habeantur et perficiantur.»

nachtheiligen Stellen völlig mangeln. g) Zudem liesz die kaiserliche Regierung ihre schriftlichen Einwendungen gegen Polen's
Absichten auf die beiden Fürstenthümer auch durch ein
mündliches Anbringen beim englischen Vermittler Harbord
unterstüzen und machte, auszer dem wider Polen sprechenden
Besizstand, noch den Umstand geltend, dasz Polen, welches
durch den mit dem moskowitischen Zaren abgeschlossenen
Bundesvertrag die Verbindlichkeit übernommen habe an der
Wiedererlangung von Kameniez volle Genüge zu finden,
füglicherweise selbst auf Grund der mit dem Kaiser eingegangenen Allianz gleichfalls nicht ein Mehreres in Anspruch
zu nehmen vermöge, weil die polnisch-kaiserliche Allianz,
welche früheren Ursprungs sei, eben durch den nachgefolgten
polnisch-moskowitischen Bund erst ihre genaue Auslegung
und Begränzung erlangt habe; seien aber einmal des Erzhauses Bedingungen im Einverständnisse mit der Pforte
endgültig festgestellt, so wolle man kaiserlicherseits alsdann
den Polen die Berüksichtigung der Billigkeit auf zwekdienli-
che und wirksame Weise schon zu Gemüthe führen und annehmbar machen. h)

Und während Leopold I. seinem Sonderinteresse die
Ansprüche seiner Bundesgenossen ebenso eigennüzig als hin-
terlistig aufopferte, stand der Hofkanzler Graf Kinsky in seiner
Erwiederung an den polnischen Gesandten Prosky nicht an,
sich auf die mitgetheilte Abschrift der dem Harbord mitge-

g) Informatio pro Legato Anglico D-no Harbord in negotio pacis cum
Turcis, ddo. 31-â May 1692, wie solche denen Kayserl. Alliirten, nemblich
dem König in Polln vnd Venedigischen Republic communicirt worden.

h) Memoria eorum, quæ Domino Legato Anglico Harbord oretenus
dici possent. Viennæ in Mense Junio 1692.

Der Polen betreffende Absaz lautet wie folgt : «Verûm etiam Seren-mus
«Poloniæ Rex vix in aliqua â Turcis occupatorum possessione, sind qua Pacis
«cum Turcis conclusæ vix aliquod per tractatus cessorum aut quæsitorum loco-
«rum exemplum dari poterit, reperitur, quin imò Seren-mus Rex et Respublica
«Poloniæ vigore contracti foederis cum Czaris Moscouiticis hîc sub K extractivè
«appositi declârarunt, restitutione Camenici se contentos fore, non præsumitur,
«eundem Seren-mum Poloniæ Regem et Rempublicam ultrâ quid vigore foe-
«deris Sacri â Sac. Cæs. Matte. prætensuros, quam illud ipsum cui se acquie-
«turos per foedus Polono-Moscouiticum ex postfacto obligârunt, nec desinet
«Sua Maiestas Cæsarea, *suis conditionibus priùs cum Turcis accommodatis*, ad
«hanc æquitatem Seren-mum Poloniæ Regem et Rempublicam idoneis ac effi-
«cacibus officijs acceptandam persuadere.

gebenen Verhaltungsvorschrift als auf einen neuen und klaren
Beweis jener Sorgfalt und Aufrichtigkeit zu berufen, die der
Kaiser, ungeachtet der ihm aufliegenden doppelten Kriegs-
wucht, bei der Wahrnehmung der Interessen seiner Verbündeten an den Tag lege und auf deren Grund er sich von
seinen Alliirten eines gleich bundestreuen Verhaltens versah! i)
Da jedoch Kaiser Leopold I. selbst dem wider ihn durch
Frankreich am polnischen Hofe rege gemachten und genährten Misztrauen mit der Erklärung seiner bundesfreundlichen
Gesinnung, welche das polnische Interesse dem eigenen gleich-
stelle, entgegenzutreten für angemessen erachtete, k) so verfehlte diese, dankbar aufgenommene Erklärung, angesichts
der polnischen Friedensnöthen, nicht ihre beruhigende Wirkung auf die Entschlieszung des polnischen Senates, die sonach im Sinne der Allianz auf Erstrebung eines Gesammtfriedens und auf Betheiligung an dem deszhalb zu eröffnenden
Friedenskongresse lautete; auch scheint man polnischerseits
die übertriebenen Forderungen herabgestimmt und für den
äuszersten Fall insgeheim sich beschieden zu haben, lediglich
mit der Erwerbung von Kameniez und der in der Moldau
eroberten festen Pläze Suczawa, Niamz und Soroka auf Grundlage des obwaltenden Besizstandes vorlieb zu nehmen. l) Auch

i) Antwort Irer Excellenz des Herrn Grafen Kinsky an den Pohlnischen
abgesandten Hn. Prosky auf dessen Schreiben vom 19-ten July 1692 in negotio pacis cum Turcis. Wien den 13-ten July 1692.

Die angezogene Stelle lautet; «Cæterùm *quà unimi sollicitudine et can-
«dore* Sacra Cæs. et Regia Mttas. Serenissimorum suorum foederatorum com-
«moda et satisfactionem, propriis suis non obstantibus duplicis belli grauissimi
«periculis et dispendiis parificauerit, testantur omnia cum Turcis directè uel
«indirectè peracta, et Seren-mo Regi ui pactorum foederis fideliter communi-
«cata, *quibus in præsentiarum et ea annectuntur, que nuper ad eundem finem*
«D-no *Legato Angliæ Harbord credita fuerunt, ex quibus ueluti Seren-mus*
«Poloniæ *Rex et Respublica luculentam et recentem promissæ usseurationis*
«probam *desumere poterunt*, Sacra Cæs. et Regia Mattas sibi parem ac firmam
«legum sacri foederis obseruantiam, et particularium tractatuum eliminationem
«pacemque extrà congressum omnibus communem non concludendam appro-
«mittit.»

k) Kayserlicher Erlasz an Siemunsky. Communicatio Eines intercipirten
Schreibens desz französischen Pottschafters bey der Porthen, die Disponierung
der Cron Pohln zu Einem particular-frieden mit selbiger betreffendt, vnd wasz
Er dagegen alda in Pohln zu negotiiren. Wien den 25. August, 1692.

l) Siemunsky's Berichte an den Kaiser, ddo. Warschau den 6. November und 18 December 1692, bezüglich der Haltung Polens in der Friedens

war diese Schluszfassung jedenfalls die klügste und für Polen
zuträglichste, weil diese Macht den Türken so wenig zu
imponieren wuszte, dasz selbst die von ihnen angebotene Abtretung von Kameniez lediglich vom Wunsche dem Staatsschaz die schwere Bürde abzunehmen, die ihnen aus der fortwährend enden Unterhaltung dieses Plazes erwuchs, nicht aber von
der Achtung für die polnische Kriegsstärke eingeflöszt erschien; eben in diesem Mangel an Achtung lag auch der
Grund, warum die Pforte für die Ueberlassung der Moldau
in polnische Gewalt, selbst nach Maszgabe des militärischen
Besizstandes, durchaus kein Gefühl an den Tag legte. Doch
fanden die von Heemskerck im türkischen Hauptquartiere
nächst Belgrad im Namen der beiden vermittelnden Mächte
gestellten Friedensanträge daselbst keinen Anklang, wie
Heemskerck selbst dem Kaiser berichtete. *)

Mittlerweile erwies sich der Moldauerfürst Constantin
Cantemir in seinen auswärtigen Beziehungen nichts weniger
als wählerisch und gewissenhaft: während er den Briefverkehr des französischen Botschafters an der Pforte nach Polen
und zurük vermittelte, unterhielt er mit dem Grafen Veterani
gleichfalls freundschaftliches Einverständnisz, auf dessen Grund
der Kaiser diesem Feldherrn die Auffangung der französischen
Schreiben angelegentlichst anempfahl; m) Busenfreund Tököly's,
hegte er wider Sobiesky und das Polenland gewaltigen Groll,
der durch die polnischen Anschläge und Angriffe auf die
Moldau sich nur zu gut erklären läszt; Erzfeind Brankowano's,
bewahrte er der Pforte ausdauernde Treue mitten im Kriegs-
sturme, n) durch den er auch bis zu seinem Hintritt glüklich
lavirte, ohne von der mehrmal entfesselten politischen Winds-

frage und dessen geheltenen Ultimatums, welches vom polnischen Bevollmächtigten auf dem anzuberaumenden Kongresse seinerzeit vorgewiesen werden würde.

*) Relatio des holländ. Gesandten Heemskerck ddo. Türkisches Feld-
lager bei Belgrad, 23. October 1692.

m) Schreiben des Kaysers an Graffen Veterani, dasz er die Correspon-
denzbrief zwischen den beiden französischen Pottschaftern in Pohln vnd bey
der Porthen zu intercipiren sich befleissen solle. Wienn, den 25. Augusti 1692.

n. Relatio des Grafen Marsigli an Ire kayserl. Maytt, ausz Constantinopel, ddo. April 1692. «Il Moldauo è Cantemiro, uillano di Bugiak, intimo
del Francese che per suo mezzo ha per la Polonia lettere di Francia, e pure
suiscerato del Tekeli, nemico alla Polonia, fedele alla Porta.»

braut, die ihn niederzuschmettern drohte, absonderlich hart mitgenommen worden zu sein.

Troz des nämlichen, durch die Lage selbst gebotenen Lavirungssystems, wäre Fürst Brankowano durch den Einflusz Tököly's, der die Walachei seinem Freunde Duka zuwege zu bringen trachtete, fast zu Falle gekommen, und er verdankte seine Beibehaltung vornehmlich der Geschmeidigkeit seines verschlagenen und auch in kaiserlichen Diensten verwendeten Agenten Joanaki Porphyrita, der sich dem damals tonangebenden französischen Botschafter nüzlich zu machen, hiedurch ihn aber von Tököly's Anschlag abzubringen verstanden hatte. Diese Gefahr muszte des Walachenfürsten Eifer für das kaiserliche Interesse merklich abkühlen. °) Nicht wenig mag übrigens zur Abwendung dieser Gefahr auch die Abneigung und das Misztrauen der Pforte gegen die Griechen insgemein und gegen griechische Fürsten insbesondere mitgewirkt zu haben, da sie nämlich immer neue Beweise für die groszartige und sehr gefährliche Verschwörung erhielt, die der verstorbene Fürst der Walachei, Scherban Cantacuzeno, im Einverständnisse mit dem russischen Hofe zur Wiederherstellung des griechischen Kaiserthums, an dessen Spize er selbst zu treten hoffte, angezettelt und für die er bereits die Serben, Kosaken, Griechen, Moldauer und Walachen als Anhänger und Bundesgenossen gewonnen hatte. ᵖ) Dasz aber Scherban bei Ausführung dieses Anschlages sich des Wiener-Hofs und der gewaltigen kaiserlichen Streitmacht nicht als eines gleichberechtigten Bundesgenossen, sondern eigennüzige, Weise blos als eines Werkzeuges zur Zertrümmerung des Osmanenreiches, das alsdann ihm als byzantinischen Dynasten und dem Zaren als glaubensgenössischen Ver-

---

o) Relatio des Graffens Marsigli, ddo. Constantinopl 5. Januarij 1902.
p) Relatio des Graffens Marsigli an Ire Kayserl. Maiestät ddo. Constantinopl, April, No. 1 u. 4. «Da un prete greco mi è stato communicato il «concerto del fù Serbano, Vaiuoda di Valachia, col Czar di Moscouia per «introdurlo all' Imperio greco *seruendosi dell mezzo delle di lei armi per faci-* *litarlo*, et il tanto zelo si mostraua à lei, era per questo, et non commodo «la communicarò, giacchè *la viltà Moscouitica* leuasi in sollecita gelosia. Era «capo il Serbano, Prencipe di Valachia, per rimettere l'Imperio greco nelle «mani di greco Jmperatore, seruendosi dell' armi di Cesare, à quale si mostraua «zelo e diuotione per facilitare tal dissegno. Ratiani, Cosaki, Greci, Valachi, «Moldaui ne erano a parte.»

bündeten zufallen sollte, habe bedienen und nur deshalb das
kaiserliche Interesse habe anscheinend fördern wollen, war
eine zu schmerzliche Entdekung, als dasz in dem kaiserlichen
Kabinete nicht auch gegen Scherban's Nachfolger in der
Fürstenwürde hätte ein Misztrauen aufkeimen und wuchern
müssen, das durch Brankowano's zweideutiges Benehmen nur
noch verstärkt wurde. Lezterer erwies sich zwar dem Erzhause noch fortan freundlich gesinnt, und da dem Vernehmen
nach dreitausend Tartaten mit einem Sultan an der Spize
sich gegen Bukarest in Bewegung sezten, so versprach er
zufolge eines Einverständnisses mit dem Grafen *Marsigli* die
kaiserlichen Generale von allen Absichten und Unternehmungen des Feindes sichere Kunde zu ertheilen, damit nicht
insbesondere das Heer Veterani's durch falsche Gerüchte
nuzlos in Athem gerathen möge; auch sonst sprach er sich
gegen seinen Abgesandten in Wien kaiserfreundlich aus;
doch mochte ihm nicht undeutlich vorschweben, was Marsigli
von Oesterreich's Stellung zu den vermittelnden Mächten so
treffend ausdrükte: «Gott bewahre jeden Fürsten vor der
Nothwendigkeit sich fremden Händen anzuvertrauen!» q)

Rastlos und unausgesezt durchkreuzte indessen Frank-
reich der kriegführenden und vermittelnden Mächte ernstgemeinte Friedensstrebungen, im Gebiete der unterminirenden
Diplomatie nicht minder erfolgreich wie auf dem des blutigen
Waffentanzes am Rheine. Der französische Botschafter an der
Pforte, Castegneres de Chateauneuf, knüpfte ein geheimes
Einverständnisz mit Polen's Groszfeldherrn Jablonowski und
dessen Vertrauten, Zamoisky an, die dann ihrerseits mit dem
Tököly und desselben Anhange unvermerktes Einvernehmen
pflogen. r) Frankreichs gewaltiges Uebergewicht fiel abermals
an der Pforte wider einen Gesammtfrieden überhaupt und

---

q) Schreiben Marsigli's an Grafen Kinsky ddo. Bukarest 20 u. 22 Juni
1692. «E Dio guardi mai ad un Prencipe d'essere obligato a mettersi nell'
altrui mani!«

r) Lettre de Mr. l'Ambassadeur Castagneres de Chateauneuf à Mr.
l'Abbé de Polignac, Ambassadeur extraord-re de France en Pologne, ou en
son absence à Mr. de Baluze, ddo. Adrianople, 1 juin 1093. — Lettre de
Mr. Chateaunef à Mr. le Grand-General de Pologne, Jablonowski, ddo. Adrianople, 27 Juin. — Lettre de Mr. Stepney, secretaire de l'Ambassade anglaise,
au Comte Kinsky, ddo. Dresde 15/25 Decembre 1693. — Lettres de Mr.
Ferriol à Mr. de Croissy dd. Camp de Belgrade 17 fevrier et 15 octobre 1693.

einen Sonderfrieden mit dem Kaiser und Reich insbesondere
entscheidungsvoll in die Wagschale, und abermals scheiterte
das Friedenswerk, ungeachtet der englischen Mittler, Lord
Paget, durch Ermäszigung der von den Alliirten gestellten
Bedingungen, die er auf den nunmehrigen Besizstand und die
Rükstellung oder Schleifung von Kameniez einschränkte, den
neuen Groszvezier Büklü Mustapha zur Wiederanknüpfung
der zerrissenen Unterhandlungen zu stimmen suchte. s) Diese
beträchtliche Ermäszigung umfaszte namentlich polnischerseits
die Entsagung auf die bisher angestrebte Erwerbung der
Moldau, Walachei, Ukraïne und Podoliens, wie auch auf die
rüksichtlich des Budschaker-Gebietes erhobenen Ansprüche
und scheint, indem eine polnische Aufforderung oder Ermächtigung hiezu überall nicht vorliegt, von Lord Paget nach
eigenem Ermessen kraft des in Wien gegebenen geheimen
Winkes veranstaltet worden zu sein; da indessen auch der
neue Antrag nicht Plaz griff, so frommte es wenig, dasz die
Pforte dem also modificirten Vorschlage nicht ein entschiede-
nes Nein, sondern mit der schonenden Ausflucht erwiederte,
es müszte in einer so belangreichen Angelegenheit vor der
Schluszentscheidung der Tartarchan, als eine der Hauptstüzen
des Osmanenreiches, um seine Ansicht einvernommen werden,
und dasz er für den günstigen Entscheidungsfall den nunmehr nach Konstantinopel an den gewöhnlichen Gesandten-
siz entlassenen Vertretern der Mittelmächte von dem Ergebnisse Kunde zuzumitteln verhiesz. t) Auch sollte, falls die

---

s) Proposition de Mylord Paget, presentée au Grd. Seigneur le dernier
de Fevrier, et au Grd. Visir le 8. Mars 1693. — Lettre de Mylord Paget du
28. May (7. Juni) 1693.

t) Lettre de Mr. de Chateauneuf à Mr, d'Esneval, Ambassadeur de
France à Varsavie, ddo. Adrianople, 27. Juin 1693. «Il s' est tenu un Con-
«seil depuis peu de jours entre tous les Grands de l'Empire Ottoman dans
«lequel on assure qu'il a été resolu, que pour toute reponse on leur diroit à
«tous trois de s'en aller à Constantinople, lieu de la residence ordinaire des
«Ambassadeurs qui viennent à la Porte, et le pretexte que l'on prendra pour
«en user ainsy sera que le Grand Visir ne scauroit prendre une dernière reso-
«lution dans une affaire de cette importance, sans en avoir auparavant conferé
«avec le Tartar Han qui est un des appuis de cet Empire, et que, lorsque
«le premier Ministre aura conferé avec le Tartar Han, si l'on juge à propos
«de leur faire scavoir quelque chose de ce qui aura été resolu dans cette con-
«ference, on leur donnera avis a Constantinople.» — Lettre de Mr. de Chateauneuf au Roy son Maitre, ddo. Adrianople 3. Juin 1693. — Litteræ Ab-

Pforte Unterhandlungen für zulässig erachtete, einer der vermittelnden Gesandten die türkischen Gegenvorschläge dem
Kaiser überbringen und auf Grund der ihm auch osmanischerseits mitzugebenden Vollmacht die langerschnte Ausgleichung
zu erzielen sich bemühen. «Dieser Gesandte aber hätte (nach
des Kaïmakam's Ausdruke), gleich einer weiszen Lichtkerze,
die nach keiner Seite sich neigt, unbeweglich und gleichmäszig
in der Mitte zu verweilen und so den Grundstein zu einem
dauerhaften Frieden zu legen.»

Zur Verunmöglichung des Gesammtfriedens und zur
Isolirung des Kaisers schlug der französische Hof noch einen
andern Weg ein: Polen und Venedig muszten zu einem Separatfrieden mit der Pforte bewogen, nöthigenfalls durch
Noth getrieben werden. In dieser Absicht liesz er kein Mittel
unversucht und schrekte vor keinem Gewissensbedenken zurük. Da die Polen, auf des Kaisers Zusage und der Allianz
Waffenglük vertrauend, noch fortan an ihren Forderungen
keine Herabminderung gestatteten, so richtete sich mehr noch
gegen sie als gegen die Pforte der einfluszreiche französische
Druk, welcher auch bei Polen's so materieller als moralischer
Erschöpfung und dringendem Friedensbedürfnisse seine Wirkung nicht verfehlen konnte. Tököly erhielt französischerseits
die Weisung seine Verbindungen mit Polen zu diesem Zweke
zu benüzen. u) In dem nämlichen Geiste bearbeitete Chateauneuf die Pforte, die er anfänglich durch die Zumuthung, die
Moldau an Polen abzutreten, selbst zu einem Friedensopfer
geneigt zu machen strebte, und als dies nicht gelang, mindestens dafür erfolgreich stimmte, dasz sie dem Tatarchan
Selim Geray die Entsendung eines Abgeordneten mit Friedensanträgen nach Polen auftrug. Der Groszvezier bemerkte dabei
dem andringenden Franzmanne, dasz, weil die directe Be-

---

legatorum Heemskerck et Colyer ad Imperatorum, ddo. 12-ma Maij 1693,
Adrianopoli. «Si vero conclusio subsecutura non foret talis, ut Pax hic firmari
«et præstabiliri possit, quod eo casu (Turcæ) ex Dominis Legatis alterum
«exposcerent, qui supradicta illorum responsa ad Vestram Majestatem Cæsa-
«ream transferat, et plenipotentiâ ex parte Ottomannicâ communitus, nimis
«diuturna discrimina, meliori quo fieri possit modo, conciliet.» Hæc autem
«ipsissima Caymacani sunt verba : «Ille (scil. legatus) in medio instar candelæ
«albæ morabitur, qui nec hac nec illac vergens fundamenta stabilis Pacis
«et Foederis immutabilis iaciat »

u) Lettres de Mr. Ferriol à Mr. de Croissy, ddo. 17 et 27 Fevrier 1693.

vollmächtigung des tatarischen Abgesandten durch die Pforte
von dem Tatarchan als eine Kränkung und ein Uebergriff
angesehen werden müszte, lezterer angewiesen worden sei, in
der tartarischen Vollmacht für seinen Abgesandten sich ausdrüklich auf die von der Pforte hiezu empfangene Ermächtigung zu berufen v). Eben so emsig wie Chateauneuf und
Ferriol an der Pforte, drangen Desneval, Polignac und Baluze am polnischen Hofe auf das Zustandekommen des Sonderfriedens, wozu denn endlich Sobiesky und seine Einfluszreiche königliche Gemahlin sich anheischig machten. w)

Inzwischen war in der Moldau Fürst Constantin Kantemir vom irdischen Schauplaz abgetreten. Seine vertraute
Freundschaft mit Chateauneuf hatte ihn übrigens nicht vom
gleichzeitigem geheimen Einverständnisse mit Veterani abzuhalten vermocht, und die Entdekung dieser zweideutigen
Haltung, die auf den politisch französischen und Tökölyschen
Schriftwechsel durch die Moldau störend wirken muszte, hatte

---

v) Lettre de Mr. Castagnères de Chateauneuf au Roy son Maistre ddo.
8 fevrier 1693. «Je me suis serui de toutes les raisons, qui pouvoient leur
«faire comprendre les grands avantages que cet Empire tireroit de cette Paix
«particulière, *afin de les engager à ceder la Moldavie aux Polonois.* Ils se sont
«assemblez chez le Grand-Vizir, qui m'a enfin rendu reponse: que *la Porte*
«*ne vouloit rien changer aux conditions qu' elle m' avoit pris d'envoyer en*
«*Pologne* et dont j'ay rendu compte à V. M-té par ma lettre du 5 Mars en-
«voyée par la voye de Venize; qu' il estoit toujours prest de conclure cette
«Paix à ces conditions-là; et que, pour ne laisser aucun pretexte d'oppo-
«sition aux Polonois qui ne seroient pas bien intentionnez, Sa Hautesse en-
«voyeroit incessamment ses ordres au Han des Tartares, afin qu' il eust a y
«envoyer un autre Ministre Tartare de sa part avec les pouvoirs necessaires,
«pour conclure cette Paix aux conditions marquées. Le Grd. Vizir m' a dit
«aussy, que la Porte n' avoit pas pû envoyer directement les pouvoirs au dit
«Tartare sans faire injure au Tartare-Han, mais que ce Prince avoit ordre de
«faire mention dans les pouvoirs qu' il les donne en vertu des ordres qu' il
«a de Sa Hautesse.»

w) Lettre du Roy de France à Son Ambassadeur à la Porte Ottomanne
Mr. de Chateauneuf ddo, 31. May 1693. «J' ecris cependant au Sieur Abbé
«de Polignac, Mon Ambassadeur en Pologne, de ne pas perdre un moment
«de temps, aussy tôt qu' il aura veu le Roy de Pologne et la Reyne, à les
«presser, *suivant leur engagement,* de conclure la Paix avec les Turcs, et
«comme Je luy recommende d'employer tous ses soins, *pour porter cette Cour*
«*à quelque relachement des conditions,* vous devez aussy faire toutes Vos dili-
«gences de Vôtre costé pour disposer le Grand-Visir à faciliter cet accomo-
«dement.»

ihm alles Vertrauen in Polen entzogen. ˣ) Die Pforte ernannte
nun an dessen Stelle den 25-jährigen Sohn des in polnischer
Gefangenschaft verstorbenen Fürsten Duka; denn wiewol anfänglich selbst der französiche Botschafter für dessen Nebenbuhler sich verwendet hatte, so sicherten doch reichliche
Geldspenden und Brankowanos, des ausersehenen Schwiegervaters, gewandtes Fürwort dem jungen Duka den Sieg, in
dessen Anerkennung nun den auch Chateauneuf sich dem
neuen politischen Gestirne, um es für seine Zwecke zu nüzen,
huldvoll zuwandte. Französischem Einflusse verdankte auch
der Pfortenbefehl an den jungen Fürsten seine Entstehung,
dasz er unter Anleitung des Tatarchan's allen Eifer und Fleisz
daran zu sezen hätte, um den Polenkönig zum Separatfrieden
zu treiben. ʸ) Zur Sicherung des Erfolges glaubten die französischen Abgesandten, in Maurocordato und Sulficar-Effendi
einige Friedensliebe witternd, sie an der Pforte verdächtigen
und untergraben zu müssen, und allerdings scheint das Ansehen der beiden angefeindeten Männer an entscheidender
Stelle nicht wenig eingebüszt zu haben. ᶻ)

_____ _____ _

x) Lettre de Mr. Ferriol à Mr. Croissy, datée à Podzarowitza le 17.
fenrier 1693. «Les deux lettres de Fontaine bleau du 2 et 9 Octobre, que
«Vous m'avez fait l'honneur de m'ecrire et qui ont passé par la Pologne, ne
«m'ont esté rendües que le treize de ce Mois: la cause de ce retardement
«uient peut-estre *de l'intelligence secrète que le Grand-General de Pologne a*
«*decouvert entre le Prince de Moldavie et Veterani*. Il n'a pas uoulu risquer
«les lettres de Mr. Desnoual à la Porte, et les siennes propres au Comte Tö-
«köly, qu' il n'ait des occasions seures pour les faire passer.»

y) Litteræ Ablegatorum Heemskerck et Colyer ad Cæs am Mattem ddo.
31 Maij 1693. «Principi Moldaviae, initio hebdomadis futuræ Jassum petenti,
«principatum occupandi animo, mandatum est, ut Tartarorum Hanni sub auspi-
«cio, ardentissimè in id incumbat, ut Polonorum Regem ab Pacem peculiarem
«stabinniandam persuadeat. Gallorum Legatus deseruit partem oppositam, quam
«nom ita pridem fovebat, novumque hunc Principem sibi devincire enititur.»
— Lettera del Sr. Secretario Coke all Sr. Conte Veterani, ddo. Adrianopoli 1/11
Aprile 1693. «Il figliuolo di Duka Beg, Prencipe di Moldavia che morse pri-
«gione in Polonia, giovane di 25 Anni, è fatto Prencipe di Moldavia in luogo
«del defonto Cantemir, il quale fù gran amico del' Ambassiadore di Francia.
«Questo nuovo Prencipe s'ammogliarà con la figlia del Prencipe di Valachia.»
-— Lettre de Mr. l'Ambassadeur de France, Mr. de Chateauneuf, au Roy son
Maitre, ddo. Adrianople le 3-e de Juin 1693. «Le Bey de Moldavia est en-
«core en cette ville, il a de la peine a trouver l'argent qu' il doit donner
«pour l'employ qu' il a eu.»

z) Lettre de Mr. Chateauneuf au Roy de France, ddo. 24 octobre 1692.

Hiezu gesellte sich noch der durch französische Ein-
flüsterungen und die zweideutige Haltung des Wiener Ka-
binets wach gerufene Argwohn Polens wider des Kaisers
hinterhältige Absichten, die allmählich den Polen aufdämmernd,
sie zur Erkenntnisz leiteten, dasz sie lediglich als Werkzeuge
zur Förderung œsterreichischer Interessen dienten, und nach
überstandenem Sturm als nuzloser Ballast über Bord geworfen
werden würden. Sie entschlossen sich demnach zu einem
energischen Schritt: sie stellten ihre fernere Genossenschaft
am heiligen Bunde in Frage und öffneten den Zugang zum
Separatfrieden, falls ihren kategorischen, genau formulirten
Forderungen in Wien hinfort nicht willfahrt würde. Offenbar
sollte bei der beabsichtigten Versteigerung polnischer Gunst
zwischen dem Kaiser und dem Sultan der Meistbot den Ausschlag geben, und da dieser noch ungewisz, wendete man
sich zunächst an den Bundesgenossen, bevor man auf den
Feind zuschritt. Am 8. Mai 1693 legte Prosky in der Wiener
Conferenz Polens ernstgehaltenes Ultimatum vor, dessen Annahme oder Abweisung sein ferneres Verharren im Dreibunde
bedingen sollte.aa) In dieser Staatsschrift stellt der König
sein verdienstreiches, opferwilliges und groszmüthiges Wirken
für Kaiser und Reich in den Vordergrund, erinnert an die
damit verknüpfte Vernachlässigung der polnischen Staatsinteressen, beschwert sich über die den oft wiederholten königlichen Anforderungen entgegengehaltene Rüksichtslosigkeit,
und indem er den Einsaz seines Reiches so wie dessen höchst
empfindliche, nachgerade anwachsende Kriegslasten der bisherigen Fruchtlosigkeit des Bundes bezüglich Polens an die
Seite stellt, erklärt er, in Anbetracht der dadurch im eigenen
Lande erregten Verstimmung, blos unter nachgezeichneten
Bedingungen dem Vierbunde angehören zu wollen:

1tens Vor Allem wäre die zeitgemäsze Umgestaltung des Bundesvertrages, sowol wegen des inzwischen ausgebrochenen Krieges mit Frankreich wie auch weil der Kampf

aa) Puncta Polonica, nomine Regis per Senatores et officiales Regni
Do. Ablegato Samueli Proski transmissa, ut illa Sacræ Cæsareæ Mtti quanto-
cyus repræsentet et efficacissimum responsum obtinere adnitatur. Varsaviæ die
XIV Mensis Aprilis, Anno Domini 1693. In conferentia Viennensi exhibita
die 8-va Maij 1693.
Daselbst heiszt es ausdrüklich: «ut ulterior Sacri foederis progredi
possit.»

mit der Pforte aus einem offensiven in einen defensiven
überging, völlig unabweislich, und die Verhandlung darüber ungesäumt einzuleiten.

2 tens Da die als Hauptgrundlage des Bundesvertrages anzu-
sehende Zuerkennung der italienischen Zehnten an Polen
aus dem Stadium der Zusage nie in das der Ausführung
getreten, so sei diesfällige Abhülfe entweder durch Zu-
mittlung der gedachten Zehenteinnahme oder in anderer
Weise, angesichts der financiellen Erschöpfung des Königreiches, ein unumgängliches Erfordernisz.

3 tens Die beträchtliche Länderabtretung Polens an Ruszland,
blos zu Gunsten der Fortführung des Bundesverhältnisses
bewerkstelliget, hätte in anderweitigem angemessenen
Vortheil oder Zuwachs vollständigen Ersaz zu finden.

4 tens In Hinblik auf den bundesmäszig anerkannten Grundsaz, dasz jedem Allirten das verlorne Landgebiet wieder
zufallen müsse, und mit fernerer Beziehung auf die trozdem wider Polens Anrecht auf die Moldau und Walachei (utraque Valachia) erhobenen Anstände, wodurch
diese seit Jahrhunderten dem Königreiche einverleibten
Provinzen in Anerkennung der rechtmäszigen Herrschaft
zweifelvoll und ·wankend gemacht, und nur zu desto
kräftigerem Widerstande gegen die polnische Besiznahme
angereizt würden, läge es dem kaiserlichen Kabinete ob,
gemäsz seinen wiederholt an die königlichen Abgesandten
ertheilten umfassenden Zusagen, die zur Zeit unzureichen-
den polnischen Waffen nicht allein von der Wiedereroberung dieser Länder abzuhalten, sondern vielmehr
darin zu unterstüzen.

5 tens Die Zips, ein alter Bestandtheil des polnischen Königreiches, und vom Kaiser Rudolf II. wie auch vom König Maximiliam durch feierliche Verträge als solcher
anerkannt, nunmehr aber kaiserlicherseits in Frage gestellt und für Ungarn in Anspruch genommen, solle der
Krone Polen, so dem Rechte als dem Besize nach, unbeanständet zugesprochen und überlassen werden.

6 tens Die oft verheiszene kaiserliche Truppenhülfe, in deren
Erwartung Sobiesky die Moldau und Walachei mit Krieg
überzog, die jedoch am vereinbarten Stelldichein nicht
erschien, solle nicht minder als die Proviantzufuhr aus

Siebenbürgen endlich gewährt werden, um durch das also vereinigte Heer die Budschaker-Tataren vertreiben, die Tataren der Krim nebst den Tatarchan von aller Verbindung mit der Pforte zu Lande abschneiden und selbst Siebenbürgen vor ihren Einfällen fürderhin wahren zu können.

Ueberdies beklagte sich der König bitterlich über die ganze Haltung der kaiserlichen Regierung gegen Polen. Sein liebevolles, werkthätiges, stets hülfsbereites Wolwollen sei ihm mit ungerechter Miszachtung seiner Forderungen, mit stetig wucherndem Misztrauen gelohnt worden; sein Bevollmächtigter habe im kaiserlichen Lager, troz wiederholter dringender Bitten, dennoch keine Mittheilung der von den englisch-holländischen Gesandten mit der Pforte gepflogenen Verhandlungen zu erwirken vermocht, so dasz Polen fast eher noch vom Abschlusz als vom Beginn des Friedenswerkes Kunde erlangt hätte; ja, allen Anzeichen und Aeuszerungen zufolge, gedenke der Wiener-Hof Polen blos die Erwerbung von Kameniez und der Ukraïne zuzugestehen, mithin dem Freunde und Bundesgenossen weniger zu bieten als dies selbst von Seite des Feindes geschehen, dessen Anträge der König doch kategorisch hintangewiesen.   .

König Ludwig XIV., in der Schwächung des Hauses Oesterreich nicht allein eine rein politische Machtfrage, sondern auch einen verstekten, mit deutschen Waffen gekämpften Kampf des Protestantismus gegen den Katholicismus erblikend,[bb]) spannte übrigens das Nez seiner auf Separatfrieden berechneten Wirksamkeit auch über Venedig aus. Er versuchte den Argwohn der Republik gegen den wachsenden und übergreifenden, sonach sehr bedenklichen Einflusz des Kaisers auf Italien wach zu rufen; er liesz die mit feindlichem Gute befrachteten und deszhalb durch französische Kreuzer

---

[bb]) So z. B. schrieb er an seinen Gesandten Castagnères aus dem Lager von Gemblours am 9. Juni 1693 unter Anderm: »Je m' asseure que «Vous seaurez faire un bon usage de toutes ces veritez, et qu' elles produiront «auprés du Grd. Seigneur et de ses Ministres tout le bon effect qu' on en «doit attendre dans la conjoncture presente, pour empecher que les nouueaux «efforts que les puissances de la Religion protestante font de tous costez, sous «le pretexte de soustenir la maison d'Autriche et d'affoiblir ma Couronne, mais «en effect pour opprimer nostre Religion et faire triompher l'heresie, ne puis-«sent reussir.» Diese Depesche wurde auch von Colbert gegengezeichnet.

gekapperten venetianischen Kauffahrer anstandslos den Eigenthümern zurükstellen, für dieses dem Handel der Republik zu Gunsten seiner eigenen Feinde und zum Nachtheile seiner Unterthanen dargebrachte Opfer anderweitige Bereitwilligkeit Venedigs in Anspruch nehmend;cc) und als dies Alles nicht verfangen mochte, theils weil die Venetianer zu viel forderten, theils und vornehmlich weil die Pforte, in deren Augen sie seit der erzwungenen Aufhebung der Belagerung von Kanea ihr militärisches Ansehen eingebüszt, ihnen keine Zugeständnisse anbieten mochte, arbeitete der französische Einflusz an der Pforte dahin, den venetianischen Handel von der Levante dann völlig ausschlieszen zu lassen, wenn er unter englischer oder holländischer, und nicht unter französischer Flagge geführt würde. Das hiedurch von fränkischer Protection abhängig gestellte Handelsinteresse des Lagunenstaates sollte, wie man sich in Paris schmeichelte, dem Separatfriedenswunsche mehr als alles Andere den Eintritt in die Wirklichkeit bahnen.

Auch Fürst Brankowano, dessen geheimes Einverständnisz mit dem Wiener-Hofe und dem holländischen Gesandten Heemskerck durch einen abtrünnigen romanischen Priester verrathen ward, entging der Verfolgung nicht, da ihn Chateauneuf zu wiederholten Malen bei den türkischen Machthabern der Beförderung des feindlichen Schriftverkehres zwischen Wien und dem osmanischen Gebiete ernstlich beschuldigte und auf dessen Absetzung drang. Blos seinem groszen Kredit an der Pforte, seiner Gewandheit und der Thätigkeit seines Kapu-Kiaïa, Joanaki Porphyryta, hatte er seine Rettung und Beibehaltung zu verdanken, und er fuhr sogar fort, den Briefwechsel von und nach Wien, wie zuvor, nur mit gröszerer Behutsamkeit und feinerer Vorsicht, zu vermitteln. Der verschlagene, wegen zweideutiger Haltung und Doppelzüngigkeit vom kaiserlichen Dienste ausgeschlossene Joanaki, machte sich den englischen Einflusz in Wien zu Nuze, um die verlorene Stellung und Besoldung unter Betheuerung seiner unverbrüchlichen Treue gegen Kaiser und Reich wieder

---

cc) Lettre de Roy de France à Mr. de la Haye, Ambassadeur en Italie, ddo. Camp de Gemblours, 3 Juin 1693.

zu gewinnen, aber ohne allen Erfolg.[dd]) Indessen muszte, zur
Dämpfung der türkischen Siegeszuversicht wie auch zur Befestigung der wankenden Treue der moldowalachischen Fürsten,
der General Veterani zufolge kaiserlichen Befehls der Franzosen miszlungene Belagerung von Rheinfels am Rhein nicht
blos in Konstantinopel und in der nächsten Umgebung Tököly's, sondern auch in Jassy und Bukarest auf gute Art
verlautbaren lassen.[ee])

Wie gegen den Wiener-Hof, so keimte aber auch gegen
die vermittelnden Gesandten der Seemächte das polnische
Misztrauen in üppiger Fülle auf. Deszhalb weigerte sich Sobiesky, troz des kaiserlichen Ansinnens, denselben eine Vollmacht zur Unterhandlung des Friedens zu ertheilen oder auch
blos die lezten Bedingungen der polnischen Friedenseinwilligung
vertraulich kund zu thun. In Wien begründete man dieses

---

dd) Lettre de Mr. Stepney, Secrétaire anglais, à Son Excellence le
Compte Kinsky. ddo. Dresde 1/15 Janvier 1694. «La voye de la Walachie et
«de la Transylvanie est la plus prompte et la plus assurée, tant qu' elle
«pourra durer. Le Prince de Walachie souffre qu' on s'en serve, mais avec
«beaucoup de crainte et de precaution. L'Ambassadeur de France a fait plu-
«sieurs fois des plaintes contre luy à cet égard, et depuis peu un Prétre Re-
«negat, Walache de nation, a accusé ce Prince d'avoir tenu correspondence et
«fait passer des lettres à Vienne. Le credit qu' il a à la Porte, l' a soutenu
«jusqu' à present, mais si cela durera longtemps, c' est ce que je ne puis
«pas promettre. Il connoit l'Ambassadeur d'Hollande, avec qui il entretient
«commerce; mais ceux de nostre Nation n' ont jamais menagé sa connoissance,
«et quoyque j'envoye souvent des lettres par son canal, le passage n' est pour-
«tant pas fort asseuré pour moy, et je ne suis pas toujours averti assez à temps,
«quand une occasion de s' en servir se presente. Les paquets que j'ay en-
«voyéz, ont été recommendez au Sig-r. Janachi Porphyrita, Capikiah ou pre-
«mier Agent de ce Prince. Cet Agent a été le Correspondent de S. M. J.,
«jusqu' à ce que Mess-rs Marsigli et Dural par de faux et de malicieux carac-
«teres qu' ils donnérent de luy, firent soupçonner Vos Ministres comme s' il
«n' étoit pas fidele à l'Empereur, ce qui fut cause qu' on luy ota sa pension;
«par ou il me semble que le service de S. M. J. a beaucoup souffert, puisqu'
«elle ne scauroit avoir un homme plus fidele et qui puisse mieux menager ses
«affaires ou donner de plus justes informations de l'Estat des choses dans ce
«qays icy. Je souhaitte passionement pour le bien de sa dite Majesté Imp-le
«qu' on luy continue sa pension, et que par toutes sortes de moyens on l'
«encourage à continuer ses services; et j'ose promettre qu' il en usera fidele-
«ment, quoy qu' on en dise au contraire, à la Cour Imperiale.

ee) Kaiserlicher Erlasz an Grafen Veterani, ddo. Wien 29. Jänner
1693. — Bericht Veterani's an den Kaiser, ddo. Hermanstadt, 16. Februar
1693.

Ansinnen einerseits durch den gerechten Anspruch auf des Königs Offenheit, nachdem doch ihm der Kaiser durch Kundgabe seines Ultimatums Offenheit bewiesen habe, anderseits durch den Wunsch, zur Erwirkung der türkischen Zustimmung zum Kongresz, den vermittelnden Gesandten mit des Königs Vorwissen Alles, was zur Anbahnung des Friedens dienen möchte, selbst für den Fall an die Hand geben zu können, wenn die polnischen Bedingungen vielleicht an der Pforte als überspannt und sonach unzulässig gelten würden. ff) Da Leopold's I. Absehen offenbar dahin gerichtet war, Polen, selbst ohne Zuerkennung der Moldowalachei, zum Frieden dadurch zu nöthigen, dasz es Männer bevollmächtigte oder doch vertraulich instruirte, die mit dem kaiserlichen Kabinete zur Hintanweisung der polnischen Ländergier einverstanden waren, wie auch Lord Paget's oben besprochenes unberechtigtes, aber auch erfolgloses Vorgehen bald darauf genügend erwies; so trug Polen's Argwohn gegen die Mittler seine Berechtigung in sich und in der wahren Erkenntnisz der Umstände sowol als der wahren Absichten des kaiserlichen Bundesgenossen.

Hiezu trat noch der Umstand, dasz die Pforte, um den polnischen Sonderfrieden zu erzwingen, französischem Rathe gemäsz, durch ein Tatarenheer von 50.000 Mann einen verwüstenden Streifzug in's Königreich vollziehen liesz. Die Polen, in so früher Jahreszeit keines Ueberfalles gewärtig und deszhalb völlig unvorbereitet, vermochten mit der in aller Hast zusammengerafften Truppenabtheilung von kaum 2000 Mann keinen nachdrüklichen Widerstand entgegenzusezen, und so wurden nebst groszer Beute von der plündernden Horde mehr als 40.000 Menschen in die Knechtschaft entführt. gg)

So stand die Lage der Dinge, als Sobiesky, dem eben so von auszen wie von innen geübten Druke nachgebend, im Frühling 1694 in der Person des Palatinus von Chelm, Prowuski, einen Abgesandten an den eben in Adrianopel weilenden Tatarchan, des Sonderfriedens halber seine Vermittlung zu erbitten, abfertigte. Prowuski traf am 12./22. Jänner 1694 daselbst ein und reiste mit seiner Abfertigung am 4./10. Fe-

ff) Schreiben des Grafen Kinsky an den polnischen Gesandten Prosky, ddo. 26. Jænner 1693.

gg) Schreiben des poln. Gesandten Samuel Prosky, an Hofkanzler Kinsky, ddo. Wien 28. März 1693.

bruar darauf ab. In fünfmaliger Audienz vom Chan ehrenvoll
empfangen, vermochte indesz dieser Gesandte mit seinen Anträgen, die als Hauptbedingnisz des Partikularfriedens die
Ueberlassung von Kamenice und des eroberten Gebietes der
Moldau aufstellten, keineswegs durchzudringen, ungeachtet
Polen sich mit der Hoffnung schmeichelte, um den Preis
eines solchen Friedens Alles bewilligt zu erhalten; denn die
Pforte erblikte in diesem Ansuchen um Frieden ein Sympton
polnischer Schwäche und wähnte demzufolge gar leichten
Kaufes davon zu kommen: sie bestand sonach auf die Rükstellung der Ukraïne und des besezten Theils der Moldau
durch die Polen. Zu diesem diametralen Gegensaze der gegenseitigen Anforderungen gesellte sich zudem das Hindernisz, dasz der Unterhändler nur an den Tatarchan, nicht an
die Pforte beglaubigt war, daher mit ihr in keine directe Verhandlung treten und sich blos tatarischer Dazwischenkunft
bedienen konnte.*) Als mithin über das Masz des früher schon
fruchtlos Gebotenen kein Zugeständnisz osmanischerseits bewilligt wurde, leistete dieser Unterhändler dem türkischen
Ansinnen eines polnischen Sonderfriedens um so geringen
Preis beharrlichen Widerstand, und da hierauf auch die Pforte
auf die Grundlage des Gesammtfriedens einging, so schritten
beide Theile sofort zur Ermittlung eines Kongreszortes. Agram
oder Eperies, welches der Pole in Antrag brachte, miszfiel
dem, im Namen der Pforte redenden Tatarfürsten, weil die
noch frische Erinnerung an die harte Behandlung der lezten
türkischen Bevollmächtigten am Kaiserhofe all zu gewaltig
dagegen streite; dagegen verwarf der Pole die auf alten
Brauch gestüzte Zumuthung, dasz die Alliirten ihre Gesandten
an die Pforte senden sollten, weil es sowol der Beschaffenheit
der Umstände wie der Würde des heiligen Bundes weit mehr
entspreche, dasz der Eine an die Vier, als dasz die Vier an den
Einen Bevollmächtigte entsendeten. Endlich entschied sich die
Pforte für den halbwegs neutralen Kongreszort Jassy, und als
dieser keinen Anklang fand, für die polnischen Orte Sniatyn

*) Journal de Mylord Paget, präsentirt in Wien dem Grafen Kinsky am
19. Mai 1694. — Lettre de Colyer, Ambassadeur des Provinces unies à la
Cour ottomanne, à Mr. Hamel Bruijninen, Ministre et Secrétaire du Roy de la
Grande Bretagne et des Etats-Generaux des Provinces unies, à la Cour Imperiale de Vienne. ddo. Adrianople, le 20. Mars 1694.

oder Stry, wofern nur die Zustimmung der Alliirten vor dem
Beginne der Kriegsoperationen noch zeitlich genug kundgegeben würde. Durch diese polenfreundliche Auszeichnung ge-
schmeichelt und einem baldigen Gesammtfrieden entgegen-
blikend, erklärte sich Sobiesky mit der lezteren Wahl einverstanden, und lud demnach den Kaiser und die Republik
Venedig zum Beitritt wie auch zur Beschikung des auf christ-
lichem Gebiete gelegenen Kongreszortes dringend ein. [hh])

Dieser Einladung erklärte sich Venedig, obzwar nicht
ohne Versicherung seiner Kriegsbereitschaft, anstandslos Folge
leisten zu wollen. [ii]) Nicht aber so der Kaiser, dem gar wol
bekannt war, dasz die tatarische Vermittlung, von französischer Eingebung herrührend, auf die Sprengung der Allianz
und den polnischen Separatfrieden das Absehen richtete.
Schon vorher als der Polenkönig (Juli 1693) das Eintreffen
an seinem Hoflager einer zweiten tatarischen Botschaft mit
Friedens- und Vermittlungsanträgen nach Wien meldete und,
auf die Erfolglosigkeit der englisch-holländischen Vermittlung
hinweisend, sowol den Kaiserhof als den Lagunenstaat zur
Kundgebung ihrer Friedensbedingungen aufforderte, [kk]) erhob
Leopold I. gewaltige Bedenken wider den Mittler und die
Mittlerschaft. «Es sei völlig unangemessen und verstosse ge-
«gen allen völkerrechtlichen Brauch, zu Friedensvermittlern die
«Tataren auszuersehen, des Feindes eigene Kampfgenossen
«und ihn an feindlicher Gesinnung gegen Kaiser, Bund und
«Christenheit noch weit überbietend, die polnischen Lande
«eben so wie die kaiserlichen mit gründlicher Verwüstung
«und unmenschlicher Wuth heimsuchend; von den Franzosen,

---

hh) Litteræ Serenissimi Poloniæ Regis ad Sacram Cæsaream Mattem,
ddo. Zolchieviæ, 20-má Aprilis 1694. — Litteræ Poloniæ Regis ad Ducem
Venetiarum Silvestrum Valerium ddo. — Mai 1694. «Ablegatus noster Generosus
Prowuschi — — retulit se effecisse operâ Hani Crimensis apud fulgidam Portam,
quôd pro tractandâ finiendaque, utinam, Pace generali — — — tandem pro-
posuerit locum Jassijs in civitate capitali Mo'daviæ vel si is non placuerit,
prout de facto reiectus est, in gratiam Nostram regiam acceptaram se pollicea-
tur Snijatinum vel Stryium, civitates nostras conterminas Transilvaniæ et Vn-
gariæ, — — —

ii) Lettere della Republica Veneta al Ré di Polonia, ddo. Venezia —
— Maggio 1694.

kk) Litteræ Regis Poloniæ ad Cæsaream Maiestatem super mediatione
pacis per Tartaros offerta, ddo. Varsaviæ die X-ma Mensis Julij 1693.

«diesen geschäftigen Zwietrachtsäern und Misztrauensver-
«breitern, ausgebrütet, könne eine solche Vermittlung nimmer-
«mehr sich der Zustimmung der christlichen Welt erfreuen
«und höchstens zur Kenntnisznahme der Bedingungen des
«Feindes berechtigen, dürfe jedoch, den Bundesbestimmungen
«gemäsz, keine einseitige Friedensunterhandlung zur Folge
«haben; so habe man auch kaiserlicherseits bisher verfahren,
«und eines gleichen Verfahrens versehe man sich auch zu
«Polen, ohne ihm jedoch hierin etwas vorschreiben zu wollen,
«um so mehr als es allerdings nicht rathsam scheine, den
«Tataren eben so wie den Türken selbst Glauben zu
«schenken. Eine kräftige, voraussichtlich erfolgreiche Krieg-
«führung, den französischen Zaubereien zu Troz, sei nun zwar
«der sicherste und kürzeste Weg zum Frieden; sollte aber des
«Tatarchan's Dazwischenkunft nicht sowol den Friedensvertrag
«selbst als die Anberaumung eines Kongresses zu dessen
«Verhandlung eben so im Auge haben, wie zuvor die Ver-
«mittlung der Seemächte an der Pforte, so stelle die kaiser-
«liche Regierung es dem weisen Ermessen des Königs anheim,
«entsprechenden Gebrauch davon zu machen, berufe sich
«übrigens auf die vorher bereits mitgetheilten œsterreichischen
«Friedensbedingungen und *behalte sich deren eingehende Er-*
«*örterung an dem einverständlich festzusezenden Kongreszorte*
«*vor, wohin sie gehörig ausgerüstete Bevollmächtigte seinerzeit*
«*abordnen werde.*»[11])

Dasz diese Antwort lediglich die Hintanhaltung des
polnischen Separatfriedens und der dahin abzielenden tatarischen Mittlerschaft im Schilde führte, erhellt auch daraus,
dasz der Kaiser ungeachtet des eifrigen Andringens des polnischen Königs und Gesandten, geflissentlich die Absendung
des bereits beschlossenen und abgefaszten Antwortschreibens
in die länge zog. Es hatte ihm nämlich sein geheimer Kon-
ferenzrath Zeitgewinn anempfohlen, um die von Sobiesky beschlossene und nur in Erwartung des kaiserlichen Antwortschreibens noch aufgeschobene Gesandtensendung an den
Tatarchan, wo möglich, gänzlich zu vereiteln. Und man be-
schönigte diesen berechneten Verzug durch den schiklich aus-
sehenden Vorwand, es habe der Wiener-Hof ein vorgehendes

---

11) Responsoria Cæsaris ad Regem Poloniæ ad eius litteras de 10-â
Julij 1693 in negotio pacis turcicæ. ddo. Eberstorffy, 9-â Septembris 1693.

Einvernehmen mit der Republik Venedig als dem zweiten
Bundesgenossen für nothwendig erachtet, werde indesz nach
Eintreffen der venetianischen Erwiederung sofort auf des
Polenkönigs Ansinnen Rede und Antwort ertheilen. mm) Mittlerweile war jedoch Venedig's Zustimmungsschreiben bereits
auf direktem Wege in Sobiesky's Hände gelangt, und nicht
ohne Grund äuszerte dieser durch Prosky sein Befremden
darüber, dasz aus dem entlegeneren Venedig viel schneller
als aus dem näheren Wien ein Bescheid in Polen anlangen
konnte. nn) Als nun endlich Leopold seine Erwiederung dem
Prosky übermittelte, liesz er, ihre Wirkung zu verstärken,
durch seinen Gesandten in Warschau Siemunsky abermals
den alten Köder vorhalten mit der Bemerkung, dasz, wofern
Polen die Moldau nicht mit Waffengewalt vorher völlig besezte, es auch selbst durch den angestrebten Friedenvertrag
die Einräumung dieser Provinz nicht anhoffen dürfte, weil ja
die ganze tatarische Vermittlung eine Ausgeburt französischen
Kaiserhasses und ein Kunstgriff zu selbstsüchtigen Zweken
wäre. oo)

Gleich ungern, wie die eben besprochene Einladung
(vom J. 1693), nahm der Kaiser auch die lezte polnische
(vom 20. April 1694) auf und machte vielfältige Bedenken
gegen dieselbe rege. «Der polnische Gesandte habe in Adria-
«nopel nicht mit den Türken selbst, sondern lediglich mit
«dem Tatarchan konferirt, mit dem aber die Allianz weder
«in Krieg verwikelt sei noch auch wegen des Friedens unter-
«handeln könne, zumal es nicht einmal auszer Zweifel sei,
«dasz der Sultan den vom Tatarchan gemeldeten Divans-
«beschlusz gekannt und genehmigt habe; ferner lasse die in-
«mittelst erfolgte Entsezung des Groszveziers und des Tatar-
«chans die Frage, ob ihre Nachfolger diesen Friedensanträgen

mm) Relatio der, in Turciciis bey Hrn, Graffen Kinszky den 1-ten
September 1693 gehaltenen Conferenz. Præsentibus DD. Kinsky, Jörger, Stratman, Stahrnberg, Werdenburg. Das eigenhändige kaiserliche Placet lautet:
«Ich thue dieses guetachten völlig approbieren, waisz aber nicht anderst, alsz
«das der vom König in Pohln zu dem Tartar Han deputirte ablegatus schon
«ausz Pohln abgereiset. Leopoldt m /p.

nn) Lettera di Fra Samuele Proski, Ablegato di Polonia, al S-r. Conte
Kinsky. ddo. Vienna, 5 settembre 1693.

oo) Kaiserlicher Erlasz an Siemunsky in Betreff der tatarischen Friedensvorschläge und Vermittlung. ddo. Eberstorff, 11. September 1693.

«und Zugeständnissen zustimmend beitreten würden, vollkom-
«men ungelöst. Es stelle sich demnach die eigene feierliche
«Erklärung der Pforte wegen Eröffnung der Friedensunter-
«handlungen mit dem Bunde, sodann die Vereinbarung über
«den Kongreszort selbst und den Zeitpunkt für Beginn und
«Schlusz des Zusammentrittes vorläufig als unerläszlich dar :
«wäre hierauf auch Venedigs Zustimmung erfolgt und die
«Mittlerrolle der Seemächte und ihre Betheiligung an den
«Verhandlungen türkischerseits zugestanden, alsdann würden
«auch die kaiserlichen Bevollmächtigten nach Stry abgehen,
«welcher Ort ansehnlicher und bequemer gelegen sei als
«Sniatyn, jedoch blos um einen Gesammtfrieden zu wege zu
«bringen, indem ein Sonderfrieden für ebenso unzulänglich als
«ungeziemend gelten müsse.» pp)

Der Wiener-Hof mochte sich demnach der englisch-
holländischen Vermittler, die mit ihm bezüglich der Vereitlung
polnischer Vergröszerungsgelüste einverstanden waren, selbst
im neuangeregten Kongresze keineswegs entschlagen, und da
er seine Absichten auch dort auf gute Art durchzusezen gedachte, sträubte er sich sowol gegen Polens drohende Lossagung von der Allianz als gegen die, mehr polenfreundliche
Mittlerschaft des Tatarchan's; und ging er in den polnischen
Kongreszvorschlag ein, so geschah es um denselben zu seinen
Zweken rüksichtslos auszubeuten. Sobieski, wenn auch spät
und über französische Zuflüsterung, durchschaute Leopold's I.
Anschlag, und da er nicht gewillt war sich zum Piedestall
kaiserlicher Grösze herzuleihen, auch einsah dasz die polnische
Nachbarschaft in der Moldau den Absichten des Erzhauses
auf Siebenbürgen etwa ungelegen käme, so verschmähte er
eben so standhaft die Mittlerschaft der Seemächte, und, seinen
gröszeren Vortheil in den türkisch-tatarischen Anträgen er-
spähend, trachtete er sich auf unanstössige Weise aus dem
heiligen Bunde loszuwinden. Daher sein Markten mit beiden
Theilen um den Meistbot; daher der Kunstgriff sich selbst
mit erkünsteltem Eifer öffentlich allenthalben für Aufrechthaltung der Allianz auszusprechen, während seine königliche
Gemalin mit eben so regem Eifer öffentlich dem Sonderfrieden das Wort redete; daher seine Verpflichtung gegen

---

pp) Litteræ Cæsareæ ad Poloniæ Regem, ad eius litteras de 20. Aprilis
1694. ddo. Laxenburgi 15-4 Maij 1694.

Frankreich, zum Sonderfrieden auf angemessene Art zu schrei-
ten, und daher auch die allen seinen Mittheilungen an den
Kaiserhof zu Grunde liegende Absicht, durch die kaiserliche
Antwort Vorwände zur Abtrünnigkeit an die Hand zu er-
halten.qq) Selbst das oben ausführlich dargelegte polnische
Ultimatum (vom 14. April 1693) ähnelte mehr noch einer
Finte, die durch die Grösze der Anforderungen es auf einen
abschlägigen Bescheid, schluszgerecht also auf anscheinenden
Bundesbruch und Rechtfertigung eines polnischen Separatfriedens geschikterweise angelegt hatte, als einem bloszen
Nothbehelf, von der Bedrängnisz des Augenblik's aufgezwungen, von dem Ueberbot des in Aussicht gestellten Anschlusz-
preises die fernere Haltung bedingt erklärend. Und vollends
tritt Polen's treuloser Wankelmuth zu Tage in der Kongresz-
ansagung nach Stry, die nur zu bald als lediglich in der
Luft schwebend und auf falsche Angaben gestüzt anerkannt
wurde.

Der polnische Abgesandte, der, wie Sobiesky in seinem
Einladungsschreiben ausdrüklich versicherte, die türkische
Kongreszzustimmung erwirkte, war ein naher Anverwandter
des Kron-Groszfeldherrn Jablonowski, dieses erklärten Freun-
des und Werkzeuges von Frankreich, und erhielt von demselben ein Empfehlungsschreiben an den Botschafter Chateauneuf, der sich sofort des Anempfohlenen vollkommen be-
mächtigte, nach eigenem Ermessen zu französischen Zweken
bediente und ihn von allem und jedem Verkehre mit den
Gesandten der Seemächte dermaszen entfernt hielt, dasz vorsichtshalber Heemskerck sogar einer viel strengeren Gewahrsam als sonst unterzogen wurde. Muszte es schon auffallen,
dasz ein angeblich den Gesammtfrieden anstrebender Gesandte die auf das nämliche Ziel durch Jahr und Tag eifrig
zusteuernden Amtsgenossen ängstlich mied und dem offenen

---

qq) Bericht des Gesandten Siemunsky an den Kaiser, ddo. Zolkiew,
20. October 1693. Darin meldet er auch, er sei von dem sehr einfluszreichen
Hause Sapicha, welchem viele sehr hochstehende Adelshäuptlinge z. B. Kron-
Groszmarschall Fürst Lubomirski, der Woïewode von Siradien Piniazek, der
Kardinal Radziciowski etc. fest anhängen, um Beischaffung all jener Akten
und Behelfe angegangen worden, die geeignet wären Sobiesky's unangemesse-
nes und unloyales Verhalten gegen seine Allirten in der Friedensfrage klar
nachzuweisen.

Widersacher dieses Friedens allein sein Ohr lieh, so erschien
auch das vollkommene Stillschweigen der Pforte diesen vermittelnden Gesandten gegenüber im Falle der zugesagten
Kongreszbeschikung nicht weniger befremdend, da sie ja von
ihnen nur Vorschub bei den Berathungen gewärtigen dürfte.
Zudem hatte nicht einmal eine Vereinbarung wegen der Ver-
handlungsgrundlage stattgehabt, weszhalb auch im Zusammenhalt mit dem noch fortan sich äuszernden Widerstand der
Türken gegen die Basis des gegenwärtigen Besizstandes (Uti
possidetis) keineswegs sich begreifen liesz, an welchen gemeinsamen Anknüpfungspunkt die Unterhandlungen zu erfassen,
nach welcher gemeinsamen Richtschnur sie fortzuspinnen, an
welchem Prüfstein sie im Zweifelsfalle zu erproben wären.
Endlich erregte es auch Verdacht, dasz in einer Angelegenheit von solchem Belange der Gesandte Sobiesky's weder vom
Tatarchan selbst noch vom Groszvezier irgend einen schriftlichen Bescheid, sondern blos eine durch nichts erhärtete,
lediglich seiner Gewissenhaftigkeit anvertraute mündliche Zusicherung in die Heimat zurükbrachte. Im Gegentheil berechtigen die bald hiernach erfolgte Absezung des Groszveziers und die anbefohlene Rükkehr des Tatarchan's Selim-
Giray zur Annahme, es habe einestheils der polnische Unterhändler, nach seinem miszlungenen Separatfriedensversuch,
die Erfolgsigkeit seiner Mission durch die Erdichtung einer
türkischen Kongreszbewilligung zu maskiren, anderntheils aber
der König selbst so wie Frankreich sich dieser Erdichtung
zu ihren selbstsüchtigen Zweken zu bedienen gesucht, jener,
um den drohenden groszen Tatareneinfall in sein Land rechtzeitig abzuwenden, dieses, um hiedurch den Gesammtfriedens-
schlusz, auf dessen Verhandlungen in Polen noch leichter als
in der Türkei ein hindernder Einflusz möglich schien, in die
Länge zu ziehen, zu vereiteln und dem angestrebten polnischen
Sonderfrieden aufzuopfern. rr) Auch hoffte Sobiesky, die Abweisung des Stryer-Kongreszantrages in Wien voraussezend,
hiedurch endlich einen anscheinend triftigen Lossagungsgrund
von der heiligen Allianz zu erlangen, der ihn des unbequemen

rr) Lettre de Lord Pagett au Conte Kinsky, Grand-Chancelier, ddo.
Constantinople 12/22 juin 1694. — Lettre de Mr. Colyer au Grand-Chancelier
Kinsky, ddo. Constantinople 24 juin 1694. — Bericht Siemunsky's an den
Kaiser, ddo. Warschau, 3. Juni 1694.

Türkenkrieges mit Ehren überhöbe. Allein seinen Erwartungen entsprach keineswegs der Erfolg: denn der Kaiser genehmigte, obzwar Bedingniszweise, die Stryer Kongreszeröffnung, und die Tataren verschonten noch vor dem erwarteten
Unterhandlungsbeginn weder Podolien, noch die nächstliegen-
den Provinzen, während der König in Lemberg weilte.

Schon im Laufe des eben verwichenen Winters (1693—
1694) hatten die Nogaischen Tartaren aus der Moldau und
dem Budschak (wohin sie vom Tatarchan verpflanzt worden
waren, um wider die Moskowiteneinfälle in die Krim stets in
naher Hülfsbereitschaft zu stehen) einen verheerenden Zug
nach Siebenbürgen unternommen und nebst ansehnlicher Beute
5000—6000 Gefangene in die Dienstbarkeit von dort entführt.
Der Moldauerfürst Konstantin Duka führte hierauf an der
Pforte bittere Beschwerde wider die neuen tatarischen An-
siedler, die nicht blos eines sehr beträchtlichen Gebietes der
Moldau faustrechtlich sich bemächtigten sondern auch den
Rest dieses Landes dermaszen erschöpften und aussogen, dasz
die Aufbringung des ordentlichen Jahrestributes an die Pforte
unmöglich gemacht und die arme Provinz an den Rand des
Verderbens geführt wurde. Hierauf erfolgte die Absendung
eines Capidschi-baschi in die Moldau, mit dem Auftrage, die
tatarischen Eindringlinge von dem unrechtmäszig besezten
Gebiete zu vertreiben, und der Tatarchan verhiesz vor seinem
Abzug aus Adrianopel gleichfalls, die Uebersiedlung derselben
zu veranlassen. Natürlich litt durch solch innere Kümmernisz,
die hauptsächlich den Fürsten der Moldau und Walachei
aufgebürdete Verproviantirung von Kameniec in hohem Grade,
weszhalb auch ein feindlicher Handstreich nicht ohne Erfolg
schien. Der Fürst Brankowano erhielt nebstdem die Weisung,
zur Beistellung eines bedeutenden Mehlvorrathes nach Belgrad
500 Vorspannspferde zu liefern. [ss])

Sobiesky's Erbgüter litten durch den lezten, im Monate
Juni (1694) ausgeführten Einfall des, 40.000 Mann starken
Tatarentruppes ungemein, und offenbar war es darauf abgesehen, durch specielle Einwirkung auf den sehr empfind-
lichen königlichen Staatsschaz den Separatfrieden unabwend-

[ss]) Journal de Mylord Pagett, præsenté à Vienne le 19. May 1694. —
Auisi di Constantinopoli de 21 Aprile sin 15 Maggio 1694. — Nova Polonica,
ddo. Leopoli, 15 Junii 1694.

26*

bar zu erweisen. Nur mit unsäglicher Mühe gelang es den gerade auf Zloczow losrükenden Feind unterwegs so lange aufzuhalten, bis er bei seiner Unbeständigkeit und dem Nahrungsmangel sich zum Rükzug entschlosz.

Inzwischen trat des Polenkönigs miszlungener Kunstgriff bezüglich des Stryer Kongresses immer deutlicher an's Tageslicht. Der Dollmetscher Boïnowski, den er mit der Nachricht von Oesterreich's und Venedig's zustimmender Erklärung noch im Sommer 1694 zum Tatarchan abgefertigt hatte, traf erst im Jänner 1695 am königlichen Hoflager zu Warschau mit des Tatarchan's Rükantwort ein. Diese lautete dahin, «dasz der Chan zwar allerdings die ihm zugeschriebene Aeuszerung wegen des Stryer Friedenskongresses «gethan, dieselbe jedoch nur in eigenem und nicht im Namen «der Pforte von sich gegeben habe; dasz leztere zur Stunde «noch keine Neigung zum Abschlusz eines Gesammtfriedens «mit ihren verbündeten Feinden in sich verspüre.» Solches Ende nahm vor seinem Beginne bereits der angeregte neue Kongresz, und er liefert den klaren Beweis, dasz das ganze Scheingeschäft lediglich eine Ausgeburt der diplomatischen List Frankreichs, und Sobiesky selbst, wenn nicht bewuszter Mitschuldiger, doch bewusztloses Werkzeug fremder Politik war. [tt])

Die zunehmende Schwäche und der Tod des Polenkönigs, der schon bei seinen lebzeiten beginnende und hierauf zu voller Heftigkeit entbrannte Parteikampf bei der neuen Königswahl, die dadurch hervorgerufene Wirrnisz und Zerfahrenheit der dortigen Zustände, die thatsächliche Zerklüftung und Desorganisirung der öffentlichen Gewalt, der Abgang eines, mindestens durch persönliche Grösze imponirenden und

---

[tt]) Berichte des Gesandten Siennnsky an den Kaiser, ddo. Warschau, 4. Nov. 1694, 13-ten, 20-ten u. 27. Jænner 1695. — Erwähnenswerth ist, was der oberste Kanzler Kinsky dem in der Mittlerrolle noch fortan eifrigen Lord Pagett später (ddo. Wien, 3. November 1696) über die Stellung der Moskowiten zur Türkei schrieb: «Si jamais les Moscovites percent jusqu' au «dedans du Budziack, le Grand Sultan s'apperceverà de la qualité des puces, «qu' il aura permis de s' y nicher; car tout ce qu' est et du pays et de Re-«ligion Grecque se joindra infalliblement à eux pour en chasser les Turcs, à «eux beaucoup inferieurs en nombre. Les Messieurs des Moscovites s' en ap-«perçoivent et cherchent soigneusement de conclur' avec l'Empereur et les «Venetiens un' alliance qu' est sur le point de sa conclusion pour trois ans. . . . .»

die widerstrebenden Vasalen zu Einem Strebeziele zusammendrängenden Centralpunktes, wie ihn Sobiesky's kriegerische Gestalt einst darbot: alle diese Momente konnten blos lähmend und hemmend auf Polen's fernere Kriegführung° wider die Pforte wirken und muszten folgerecht die durch Waffenerfolg bedingte und so lange angestrebte Erwerbung der Moldau wie auch der Festung Kameniec in weite Ferne rüken. Und allerdigs ist die Blüthe eines Reiches schon längst verwelkt, dessen edelste Söhne zu selbstsüchtigen Zweken die Landesfeinde um Hülfe anrufen, wie dies z. B. Sobiesky's ältester Sohn, Prinz Jakob that, der um sich die Königskrone auf's Haupt sezen zu können, die Tataren zum Einfall in's Königreich aneiserte;[uu]) oder dessen vornehmste Häupter sich nicht entblödeten sich und ihre Wahlstimmen so schmählich um eitlen Goldgewinn an eine fremde Macht zu verhandeln, wie es die polnischen Groszen damals thaten, indem sie dem von Frankreich unterstüzten Thronwerber, Prinzen Louis Bourbon-Conti, ihre Königskrone zu Handen des französischen Gesandten Abbé Melchior de Polignac um hohe Geldsummen zuschlugen.[vv]) Wenn nun auch die schrekliche Niederlage bei Zenta und der Fall von Asow die osmanische Siegeszuversicht gar

---

uu) Lettre du Lord Pagett à Mr. le Compte Kinsky, Chancelier suprême de Bohême, ddo. 28 Novembre (8 decembre) 1696, Constantinople. «Je joins «icy un mot d'avertissement dans la langue qu' il m' a été donné: «Un de' «i figlinoli del Han publica qui', che sia invitato dal figlinolo del defonto Ré «di Polonia, per entrar quel paëse, e che siano entrati, mettendo a ferro e «fuoco molta Gente e villagy, e sono ritornati con gran numero di schiavi.» — Lettre de Mr. l'Abbé Polignac au Roy son Maltre, ddo. Varsovie, 30. Octobre 1696. «On a fait quelques Prisonniers à qui on a demandé, pourquoy «ils estoient uenus si uiste, leur coûtume estant d'attendre la gelée pour faire «ses courses. Ils ont répondu, qu' un grand Seigneur de Pologne qui auoit «deux Residents auprèz de leur Sultan, les auoit fait uenir auant la lune de «Nouembre, pour l'ayder à se faire Roy. Votre Majesté uoit bien, que ce ne peut estre un autre que le Prince Jacques.» ... Lettre de l'Abbé Polignac au Roy son Maltre, ddo. 6. Novembre 1696. —

vv) Lettres de l'Abbé Polignac au Roy son Maltre, ddo. Varsovie, 14 Juillet; 9, 16, 23, 30 Octobre; 23, 30 Novembre, 3, 7, 11 Decembre 1696; 20, 25 Janvier; 8, 15 feruier 1697. — Engagement de Mr. le Cardinal Primat, de Mr. l'Eveque de Plozk, du Palatin de Vilna, des Grands Thresoriers de Pologne et de Lithuanie, et du Stolnik de la Couronne. ddo. Varsovic, 24 Octobre 1696. — Traité secret fait auec Mrs. les Senateurs, Nonces et Principaux de la Prouince de Prusse, comprenant les trois Palatinats de Marienbourg, de Culme et de Pomeranie confederez pour l'election du Roy futur, Varsovie, 8 Octobre 1696.

sehr herabstimmen, und insbesondere der moskowitische Waffanerfolg die gesammte, unter dem Halbmonde stehende griechisch-slavische Bevölkerung (die den im J. 1652 vom Patriarchen Parthenius, einem geborenen Janniner, angezettelten Aufstandsversuch, der ihm das Leben kostete, noch in treuer Erinnerung bewahrte) zu neuen Hoffnungen auf Erlösung derart anregen muszte, dasz sie bei ihrer numerischer Ueberlegenheit und ihrem Fanatismus, nach dem Ausdruke eines Berichterstatters, blos mit dem Stok in der Hand die Türken nach Asien hinüberzujagen vermöchte : ww) so war dagegen auch der Pforte selbst theils die Friedenssehnsucht der heiligen Allianz, theils die Unfähigkeit Polens zu fernerer Kriegführung nicht unbekannt, und namentlich in leztgedachtem Lande schwand mit dem Eroberungsvermögen auch das Eroberungsgelüste bezüglich der Moldau. Hiedurch aber fiel ein bedeutendes Hindernisz, welches bisher dem Frieden entgegenstand, und so kam es, dasz sich die feindlichen Parteien der Versöhnung halber sich bald auf halben Weg entgegenkamen.

Die Kuruzen Tököly's, aus Ungarn verdrängt, flüchteten in die Moldau, wurden aber daselbst gröstentheils vom Landvolke aufgegriffen und aufgerieben. Blos der Ueberrest dieser Truppe, 700 Mann stark, entging seinem Untergange dadurch, dasz der Fürst Antioch Kantimir, ihn vor der Wuth des Volkes zu retten, seine Ueberführung in die Türkei verfügte, wo diese Mannschaft in türkische Kriegsdienste trat. Kantimir erreichte dadurch einen doppelten Vortheil: er säuberte sein Land von einer gefährlichen Plage, und um die Pforte erwarb er sich ein Verdienst durch Zuführung zahlreicher Kriegsmannschaft. xx)

Als nun unter dem Drange der Nothwendigkeit, welcher stärker ist als des Menschen Wille, und auf Zureden der Seemächte, deren unermüdliche Gesandte Pagett und Colyer ihre vermittelnden Bestrebungen rastlos fortsezten, der Sultan endlich sich zu Friedensunterhandlungen auf Grundlage des Besizstandes (uti possidetis, ita possideatis), jedoch mit einigen Ausnahmen, bereit erklärte und der Kaiser sich bereits zur Beschikung des anzuberaumenden Friedenskongresses anschikte,

ww) Auisi di Constantinopoli, ai 14 Settenbre 1696.
xx) Auisi di Vienna, ddo. 7 di decembre 1697.

erwuchsen im eigenen Schoosze der Quadrupel-Allianz dem
Friedensgedanken zwei mächtige Gegner: das Kriegslustige
Ruszland und das kriegsmüde Polen, und das Wiener Kabinet sah sich nunmehr in der Lage, den Frieden gegen seine
eigenen Bundesgenossen in Schuz nehmen zu müssen. Während aber König August II. blos die Verhandlungsbasis verschmähte, als welche ihm eine vergleichsweise all zu geringe
Erwerbung in Aussicht stellte, sprach sich der streitfertige
Zar Peter sowol in eigener Person zu Wien yy), als durch
seinen Abgesandten Prokop Bogdanowicz Wosnitzin unumwunden und entschieden für die Fortsezung des Türkenkrieges aus. In seiner denkwürdigen Unterredung mit dem Grafen
Kinsky (am 5. Juli) äuszerte der Zar: «die Ausrüstung seiner
«Kriegsflotte habe viele Millionen gekostet, die durch die
«Annahme der türkischen Anträge sammt und sonders ver-
«loren gehen müszten; die ungewisse Aussicht auf den künf-
«tigen spanischen Erbfolgestreit dürfe dem gegenwärtigen
«Kampfe wider die Osmanen weder durch Ueberstürzung noch
«durch Saumseligkeit etwas an seinem Erfolge benehmen;
«zudem seien die kaiserlichen Erblande schon durch ihre geo-
«grafische Lage vor jedweder bedrohlichen Entfaltung türki-
«scher Kriegsmacht sichergestellt; auch würde die Pforte
«ihren bisher erlittenen Länderverlust ohne Zweifel eben
«während des zu erwartenden spanischen Erbfolgekrieges an
«dem Kaiser zu rächen und sich zu erholen suchen, der
«Wiener-Hof aber alsdann bei Anspruchsnahme der von den
«Bundesgenossen zugewährenden Hülfe auf erhebliche An-
«stände stoszen; als Resultat eines solchen Zustandes der
«Dinge müszte daher für den Kaiser der Verlust all seiner
«gegenwärtig gemachten Eroberungen an die Türken um so
«zuverlässiger sich ergeben, da bis dahin die kaiserlichen
«Gränzen in Ungarn weder geordnet noch befestigt sein
«würden.»

Auf Kinski's triftige Gegenbemerkungen, worunter die,
dasz der Kaiser schon seit 15 Jahren, also noch lange vor
dem Eintritt seiner Zarischen Majestät in die Allianz, gar
viele Millionen dem Kriege standhaft geopfert habe, begehrte
der Zar nochmals zu vernehmen, «welche Alliirte denn so

---

yy) Bericht des Grafen Kinsky an den Kaiser über das Ergebnisz seiner
Unterredungen mit dem Zaren Peter, ddo. Wien, den 5. Juli 1698.

nachdrüklich auf den Frieden drängten.» Kinsky erwiederte, «er habe schon gemeldet, dasz es das Römische Reich, Spanien, England, Holland, ja die ganze Christenheit sei.» Der Zar, das Römische Reich und Spanien übergehend, entgegnete: «was England's und Holland's Treuglauben und Beständigkeit «betreffe, so habe ja der Kaiser einen genügenden Beweis «davon im lezten französischen Kriege durch eigene Erfah-«rung erhalten, da er von denselben in Stich gelassen und «zu einem voreiligen Friedenzschlusz gedrängt worden sei; «überhaupt könne man keinen Verlasz auf diese Leute haben, «die allein der Förderung ihrer Handelsinteressen nachstrebten, «alle andern Rüksichten aber, und vornehmlich die Wahrung «der billigen Vortheile ihrer eigenen Alliirten bei Seite «schöben. Er sehe sich demnach bemüssiget, den Kaiser um «Aufschub des Friedenswerkes auf so lange zu ersuchen, bis «er (der Zar) und der Polenkönig gleichfalls ihre Eroberungen «würden vollendet haben und sich mit dem Uti possidetis zu-«friedenstellen können.»

Offenbar ging die moskowitische, übrigens nicht einmal verhüllte, Absicht dahin, sich der kaiserlichen und übrigen bundesgenössischen Waffen zur Beschäftigung der Pforte, folgerecht aber zur Befriedigung der moskowitischen Vergrösserungsgelüste zu bedienen, die in Peter's muthigem Geiste durch Azow's Eroberung nur frische Nahrung gefunden hatten. Zu diesem Ende machte Peter Polen's Interesse anscheinend zu dem seinigen, ob auch wol wissend, wie wenig dieses Reiches Schwäche und Erschöpfung sich zu Eroberungskriegen eigneten. Als aber Leopold I., dessen Auge hauptsächlich auf Spanien ruhte, eben so wenig durch Ruszland's als durch Polen's Vorstellungen und Bemühungen vom Friedensgedanken sich ablenken liesz, forderte der Zar mindestens die Abtretung der Festung Kertsch, die, wie er bemerkte, zu seiner und des Kaisers eigenen Sicherstellung wider etwaige türkische und tatarische Angriffe gleich nothwendig erscheine; verweigerte aber die Pforte diese Bedingnisz, so möge der Kaiser nebst den übrigen Alliirten das Bündnisz und den Offensivkrieg noch durch ein oder zwei Jahre (bis 1701) fortführen, weil man bis dahin hoffen dürfe, dem gemeinsamen Feinde mit den Waffen in der Hand einen für Alle weit günstigeren Frieden abzutrozen, der alsdann nach Fristablauf für Alle

4

gemeinschaftlich, auch unter Mitbetheiligung des Zars abzuschlieszen käme. [u])

Hierauf erwiedernd, erklärte der Kaiser seine Bereitwilligkeit zur unverbrüchlichen Fortsezung des mit Ruszland
am 8. Februar 1697 geschlossenen Bundesvertrages, [a]) aber
auch seinen festen Vorsaz, dem eben so langwierigen als
kostspieligen und opfervollen Türkenkriege selbst dann im
Kongreszwege ein Ende zu sezen, wenn die Festung Kertsch
dem Zaren nicht eingeräumt würde, da es ohnedies gegen
der Türken Gesez und Gewohnheit streite, eine vom Feinde
nicht einmal eroberte Festung demselben freiwillig im Unter-
handlungswege abzutreten; wenn indesz bis zur Kongresz-
cröffnung die moskowitischen Waffen sich dieses Plazes bemächtigten, so würde man auch kaiserlicherseits das Ansinnen
des Zaren auf dem Kongresse nach Kräften unterstüzen; dagegen könne der Wiener-Hof, in Anbetracht der obwaltenden
Ungewiszheit über Schiksal und Ausgang des Kongresses,
dem russischen Begehren nach ein- oder zweijähriger Verlängerung des Offensivbündnisses keineswegs entsprechen,
werde indesz bis zum Friedensschlusse den Bestimmungen des
Bündnisses getreu nachzukommen bedacht sein. [b])

Durch diesen Bescheid nicht befriedigt, erhob der russische Abgesandte Bogdanowicz Wosnitzin in der Ministerkon-
ferenz zu Wien am 9. August ernste, doch ungegründete Bedenken wider die Zulässigkeit der Friedensunterhandlung und
wies auf des Zaren eben so nachdrükliche als umfassende
Kriegsrüstungen zu Land und Wasser hin, die ihm eine unzureichende, mit seiner Ehre und seinem Interesse unverträg-
liche Abfindung nicht gestatteten. [c]) Mit Berufung auf die
einzelnen Bestimmungen des mit dem Kaiser errichteten Bun-

u) Moscowitische proposition circa pacem cum Turcis, ddo. 7. Julij
1698.

a) Foedus Cæsaris cum Tzaro Moscoviæ, conclusum Viennæ die 8-va
Februarij (29. Januarij styli veteris) 1697 per Cæsareos Plenipotentiarios CCom.
Kinsky, Rudigerum Stahremberg, Zeyhl, per Venetum Oratorem Carolum Ru-
zini, et per Moscoviticum Ablegatum Cosmam Nikitiez Nephimonoff.

b) Resolutio Cæsarea ad propositionem Legati Moscici die 8. Julij
traditam.

c) Propositiones Legati Moscouitici, ddo. Viennæ, 1./11. Augusti 1698.
(Wahrscheinlich wurde diese Eingabe zur Beurkundung der am 9. Aug. abgehaltenen Conferenz zwei Tage später abgefaszt.

desvertrages (Art. 2, 3 u. 7) beflisz er sich sodann nachzuweisen, dasz die Verbündeten gehalten seien dem russischen
Herrscher gleichfalls angemessene oder nach gemeinsamen
Erachten für angemessen geltende Friedensbedingungen zuwege zu bringen; dasz der zum Frieden schreitende Verbündete eben so wenig ohne Wissen der übrigen Bundesgenossen mit dem gemeinsamen Feinde in Unterhandlung
treten als ohne deren Miteinbeziehung und Mitabfertigung
einen Frieden abschlieszen dürfe; dasz der Zar in dem Traktate mit dem Kaiser ausdrüklich für seinen bereits zuvor mit
Polen vereinbarten volle Geltung und Bestättigung ausbedungen und erlangt habe, lezterer aber festseze, dasz es keinen
Verbündeten freistehe, ohne des andern Zustimmung und
Mitbetheiligung mit dem Feinde einseitig Unterhandlungen
anzuknüpfen; dasz demnach auch in gegenwärtigem Falle
diese Bestimmung maszgebend, und jedem Bundesgenossen
die Verpflichtung auferlegt sei, vor Einleitung der Friedensunterhandlungen den Mitvertragenden nicht blos von seinem
im Frieden geltend zu machenden Schluszbegehren vollständige
Kunde zu ertheilen, sondern auch die Zustimmung derselben
einzuholen.

Im Gegensaze zu dieser moskowitischen Auffassung berief sich die kaiserliche Erwiederung auf das Andringen der
auswärtigen Mächte und des deutschen Reiches selbst, auf
den dringenden Nothruf der hartbedrängten eigenen Lande,
auf die Aufforderungen des Natur- und Völkerrechtes, als
eben so viele mächtige Beweggründe zum Frieden und zur
Kongreszbeschikung. Die Widerspänstigkeit des einen oder
andern Alliirten, wodurch den übrigen Schaden zuginge, wäre
sonach um so minder zulässig und annehmbar, als ein Verzug in der Lage der Dinge nur eine Verschlimmerung er-
zeugen dürfte, deren Verantwortung der Kaiser aber von
vornherein ablehnen müsse. Des Gesandten Ansinnen, dasz die
Friedensbedingungen der einzelnen Alliirten vorerst der gemeinsamen Berathung und Genehmhaltung des Bundes unterzogen und sodann erst zur Vorlage an den Feind zugelassen
werden sollten, erweise sich als seltsam, und nahezu als unmöglich: jenes, weil es anmaszend schiene, wenn ein Verbündeter dem Andern die allein annehmbaren Friedensbedingungen vorschreiben wollte; dieses, weil der Feind bei weitem

nicht dahin gebracht wäre, dasz man ihm den Frieden dic-
tiren könnte. Die Anforderungen an die Pforte unterlägen
demzufolge einer entsprechenden Anpassung und Bemessung
mitunter auch einer Milderung je nach klugem Ermessen der
einzelnen Alliirten, wie auch nach Beschaffenheit der Zeit-
und Sachverhältnisse. So hoch übrigens der Wiener-Hof sich
über des Zaren gewaltige Zurüstungen freue, die auf das
reichlichere Ausmasz der türkischen Zugeständnisse nicht einfluszlos bleiben dürfte, so müsse er doch, in Anbetracht der
Wandelbarkeit der menschlichen Dinge, insbesondere auf politischem und militärischen Gebiete, und in Anbetracht der
Ungewiszheit aller durch Schiksalstüke bedingten Verhältnisse,
der Ansicht huldigen, dasz schon nach Naturgesezen die gewisse Gegenwart schwerer wiege als die ungewisse Zukunft
und deszhalb den Vorzug vor dieser verdiene.[d])

Dieser entschiedenen Haltung des Kaisers gegenüber,
und um der Gefahr der Isolirung zu entgehen, sah sich
Ruszland endlich veranlasst die Basis des gegenwärtigen Besizstandes unbedingt (fundamentum Uti possidetis sine limitatione) anzunehmen und hierauf sowol die Unterhandlungen
mit der Pforte auf dem Karlowizer Kongresse anzubahnen,
wie auch auf seine bisherige Forderung bezüglich der Festung
Kertsch, von deren Abtretung die türkischen Bevollmächtigten
eben so wenig als von der Konstantinopel's selbst etwas hören mochten, Verzicht zu leisten; doch erklärte der Bevollmächtigte Bogdanowicz, von einer Räumung, Niederreiszung
oder Eintauschung zu Gunsten der Pforte russischerseits
eben so wenig etwas hören zu wollen. Sein sonderbares und
leztes Auskunftsmittel, im Wege eines besonderen Traktates
mit dem Tatarchan, gegen welch lezteren nämlich der Zar
die Grundlage des Besizstandes nicht vertragsmäszig anerkannt
habe, die Abtretung der Festung Kertsch zu erwirken, scheiterte an dem hartnäkigen Widerstande der Türken. Die Pforte
ausschlieszlich, entgegnete diese, habe die Oberhoheit und
das souveräne Eigenthum (dominium directum et proprieta-
tem) über die Tatarei, und gleichwie die Tataren blosze Unterthanen der Pforte, so sei auch der Tatarchan blos ein von
ihr bestellter und von ihr allzeit absezbarer Verwalter, der
zwar in Betreff der häufigen Streif- und Raubzüge oder

d) Resolutio Cæsarea pro Legato Moscovitico. Viennæ 14. Augusti, 1698.

sonstiger nachbarlichen Verhältnisse, nicht aber in Betreff
einer Gebietsabtretung oder anderer wirklicher Hoheitsrechte
mit einer dritten Macht sich im Vertragswege gültig binden
könne. e) Die türkischen Bevollmächtigten wollten gegen Ruszland den Grundsaz des Besizstandes nur mit der Ausnahme
anerkennen, dasz der Zar die von ihm eroberten und fortan
besezt gehaltenen am Dnieper gelegenen Schlösser und Inseln: Kazikermen, Tawan, Singerey und Aslan, welche zur
Offenhaltung und Sicherung der Verkehrsstrasse zwischen
der Krim und dem Budschak unumgänglich in türkischer
Gewalt verbleiben müszten, räume und in türkischen Besiz
zurükstelle. Moskowitischerseits ward erwiedert, ein solches
Zugeständnisz sei undenkbar und reiche über des Gesandten
Vollmacht hinaus; im schlimmsten Falle trage übrigens der
Zar kein Bedenken, auch allein und genossenlos den Krieg
wider die Pforte fortzusezen. Allein diese hochmüthige Sprache
erlitt bald eine bescheidene Milderung, als Polen's friedliche
Erledigung der Unterhandlung den Gesandten Bogdanowicz
mit der Besorgnisz vor einer wirklichen Isolirung Ruszland's
erfüllte; und seiner soeben noch zur Schau getragenen Un-
lust zum Frieden folgte plözlich ein auffallender Friedenseifer.
Alle Gesandten, sowol die der Alliirten als der Mittler, empfingen dringende Beschwerdeschriften, worin der überraschte
Gesandte sein Erstaunen über die Aeuszerung der türkischen
Bevollmächtigten ausdrükt, dasz der Friede auch ohne Ruszland geschlossen werde würde; da er jedoch instruktionsmäszig
in die Räumung der Schlösser nicht willigen könne, so bäte
er die bundesgenössischen Vertreter um nachdrüklichen Widerstand gegen die türkische Zumuthung und Unterstüzung der
russischen Bedingung; bliebe dieses aber erfolglos, so möchten
sie ihre Unterhandlungen in so lange nicht abschlieszen, bis
er vom Zaren neue Verhaltungsbefehle erhalten haben würde;
gewährten sie ihm nun diesen Verzug, so erklärte er sich
seinerseits verpflichtet, ohne gemeinsame Zustimmung keineswegs zum Frieden zu schreiten. f) Die kaiserlichen wie auch

---

e) 9-te Relation der kaiserl. Bevollmächtigten an den Kaiser aus dem
Lager oberhalb Karlowitz, ddo. 22. Nowember 1698.

f) 12-te und 15-te Relation der kaiserl. Bevollmächtigten an den Kaiser
aus dem Lager oberhalb Karlovitz, ddo. 2. u. 20. December 1698. — Literæ
Legati Moscovitici ad Legatos Cæsareos, ddo. Carlovitii ex Castris, 4-a De-

die andern bundesgenossischen Bevollmächtigten leisteten zwar ihrem Mitalliirten allen thunlichen Vorschub, der jedoch an der türkischen Hartnäkigkeit und dem moskowitischen Vollmachtsabgange zerschellte. Da schlug Bogdanowicz einen zweijährigen Waffenstillstand zwischen Zar und Sultan zur mittlerweiligen friedlichen Austragung ihres Haders vor; der Vorschlag, von allen übrigen Gesandten befürwortet, drang durch und führte zum bekannten Waffenstillstands-Traktate vom 25. December 1698.

Merkwürdig und für die fernere Richtung der weit blikenden russischen Politik, die in unsern Tagen ihren Höhepunkt erreichte, sehr bezeichnend erscheint schon während der Karlowizer Friedensunterhandlungen des Zaren erster Versuch, seinen Protektionsgelüsten über die in der Türkei lebenden Glaubensgenossen oder mindestens seinen Einmischungsabsichten in deren Angelegenheiten Eingang und Geltung zu verschaffen. Der russische Kongreszgesandte, welcher die Anerkennung von Mittlern und einer Mittlerschaft überhaupt zwar widerspenstig verweigerte, und auf selbsteigener unmittelbarer Verhandlung mit der Pforte hartnäkig bestand, dennoch aber die guten Dienste von Paget und Colyer anderweitig nicht verschmähte, überreichte in der ersten Hälfte November's den türkischen Bevollmächtigten einen schriftlichen Friedensantrag, aus zehn Bedingungen bestehend und alle Streitpunkte in russischem Geiste erledigend. Eine Festsezung darin lautet, dasz des Erlösers Grab, altem Herkommen gemäsz, im Besize des griechischen Patriarchen von Jerusalem zu verbleiben hätte. Noch tiefer in's osmanische Staatswesen greift aber die wichtige Bestimmung, dasz die griechischorientalischen Kirchen und Klöster, wie auch die zum griechischen Glauben sich bekennenden, der osmanischen Herrschaft unterstehenden Völkerschaften jeglichen Stammes und Namens, als da sind: Griechen, Serben, Bulgaren, und andere Slaven u. s. w., jede Freiheit und Freihaltung, zudem völlige Verschonung von aller Last und allen überflüssigen Abgaben genieszen, dasz die neu auferlegten Steuern ihnen nachgelassen, aber auch fernerhin nicht mehr aufgebürdet werden. Den

---

cembris 1698. Daselbst heiszt es unter Anderm: «et insuper in proximâ Conferentiâ mihi à Turcicis Legatis clarè dictum, quòd etiam absque nobis pacem concludent, quô auditô ego persuasus magnopere obstupui.»

nämlichen Antrag mit unwesentlichen Abweichungen, die aber
namentlich an den oberwähnten Anforderungen nicht das Ge-
ringste änderten, übermittelte Bogdanowicz im Verlaufe der
Unterhandlungen zu Anfang December's als Schluszerklärung
(Ultimatum) sowol den Gesandten des Kaisers als denen der
Seemächte, um die Türken zu diesem Zugeständnissen anzutreiben. g) Allein schon der Kaiser war mit seinen Zumuthungen zu Gunsten der katholischen Religion und Geistlichkeit
an der Unerschüttlichkeit der türkischen Bevollmächtigten
völlig gescheitert, die da ihre Weigerung einerseits auf das
Unzureichende ihrer Vollmacht stüzten, als welche mit ledig-
licher Ausnahme der neuen Gränzbestimmung nur auf Bestättigung der alten Traktate laute, anderseits aber des türkischen Reiches alte Observanz vorschüzten, der gemäsz die
Kompetenz in Religionssachen ausschlieszlich der Person des
Sultan's vorbehalten wäre. Dieser Gegensaz der Ansichten
und Willenserklärungen artete schon sofort beim ersten Versuch der kaiserlichen Bevollmächtigten, die Religionsfrage zur
Hauptfrage zu erheben, in einen so schroffen Zwiespalt aus
und zog eine solche Spaltung nach sich, dasz das bisher so
glüklich durchgeführte und dem Abschlusse so nahe gebrachte
Einverständnisz beider Reiche in die äuszerste Gefahr gänzlicher Vereitlung gerieth, und der bisher so gefügige, durch

g) Relation 7 und 13 der kaiserlichen Bevollmächtigten ddo. Lager
oberhalb Karlowitz 12. November und 9 December 1698. Als Beilagen zu
denselben : «Declaratio in quibusnam punctis Serenissimus ac Potentissimus
Magnus Dominus Sua Majestas Moscovitica cupiat cum Magno Domino Sul-
tanica Majestate Turcica inire amicitiam et pacem.» *Artikel 7* dieser Declara-
tion lautet: «Sacro-sanctum sepulchrum Salvatoris nostri Hierosolymis immu-
«tabiliter secundum antiquam consvetudinem in possessione Hierosolymitani
«Græci ritûs Patriarchæ maneat.»
Art. 8. «Ecclesiæ Dei et Monasteria Græcam fidem habentia, ubique
«locorum in ditione Suæ Sultanicæ Majestatis existentia, pariter et diversarum
«nationum populi: Græci, Serbi, Bulgari, Slavi *alijque* omnes eandem fidem
«profitentes, omnem libertatem et immunitatem, absque omni gravamine et
«superfluis tributis habeant, denuo autem impositæ contributiones ab ijs adiman-
«tur, nec in futurum ad easdem amplius cogantur.»
Die fast gleichlautende Erklärung des Gesandten vom 8. December
enthält zu dieser lezteren Bestimmung noch den Beisaz: «neque Ecclesias Dei
restaurare et denuò ædificare prohibeantur.»
Man sieht, dasz in der russischen Anschauung die zahlreichen Rumänen
entweder als Slaven oder als unbedeutende *alii*, die keine abgesonderte Benennung verdienen, schon zu jener Zeit figurirten.

die Hartnäkigkeit sich verlezt erachtende Mehmet-Effendi,
in der nächsten Kongreszsizung nicht mehr erscheinen wollte,
weszhalb Maurocordato ihn erst begütigen und versöhnen
muszte. ʰ) Bei solchem Bewandnisz war auch der völlige Schiffbruch der ungleich weiter reichenden und tiefer angelegten
religiösen Zugeständnisse, die der Zar in Anspruch nahm,
um so natürlicher und weniger vermeidlich, weil ja nicht einmal
über dessen anderweitige Forderungen ein vorgängiges Einverständnisz mit den osmanischen Vertretern erzielt, deszhalb
auch in Karlowitz kein eigentlicher Friede, sondern lediglich
eine zweijährige mit Waffenruhe verbundene Unterhandlungsfrist erlangt werden konnte. Allein aber es mit der noch
immer furchtbaren Pforte es aufzunehmen, fehlte selbst dem
groszen Zar noch die Kraft und mit ihr das Selbstvertrauen,
das übrigens nicht lange hernach schnell aufkeimte. ᵏ)

Nicht minder schwierig und weitwendig, nur dem Kaiser
noch ungelegener erwies sich die Unterhandlung mit Polen,
dem die türkischerseits zugestandene Friedensgrundlage jedwede Aussicht auf den Erwerb der Moldau benommen und
blos die auf das zu schleifende Kaminiec geöffnet hatte. ʰ⁾
Nicht etwa als ob es diesem Lande noch ferner an einem
Kriege lag, den es bei seiner Erschöpfung eben so wenig
mehr mit Ehren als mit Gewinn fortführen konnte; allein
während es sehnsüchtig den lang entbehrten Frieden herbeiwünschte, zeigte es widerspruchsvoll nach all den Vortheilen
und Errungenschaften, auf den nur ein siegreicher Krieg und
ein fester Staatsbestand Anspruch verleiht. Zwar hatte es
seiner Vergröszerungssucht seit den erfolgten Friedenskon-

---

h) 12-te Relation der kaiserlichen Bevollmächtigten an den Kaiser, ddo.
Lager oberhalb Karlowitz, 2. December 1698.

k) Beim ungetheilten Regierungsantritte Peter's I. im J. 1689 zählte
nämlich Ruszland nicht mehr als 15 Millionen Bewohner. (Nach einer Mittheilung des Grafen Nesselrode an Lord Stuart de Rothesay im J. 1842 über
Ausuchen Lord's Aberdeen; abgedrukt in der englischen geographisch-statisti-
schen Gesellschaft.)

h²) Puncta quæ, ut fundamentum sint Tractatus Pacis cum Cæsare et
Confoederatis Imperiali plena Serenitatis Suæ Sultani subscriptione firmata sunt,
ddo. 15-tâ Regeb à sacro exitu anno 1109 27. Jænner 1698). Ex interpreta-
tione Alexandri Maurocordati, Interqretis generalis fulgidæ Portæ.

Die betreffende Stelle lautet : «Caminiecum demoliatur. *Poloni omnino*
ex Moldavia exeant, atque secundum antiquos limites vetusta cum Polonis ami-
citia renovetur.»

lerenzen des Jahres 1689 in Wien, wo es das ganze grosze
Ländergebiet zwischen dem Dnieper und der Donau mit Inbegriff der Moldau und Walachei sich einzuleiben versuchte, [i])
gewaltige Zügel angelegt; aber noch immer überschritten
seine Anforderungen sowol das Masz seiner verfügbaren Kriegs-
kraft als das seiner bisherigen Erfolge in sehr auffallender
Weise. Peter's unauslöschliche Kriegslust, in Wien sachfällig,
ersah sich in der Unzufriedenheit des polnischen Königshofes
einen Bundesgenossen, wenn nicht zum Kriege, doch zur
Vereitlung oder Verzögerung des Friedens; das in Polen
noch glimmende Misztrauen gegen das Wiener Kabinet wurde
neu angefacht, die Wahrnehmung dasz der Kaiser wirklich
auf sein eigenes Interesse weit mehr als auf das seiner Bundesgenossen bedacht war, geschikt ausgebeutet und vielfach
übertrieben, dadurch aber die polnische Regierung zu dem
Versuche angeregt, des Kaisers unverholene Friedensliebe
durch hartnäkige Zögerung zur Dienerin der überschwänglichen polnischen Vergröszerungssucht herabzusezen. Wie den
übrigen Verbündeten, so wurde auch der Republik Polen vom
Wiener Kabinete die Anzeige von der beschlossenen Wiederaufnahme der Friedensverhandlungen auf Grundlage des gegenwärtigen Besizstandes zugefertigt und gleichzeitig die Aufforderung zur ungesäumten Beschikung des bevorstehenden
Friedenskongresses dringend zugemittelt. König August II.,
für diese Kundgebung tiefen Dank äuszernd und des Bundes
ewige Dauer hieraus entnehmend, sprach sich gleichwol über
die unumgängliche Vorfrage und Basis jedweder Friedens-
besprechung durchaus nicht, weder annehmend noch verwerfend aus; es befremdete ihn zwar, dasz in den von Oesterreich und Venedig genehmigten türkischen Friedenspräimi-
narien Polen's nur leichthin und fast zufällig Erwähnung gethan worden, doch versah er sich zur Billigkeit der polnischen
Zumuthungen wie auch zur Gerechtigkeitsliebe und Bundes-
freundschaft des Kaiser's, dasz seines Reiches hohe Opfer im

---

i) Antwort, welche die polnischen Abgesandten am 4. April 1689 auf
die von den türkischen Gesandten für die Krone Polen erstatteten Friedensanträge ertheilten. Daselbst heiszt es im Art. II am Schlusz:

Crimeam verö Moschis, et Serenissimo Regi Regnoque Poloniæ, quid-
quid terrarum inter Borysthenem et Danubium, tum arces et Castella, nulla
juris cuiusquam prætensione manente, cedant, cum Moldavia et utraque Cis-
et Transalpina Valachia.

Friedenstraktate angemessenen Ersaz antreffen würden. Er
stellte die Absendung eines Groszbotschafter's oder Friedens-
comissärs an den Kongreszort, nach vorläufiger Rüksprache
mit dem moskowitischen Groszfürsten, und nach erkannter
Zeitgemäszheit, für später in sichere Aussicht, kündigte aber
schon demnächst den Abgang eines auszerordentlichen Abgesandten nach Wien, zur Wahrung der Interessen seines
Reiches, an.*)

Indesz, troz des maszhaltenden Tones dieser Antwort,
hatte ihn die officielle Kunde von der Feststellung der Frie-
denspräliminarien gleichwol mit Bestürzung und Besorgnissen
erfüllt. Er sah bereits, in banger Vorahnung, den Frieden
zum Nachtheile seines Reiches ohne die gewünschte Erwerbung der Moldau, als geschlossen an; er sah die gewaltigen
Anstrengungen und Geldopfer für Ausrüstung eines neuen
Heeres zum beabsichtigten Feldzug nuzlos vergeudet, und
seine wie auch seines Konigreiches Ehre und Intenesse geboten ihm vor der Hand die Nichtbetheiligung an den Friedensunterhandlungen und die baldige Vornahme des Türken-
zuges, mindestens zur völligen Eroberung der Moldau. Als
nun der kaiserliche Gesandte Graf Sedlnizky ihm hierüber
Gegengründe vorbrachte und namentlich durch die Behauptung,
Polen's Theilnahme am Friedenswerke auf Grund der Prä-
liminarien wäre für dessen Wünsche und Interessen ebenso
unverfänglich als unschädlich, ihn von Kriegsgedanken ab-
zuziehen suchte: klagte ihn der König am Wiener-Hofe an,
als durchkreuzte und hintertrieb er die wolmeinenden Anschläge Polens, die doch nur die Abziehung und Schwächung
des gemeinsamen Feindes sich zum Ziele gesezt hätten. Der

---

*) Lettre du Roy Auguste de Pologne au Compte Kinsky, ddo. War-
sovie, 30. May 1698.

«Il viendra un Envoyé de la Part de la Pologne, pour en entendre les
«propositions, mais qui sera suivi d'un Ministre qui aura plein pouvoir de
«traiter et d'achever la negotiation.»

Responsum Regis Poloniæ ad Cæs-am Mttem, ratione Pacis Turcicæ,
datum Varsaviæ 31-a Maij 1698.

«Fecit, heiszt es dort, planè Majestas Vestra, quod Sacrum foedus in
« sæcula mansurum decet, dum ea communicata Nobis esse voluit, quæ circa
«reassumendum rursus Pacis negotium cum Porta Ottomana transmissa sibi
«habuit. *Equidem punctis in illis leviter ac velut occasionaliter pro Regno*
«*Nostro facta mentio;* confisi tamen æqvitati causæ etc. . . . .

Hofkanzler Kinsky erwiederte hierauf, der Kaiser habe die
Hintertreibung von Polen's Kriegsanschlägen um so minder
anbefohlen, als er vielmehr seit Jahren eine ernstlichere Kriegführung auf polnischer Seite wünschte, damit auch diesem
Königreiche die Vortheile jener Mächte zu Theile würden, die
ohne eigene Schonung ihre Waffen in diesem Kriege geführt;
demnach dürfte die königliche Anklage wider den eben so
klugen als diskreten Sedlnizki ihren Grund vielmehr in den
böswilligen Verdächtigungen und Ausstreuungen der königlichen Hofleute zu suchen sein; jedenfalls werde der Gesandte hierüber zur Rechenschaft gezogen und, im Falle diese
unzureichend, zu mehrerer Umsicht und Schonung angewiesen
werden.*) Das Verfahren des Gesandten stand aber zu genau
im Einklange mit dem Inhalte seiner Instruktion und dem
Geiste der Wiener Politik, als dasz ihm eine Rüge hätte
diesfalls ertheilt werden können; er wurde somit lediglich angewiesen, unter Festhaltung seiner bisherigen Richtung mehr
Vorsicht und Schonung in der Form aufzubieten.**)

König August bot nun alles Mögliche auf, den Frieden
zu hintertreiben oder mindestens dessen Basis mit den Interessen seines Landes in Uebereinstimmung zu bringen.
Polnische Abgeordnete eilten zu solchem Ende sofort nach
England und Holland, und als der Zar Peter auf der Durchreise in Wien eintraf, erhielt der königliche Generalmajor
Karlowitz unter dem Vorwande von Militärrechnungen mit
Oesterreich, in der That aber zur Gewinnung des Zaren,
gleichfalls eine geheime Mission in die Kaiserstadt. Dagegen
beeinfluszte Sedlnizky im geheimen den moskowitischen Residenten wider die polnischen Kriegsabsichten und beredete
ihn zur Aufsuchung des durch Polen heimkehrenden Zaren,
um diesem das Eingehen in des König's Absichten zu wider-
rathen.***)

---

*) Lettre du Comte Kinsky au Roy de Pologne, ddo. Vienne, 9.
Juillet 1698.

**) Schreiben Kinsky's an Sedlnizky, ddo. Wien 10. Juli 1698. Da-
selbst heiszt es: *wo es nöthig, selbte darumben den stylum nicht ändern, wohl
aber mit aller præcaution und vorsichtigkeit hierinnen zu progediren trachten
solten.*

***) Relatio des Grafen Sedlnizky an Grafen Kinsky, ddo. Waschau,
4. August 1698.

Das kaiserliche Kabinet, eine unzeitige Lossagung von
seinen Verbündeten ernstlich vermeidend, wandte sich seinerseits an die vermittelnden Gesandten, um Polen's Friedens-
zustimmung durch eine kleine Ausnahme von dem Grundsaze
des Besizstandes, nämlich durch Rükgabe des unversehrten
Kameniez an dasselbe zu wege zu bringen.*) Nie forderte
es auch späterhin zur Abfertigung der polnischen Ansprüche
Mehreres als diese Festung, am allerwenigsten aber unterstüzte es die polnischen Gelüste auf die Moldau, obwol theilweise der Besiz ihnen zu statten kam. Es besorgte zwar anfänglich in Betreff der noch von polnischen Truppen besezten
geringfügigen Pläze der Moldau um so mehr einige Anstände,
als der König durch sein neuverstärktes Heer denselben in
eindringlicher Weise Geltung zu verschaffen drohte; doch
sprach es die Hoffnung aus, dasz in Hinblik auf die Unbe-
deutenheit dieser schwachen moldauischen Schlösser weder
die Polen noch die Türken ein sehr hohes Gewicht auf·deren
endgültige Ueberkommung sezen, und dasz sie zulezt auf dem
Wege versöhnlichen Verfahrens auf ein Ausgleichungsmittel
zur Lösung des Streites sich schon einverstehen würden.**)
Je entschiedener aber König August seine Friedensabneigung
und Kriegsgedanken kund gab, um so höher stieg auch des
Kaisers Besorgnisz, dasz an dieser Klippe der bundesgemäsz
durch die Zustimmung aller Genossen bedingte Gesammtfriede

---

*) Lettre du Comte Kinsky à Lord Pagett, ddo. Vienne, 12 avril 1698.
«L' Empereur et ses Alliéz, desquels il ne sçauroit se separer, sont
·trés bien disposez à fair' avec les Turcs la paix fondée sur l'uti possidetis,
«pourveu que les Turcs veuillent raser Temeswar, *et rendr' aux Polonois Ca-*
«*miniez,* qu' ils avoient autre fois offerts rasé.»
  **) Lettre du Comte Kinsky à Lord Pagett, ddo. 24 avril 1698.
«Pour le Roy et la Republique de Pologne il y pourroit avoir quelque
«difficulté à l'egard des *petites biccoques qu' ils ont en Moldavie,* car le Roy
«est puissemment armé, ayant, j'asseure Votre Excellence, 39000 hommes Al-
«lemands en son service, oûtre la milice de pays, de Sorte que les Turcs en
«peuvent bien recevoir du mal, s' ils ne le previennent par une moderation
«raisonable; en tous cas j'espere que çes dites biccoques ne seront pas de si
«grand accommodement pour les Polonois, ny de si grand importançe pour
«les Turcs, pour ne pouvoir y trouver quelque temperament qui quisse les
«accorder la dessus. Et quisque nous sommes en vertu de l'alliance si liés
«·aux Polonois et aux Venetiens que nous ne pouvons ny avançer ny reculer
«qu' avec eux, ainsi je supplie à V. E·ce de fair' en çeçy pour l'Empereur,
«pour eux, çe qu' elle ne feroit pas sans cette circonstance.»

27*

überhaupt zerschellen könnte. Das von Polen heranziehende
Kriegsgewitter zu beschwören, erging nun œsterreichischerseits an die Gesandten der Seemächte die dringende Aufforderung, in diesem Sinne auf die Türkei zu wirken und
dieselben durch Warnung vor der wirklichen Grösze der
Gefahr versöhnlicher und Friedensgeneigter zu stimmen. Doch
wurde auch dieszmal die Verwendung der Mittler mehr auf
die Erwirkung von Kameniez und anderweitiger Zugeständnisse für Polen, nicht aber auf die Abtretung der Moldau
hingelenkt, zu der im ganzen Verlaufe der Unterhandlungen
der Wiener-Hof niemals seine bestimmte Zustimmung aussprach.*) In dem Masze aber als einestheils Polen's täglich
steigende Verwirrung und Verlegenheit weit mehr auf eine
blosze Demonstration zur Einschüchterung als auf einen
ernstlichen Feldzug zur Eroberung folgerichtig zu schlieszen
berechtigte, und als anderntheils die im stillen angebahnten
türkischen Zugeständnisse an Oesterreich durch Dazwischenkunft der Vermittler demselben einen sehr annehmbaren
Frieden vorahnen lieszen, in demselben Masze reifte in Wien
allmählich der Entschlusz, äuszersten Falls unter bloszer Mitbetheiligung Venedig's, das seine Haltung dem kaiserlichen
Ermessen unbedingt anheimstellte, ohne Polen und Ruszland
zur Friedensunterzeichnung zu schreiten. Einstweilen indessen
bis zur deutlicheren Abklärung der polnischen Anschläge, be-

---

*) Lettre du Comte Kinsky à Lord Pagett, ddo. Vienne, 10 may 1698.
«Sans Gasconnade j'asseure V. E-ce. qu' il y a en Pologne les troup-
«pes étrangeres specifiéz dans cette liste et que partant les Turcs, si la guerre
«doit continuer, ne l'auront pas pour l'avenir si bon marché avec la Pologne
«qu' ils l'ont eu pour le passé.

Lettera del Comte Kinsky al Sig-re Colyer, ddo. Vienna, 10 maggio
1698.

«Vostra Ecc-za vedrà dalla gionta lista le forze dall Ré di Polonia
«unite, che non e ponto guascona, mà fondata nella pura verità che doverebbe
«fare pensar i Turchi à casi suoi, quando secondo tutta l'apparenza ben soda
«gli Turchi pel avvenire non la potrann' havere così bon mercato colla Po-
«logna come l'hann' havuti pe'l passato; non n' habbiamo positiva rispuosta,
«mà ben si riscontri che non ostante le difficoltà che puotrebbero venir d' un
«Ré nuovo, Guerriere di Genio, cupido di gloria, e potentemente armato,
«quando gli Turchi vorranno stabilito lo principio dell' uti possidetis senza
«limitatione, eccezione e riserva, la Republica di Venezia s' e dichiarata
«voler inseparabilmente et in ogni sorte accompagnare la M-tà di Cesare,
«mio clementissimo Sigre.

reitete man kaiserlicherseits die Dinge vor, um zur gehörigen
Zeit den entscheidenden Schritt der Lossagung mit Erfolg
zu thun.

Und allerdings befolgte König August II. eine zweideutige, mit Krieg und Frieden gleich stark liebäugelnde Politik. Er rüstete fortwährend zum Kriege, erklärte sich aber
der Theilnahme am Friedenskongresse nicht abhold, stellte
vielmehr die Absendung eines Groszbotschafters zu demselben
in Aussicht. Er genehmigte weder noch verwarf er die Frie-
denspräliminarien,*) wirkte aber insgeheim dem Frieden allenthalben entgegen, und klagte wider den kaiserlichen Gesandten,
weil dieser dem Frieden das Wort führte. Er dankte dem
Kaiser verbindlichst für die Kundgabe der Friedensgrundlage,
stachelte aber gleichzeitig Ruszlands kriegslustigen Herrscher
zur Verwerfung derselben auf und beorderte eben so einen
eigenen Abgesandten nach Wien, deren Verwerfung oder
Abänderung durchzusezen. Dieser auszerordentliche Gesandte,
Jan Gomolinsky, Bischof von Kiow, traf gegen Ende Mai in
der Kaiserstadt ein und stellte an den Kaiser mündlich und
schriftlich das einschlägige Ansinnen, in vier Forderungspunk-
ten formulirt.[1] «Entsprechend der Bestimmung des Bundes-
«vertrages, der zufolge kein Verbündeter ohne die übrigen mit
«dem Feinde die Unterhandlungen eröffnen dürfe, dringe der
«König auf die Heilighaltung dieses Grundsazes von Seiten
«des Wiener-Hofes und heische zur mehreren Sicherheit von
«diesem die abermalige schriftliche Anerkennung der darin
«liegenden Verbindlichkeit, welche auch die Einbeziehung des
«moskowitischen Groszfürsten in den gemeinschaftlichen Frie-
«densvertrag unerläszlich erfordere.»

«Da es ferner im Werke sei, durch Beihülfe der Ge-
«sandten der Mittlermächte, für *einige* Bundesgenossen günsti-
«gere Bedingnisse als für die *anderen* auszuwirken, daraus
«aber für Polen die Besorgnisz entspringe lediglich mit der,
«schon an sich grausamen Schleifung von Kameniez abgefer-

---

*) Lettre du Comte Kinsky à Lord Pagett, ddo, Vienne, 3 Juillet 1689.
«Pour çe, qu' est de la Pologne, V. E-ce verra de la cy jointe copie
«de la lettre de çe Roy à l'Empereur qu' il ne s' oppose pas au congrés,
«mais aussi ne se declare-t-il pas sur l'acceptation où le rejet de l' uti pos-
«sidetis.»

1) Copia Propositionis Ablegati Polonici circa negotium Pacis cum Turca,
ddo. 5. August 1698.

«tigt zu werden; so betheuren König und Senat feierlich bei
«Gott, dasz sie eben so wenig mit der Schleifung als mit
«der unversehrten Rükgabe dieser Festung, ja nicht einmal
«mit der Zusprechung der besezten Moldau sich würden be-
«friedigen lassen.[m]) Des Königreiches ungeheure Opfer und
«noch drohende Verluste, durch dessen Ausdauer im heiligen
«Bunde allein heraufbeschworen stünden vor Aller Augen.
«Seiner Heeresblüte im Bundeskriege beraubt, welke das Land
«augenfällig hin, und der ganze Staatskörper sieche, seit der
«Kern seiner Kraft durch die Feldzüge nach Wien, Bessarabien
«(oder Budschiak) und in die Moldau, anderer zu geschweigen,
«zertrümmert worden. Die Städte und Provinzen Kiow und
«Smolensk, diese groszen Bestandtheile Polen's habe es ohne
«Bedauern dem Gedeihen des heiligen Bundes hingeopfert.
«Durch die ununterbrochenen Standlager des Heeres seien
«die Gemeinden verarmt, durch die tatarischen Plünderzüge
«die Ländereien verwüstet worden. Zweihundert Millionen
«(poln. Gulden) habe der noch tobende Krieg bereits ver-
«schlungen, und auszerdem gebühre dem Heere ein Sold-
«rükstand von dreiszig Millionen. Brächte nun der Friede
«nicht gerechten Ersaz für so hohe Opfer, so würde Polen
«auf sein nuzlos verspriztes edles Herzblut nur mit Bedauern
«hinbliken müssen, einer brennenden Lampe vergleichbar, die
«dadurch dasz sie Andern leuchte, sich selbst blos verzehre.[n])
«Deszhalb spreche die polnische Republik vollkommene Wür-
«digung der rechtzeitig kund zu gebenden Friedensbedingun-
«gen am Wiener-Hofe an.

«Im Hinblik sodann auf die allgemach fortschreitende
«Erschöpfung und die mit allem Grund zu gewärtigende
«gröszere Nachgiebigkeit der Türkei stünde später ein weit

---

m) *Testari enim Deum* Suam Regiam Maiestatem Dominum meum
«Clementissimum et integrum Senatum nomine Republicæ, non modo demo-
«litione, sed neque salvâ et totali restitutione Cameneci, *neque possesse Mol-*
daviæ concessione acquietandos fore.

n) «alias dolende non nisi effusi Nobilitaris sauguinis prostarent inditia,
«et *fumans candela illa, quæ alijs inserviendo, in se ipsa consumpta manet.*

o) «considerando insuper, nè conclusâ pace fractas hostis colligat vires,
«easque *contra Sacr-mam Cæs-am M-tem Dominum meum Clementissimum,*
«omissâ *contra alios Principes hostilitate*, maximè cum adversa etiam sub ve-
«lamine conclusæ pacis semper ad res omnes invigilet hostilitas, convertat
«cum quo *difficilior postmodùm foret lucta.*

«rühmlicherer und für alle Bundesgenossen vortheilhafterer
«Frieden in sicherer Aussicht, und habe demnach der Polen-
«könig ohne seinen eigenen Schaz irgend zu schonen, grosz-
«artige Kriegsrüstungen bewerkstelliget. Beachtung verdiene
«übrigens auch das wichtige Bedenken, dasz die Pforte nach
«dem Friedensschlusse, ihre geschwächte Streitfähigkeit rasch
«ersezend und die übrigen Mächte aus dem Spiele lassend,
«sich mit ganzer Macht auf den Kaiser allein werfen, dieser
«aber alsdann einen schweren Stand haben würde. Doch ver-
«schmähe Polen, dieser späteren besseren Chance zu Troze,
«nicht schon jezt einen, wenn nur ehren- und nuzreichen
«Frieden.

«Anbelangend endlich die Wahl des Kongreszortes, so
«gebe der König am liebsten der Residenz Wien den Vor-
«zug. Einer anderen Bestimmung könnte er nur dann bei-
«pflichten, wenn die Verhandlung nicht in Gegenwart einer
«untergeordneten Gewalt, z. B. der Feldherren im Lager,
«statt zu finden hätte, weil er, unter den Verbündeten Souve-
«ränen der Einzige persönlich in's Lager ausziehend, den
«Kriegsverlauf in nächster Nähe zu überwachen gedenke und
«demgemäsz die Rüksicht der Kongreszeröffnung in seiner
«Gegenwart mit vollem Rechte beanspruche.»

Die auffallende Aehnlichkeit der polnischen Gesichtspunkte und Gründe gegen den Frieden mit den moskowitischen, namentlich die offene Drohung, dem Kaiser im nächsten Türkenkriege jedwede Hülfe zu versagen, liesze des
Zaren schürrende Hand am Warschauer-Hof auch dann errathen, wenn man nicht schon anderweitig von der einver-
ständlichen Widerspänstigkeit beider Kronträger wider die
kaiserlichen Absichten Kunde hätte; nur dasz König August
nicht so entschieden wie der Moskauer-Hof sich gegen allen
und jeden Friedensversuch in der Gegenwart, sondern blos
gegen die ihm zugedachte kärgliche Abfindung sein Veto einlegte; auch erklärte er sich durchaus nicht gegen die Beschikung des Kongresses, sondern lediglich wider ein etwa
daraus für sein Reich entspringendes ungünstiges Ergebnisz.
Die riesigen Kriegsrüstungen, deren er sich rühmte, waren
daher blosze Redefiguren, auf des Kaisers Einschüchterung
berechnet, aber angesichts der in Wien wolbekannten Sachlage erfolglos.   .

Würdevoll und maszhaltend, aber auch fest und klug lautete die in Wien hierauf ertheilte Antwort. «Wenn schon «des Kaisers ganzer Lebens- und Regierungslauf dessen Ge-«wissenhaftigkeit in Erfüllung übernommener Vertragsverbind-«lichkeiten bekunde, so habe sich dieselbe noch insbesondere «während des gegenwärtigen Krieges durch langjährige, un-«vergleichlich kostspielige Anstrengungen, um den Kampf-«genossen mittels Ablenkung des Feindes die Verfolgung «ihrer eigenen Kriegszweke wesentlich zu erleichtern, ja durch «Aufmunterung der wankelmüthigen Genossen (d. i. Polen) «zur Genüge bethätiget. Eben deshalb aber leuchte es nicht «ein, aus welchem Grunde man polnischerseits eine neuerliche «und überflüssige schriftliche Verpflichtung des Kaisers for-«dere. Der Wiener-Hof habe für sich keine anderen Beding-«nisse als für die Mitverbündeten ausbedungen, und es bleibe «diesen unbenommen, auf dem Kongresse ihre den Zeit- und «Sachverhältnissen angepaszten Forderungen geltend zu ma-«chen, die mit allen vernüftigen und wünschenswerthen Mitteln «zu unterstüzen die kaiserliche Regierung verheisze. Sei es «übrigens eben so unmenschlich als unchristlich, die vom «Feinde zur Einhaltung ferneren Blutvergieszens angetragenen «Unterredungen abzuweisen, so erscheine doch damit der «Friede bei weitem noch nicht als geschlossen; könnte er «sonach nicht mit Ehren und Sicherheit zum Abschlusz ge-«langen, so würde beim Vorhandensein mächtiger Kriegs-«mittel es zur Wiederaufnahme des Kampfes weder an Zeit «noch an Gelegenheit gebrechen. So wie nun die gewaltigen «Zurüstungen Polens dem Kaiser zur hohen Befriedigung ge-«reichen, so habe er auch seinerseits groszartige Vorberei-«tungen zum Empfange des Feindes in Ungarn und zu dessen «Abziehung von den bundesgenössischen Gränzen in's Werk «gesezt.

«Was schlieszlich den Kongreszort selbst anbelange, so «wolle die Pforte ihre Bevollmächtigten nicht weiter als höch-«stens bis Salankemen absenden und haben den Mittlern einen «zwischenliegenden offenen mit Zelten für die Sizungen an-«beraumt, womit sowol der Wiener-Hof als Venedig, da es «sich ja blos um eine Nebensache handle, einverstanden seien. «Die Verhandlung werde sonach weder unter Führung einer «untergeordneten Gewalt, noch im Beisein der Feldherren,

«sondern auf einem zwischen den Kriegsparteien mitten inne
«liegenden und entweder jeder derselben eigenthümlichen
«oder allen gemeinschaftlichen Gebiete, in dessen Mitte die
«Vermittler gleichweit von allen zu stehen kämen, ihre An-
«knüpfung und Abwickelung erfahren. In Anbetracht sohin
«der höchst dringenden Zeit- und Sachumstände möge der
«König seine zureichend bevollmächtigten Vertreter bis läng-
«stens 15. September an den Kongreszort beordern, widrigens
«der Kaiser jedwede Verantwortlichkeit für die Folgen in
«vorhinein ablehne.» p)

Unbefriedigt durch diesen Bescheid, welcher den Polen
die heiszersehnte Territorialvergröszerung nicht verbürgte,
vielmehr dieselbe von den wechselnden Umständen und der
nichts weniger als nachgiebigen Stimmung der türkischen
Gesandten abhängig machte, concentrirte König August II.
seine polnisch-sächsische Heeresmacht bei Lemberg, um noch
in der eilften Stunde durch eine nachträgliche Eroberung die
Friedensgrundlage auch für sein Reich günstiger zu gestalten.
Aber die Besorgnisz, es sodann allein und ohne allen Bundesgenossen mit der ganzen türkischen Macht aufnehmen zu
müssen, hielt ihn von den früheren Angriffsplänen auf die
Moldau oder auf Budschak oder auf Kamieniez ängstlich ab,
und er versank in peinliche Unschlüssigkeit, von Thatendurst
und Zukunftsfurcht gleich stark beherrscht. q) Da griff er noch
ferner zur Feder statt zum Schwert, wandte sich an den
Papst als Garanten des heiligen Bundes und führte bittere
Beschwerde wider den Kaiser und Venedig, welche als Friedensgrundlage den Besizstand anerkannt hatten. «Würde aber
«der angestrebte Friede auf dieser Grundlage auferbaut, so
«könnten die Angelegenheiten und Verhältnisse Polens nie
«mehr verschlimmert werden als eben durch den heiligen
«Bund. Denn da dieses Reich, durch Einöden vom Feinde
«geschieden, durch fortwährende Einfälle der Budschaker
«und Krimer Tataren in Athem gehalten seinen Besizstand
«nur um einige unbedeutende Ortschaften in der Moldau zu
«vergröszern, demnach auf diese Friedensgrundlage nicht er-

p) Copia Resolutionis Cæsareæ pro Ablegato Polonico circa negotium
pacis cum Turca, ddo. Viennæ 14. Augusti 1698.
q) Zaluski, Epistolarum historico-familiarium, Brunsbergæ 1711, vol.
II, pag. 601—603.

«wünschtermaszen Bedacht zu nehmen vermochte; so würde
«es troz seiner von Feindes Hand gründlich verheerten Pro-
«vinzen und der Zurükstellung der jenseits des Dniepers ge-
«legenen Gebiete, troz der Hingabe der drei sehr ausgedehnten
«Herzogthümer Kiow, Smolensk und Czernichow an den Grosz-
»fürsten von Moskau, um ihn dem heiligen Bunde zuzuführen,
«troz der 200 Millionen (poln. Gulden) Kriegskosten und der
«30 Millionen Heeressold-Rükstände, doch ganz leer ausgehen.
«So leicht es freilich den beiden Alliirten, so schmerzlich
«falle es dagegen dem Polenlande, auf Kamieniez zu ver-
«zichten, auf diesen Schlüssel des Reiches, und dessen Erbe
«von Jahrhunderten; und noch würden die polnischen Waffen
«die Eroberung dieser Festung vollbringen, wofern die nicht
«sehr überstürzte und fast andictirte Friedensunterhandlung
«diese Gottes- und Christensache den polnischen Händen zu
«entwinden und höchste Schmach neben gänzlicher Hoff-
«nungslosigkeit auf das Königreich zu häufen sich eben an-
«schikte. Müszte nun Polen im Frieden, obzwar nicht alle
«Ehre und Treue, doch alles Nuzens und Schadenersazes
«baar und ledig ausgehen, so würde es seinerzeit den Urheber
«seines Miszgeschikes und seiner Verluste schon herauszufin-
«den wissen. Nimmermehr könne es der Papst zulassen, dasz
«auf Grundlage des Besizes dem Polenlande von Bundes
«Gnaden blosze Leiden, Drangsale und neuentstandene riesige
«Einöden als einziger Landerwerb und Errungenschaft zu-
«dekretirt würden. Nimmermehr dürfe er es zugeben, dasz
«auf Grund derselben Verbindung, die doch rechtmäszig gleich-
«mäszige Vertheilung ihrer Vortheile und Einbuszen voraus-
«seze, einige Genossen zur Freude, andere aber zu Thränen
«sich getrieben sähen. Der Papst möge daher als Bundes-
«bürge und Beschüzer wie auch als allgemeiner Christenvater
«sich des Königs und des Königreiches wider das beginnende
«Friedenswerk nachdrücklich annehmen und mittels eines
«eben so gerechten als gnädigen Schiedsspruches sich den
«Dank beider zuwege bringen. qu)
In ähnlichem Geiste, nur anscheinend in mehr schonender
Fassung richtete König August auch an den Kaiser ein Beschwerdeschreiben wider die angesonnene Friedensbassis. «Was

qu) Copia Literarum Regis Poloniæ ad Summum Pontificem, ddo. in
suburbys Leopolis die 21. Augusti 1698.

«kan aus dieser (fragte er) für ein Vortheil dem schwer ge-
«prüften und fast an des Verderbens Rand gebrachten Lande
«kraft des heiligen Bundes erwachsen, wenn als Ersaz un-
«ermeszlichen Schadens ihm blos die Einverleibung einer oder
«der anderen Halbveste in der Moldau zugedacht wird. Worin
«liegt dieses Friedens Ruhm oder Sicherheit, wenn Kameniez,
«die Schuzmauer der Christenheit, Polens vielhundertjähriges
«Erbe und Zier, nicht einmal so viel Beachtung verdiente,
«um die unversehrte Herausgabe in Christenhände zur Be-
«dingung erhoben zu sehen? Solch ein Friede ist kein Friede,
«sondern blos der Zunder eines bald wieder wider das Kö-
«nigreich ausbrechenden und unaufhörlich zu nährenden Kriegs-
«feuers, dessen Glut nur durch allzu geringe Aschenlage ge-
«dämpft würde. Im Namen der Gerechtigkeit, der Bundes-
«treue und des gemeinsamen Nuzens möge der Kaiser die
«Folgen bedenken und in den Unterhandlungen die Lage und
«Interessen Polens derart in Anschlag bringen, dasz es über
«seinen Beitritt zum heiligen Bunde und den diesem gewähr-
«ten Beistand keiner Reue Statt geben müsse und dasz die
«ebenso alte als beständige Freundschaft dieses Landes,
«welches nicht allein zu der Christenheit, sondern auch zum
«eigenen Frommen den Bund mit dem Kaiser schlosz, nicht
«abbruch erleide.» r)

Der dringende und ernstbetonte Anruf des Polenkönigs
wurde das beredte und nicht minder dringende Wort des
Abgesandten Gomolinski am kaiserlichen Hoflager so mündlich als schriftlich bedeutend verstärkt. Eine ausführliche, dem
Kaiser überreichte Denkschrift sezte die polnische Anschauung
vom Standpunkte des Rechtes und der Politik in systematischer
Gliederung nochmals auseinander. s) Der Gesandte faszte die
polnische Hauptbeschwerde darin zusammen, dasz die Friedensgrundlage für *alle* Bundesmächte, jedoch *ohne* ihre Beistimmung zur Annahme kam, und demnach eine angeblich für
die Interessen und Nuzanwendung *Aller* gleicherweise dienliche
Richtschnur *einigen* Bundesgliedern, welche derselben ihre

r) Copia Literarum Regis Poloniæ ad Cæsarem, ddo. in suburbys Leopolis, die 21. Augusti 1698.

s) Memoriale des polnischen auszerordentlichen Abgesandten Gomolinsky,
in der kaiserlichen Konferenz vom 14. September 1698 vorgetragen und erörtert.

Genehmigung nicht ertheilt hatten, schon im abgeschlossenen Zustande aufgezwungen wird. In dieser Vorgangsweise erblikte der Warschauer-Hof einen offenbaren Verstosz sowol gegen die klare Bestimmung des eigenen Bundesvertrages vom J. 1684, der zufolge kein Alliirter ohne Zustimmung und Beitritt der übrigen einen, wenn auch für ihn noch so günstigen Frieden eingehen durfte, [1] wie auch gegen des Kaisers Bündnisz mit dem Zaren, welches festsezte, dasz kein Bundestheil das Recht habe, einseitig ohne vorläufige Anzeige an die Genossen und ohne dieselben mit einzubeziehen, sei es mit dem Feinde zu unterhandeln, sei es mit ihm den Frieden zu schlieszen. [u] Da nun die Einwilligung des polnischen und moskowitischen Kabinetes bei Feststellung der Friedensgrundlage kaiserlicherseits weder eingeholt noch abgewartet, sondern denselben lediglich die Anzeige hievon erstattet worden, so erklärte der Gesandte das kaiserliche Verfahren trozdem noch für ungerechtfertigt, weil nicht blos die Anzeige sondern auch die gegenseitige Berathschlagung und der einstimmige Beitritt zur Verhandlung mit dem Feinde sofort beim Beginne und nicht allein beim Abschlusse derselben bundesgemäsz erfordert würden. Der Einwand, dasz die Friedensgrundlage blos die Einleitung (præliminaria) zum gesammten Friedenswerke abgebe, verfing eben so wenig, weil Polen vielmehr in derselben die ganze Wesenheit und

---

1) Der am 5. März 1684 zu Linz zwischen dem Kaiser, dem Polenkönig und der Republik Venedig abgeschlossene Offensiv- und Defensiv-Bundestraktat regelt nämlich diesen Fall in nachstehender Weise:

Art. V. «In societate itaque belli offensivi permanentes Partes nullo modo et «prætextu seorsivè, etiamsi optima votiva et maximè favorabilis alter-«utri illarum esset oblata, acceptabunt pacem, *nisi simul et semel in* «*eandem omnes tres consenserint eandemque acceptaverint.*»

u) Leopold's I. Bündnisz mit dem Zaren Peter I, ddo. Wien, 8. Febr 1697 verfügt hierüber folgendermaszen:

III-tio «Fœdere hoc durante nullus fœderatorum *sine alterius fœderati præscitu* «pacem cum hoste communi concludet. Si verò uni ex Contrahentibus «honestæ pacis conditiones offerrentur, eas quidem fœderatus ille audire, «et de ijsdem tractationem instituere poterit, hâc tamen expressâ lege «ut de propositis conditionibus reliquos fœderatos sine morâ edocere, «simulque omnes eo tractatu comprehendere et includere, nec non ipsis «omnia quæ porrò agantur, de tempore ad tempus communicare teneatur.»

Art. VI aber verfügt, dasz durch den vorliegenden Traktat die einzelnen Bestimmungen des vom Kaiser mit Polen und Venedig errichteten heiligen Bundes durchaus keine Veränderung oder Deirrung zu erleiden haben, den eigentlichen Schwerpunkt der Unterhandlung gewahrte und schluszrichtig folgerte, dasz wenn der gegenwärtige Besizstand als Kennzeichen und Masz des endgültigen Territorialbestandes gelten müszte, alsdann nichts mehr erübrigte als die Art des Besizes zu erörtern und somit die Sicherstellung eines dem Königreiche zugefügten Nachtheiles festzusezen. Ferner führte die Denkschrift aus, wie die Annahme dieser Friedensgrundlage allen polnischen Ansprüchen sowol auf die entrissenen Provinzen wie auf Kameniez nothwendig die Wurzel abschneiden müszte, indem die Türken blos mit dem Schilde des Besizstandes alle Gebietsforderungen des Königs erfolgreich zurükstossen, und kraft ihrer Treulosigkeit auch die Verweigerung der jezt angebotenen Schleifung von Kameniez mit dem Scheine des Rechtes bemänteln würden. Selbst die kaiserliche Verwendung auf dem Kongresse zu Gunsten Polens hätte gegenüber den weltverschlingenden*) Gelüsten des Feindes nunmehr weit grószere Schwierigkeiten zu überwinden als sie der König seinerseits ohne diese übereilte Friedensbasis gehabt haben würde; denn es wäre ihm bei Ausmittlung dieser Grundlage die Möglichkeit geblieben den polnischen Ansprüchen viel leichter Geltung zu verschaffen. Auch das Bedenken machte Gomolinski rege, dasz durch diese Friedensgrundlage Hoffnung und Muth zur Wiedereroberung der an den Feind verlorenen polnischen Provinzen dem König entfallen müssen, welcher doch, seiner Gesundheit und der ungeheuren Rüstungskosten nicht achtend, in's Feldlager rükte, Gottes Kämpfe durchzukämpfen; welcher doch mächtige Heere ausrüstete, mit Absicht auf des Feindes Nöthigung zu einem für Kaiserreich und Polen gleich ruhmvollen Friedensschlusse; welcher mit höchster persönlicher und pekuniärer Kraftanspannung die wogenden Fluthen seines Reiches blos beschwichtigte, um zur Weiterführung des, an Christenheil und Gottesruhm gleich ergiebige Saat verheiszenden heiligen Krieges desto freiere Hand zu haben. All dieser Kraftaufwand aber bräche unter dem vorschnell gelegten Friedensgrund nothwendig zusammen, und der König, gleich beflissen der eigenen wie der kaiserlichen Ehre, müszte alsdann mit Schmerz den vergeblich gehegten Anschlägen entsagen. Allein nicht weniger würde auch Polen selbst auf-

---

*) hostes orbis helluones.

seufzen, das zu des Kaisers Ruhm und frommen so oft die
glorreichen Waffen geführt und namentlich bei Wien's Vertheidigung mit seinem Herzblute auf Stein und Erde verzeichnet habe, wie ausnehmend seine Zuneigung und Ehrerbietung sei; dieses Polen würde aufseufzen, wenn es zur
Belohnung für so groszartigen Kostenaufwand und für die
Aufopferung seines Adels unter feindlichem Schwerte, mit
durchaus leeren Händen ausgehen müszte.[v]) Wenn dagegen
kaiserlicherseits die Einstreuung erhoben worden, Polen hätte
es sich selbst beizumessen, dasz es, nicht begünstigt vom
Kriegsglük und kraft göttlicher Fügung, im Verlaufe des
gegenwärtigen Krieges keines der ihm von Feindeshand entrissenen Länder wieder eroberte; so rechne Polen es sich
zum höchsten Verdienste an, dasz es durch die ganze Kriegsdauer in kaiserlichem Interesse seine Heere in's Feld führte,
die feindlichen Streitkräfte zertheilte, die Tatarenmassen durch
einen Rüken von der beabsichtigten Ueberschwemmung Ungarns' und der Ueberflügelung der kaiserlichen Truppen zu-
rükhielt, auf solche Art aber freilich Länderverlust, Entfüh-
rung in die Sklaverei, Verwüstung von Stadt und Land,
endlich Versprizung adeligen Blutes auf das eigene Haupt
herabbeschwor.

. Auf diese Darlegung stüzte der Gesandte die Schlusz-
bitte, des Inhalts:

a) der Wiener-Hof möge neue Verhandlungen über die
   Friedensgrundlage zu Polen's Gunsten Anbahnen und
   dem König ein Auskunftsmittel wider die befürchteten
   Uebelstände der Besizbasis an die Hand geben — was
   so viel heist als: die bereits förmlich anerkannte Friedensgrundlage einseitig und eigenmächtig umstoszen;

b) die kaiserlichen Bevollmächtigten mögen in so lange
   nicht zur Kongreszeröffnung abreisen, bis auch der polnische Groszbotschafter, dem die Kunde über den bevorstehenden Unterhandlungsbeginn spät zuging, am
   Kongreszorte sich würde eingefunden haben;

---

[v]) «Gemet Polonia illa, quæ Gloriosissimae Mttis V-ræ nomini toties
«militavit, *sanguineque proprio ad Viennam defensam fuso lapidibus tellurique*
«*inscripsit, quanto amore et reverentiâ in M-tem V-ram feratur.* Gemet, in-
«quam, ubi in recompensationem tot sumptuum suorum et abreptæ Nobilitatis
«armis hostilibus, nihil se acquisivisse videbit.»

c) und endlich mögen in Abwesenheit des polnischen Bevollmächtigten die Unterhandlungen über den Frieden
keinesfalls ihren Anfang nehmen.

Unnachgiebig in einer Frage, in der sowol eigenes Interesse wie auch die mit dem Feinde eingegangene Verbindlichkeit jedwede Nachgiebigkeit widerriethen, erwiederte
Leopold I. dem Polenkönig auf eben so feste als schonende
Art. w) «Er würde — so schrieb er — schmerzerfüllt, wie er
«sei, über des Königreichs geringen Bodenzuwachs und nicht
«sehr lokende Aussichten, sich beharrlich für umfassendere
«und ersprieszlichere Zugeständnisse an dasselbe bereits in
«der Vorfrage und vor dem Friedenskongresse verwendet
«haben, wenn der eigenen Länder, wie auch des Bundes und
«der Cristenheit dermaliger Zustand die Möglichkeit hätte er-
«kennen lassen, dem noch nicht bezwungenen, vielmehr wegen
«des unfruchtbaren diesjährigen Feldzugs der Alliirten sich
«abermals überhebenden Feinde auch ohne alle Unterhandlung
«was immer für ein Friedensgesez anzudiktiren. Allein in Er-
«wägung der Unsicherheit der gegenwärtigen und noch mehr
«der heranbrechenden Zustände, ferner im Hinblik auf das
«zweifelhafte Kriegsglük habe es einerseits für gleich gefähr-
«lich als unbillig gelten müssen den vom Feinde gebotenen
«Anlasz zur Friedensverhandlung zuzükzuweisen, und ander-
«seits sei es für die Christenheit von hohem Nuzem gewesen,
«den Besiz der eroberten Gebiete, als welcher noch jedesmal
«bei Verträgen mit der Türkei als Ausgangs- und Schlusz-
«punkt zu Grunde gelegt worden, noch vor dem Beginne des
«Friedenswerkes selbst zur Anerkennung zu bringen. Dessen-
«ungeachtet aber erübrigte bis zum Abschlusse des Friedens-
«vertrages noch zureichende Frist für die polnischen Waffen,
«sich Kameniez's oder Anderer Gebiete zu bemächtigen,
«und würden diese Eroberungen gelingen, so lieszen sie sich
«von polnischer Seite zur Ausbedingung bedeutenderer Zu-
«geständnisse auf dem Kongresse allerdings in die Wagschale
«werfen, ohne durch die kaiserliche Annahme der Friedens-
«basis hierin irgendwie beirrt zu werden. Der König möge
«sonach, dem wol durchdachten Rathe sich fügend, auf dem
«Wege der gemeinsamen Unterhandlungen das zu erreichen

---

w) Copia Literarum Cæsarearum, Regi Poloniæ ad suas de 21. Augusti datarum, ddo. Eberstorfy, 27. Septembris 1698.

«versuchen, was bisher mit Waffengewalt vergeblich angestrebt
«worden, und was, wenn nicht etwa noch im laufenden Jahre,
«später wegen vielfacher, nach allen Richtungen sich auf-
«thürmender Hindernisse kaum je würde sich erreichen lassen.
«Uebrigens seien des Kaisers und seiner Gesandten zeit- und
«sachgemäsze Verwendung und Befürwortung im Interesse
«der polnischen Friedensanforderungen nach wie vor in Aus-
«sicht gestellt.»

Ausführlicher noch und eingehender lautete der gleichzeitige kaiserliche Bescheid an den Abgesandten Gomolinsky,
die polnischen Beschwerdegründe einzeln prüfend und wider-
legend. x)

Die vom Gesandten als Hauptgrund angerufene Bundes-
sazung, welche jedweden noch so vortheilhaften Sonderfrieden
für unzulässig und blos einen durch die Zustimmung und die
Annahme *aller* Bundesgenossen bedingten Gesammtfrieden
für erlaubt erklärt, erlitt am Wiener-Hofe zwar keine Anfechtung, nur wurde ihre richtige Anwendung auf den vorliegenden Fall in Abrede gestellt. Denn die Beschuldigung,
es habe der Kaiser ohne Mitwissenschaft oder Beistimmung
der Verbündeten, also eigenmächtig mit dem Feinde Unterhandlungen eingeleitet oder gar Friede geschlossen, ermangelte, wie man in Wien erklärte, aller thatsächlichen Begründung. Abgesehen nämlich von dem Umstande des noch
nicht erfolgten Friedensschlusses, berief sich der Kaiser auf
die noch im frischen Andenken stehenden Thatsachen, dasz
bereits Sobiesky im Jahre 1688 und später durch seine Abgesandten Raczinsky und Los seine Willensmeinung, mit dem
Feinde zu unterhandeln, erklärt hatte; dasz auch König August II. in seinem Antwortschreiben vom 31. Mai laufenden
Jahres, weit entfernt die Eröffnung von Friedenskonferenzen
zu verwerfen, vielmehr die unverweilte Entsendung seines
Bevollmächtigten an den Kongreszort ankündigte — Thatsachen, die über Polen's Zustimmung in die Zulassung von
Friedensunterhandlungen keinen Zweifel aufkommen lieszen.

Vom Rechtsgebiete sodann auf das politische übergehend, anerkannte der Kaiser zwar des Königreiches Verdienst
um Wien's Rettung, hielt es aber durch das vordem erwor-

---

x) Copia Resolutionis Cæsareæ pro Ablegato Polonico, ddo. Viennæ
27. Septembris 1698.

bene gleich grosze Verdienst der kaiserlichen Waffen um die
Rettung von Krakau und um die Wahrung der polnischen Unabhängigkeit schon in vorhinein ausgeglichen. y) Bedauerlich
allerdings sei — so fuhr der Kaiser fort — in Bezug auf den
angesprochenen Ländergewinn der militärische Miszerfolg Polen's; doch habe es an bequemer Gelegenheit zur Aneignung
ganzer Provinzen mehr als einmal nicht gemangelt, indem
fast die gesammte feindliche Heeresmacht alljährlich mit voller
Wucht auf Ungarn lastete und daselbt durch die œsterreichischen Truppen, obgleich mit namhaften eigenen Verlusten,
zu wiederholten Malen ungeheure Niederlagen erlitt. Dasz
nun aber das Königreich des Augenblik's Gunst nicht zu
nüzen verstanden habe, sei des Schiksals Fügung, nicht des
Kaisers Schuld, der, troz des französischen Angriffs, durch
nahebei sechzehn Jahre unter vollkommener Erschöpfung
seines Schazes und äuszerster Zerrüttung seiner Provinzen,
den gröszten Theil seiner Kriegslast getragen habe. Da überdies weder durch den heiligen Bund noch sonst eine Uebereinkunft bestimmte Territorialgränzen (mit bloszer Ausnahme
der etwa im Verlaufe dieses Krieges verloren gegangenen)
bezeichnet wären, welche die Verbündeten einander noch vor
aller Friedensunterhandlung zuzusprechen oder thatsächlich
zuzuweisen gegenseitige Verbindlichkeit hätten, so erachte es
der Kaiser eher für ein gutes denn ein schlimmes Verdienst
um die Bundesgenossen, dasz, gleichwie er auf das Friedens-
begehren einiger Alliirten und vieler deutscher Reichsstände
hin sich seinestheils mit der Besizesgrundlage als Vorbedingung der Friedensunterhandlungen zufrieden gestellt erklärte,
er eben so diese Konferenzen nicht einmal habe beginnen
wollen, bevor ihm nicht Gewiszheit darüber geworden, dasz
Polen nebst dem Gewinn von Kameniez, obzwar vielleicht
in zerstörtem Zustande, auch die Eroberungen dieses Krieges
unangefochten würde erwerben können. Indesz dürfe diese
Verabredung Dritter dem Königreiche durchaus keinen Ein-

y) «Cui (Regno Poloniæ) se oblatum ad Viennam auxilium non minus
«debere, quam sibi ob assertam olim multo suorum sanguine Cracoviam et li-
«bertatem deberi, nunquam non (Sacra Cæs. Mttas) lubenti animo recolit.»
Diese als compensirend angerufene kaiserliche Waffenhülfe wurde, wie der
Ministerial-Konferenzbericht vom 14. September 1698 genauer ausführt, dem
Königreiche Polen wider Schweden's feindlichen Angriff geleistet.

trag thun und sei es demselben unbenommen vortheilhaftere
Friedensbedingnisse zu heischen, wozu des Kaisers bundes-
freundliche Beihülfe nach Zeit und Umständen nicht entstehen
werde. Nicht zu übersehen sei es aber, dasz wenn schon
überhaupt Glüksgunst zweifelhaft, so insbesondere der Waffenerfolg unsicher und unzuverlässig sich stets erweise, und dasz
es sich sehr leicht ereignen könnte, oder vielmehr — wofern
des Himmels besondere Gnade sich nicht in's Mittel schlüge
— der bedenkliche Zustand allem Anscheine nach schon an
der Schwelle stehe, *dasz der Kaiser bei fernerer Kriegsdauer
selbst mit dem besten Willen keine Streitkräfte mehr gegen
den Feind aufzubieten vermöchte.* Des Polenkönigs wie auch
des Moskowitenzar's reifer Erwägung werde es nun anheimgestellt, ob sie in solchem Falle *nicht vielmehr den Verlust
der eroberten und anderer Gebiete zu befürchten als neue
Gebietsvermehrungen anzuhoffen hätten.* [z]) Des Kaisers Rath
und Bitte ergehe demnach abermals dahin, dasz Polen seine
Bevollmächtigten so eilig als nur thunlich und mit wol über-
dachten, dem Ernste der Lage angepaszten Bedingnissen zum
Kongresse abordnen möge. In Bezug auf des Königs leztes Begehren endlich erklärte der Wiener-Hof, dasz, nachdem ohnehin die kaiserlichen Bevollmächtigten blos dessenthalben so
lang zurükgehalten worden waren, bis der polnische Abgesandte sich in Ofen eingestellt hatte, dem königlichen Wunsche
ja schon hinreichende Rechnung getragen worden sei, dasz
also gegründeter Anlasz zu einer anderweitigen Verfügung
diesfalls überhaupt nicht vorliege.

Deutlicher, ob auch in schonender Form, liesz sich die
Drohung Leopold's, das widerspänstige Polen, der ausdrüklichen Bestimmung des Allianztractates zu Troz, in Stich zu
lassen und es allein und hülflos der osmanischen Macht gegenüber zu stellen, kaum aussprechen. Die Gefahr der Iso-

---

z) «Omittere tamen pro candore suo et sincerissimo affectûs studio non
«potest (Sac-a Cæs-a Mtas) quin dubiam fortunæ aleam et incertos bellorum
«euentus ob oculos Suæ Regiæ M-ti ponat, Eiusdemque considerationi subjiciat,
«euenire posse, *imò et probabiliter,* nisi Deus singulari gratiâ avertat, *imminere*
«eos temporis articulos, *quibus Sacra Cæs-a M-tas, etiam si omninò vellet, et*
«*bellum duraret, nihil virium hosti objicere posset.* Quo casu an non Suæ Re-
«giæ M-ti Poloniæ et Potentissimo Moscorum Tzaro *acquisitorum et aliorum*
«*locorum amissio potiùs timenda quàm novæ accessiones sperandæ sint, illorum*
«*judicium erit.*

lirung, keineswegs gemildert durch die Aussicht auf moskowitische Hülfe, trat lebhaft vor aller Augen wie am Königshofe selbst so auch in den andern tonangebenden Kreisen Polen's, und verbreitete Unruhe, Besorgnisz und peinliche Unschlüssigkeit, die auch im Angesichte eines kampfbereiten Heeres zu jedem thatkräftigen selbstständigen Entschlusse den Zugang verwährte. Man hatte nur stark *geschienen*, so lang man auf des Kaisers Stärke baute; von ihm verlassen und alleinstehend, zeigte man die ganze Schwäche, die beim Wegfall des verdekenden kaiserlichen Schildes nicht erst entstand, aber damals erst recht sichtbar wurde. Konnte man aber auf Oesterreich's militärische Hülfe nicht mehr rechnen, so gedachte man doch mindestens seinen diplomatischen Beistand im Friedenswerke nuzbar zu machen. Hierüber entschlosz sich nun König August zur Beschikung des Karlowitzer-Kongresses und beordnete den Palatinus von Posen, Stanislaus Malachowski, als Groszbotschafter und königlichen Bevollmächtigten, dahin zur Theilnahme an dem Friedenswerke.[*] Die demselben mitgegebene Instruktion[z]) trägt durchgehends das Gepräge der hartnäkigen polnischen Absichten auf die rumänischen Fürstenthümer, wie auch der an Auskunftsmitteln nicht verlegenen diplomatischen Kunst, die nunmehr mit List das vermögen sollte, was die Waffen auf der Walstatt nicht vermocht hatten. Der Auftrag lautete dahin, der Bevollmächtigte solle die polnischen Forderungen in *drei* Reihen dem Feinde entgegenführen; wenn geschlagen, die erste und später auch die zweite Reihe zurükziehen, bei der dritten aber unerschütterlich und selbst auf die Gefahr eines Bruches, ausharren. In der *ersten* Reihe stand das Begehren auf Abtretung *der Walachei und Moldau mit Inbegriff von Budschak*, nach ihrem dermaligen Umfang und

---

[*] Plenipotentia Regis Poloniæ pro Magno Legato, Comite Stanislao Malachowski, ad tractandnm cum Turcis pacem. Ddo. In suburbiis Leopoli 5-tâ Septembris 1698.

[z]) Instructio Regis Poloniæ ad tractatum Pacis simultaneé eum colligatis Christianorum ad una, et Porta Ottomannica ex altera partibus conciliandæ, Illustri et Magnifico Stanislao Malachowski, Magno Legato, atque Plenipotentiario Regio et Reipublicæ, data in Cancellaria Regni etc. Mense — anno 1698.

(Aus *Zaluski*, Epistolarum historico-familiarium tomo II-do Brunsbergæ 1711. pag. 628 et ssq.)

Gränzlauf, an Polen's souveränes Herrscherrecht, und auch auf
Kameniez in unverleztem Zustande. Im Falle des feindlichen
Widerspruches wäre einerseits auf die ohne königliche Zustimmung zum Nachtheile Polen's erfolgte Annahme der
Friedensgrundlage und anderseits auf die hohen Verdienste
des Königreiches um Kaiser und Christenheit mit aller Ueber-
treibung *(exaggeranda)* hinzuweisen, und mit allen christlichen
Kongreszgesandten, vorzüglich aber mit den œsterreichischen,
darüber Berathung zu pflegen. [aa]) Würde er mit diesen Bedingungen sachfällig, so sollte er in *zweiter* Reihe nebst Kameniez nur noch die Zusprechung der *ganzen Moldau* mit
dem Budschaker Gebiete und die Vertreibung der Budschaker
Tataren nach Asien vorführen; in diesem Stadium wurde ihm
sogar die Berufung auf den Besizstand zur Pflicht gemacht,
weil die Hauptstadt Jassy bereits im Jahre 1686 dem dort
persönlich anwesenden König Sobiesky den Eid der Treue
geleistet und ihren Metropoliten als Geiszel überantwortet
hatte, somit, nach polnischer Ansicht, sowol der rechtliche als
der physische Besiz das königliche Begehren unterstüzte.

Im *dritten* und lezten Stadium endlich ging Polen's Ansinnen blos auf die Zurükstellung der unverlezten Festung Kameniez, und auf Zuerkennung der *von polnischen Truppen
eroberten und noch fortan besezten Gebiete und Distrikte der
Moldau,* nämlich der Distrikte Czernichov (doch wol: Czer-
nowitz), Suczava, Chotin und Soroka innerhalb ihrer alten
Begränzung und mit all von ihnen abhängigen Nebengebieten
so dasz des Dniesters Lauf bis in's Schwarze Meer hinfort
die Gränzscheide gegen die Türkei zu bilden hätte. Von dieser
Forderung im dritten Stadium durfte der Abgesandte ohne
specielle königliche Genehmigung, um die er erforderlichen-

---

aa) Unter andern namentlich aufgeführten polnischen Kriegszügen sollte
auch der Diversion, die der Kronfeldherr Jablonowski im Rüken der Türken
zu Gunsten der kaiserlichen Armee ausgeführt hatte, ausdrükliche Erwähnung
geschehen.

5-to · . . . . factæ perutiles pro Serenissimo Imperatore diversiones; uti
«testantur expugnatum Budinum, eo anno, quo Illustris ac Magnificus
«Dux Jablonovius, post sylvas Buskovienses (?) exercitibus Turcarum cum
«Sieraskiero atque Crimensibus, Bialogrodensibusque Tartaris cum Hano
«occurrens, memorabili per continuos novem dies conflictu eosdem fati-
«gavit, ac apertá sibi per *itinera insuperabilia Bukoviensia* viá illusit ;
« . . .»

falls einzuschreiten hatte, auf keinen Fall Umgang nehmen. bb)
Zur desto sichereren und leichteren Erzielung des Gebietszu-
wachses wurde ihm die Weisung ertheilt, bei Freund und
Feind ohne Unterschied Rath und Hülfe zu suchen, und eben
so die Verwendung des Tatarchan's wie die der vermittelnden
Gesandten der Seemächte, nicht minder die des Tököly als
die der kaiserlichen Bevollmächtigten, und gleicherweise die
Maurocordato's wie die des moskowitischen Friedensgesandten
für Polen's Zweke angelegentlich zuwege zu bringen und nuz-
bringend zu gestalten. Insbesondere aber sollte er sich des
freundschaftlichen Zutrauens und der thatkräftigen Mitwirkung
des moskowitischen Bevollmächtigten zu versichern trachten,
dessen Unzufriedenheit mit der angenommenen Friedensbasis
derjenigen Polen's zu sehr entsprach, als dasz der Gedanke
an die Gemeinsamkeit der Bestrebungen und die Solidarität
der Ziele beider miszvergnügten Gesandten sich nicht von
selbst aufgedrungen hätte. cc)

Zu diesem wichtigen, aber voraussichtlich dem polnischen
Interesse nicht zusagenden Schritte war König August, troz
seines Sträubens, von Wien aus allmählich mit eben so sanfter,
als klugen und sichern Hand gedrängt worden. Hatte das
kaiserliche Kabinet zur Erhebung des Churfürsten von Sachsen
auf Polen's Thron mächtig beigetragen, so gedachte es auch
die Frucht seiner erfolgreichen Unterstüzung dadurch zu
pflüken, dasz der neue König in den Kreis œsterreichischer
Interessen als Hauptbeförderer eingebannt wurde. Angelegentliche Verfechtung der katholischen Interessen gegenüber von
Frankreich's, Schweden's und Brandenburg's protestantophilen
Strebungen, Anlehnung an das Kaiserhaus wider Frankreich's

bb) 7 mo «Pro *tertio* et ultimo gradu, supposito semper integrè restituendo
«Cameneco, atque abolitione omnium Pactorum, et cujusvis præ-
«tensionis, ut jam supra insinuatum est, persistet circa *Territoria*
«*et districtus Moldaviæ* actualiter à nostris militibus et *præsidijs*
«*possessos*, videlicet circa *Cernichoviensum, Socaviensem, Chotimensem*
«*et Soroensem*, juxta suos limites antiquos, et dependentias ita, ut
«limes sit ulterior fluvius Tyras protensivè ad mare nigrum; ab eo
«gradu non poterit dimoveri, nec habebit facultatem, nisi prius ac-
«ceptâ a Sacra Regia Majestate novâ resolutione, casu quo illa ne-
«cessaria fuerit.» (Obige Instruction.)

cc) 13-tio «*Singularem quoque habiturus est amicitiam atque confidentiam cum*
«*Legato Moscovis*, cujus junctâ operâ facilius negotium hoc in par-
«tem Reipublicæ succedere poterit.» (Gedachte Instruction.)

gefährlichen Einflusz auf Deutschland und Polen, endlich bundesmäszige Aushülfe an die kaiserlichen Waffen in Ungarn
zur Erkämpfung eines ehren- und nuzvollen Gesammtfriedens:
diese drei Hauptrichtungen versuchte man œsterreichischerseits
der polnischen Politik in Hinkunft aufzunötthigen, und dahin
zielten alle Bewerbungen des Wiener-Hofes beim König ab.
Schon sofort nach erfolgter Wahl im J. 1697 hatte ihm der
Hofkanzler Graf Kinsky zu Gemüthe geführt, dasz es nunmehr an ihm wäre den allheiligen Namen des groszen Gottes
zu verherrlichen, der ihm den Uebertritt in den Schoos der
katholischen Kirche mit einer Krone vergolten und sichtbar
seinen Finger bei all dieser Ereignissen habe walten lassen;
dasz er aber seinen Dank gegen die göttliche Vorsehung
nicht rühmlicher und wirksamer zu bethätigen vermöchte als
durch die Fortsezung des heiligen Bundes wider den Erbfeind
der Christenheit und durch gedeihliche Vorschubleistung für
den Katholicismus, welcher den ersten Plaz unter des Kaiser's
Wünschen und Sympathien behaupte.[dd]) Die fernere Entwik-
lung der œsterreichischen Absichten leitete zu dem Haupt-
grundsaze, dessen Anerkennung man dem Warschauer-Hofe
ansann, und der darin bestand, dasz der König die Interessen
des Wiener Kabinetes in Polen zu wahren, dieses dagegen
die Autorität des Königs in Sachsen und im Kaiserreiche
aufrecht zu halten hätte.[ee]) Zur Sicherung des ungeschmäler-
ten œsterreichischen Einflusses auf den König ermangelte der
Hofkanzler nicht, denselben Misztrauen und Besorgnisz gegen
das nebenbuhlerische Frankreich wie auch gegen die «kezerischen» Verbündeten Polen's, als Schweden, Ruszland und
Brandenburg, auf vertrauliche Weise einzuflöszen. Frankreich,
so raunte er ihm in's Ohr, suche blos Gelegenheit im Trüben
zu fischen; Schweden sei während der Minderjährigkeit seines
Königs durch die Gottorper-Angelegenheit und durch die
moskowitischen Anschläge auf Liefland, eben so wie Branden-

dd) Lettre du Comte Kinsky au Roy de Pologne. ddo. Vienne 2
Juillet 1697.

ee) Lettre du Comte Kinsky au Roy de Pologne, ddo. Vienne 1
août 1697.

«J'en etabliray une maxime, laquelle je supplic Vostre Maiesté de
«croir' indisputable, et d'y diriger ses conseils et ses actions: c'est, Sire,
«qu'il faut que V. M. maintienne l'Empereur en Pologne, pendant pue l'Em-
«pereur la devrà maintenir dans la Saxe et dans l'Empire.

burg kraft seiner Eifersucht auf Polen und seiner Nachgiebigkeit gegen Frankreich zur Neutralität gestimmt; der Moskauer-
Hof dagegen, auf Lithauen's Eroberung insgeheim absehend,
dürfte seinen Beistand zwar nicht vermissen lassen, der aber
gleich gefahrdrohend als dem Jagellonenstaat unlieb sich erweisen müszte. ff) Allein da des neuen Königs geringe Füg-
samkeit, erzeugt hauptsächlich durch die Pflichten seiner
Stellung, durch die Eifersucht des polnischen hohen Adels
und die Schwierigkeiten seiner Lage, den in Wien gehegten
Erwartungen keineswegs zu entsprechen vermochte; so schlich
sich in die gegenseitigen Beziehungen beider Kronträger allmählich eine Kälte und Straffheit ein, deren Ausdruk in Wort
und That nur zu bald erfolgte. «Der grosze Umschwung in
den königlichen Gesinnungen — so bedeutete man dem Warschauer-Hofe — wirke lähmend auf die zu dessen Gunsten
bereits vom Kaiser ergriffenen oder noch zu ergreifenden
Maszregeln; und ob auch die Schuld davon mehr an den
Polen als an des Königs Person liege, so komme es in politischen Dingen weit mehr auf die Qualität als auf die Ursache des Ausschlages an; Demgemäsz sei der ganze Sachverhalt für beide Kronen gleich bedauerlich.» gg) Zu des
Königs Verstimmung trug nicht wenig auch die Schwierigkeit
bei, die man seinem Ansinnen in Betreff der Entsendung
einiger œsterreichischer Reiterregimenter mit Artillerie nach
Polen, wo sie ihn gegen Conti's Unfall schüzen, mit ihrem
Unterhalte aber fortan dem Kaiser zur Last fallen sollten, in
Wien entgegenstellte. Es wurde vom Hofkanzler Kinsky ge-
rügt, dasz der König seinen eigenen Interessen zum Abbruch
der kaiserlichen ausschlieszliche Geltung zu verschaffen trachte,
und weiterhin erklärt, der Kaiser erachte sich keineswegs der

---

ff) Lettres du Comte Kinsky au Roy de Pologne, ddo. Vienne 1 et
16 août 1697.

gg) Lettre du Comte Kinsky au Roy de Pologne, ddo. Vienne, 7 decembre 1697.

« . . . . et les grands changements qu' il y a dans les desirs de
«V. M-té nous troublent beaucoup les dispositions que l'Empereur y fait ou
«pourroit faire. Je sçay bien qu' il n' y và pas de la faute de V. M-té, mais
«que c' est aux Polonois, auxquels on les doit attribuer; comme neanmoins
«en ces sortes d'affaires la cause est bien moins recherchée que les effects res-
«sentis, ainsi je supplie tres humblement à V. M-té d' etre persvadée que çela
«nous fait également du tort à toûs deux.

gleichzeitigen Lösung zweier Aufgaben gewachsen, seiner eigenen in Ungarn und derjenigen des Königs in Polen, welch leztere sich kaiserlicherseits nicht ohne Vernachlässigung der im eben verwichenen Feldzuge von den kaiserlichen Waffen erkämpften Lorbeeren, folglich nur mit Verzichtleistung auf die Sicherstellung der ungrischen Eroberungen gegenwärtig schon in Angriff nehmen liesze; sei einmal der türkische Friede zu Aller Vortheil errungen, so wolle der Wiener-Hof dem polnischen schon ergiebigen Beistand leisten, der vor der Hand sich auch deswillen als unthunlich darstelle, weil die Vermehrung des Effektivstandes der kaiserlichen Armee und deren entsprechende Dislocirung auf nicht geringe Schwierigkeiten stoszen und jedenfalls den Abzug der in Ungarn cantonnirenden polnischen Truppenabtheilungen nach sich ziehen müszten. hh)

Indessen beflisz sich das kaiserliche Kabinet, im Hinblik auf den noch nicht erfolgten türkischen Friedensschlusz und auf die Nüzlichkeit polnischer Truppenhülfe, noch fortwährend eines freundlichen Verfahrens gegen den König, den es durch persönliche und anderartige Willfährigkeiten in günstiger Stimmung zu erhalten versuchte. Demgemäsz erwirkte es in Spanien für ihn die vielersehnte Auszeichnung des goldenen Vlieszes; ii) verwendete sich in Rom für ungeschmälerte Aufrechthaltung der geistlichen Patronats- und Ernennungsrechte, die der König bei Gelegenheit einer Kardinalswahl in Vollzug zu sezen, der päpstliche Hof ihm aber streitig zu

hh) Ersuchschreiben des Königs August II. an den Kaiser, ddo. Krakau, 26. October 1697. — Lettre du Comte Kinsky au Roy de Pologne, ddo. Vienne, 28. Décembre.

«En cas d' attaque de la France — schreibt der Hofkanzler — Votre »Maiesté se peut asseurer que l'Empereur l'assistera de ce qu' il luy sera pos- «sible; mais pour mettre Sa M-té Imp-le en etat de le faire, *il faut, Sire,* *»combiner les choses, et non pas traitter les propres, au prejudice des celles du* «Compagnon; je veux dire, *que l'Emp-r ne sçauroit y faire le double, et pour* »luy mêm' en Hongrie, et pour V. M-té en Pologne, negligeant de profiter des «occasions favorables que DIEU luy a donné pendant la Campagne passée, »mais il faut qu' à tout prix il asseure ses conquêtes d'Hongrie, et trouve »moyen de pousser les Turcs par ses progrés à une paix honorabl' et profitable »tant à luy qu' à ses Alliés, *sans les quelles il ne la fera jamais.*» '

ii) Lettre du Comte Kinsky au Roy de Pologne, ddo. Vienne, 1 fevrier 1698.

machen sich bemühte; kk) entsandte auch den General Graf
Styrumb nach Warschau, um wegen des etwa wider den
Kronprätendenten Prinz Conty nothwendig erachteten œsterreichischen Truppenbeistandes mit dem König Rüksprache zu
pflegen. ll)

Der vorgegebcne Zwek dieser Sendung war aber angesichts der geringen Erfolge Conty's nur scheinbar, und das
eigentliche Absehen vielmehr auf Polen's Aufmunterung zum
nächsten Feldzug gegen die Türken gerichtet, der zur Be-
schleunigung des in Wien heiszersehnten Friedens allerdings
nicht unangemessen schien. mm) Der König, das polnische
Interesse an der Moldau nicht aus dem Auge verlierend, entsprach der kaiserlichen Aufforderung, erklärte seinen Entschlusz, zu Ende Juni seine aus polnisch-sächsischen Truppen
bestehende Heeresmacht an den Dniester gegen den Feind
zu führen und durch diese Diversion in die türkische Flanke
die Operationen der œsterreichischen Armee nach einem com-
binirten Plane zu erleichtern. nn)

Troz dieses äuszeren Anscheines glomm aber unter der
Asche, zuweilen blos Funken sprühend, das fressende Feuer
gegenseitigen Misztrauens, das man, obwol vergebens, nur
deszhalb zu verdeken trachtete, weil man einander noch nicht
entbehren zu können vermeinte.

König August hatte auf die Bitte der Stadt Danzig,
deren Handelsinteresse durch Frankreich starke Beinträch-
tigung erlitten, einen Abgesandten, der gleichzeitig das übliche
Notifikationsschreiben über die polnische Thronbesteigung und
Krönung zu übermitteln angewiesen ward, an Ludwig XIV.
nach Paris beordert. Ueble Deutung besorgend, gab er davon

___

kk) Lettres du Comte Kinsky au Roy de Pologne, ddo. Vienne, 29
janvier et 12 fevrier 1698. — Bezeichnend ist in lezterem Schreiben Kinsky's
Aeuszerung: «Je suppli' à Vostre Majesté de reflechir qu' à l'égard de çe qu'
«de la Cour de Rome, l'on est accoûtumé de s' y trouver soudain prévenu, si
«l'on néglige le temps de prevenir ses desseins par des obstacles mis à temps et
«propes»

mm) Lettre du Comte Kinsky au Roy de Pologne, ddo. Vienne, 12
ll ∫ fevrier 1698.

nn) Lettre du Roy Auguste au Comte Kinsky, ddo. Varsovie, 30 avril
1698. Als Beilage zu diesem Schreiben: Liste des Troupes de Saxe effectives
et completes, qui sont déjà ou marcheront encore en Pologne, der zufolge die
Stärke des sächsischen Kontingentes sich auf 33.900 Mann stellte.

dem Wiener-Hof Kunde und erhielt von ihm eine beruhigende,
von keinem offenen Misztrauen zeugende Antwort; allein
schon der Umstand, dasz es zu solcher Erklärung überhaupt
kommen durfte, beweist dasz man sich des wechselseitigen
Argwohns wol bewuszt war, nur aber dessen Aeuszerung
noch für unzeitig hielt. °°)

Unverkennbar offenbarte sich dieses Misztrauen, als der
Kaiser, ungeachtet der dringenden königlichen Bitte, den
sächsischen Truppen, die nach Polen zogen, den Durchmarsch
durch œsterreichisches Gebiet in so lange verwehrte, bis nicht
die in Ungarn kantonnirenden polnischen Truppenkörper ihren
Rükmarsch bewerkstelliget hätten. Obzwar nun zur Beschöni-
gung der Weigerung auf Staatsraison und strategische Gründe,
auf die Unverläszlichkeit des polnischen Genius und das so
anspruchsvolle als anmaszende Benehmen der polnischen Officiere, endlich auf das Bedürfnisz den eigenen Landen die
Last vermehrter militärischer Besezung zu ersparen, hinge-
wiesen und zudem angeführt wurde man liebe es in Wien
eher mit Vorsichts- als mit Heilmitteln zu Werke gehen, pp)
so erblikte der König in diesem befremdenden Verfahren
einer bundesgenössischen Regierung um so mehr einen Beschwerdegrund, als er, seiner Angabe gemäsz, durch all diese
Truppenaufstellungen und Geldauslagen nichts anders be-
zwekte denn wirksamere Hilfeleistung an seine Alliirten, namentlich die Ableitung der feindlichen Heeresmacht von Ungarn, einem kaiserlichen Erbland, sich selbst aber lediglich
den Ruhm vorbehielt, seinen Genossen erprieszlichen Beistand
gewährt zu haben; da ferner seine Truppen vor Aller Augen
in des Kaisers Interesse ihre Schuldigkeit gethan hätten, so
gebührte ihnen gerechterweise die von Oesterreich bislang
vorbehaltene Besoldung und Verpflegung; endlich meinte er,
wäre sein dem Kaiser zur Verfügung gestelltes Reiterregiment
vertragsmäszig blos in Ungarn, nicht aber zu Garnisonsdiensten
im Reiche verwendbar gewesen, und nun er dessen selbst

---

oo) Lettre du Roy Auguste au Comte Kinsky, ddo. Varsovie, 30 avril
1698. Reponse du Comte Kinsky au Roy Auguste, ddo. Vienne, 3 mai 1698.
pp) Lettre du Comte Kinsky au Roy de Pologne, ddo. Vienne, 17.
mai 1698.

bedürfte, forderte er es zurük. p³) Und unverkennbar blieb, allen gegentheiligen Versicherungen zu Troz, der einmal aufgegangene Same des gegenseitigen Misztrauens in beiden Herrscherhöfen auch dann noch üppig wuchernd, als der König der in Wien gestellten Bedingung der vorläufigen Zurükziehung der polnischen Truppen aus Ungarn vollkommen entsprochen hatte. ᵠᵠ) Dasselbe Polen also, das seit fünfzehn Jahren einen unauslöschlichen Heiszhunger nach dem Besize der Moldau verrieth und selbst noch in der eilften Stunde die Beschikung des Friedenskongresses nur verzog, auf dasz ihm noch vor dem Frieden diese Errungenschaft zuerkannt würde, begnügte sich nun, nach dem Ausdruk seines Königs, *mit dem bloszen Ruhm wirksamen Beistandes an seine Bundesgenossen!* Es fällt schwer, zu bestimmen, auf welcher Seite die Heuchelei der Uneigennüzigkeit oder die Hinterlist der Selbstsucht überwog.

Am rüksichtslosesten erging sich aber des Warschauer-Hofes argwöhnische Verstimmung gegen Wien in vertraulichen wie in officiellen Kreisen, nachdem er schon den bitteren Kelch der Theilnahme am Kongresse auf Grundlage des Besizes polnischerseits mit halber, weil nicht hoffnungsloser Resignation geleert und sein Gesandter bereits das Friedenswerk angetreten hatte. Mit bitterem Schmerze, vielleicht im Vorgefühle des Scheiterns der polnischen Vergröszerungsgelüste, führte der König Beschwerde bei seinen Senatoren «über die ihm wider ‹Willen kaiserlicherseits aufgedrungene Nothwendigkeit, die ‹Besizgrundlage anzuerkennen, und durch Beschikung des ‹Kongresses seinem Kriegseifer Schranken zu sezen. An der ‹Spize eines gewaltigen und zahlreichen Heeres zur Erwei-

---

[.³) Lettre du Roy Auguste de Pologne au Comte Kinsky, ddo. Warsovie, 30 May 1698.

«Je ne fais çet amas de troupes et çette d'argent pour autre chose, qu' «à me mettre en Etat de seconder mes alliées et d'affoiblir les forces de «l'ennemi de la Crêtienté du coté de Hongrie, Royaume, qui est propre et «hereditaire à sa M-té. Pour moy, je n' en profite rien que de la Gloire «d'avoir bien assisté mes Alliés. — — — — — Mes Troupes, comme vous «m' avouez, ont fait leur devoir à la vue de tout le monde. Sa M-te leur «fera donc la justice d'ordoner le payement et ce que l'on leur doit. Après «quoy ils marcherent incontinent — — —»

qq) Schreiben des Königs Friedrich August II. von Polen an den Grafen Kinsky, ddo. Warschau, 16. Juni 1698.

«terung der alten Gränzen des Königreiches bis an den Don «und zur Eroberung von Kameniez sich anschikend, habe er «inmitten der vollen Gluth seiner Wünsche dem eben so glor- «reichen als heilvollen Unternehmen Einhalt thun müssen. «Hieran trügen die meiste Schuld die Unruhen in Litthauen, «und die eigenmächtige Besiznahme von Elbing durch den «Churfürsten von Brandenburg. Da nun bei dieser Sachlage «einestheils die unsichere Friedensaussicht, anderntheils die «allmählich aufschäumenden Eifersüchteleien und argwöhni- «schen Gesinnungen, endlich *die bei diesen Verlegenheiten* «*der Wolfahrt Polen's nachstellende Haltung eines Nachbarn* «Besorgnisz erregen und Wachsamkeit gebieten, so werde «das Gutachten der Senatoren über die angemessensten Vor- «beugungs- und Abhülfsmaszregeln abgefordert.» rr)

Dieser im Angesichte seiner Rathgeber und auch in Privatunterredungen unverholen geäuszerte Vertrauensmangel des Königs gegen den Kaiser wurde so unverkennbar und auffallend zur Schau getragen, dasz der œsterreichische Ge- sandte Graf Sedlnizki sich über diese bedauerliche Stimmung zur Berichterstattung nach Wien veranlaszt sah. ss)

Lediglich auf Rechnung dieses eingewurzelten Argwohns kömmt auch die nachdrükliche Einsprache zu schreiben, die der polnische Kongreszbevollmächte aus Peterwardein an die Gesandten der Seemächte zu richten für angemessen hielt,

rr) Literæ deliberatoriæ Regis Poloniæ ad Senatores Regni ante Co- mitia; ddo. Varsoviæ, 25 Novembris 1698.

«Quantum verò præcox fama de Pacis cum Turca consilijs, heu quàm «*noxio et nobis non quæsitis*, «uti possidetis, ità possideatis» nitentibus funda- «mento *rebus prospere gerendis* posuerit obicem, cum ardorem billicum Legati «ad negotium Pacis missione fruenare necesse fuit, illi demum ignorant, qui «dolorem nostrum inutilis in parando tam forti et numeroso exercitu operæ «nostræ non metiuntur impendio, quando quidem hujus virtute, uti veteres «Regno Poloniæ limites ad Tanaim usque proferre, ità eo ipso Camenici ma- «turare cæsum destinabamus, aut quos tædet animo volvere, qva ratione *in* «*ipso votorum nostrorum æstu sistendum nobis fuit quodlibet, qvamvis plenum* «*gloriæ et salutis opus.* . . . . .

« . . . Hac rerum facie cum hinc pacis incertæ nos angat expectatio, «illinc effervescentium magis magisque simultatum et diffidentiæ metus, *aliunde* «*inter Reipublicæ pericula fortunæ ejus insidiantis vicini* gravis sit nobis vigi- «lantia, consulendum D-nes V-ras duximus: quid facto opus etc.»

ss) Schreiben des Grafen Sedlnizki an den Grafen Kinsky, ddo. War- schau, 16. Juni 1698.

und die eigentlich eine bittere Beschwerde gegen den Wiener-
Hof in sich schlosz. «Nie hätten Polen's König und Republik
«— schrieb er — der Besizgrundlage zugestimmt, die man
«vielmehr bundeswidrig ohne ihr Wissen und ihren Beirath
«eigenmächtig auch in ihrem Namen festgestellt habe. Hiedurch
«aber werde alles göttliche und menschliche Gesez verlezt,
«die eidgefestete Vertragstreue im innersten Mark gebrochen,
«jedwedes Vertrauen auf vertragsmäszige Zusagen aus den
«Angeln gehoben und alle Bande menschlichen Verkehrs
«völlig gesprengt. Diese Basis aufrechterhalten, hiesze dem
«Königreiche das von Andern erlassene Gesez andiktiren, ihm
«nicht etwa die Vereinbarung seines Friedensschlusses gönnen,
«wol aber die Nothwendigkeit auferlegen, den nach fremdem
«Ermessen angerichteten mit Duldermiene hinzunehmen. Es
«sei Gefahr, dasz nicht sowol ein aufrichtiger und fester
«Friede, sondern eine kurze und der Christenheit eher schäd-
«liche Rast zu theuer erkauft, dasz nämlich der ohnehin stark
«gelokerte Bund gründlich gelöst und die groszartige Arbeit
«von Jahrhunderten durch die Buhlerschaft eines eben so
«kurzlebigen als treulosen Friedens vernichtet würde. Christen-
«heil, Staatswol und eigene Ehre geböten demnach gleich-
«mäszig die Aufrichtung eines dauernden, mit den Bestim-
«mungen des heiligen Bundes übereinstimmenden Friedens. [11])

Diese auf dem Gipfel der Verlegenheit versuchsweise
als leztes Auskunftsmittel erhobene Widerrede, die nicht allein
den Mittlern, sondern auch den œsterreichischen Bevollmächtigten zugefertigt wurde, ermangelte indesz allen Erfolges sowol gegenüber den Türken wie den kaiserlichen Vertretern,
denen insgesammt Polen's halbanarchische Schwäche ver-
rathende Zustände nicht unbekannt blieben. Auf dem Kongresse selbst befolgte Malachowsky gleichfalls eine weitwendige
und übel berechnete Politik: er forderte, dasz bevor man
zu weiteren Verhandlungen schritte, die in türkischer Gewalt
befindliche Festung Kameniez im unverlezten Zustande als
im gegenwärtigen polnischen Besizstande mitbegriffen anerkannt werde, und versuchte dieses jedenfalls sonderbare Be-

---

11) Litteræ à Legato Polonico ad DD-nos Mediatores Petrovaradini die
17-ma octobris 1698 scriptæ. — Lettre du Comte Schlik au Comte Kinsky,
ddo. Futak, 22 Octobre 1698.

gehren durch allerlei Spizfindigkeiten herauszuklügeln, ohne
indesz die Friedensbasis öffentlich weder anzunehmen noch
zu verwerfen, sondern machte ihre Anerkennung mittelbar
und stillschweigend von dem Ausfall des gestellten Ansinnens
abhängig, sie vielmehr errathen lassend, als in sichere Aussicht stellend. y*) All seine Bemühungen, Vorsichtsmittel und
Nothbehelfe vermochten aber, angesichts der heillosen polnischen Zustände, die Freund und Feind nur zu genau kannte,
nicht die erwünschten Früchte zu tragen. Die Zwietracht
zwischen Haupt und Gliedern wuchs nämlich in seiner Heimat ununterbrochen zur bedenklichen Höhe, der Adel war
miszvergnügt, das Land gründlich erschöpft, Litthauen durch
neue Unruhen zerrissen, ein Krieg mit Brandburg wegen
Elbing in naher Aussicht, der wankelmüthige König mit
eigennüzigen, unpatriotischen Räthen umgeben. Es lebte am
Wiener-Hof noch in frischem Andenken, mit welchem Feuer-
eifer die Krone Polen vor dem einen Sonderfrieden für sich
allein angestrebt hatte, und wie dieser mehr durch eine wunderbare Verkettung von Umständen als durch der Polen
bundestreue Gesinnung miszrathen war. Auch sah der Kaiser
darin einen Beschwerdegrund, wider die königliche Regierung,
dasz diese, ungeachtet der zuerst im Vertrage vom J. 1683z')
und bald darnach im heiligen Bunde (1684) feierlich übernommenen Verbindlichkeit zur Stellung eines Heeres von
40.000 Mann gegen den gemeinsamen Feind, seit Wien's
Entsaz dieses Contingent nie vollzählig, meistens jedoch nur
bis zur Stärke von 12.000 bis 15.000 Mann in's Feld gestellt,
folglich keineswegs, gemäsz den Bestimmungen beider Traktate, durch nachdrükliche Diversion den Feind am Vordringen
in die kaiserlichen Lande gehindert, sondern durch Lauheit
und Widerstandslosigkeit demselben die Möglichkeit geboten
habe, seine gesammte Streitmacht gegen den Kaiser zu kehren.
Hegte man nun œsterreichischerseits von Polens Mitwirkung
im Kriege nur geringe oder gar keine Erwartung, so wuszte

---

y*) Relation der kaiserl. Gesandschaft, ddo. Lager oberhalb Karlowitz,
5. November 1698.

z*) Foedus perpetuum offensivum et defensivum inter Leopoldum I Im-
perætorem, et Joannem III, Regem et Regnum Poloniæ, initum Warsoviæ,
31 Martii 1685.

man eben so wol, dasz dieses Land, von Allem entblöszt,
von Hungersnoth und inneren Zwistigkeiten gleich stark
heimgesucht, den Krieg auf eigene Faust allein fortzusezen
nicht im Stande, vielmehr gewillt sei, zu seinen dermaligen
nicht noch neue Trübsale zu fügen q⁸) sei, dasz es aber eben
so wenig auf den einzigen Bundesgenossen, von dem es erfolgreiche Hülfe gewärtigte und der sie ihm seit zwei Jahren,
aber vergebens, zugesagt hatte, auf den moskowitischen Zaren
mit Sicherheit einen Verlasz haben könne. Wie gering nämlich Peter der Grosze die polnische Bundesgenossenschaft an-
schlug, bekundete seine Aeuszerung nach seiner Durchreise
durch dieses benachbarte Reich: «die Könige von Polen
«kämen ihm vor wie Kinder, die noch unter Vormundschaft
«stünden.» So wenig er nun von dieser Seite für sich er-
wartete, so wenig mochte er dagegen auch selbst dahin
leisten, und wirklich waren, troz alles Rühmens von groszartigen Flottenausrüstungen, weder das nöthige Kriegsmaterial
noch die hiezu erforderlichen bedeutenden Geldmittel in Bereitschaft. All diese Erwägungen stimmten das kaiserliche
Kabinet selbst dann für den Friedensschlusz, wenn Polen
demselben noch fernerhin sich abwendete; um aber den bun-
deswidrigen Separatfrieden in solchem Falle auch beschönigen
zu können, wurde des Königreiches bundeswidrige Haltung
in der Vergangenheit als Rechtfertigungsgrund eines gleichen
œsterreichischen Verfahrens in Hinkunft aufgestellt, daher der
eigene Bundesbruch durch den Bundesbruch des Genossen
für hinreichend begründet und gedekt erklärt.*)

So mächtige und theils offen dargelegte, theils durch
die Vermittler warnend dargelegte Beweggründe wirkten zei-
tigend auf das zögernde, lang zurükgehaltene Friedensent-
schlusz Polen's, der hauptsächlich der wolberechneten Haltung
Oesterreich's sein Entstehen und Gedeihen zu verdanken hatte;
denn durch alle Phasen dieser Friedensverhandlungen, nicht
minder an deren Beginne, da der Kaiser schonungsvoll
seinen Konferenzministern einschärfte, gegenüber von Polen

---

q⁸) Lettre du Cardinal Radzieiowsky au Comte Sedlnizky, ddo. Rad-
zieiovice 30 Juillet 1698.
*) Reskript Leopold I. an die kaiserliche Kongreszgesandschaft in Kar-
lowitz, ddo. Wien, 8. November 1698.

und Ruszland den Bundesvertrag gewissenhaft zu vollziehen, und es vorzog, England's einfluszreiche Dazwischenkunft zur Friedensüberredung des Zaren anzurufen,*) als an deren nahem Schlusze, da die œsterreichische Gesandschaft zur Unterzeichnung des Friedens auch ohne Polen oder ohne Venedig angewiesen ward, (der Vertrag mit Ruszland stand nämlich dem kaiserlichen Separatfrieden ohnehin nicht im Wege), schlug des Wiener Kabinetes entschiedene Friedensneigung so unverkennbar durch, dasz den Polen lediglich zwischen Beitritt zum Frieden und gänzlicher Isolirung nunmehr die Wahl offen stand. Zwar vermochte die vom Kaiser auch für Polen und Ruszland festgestellte und angenommene Friedensbasis des Besizstandes sich auch im vorgerükten Kongreszstadium noch nicht die bestimmte Anerkennung dieser beiden Mächte zu erringen; in Wien aber gedachte man keinesfalls, den Kongresz durch diesen Mangel an Uebereinstimmung und Anerkennung gänzlich zu nichte werden und sich von den zwei unzufriedenen Fürsten zum Wiederbeginne des Krieges in's Schlepptau nehmen zu lassen, blos um ihren Sonderinteressen als Werkzeug zu dienen. Entweder genehmigen, so erklärte man in Wien, Polen und Ruszland die Vorbedingung des Besizstandes und entsprechen hiedurch dem allgemeinen Bedürfnisse, oder nicht. In ersterem Falle erledigte sich die Sache von selbst; in lezterem Falle aber, wofern nur erst Oesterreich und Venedig gerechte und billige Abfindung erhielten, hätten die unzufriedenen Mächte schon selbst zuzusehen, wie sie allein den Krieg fortsezen und mit den Türken fertig werden könnten. Wenn man nun auch es den beiden Mächten nicht währen könne, ihre Separatanträge, mit Umgehung der Vermittler, selbst direkt an der Pforte vorzubringen, so würden diese Anträge dagegen den Kaiser und die Republik Venedig in ihrer Freiheit, die Lage der Dinge von ihrem Gesichtspunkte aufzufassen und darnach zu verfahren, eben so wenig beirren dürfen. Demgemäsz beschlosz das kaiserliche Kabinet, sich nicht einmal durch den angedrohten Abzug des polnischen Kongreszgesandten in der Erstrebung

---

*) Leopold's I. Approbation der Anträge der zweiten kaiserlichen Ministerialkonferenz in türkischen Friedenssachen, ddo. Wien, 15. April 1698.

des Friedens, so weit er Oesterreich betraf, aufhalten zu lassen.*) **)

Es wurde übrigens zu diesem Entschlusse auch durch das Drängen der türkischen Bevollmächtigten getrieben, welche zum Friedensschlusz oder Unterhandlungsabbruch nur mehr eine kezte achttägige Frist anberaumt hatten. Darunter wit-terte man œsterreichischerseits ein türkisches Manöver, im geheimen Einverständnisse mit Polen und Ruszland, die einem Sonderfrieden ohnehin nicht widerstanden, berechnet auf die Sprengung des heiligen Bundes und die Isolirung des Kaisers und Venedigs, um diese beiden, in Anbetracht ihrer starken Erschöpfung und der Schwierigkeit der ferneren erfolgreichen Kriegführung, milderen Friedensbedingungen zugänglicher zu

---

*) Lettre du Comte Kinsky à Lord Pagett, ddo. Vienne, 1 Sept-re 1698.

«Or, pour çe qu' est de la Pologn' et la Moscovie, il est vray *in facto* «que l'Empereur et la Republique de Venise ont pour ces puissances comme pour «soy meme stipulés pour fondement de paix le sûdit Uti possidetis,* lequel a «été de la part des Turcs pour eux accepté, comme pour l'Empereur et Ve-«nise; mais je n' oserois pæs dire, que de la part de Pologn' et de la Mos-«covie il aye été accepté comme de la part de l'Empereur et de Venise, car «ils ne sont pas expliqués positivement la-dessus, comme l'ont fait l'Emp-eur «et Venise; mais il est vray aussi que le Plenipotentiaire de Moscovie part «droit içy pour se rendr' au Congrès á Peterwaradin, et que le Roy et la Re-«publique de Pologn' ont iteraté declarés d' y vouloir aussi envoyer au plustôt «leur plenipotentiaire, lequel, à çe que j'en crois, y viendrà droit de Pologne. «Or, ou bien çes deux Puissançes se voudront tenir à l'uti possidetis, pour «eux comme pour nous stipulé et accepté, ou non; au premier cas, l'on en a «çe que l'on en peut desirer; au second cas, si les Turcs donnent de la sa-«tisfaction just' et convenabl' à l'Emp-r et à Venise, ce sera-t à eux de son-«ger aux moyens de continuer la guerre contre les Turcs, extremité à la quelle «je ne sçaurois m' imaginer qu' ils trouveront bon de s' exposer. . . . . «A l'égard de la Pologne, je m' imagine que le plus difficil tiendrà a reçe-«voir Kamieniez rasé, *le quel avec les limites déja offerts rendu in statu quo «applaniroit çe qu' il y a le plus de difficile.*»

**) Lettre du Comte Kinsky à Lord Pagett, ddo. Vienne, 18 octobre 1698.

«Au reste, V. E-ce jugerà facilement Elle-meme que nous ne pou-«vons pas empecher que la Pologn' et la Moscovie ne fassent librement leurs «propositions à la Porte, mais la qúalité des celles qu' elles auront faites, «n'ôtent pas la liberté à l''Emp-r et à Venise d' y faire telle reflexion qu' ils «jugeront just' et convenable.»

Lettre du Comte Kinsky à Lord Pagett, ddo. Vienne, 20 Novembre 1698.

«La retraitte de l'Ambassadeur de Pologne ne ferà pas du retardement à ce traitté, dont çe Ministre commenç' à souhaitter l'avance. . . . . .»

15,501 III.   29

stimmen. a) Diese Besorgnisz wirkte in so weit, dasz noch vor dem Eintreffen der Schluszentscheidung Venedig's die kaiserliche Gesandschaft die œsterreichischen endgültigen, dem Frieden zuträglichen Bedingungen in die Hände der Mittler niederlegte, um des endlichen Abschlusses seinerseits auf jeden Fall versichert sein zu können.

Des Wiener-Hofes Argwohn und Besorgnisz waren übrigens noch mehr wachgerufen worden durch die, troz des Ryswiker Friedens noch fortan im Trüben fischenden, Umtriebe Frankreichs. Lezteres hatte nämlich mit freundlicher Miene, aber in hinterhältiger Absicht, unter dem Vorwande, dasz die Pforte selbst diesen Wunsch geäuszert, durch seinen Gesandten Marquis de Villars dem kaiserlichen Kabinete seine Dazwischenkunft zur Förderung des Friedensabschlusses in Antrag bringen lassen. Auf diese, jedenfalls verdachterregende, Anerbietung eines geheimen Widersachers erfolgte œsterreichischerseits der ablehnende Bescheid, dasz mit Rüksicht auf die bereits festgestellte Friedensgrundlage, deren genaue Anwendung nur mehr dem Kongresse vorbehalten sei, das hiedurch weit vorgeschrittene Friedenswerk schon seiner baldigen Vollendung entgegenreife; dasz der Kaiser ohne Einvernehmen mit den vermittelnden Höfen und ohne Zustimmung der Bundesgenossen keinesfalls vorgehen könnte; dasz aber die Verhandlungen über diesen Antrag einen Zeitverlust unausbleiblich bewirken würden, der mit den friedensfreundlichen Absichten des französischen Kabinetes sich nicht in Einklang bringen liesze. b) Genauere Nachforschung leitete

a) Votum Conferentiale des kais. Geheimrathes in Wien, ddo. 13. December 1698.

b) Lettre du Comte Kinsky à Lord Pagett, ddo. Vienne, 10 août 1698. «J' avis' à V. E-ce que l'Envoyé de France Marquis de Villars a donné «part içy, que les Turcs ayant desiré dans çe negoçe de paix l'entremise du «Roy Son Maître' il avoit ordre de sonder si l'on agreeroit içy avec asseurance «qu' en cas de si, Sa M-te T. C. chercheroit en toute maniere d' y avantager «les interêts de la Cretiennité, et surtout ceux de l'Emp-r. M' en ayant fait «confidançe, J' oy repondu par ordre que Sa M-te Imp-le recevoit avec bau-«coup d' estime ços exhibitions du Roy T. C., mais que le fondement de la «paix à faire se trouvant âjusté par les Mediations de Sa M. B-que et de «MM-rs les Etats-Generaux, le Congrés n' étoit destiné que pour l'execution «du sûdit fondement, et on esperoit d'en venir à bût en bref, si que l'Emp-r «n' y pouvant sans l'aveu des Mediations reçeus et sans le contesement du «reste des Alliéz y seul appliquer, il pouvoit juger que çela causeroit une

bald darauf in Wien zur Aufdekung der französischen Falle,
die gestellt schien, sei es zur Verzögerung des Kongresses,
sei es zur bequemen Erspähung der darauf bezüglichen Unterhandlungen; denn Frankreich hatte von der Pforte so wenig
die Aufforderung zur Vermittlung erhalten und überhaupt so
wenig Friedensfreundlichkeit bethätigt, dasz sein Gesandter
in der Türkei vielmehr dem Frieden aus allen Kräften ent-
gegenwirkte und in dieser Gegenwirkung vor keinem Mittel
zurükschrekte. c)

«perte de têms contrair' aux bonnes intentions de Sa M. T. C. qu' à ce qu'
«il en a temoigné, desire cette paix avançée. Il a fort bien reçeue cette ré-
«ponçe donnée par confidançe; je ne sçay si les Turcs ont veritablement
«desiré cett' entremise; mais s'ils l'ont fait sens le sçeu des Mediations re-
«çeües, et si celles cy y ont consenties, c'est baucoup. . . . .

c) Lettres de Lord Pagett au Comte Kinsky, ddo. Belgrade, 25 Aout
(4 Sept.) et 28 Aout (7 Sept.) 1698. In lezterem Schreiben heiszt es:

«Je puis assurer V. E·ce que le part qu' a donné l'Enuoyé de France
«que les Turcs dans ce Negoce de Paix ont desiré l'entremise de son Maitre,
«est de son inuention. Bien au contraire, l'Ambassadeur de France icy, qui
«au Vizir d' a present fit une semblable proposition, autrefois, ne fut pas
«écouté; depuis quoi il ne lui a plus parlé, mais il a essayé de dificulter la
«Negotiation, autant qu' il a pû, et il a employé tous les moiens immagi-
«nables pour en uenir a bout, sans songer aux interéts de la Chretieneté, bien
«moins a ceux de sa M·té Imp·le; et bien probablement ce que l'Enuoyé a
«fait dernièrement, n' a eté qu' a dessin d' amuser et retarder le Traité, ou
«pour apprendre quelques Nouvelles de son progrés. Au fond, il n' y a rieu
«de urai, de ce que à V. E·ce a conté le Mars de Villars.

Das erstgedachte Schreiben enthält hierüber Folgendes:

«Il est urai que, tôt après que le present G·d Vizir fut eleué a cette
«Dignité, l'Amb·r de France lui proposa l'entremise du R. T. C., pour pour-
«chaser la paix a Vienne; a quoi le G·d Vizir repondit: «Vous etes des
«nouveaux Reconciglés qui deuriés tâcher d' affermir uos interéz là, auant
«d' offrir uos offices a d' autres. Quand on ueut tracter la Paix, nous auons
«icy des Amb·rs Mediateurs de Sa M. Britt·que et des Etats des Païs Bas,
«qui sont approuvés des Deux Parties, qui ont longtemps trauaillé auec
«application pour y uenir a bout; c' est leur Mediation que nous employe-
«rions, la uotre n' etant, peut etre, pas fort agreable.» Cette réponce fermá
«la Bouche a l'Amb·r qui depuis n' en a plus parlé; au contraire, il a forte-
«ment sollicité qu' on annullât le Commerce, dernierement; et pour y reussir,
«il s' est appliqué a tous les Ministres, il a pratiqué le Tatar Han et le G·d
«Vizir; au premier il a suggeré les circonstances et l' Etat de la Pologne et
«de Moscovie, pretendant lui persuader qu' il n' y auoit rien a creindre de
«ces cotés la, puisqu' ils n' etoient pas en état d' attenter aucune chose de
«considerable. A l'autre il insinua que le Roi d' Espagne etoit mourant, que
«la Guerre auec la Maison d' Autriche se r' allumeroit bien tôt, et que ce-

Mit den eigenen Friedensbestrebungen des Kaiserhofes liefen aber dessen geheime Gegenwirkungen zur Vereitlung der polnischen Vergröszerungsgelüste unausgesezt Hand in in Hand. Nicht sobald also hatte man in Wien durch die Berichte Sedlnizky's aus Lemberg die Zusammenkunft des Zar's mit dem König August II. und des lezteren gefährliche Feldzugspläne gegen die Moldau, Walachei, Siebenbürgen, eventuell vielleicht sogar gegen Schlesien, in sichere Erfahrung gebracht, c) als unter des Kaiser's Vorsiz eine Ministerialkonferenz abgehalten und der Beschlusz gefaszt wurde, die von Polen beabsichte Eroberung der Walachei und Siebenbürgen um jedweden Preis, erforderlichenfalls selbst mit den Waffen in der Hand, zu hintertreiben, zu diesem Ende in Siebenbürgen und Schlesien die kaiserliche Heeresmacht angemessen zu verstärken und bereit zu halten, mittlerweile aber den Fürsten Brankowano durch seinen alsbald rükzusendenden Privatsekretär Dindar auf die ihm von Polen aus drohende Gefahr und die dagegen wirksamsten Abhilfsmittel aufmerksam zu machen; in Bezug auf die Moldau tröstete man sich mit der Unmöglichkeit, daselbst eine bedeutende Armee auf die Dauer zu verpflegen, wodurch also die polnischen Streitkräfte bald zum Rükzuge gezwungen würden. d) Da aber die nachfolgenden Meldungen die bis auf Weiteres erfolgte Vertagung des polnischen Feldzuges und somit die Beseitigung der jenen Ländern angedrohten Gefahr erkennen lieszen, so entschied man sich auch œsterreichischerseits für gelindere Masznahmen und bestimmte, dasz bezüglich der polnischen Ansprüche auf die Moldau und Walachei theils die Festsezungen des heiligen Bundes, theils die nachträglich

---

«pendant, temporisant un peu, la Porte pouroit auoir la Paix a tels conditions « ju' elle uoudroit, sans abandoner (par une Paix fourrée) a leurs ennemis un « si grand etendue de Païs; il a, de plus, declaré, que le R. T. C. n' approu- « veroit pas l' accommodement, et il deploye tous ses adresses pour le rompre. « Tout cecy, j'a sçeu des personnes tres bien informés de ses démarches.

c) Relation des Graffen Sedlnizky, ddo. Reusch-Lemberg, 21. Aug. 1698.

d) Conferenz bey Ihrer Kays. Mayt. am 3. September 1698. Præsentibus: Augusto, Romanorum Rege, Principe Salmb, Comitibus Kinsky, Waldtstein, Oetting, Kauniz, Stahremberg, Buccellini, Secret. de Webern, Hartigg, Dolberg, et Weiszenberg.

dem königlichen Abgesandten ertheilte Abfertigung einzig
und allein die entscheidende Norm abzugeben hätten. e)

Dasz nun aber das eben so fernblikende als vorsichtige
kaiserliche Kabinet auf die, im Frieden mit Erfolg gekrönte
Zuerkennung Siebenbürgens so nachdrüklich und beharrlich
drang, fand unter vielen andern Triebfedern auch in folgenden
zwei (sic) sehr bezeichnenden seinen Bestimmungsgrund: für's
erste war der Verlust von Siebenbürgen in seinen Augen gleichbedeutend mit der Knechtung und völligen Unterjochung der
Walachei durch die Türken, folgerichtig mit der Verdrängung
des œsterreichischen Einflusses auf Volk und Fürsten dieses
osmanischen Schuzstaates für alle Zukunft. Für's zweite, stellte
sich Siebenbürgen's Besiz als verläszlichster Riegel wider die
übergreifenden Tendenzen Ruszland's dar, welches zwar vor
der Hand nur die Krim zu verschlingen drohte, im Falle ge-
lungener Lösung dieser Aufgabe indesz vermöge seiner rast-
losen Eroberungssucht auch nach Bessarabien seine Polypen-
arme auszustreken nicht ermangeln, dadurch aber auf Oesterreich und Polen einen gleich verderblichen Druk ausüben
würde. f) Prophetischer Scharfblik, dem die Zukunft nur all
zu sehr Recht gab, dem aber leider nicht immer auch die
energische That zur Seite stand!

Jedenfalls kam des Kaiser's geheimer Einflusz auf die
Walachei vor und während dem Kongresse ihm diesmal
trefflich zu statten. Der verborgene Schriftwechsel, den der
Wiener-Hof erklärend und ergänzend, zuweilen auch berichti-
gend neben dem öffentlich ämtlichen mit Lord Pagett, dieser
Seele der Vermittlung, unterhielt und der hauptsächlich das
Schiksal des Kongresses entschied, lief durch Brankowano's
Hände, und dieser rechtfertigte das ihm bewiesene Zutrauen
durch so erfolgreiche Verwendung, dasz die kaiserliche Re-
gierung ihm auf Pagett's Anregung in schmeichelhafter Weise
Dank sagte. g)

e) Prothocollum Conferentiæ bey Irer Excellenz HEn. Grafen Kinsky, die 21-4 Septembris 1698 in negotio pacis Turcicæ.

f) Konferenz-Gutachten über die drei Hauptfragen, die bei der neuen Gränzeinrichtung zur Sprache kommen. ddo. Wien — 1698.

g) Lettres de Lord Pagett au Comte Kinsky, ddo. 13/23 Mars es 24 Mars (3 Avril) 1698, Adrianople. — Lettre du Comte Kinsky à Lord Pagett, ddo. Vienne, 10 Mai 1698. — Lettres du Comte Kinsky au General Rabbutin en Transilvanie, ddo. Vienne, 10, 17, 24 Mai, et 18 Octobre.

All diese Umstände und widrigen Einflüsse bildeten gegen Polen's Vergröszerungssucht einen unübersteiglichen Damm, und unter so ungünstigen Vorzeichen begannen die polnischen Kongreszverhandlungen. Schon gleich die *erste* Zusammentretung Malachowsky's mit den türkischen Bevollmächtigten (am 21. November 1698, Nachmittags,) lief gänzlich fruchtlos ab, weil leztere auf Räumung der um Kameniez gelegenen Blokhäuser h) und der von polnischen Truppen in der Moldau besezt gehaltenen festen Schlösser, wie auch auf Wiederherstellung der vor dem Kriege bestandenen übrigen Verhältnisse ihre Bedingungen stellten, während ersterer die Ueberlassung von Kameniez in statu quo, d. h. nicht rasirt, dann Podolien's, der Moldau, Walachei und der Ukraïne an Polen zum Gegenstande seiner Forderung erhob.

In der nächsten kaiserlichen Konferenz (23. November) welcher Malachowsky nicht beiwohnte, befürwortete Graf Schlik und Lord Pagett das polnische Interesse. Lezterer namentlich berief sich auf die türkischerseits abgegebene Erklärung, gegen Polen die alten Gränzen wieder anerkennen zu wollen; darin aber läge schon — meinte er — implicité das Zugeständnisz der Ukraïne, Podoliens und der Veste Kameniez an Polen, welches vor diesem Kriege in unbestreitbarem Besize aller genannten Gebiete gestanden sei; Polen's Ansprüche an die Moldau, insbesondere auf die daselbst besezten Klostervesten, dürften allerdings wegfallen; auch liesze sich Kameniez im geschleiften Zustande, doch mit Gestattung der Wiederaufbauung, wenn es beiderseits so beliebt würde, abtreten. Mit solchen Zugeständnissen würde sich Polen, (also schlosz Pagett,) allem Anscheine nach zufrieden stellen lassen, wie selbst Graf Kinsky in seinem lezten Schreiben kaiserlicherseits die gegründete Hoffnung ausgesprochen habe; von diesem Antrage des Kaisers, welcher doch den Hauptschlüssel zur gesammten Verhandlung bilde, vermöge man aber auch

---

h) « . . . . domandarono i Turchi che si evacuasse *attorno Cameniek gli fortini*,« sagt das officielle Protokoll des Carlowitzer Friedenscongresses im k. k. Staatsarchiv, pag. 56. Hammer (VI. Bd. 667 S.) vergiszt, dasz die Türken die polnische Räumung der Hauptfestung Kamieniez schon deszhalb nicht ansprechen konnten, weil diese ja seit vielen Jahren in ihrer eigenen Gewalt stand. Auch übergeht er die polnische Forderung der Walachei mit Stillschweigen.

kein haarbreit abweichen, und ohne denselben müszte Alles
in nichts ablaufen. *)

Mochte nun auch ein so kräftiges Fürwort des Mittlers
auf die türkische Zumuthungen, obgleich nur vorbereitungs·
weise und ohne sichtbaren Erfolg, immerhin ermäszigend ge·
wirkt haben; so blieb doch die polnische Nachgiebigkeit noch
im Rükstande und der Einigungspunkt zur Zeit unerreicht.

Denn in der *zweiten* polnischen Zusammentretung, am
25. November Nachmittags, erging sich Malachowsky zuvör·
derst in gleich langer als unnüzer Rede über die Anforderun·
gen seines Landes, und brachte schlieszlich das Zugeständ·
nisz in Antrag, von den fünf besezten Klöstern oder Burg·
schlössern in der Moldau zwei an die Pforte zurükzustellen,
dagegen die drei andern zu eigen zu behalten, um, wie
er sich ausdrükte, auf solche Art wenigstens einen Fusz in
der Moldau zu haben. Ueber diesen naiven Vorschlag lachten
die Türken,**) wol gewahrend die polnische Absicht, mit
der Zeit auch den andern Fusz auf moldauisches Gebiet
nachzuziehen.

In der œsterreichisch·türkischen Konferenz vom 1. De·
cember führten, nach Erledigung der kaiserlichen Friedens·
punkte, Graf Schlik und Lord Paget abermals das Wort für
Polen, dem sie, der Friedensbasis gemäsz, die vor dem Kriegs·
beginne inne gehabten Provinzen, aber jedenfalls mit Aus·
schlusz der Moldau, allen Ernstes zu erwirken sich mit merk·
würdiger Uebereinstimmung bestrebten. Nicht minder nach·
drüklich aber bearbeiteten sie, und diesmal mit Erfolg, den
polnischen Bevollmächtigten zur Ermäszigung seiner An·
sprüche.

Demgemäsz kam schon in der *dritten* polnischen Kon·
ferenz, die am 4. December statt hatte, eine Vereinbarung
in der Hauptsache zu Stande, die dann in der *vierten* und
fünften polnischen Zusammentretung (6. u. 9. December) zum
Abschlusz gedieh, worauf in der *sechsten* und lezten polni·
schen Konferenz (18. December) die Abweichungen des tür·

---

*) Kongreszprotokoll, pag. 63 u. 66.
**) «L'Ambasciator di Polonia doppo vn gran discorso inutile, alla fine
«per conclusione hà offerto di cedere della Moldavia de 5 monasteri osia forti
«ivi possessi due et guardare li tre altri, per hauere un piede in Moldavia,
«del che i Turchi se ne risero.» Kongreszprotokoll, pag. 66.

kischen vom lateinischen Vertragstexte einer Sichtung und
Schlichtung unterzogen wurden. Sofort nach erfolgtem Abschlusz erstattete Malachowsky den œsterreichischen Bevollmächtigten seine Dankbezeugung ob der eben so verdienstvollen als glüklich · durchgeführten kaiserlichen Mitwirkung
zur endlichen Ausgleichnung Polen's, die jedenfalls ausgiebiger
ausgefallen, als man nach Lage der Umstände zu erwarten
berechtigt gewesen wäre. △)

Der Schlüssel zu dieser schnellen und auffallenden Um-
wandlung in der Gesinnungs- und Handlungsweise des polnischen Bevollmächtigten, der aus einem grimmen Kreuzzugs-
prediger sprungweise zu einem feurigen Friedensapostel um-
schlug, liegt in nachbezeichneten Verhältnissen, die, gleich einer
diplomatischen Daumschraube, die neue Willensbestimmung
desselben erzwangen.

Da nämlich die Zumuthung einer Verzichtleistung auf
die Moldau bei den türkischen Vertretern durchaus keinen
Widerhall fand, das Wiener Kabinet aber, welches nach glüklichem Abschlusse seiner Unterhandlungen nur mehr den Abschlusz derjenigen seiner Bundesgenossen mit Ungeduld er-
wartete, um zur förmlichen Unterzeichnung des Friedens zu
schreiten, entschlossen war, schlimmstenfalls auch ohne Polen
und Ruszland, lediglich mit Venedig den türkischen Frieden
abzuschlieszen; uu) so gestaltete sich Polen's Lage schon dadurch zu einer kritischen, mit unbequemen Isolirung drohenden; sie erwuchs aber im Verlaufe der Kongreszunterhand-
lungen zur wirklichen Gefahr, als in anbetracht der zähen
Unnachgiebigkeit Venedig's, das auf Morea durchaus nicht
verzichten mochte, der um jeden Preis friedensgeneigte
Wiener-Hof den Entschlusz faszte und durchbliken liesz, auch

<hr>

△) Kongreszprotokoll, pag. 112—119. — Diarium des Karlovitzer
Friedenskongresses, pag. 47. (Im k. k. Stnatsarchiv.)

uu) ·Lettre du Comte Kinsky au Comte Schlik, ddo. Vienne, 9 Novembre 1698. Die bezügliche Stelle lautet: «Il será 'necessaire de sonder et
«nous avertir à têmps des intentions, Instructions et de çe qu' au càs le pis
«de tous l'Ambassadeur de Venise y voudrà ou pourrà faire; car de Compagnie
«avec luy on pourroit franchir le pas fait à la paix sans la Pologn' et la Mos
·covie, mais le faire sans Venise, la chose seroit plus difficile, et meriteroi
·plus de consideration, si que pour sçavoir çe qu' il y auroit à faire en ç
«mechant cas, il faut être informé à têmps des intentions et pouvoir de Mi
·l' Ambassadeur de Venise.

Venedig im Stiche zu lassen und, wenn es anders nicht
ginge, auf eigene Rechnung und ohne Rüksicht auf seine
Bundesgenossen den Frieden zu unterzeichnen. Den in nahem
Anzug gewitterschwanger heranbrechenden spanischen Erb-
folgekrieg mit klarem Blik vorahnend, war das kaiserliche
Kabinet zu nüchtern, um blos wegen des mythologisch berühmten Parnasses und Helikon's, worauf sich der venetianische Gesandte insbesondere steifte, den groszen Türkenkrieg
noch fortführen zu wollen.*) Demnach ward den œsterreichischen Kongreszgesandten die Weisung ertheilt, ihre Anstrengungen zwar auf Erzielung eines gemeinsamen Friedensschlusses zu richten, aber bei fruchtlosem Ablauf der türkischerseits der Republik Venedig anberaumten lezten Ver-
einbarungsfrist von 15 Tagen das kaiserliche Friedensinstrument
zu unterschreiben;**) doch sollten sie zu diesem äuszersten
Mittel, welches den heiligen Bund nicht sowol friedlich löste
als vielmehr gewaltsam zerhieb, selbst im Nothfalle nur mit
vieler Vorsicht und vielmehr mit äuszerem Widerstreben greifen
dürfen, um wenigstens den Schein der Bundestreue zu retten
und das Gehässige des einseitigen Friedensschlusses vor aller
Welt auf die Widerstrebenden zu wälzen. Dies hinderte aber
nicht, dasz die kaiserliche Regierung, auf die Gefahr hin, den
venetianischen Friedensabschlusz nur um so mehr zu ver-
zögern, selbst in der lezten Stunde noch ihren Bevollmächtigten die doppelte Aufgabe vorzeichnete, insgeheim und mit
aller Vorsicht dahin zu wirken, dasz Venedig zur Entschädigung für die ihm angesonnene Hintangabe von Morea nicht
etwa mit Gebietserwerbungen in Croatien, Slavonien und Dal-
matien, wodurch es den œsterreichischen Gränzen all zu nahe
rükte, zufrieden gestellt werde, und dasz die Republik Ra-
gusa gegenüber den venetianischen Herrschaftsgelüsten die
Oberhand behalten möge, weil die Unterwerfung derselben

---

*) Lettre du Comte Schlik au Comte Kinsky, ddo. Au camp de Car-
loviz, 2 Janvier 1699.

«Le monde auroit bien été étonné, s' il avoit vû r' allumer une si
«sanglante guerre pour le mont Parnasée et la fontaine de Helicon au pié de
«la lettre, lesquels nommément l'ambassadeur vouloit comprendre dans la
«chaine des montagnes qu' il pretend hors de l' isthme. En un mot, nous
«sommes dans la plus mechante crise du monde »

**) Kaiserliches Reskript an die œsterreichische Gesandschaft am Car-
lowitzer Friedenskongresz, ddo. Wien, 19. Jänner 1699.

unter die Oberhoheit des Lagunenstaates eben so wenig dem
gegenwärtigen und noch minder dem künftigen Interesse
Oesterreichs frommen könne. Dabei hätten sie aber anscheinend eine parteilose Neutralität an den Tag zu legen ihre
Strebungen mit dem Anstrich passiver Haltung übertünchen.*)
Der gewandte Hofkanzler Kinsky, der in einem vertraulichen Schreiben an Öttingen mit dürren Worten selbst
eingestand, «er sage, was er nicht denke, und denke was er
nicht sage,» **) erscheint in Wien als der Hauptträger dieses
diplomatischen Machiavellismus, der, einestheils auf Siege, anderntheils auf die erworbene Zuneigung der Mittler und der
türkischen Gesandten fuszend, der Staatskunst seiner Bundesgenossen und namentlich Polen's weit überlegen war, welch
lezteres eben so sehr durch innere Schwäche wie durch
äuszere Isolirung an der Befolgung einer selbstständigen Politik gehindert und zur Anlehnung an einen stärkeren ange-
trieben wurde. Natürlich stimmte daher Malachowsky seine
Anforderungen desto bedeutender herab, als man türkischerseits ausdrüklich erklärte, es geschehe nur aus Rüksicht auf
des Kaiser's Fürwort, und diesem einzig und allein hätten es
die Polen Dank zu wissen, dasz man ihnen nunmehr einige
Zugeständnisse einräumen und sie nicht blos auf Wiederherstellung des vor dem Kriege bestandenen Zustandes be-
schränken wolle, weszhalb auch die œsterreichischen Abgesandten ihn mit Erfolg zur Ermäszigung der polnischen Bedingnisse bereden konnten. vv) Doch ging seine, durch die

---

*) Leopold's Reskript an die kaiserliche Kongreszgesandschaft in Kar-
lowitz, ddo. Wien, 26. Jänner 1699. — (Hiezu als Ergänzung und Er-
läuterung:)

Schreiben Kinsky's an Grafen Oettingen, ddo. Wien, 27. Jänner 1699.
— (Jenes zwar erst am Tage selbst, dieses schon nach dem Tage der Friedensunterzeichnung ausgefertigt, bevor jedoch diese in Wien bekannt geworden
sein konnten.)

**) Schreiben Kinsky's an Oettingen, ddo. Wien, 14. Jänner 1699.
«Ausz dem ersten (Schreiben an Lord Pagett) werden Sie sehen, *me*
«*dicere quod non cogito, et cogitare quod non dico;* ausz dem zweiten (an
«Ruzzini) aber beliebig abnehmen, dasz Ich mit ihme alsz Foederato ganlz
«aufrecht handle, præveniendo futura, mittels welcher dieszer tractat auszschla-
«gen kundte, scarricandone le proprie et incarricandone quelle d' altrui.»

vv) Neunte Relation der œsterreichischen Bevollmächtigten an den
Kaiser, ddo. Lager oberhalb Karlowitz, 22. November 1698. — Lettre du
Comte Schlik au Comte Kinsky, ddo. Camp de Carloviz, 27. Novembre 1698.

königliche Instruktion sehr beschränkte Nachgiebigkeit anfänglich noch nicht bis zur Annahme der türkischen Anerbietungen. Er beharrte noch fortan darauf, in der Moldau festen Fusz zu behaupten, und mochte namentlich auf die in diesem Lande gelegenen fünf schwachbefestigten griechischen Klöster, die insgesammt kaum dem Handstreich irgend eines Parteiführers, geschweige der Berennung durch ein gröszeres Heer gewachsen waren, und von denen nur das gröszte hundert, die andern blos fünfzig Mann polnischer Besazung enthielten, auch dann noch nicht verzichten, als ihm türkischerseits die Abtretung Podolien's, der Ukraïne und des unverlezten Kameniez verwilligt worden war; denn er wollte seinem eigenen Ausdruk zufolge, erst nach dem Unterhandlungsabschlusz aller Bundesgenossen und gleichsam vermöge eines unwiderstehlichen Zwanges zu weiteren Vorschlägen sich bequemen. Hinter dieser Zögerung stak neben der Vollmachtschranke auch die verdekte Absicht, die für des Kaisers Verwendung geschuldete Erkenntlichkeit nicht blos abzuläugnen, sondern auch dieselbe durch den erkünstelten Anschein, wie wenn vielmehr dadurch Polen an der Verfolgung seines Vortheils gehindert und verkürzt worden sei, vor der Welt sogar mit einiger Wahrscheinlichkeit in eine Verdächtigung und Anklage wider die Reinheit der kaiserlichen Bundestreue umzuwandeln, in solcher Weise aber entweder die œsterreichischen Entschlieszungen für's polnische Interesse günstiger zu stimmen oder mindestens die eigene Niederlage mit fremder Schuld zu beschönigen. ww) Da indesz auch dieses allerlezte Mittel nicht verfangen wollte, so entschlosz sich Polen endlich dennoch zur vollen Nachgiebigkeit, und also nur erklärt sich die denkwürdige Erscheinung, dasz (wie oben erzählt wurde) in der Konferenz am neunten Dezember Malachowsky endgültig die Hauptbestimmungen des polnisch-türkischen Friedenstraktates vereinbarte, der an dieses Königreiches eben so langersehnte als vergeblich angestrebte unmittelbare Herrschaft oder doch politische Oberhoheit über die Moldau die Axt des völkerrechtlichen Verzichts legte. Frohlokend hierüber, äuszerte der Kaiser, gleich auf die erste Kunde von der im Zuge befindlichen polnischen Vereinbarung, dasz Polen, indem

ww) Eilfte Relation der kaiserlichen Bevollmächtigten, ddo. Lager oberhalb Karlowitz, 27. November 1698.

es von den Türken Ländergebiete, die er vorher nicht erobert gehabt, gegen blosze Zurükstellung einiger *unansehnli-*
chen und dem Königreiche mehr Schaden als Nuzen brin-
genden Pläzen (d. i. in der Moldau) bewilligt erhalten, zehn-
mal günstigere Bedingungen errungen habe als irgend einer
der andern Bundesgenossen.ᵘ⁹) Und wie zuvor mit Venedig
ohne Polen, so sann der Wiener-Hof nunmehr darauf mit
Polen ohne Venedig, welches Schwierigkeiten bot, zum heiszersehnten Frieden zu schreiten. ᵡ⁹) Der Beistand der kaiserlichen Gesandten vorzüglich war es, der die Festung Kameniez in unversehrtem Zustande (ausgenommen blos die ab-
zutragenden Moscheen) nebst der ganzen bei ihrer Eroberung
von den Türken erbeuteten Artillerie den Polen in die Hände
spielte. Der im Allgemeinen günstige Ausfall der Vereinbarung
überstieg so sehr alle Erwartungen des königlichen Bevollmächtigten, dasz er ein sichtliches Vergnügen darüber äuszerte
und auch dem Kaiser für die nicht minder kräftige als erfolgreiche Unterstüzung in wärmster Weise Dank bezeugte. ˣˣ)
Nachdem er nun das vereinbarte Friedensinstrument gehörig
formulirt und gegen Ende Dezember sicherheitshalber als
endgültig bindend den Mittlern überantwortet hatte, schlosz
er sich nunmehr den Gesandten Oesterreichs und Venedigs
an, um den durch Polen's Abschlusz sehr beunruhigten moskowitischen Vertreter auch seinerseits dem Frieden zugänglicher zu stimmen. «Die polnischen Angelegenheiten — also
«schrieb er demselben — sind zwar noch nicht im Troknen,
«aber doch schon im Hafen. Wenn nun auch dabei den
«Wünschen der Republik nicht eben Rechnung getragen, und
«überdies Noth halber durch meine Nachgiebigkeit die durch die
«Instruktion gesezte Schranke übersprungen wurde, so glaubte
«ich dennoch, im Hinblik auf Polen's gegenwärtigen Zustand,
«die Segel nach Erfordernisz des Sturmes streichen zu sollen,
«und demgemäsz zog ich eine magere Abfindung dem misz-
«liebigen Friedensaufschube vor. Wie man nun polnischerseits,

ᵘ⁹) Leopold's I. Reskript an die kaiserliche Gesandschaft in Südungarn in Beantwortung ihres Berichtes vom 2. December. Wien, ddo. 12.
December 1698.

ˣ⁹) Leopold's I. Reskript an die kaiserliche Kongreszgesandschaft in
Karlowitz, ddo. Wien, 19. December 1698.

ˣˣ) Dreizehnte und vierzehnte Relation der kaiserlichen Bevollmächtigten, ddo. Lager oberhalb Karlowitz, 9. u. 12. December 1698.

«um sich an den Bundesgenossen das Friedenswerk nicht zu
»erschweren, ganz im Geiste und nach dem Wortlaute des
»Bundesvertrages mit einer weit kargeren Ausgleichung vor-
»lieb genommen, als man durch eine ganz rüksichtslose Unter-
»handlung sicherlich erwirkt hätte, eben so möge auch der
»moskowitische Gesandte, sich in die Zeit schikend, seine
»Anforderungen herabmindern und den von den Mittlern fest-
»gestellten Regelung sich fügen.» yy) —· So sehr also hatte
sich das Blatt gewendet, dasz einer der eifrigsten Widersacher
des Friedens allgemach sich in dessen eifrigen Fürsprecher
verwandelte und eben so beim venetianischen als beim moskowitischen Vertreter auf Friedensvereinbarung drang. Inständig mahnte er den Ersteren an den gleich nothwendigen
als erwünschten schnellen Abschlusz, «so lange noch des
»Wetters Gunst nicht dem drohenden Sturme wiche, auf dasz
»nicht durch diesen allzulangen, bei Türken ungewöhnlichen
»Unterhandlungsverzug, die gesammte Hoffnungsflotte der Ver-
»bündeten aus der sicheren Furt auf die verderbliche Klippe
»zugetrieben würde; denn wenn schon allen Genossen, so
»müszte ein solcher Schiffbruch namentlich für Polen sich
»als unheilbringend erweisen, das, durch eine doppelte Kriegs·
»last gedrükt, nicht wisse, welchen Pfeil es zuerst abwenden
»solle.» zz) Mit dem Aufschub des venetianischen Ausgleichs

---

yy) Litteræ Legati Polonici ad Legatum Moscoviticum, d.do. Petrowaradini die 12. Decembris 1698.

Daselbst kommt unter Anderm vor: «Licet mihi non ex integro voto
«Reipublicæ negotium cessisset, multaque ultra gradus datæ mihi instructionis
«necessitati concessissem, attamen *pensando modernum statum Reipublicæ nostræ,*
»sinuavi vela, prout tempestas jussit, et elegi potiùs tenuiter componere, quàm
«ultra optata et tam necessariæ Pacis, et mihi et fœderatis perniciosam aliquam
»[Deus avertat] moram adferre, — —· -- — »

zz) Litteræ Legati Polonici ad Legatum Venetiarum, ddo. Petrowaradini
2-da Januarij 1699.

«quam maxime curandum puto, ut hoc tam uotiuum Christianitati opus
»dum tempus fauet, dum Nubila pendent, tempestati et tot fortuitis quam pri-
«mum subducamus, ne per tam longas et Turcis plane insuetas tractandi mo-
»ras ex uado, in quo nunc hæremus, uniuersa [Deus auertat] classe ad fatalem
«scopulum allidamus, cuius rei non uanos nobis debere subesse metus, ratio
»et coniuncturæ monent. Jam uero [Deus auertat] si post tot irritos sudores
«Nostros, post tanti pretij impensum tempus, spe Almæ istius Pacis ad extre-
»mum excidamus, quid funestius nobis omnibus præstare possemus! *sed præ-*
«sertim tot malis afflicta Polonia, quæ jam de facto duplicis belli onere præ-

und des dadurch bedingten Simultanfrieden wuchs zusehens Polen's ungeduldiger Friedensdurst, der sich in bitteren Klagen seines Vertreters Luft machte und hauptsächlich der offen eingestandenen Tatarenfurcht seinen Entstehungsgrund verdankte. Aus Peterwardein, wohin Malachowski sofort nach vereinbartem Traktatsentwurf sich zurükgezogen, ergingen seine Beschwerden an die œsterreichische Gesandschaft. Angesichts der unbezwingbaren Widerspänstigkeit Venedig's gegen die Pforte müsse die hoffnungslose Unthätigkeit der bereits befriedigten Alliirten auf diesem Kongresse ein zwar langsames, aber für Alle höchst gefährliches Siechthum unvermeidlich im Gefolge führen. Am allerverderblichsten aber würde sich jedoch über Polen das nicht hinwegbeschwörte Gewitter entladen. Der Wiener-Hof habe nämlich mehr zwangs- als überredungsweise, fast durch Ueberrumpelung dieses Königreich, während es kampfgerüstet und siegessicher zur Erkämpfung seiner Rechte gegen die Türkei sich anschikte, durch beschwichtigende Friedensaussichten davon abgebracht; nun es theils eben ob dieser Aussicht entwaffnet, theils wegen des unerläszlichen Krieges mit Brandenburg anderwärts abgelenkt sei, werde es durch die bereits in voller Ausrüstung begriffenen, vom Winter und der Entblöszung der südlichen Provinzen angelokten Tatareneinfälle stark bedroht, wider die nur ein ernstlicher Friede oder ein ernstlicher Krieg Abhülfe verheisze. Solle demgemäsz das Polenreich sich nicht verurtheilt wähnen, blos Unheil zu ernten und, weil unter seinen Mitverbündeten am offensten miszachtet, für alle Zukunft Reue empfinden ob der, zum Frommen des Kaisers bereitwillig geleisteten, aber zu eigenem Verderben gereichenden opfervollen Hülfe; so möge nunmehr bei Ablauf der lezten Unterhandlungsfrist entweder Friede geschlossen oder Polen zur Abwehr des Tatarenangriffes zugelassen werden. Er heische daher positive Erklärung, ob der venetianische Ausgleich überhaupt erreichbar; sei er es nicht, so mögen sie mit ihm gemeinsam das von der Selbsterhaltungspflicht gebotene Verfahren berathen und feststellen. Schmerzlich berühre ihn übrigens die sowol von œsterreichischer als venetianischer Seite gegen ihn geübte Verheimlichung der eigentlichen

mitur, et nescit quod prius auertat telum, quid sibi in ea necessitate agendum haberet, magno Excellentiæ Vestræ relinquo iudicio. — ·— - —

Schwierigkeiten der schwebenden Unterhandlungen. Schlieszlich
fordere er die Einzeichnung dieses offenen Anbringens in das
ämtliche Congreszaktenprotokoll.*)

In diesem Eingeständnisz polnischer Schwäche lag selbst-
redend, obgleich blos in der Form gemeinsamer Berathung
leise angedeutet, das Ansinnen kaiserlicher Kriegshülfe, dem
aber, abgesehen von seiner mangelhaften Begründung durch
die bezüglichen Bundessazungen (Art. IX, X, XI), auch die
eben nicht ganz polenfreundliche Absicht des Wiener-Hofes
keineswegs ein günstiges Prognostikon stellte.

Eben so eifrig nahm Malachowski die Verwendung der
Mittler, insbesondere des gewandten Pagett, zur Hintanhaltung
der polenfeindlichen Tatarenzüge in Anspruch, betheuerte
ihnen gleicherweise den Friedensernst wie die Bundestreue
seiner Regierung, und erbot sich zum Erweis für beides: der
vereinbarte Vertragsentwurf, von ihm sofort förmlich unterzeichnet und in ihre Hände pfandweise niedergelegt, sollte
den endlichen Friedensschlusz für den Fall gewährleisten,
wenn auch die andern Alliirten, vorab das noch widerstrebende
Venedig, zum Frieden mitschritten; bliebe diese Bedingung
unerfüllt, so hätte auch die polnischerseits hinterlegte Urkunde aller Geltung und Wirksamkeit baar und ledig zu
werden. **)

Polen's ungestümer Friedensanlauf kam der Wiener Politik, die sich bis zum lezten Augenblick consequent blieb,
trefflich zu Statten, ging sie doch auf nichts beflissener aus,
als zum Frieden, all ihrer Wünsche Ziel, mit Zurüklassung
der widerspänstigen Alliirten gleichsam wider Willen gedrängt
zu werden. Dahin lauteten Ausdrüklich die Weisungen an
ihre Vertreter, und diesen wurde, um den vorgeblichen
äuszeren Zwang desto auffallender zur Schau zu stellen, absonderlich anempfohlen, den bundesgenössischen Repräsentanten bei der Friedensfertigung den Vortritt einzuräumen
und erst *nach* ihnen zu dieser Schluszoperation zu schreiten;
ginge dies nicht an, so möchten sie gleichzeitig und in Einem
Zuge *mit*, in keinem Falle aber vor den übrigen an's Werk

---

*) Literæ á Legato Polonico ad Legatos Cæsareos missæ, Petrovaradini,
7 Januarii. 1699.

**) Literæ à Legato Polonico ad Mediatores scriptæ, Petrovaradini, 11
Januarii 1699.

treten, und auch dann sich nöthigen lassen; gegen Polen vornemlich sollten sie geltend machen, dasz vermöge natürlicher Ordnung, wer das Seinige eher schluszfertig abgehandelt, auch eher unterschreiben müsse.*) Es gelang ihnen auch in der That, dem moskowitischen Gesandten Eifersucht gegen Polen und ihn dadurch unvermerkt zur früheren Unterzeichnung des Friedens anzutreiben, die am 24. Jænner erfolgte; nur dasz Wosnizin, auch diesmal der Vermittlung Hohn sprechend. hinterrüks und ohne Wissen der Mittler die Sache abzuthun versuchte, was indesz die türkischen Bevollmächtigten nicht gestatteten. Dieser diplomatische Erfolg der œsterreichischen Vertreter war ein bedeutender Fortschritt auf der Friedensbahn und ein erfreulicher Sieg über die venetianischen Umtriebe; denn Ruzzini's dringende Bitten an die Gesandten Polen's und Ruszland's, keinesfalls früher als die Oesterreicher die Friedensurkunde zu fertigen, hatten schon die anfängliche Friedensungeduld der Beiden sehr namhaft herabgestimmt. **)

Unter solchen Auspizien brach der 26. Jänner heran, an welchem kraft allseitigen Einverständnisses der übrigen

---

*) Schreiben des Grafen Kinsky an Grafen Oettingen, ddo. Wien, 12. u. 21. Jænner 1699. Schreiben desselben an Grafen Schlik, ddo. Wien, 21. Jænner 1699, worin die launige Stelle vorkömmt : «Vos Excellences se doivent «imaginer qu' elles sont reduites au jeu de la Sveve qui s'appelle «Rachanierle, «gang du voran;» en le jouant avec circonspection et addresse, elles y gaigne-ront la partie.

Reskript Leopold's I. an die kayserl. Kongreszbevollmächtigten, ddo. Wien, 26. Jænner 1699.

**) Lettres du Comte Schlik au Comte Kinsky, ddo. Camp de Carloviz, 2., 12 et 26 Janvier, 1699. In dem ersteren heiszt es :

«Le dit ambassadeur (de Venise) nous a entierement auszi revolté le «Polonois et le Moscovite, qui ont fort ralenti leurs impatiences, depuis qu' «il les a si instament prié *de ne seulement pas soucrire* (sic) *leurs traittés di-* *vant nous autres.*» In dem zweiten :

«Nous avons apris depuis, que se Mr. le Moscovite nous vouloit faire «un coup fourré, en signant sa dite trêve *à l' insçeû même de la Mediation;* «mais les Turcs ne vouloient pas le permettre.»

Am Tage des Friedensschlusses selbst schreibt er unmittelbar aus dem Konferenzsaale: «Le chapelet a commencé à se défiler par Moscovie, le quel «poussé par un motif de ialousie, que nous lui avions insinué adroitement, fit «la sienne (souscription de paix) avant — hier, c' est à dire le vintquatriéme «passé, Pologne n' auroit pas hesité un moment à le suivre, si cela fûst arrivé «plutôt, et que l' engagement des Imperiaux étant éclatté, il n' en eûst pas «pris aussi un pour ce même iour-ce; *cependant il a passé encore devant nous*»

Verbündeten (auszer Ruszland) die Friedensunterzeichnung anberaumt war, nachdem des Kaisers unwiderruflich gefaszter
Friedensbeschlusz, wie früher über Polen's und Ruszland's, so
nunmehr auch über Venedig's starre Gegenstrebungen vollständigen Sieg davon getragen hatte. Doch selbst an diesem
feierlichen Tage erhob Malachowski vor der Sizung Anstände
in Betreff der Zeitfolge des Unterzeichnungsaktes, den er,
dem getroffenen Abkommen zuwider, erst *nach* den Kaiserlichen vollziehen mochte, und nur mit Mühe gelang es ihn
zur *gleichzeitigen* Vornahme zu bereden.

Die Abhaltung dieser lezten, aber wichtigsten Sizung,
in welcher der Kongresz sein schwieriges Werk krönte, erfolgte mit groszer Feierlichkeit und mit dem Aufgebote alles
äuszeren Gepränges, das in einem so einsamen und wüsten
Orte nur irgend aufzutreiben möglich. Die Auffahrt am
Kongreszhause, die Vorlesung und Vergleichung der Friedens-
instrumente, die Unterzeichnung und Auswechslung derselben,
die gegenseitigen Beglükwünschungen und Friedensküsse der
glüklichen Gesandten, endlich die Herbeiziehung des theilnahms-
voll zuströmenden Volkes zum Freudenakte entsprachen gleichmäszig der Würde und Wichtigkeit der Handlung wie dem
Ansehen der friedschlieszenden Souveräne und dem hohen
Range ihrer Vertreter. Beim darauf folgenden Festmale, das
Lord Pagett, der Hauptfriedensstifter, zur Feier der Versöhnung aller dortigen Botschaftern gab und an welchem Malachowski und Ruzzini ebenfalls Theil nahmen, war insbesondere
bemerkenswerth und bezeichnend die alleinige Abwesenheit
Wosnizin's, den seine grosze Antipathie gegen Polen's Gesandten vom Freudenfest seiner Genossen abgehalten hatte:[*]
er konnte es ja diesem, auf den er im eigenen Interesse so
zuversichtlich gebaut hatte, noch fortan nicht vergeben, ihn
mitten in seinen Gegenfriedensstrebungen in Stich gelassen
und einer unliebsamen Isolirung überantwortet zu haben.

Auf solche Art trug des Kaisers feine Staatskunst in
diesem merkwürdigen diplomatischen Wettstreit über die theils
wirklichen theils nur vorgeschüzten Kriegsgelüste seiner Bundesgenossen einen glänzenden Sieg davon, der für Oesterreich
überreiche Früchte trug und die Wirksamkeit des Bundes

---

[*] Diarium und Ceremoniale des Karlovizer Friedenskongresses vom
J. 1698 u. 1699.

unter allen vorzüglich dem Erzhause zu Gute schrieb: am
Kriegsbeginne mitten in seiner Hauptstadt ernstlich bedroht
und rettungshalber an fremde Hülfe gewiesen, stand es am
Kriegsschlusse mit einem Zuwachse an Land und Macht und
Ansehen, wie auch mit einer Siegesglorie da, deren Gewicht
in der politischen Wagschale Europa's, troz der französischen
Rivalität, in demselben Masze schwerer wog als das der un-
verkennbar ihren Niedergange zuwankenden Türkei abzunehmen begann. Und auf solche Weise gelangte auch Polen zum
Abschlusse und förmlichen Unterzeichnung des Karlowitzer-
Friedens, worin die Wiederherstellung der alten Gränzen der
Moldau und die Ausscheidung dieser Provinz aus dem Bereiche Polen's auf Grundlage des vor den zwei lezten Kriegen
bestandenen Besizes festgestellt und jedweder Anspruch des
einen Theiles auf das nunmehr als rechtmäszig anerkannte
Gebiet des andern Theiles sowie jede einseitige Gränzerweite-
rung beider Reiche auf gegenseitige Unkosten in Hinkunft
für unstatthaft erklärt ward. (Art. I.) Demgemäsz verpflichtete
sich der Polenkönig, alle Festungen, gröszere oder kleinere
Ortschaften, welche auf moldauischem Boden innerhalb des
vor dem nächstlezten Kriege bestandenen Gränzzuges durch
polnische Truppen eingenommen und besezt gehalten worden
waren, völlig zu räumen und jedweder militärischer Besezung
zu entledigen, so dasz die Moldau, vollkommen befreit, der
vor dem lezten Kriege genossene Ruhe sich abermals erfreuen könne. (Art. II.) Diese Räumung der Moldau polnischerseits und diejenige der Festung Kameniez türkischerseits sollten
Anfangs März beginnen, und erstere sobald als thunlich,
leztere bis Mitte Mai bewerkstelliget sein, wobei den Bewohnern der zu räumenden Orte und Gebiete volle Freiheit, unbehelligt daheim zu bleiben oder aber mit aller Habe sich
den abziehenden Truppen anzuschlieszen, gewährleistet ward.
(Art. III.) Zum Schuze des polnischen Gebietes und Eigenthumes bestimmte eine fernere Sazung die gegenseitige Achtung der neuerdings anerkannten Gränzen beider Reiche und
die Sicherstellung des in den beiderseitigen Gränzbezirken
vorfindlichen Hab und Gutes der Unterthanen; strenge, mit
ausreichender Strafsanktion gefestete Befehle an die Häupter
der Gränzprovinzen, namentlich an die Vezire, Beylerbey's,
den Tatarchan und den Woïewoden der Moldau sollten die

Unverlezlichkeit polnischen Gebietes und Eigenthumes in
Hinkunft anbahnen und im Falle wirklicher Uebertretungen
und Störungen sowol die Erstattung des Schadens wie auch
die Ahndung der fahrlässigen Befehlshaber zur unausbleiblichen
Folge haben. Eben so verhiesz auch Polen volle Achtung
türkischen Bodens und Eigenthumes. (Art. IV.) Die Ausweisung der während des lezten Krieges eigenmächtig und gewaltsam, den vertragsmäsziegen Rechten Polen's zuwider in
die Moldau eingewanderter Budschiaker und anderer Tartaren
von diesem Gebiete auf ihrem heimatlichen Boden, und die
Untersagung ihrer gewöhnlichen Einfälle in die Moldau, (Art.
VI.) erwiesen sich als für lezteres Land wie für Polen selbst
gleich wolthätige Festsezungen. Endlich verpflichtete eine
Bestimmung den Fürsten der Moldau, mit Polen stets wie
vordem, eines freundnachbarlichen Einvernehmens zu befleiszen,
polnischen oder kaiserlichen Ruhestörern weder Aufnahme
noch Schuz zu gewähren, sondern sie an ihre Regierung auszuliefern, eine Verpflichtung die auch auf die Walachei sich
zu erstreken hatte; dagegen verhiesz auch Polen seinerseits
moldo-walachischen Ueberläufern kein Asyl zu gestalten, vielmehr dieselben, wenn sie vom polnischen Boden aus die Ruhe
ihrer Länder anfeinden und gefährden würden, an ihre Woïewoden auszuliefern. (Art. X.) a)

Wie nun Polen auf die Moldau, so hatte Oesterreich
auf die Walachei sein Absehen gerichtet. Muszten aber auch
beide auf die Erfüllung ihrer Wünsche verzichten, so fügte
sich der König nur mit äuszerstem Widerstreben, der Kaiser
dagegen mit hohem Geschik, zur rechten Zeit und gleichsam
spielend in das Unvermeidliche; es war œsterreichischerseits
mehr auf Rekognoscirung des Gegners und Sondirung des
Terrains als auf positive Anspruchsnahme, mehr auf einen
beiläufigen Versuch als auf ernstliche Zuneigung der Walachei
das Verfahren angelegt.

Zwar bereits im J. 1689 hatten die Grafen Anton Caraffa
und Ernst Rüdiger Starhemberg, um ihr Gutachten über die
an die Pforte zustellenden Friedensbedingungen befragt, dem

---

a) Instrumentum Pacis inter Seren-mos et Pot-mos Regem et Rempublicam Poloniarum, et Excelsum Ottomanicum Imperium ad Carlouiz in Sirmio
in Congressu Generali Confoederatorum Plenipotentiariorum confectæ. 1699.
26 Januarii.

Kaiser angerathen, auf Ueberkommung nicht allein von Siebenbürgen, sondern auch der Walachei um so mehr zu dringen,
da ja leztere Provinz, ohnehin schon von alters her ein Neben-
land der Krone Ungarn bildend, durch die in jüngster Zeit
mittels eigener Deputation geleistete Huldigung und Tribut-
anerbietung ihre Einverleibung an Ungarn neuerdings förmlich
anerkannt und vollzogen habe. Auf die, der Pforte ohnehin
nur mit Mühe zu entringende Moldau, deren Besiz und Vertheidigung bei ihrer damaligen völligen Verkommenheit mehr
Aufwand verursachen als Einkünfte abwerfen würden, mochten
beide nur zu dem Ende den œsterreichischen Anspruch aus-
gedehnt wissen, um durch Verzichtleistung auf denselben den
anderweitigen œsterreichischen Bedingnissen desto bereitwil-
ligere Geltung zu ermöglichen oder im Tauschwege sich etwas
Wünschenswertheres zuwege zu bringen; in jedem Falle aber
wäre für Siebenbürgen sowol als auch die Moldau und Walachei Nachlasz des rükständigen Tributes auszubedingen. b) b²)
    Da nun aber der Kaiser mittels Bescheides vom 2. Sep-
tember 1690 die Moldau dem Königreiche Polen zugesprochen

        b) Abgefordertes allervnderthänigst- vnuorschreibliches guethachten des
Antonij Grafen von Caraffa, das Negotium et Ideam Pacis cum Turcis betreffendt. ddo. Wienn, den 11. Januarij 1689.
        Gutachten vnd Mainung des Grafen Ernst Rüdiger von Starhemberg,
die Conditiones bey denen Tractaten mit den Türkhen betreffendt, dd. Wienn,
28. Februar 1689.
        b²) Schon damals arbeitete eine vom Kaiser bestellte Einrichtungs-
kommission, unter dem Vorsize des Kardinals Leopold von Kollonitsch, an
der Organisirung des eroberten Theiles von Ungarn oder der sogenannten
Neoacquisita, und einen Bestandtheil von diesen sollte, zufolge damaliger Ansicht und Hoffnung, auch die Walachei unter ungrisch-œsterreichischer Herrschaft bilden.
        Unter den Vorschlägen dieser Kommission, welche Kollonitsch mit Be-
richt ddo. Wien. 22. August 1689 dem Kaiser zur Genehmigung übermittelte,
verdient kirchenrechtlich besondere Beachtung der V-te des Inhalts: «dasz von
«dem hungarischen Clero ein Gutachten abzurfordern sey, ob nicht dasz Con-
«cilium tridentinum respectu deren die Geistlichkeit betreffenden vortrefflichen
«Sanctionen im Königreich Hungarn weiters vndt in mehrern anzunehmen.
«Quoad Religionem hingegen, welche in Hungarn diversi generis, vndt deren
«theils divetaliter acceptiret, theils allein toleriret werden, wurde deliberiret,
«dasz der Zeith abstrahendo à reformatione, allein zuetrachten wäre, wie per
«Vnionem cum Ecclesia romana die Catholische Religion zu erweittern, aller-
«maszen cum fructu mit denen tolerirten griechisch- vndt Arianischen Secten
«diese jüngste Jahr an etlichen orthen practiciret worden; Worzue meistens
«contribuirete die Verschaffung der Subsistenz Ihrer Geistlichen, die auff die

und blos die Walachei für sich vorbehalten hatte, so instruirte
er auch in diesem Sinne seine Kongreszgesandten, die den
troz dieses Zugeständnisses noch fortan nach beiden Ländern
geizenden polnischen Forderungen blos die Moldau offen zu
halten Befehl erhielten. In Betreff der Walachei wurde ihnen
die Stellung der Bedingung vorgeschrieben, dasz deren Fürst
sowol dem Kaiser als auch dem Sultan gleichzeitig die Huldigung leiste, dasz diesen beiden Souveränen in Bezug auf
den nach Brankowano's Hintritt vom Lande zu wählenden
Regierungsnachfolger desselben das Bestättigungsrecht gleicherweise gebühre, dasz der beiderseits zu vereinbarende Tribut
dieser Provinz zur gleichmäszigen Vertheilung unter beide
Kaiserreiche gelange und in Hinkunft keine Steigerung oder
Erschwerung erleide, dasz übrigens der Fürst sich des Schuzes
und der Beförderung beider Kaiser erfreue, und in voller
Sicherheit und Ruhe den Regierungssorgen obliege. c) Wenn

«helffte, wasz oben für vnsere Bischöff vndt Pfarrer eingerathen worden, für
«dieszmahl verwilliget werden künte.

Graf Kinsky, mit der Begutachtung dieser Vorschläge betraut, machte
namentlich über den obangeführten nachstehende trifftige Bemerkung:

«§ 5-to. Wegen Annehmung des Concilij Tridentini ist zwahr kein be-
«dencken, dasz hierüber à Clero möge deliberirt werden; Alldieweilen aber
«intuitu Cleri dem Statui sæculari viel præiudicirliche Sachen daselbst seind
«angeordnet, So ist bekandt, dasz ermandtes Concilium Tridentinum qvoad
«hæc et alia, et extra dogmata fidei in maisten Königreich- vnd Landen
«Europæ nicht angenommen worden, Vndt so viel da billicher ansteht, ob
«solche deliberation allein vor dem Hungarischen Clero, cum exclusione Statûs
«Politici, solle angestellt, vnd dessen einseitigem sentiment nach dasz nicht
«allein respectu deren die Geistlickeit betreffenden vortrefflichen Sanctionen,
«sondern auch in einem mehrern in Hungarn anzunehmen seye. Hette also
«vermainet, dasz hierüber nicht allein der Clerus sondern die gesambte Stände
«füglich zu deliberiren vnd, wasz zu amplectiren, oder nicht zu acceptiren sein
«möchte, Ihro Kays, vnd Königl. Maystt guttachtlich zu allergnädigster de-
«cision vorzutragen hetten.

In finanzieller Beziehung bemerkte Kinsky, «dasz prætextu der mit-
«einziehung in's mitleiden derjenigen, so bis dato von denen Contributionibus
«exempt gewesen, nicht dasz Siebenbürg- Wallach- vnd Moldauische, auch des
«neoacqvisiti Contributions Weesen mit dem hungarischen vermischet werde,
«vnd Sie von allen diesen nicht mehr dann die dritthalb millionen iährlich
«zuerhöben hetten.» Diese Andeutung zielt auf die demnächst angehoffte Oberherrschaft Oesterreichs in den Donaufürstenthümern ab.

c) Instructio pro Legatis Plenipotentiarijs Cæsareis ad Tractandas In-
ducias cum Turcis, Comitibus ad Öttingen et Schlick. ddo. Eberstorffij, 26.
Septembris 1698.

nun auch, dem äuszern Anscheine nach, des Kaisers Bestreben in Anschung der Walachei blos auf gleichmäszige
Theilung der Suprematie zwischen Oesterreich und der Türkei
sich beschränkte, so lauerte doch darunter die verdekte Hoffnung, mit Hülfe des einverstandenen Fürsten Brankowano
und der Nachfolger desselben daselbst ausschlieszlichen Einflusz üben und den türkischen völlig verdrängen zu können.

Nicht lange hernach fand sich jedoch der Wiener-Hof
aus verschiedenen Gründen veranlaszt, die Geltendmachung
seiner Ansprüche auf die Walachei vor der Hand noch in
der Schwebe zu erhalten und einer günstigeren Conjunctur
zu überweisen.

Die Vermittlung der Seemächte wurde nämlich allerdings
mit weiser Mäszigung, jedoch mit einer, nach œsterreichischer
Ansicht wenigstens, an Schwäche streifenden Schonung geführt, die dem Interesse des Erzhauses nichts weniger als
förderlich sich erwies und demnach Hoffnung auf vollständige
Durchführung aller Wünsche desselben nicht hinreichende
Nahrung gewährte. d) d*) Hiezu gesellte sich an der Pforte

Die betreffenden Stellen lauten wie folgt:

§ 20. Non dubitandum est quoque quin Poloni *Moldaviae et Wallachiae* men-
tionem injecturi sint; ut autem Legatis Nostris non desit quid circa
hasce provincias Polonis olim declaraverimus, habent hic sub No. 9-no
adjunctam Nostram resolutionem die 2 da Septembris anno 1690 Poloniæ datam, ex qua nostri uberiùs percipient, qualiter ad repetitas Serenissimi quondam Regis instantias Moldaviam eidem cesserimus, jus
Nostrum circa Valachiam Nobis integrum reservando.

§ 21. Nunc autem quoad modo dictam Valachiam, Legatos Nostros stipulari
volumus, ut ejus Provinciæ Princeps utrique Imperatori homagium
præstet, et post fata jam gubernantis Principis uterque, tam Imperator
Romanorum quàm Turcarum, novum à Provincia electum Principem
corfirmet, tributo, de quo utrinque convenerit, æqualiter inter utrumque
Imperatorem distributo, nec deinceps augendo gravetur. Cætera verò
sub utriusque paciscentis Imperatoris protectione tueatur, vivatque se-
curus a quietus.

d) Lettre du Comte Schlik au Comte Kinsky, ddo. Camp de Carloviz,
18 Novembre 1698.

«La Mediation de Milord Paget est conduite avec sagesse et moderation,
«mais, soit Vous dit sous un dernier secret, d'un autre coté si pauvre et si
«sterile, qu' elle nous sert de fort peu de chose. Ils souffrent insultes, repro-
«ches et menaces, sans oser piper devant ces Messieurs là.

Reponse du Comte Kinsky au Comte Schlik, ddo. Vienne, 25 Novembre 1698.

«Nous avons icy remarqué avec baucoup de chagrin la foiblesse de la

das ununterbrochene Entgegenwirken des französischen Einflusses, welcher Alles aufbot, die friedensfreundlichen Bevollmächtigten Mehmet Effendi und Maurocordato zu stürzen,
und zu dem Ende in der Partei des dem Frieden abgeneigten
Mufti eine Stüze fand.ᵉ) Die dadurch nun gesteigerte Aengst-
lichkeit und Unnachgiebigkeit der tüzkischen Kommissäre bis
zum erwünschten Grade herabzustimmen, brachte nun Pagett
das in der Türkei stets unfehlbare Mittel in Antrag, dieselben
durch ansehnliche Geldverheizungen in's Interesse zu ziehen;
der Antrag erfreute sich in Wien geneigten Gehörs, mit dem
Bedinge, dasz die Belohnung der Dienstleistung erst nachzufolgen hätte, und so betrieb Pagett schon am Tage nach
der Unterzeichnung des Friedenstraktates in seinem Beglük-
wünschungsschreiben die Erfüllung des gegebenen Verspre-
chens.ᶠ)

«Mediation, et l'on en a parlé vigoureusement à Mr. l'Envoyé d' Holande
«Hopp; y allant toutefois de l'honneur des leurs Maîtres et de leur propr',
«il faut esperer que pour le maintenir, ils y ferons pour à la fin leur devoir,
«ut pacta conventa serventur, sans quoy si ce congrés se rompoit, ce ne se-
«roit pas nous, mais eux et les Turcs qui l' auroient rompûs. . . . .

d⁹) Besonders lau und erfolglos erwies sich die Vermittlung in Betreff
der katholischen Religionsinteressen, und so nur erklärt sich die Abweisung
des diesfälligen kaiserlichen Ansinnens. Marsigli schreibt hierüber (ddo. 5.
November, Campo d' Collegati a Carlovitz) an Grafen Kinsky:

«In puncto Religionis sento poca buona dispositione, con mio sommo
«dolore ureddendo li Mezzani poco propensi a ciò con concetti, che li Preti
«nostri scandalosi, e tuti Francesi a Constantinopoli non meritino tanto im-
«pegnio, e tante altre accidentali cause, che non fanno al merito di quella
«religione, che professiamo, e che è il fondamento dell' haunte, ed ulteriori
«uittorie, prevedendo *che con un Cuacaro, ed l'gonoto, e Sismatico Greco tira-
«remo poco d' uttile al debbito che tutti habbiamo*, e piaccia Dio che non ne
«segui declamatione fra uiuenti e posteri.»

e) Lettre du Comte Schlik au Comte Kinsky, ddo. Camp de Carloviz,
5 Novembre 1698.

«Du reste, les François bercent le diable à la Cour du Grand-Seigneur.
«Ils ont fait des efforts pour perdre Reis-Effendi et Mauro Cordato. Ils s' atta-
«chent au parti de Mufti qui est contraire à la paix. On pourroit, ie croi, en
«fort bonne conscience prier Dieu pour la conservation du Vezir.

f) Lettre du Comte Schlik au Comte Kinsky, ddo Camp de Carloviz,
5 Novembre 1698.

«Milord m' a de nouveau parlé avec beaucoup d' empressement sur une
«promesse d' argent en faveur des plenipotentiaires Turcs, et qu' il croioit qu'
«elle ne sçauroit être inferieure à celle qui avoit été faite autrefois par le Che-
«valier Houssey. Je lui ai repondu que i' avois remarqué beaucoup de bonnes

Was indesz hauptsächlich in Wien den Ausschlag gab,
war die einschlägige Bitte Brankowano's selbst, der gegen
Maurocordato Misztrauen gefaszt hatte. Lezterer, dessen Sohn
die Tochter des Ersteren geeheiicht, warb nämlich für eigene
Rechnung um das walachische Fürstenthunm als Belohnung
seiner um das Friedenswerk erworbenen Verdienste. Um nun
diesem gefährlichen Nebenbuhler nicht einen Anhalt zur Verdächtigung zu bieten, als hätte die œsterreichische Forderung
in Betreff der Walachei lediglich in Brankowano's Betrieb
und Eingebung ihren Ursprung zu suchen, und um sich an
der Pforte nicht völlig in Miszcredit zu sezen, ersuchte der
Fürst mittels seines Sekräter's Dindar wie auch in schriftlichen
Anbringen [†]) dringend um Streichung dieser œsterreichischen
Bedingung und um Uebergehung der Walachei am Kar-
lowitzer-Kongresse. Wol einsehend, dasz in der gedachten
Forderung eigentlich mehr Schuz und Garantie für den Walachenfürsten als gegründete Aussicht auf irgend erkleklichen

«disposition» pour cela et nommément de la part de Votre Excellence, quand
«il y auroit un coup d' état à faire. Il me demanda s' il en pouvoit être
«seur? Je lui ai repliqué *que, la recompense naturellement suivant le service,*
«*il pouvoit entre-tems faire esperer,* et que ie Vous en auvois écrit pour être
«autorizé plus particulierement. Votre Excellence est prié trés — humblement
«d' ordonner à l' ambassade ce qu' elle aura à faire là desus.

Lettre du Comte Kinsky au Comte Schlik, ddo. Vienne, 25 Octobre 1698.

«Pour ce qu' est dell' *borsillo secreto,* quoy qu' il y aye grande disette,
«il faudrà tacher d' en trouver et vous en remettre quelque chos' au premier;
«je m' e employetay de bon sceante.

Lettre du Comte Kinsky à Lord Pagett, ddo. Vienne, 14. decembre 1698.

«Je ne doute pas qu' en la *distribution des largesses Imperiales destinées*
«*aux Ministres Turcs,* au cas que la paix s' ensuiv effectivement, les Am-
«bassadeurs Imperiaux n' y suivent les directions de Votre Excellence qu' ils
«attendront sans doute.»

Lettre du Lord Pagett au Comte Kinsky, ddo. Carlovitz, 20/30 decembre 1698.

«Touchant la distribution des largesses Imperiales, dont Votre Excel-
«lence fait mention, la discretion et prudence des Ambassadeurs Plenipoten-
«tiaires de Sa Mté Imp-le est telle que sans direction ils en disposeront sans
«doute trés à propos, selon les intentions genereuses de Sa Sac-e Maj-té Imp-le.»

Lettre du Lord Pagett au Comte Kinsky, ddo. Carlovitz 27. Janvier 1699.

«Votre Excellence reflechira à *la promesse qu' on a avancée aux Am-*
«*bassadeurs Turcs, des marques de la largesse qu' ils pourroient recevoir de la*
«*genereuse liberalité de Sa Majesté Imperiale.»*

[†]) Litteræ Principis Wallachiæ ad Comitem Kinsky, ddo. Pitestini, 17
Octobris 1698.

Nuzen für's kaiserliche Interesse liege, und dasz die Aufrecht-
erhaltung der darin angesprochenen Rechte, inmitten der
sich durchkreuzenden griechischen, walachischen und türkischen
Gegenstrebungen, zu allerlei Umtrieben, Unzukömmlichkeiten
und Verlegenheiten führen müszte, deren Uebernahme zu
dem Werthe der Errungenschaft auszer allem Verhältnisse
stünde, entschlosz sich der Kaiser, über Kinsky's unterstüzenden Antrag, (ff) unverweilt von einer Forderung Abstand zu
nehmen, welcher ja ohnehin nur die Voraussezung von Brankowano's völligem Einverständnisse einigen Werth und gedeihlichen Erfolg zu sichern schien. Die cesterreichischen Bevollmächtigten erhielten sonach den Auftrag, die auf die zu-
kunftige Stellung des jeweiligen Fürsten der Walachei bezügliche Bedingung, falls sie auf dem Kongresse noch nicht
zur Vorlage gelangt wäre, überhaupt nicht zur Sprache zu
bringen; im Falle bereits erfolgter Anregung aber, wenn
man türkischerseits einfach auf deren Verwerfung ausginge,
gänzlich mit Stillschweigen zu übergehen und zu Boden fallen
zu lassen. Wenn jedoch die Türken, mit der bloszen stillschweigenden Uebergehung dieser Klausel sich nicht begnü-
gend, auch die ausdrükliche Verzichtleistung des Kaisers auf
sein gesammtes Anrecht bezüglich der Walachei und die Anerkennung der ausschlieszlichen türkischen Oberherrschaft
über diese Provinz zur förmlichen Bedingung erhoben würden,
so lautete die Weisung dahin, entweder überhaupt den die
Walachei behandelnden Absaz unter die kaiserlichen Bedingungen nicht einzuschalten oder ihn durch eine anderweitige
ausweichende Klausel dergestalt zu mildern, dasz der gegenwärtig aus bloszer Friedensliebe geleistete Verzicht nicht als
ein immerwährender, sondern lediglich als ein zeitweiliger aus-
gedeutet werden könnte. g) Da nun dieser Befehl noch vor
Ueberreichung der formulirten kaiserlichen Bedingnisse am
Kongreszorte eintraf, so unterblieb in dem bald hiernach vorgelegten Verzeichnisse der cesterreichischen Forderungen jed-

---

ff) Scheda Comitis Kinsky ad Cæsarem, ddo. Viènnæ, 27 Octobris 1698.
   g) Lettre du Comte Kinsky au Comte Schlik, ddo. Vienne, 1 Novembre 1698. — Lettera del Conte Marsigli al Conte Kinsky, ddo. Campo
de Collegati à Carlowitz, 5. Novembre 1698. — Officielles Schreiben des
Grafen Kinsky an die Kayserliche Gesandtschafft in Türckischen Friedenssachen, den Fürsten in der Wallachey betreffendt, ddo. Wien, 28. October 1698.

wede Erwähnung eines Anspruches an die Walachei, und es
fand dieser wichtige Punkt durch beiderseitiges Stillschweigen
seine zeitweilige Erledigung? h) denn der Wiener-Hof war
durchaus nicht gewillt, sein bezügliches Anrecht aufzugeben,
sondern blos dessen Geltendmachung bis zu einer günstigeren
Gelegenheit zu vertagen. Eine ausdrükliche Bedingniszstellung
in dieser Frage sezte nämlich, wenn ernstlich durchgeführt,
von dem Türken aber abgeschlagen, das ganze Friedenswerk
auf's Spiel; wenn aber nicht bis an's Ende festgehalten, zog
sie die Nothwendigkeit einer eben so ausdrüklichen oder mindestens einer Stillschweigenden Verzichtleistung nach sich.
Dagegen bot die diesmalige Verschweigung der kaiserlichen
Ansprüche den Vortheil, einestheils denselben gegenwärtig
nichts zu vergeben, und anderseits die Möglichkeit zu wahren,
die unerledigt gelassene Frage unter günstigeren Conjunkturen
zum Austrag zu bringen. Zudem stellte sich die Anregung
des Gegenstandes auch deszhalb als minder dringlich dar,
weil bei der gegründeten Hoffnung auf Siebenbürgen's Ueberkommung dem Kaiser schon vermög des neuen Nachbarschafts-
verhältnisses, dann auch vermöge Brankowano's neubekräftigter
geheimen Anhänglichkeit die Gelegenheit sich eröffnete, seinem
Einflusz in der Walachei auf Kosten des türkischen das Uebergewicht unvermerkt zu wege zu bringen.

Uebrigens traute das kaiserliche Kabinet dem durch
Geldverheiszungen zwar gewonnenen, aber aalglatten und
nicht ganz gefügigen Maurocordato auch seinestheils nicht
vollkommen, und ertheilte der œsterreichischen Kongreszgesandschaft demgemäsz die Weisung, den von Maurocordato
verfaszten Artikeln des Friedenstraktates die von ihr selbst-
ständig entworfenen in den Konferenzen entgegenzusezen
und zwischen beiden dann durch Verwendung der Mittler
eine Vereinbarung zu erzielen i) Dieses Misztrauen sprach

h) Relation der kaiserlichen Gesandschaft, aus dem Lager oberhalb
Karlowiz, ddo. 5. November 1698.

i) Leopold's I. Rescript an die kaiserlichen Bevollmächtigten am Karlowizer Friedenscongresz. ddo. Wien, 24. November 1698. Die betreffende
Stelle lautet:

«Sonsten haben Wir auch in Vorlesung der proiectirten Articuln gnädigst
«wahrgenohmen, das selbige nach dem Stylo des Mauro Cordati concipirt sein.
«Nun hat zwar derselbe dergleichen auch vormahls allhier zuthun prætendiret.
«man aber Ihne solches nicht angehen lassen; diesem nach halten Wür gnä-

sich gleichfalls in den Verhaltungsbefehlen aus, die dem als
kaiserlicher Groszbotschafter nach Konstantinopel beorderten
Reichshofkriegspräsidenten, Grafen Wolfgang von Oettingen,
zur Richtschnur bei Erfüllung seiner hochwichtigen Sendung
mitgegeben wurden. Nachdem er nämlich im Beisein der
vermittelnden Gesandten an der œsterreichisch · türkischen
Gränze unterhalb Salankemen mit dem türkischen Botschafter
die Ratifikationsurkunden ausgewechselt und seine feierliche
Audienz beim Sultan abgehalten haben würde, sollte er sich
die Förderung und günstigst mögliche Erledigung des Ab-
gränzungswerkes nach Kräften angelegen sein lassen, hiebei
aber geschikterweise es zu bewerkstelligen trachten, dasz der
Reïs-Effendi, und nicht etwa Maurocordato als Pfortenkom-
missär zur Verhandlung der Angelegenheit mit Oettingen bestellt werde, ohne indesz den gewandten Griechen, dessen
gewaltigen Einflusz die kaiserliche Regierung nicht gegen
sich gekehrt sehen mochte, ausdrüklich abzuschlieszen und
hiedurch zu erbittern. k)

Hatte aber des Wiener-Hofes gewandte Staatskunst dem
polnischen Einflusz der die Moldau bereits umklammert und
es nicht minder auf die Walachei abgesehen hatte, durch den
aufgedrungenen Karlowitzer Frieden bleibend die Wurzel ab-

«digst für rathsamb, dasz Ihr Ihme zwar Ihre Türckhische proiecta formiren
«lassen, hingegen Eüere proiecta auch aufsöczen, et super productis ex utráque
«parte proiectis, vermittelst Zuthun der Mediatorn ein Vergleich zu treffen
«suechen, in den Entwurff der Conditionen aber vnd des tractat selbsten
«mehrer den stylum Christianum alsz Turcicam (wie es vormahls in denen
«tractaten alzeit beschehen) observiren sollet. . . .

k) Haubt-Inhalt der dem Kays. Gros-Botschafter an die Ottomanische
Porten Grafen von Ötting den 24. Septembris 1699 durch den Hof-Kriegs-
Rath ausgefürtigten Instruction. (Der betreffende Absaz lautet :)

«8-vò . . . wie dann durch die auf dem friedens congress geweste Tür-
«ckische Plenipotentiarien, denen bis zu endigung der gränitz schaidungs
«negotiation die mithabende donativ zuruckh zuhalten, das Kayserliche
«interesse, und vor allem die gränitz anligenheiten am besten zu pous-
«siren, und vielleicht das diensambste were, wann dexterè die sach
«dahin zubringen, das der Reis Effendi als Commissarius mit Ihme
«Öttingen in namben der Porten so zutractiren verordnet wurde, das
«deszhalben dem Mauro Cordato keine exclusiva gegeben, noch Er
«disgustieret, mithin dem Kayserlichen interesse, gleich Er es wohl
«thuen khönte, zuschaden veranlaset werden möge, welchen sehr deli-
«caten passum Er Graf Öttingen nach denen in loco vorfindenden con-
«juncturen für Ihrer Maytt Dienst wohl zu überlegen wiszen werde.

zuschneiden gewuszt, so stekte sie nunmehr in strenger Fol-
gerichtigkeit sich die weitere Aufgabe vor, die beiden Fürstenthümer eben so dem in den Gegenwart drükenden türkischen,
wie dem zwar mehr die Zukunft gefährdenden, aber durch
religiöse Sympathien getragenen russischen Uebergewichte zu
entwinden. Nach beiden Richtungen lenkten die kaiserlichen
Instruktionen ausdrüklich Oettingen's thätige Verwendung.
Insbesondere erfreute sich Brankowano wolwollender Fürsorge
seitens des Wiener Hofes, welcher denselben, im Hinblik auf
die bisher bethätigte Anhänglichkeit und auf die Nothwendigkeit, sich seiner Hingebung auch künftighin Siebenbürgen's
halber zu versichern, der speciellen freundschaftlichen Pflege
und dem wirksamen Schuz und Schirme seines Groszbotschafters angelegentlich anempfahl, zugleich Vorsicht anrathend,
um den Schüzling nicht durch übertriebenen Eifer vielmehr
an der Pforte in Verdacht zu bringen, und in Bezug auf die
Mittel und Wege dazu an die eigene Anleitung Brankowano's
hinweisend. Gleiches Verfahren hatte auch in Betreff des
moldauischen Fürsten Plaz zu greifen. [1])

Um die ungeschmälerte Fortdauer kaiserlicher Gunst
und Schuzherrschaft bewarb sich Fürst Brankowano auch
nach geschlossenem Karlowitzer Frieden unablässig, zumal
ihn Maurocordato's steigender Stern mit steigender Besorgnisz erfüllte und zur verdoppelten Wachsamkeit antrieb. Als
daher die Wittwe Scherban Cantacuzeno's, seines Regierungs-
vorfahres, in die Türkei abzureisen gedachte, erblikte er in
ihr eine auf sein Verderben ausgehende Gegnerin und bat
unter dem Siegel tiefster Verschwiegenheit die kaiserliche
Regierung, ihren Uebertritt auf türkisches Gebiet um jeden
Preis zu hintertreiben. In Wien glaubte man indesz vor Ge-

---

1) Haubt-Inhalt der . . . . Instruction (wie unter *k*)
«18-vò Seye zwahr in instrumento Pacis wegen des Hospodars von Wallachey
«aus seinen ursachen kheine meldung beschehen, Ihre Maytt wollten
«Ihme aber gleichwohlen ihre protection nicht entziehen, sondern weillen
«Er derselben mit pflichten zuegethan, und dessen beybehaltung in be-
«ständiger devotion wegen 7bürgen und sonst nuzlich were, also hette
«Er Graf Öttingen mit Ihm freundschaft zu pflegen, auch was ohne
«sellten bey der Porten suspect zu machen, beschehen mag, und Er
«diszfahlsz sambt dem modo an hand geben wird, bestens zu befördern ;
«welches auch
«19-nò Respectu des Hospodars in der Moldau zu beobachten were.

währung der Bitte erst eine genauere Präcisirung ihres Gegenstandes gewärtigen zu sollen. ᵐ) Als ferner Oettingen's
Botschaftsreise, bis Sistow sich der Donauschiffe bedienend,
gegen Ende Dezember 1699 Fethislam an der walachischen
Gränze berührte, liesz ihn der Fürst nicht allein durch einen
seiner Hofbeamten ehrerbietig grüszen, sondern sandte ihm
überdies eine förmliche Deputation, aus drei Cantacuzenen,
fürstlichen Anverwandten, bestehend, nach Rustschuk entgegen, und übermachte ihm mit einem moldauischen Zelter
wie auch mit reichlichem Mundvorrath für die Reise ein recht
zeitgemäszes Angebinde. Die Deputation schilderte pflichtgemäsz Brankowano's standhafte, im Krieg sowol als im
Frieden bethätigte Hingebung an des Kaisers und der katholischen Religion in der Türkei angefochtene Interessen,
deren Förderung ihm während des nunmehr beendigten
Krieges sehr empfindliche Drangsale zugezogen, dadurch jedoch seine ausdauernde Treue, die sich auch künftighin nie
verläugnen werde, nicht zu erschüttern vermocht habe. Sie
bat hierauf im Namen ihres Fürsten und im Interesse ihrer
Heimat um Weisung an den in Siebenbürgen befehligenden
kaiserlichen General Rabutin, sich, gleich seinen Vorgängern
Veterani und Heiszler, eines freundnachbarlichen Einvernehmens mit der Walachei zu befleiszen und namentlich die von
seiner zügellosen Miliz wider dieses Land und dessen Angehörige geübten Gewaltakte und Erpressungen, die nur zu
Reibungen und zur Beunruhigung der Gemüther führen können,
im beidertheiligen Interesse gründlich abzustellen. Endlich
stellte Brankowano durch seinen Privatsekretär das eben so
von seiner klugen Vorsicht wie von seinem auskunftsreichen
Geiste zeugende vertrauliche Anbringen, Oettingen möge am
türkischen Hofe einen Firman auswirken, wodurch dem Fürsten
strenge Verpflichtung auferlegt würde, mit dem Kaiser und
dessen Militär- und Civilautoritäten in jedwedem Anbetracht
freundliche Beziehungen zu unterhalten, und insbesondere dem
Aufschwunge des zwischen beiden Reichen obwaltenden Han-
dels- und Industrieverkehres seine Sorgfalt zuzuwenden. Eine
solche Weisung sollte ihn nämlich auch in öffentlichen Staats-

---

m) Protokoll der in türkischen Angelegenheiten beim Grafen Kauniz am
19. September 1699 abgehaltenen Conferenz. Graf Öttingen begründete den
Antrag und erwirkte den Beschlusz.

akten und ohne Besorgnisz wie bisher, dem Argwohn der
Türken und den Verdächtigungen seiner Feinde in die Hände
zu arbeiten, durch äuszere Nöthigung dahin treiben, wohin
eigener Versicherung gemäsz, ihn sein eigener Wunsch zog,
zur steten Werbung der kaiserlichen Gunst und demnach zur
unausgesezten Willfährigkeit gegen die von Wien ausgehenden
Zumuthungen. Oettingen unterstüzte in seinen Berichten an
den Kaiser das Ansinnen Brankowano's, von dessen aufrichtiger
Anhänglichkeit er sich fest versichert hielt und dem er, seine
Weiterreise zu Land vollbringend, durch Schenkung seines
schönsten Reiseschiffes, das einstens als kaiserliche Yacht
figurirt hatte, einen sprechenden Beweis freundlicher Gewogen-
heit ertheilen zu müssen glaubte. n)

In Anbetracht des noch nicht vereinbarten türkisch-
russischen Friedens und des offenen Augenmerkes, das der
Wiener-Hof schon Siebenbürgen's halber auf alle Vorgänge
in den unteren Donauländern richtete, konnte der Aufstand
der Budschiaker Tataren gegen den Tatarchan der Krim im
Winter 1699 der kaiserlichen Regierung um so weniger gleichgültig finden, als einerseits auch die Fürsten der Moldau und
Walachei zur Hülfeleistung an den Tatarchan ihre Streitmacht
bereit zu halten und zu vereinigen angehalten wurden, anderseits aber der vielleicht nicht ganz grundlose Verdacht auf-
tauchte, Polen und Ruszland, von denen jenes den Verlust
der Moldau noch immer nicht verschmerzen konnte, dieses
aber einen günstigen Frieden erst zu erwirken suchte, hätten
bei diesen tatarischen Wirren die Hand im Spiele gehabt.
Schon begann in der Moldau nächst Faltschinu und selbst in
der Umgebung von Jassy die in solchen Fällen unerläszliche
tatarische Heimsuchung mit Mord und Raub und Plünderung, o)
als es rechtzeitig gelang das drohende Kriegsfeuer noch
vor dem Aufflammen zu dämpfen und den beiden vielgeplagten
Fürsten und ihren noch mehr geplagten Ländern die Nothwendigkeit des angesagten Kriegszuges für diesmal zu ersparen.

n) Relation Öttingen's an den Kaiser, ddo, Budtschickh (Rustschuk)
11. Jænner 1700. (In Wien eingetroffen am 29. Februar 1700.)

o) Bericht des Generals Rabutin an den Hofkriegsrath, ddo, Cibin
(Hermanstadt) 13. December 1699, sammt einem Kundschaftsschreiben aus der
Moldau ddo. 4. December.

Allein nicht blos gegen Polen und die Türkei, auch gegen das rührige Ruszland und dessen emporstrebenden, that-kräftigen Souverän befolgte die kaiserliche Regierung eine gleich fernblikende und bedachtsame als zeitgemäsze und heilsame Politik. Der wunderbar schnell aufschlieszende moskowitische Riese, dessen Eroberungsdurst in seinen bisherigen Erfolgen nur neuen Anreiz, und in dem wider Polen und die Pforte ersiegten Länderzuwachs nicht hinreichende Sättigung gefunden, hatte durch die heilige Allianz, gleich Polen, es blos dahin abgesehen, seine Verbündeten, ohne Rüksicht auf deren specielle Interessen, zu bloszen Werkzeugen seiner Vergröszerungsgelüste, zu einfachen Sprossen seiner Machtleiter zu gestalten. In Wien aber war man durchaus nicht gemeint, die osmanische Gefahr, die bereits von ihrem Scheitelpunkt herabzuweichen begann, mit der moskowitischen, die zur Gipfelhöhe erst hinanstrebte, in trügerischer Berechnung zu vertauschen und dem augenbliklichen Vortheil die Sicherheit der eigenen Zukunft so leichten Kaufes hinzuopfern; drohte doch damals schon die moskowitische Macht, die dünne polnische Scheidewand zu den kaiserlichen Besizungen zu durchbrechen, dadurch aber nicht nur Siebenbürgen und Ungarn in eine ebenso gierige als stürmische Nachbarschaft zu bringen, sondern auch seinerzeit den ganzen europäisch-türkischen Länderstok, vorab die nächst liegenden, für Oesterreich besonders belangreichen Donaufürstenthümer, einer unheilvollen Umklammerung näher zu rüken, endlich durch die offen einbekannten und rüksichtslos angestrebten Protektionsrechte über die zahlreichen griechisch-orientalischen Glaubensverwandten im Osmanenlande ein, sowol mit der Unabhängigkeit dieses Staates als mit dem Machtbestand des Erzhauses und mit den Interessen der katholischen Religion höchst unverträgliches Uebergewicht unausbleiblich zu erringen. Diese Gefahren, ob auch nicht in solcher Nähe, bereits zu jener Zeit scharfsichtig vorahnend, durchkreuzte der Kaiser (wie oben ausführlicher erörtert wurde) auf dem Karlowitzer Kongresse, zu dem er Polen und Ruszland mehr zwang als beredete, alle auf Krieg und Eroberung berechneten, in Gemeinschaft mit König August II. geschmiedeten Anschläge des Zaren, und erzwang durch gewandte Abwendigmachung Polen's und durch die sonach durchgeführte Vereinsamung

Ruszland's den Abschlusz des zweijährigen Waffenstillstandes, welcher zwischen diesem und dem Türkenreiche die Vereinbarung eines dauernden Friedens ermöglichen sollte. Hierüber führte der Zar Beschwerde in Wien: sein Gesandter habe am Kongresse von den Türken weder die den übrigen Bundesgenossen zu Theil gewordene Behandlung auf der für Alle aufgestellten Friedensgrundlage des Besizstandes, noch auch mindestens eine angemessene Frist zur Einholung neuer Verhaltungsbefehle zu erwirken vermocht, und habe sich, «*um der Isolirung zu entgehen*», bemüssigt gefunden den angetragenen Waffenstillstandsvertrag einzugehen. Da nun zur Bewirkung einer längeren Waffenruhe oder eines beständigen Friedens der auszerordentliche Abgesandte Emilian Ignatiewitsch Ukraïnzow nach Konstantinopel abzureisen im Begriff stand, so forderte Peter kraft des heiligen Bundes vom Kaiser gemessene Aufträge an den gleichfalls zur Pforte beorderten œsterreichischen Botschaftern zur best möglichen Unterstüzung dieser russischen Friedensstrebung. [p]) In Folge dieses Ansinnens erhielt Oettingen die Weisung, freundschaftliches Einvernehmen mit dem moskowitischen Abgesandten zu pflegen und die Wiederanknüpfung vertraulicher Beziehungen zu Ruszland eifrig anzustreben; doch sollte er das russische Friedenswerk selbst auf der Karlowitzer Grundlage nicht sofort fördern, sondern vorläufig über des Zaren Friedensbedingungen genaue Erkundigungen einziehen und nach Wien berichten, wo man nach Maszgabe der Umstände zur Uebernahme der Vermittlung zwischen beiden Reichen auf Ansuchen eben nicht abgeneigt wäre. [q])

[p]) Copia literarum ad Cæsarem à Czaro Moscoviæ scriptarum. 1699.
«Ne porrò à Cæteris solus remaneat (d. i. Legatus Noster,) heiszt es dort, coactus est biennale fœdus confirmare. . . . .»

[q]) Haubt-Inhalt der dem Kays. Gros Bottschafter an die Ottom. Porten, Grafen von Öttingen den 24. Septembris 1699 durch den Hof Kriegs Rath ausgefürttigten Instruction.
«17-mò. Über dises were dem Moscovitischen Gesandten mit all khennbahrer «freundtschaftlichen bezaignus zuhegegnen, und zu widerherstellung «verträulicher Verständtnus mit selber Potenz alles anzukheren, auch «wenn der Czaar nach exspirierung des armistitij einen friden nach «den fundament des Carlovitzer fuesz schliessen wollte, auf dessen «ersuechen mit diensamben recommendationen nicht aus handen zugehen, «sondern sich gleich zuerkhundigen und anhero zuberichten, in was «terminis die Czarischen prætensiones zu solchen friden bestehen, und

Aus Oettingen's dieszfälligen Berichten ergab sich nun, dasz die moskowitischen Zumuthungen an die Pforte von ihrer zu Karlowitz aufgestellten Fassung und Tragweite fast durchaus nicht nachgelassen und, wie damals, den türkischen Widerstand herausgefordert hatten. Noch fortan forderte Ruszland *1ens* die Zuerkennung von Asow und Kasi-Kierman mit den dazu gehörigen Gebieten nebst allen anderen Eroberungen des Zaren am Don und Dnieper; Einstellung der Tatarenzüge auf moskowitisches Gebiet, und Verzichtleistung auf den bisherigen russischen Tribut an den Tatarchan. *2ens* Vollkommen freien Handel zu Land und Wasser zwischen beiden Reichen. *3ens* Auswechselung der Gefangenen. *4ens* Wallfahrtsbewilligung für russische Geistliche und Laien nach Jerusalem, und gleiches Wallfahrtsrecht wie auch vollständige Religionsfreiheit für alle griechisch-morgenländischen Glaubensverwandten in der Türkei, die demnach zur Ausbesserung alter und zum Aufbau neuer Kirchen gleicherweise befugt sein und mit keinen Geldforderungen türkischerseits behelligt werden sollten. Die Anerkennung dieser Zugeständnisse durfte, nach russischem Antrage, entweder in Form eines ewigen Friedens oder eines dreiszigjährigen Waffenstillstandes vor sich gehen. [1])

Angesichts der trozigen und selbst in der Isolirung noch streitfertigen Hartnäkigkeit des Zaren trug der Wiener-Hof kein Bedenken, die durch ihren Schatten vorausverkündigte,

---

*ob nach damahligen conjuncturen einen friden mit der Porten zu vermitteln, hoffnung oblanden, massen, wann es sich damit guett anschickhete, Ihro Maytt auf beschehende requisition sich unib die mediation zwischen Moscau und der Porten annehmen wurden.

r) Berichte des Grafen Öttingen an den Kaiser, ddo. Konstantinopel, 23. Febr., 17. Merz, und 6. April, 1700. Als Anhang zu dem lezteren Berichte: «Puncta, welche der anhero nach Constantinopoli ad tractandam Pacem geschikte Moscovitische Inviat der türkhischen Plenipotentiarijs Reïs-Efendi vnd Mavrocordato proponiert hat.» (Der leze Puakt lautet darin:)

«*Viertens*, solle denen Russischen Mönchen, wie auch Weltlichen erlaubt sein, nach Jerusalem, vmb die allda befindliche Heylige örtter zu verehren, wallfahrten zu können, welches auch zu extendiern vnd zu verstehen für alle andere, welche diser Religion vnd ritus vnd vnter dem Dominio der Ottomanischen Porten leben, vnd danenhero weder an Ihren Religions Exercitio, noch auch an reparierung vnd bedekung Ihrer alten, vnd erbauung newer Kirchen sollen verhindert, vnd mit keinen geldt forderungen molestiert werden. «Vnd solle diser friden entweder beständig, oder auf eine Zeit von 30 Jahren limitiert werden.»

obgleich erst aus dem Keime hervorbrechende Gefahr moskowitischer Präponderanz nach Möglichkeit zu hintertreiben.
Er versuchte es aber nur mit geschlossenem Visier, denn die
nähere Türkengefahr war erst momentan besiegt, in solchem
Anbetracht daher russische Bundesgenossenschaft auch künftighin nicht ganz überflüssig; zudem mochte er gehässige
Rüksichtslosigkeit gegen seinen Verbündeten nicht offen zur
Schau tragen. Staatsinteresse und diplomatische Convenienz
geboten nun gleichmäszig eine vorsichtigere und zwekmäszi-
gere Haltung in Konstantinopel, und über Antrag des Staats-
ministeriums befahl der Kaiser seinem Botschafter, er solle
den russisch-türkischen Frieden, falls derselbe noch nicht geschlossen wäre, auf jedwede thunliche Weise insgeheim zu
verhindern trachten; falls aber entweder dessen Verhinderung
unmöglich oder der Abschlusz vollbracht wäre, hätte er
darüber kein Miszvergnügen, sondern vielmehr sein besonderes
Wolgefallen zu bezeugen. s) In diesem Geiste verfuhr auch
wirklich Oettingen, als er dem in enger Gewahrsam gehaltenen moskowitischen Gesandten die Bitte abschlug, behufs der
Gestattung einer Zusammenkunft mit demselben bei dem Groszvezier sein Fürwort einzulegen; ein solches Fürwort — also
entschuldigte sich der Gebetene — würde mehr zum Schaden
als Nuzen des Bittstellers ausschlagen. ss)

Dem Misztrauen des Kaisers begegnete aber das des
Zaren, wachgerufen während des lezteren Anwesenheit in
Wien und nothwendig gefördert durch die Vorgänge von

---

s) Referat und Gutachten der kaiserlichen Hofdeputation in türkischen
Sachen, ddo. 8. Mai 1700, mit der kaiserl. Genehmigungsklausel vom nämlichen Tage.

Reskript Leopold's I. an Grafen Oettingen, ddo. Laxemburg. 26. Mai 1700.
«6-tå. Mit dem Moscovitischen friden wäre wegen vnterschiedlicher sich heruor
«thuenden conjuncturn wohl zu wünschen, dasz selbter nicht so nahendt
«am schlusz mit der Porthen [wie du in dein Leztern meldest,] Sondern
«weiter daruon entfernet vnd mithin annoch res integra sein mögte.
«Würdest dannenhero, im fall bey ankunft dises, erdeüter friden nit
«würckhlicher geschlosszen, selbten vnter der hand auf alle Weisze, wie
«du es am thunlichsten fündest, zu verhindtern suchen. Im fahl aber
«Solches vnmöglich oder ein schon geschehene sache wäre, hettest du kein
«Miszvergnügen darob zu zeigen, Sondern mehres eine zufrüdenheit in
«speciem zu erkennen zu geben.»

ss) Relation Oettingen's an den Kaiser, ddo. Constantinopel, 23. Februar 1700.

Karlowitz in Peter's hellsehendem Geiste. Als daher der von seinen Bundesgenossen in Stich gelassene und auf seine eigenen Hülfsquellen angewiesene Autokrat, um der fruchtlosen Unterhandlung bewaffneten Nachdruk zu verleihen, groszartige Rüstungen vorbereitet und die sofortige Wiederaufnahme des Kampfes in sichere Aussicht gestellt, hiedurch aber die krieg-erschöpfte, friedensbedürftige Pforte zum ungeminderten Zu-geständnisz aller russischen Ansprüche getrieben hatte; so verheimlichten seine Gesandten in Konstantinopel den Inhalt der am 14. Juli 1700*) öffentlich beim Groszvezier unter-schriebenen und ausgetauschten, in 14 Artikeln abgefaszten Friedensurkunde zwar allen fremdländischen Repräsentanten, insbesondere aber dem kaiserlichen mit solcher Hartnäkigkeit, dasz Oettingen all seinen Bitten und Bemühungen zu Troz, keine Abschrift davon zu erlangen und an den Kaiserhof zu übermachen vermochte, was diesen, angesichts der dem Bot-schafter zur Verfügung gestellten Geldmittel, sowol gegen lezteren als auch gegen das Kabinet von Moskau nicht wenig verstimmte. Und allerdings war die moskowitische Ausrede, es könnte instruktionsmäszig die Kundgebung des Friedens-traktates erst nach seiner Ratificirung erfolgen und würde vom Zaren kraft seines freundschaftlichen Verhältnisses un-mittelbar nach Wien verfügt werden, doch nur eine allzu durchsichtige Bemäntelung des im Hintergrunde lauernden, wenn auch gegründeten Misztrauens gegen die kaiserlichen Hintergedanken. Dabei indessen wahrten die russischen auszer-ordentlichen Gesandten, nach Erreichung ihres Missionszwekes, alle Rüksichten diplomatischer Etikette und ehrender Aus-zeichnung der kaiserlichen Botschaft gegenüber gar sorgsam, stellten sich bei dieser zu wiederholten Malen besuchsweise ein, und lieszen sich, dem übrigen Ceremoniell jener Zeit ge-mäsz, z. B. die auf Inferiorität deutende Behandlung ruhig gefallen, dasz sie beim Abschiedsbesuche blos damastüber-zogene armlose Stühle am unteren Ende des Audienzsaales angewiesen erhielten, während Oettingen selbst auf einem sammtbesezten Stuhle mit Armlehnen am oberen Saalende

---

*) Nicht aber, wie Hammer (Gesch. d. osm. R. VII. Bd. pag. 25) be-hauptet, am 13. Juni 1700. Eben so ungenau sezt Hammer (Bd. VII, pag. 15) den feierlichen Einzug des türkischen Groszbotschafters Ibrahim-Pascha auf den 31. Jänner desselben Jahres, da er doch aktenmäszig am 30. Jänner statt hatte.

seinen Siz nahm. [1]) Uebrigens schlug des Lezteren Versuch, genaue Abschrift dieses Friedensvertrages zu erlangen, auch an der Pforte deszhalb fehl, weil sie in den Augen ihres eigenen Volkes die Beschuldigung befürchtete, es sei nicht allein durch den Karlowitzer Frieden, sondern auch in dem jüngstgeschlossenen moskowitischen dem Osmanenreiche all zu viel vergeben worden, was jedenfalls lieber mit dem Schwerte hätte behauptet werden sollen; sie mochte ihren Feinden aber nicht selbst neue Waffen bieten, und bewahrte folglich so lang es nur ging das eben nicht ehrenvolle Geheimnisz des lezten Friedens, ihrer lezten Schwäche.

Dasz zu diesem in Wien miszliebig aufgenommenen diplomatischen Siege Ruszland's der vielvermögende Mauro-cordato, die Seele aller internationalen Verhandlungen jener Zeit, insgeheim mitgewirkt und schlieszlich den Ausschlag gegeben habe, konnte troz aller Verschleierung um so weniger verborgen bleiben, als es sich dabei zugleich um eine vom Zaren angesprochene Errungenschaft der griechisch-morgenländischen Kirche handelte, deren allmähliche Ent-fesselung von türkischen Banden dem gewandten Hauptdoll-metsche der Pforte eben so sehr am Herzen lag wie seinen sämmtlichen Stamm- und Glaubensgenossen im Osmanenlande. Wie sehnsuchtsvoll und freudeglänzend aber die dortigen Christen jedes Vorzeichen der religiösen Emanzipation, jeden Schatten einer solchen Hoffnung stets begrüszten, bezeugte ihre Haltung beim feierlichen Einzuge Oettingen's in Kon-stantinopel. In unabsehbarer Menge erfüllten sie alle Straszen, durch die der zweistündige Aufzug sich abzuwikeln hatte, vom Adrianopolitanischen Thore an, durch das Phanarviertel und längs der Moschee Ejub Ansari mit der Umbiegung um den Hafen und die süszen Gewässer bis jenseits Galata und Pera, voll theilnehmender Neugier, den Siegeszug des Ver-treters der ersten christlichen Macht zu sehen. Und als sie nun das seit Konstantinopels Fall zum ersten Male wieder genossene Schauspiel erblikten, dasz die stolzflatternden rö-mischen Adler und die auf den Fahnen prangenden Christus-und Mariabildnisse, der mahometanischen Unduldsamkeit zu Troz, öffentlich so ungescheut und ehrenvoll in der osmanischen

---

1) Relationes des Grafen Oettingen an den Kaiser, ddo. Konstantinopel, 20. u. 26. Juli., 13 .u 18. September 1700.

Hauptstadt von Christenhände emporgetragen wurden, da durchzukte wonnenvolle Entzükung die christlichen Zuschauer, Thränen überfluteten ihre Augen und, dankbar die Hände gen Himmel erhoben, segneten sie den Schöpfer, der ihnen dieses Glük beschert.[u]) So überwog diesmal in ihren Gemüthern Christensolidarität über Lateinerhasz, und die Hoffnung auf des Islam's Sturz wekte Theilnahme selbst für den andersgläubigen Sieger, welcher dasselbe Ziel verfolgte.

Mit der Friedenserstrebung principiell einverstanden, sieht Kaiser Leopold blos in deren Art und Weise, die' ja auch durch den Willen der Pforte bedingt wird, einige Schwierigkeit. Er genehmigt aber den Vorschlag, dasz der Kardinal Kollonitsch dem Maurocordato zu schreiben, ihm all seine bei der lezten Unterredung zu Wien gethane Aeuszerungen in's Gedächtnisz zurükzurufen und ihn zur schriftlichen Erklärung aufzufordern hätte, ob er bei jenen Aeuszerungen noch verharre, und ob die türkischen Gesandten auf deren Grundlage die Unterhandlungen wieder aufzunehmen und fortzuführen bereits seien; nur müszte dieses Schreiben einverständlich mit dem Kardinal wol und vorsichtig abgefaszt und durch den Hofdollmetsch Lachewicz, der unter einem anderen Vorwande hinzureisen hätte, nach Komorn überbracht werden. Endlich genehmigt der Kaiser auch den Antrag, eine verläszliche und gewandte Person in aller Stille, zur Wiederanknüpfung der Unterhandlungen durch die holländische Gesandschaft an der Pforte, nach Konstantinopel abzuordnen, was übrigens nach Erhalt der baldigen Antwort Maurocordato's sich jedenfalls reiflicher beurtheilen liesze. [*])

u) Relation des Grafen Oettingen über seinen Einzug und seine Audienzen in Konstantinopel. ddo. Konstantinopel. 23. Februar, 1700.

Bezeichnend für die diplomatischen Auskunftsmittel jener Epoche ist der Umstand, dasz der kaiserliche Botschafter, um einestheils nicht wie Ferriol wegen Begentragung der groszherrlichen Audienz verlustig zu gehen, anderseits aber um den Schein zu meiden als habe er furcht halber sich der anstössigen Anforderung gefügt, es auf Grund von Wien erhaltenen Bewilligung vorzog in türkischem Kostüme, zu dessen Bestandtheilen kein Degen zählte, vor dem Sultan zu erscheinen. Zweite Relation Oettingen's vom 23. Febr. 1700.

*) Bericht über die beim Grafen Stahrenberg in der türkischen Friedensangelegenheit am 5. März abgehaltenen Conferenz, und kaiserliche Entschliessung hierüber. — Wien, 5. März 1690.

Angesichts der zwei schweren Kriege, worin das Kaiserreich gegen die Pforte und Frankreich sich verwikelt und
wovon es den lezteren auf eigene Faust, ohne Zuthun und
Beihülfe seiner blos wider die Türkei mitverbündeten Kampfgenossen Polen und Venedig, allein zu führen sich genöthigt
sieht, fällt es dem Kaiser bei dem besten Willen unmöglich,
dem Wunsche und Verlangen des Polenkönigs gemäsz, ein
kaiserliches Truppenkorps zu dessen Streitkräften stossen zu
lassen, indem zur Behauptung der eroberten Pläze und Gebiete
die Verwendung der kaiserlichen Truppen in selbsteigenem
unmittelbaren Interesse sich als unentbehrlich darstellt. Der
Krone Polen kann es indessen keineswegs entgangen sein,
dasz im Hinblik auf die Gewalt der Umstände das kaiserliche
Kabinet der Bundesgenossenschaft mehr als billige Rechnung
schon dadurch trage, dasz es 1 ^{tens} auch in diesem Jahre, wie
in allen vorangegangenen, den gröszten Theil der Türken-
macht und sonach die Hauptgewalt des feindlichen Stosses
von Polen ab- und auf des Kaisers Gebiet heran lenkt; dasz
es 2 ^{tens} der Ausdehnung Polens nach der Moldau zu, mithin
der Eroberung und Einverleibung dieser ansehnlichen Provinz
in's Polenreich, seine Zustimmung erhielt; dasz es 3 ^{tens} einen
eigenen Abgesandten nach Moskau zu dem Zweke abzuord-
nen sich anschikt, damit der Groszfürst zur Fortsezung des
Krieges wider die Tartaren aufgemuntert, hiedurch die Vereinigung derselben mit der türkischen Streitmacht und ihr
combinirter Angriff auf Polen hintangehalten, demzufolge
aber lezteres in die günstige Lage gesezt werde, seinerseits
den Kampf mit Nachdruck und Nachhaltigkeit wieder aufzunehmen, neue Vortheile und Erfolge zu erringen, neuen
Zuwachs zu erkämpfen.

Auf dieser Grundlage hätten die Unterhandlungen der
kaiserlichen Residenten zu beruhen und auf Erreichung dieser
Absicht ihre eifrigen Strebungen abzuzielen. *)

Da Maurocordato dem Kardinal Kollonitsch durch den
Dollmetsch Lachowicz zwei Antwortschreiben, ein öffentliches,
auch im Namen Sulfikar Effendi's abgefasztes, und ein ge-

---

*) Kaiserlicher Bescheid an Baron Zierowsky und Schiemunsky, kais.
Residenten in Warschau, durch den Hofkriegsrath übermittelt. — Wien 25.
März 1690.

heimes, blos für seine Person geltendes übermittelte, die jedoch
beide gleich dunkel und zweideutig gehalten und ein neuer
redender Beweis sind für die grosze Schlauheit und Arglist
der beiden türkischen Abgesandten; so genehmigt der Kaiser
den Antrag der mit dem Friedenswerke betrauten kaiserlichen
Deputation, von Maurocordato durch den Kardinal genauere
positive Erklärung über seine lezte dunkle Eröffnung abver-
langen zu lassen, und verordnet, dasz dem Kardinal bei Abfassung dieses Schreibens Hülfe und Beirath gewährt werde.
Ein solcher Vorgang enthielte, nach des Kaisers Ansicht,
kein Präjudiz in sich, indem die etwa erfolgende positive Erklärung Maurocordato's in gewohnter Weise der kaiserlichen
Deputation zur Erwägung und Begutachtung abgetreten werden
würde, an der sich der Kardinal keineswegs zu betheiligen
hätte; auch liesze sich auf solche Art am besten dasjenige
Vertrauen in die Person des Kardinals aufrecht halten, das
ihm durch des Kaisers eigenes Wort gewährleistet ward.

Uebrigens verwilligt der Kaiser unter den gehörigen
Vorsichten von den türkischen Gesandten erbetene Absendung
eines Kurriers an die Pforte, und empfiehlt Umsicht in der
Verhaltung gegen die Bundesgenossen, damit öffentlicher
Treuglaube (fides publica) gewahrt werde.*)

Kardinal Kollonitsch soll das beantragte Schreiben an
Maurocordato selbst abfassen, es jedoch vor der Abschikung
dem Kaiser zur Einsicht und Genehmigung unterbreiten, auch
in demselben das bestimmte Verlangen stellen, dasz die Erwiederung von beiden türkischen Abgesandten zu unterzeichnen
sei. Von der Art dieser Erwiederung und des darin türkischerseits etwa zu stellenden Antrages würde die Bewilligung eines
türkischen Kurriers und die gleichzeitige Absendung eines
geheimen Friedensförderers nach Konstantinopel abhängen,
weszhalb mit den bezüglichen Maesznahmen vor der Hand
noch inne gehalten werden musz. Da übrigens der venetianische Gesandte von Tarsia diese Vorgänge zu erfahren in der
Lage ist, soll ihm von des Kardinals Schreiben, wie wenn
es lediglich die Befreiung des gefangenen Halil-Effendi be-

---

*) Bericht über die beim Grafen Kinsky am 31. März in der türkischen
Friedensangelegenheit abgehaltene Konferenz, und kaiserliche Entschlieszung
hierüber. — Wien, 31. März 1690.

träfe, und eben so von dem Ansuchen der türkischen Gesandten um die Bewilligung eines Kurriers Kunde zugemittelt und dessen Meinung hierüber eingeholt werden. *)

Drei Grundsäze seien beim Friedensschlusse festzuhalten : Anstand, Nuzen, Bevormundung. Deszhalb liesze sich die Schleifung von Belgrad, welches alle übrigen Städte in jener Gegend beherrsche, nicht anrathen. Die Abtretung der Walachei, Moldau und Serbiens kaiserlicherseits sei eben so wenig wünschenswerth, wenn auch auf diese ungläubigen und der griechischen Religion ergebenen Länder, die bei der geringsten Unruhe aus Staatsangehörigen in Staatsfeinde umschlagen, schon überhaupt, insbesondere aber ob der gefährlichen Nachbarschaft Polens, keineswegs zu bauen komme. Im Falle der äuszersten Noth, die der menschlichen Gebrechlichkeit starke Fürsprecherin abgebe, erwiese sich demnach als das Rathsamste, diese drei Länder an einen Frieden, wie ihn nur Tyranen diktiren, zu weisen, nämlich sie vorher nach besten Kräften mit Feuer und Schwert zu Grunde zu richten und die Bevölkerung zu vertilgen. **)

Die *vierte* Bedingung sezt fest, dasz die Gränzen der Walachei und Siebenbürgens gegen Ungarn jenseits der Donau in ihrem vor dem gegenwärtigen Kriege nachweisbaren Bestand zu verbleiben hätten. (4? «Valachica atque Transylvania ultra Danubiana versus Hungaricas partes Confinia in pristino ante præsens bellum statu permaneant.») ***)

Das Friedenswerk schreitet gar nicht von der Stelle, und die fünfmonatlichen Bemühungen des holländischen Gesandten zu dessen Förderung in Adrianopel sind einerseits an dem Hochmuth der Türken, die zwar Anträge empfangen,

---

*) Einzeln-Abstimmung der mit dem türkischen Friedenswerke betrauten kaiserlichen Deputation in Ausführung der kaiserlichen Entschliesung vom 31. März d. J., und Leopold's I. Beschlusz hierüber. — Wien, 7. April 1690.

**) Votum des Grafen Jörger über das durch den kais. Hofkriegsrath verfaszte Friedensprojekt. — Wien, Mai 1690.

***) Ultimatum der türkischen Gesandten, in 9 Friedensbedingungen und einem Anhang gefaszt von Maurocordato, dem Dollmetsch Lachewicz vor den Augen des kais. Sekretärs Werdenburg in die Feder diktirt. — Komorn, 3. u. 4. Mai 1690.

aber selbst keine machen mögen, und anderseits an den Umtrieben des französischen Gesandten völlig gescheitert. Es
liesze sich also nur dann etwas erreichen, wenn der Kaiser
durch einen Bestellten Friedensvorschläge anbieten und unter
ausdrüklicher Genehmigung auf deren Grundlage verhandeln
liesze. Denn dem französischen Botschafter gelang es mit
Hülfe seiner gewöhnlichen Verfahrungsweise den Groszvezier
ganz für seine kaiserfeindlichen Anschläge zu gewinnen, indem
er zuvörderst einen gewissen Geldbetrag zur Besoldung einer
Abtheilung der Tököly'schen Miliz vorschosz, ferner indem
er ihm Hoffnung auf einen Partikularfrieden mit der Krone
Polen vorspiegelte und zu diesem Ende vor zwei Monaten
bereits seinen Sekretär in aller Eile nach Warschau beordnete, endlich indem er des Königs von Frankreich Macht
und Kraftentfaltung wider das Römische Reich mit stark auf-
getragenen grellen Farben hervorhob. Alle Gegenvorstellungen beim Groszvezier in Betreff dieser Ueberschwenglichkei-
ten erwiesen sich als fruchtlos, weil er den Worten des französischen Botschafters vollen Glauben schenkt.

Trozdem gehen die Anstalten und Rüstungen zum
Feldzug von statten, alles Gränzland ist gründlich erschöpft,
die aufzutreibende Truppenzahl noch ungewiz, die Mannschaft selbst noch kriegsunerfahren und aus Neulingen zusammengesezt, die Proviant- und Munitionszufuhr unzureichend,
kostspielig und blos aus der Hauptstadt ausführbar. *)

Des Tartarchans Abgesandte überbrachte dem Polen-   1690.
könig ein Schreiben seines Herrn mit Vorschlägen zu einem
Separatfrieden Polens mit der Türkei. Da aber von einer Abtretung der Moldau und Walachei, wie sie polnischerseits gefordert wurde, in den Tartarischen Friedensvorschlägen eben
so wenig Erwähnung geschah als in den durch die türkischen
Abgesandten zu Wien gestellten Anerbietungen, sonach die
Polen durch einen Separatfrieden kaum etwas zu gewinnen

---

*) Schreiben des englischen Gesandten an der Pforte an seinen in
Wien beglaubigten Amtsgenossen. -- Konstantinopel, 5./15. Mai 1690.

Bei der Schwierigkeit der Briefbeförderung in die Türkei wendete sich
der Gesandte an den Woïewoden der Walachei Constantin Brankowan, welcher
gleichwie er dieses Schreiben besorgt, so auch für die Herangelangung der
Antwort hoffentlich Sorge tragen wird.

hoffen dürfen; so mag in dieser Betrachtung für die polnische
Regierung allerdings ein hinreichender Antrieb liegen, unter
Wahrung ihrer Bundestreue weit lieber am gemeinsamen
Friedenswerk sich auch fernerhin zu betheiligen, wobei ihr
in dem gemeinsamen Friedensschlusse mit kaiserlicher Beihülfe dennoch einiger Hoffnungsschimmer auf die Erwerbung
der Moldau entgegendämmert. *)

Vom Sultan wegen Anknüpfung der Friedensunterhandlungen mit Polen nach Adrianopel beschieden, entsandte der
Tartarchan seinen Abgeordneten Abdurachman an König
Sobieski mit diesem Schreiben, in welchem als einzige Bedingung des Separatfriedens türkischerseits angeboten wird:
die Abtretung von Kameniez an Polen, nach vorläufiger
Schleifung der türkischen Tempel, Schulen und Tempelthürme
(Dschami, Meczeti, Minareti) und unter gleichzeitiger Rükstellung der mit der Festung übernommenen Bombenmörser
und Geschüze in polnische Hände. **)

Troz des mehr momentanen Zujauchzens der griechischen
Bevölkerung beim Einzuge des kaiserlichen Gesandten in
Constantinopel, ging die alte Rivalität zwischen Katholicismus und morgenländischem Orthodoxismus auf türkischem
Gebiete in ungeschwächter Kraft ihren früheren Gang, und
entwikelte vielmehr eine noch gefährlichere Reibungskraft als
vordem, seit die Hauptträger beider Bekenntnisse, der Kaiser
und der Zar, mit nunmehr gesteigertem Ansehen und Einflusse zum ersten Male im orientalischen Bereiche einander
als direkte Widersacher trafen. Brach sich übrigens der Widerstreit ihrer politischen und religiösen Interessen mehr im
stillen diplomatischen als im offenen Waffenkampfe seine
Bahn, so war er deszhalb nicht weniger ernstlich, anhaltend
und erbittert, und stellte schon damals für die Epoche des
unmittelbaren Anstossens ihrer Territorien die Unvermeidlich-

---

*) Hans Christoph Zierowski an den Kaiser. — Petrikau, 13. Juni 1690.
**) Schreiben des Tartarchan's Selim Geraï an König Johann Sobiesky
in Betreff des Friedens mit der Pforte. (Am 30. Juni 1690 vom polnischen
Abgesandten Prosky in der Konferenz den kais. Deputirten mitgetheilt.)

keit gewaltsamer Kollisionen zwischen so heterogenen Strebungen in sichere Aussicht.

In diesem Geiste geschah es, dasz, nachdem die Wiedereinsezung des katholischen Patriarchen von Aleppo in den ihm entzogenen Sprengel mit vieler Mühe und zwar unter Beihülfe Maurocordato's, der das Geringere that, um das Gröszere füglich vorzuenthalten, einmal durchgesezt war, der Kaiser nunmehr die Bemühungen Oettingen's auf die Wiederbestättigung der katholischen Vorrechte in Chios für den dahin bestimmten Bischof Justiniani, wie überhaupt auf die neue Verbriefung aller Rechte und Freiheiten der katholischen Kirche und ihrer Angehörigen in der Türkei, hinlenken zu müssen glaubte. v) Insbesondere erhielt der Botschafter die Aufgabe, sich die Uebergabe der heiligen Stätten in den ruhigen Besiz der Franciskaner allen Ernstes angelegen sein lassen, und wurde ihm der kaiserliche feste Entschlusz angekündigt, zur Erreichung dieses Zieles auch seinerseits jeden Nerv anzustrengen und alle nur erdenklichen Mittel und Kräfte in Bewegung zu sezen, auf das solchergestalt die unter moskowitischem Schuze nach demselben Ziele ringenden griechischmorgenländischen Glaubensgenossen aus dem Felde geschlagen und durch Behauptung der heiligen Stätten auch das kaiserliche Ansehen gewahrt werden möge. In Anbetracht nun des Argwohnes, welchen Maurocordato's griechische Religionsangehörigkeit und überwiegender Einflusz auf die osmanischen Rathschlüsse dem Wiener-Hofe einflöszten, schärfte dieser dem Botschafter besondere Wachsamkeit und gewandtes Verhalten gegen denselben ein. Schon hatten kleinere Bescherungen den gewaltigen Oberdollmetsch auf die nachfolgenden bedeutenderen vorbereitet, und bei Oettingen's Ankunft sah er sich z. B. mit einem wissenschaftlichen Werk von 20 Bänden und einer schlagenden schön verzierten Stokuhr, wie auch sein Sohn Nikolaus, welcher bei des Botschafters erster Besprechung mit dem Groszvezier als Pfortendollmetsch fungirt hatte, aus Anlasz seiner Verehelichung mit einem vergoldeten Gieszbeken nebst entsprechender Kanne freundlich bedacht. w) Diese Liebkosungen gegen den, die

v) Reskript Leopold's I. an Grafen Oettingen ddo. Neustadt, 27. August 1700.

w) Raittung, (d. i. Rechnung) wasz bey der Kayserlichen, nach der äuszeren Angelegenheiten der Türkei monopolisirenden, wenn auch in Wien scheel angesehenen, Griechen waren um so unerläszlicher, als dessen steigende Machtliebe, auf jeden andern Einflusz höchst eifersüchtig, alle seine Nebenbuhler an der Pforte in Schatten zu stellen und selbst seinen Karlowitzer Kolegen, den Reïs-Effendi Mehemet Rami, dermaszen zu fesseln gewuszt hatte, dasz dieser ohne ihn keine Entscheidung traf, die betreffenden Gesandten an ihn verwies und in Allem mit ihm gemeinsame Sache machte. [x]) Neidisch blikten die türkischen Machthaber auf den talentvollen Mann, ihr Faktotum, beschwerten sich auch mitunter über den allzugefährlichen Einflusz eines Christen in osmanischen Sachen, konnten aber trozdem seiner keineswegs entrathen. Ihn auf alle Weise zu Dank zu verpflichten und bei guter Laune zu erhalten, war daher sowol des Kaisers als seines Vertreters beständiges Bestreben.

Hiezu ergab sich bald eine schikliche Gelegenheit, die man auch deszhalb schon nicht ungenüzt liesz, weil man mit geringen Aufwande eine grosze Gunst beweisen konnte.

Die Siebenbürger hatten unter Vertretung ihres Residenten Paul Sándor, des fürstlichen Abgesandten Joannes Sárossi, dann der Vertreter der drei Nationen, Gebriel Josika, Joannes Sárossi des Andern und Marcus Draudt, noch im J. 1687 in Konstantinopel zur Förderung ihrer Zweke von Maurocordato die Summe von 2240 Löwenthalern entlehnt und ihm einen förmlichen Schuldbrief ausgestellt; und eben so hatte sich die Stadt Debrezin noch unter Kara-Ibrahim-Paschä's Groszvezierate an den Pfortendragoman mit dem Betrage von 5500 Löwenthalern, welchen sie zur Erwirkung eines ihre Privilegien bestättigenden Chattischerifs benöthigte, eine Schuld aufgeladen, deren Beweisurkunde indesz in Verlust gerathen war. Da nun einerseits die Schuldner mit der Erfüllung ihrer Verbindlichkeiten säumten, die Stadt Debrezin insbesondere, mit Berufung auf Caraffa's hohe Gelderpressungen, sogar die Stichhaltigkeit der Schuld in Abrede stellte, die siebenbürger Stände aber zur Erfüllung ihrer Verbindlichkeit dem Kaiser

Ottomanischen Porthen abgegangenen Gesandtschafts Cassa in geldt als auch Præsenten de Anno 1699 bisz 1700 pr. Empfang und Auszgab gebracht worden.

x) Relation des Grafen Oettingen an den Kaiser. ddo. Konstantinopel, 20. Juli, 1700.

die Eintauschung ihres, von Tököly zeitlich bewohnten Hauses
in Konstantinopel gegen ein ähnliches in Wien und überdies
die Schuldübernahme aufzubürden suchten, und da anderseits
der Gläubiger durch Vermittlung des am Wiener·Hof angesehenen Lord's Pagett die kaiserliche Dazwischenkunft zur
Eintreibung der Schuldforderungen ansprach: so erging an
Oettingen die ausdrükliche Weisung, im Vergleichwege den
Maurocordato zu befriedigen, was denn auch mit Erfolg geschah, so dasz am 22. September 1700 unter Zuziehung
Pagett's die Berichtigung der Schuldbeträge durch den kaiserlichen Botschafter und die Abquittirung durch Maurocordato
und dessen Sohn in aller Form Rechtens zum Vollzuge
kamen. Oettingen übermachte sonach dem Maurocordato den
verglichenen Totalbelauf dieser Forderungen mit 5365 Reichsthalern aus, wodurch nun die Rechte des Gläubigers auf den
Kaiser übergingen. y)

Nicht ohne günstige Rükwirkung auf die noch erübri-
genden œsterreichischen Interessen blieb dieser wolberechnete
Schritt des Kaisers. «Nunmehr wird diese Angelegenheit auf
allen Vieren vorwärts gehen,» z) sagte Maurocordato, als ihm
Oettingen die alte Privilegienurkunde der katholischen Mönche
bezüglich der heiligen Stätten und den früheren Handels-
vertrag zwischen den beiden Staaten zur endlichen Wiederbestättigung zustellen liesz. Er hielt Wort und sandte alsbald
die beiden Freiheitsbriefe wieder anerkannt und neubestättigt
dem zufriedengestellten Botschafter zurük.

---

y) Relation des Grafen Oettingen, ddo. Mustapha-Paschà Kupri, 24.
October 1700. Hiezu als Beilagen abschriftlich die drei Abquittungsurkunden
A. Maurocordato's und seines Sohnes Nicolaus, von Pagett mitgefertigt; ein
Schriftstük betrifft die siebenbürgische, das zweite die Debreziner Schuld, das
dritte die auf 1000 Thaler verglichenen Interessen beider Kapitale. Datirt sind
alle drei: Constantinopel, 22. Sept. (a. St.) 1700. - - Ferner: Literæ Civitatis Debrezinensis ad Cæsarem scriptæ, ddo. Debrezini, 24 Augusti 1699. —
Literæ Legati Anglici Pagett ad Comitem Öttingen scriptæ, ddo. Constantinopoli 1/11 Novembris 1699. Diesem Schreiben liegt der Schuldbrief der
Siebenbürger abschriftlich bei. Reskript Leopold's I. an Grafen Oettingen,
ddo. Laxenburg, 26. Mai 1700. Referat der Staatsconferenz an den Kaiser,
dd. 8. Mai 1700, Wien, in Gegenwart des Kaisers. In retirade. Lettera di
Alessandro Maurocordato a Lord Pagett, ddo. Constantinopoli, 30 settembre
1699. — Litteræ Regii Transylvaniæ Gubernii ad D. Comitem Rabuthin, ddo.
Albæ Juliæ, 19. Januarii 1700. - -

z) Adesso questo negotio andarà con quatro piedi.

Bei aller anscheinenden Schmiegsamkeit wuszte jedoch
der schlaue Grieche den nothgedrungenen Zugeständnissen
an den Katholicismus durch die daran geknüpften Vorbehalte
seiner eigenen Kirche gegenüber alle Gefährlichkeit zu benehmen. Als daher die kaiserliche Verwendung für den, zur
Union mit der katholischen Kirche übertretenen, bei den
Griechen verhaszten und seines Sizes in Aleppo beraubten
Patriarchen von Syrien, Petrus, [a]) immer dringender und nach-
haltiger wurde, und nicht minder Polen über päpstliches Fürwort sich diesen Gegenstand zu Herzen nahm, [aa]) willigte die
Pforte zwar mit vieler Mühe hiezu endlich ein, aber blos
unter der Bedingung, dasz der Patriarch den alten Ritus
seiner Kirche nicht ändere, sich in weltliche Dinge nicht einmenge und die Bevölkerung nicht aufwiegele, widrigens exem-
plarische Ahndung seiner harren würde. In diesen Beschrän-
kungen aber gewahrte der syrische Prälat, der sich öffentlich
für keinen Katholiken ausgeben, jedoch insgeheim um so
eifriger, wie zuvor bereits, latainische Proselytenmacherei
treiben mochte, ebenso viele Fallstrike, die ihm seine zahlreichen Feinde blos deszhalb gelegt hätten, um bei der geringsten Veranlassung ihm einen für Amt und Leben gleich
gefährlichen Kapitalprocesz anhängen zu können. Diese bei
des Mufti Feisullah und Maurocordato's, der sich hinter jenen
verschanzte, antikatholischer Stimmung nicht ungegründete
Besorgnisz war es, die den kaiserlichen Botschafter zu fernerer
Vermittlung anspornte, und es gelang ihm endlich die Erwirkung eines Chattischerifs mit milderen Bedingnissen, die
für des Wiedereingesezten Sicherheit nicht so präker und für
dessen geheime Wirksamkeit bedrohlich schienen. [bb])

---

[a]) Lettera di Pietro, Patriarcha de Soriani, alla Cæsarea Imperial
Maestà, ddo. Pera di Constantinopoli, 24. Juni 1700. (Von Oettingen mittelst
Berichts vom 26. Juni 1700 eingesendet.) — Lettera di Pietro Ignatio, Patriarcha d'Antiochia, al' Imperatore; ddo. Pera di Constantinopoli, 8 Ottobre,
1700. (Vom Oettingen mit Bericht vom 11. October 1700 aus Tschudzuk-
tschekmedschè (Ponte-Piccolo) eingesendet.

[aa]) Schon während des Karlowitzer Kongresses hatte der polnische Bevollmächtigte hiezu den ausdrüklichen Auftrag erhalten. Instructio Regis Poloniæ pro magno Legato Stanislao Malachowski ad pacem cum Turcis ineun-
dam Carlovizium deputato, ddo. Varsaviæ, 1698.

[bb]) Relationen des Grafen Oettingen, ddo. Constantinopel, 13. u. 18.
September, dann ddo. Mustapha-Paschà-Kupri. 24. October 1700. Ferner Re-

Mit Rüksicht auf seine vielen Neider und Gegner auch den äuszeren Schein kaiserfreundlicher Gesinnung und strafbarer Käuflichkeit zu meiden, gebot dem Maurocordato schon die alltägliche Klugheit. Deszhalb also verbat er sich ausdrüklich Oettingen's Abschiedsbesuch, und sowol er als der Reïs-Effendi Mehemet Rami, sein Karlowitzer Kollege, verweigerten die Annahme des ihnen noch zu Karlowitz kaiserlicherseits durch Pagett verheiszenen grosen Geldgeschenkes, auf dessen Ausfolgung lezterer beharrlich bestand. Sie erklärten, ihr Leben liefe unter den obwaltenden Verhältnissen durch einen solchen Akt augenscheinliche Gefahr, und behielten sich die Annahme für bessere Zeiten vor. Namentlich rieth Maurocordato dem heimkehrenden Oettingen das Geldgeschenk nach Wien zurükzunehmen, wogegen Pagett, als Bürge für die Erfüllung der Verheiszung, dasselbe in seiner Aufbewahrung zurükgelassen wünschte. Kaum war aber Oettingen's Abfahrt unter Mitnahme der Geldgabe erfolgt, als auch bereits die auffallende Vertraulichkeit zwischen Pagett und Maurocordato, und des Leztern stette Geldlüsternheit die sich einen Augenblik blos verläugnet hatte, um im nächsten desto stärker hervorzutreten, die Nachsendung des englischen Gesandtschafts-Sekretärs Schreyer veranlaszten, zunächst unter dem Vorwande, das kaiserliche Abgränzungsgeschäft zu fördern, in Wirklichkeit aber um die Ausfolgung der ungern abgewiesenen Bescherung zu erzielen. Oettingen, in Karlowitz eingeholt und gedrängt, erbat sich Verhaltungsbefehle aus Wien; allein der Kaiser schwankte in der dem verschmähten Angebinde neu anzuweisenden Bestimmung, entschied sich indessen bald für die Gegenvorstellung des Hofkriegsrathes, dasz zur Schonung des in œsterreichischem Interesse unermüdeten Lord's Pagett und zur Erfüllung der dem unentbehrlichen Maurocordato und dem Reïs-Effendi einmal gewährten bindenden Zusage dem Geldgeschenke die seitherige Bestimmung zu wahren sei.cc) In der Türkei war nun einmal

---

ferate der kaiserlichen Staatsconferenz, ddo. 25. August 1700, zu Neustatt in des Kaiser's Gegenwart abgethan; und ddo. 9. October 1700, zu Eberstorf in der Retirada. Beide Referate mit der kaiserlichen Approbation versehen.

cc) Relation des Grafen Oettingen, ddo. Mustapsa-Paschà-Kupri 24. October 1700; und Karlowitz. 17. December 1700. — Referat des Hofkriegsrathes nebst des Kaisers Genehmigungsklausel ddo. Wien, 26. December 1700.

ohne dieses unentbehrliche Hauptmittel kein nennenswerther Erfolg erreichbar, und selbst das siegreiche Eisen des deutschen Schwertes muszte, wofern es an der Pforte wirksam um die heiszersehnte Ruhe freien sollte, seine reiche goldstrozende Scheide zum Opfer bringen. In diesem Anbetracht hatte die kluge kaiserliche Regierung zur Anbahnung erfolggekrönter Verhandlungen und zur Festigung des Friedens unmittelbar durch den in Wien beglaubigten englischen Gesandten Sutton an Lord Pagett nach Konstantinopel den namhaften Betrag von 80 000 Gulden für allerlei angemessene Verehrungen gelangen und hiedurch Oettingen's Bahn bedeutend ebnen lassen.[dd])

Mittlerweile war in der Moldau ein Fürstenwechsel eingetreten, indem am 14. September 1700[*]) Antioch Kantemir gestürzt, und an dessen Statt Constantin Duka, Brankowano's Eidam, und bereits abgesezter moldauischer Fürst, mit der Regierung dieses Landes betraut wurde. Oettingen, der in dem prachtvoll ausgestatteten, am Bosporusufer zu Balat (d. i. zur Lateinerpforte) reizend gelegenen, schon im J. 1665 von einem kaiserl. Groszbotschafter, dem Grafen Leslie, bewohnt gewesenen Palaste des wieder begnadeten Duka sein Obdach hatte, schildert ihn als einen gar frommen und wakeren Mann, dem jedoch mehr die am geldbedürftigen türkischen Hofe unwiderstehliche Macht einer reichlichen Goldspende (100 Beutel, ungefähr 50.000 Thaler) als seine übrigen Vorzüge zur Wiedererhebung verhalfen.[ee])

Bei aller anscheinenden Geschmeidigkeit und Willfährigkeit der beiden romanischen Fürsten, vorab Brankowano's, gegen das Wiener-Kabinet, verstiegen sie sich jedoch nicht bis zur Aufopferung wesentlicher eigener Landes- oder türkischer Staatsinteressen. Als daher der Kaiserhof, unzufrieden

---

-- Referat des Hofkriegsrathes vom 28. December 1700, gleichfalls vom Kaiser approbirt.

dd) Raittung (d. i. Rechnung,) wasz bey der kays. nach der ottomanischen Porthen abgegangenen Gesandschafts Cassa in Geldt als auch Praesenten de Anno 1699 bisz 1700 pr. Empfang und Auszgab gebracht worden.

*) Nicht aber erst im J. 1701, wie Engel (Gesch. d. Moldau, pag. 288) behauptet.

ee) Relationen des Grafen Oettingen, ddo. Constantinopel, 23. Februar und 18. September 1700.

mit der bisher in Kraft gestandenen, eine neue Gränzbestimmung Siebenbürgen's gegen die Moldau und Walachei heischte
und die hierüber aufzunehmende Gränzurkunde dem mit der
Pforte aufzurichtenden Hauptgränzdokumente als eigenen Anhang einzuverleiben gedachte, stiesz der mit dieser Aufgabe
betraute Graf Marsigli auf ernstlichen Widerstand nicht blos
abseiten des türkischen Gränzkommissärs Ibrahim Effendi, der
hiezu weder Vollmacht noch Verhaltungsregeln erhalten hatte,
sondern auch von Seiten der beiden moldowalachischen Fürsten.
Sei es nun dasz leztere durch die Möglichkeit einer ihren
Ländern zuzumuthenden Gebietsabtretung ihre eigenen Interessen unmittelbar gefährdet erachteten, oder dasz sie geheimen türkischen Winken sich fügten, genug, sie verweigerten ihre Zustimmung und Mitwirkung zur angesonnenen
Gränzbesichtigung so entschieden, dasz der Wiener-Hof, dem
es, wegen des dadurch nothwendig anzuregenden Argwohnes
der Türken, nicht zwekmäsig däuchte, sie wider Willen durch
die Pforte hiezu anweisen zu lassen, über Antrag der Staats-
konferenz von dieser Forderung nothgedrungen Umgang
nahm. Es erging sonach an den kais. Gränzkommissär Grafen
Marsigli die Weisung, in Betreff der vereinbarten Gränzen
der unmittelbar türkischen Provinzen die Hauptscheidungs-
Urkunde zu errichten, darin aber des moldo-walachischen
Gränzzuges nur in allgemeinen Ausdrüken und mit Berufung
auf den bisherigen ruhigen, unangefochtenen Besizstand Erwähnung zu thun; doch sollte, ohne Aufsehen und unnöthigen
Lärm, die geometrische Aufnahme und Mappirung der moldo-
walachischen Gränze zur eigenen Kenntnisz durch œsterreichische Ingenieure auch einseitig zum Vollzug gelangen,
und zur Hintanhaltung jedes Argwohnes die Zuziehung Marsigli's dabei nicht statt finden. [ff])

Nicht so glüklich, im Ganzen genommen, wie die kaiserliche, lief die polnische Groszbotschaft ab, die zu gleicher
Zeit an der Pforte erschien, aber troz ihres glänzenden Stattes,
weder eines so ehrenvollen Empfanges, noch eines so vollständigen diplomatischen Erfolges, noch einer so wolwollen-

---

[ff] Referat der Staatsconferenz an den Kaiser, ddo. Wien, 26. December
1700. — Literæ Ibrahim Effendi, Turcici Commissarii, concernentes negotia
Commissionis limitaneæ, ad Seraskerium Belgradinensem. ddo. 1700. Traductæ
à Talman.

den Abfertigung, wie jene, sich rühmen konnte. Der Vertreter dieser königlichen Republik brachte die Ratifikation des
Karlowitzer Friedens, folgeweise die Hintangabe der Moldau,
allerdings zu Stande; allein ungeachtet seines hochfahrenden
und selbst heftigen Temperamentes, gg) vermochte er eben so
wenig die Befreiung der kriegsgefangenen und der schon
nach dem Friedensschlusse durch die Tataren eingebrachten
Polen gegen Lösegeld bewirken, als mit seiner Schadloshal-
tungsforderung in Betreff des Budschiaker-Gebietes, und mit
seinen Ansprüchen auf den in Kameniez zurükgelassenen
türkischen Artilleriepark irgendwie durchdringen. Mit seiner
diesfälligen Beschwerde beim Groszvezier gleicherweise sachfällig, forderte er von diesen seine Abfertigung, «weil die
Krone Polen einen Frieden *ohne Freundschaft* erlangt habe;»
der Groszvezier, ihn schell beim Worte fassend, kündigte ihm
seinen Abschied binnen 8 Tagen an. hh) Ja sogar, nachdem
ihm bereits eine Audienz beim Groszherrn anberaumt worden,
erhielt er davon eine Absage, gestüzt auf den Vorwand, dasz
noch niemals ein polnischer Botschafter die Gunst sultanischer
Abschiedsaufwartung genossen. Ueber seine nachdrükliche
Einsprache und inständige Bitte wurde ihm endlich diese
Auszeichnung, aber in weniger ehrenvoller Weise als bei
seiner Ankunft, zu theil, (am 20. Juli,) worauf er (am 2. August) die Heimkehr antrat, nicht ohne selbst in der lezten
Stunde miszliebige Anstände wegen der in seinen Pakwägen
verborgenen christlichen Gefangenen zu erfahren, die ihm alle
in kurzem Wege gewaltsam abgenommen wurden. ii) Das Geheimnisz von Polen's Schwäche, troz der Umhüllung seines
Hochmuthes durchscheinend, äuszerte sonach in der Erfolglosigkeit seines Botschafters einen starken Rükschlag.

Die kaiserliche Groszbotschaft hatte nunmehr an der
Pforte ihre Aufgabe fast durchgängig gelöst, und am 27.
Jänner 1701 hielt der heimkehrende Oettingen unter Schal-

---

gg) So erzählte er selbst dem Grafen Oettingen, wie er unterwegs in
einem türkischen Dorfe einen seiner Trabanten, der ihm entsprungen war und
zum Islam übertreten wollte, von der anfänglich widerspänstigen Lokalbehörde
in Folge ernster Drohungen zurükgestellt erhielt, und denselben in kurzem
Proceszwege, zum hohen Aerger der Türken, sofort erschieszen liesz. Oettin
gen's Relation ddo. Constantinopel, 10. Mai, 1700.
hh) Oettingen's Relation, ddo. Konstantinopel, (Pera,) 20. Juli 1700.
ii) Oettingen's Relation, ddo. Konstantinopel, (Pera,) 8. August 1700.

meien-, Trompeten- und Paukenschall in eben so feierlicher
Weise seinen glänzenden öffentlichen Einzug in Wien wie bei
seinem Abzug nach Konstantinopel (im September 1699.)
Hoch zu Rosz, von seinem, aus Spröszlingen der edelsten
Geschlechter der Erblande gebildeten Gefolge und einem
zahlreichen Statte umgeben, unter stolzer Emportragung des
türkischen Rekreditivs, zog er in prachtvollem Kostüme in
die Kaiserburg, wurde daselbst mit hoher Auszeichnug von
den ersten Hof-Würdenträgern, sodann auch vom Kaiser
selbst empfangen, dem er das groszherrliche Rükbeglau-
bigungsschreiben übermittelte, erhielt überdies Vorlassung bei
der Kaiserin und dem Erzherzog Karl, sah sich auch in allen
seinen Botschaftskavalieren und einigen Botschaftsbeamten
durch die Bewilligung des kaiserlichen Handkusses geehrt
und verfügte sich endlich in gleich pompösen Aufzug in seine
Behausung. [*])

So kam der berühmte Karlowitzer Friede zu Stande
und in Vollzug, der osmanischen Macht abnehmende Phase
verkündend, des Erzhauses höhere Erstarkung und Ausbrei
tungsfähigkeit nach Osten vorbereitend, doch im Keime schon
den künftigen Anprall an einen noch gefährlicheren Gegner,
an den sich allgemach dem Osmanenthume substituirenden
Moskowitismus unvermeidlich bergend. Es unterliegt keinem
Zweifel, Prinz Eugen's herrliche Siege in Ungarn und am
Rhein, wie auch die ausnehmende Gewandheit der oesterreichischen Staatskunst erhoben damals den Kaiser zum ge.
bietenden Herrn der Stellung, zum einzigen Ansager des
Friedensgesezes, dem Alle sehnsüchtig entgegenseufzten, ob
auch keiner das Bedürfnisz desselben eingestehen mochte.
Oesterreichs Eifersucht allein rettete damals die rumänischen
Fürstenthümer vor dem drohenden Aufgehen in Polen, wie
es durch seine Festsezung in Siebenbürgen vermöge der dadurch errungenen unmittelbaren Nachbarschaft dieselben in
Hinkunft vor jedweder Gefahr, in reine türkische Paschalikate

---

[*]) Kaiserl. Hofprotokolls-Auszug, ddo. 28. Jænner 1701, Wien, des
kaiserlichen Groszbotschafters an der ottomanischen Pforte, Grafen von Oettin.
gen, am 27. Jænner 1701 erfolgte Rükkunft und Einzug betreffend. (Dieser
Einzug und diese Audienz bildeten das Vorbild bei der im J. 1720 dem Groszbotschafter Grafen von Virmont bereiteten Rükkehrsfeierlichkeit.)

aufzugehen, bewahrte und des eigenen Interesses halber bewahren muszte.

Mittlerweile sezte auch nach Oettingen's Rükkehr Lord
Pagett seine Bemühungen wegen Aufrechthaltung der Schen-
kungen an Mehemet Rami und Maurocordato mit solcher
Beharrlichkeit fort, dasz der Kaiser endlich dem verdienstvollen
Britten, der nunmehr auch die œsterreichischen Interessen
an der Pforte vertrat, willfahrend, ihm die unverweilte Absendung eines Internuntius nach Konstantinopel mit den zu-
gesicherten Geldbescherungen in Aussicht stellen liesz; im
Geiste kluger Vorsicht erklärte er jedoch die wirkliche Uebergabe der verheiszenen Summen durch die erfolgreiche Mitwirkung bedingt, welche die beiden Geschenkwerber zur
Durchsezung der noch unerfüllten zwei Friedensbestimmungen,
nämlich der Beilegung des Gränzstreites von Novi und der
Wegweisung Tököly's sammt dessen Anhange aus dem Gränz-
bereiche der œsterreichischen Erbländer sowol als der Wala
chei zu bethätigen hätten, um von der Pforte eine schriftliche
Versicherung an den Wiener-Hof in Betreff dieser Ansprüche,
wie auch die angemessenen Befehle an die Gränzbefehls-
haber zum Vollzug derselben auszuwirken. In diesem Sinne
und unter diesen Modalitäten erging an Pagett die Zusicherung der Entlastung von der für die Erfüllung des kaiserlichen Versprechens übernommenen Haftung, was indessen
nicht hinderte, dasz der von Oettingen zurükgebrachte Ge-
schenkbetrag bis zur Erfüllung der gedachten Vorbedingungen
zu Kriegszweken, namentlich zur Befestigung Arad's und
später zu Kriegsrüstungen in Italien seine Verwendung fand. kk)

kk) Referat der Staatsconferenz an den Kaiser, ddo. Wien, 23. December 1700. — Lettera del Conte Oettingen à Lord Pagett, ddo. Carlowiz, 4.
Gennaro 1701. — Referat der Staatsconferenz an den Kaiser, ddo. 4. August
1701. — Vortrag des Hofkriegsrathes an den Kaiser, ddo. 16. Jænner, 1701.

INDEX.

A.

Abasa-Pascha, 92, 190.

Achmed-Pascha, (Melek).

Achmed Chihaja, 63.

Achmed I, 73.

Alexandru Strida.

Alexandru-Vodă, Radu, 82, 87, 99.

Alexandu-Vodă, Iliaş, 71, 76, 81, 82, 90, 92.

Ali-Pascha, 61, 64, 66.

Allard, 21, 23.

Althan, 63, 69.

Amati Joane, 77.

Antonio di Via, 117.

Apaffy, Michael, 259, 262, 285, 289, 291, 304, 316, 321, 324, 363.

Apponyi, 63.

Armin, 15.

Asac, 119, 122.

Asov, (Asac).

Athanasius, Patellarius.

August II, König von Polen, 418.

B.

Baba, Novak, 30

Bablay, 173.

Balázs, Imre, 285.

Bányai, Márton, 32.

Barilovicz, Franz, 7.

Barnowssky, Miron, 82, 95, 96.
Barnalffy, 9.
Barcsai, András, 27.
Barcsai, Achatius, 246, 247, 251, 253, 254, 257.
Bassarab, Mateiŭ.
Basta, Georg, 3, 11, 14, 19, 21, 22, 23, 29, 37, 40, 42, 45, 49, 50, 52, 58, 71.
Báthory, Stephan, 10.
Báthory, Sigmund, 2, 10, 15, 19, 25, 39, 41, 48, 52, 55, 58.
Belényes, 42.
Bektes-Pascha, 53, 58, 153, 166.
Békes, István, 27.
Bertody, 365.
Bethlen, Gábor, 64, 71, 74, 76, 79, 82, 87.
Bethlen, István, 102.
Bethune, 355.
Bieganowsky, Nikolaus, 207.
Bocskai, Stephan, 10.
Bódony, István, 27, 31.
Bogáti, 5.
Bogdanovicz, Vosnitzin, 409.
Bojmowszky, 404.
Boldvai, Martin, 187.
Borbély, Martin, 22.
Borisi, Márc' Antonio, 70.
Bornemissa, Balthazár, 5, 10, 17, 31.
Bourbon, Conti, Luis, Prinz, 405.
Brancovan, Constantin.
Buzescu, Stroia, 5, 54.

C.

Camillo, Don Giuseppe, 331.
Cantacusino, Constantin, Stolnic, 368.
Cantimir, 78, 90, 100.
Cantimir, Constantin.
Caprara, 326.
Cernin, 64, 69, 142.
Chateau-neuf, 372, 385. (Castagnères).

Colliers, 368, 373.
Comissären, 5, 6, 14, 37.
Constantin, Şerban, Bassarab, 210, 215, 220, 235, 237, 240, 248, 253, 255.
Constantin-Vodă, (Brancovan) 331, 365, 384, 393, 453.
Constantin Cantimir, 368, 376, 383, 388.
Contribution, 4.
Conti, Prinz, 441.
Csáky, Stephan, 10, 15, 16, 26, 30, 40, 52, 55.
Csáky, Graf, 325, 327.
Cyrillus, 90, 96, 98, 102, 116, 118, 218.

D.

Dabija, Eustratius, 258, 260, 262.
Daut-Pascha, 72.
Deés, 57.
Desneval, 376.
Dicolo, (Dicul) 222.
Dimo, 8.
Dóczy, 65, 84.
Dominikaner, 101.
Doroschenko, 287, 303, 313, 315.
Drugeth, Georgius de Homonna.
Duca, Georg, 59.
Duca-Vodă, 282, 323, 324, 384, 389, 403.

E.

Eszterházy, Nikolaus, 85.
Eszterházy, Pál, 329.

F.

Farkas, György, 27.
Florica, 30.
Fogaras, 32, 42.
Forgách, 61, 65, 83.

G.

Gavrill, Movilă.

Garoffy, Georg, 325.

Gaspar, Gratiani, 62.

Gasi Ghirai Sultan, 250.

Ghica, Georg, 241, 242, 248, 253, 254.

Ghica, Gregor, 254, 257, 260, 261, 280, 285, 290, 296, 297, 298, 309, 311, 318.

Gioan, Bey, 237, 240, 244.

Giurgevo, 8.

Gnienszky, 310.

Gomolinsky, Jan, 421.

Gonzaga, Guil., 45, 49.

Gratiani, 62, 66, 69, 70, 72.

Gregorius, Pater, Jesuiten, 27, 118.

Greifenklau, 137, 142. 145

Griechen, 274.

Grillo, Antonio, 119, 141.

Grimaldi, 134.

Grosswardein, 6, 41.

Gyalú, 32, 42.

Gyulaffy, László, 22.

H.

Hadri, Ghirai, Sultan, 312.

Halduken, 30, 42, 56.

Harbord, 376, 379.

Hassan-Pascha, 63, 72, 167.

Heemskerk, 376, 383, 40L.

Heissler, 345, 362.

Hmielniczky, 137, 175, 183, 188, 192, 319.

Hoffmann, 320.

Homonnay, 64, 65, 83, 145.

Houssey 376.

Hop, 376.

Hotin, 183, 286, 296.

Hunyad, 13.

L

Jablanovsky, 287, 291, 356, 385, 401.
Jacob, Prinz, 335, 404.
Ibrahim, Pascha von Belgrad, 4, 8, 37, 45, 62.
Ibrahim, Sultan, 117.
Jenö, 43, 64, 84, 239, 242, 244, 248
Jeremias, Movila, 2.
Jesuiten, 27, 50, 58, 318.
Ilias, Alexandru-Vodă.
Innocens, Pater, 100.
Joanaki, Porphyrita, 315, 369, 384, 393.
Joanikios, Patriarch, 168, 176, 208, 218.
Iwanowics, Manoli, 278.
Jordacki, Vistier, 368.
Jörger, Graf, 332.
Ipsir-Pascha, 218, 251.

K.

Kalga, Sultan, 239, 303.
Kalinofsky, 170.
Kameniecz, 286, 290, 296, 305, 315, 328, 336, 351, 381, 415, 454
Kamuty, Blazius, 43.
Kanissa, 332.
Kanon, Baron, 357.
Kantakuzino, Dimitrașcu, 299, 306, 311.
Kantakuzen, 132, 170.
Kantakuzino, Șerban, 320, 322, 326, 384.
Kapronczai, Georg, 115.
Kapuciner, 109.
Karabowsky, 311.
Karansebes, 39.
Karl, Gustav, 233.
Karlovicz, 415.
Kassanova, 269, 273, 282.
Kemény, János, 177, 252, 255, 257, 258.
Khindtsberg, 285, 311, 314.
Kiupriuli, Pascha, 253.

Kinsky, Graf, 355, 381, 407, 438, 454.
Kiraczinsky, 146.
Kiril, (Cyrillus).
Klausenburg, 22, 42, 49, 56.
Kiessel, Bischof, 61, 63, 69.
Kmielniczky, 158, 165, 173, 181, 204, 209, 228, 229, 230.
Kuloglu, 264, 266.
Kollonics, Cardinal, 331, 359.
Koreszky, Samuel, 70.
Körösbánya, 42.
Kornis, Gaspar, 10, 26, 42.
Kövár, 26, 42, 69, 84.
Kosaken, 13, 25, 42, 53, 69, 74, 78, 122, 138, 146, 153, 156,
    157, 164, 173, 175, 179, 184, 188, 198, 202, 211, 215, 230,
    245, 251, 255, 271, 278, 303, 312, 325, 351.
Kraiova, 39.
Kuruczen, 406.
Kunics, 324.

L.

Lackevicz, 331.
Leka, Aga, 4, 26, 58.
Leopold I, 334, 353, 361, 379, 408, 432.
Lerissa, 140
Levens, 261,
Lippa, 42, 58, 64, 84.
Losoh, 340.
Lugomirsky, 328.
Lugos, 242.
Lukaris, Cyrill.
Lupul, Vasilie-Vodă, 128, 133, 138, 140, 148, 155, 157, 164,
    170, 176, 187, 191, 194, 202, 206, 209, 213, 217, 229, 230,
    235, 238.

M.

Macrypodari, Hyacinth, 270.
Magno, Carlo, 60.
Malahowsky, Staniszlaus, 357, 454.

Mamuca, Marc', Antonio, 319, 322.

Mansfeld, 186.

Marcu-Vodă, 52, 71.

Marie, Kazimire, Luise, 355.

Marsigll, 366, 385.

Mathias, Erzherzog, 44, 60, 63. 83.

Mateiŭ, Bassarab, 92, 101, 105, 112, 117, 127, 132, 134, 135, 137, 140. 142, 148, 150, 153, 157, 165, 172, 175, 177, 182, 185, 191, 193, 197, 204, 210, 220.

Maurokordato, Alexander, 293, 295. 303. 314. 320, 324, 326, 330, 359.

Mehemed-Pascha, 68, 74.

Mehemed, Sultan, 162, 270.

Melek-Mehmud-Pascha, 163.

Metrophanes, Patriarch, 110.

Michael, Fürst der Walachei, 1, 4, 8, 11, 16, 28, 30, 33. 39. 44. 46, 49, 60.

Michnea-Vodă, 72.

Michnea, (Giovan Bey), 246, 248.

Michnea, Ogli, 81.

Mihalcea, Banus, 15, 49.

Mikes, Sigismund, 89.

Mikó, Ferencz, 89.

Mikó, Stephan, 325.

Mindzenti, Benedikt, 31.

Mirza, Muradin, 166.

Mollart, Ludwig, 73.

Mollart, Hans, 61, 63, 66, 73.

Morea, 456.

Mortheza, Pascha, 83.

Moscoviten, 79, 121. 132, 146, 161, 199, 211, 229, 233, 236, 250, 264, 268, 270, 273, 278, 314, 322, 407.

Movila, Jeremias, Fürst der Moldau, 39, 52.

Movila, Simeon, 53, 71.

Movila, Gábriel, 71, 81.

Movila, Moisă, 82, 96.

Murad, Sultan, 117, 231.

N.

Negrea, 46, 48.

Neophitus, Patriarch, 100.

Nikolai, Sohn (?) des Woïewoden Michael, 45.

Nikusio, 262.

Novac, Baba, 30.

O.

Ohrida, 144, 277.

Orsaki, 318.

P.

Paisios, Patriarch, 218.

Panajoti, Nikuzio, 150, 170, 281, 293, 303

Papa, Vistier, 74.

Papas, Nicolaus, 121.

Parcsevits, Peter, 272

Pakolaki, 151.

Parset, 373, (Lord) 386, 406, 453

Partenius, Archiarchus, 148, 151, 158, 159, 160

Patellarius, Athanasius, 103, 118, 170.

Pazmány, 65.

Pezs, kaiserlicher Kommisär, 3, 8, 18, 29.

Peter der Grosse, 381, 407, 713, 418.

Pethe, László, 23, 63.

Petky, János, 43.

Petraschko, Sohn des Woïewoden Michael, 1, 30, 39, 60, 215, 223, 228

Petriceiou, 284, 288, 292, 294, 209.

Petru, Cercel, 52.

Polen, 2, 19, 37, 39, 43, 53, 62, 81, 117, 122, 137, 134, 152, 157, 164, 170, 173, 196, 199, 201, 204, 207, 211, 231, 249, 256, 266, 279, 283, 286, 203, 296, 312, 315, 318, 328, 336, 376, 390, 404, 416, 435.

Polignac, Abbé, Melchior, 405.

Porfirita, Joanacki.
Porievossky, Georg, 267.
Pottendorf, 361.
Potocsky, Nik. 152, 170, 184.
Prag. 44.
Preda, 32.
Prosky, 236, 390.
Provussky, 395.

Q.

Quarient. 373.

R.

Rácz, Georg, 15.
Raczinsky, 432.
Radibrati, 5, 17.
Radul, (?) 274.
Radul, Şerbán. 54, 58, 61, 63, 65, 74, 85.
Radu, Sohn des Alexander, (Elias), 92.
Radu, Voda, Michnea, 72, 76, 81.
Radzielowssky, Cardinal, 346.
Radsievssky, Hyerenimus, 266.
Radzivil, 133, 141, 319.
Raguseo, Georgio, 50.
Rákóosy, Georg 92, 101, 105, 115, 118, 129. 132, 134, 136,
    140, 142, 144, 154, 165, 173. 175. 177, 181, 182, 185, 198,
    202, 204, 215, 220, 230, 233, 239, 240, 241. 243, 245. 248,
    252, 255, 258, 28,
Rákóczy, Lajos, 42.
Rákóczy, Sigismund, 59.
Reniger, 173. 234, 240.
Rhédey, Ferencz, 239.
Rosetti, Anton, 320.
Rudolf II., 28, 44, 50.
Ruzsini, 464.
Ryswik, 450.

S.

Sachsen, 27, 55.

Sahin, Ghiray, 79, 87.

Saffa, Ghiray Han, 376.

Sándor, Gáspár, 330, 368.

Skender, Pascha, 62, 72, 74.

Şerban, Constantin, Bassarab.

Scheremetiew, 271.

Schlik, Graf, 454.

Scogardi, Giovanni, Andreas, 121, 127, 129, 130, 132, 133, 141, 190.

Sedelnitzky, Graf, 417.

Seimeni, 220.

Senyei, Pongrácz, 27, 31

Şerban, Kantakuzino.

Şerban, Radu.

Sever, Pascha, 61.

Siawus, Pascha, 226, 251.

Sibrik, Gaspar, 15.

Siekersinssky, 307.

Sieniawssky, 288.

Smidt, 90, 94, 98, 104, 117, 130, 132, 148, 173, 223, 237.

Solms, 63.

Somlyó, 53.

Soroca, 311.

Starczer, 62, 72

Starhemberg, Guido, 330, 336.

Stefan, Lupul's Sohn, 249, 255.

Stefan, Petriccicu, 284.

Stefan, Sohn des Woïewoden der Moldau Peter, L

Stefan, — Voda, Tomşa, 62.

Stenzel, Peter, 22.

Stefan, Spatariu, 180, 184, 194, 197, 202, 211, 228, 235, 237, 241, 248.

Stridia, Demeter, 261.

Strida, 92, 95.

Stroia, Buzescu, 5.

Stoica, Logothet, 5, 11, 14, 32, 40, 54

Sulficar, Effendi, 359, 389.

Sumicza, Antonio, 117.
Schweden, 233.
Szarmasághy, 84.
Sava, Armaş, 32.
Szozuka, Sztaniszlaus, 351.
Széohényi, Georg, 329.
Székely, László, 325.
Székler, 19, 24, 32, 50, 52, 227.
Székely, Michael, kaiserlicher Kommisär, 8, 24, 59.
Székely, Moises, 14, 35, 52, 238.
Serbu, 24, 30, 50, 66.
Szeredy, Stephán, 115.
Szlemunsky, Georg, 346.
Szobieszky, 286, 290, 294, 306, 311, 312, 315, 318, 336, 346, 356, 376, 395, 404.
Stoichița, 49.
Sztry, 398.

T.

Tarsia, 330.
Tataren, 5, 8, 53, 62, 77, 80, 87, 90, 100, 115, 119, 143, 148, 152, 164, 170, 176, 179, 184, 188, 204, 209, 228, 230, 234, 239, 242, 245, 248, 250, 265, 268, 271, 273, 278, 300, 312, 323, 326, 340, 351, 376, 395, 403, 412.
Thorakonimus, Joannes, 44.
Thursó, Georg, 68.
Toldi, Stephan, 31, 43.
Tomşa, Voda, Stefan, 62, 65, 75.
Thorda, 21, 23, 53.
Torma, Kristóph, 43.
Torre, Mamuca.
Tökölyi, Imre, 321, 329, 362, 365, 381, 386, 406.
Tökölyi, Sebastian, 32.
Törös, Johann, 145.
Tyrnau, 60, 61.

U.

Udrea, Ban, 32, 46, 48.
Ungnad, 7, 23, 40.

V.

Vasilie-Vodă, Lupul, 98, 100, 112, 118, 249. 254.
Venedig, 331.
Veria, Cyrill.
Veterani, 366, 385.
Vitéz, Miklós, 32.

W.

Werdenburg, 361.
Wesselényi, 186, 316.

Z.

Zamojszky, Johann, Polnischer Kantzler, 2, 16.
Zamojssky, 385.
Zelestey, Johann, 29.
Zierowszky, 335.
Zrinyi, Ilona, 330.
Zulficar, Pascha, 83.
Zusora, 296.